L'Empire des Plantagenêt
1154-1224

DU MEME AUTEUR

Une famille de la noblesse provençale au Moyen Age : les Porcelet, préface de Noël Coulet, Avignon, Aubanel, 1986, 276 p.

La Vielle et l'Epée. Troubadours et politique en Provence au XIIIe siècle, Paris, Aubier, 1989, 379 p.

Les Noces du comte. Mariage et pouvoir en Catalogne (785-1213), Paris, Publications de la Sorbonne, 1995, 623 p. Traduction catalane parue chez Omega à Barcelone, 1998.

La Noblesse en Occident (V^e-XVe siècle), Paris, Armand Colin, 1996, 194 p. (Coll. « Cursus »).

Actes de la famille Porcelet d'Arles (972-1320), Paris, Comité des travaux historiques et scientifiques, 2001, LXV et 732 p. (Coll. « Documents inédits de l'histoire de France », 27).

Ouvrages collectifs

La Sociabilité à table. Convivialité et commensalité à travers les âges. Actes du colloque de Rouen (14-17 novembre 1990), Rouen, Publications de l'université de Rouen, 1992, 392 p. En collaboration avec Olivier Dumoulin et Françoise Thelamon.

La Cour Plantagenêt (1154-1204). Actes du colloque de Thouars (30 avril-2 mai 1999), Poitiers, CESCM, 2000, 361 p.

Noblesses de l'espace Plantagenêt (1154-1224). Actes de la table ronde de Poitiers (13 mai 2000), Poitiers, CESCM, 2001, 218 p.

La Dama en la corte bajomedieval, (en collaboration avec María Narbona), Pampelune, EUNSA, 2001, 181 p.

Culture politique des Plantagenêt (1154-1224). Actes du colloque de Poitiers (3-5 mai 2002), Poitiers, CESCM, 2003 (sous presse).

Martin Aurell

L'Empire des Plantagenêt
1154-1224

LE GRAND LIVRE DU MOIS

© Perrin. 2003

« Il nous a été donné par nature, et pour ainsi dire par droit d'héritage de nos ancêtres, qui nous l'ont légué et inculqué, qu'aucun de nous n'aime l'autre, et que toujours le frère combattra le frère et le fils le père de toutes les forces dont il sera capable. Ne tâchez donc pas de nous priver de nos droits héréditaires, en vous efforçant en vain de chasser le naturel. »

Réponse de Geoffroi de Bretagne à l'évêque de Winchester qui lui demande de se réconcilier avec son père le roi Henri II. D'après Giraud de Barri, Instruction du prince *(1192-1218), III, 27.*

« Nous, qui provenons du diable, reviendrons au diable. »

Parole de Richard Cœur de Lion rapportée par Giraud de Barri, ibid.

L'EMPIRE DES PLANTAGENET

Introduction

Henri II (1151-1189) est le bâtisseur d'un Empire. Plus qu'aucun autre prince du XIIe siècle, le premier roi d'Angleterre héritier de la maison d'Anjou a su mettre royaumes, duchés et comtés sous sa domination. Ce rassembleur de territoires est un maître du genre dans le jeu complexe des alliances matrimoniales, des captations d'héritages et autres conquêtes militaires qui rapportent de nouveaux domaines. C'est ainsi qu'Henri II parvient à contrôler un vaste espace atlantique, s'étendant de la Northumbrie à la Gascogne et du centre de l'Irlande à l'Auvergne. Les intellectuels qui sont à sa cour n'ont pas assez de mots pour évoquer cette expansion, aussi rapide que spectaculaire. Dans la *Topographie d'Irlande* (1188), Giraud de Barri (1146-1223), un prêtre issu de la haute aristocratie normande du sud du pays de Galles, lui adresse cet éloge : « Vos victoires défient les bornes de la terre : vous, notre Alexandre d'Occident, avez étendu votre bras depuis les Pyrénées jusqu'aux confins occidentaux de l'Océan septentrional[1]. » Selon le clerc Wace (vers 1110-après 1174), qui est l'auteur d'une histoire des ducs de Normandie commandée par le Plantagenêt lui-même, Henri II est « celui qui tient l'Angleterre et toute la terre du bord de la mer entre l'Espagne et l'Ecosse, de rivage en rivage[2] ». Plus fort encore, le moine annaliste de Saint-Serge d'Angers souligne qu'en 1152 le roi, après avoir mis partout fin au tumulte des guerres, « domina de la mer à la mer », osant ici une référence explicite au psaume messianique[3]. Cette mystique de la royauté conquérante imprègne tous les écrits des auteurs à la solde d'Henri II, toujours enclins à exalter son œuvre politique.

Pour définir cet espace, les chroniqueurs utilisent le terme d'Empire, ce qui au XIIe siècle désigne le gouvernement plus que le territoire lui-même. Pourtant, dans au moins un exemple puisé aux sources de la période, l'*Imperium* est employé au sens d'un territoire supérieur aux principautés traditionnelles, structuré par une politique de nature hégémonique. Dans le *Dialogue sur l'Echiquier* (vers 1179), un ouvrage technique sur le principal organe financier de l'Angleterre, rédigé par l'évêque de Londres et trésorier d'Henri II, Richard fitz Nigel (vers 1130-1198), on peut lire : « Par ses victoires, le roi élargit *(dilataverit)* son empire au loin[4]. » A une époque où la connaissance des classiques latins se répand parmi les intellectuels, le mot n'est pas innocent ; il ne renvoie pas à la simple domination d'un prince sur un espace, mais il évoque l'Empire romain conquérant. En outre, cette expression de « dilatation de l'Empire » était jadis utilisée par les chroniqueurs de Charlemagne, qui comparaient leur maître aux grands conquérants de Rome. D'ailleurs, Henri II n'est-il pas lui-même *fitz Empress*, le fils du second lit de l'impératrice Mathilde d'Angleterre, veuve de l'empereur germanique Henri V (1106-1125) ? A ce titre, la notion d'une construction géographique regroupant des principautés territoriales éparses ne saurait lui être étrangère. Et si, depuis le Xe siècle, aucun roi d'Angleterre n'ose plus orner sa titulature du mot *Imperator*[5], ces quelques occurrences du vocabulaire autorisent bel et bien le chercheur médiéviste à employer l'expression « Empire Plantagenêt » ou « Empire angevin ».

Il n'empêche que des réticences ont naguère été exprimées par quelques historiens[6]. Elles contiennent leur part de vérité, et ont le mérite de nuancer un problème complexe. D'abord, elles proviennent de ceux qui considèrent que le terme « Empire » devrait être réservé à l'Empire romano-germanique, seule réalité institutionnelle de l'Occident médiéval nommée explicitement par les sources d'époque. C'est oublier, toutefois, que nous autres médiévistes utilisons souvent des expressions aussi anachroniques, et pourtant parlantes, telles que relations féodo-vassaliques, seigneurie banale, guerre sainte ou patriciat urbain. Plus solides, d'autres critiques émanent, ensuite, de spécialistes du droit et de la science politique pour qui l'étendue des domaines d'Henri II, si impressionnante soit-elle pour le XIIe siècle, fait bien pâle figure en comparaison des vastes Empires hellénique, romain, byzantin, abbasside, ottoman ou Habsbourg, sans mentionner les empires coloniaux du XIXe siècle. La différence entre toutes ces formations politiques et l'Empire Plantagenêt est en effet de taille. Une telle confrontation rend bien désuet le parallèle que Sir Maurice Powicke établit, en 1913, dans un ouvrage du reste fort novateur pour son époque, entre l'Angoumois irrédentiste sous Jean sans Terre (1199-1216) et l'Etat de Mysore, qui donnait du vivant de l'auteur tant de fil à retordre au gouvernement de sa Majesté en Inde[7].

Les auteurs opposés à l'expression « Empire Plantagenêt » soulignent en outre que les traits propres aux grandes formations impériales n'apparaissent pas dans la construction politique d'Henri II et des siens : monocratie, port d'un titre supérieur à tous ses États par le chef suprême, caractère composite des populations de ces territoires, soumission à un seul peuple conquérant et hégémonique, géographie à l'échelle d'un ou plusieurs continents, longue survie[8]... Ils ajoutent qu'aucun Empire occidental du Moyen Age ne répond à une telle définition. Le constat est intéressant, car il témoigne de la singularité, voire de l'altérité, de l'Europe médiévale dont on connaît l'originalité de l'évolution politique ultérieure. Mais il ne saurait être utilisé comme argument à l'encontre d'une formule que les sources médiévales utilisent bel et bien, même si elles lui accordent davantage le sens d'autorité que de rassemblement de principautés diverses.

Ces considérations globales sur la nature politique des regroupements territoriaux en histoire doivent être replacées à l'échelle plus modeste de l'Empire Plantagenêt, qui nous occupe ici. Les détracteurs de cette formulation remarquent, en effet, la fragilité d'une telle construction politique et sa caducité au fil du temps. Si Henri II et son fils Richard Cœur de Lion (1189-1199) ont réussi, à la suite d'un effort de guerre inouï, à conserver l'intégralité de leurs domaines, Jean sans Terre et Henri III (1216-1272) ont perdu, impuissants, la Normandie, le Grand Anjou et le Poitou au profit du roi de France[9]. L'Empire Plantagenêt n'a pas su préserver son unité plus de cinquante ans, entre le couronnement d'Henri II comme roi d'Angleterre en 1154 et la chute de la Normandie en 1204. Il est des plus éphémères. *A posteriori*, cette fugacité prouve même que cet Empire n'en est pas un.

Ces auteurs critiques ajoutent qu'une si facile et rapide dislocation coïncide avec l'absence de toute une unité politique, institutionnelle ou administrative. En Grande-Bretagne, la tendance historiographique de la seconde moitié du xxe siècle abonde dans ce sens, comme si la génération d'après-guerre ayant connu l'émergence de jeunes nations était devenue sensible à l'éphémère des Empires coloniaux. Dans un ouvrage publié en 1963, Henry G. Richardson et George O. Sayles remarquent : « Quelle que soit l'unité de ce mal nommé "empire", elle ne lui vient que de la seule personne du roi, qui n'introduit pourtant ni institutions ni code législatif commun[10]. » De même, en 1973,

William L. Warren rejette explicitement l'expression « Empire », au nom du lien trop lâche unissant les différentes principautés territoriales gouvernées par Henri II ; tout au plus admet-il l'existence d'un *Commonwealth*, souple fédération regroupant sept *dominions* autonomes, dont le seul point commun serait leur dépendance, à peine fondée sur la vassalité et le serment de fidélité, au roi[11]. Deux ans plus tard, James C. Holt adopte une position plus extrême encore : « Les *dominions* des Plantagenêt n'avaient pas été conçus comme un "Empire", c'est-à-dire comme une grande structure administrative centralisée, qui périt finalement devant la rébellion et l'attaque française. Au contraire, ces pays étaient, tout simplement, rapiécés ensemble. Leur unité était fondée sur une combinaison malheureuse de convoitise princière et d'accident généalogique, et c'est ainsi qu'elle continuait de survivre[12]. » En 1984, résumant les communications d'un colloque franco-anglais tenu à Fontevraud (Anjou), lieu de mémoire par excellence des Plantagenêt, Robert-Henri Bautier, côté français, n'est pas en reste, proposant, pour cette « juxtaposition d'entités » sans « aucune structure commune », de substituer l'imprécis « espace » aux trop contraignants « Empire Plantagenêt » ou « Etat anglo-angevin »[13]. Aux yeux des historiens contemporains, « l'espace » gouverné par Henri II et les siens est multiple et divisible.

Toutes ces nuances favorisent une meilleure appréhension du rôle d'Henri II et de ses fils sur des territoires si divers. Mosaïque de royaumes, principautés et seigneuries, l'« espace Plantagenêt » ne supporte ni analyse univoque pour l'historien de l'an 2000 ni gouvernement unitaire pour le roi de l'an 1200. C'est une étendue de terres, immense pour l'Occident d'alors, aux pouvoirs multiples. Cette aire est répartie en de nombreux centres de décision politique, de coercition militaire et de répression judiciaire. Il s'agit d'un monde « polycratique » pour reprendre le titre — certes modifié d'orthographe et de sens — du plus célèbre des traités politiques élaborés par un sujet d'Henri II, le *Policraticus* de Jean de Salisbury. Nous avons ici affaire à l'union factice et temporaire de principautés autonomes dont le rassemblement autoritaire rompt pour un bref laps de temps avec une tradition de luttes endémiques. Le ciment de ce conglomérat doit être recherché dans la famille royale, car la parenté reste au XIIe siècle la forme la plus solidaire et sûre de sociabilité politique. Elle présente toutefois une fragilité évidente, surtout parce que, pour reprendre un jeu de mots de John Gillingham, Henri II ne traitait pas ses terres comme un « Etat *(state)* simple et unifié », mais comme un « domaine *(estate)* familial à partager »[14]. Dans un premier temps, mariage et héritage avaient constitué l'Empire Plantagenêt ; dans un second temps, les querelles de succession se chargèrent de le démembrer.

La trop forte spécificité de chacune de ses principautés explique en partie la rapide dislocation. En outre, elle conditionne l'autorité du roi d'Angleterre sur des territoires si divers. Les liens qu'il tisse avec chaque région peuvent, en effet, varier du tout au tout : liens serrés avec le noyau dur anglo-normand, dont l'efficacité administrative fait l'admiration de tous les souverains occidentaux, ou, à un degré certes moindre, avec l'Anjou, berceau de la famille ; liens lâches avec l'Aquitaine, marqueterie de pays aux multiples enclaves comtales, vicomtales ou seigneuriales dont les seigneurs se révoltent régulièrement contre le roi ; liens distendus avec l'Irlande, où les combattants anglo-normands peinent à s'imposer, ou encore avec la Bretagne, dont le comte en armes, allié du Capétien, revendique la couronne anglaise à partir de 1199... Soumis ou rebelles, les différents territoires de l'Empire Plantagenêt ne connaissent pas le même degré de centralisation ni de développement administratif. La concentration du pouvoir des uns, détenu de façon exclusive par le prince ou ses proches officiers[15], contraste avec son éclatement ailleurs, éparpillé dans de multiples châtellenies indépendantes[16]. Le gouvernement des Plantagenêt est de nature inégale selon chaque principauté.

Sur ce point, le problème des châteaux et de leur contrôle est capital, car il traduit bien cette relation différente aux territoires. De Taillebourg à Châlus, Richard Cœur de Lion, duc d'Aquitaine dès son adolescence, emploie toute son énergie à assiéger, prendre et démolir des forteresses en Poitou, Limousin et Gascogne. En revanche, les châteaux « adultérins » de l'Angleterre, bâtis à l'ombre de la guerre civile, ont été rapidement démantelés à la suite de l'ordre intimé par Henri II à la Noël 1154 au synode de l'abbaye de Bermondsey[17]. Sur l'île ou en Normandie, le principe féodal de la reddibilité, par lequel un propriétaire remet son château à un gardien envoyé par le roi, est appliqué de façon efficace[18]. Dans ces deux principautés, les Plantagenêt peuvent, en outre, engager des travaux coûteux et bâtir leurs propres châteaux comme les plus puissants d'entre tous : les bastions de Château-Gaillard ou de Douvres (Kent) en sont la plus belle expression. Il n'en va pas de même en Anjou et surtout en Aquitaine, où les Plantagenêt n'ont pas toujours les moyens de se lancer dans une grande politique de constructions, en raison de la faible étendue de leur domaine propre et de l'insuffisance de leurs revenus locaux. Ils se contentent donc d'obtenir un bien aléatoire hommage des châtelains de l'aristocratie ou de renforcer les enceintes urbaines, à l'intérieur desquelles ils trouvent une population plus accommodante à l'égard de leur domination que dans les campagnes [19]. Le contrôle royal du réseau castral en Angleterre et en Normandie [20], lieux par excellence de l'affirmation régalienne, contraste avec la liberté de construction dont jouissent les sires du sud de la Loire. Cette diversité régionale oriente la politique angevine dans le sens de la flexibilité et de la capacité d'adaptation.

Une argumentation de poids se heurte cependant au schéma historiographique en vogue de la souplesse d'application du pouvoir des Plantagenêt. Elle provient de Jacques Boussard, auteur d'un livre consistant sur le gouvernement d'Henri II, paru en 1956, quelques années avant la remise en cause par les historiens britanniques et américains de l'unité politique des domaines du roi d'Angleterre. Sa conclusion, en net contraste avec ces études plus récentes, est catégorique : « L'empire angevin était donc conçu comme un Etat très fort, mais dans le cadre du système féodal [21]. » Pour cet auteur, l'idée de l'efficacité du « gouvernement autoritaire [22] » d'Henri II, qui lui attire le ressentiment de la vieille aristocratie locale, est positive. Elle traduit la sympathie que ce médiéviste éprouve pour la maison d'Anjou, région dont il est lui-même originaire, mais aussi le mépris que tout historien français né au début du XXe siècle éprouve pour l'« anarchie féodale » contre laquelle Henri II a mené une si audacieuse action. Rappelons qu'une quinzaine d'années plus tard, William L. Warren, autre spécialiste admiratif de ce roi, utilisera « Fédération » plutôt qu'« Etat », cher à Jacques Boussard, pour désigner l'Empire Plantagenêt. Or, le choix divergent des mots de part et d'autre de la Manche est symbolique. Dans *Atala*, Chateaubriand avait écrit que « le fédéralisme était une des formes les plus communes employées par les sauvages » ; pour un Français héritier de la IIIe République, ce système politique, qui coûta en toute justice la tête aux Girondins et aux Communards, signifie une régression. Il ne jouit certainement pas du prestige du *Bund* allemand, qui englobe toute forme d'association humaine, du mariage à l'organisation mondiale de l'ONU ou de la nation à l'alliance avec Dieu [23]. En somme, le binôme que constituent « Fédération » et « Etat », connoté différemment selon les nations, est significatif de la façon dont le passé de chaque pays européen oriente notre perception des réalités politiques médiévales.

Ces singularités nationales transparaissent également avec l'emploi des expressions « Empire Plantagenêt » ou « Empire angevin ». La première formulation est de mise en France,

Quelques médiévistes britanniques la critiquent, toutefois, arguant que le terme « Plantagenêt », dans les sources du XIIe siècle, n'est mentionné que comme seul sobriquet de Geoffroi le Bel (1128-1151), père d'Henri II[24]. Tout au plus arrive-t-on à déceler, à l'avers du grand sceau de son petit-fils Richard Cœur de Lion, représenté en type de majesté, de part et d'autre de son trône, une branche de genêt[25]. Ce n'est toutefois qu'au XVe siècle que Plantagenêt devient un nom patronymique : à cette époque, l'intention étroitement politique de cette manipulation onomastique est d'appuyer les prétentions dynastiques des rois d'Angleterre sur le trône de France au cours de la guerre de Cent Ans[26]. Qu'il suffise cependant de rétorquer qu'un anachronisme similaire se retrouve avec « Capétien », réservé par les textes les plus anciens au seul Hugues Capet, mais dont l'usage est largement répandu parmi les médiévistes. Au passage, remarquons que le surnom de Geoffroi le Bel renvoie à son goût pour les bois, forêts et friches[27], où il exerce sa passion pour la chasse, activité qui, comme nous le verrons, comporte de larges implications politiques pour la lignée.

Nous avons retenu Plantagenêt pour nous plier à l'usage, somme toute légitime, des historiens français. En revanche, à l'exception de John Le Patourel[28], nos collègues anglais préfèrent « *Angevin Empire* », d'après l'expression forgée en 1887 par Kate Norgate et reprise pour titre des ouvrages de James H. Ramsay (1903) et John Gillingham (1984 et 2001). Cette option ancienne présente l'avantage de rattacher les domaines du roi d'Angleterre à la maison d'Anjou, et d'insister donc plus sur la lignée continentale et sur le caractère familial de sa domination. L'adjectif d'angevin adopté par Kate Norgate est, en outre, exempt de tout ethnocentrisme britannique, car il souligne les origines « étrangères » de la dynastie gouvernant l'Angleterre. De la part de cet auteur, ce choix, promis à un bel avenir parmi les intellectuels de l'île, est d'autant plus courageux et clairvoyant que la fin du XIXe siècle est nationaliste.

Il est vrai que les médiévistes britanniques n'ont pas toujours considéré la politique des Plantagenêt avec enthousiasme, et qu'ils ont parfois regardé d'un mauvais œil leurs aventures continentales. Quelques-uns auraient même préféré que ces rois se consacrent exclusivement aux affaires insulaires. Par exemple, une biographie récente a compilé le florilège des textes qui, depuis au moins le XVIIe siècle, ont récriminé contre la lourde fiscalité imposée à l'Angleterre par Richard Cœur de Lion afin de subventionner de lointaines et inutiles campagnes. On y trouve même deux humoristes des années 1930, pour qui l'attirance de Richard pour les rives ensoleillées de la Méditerranée et son empressement à partir vers le Proche-Orient devraient lui valoir un changement de surnom : « Gare de Lyon » pour « Cœur de Lion »[29] ! Pour bien des érudits anglais du XIXe siècle et leurs épigones, aussi détachés et ironiques soient-ils, le roi Richard n'est pas le héros chevaleresque et romantique mis en scène avec brio par Walter Scott !

Un certain isolationnisme préside à leur point de vue. En 1849, Thomas B. Macaulay va jusqu'à se réjouir de la perte définitive des encombrantes possessions continentales, où les Plantagenêt gaspillaient leurs revenus en fêtes frivoles sur les rives de la Seine et où la glorieuse langue anglaise était reléguée au statut de patois rustique au profit du français des élites. Et de conclure : « L'Angleterre doit d'avoir fui de telles calamités à un événement que ses historiens ont si souvent présenté comme désastreux[30]. » Quelque quarante ans plus tard, William Stubbs, évêque anglican d'Oxford, dont l'œuvre a pour but de démontrer au monde la supériorité institutionnelle et l'influence bienfaisante de la monarchie constitutionnelle anglaise, ne dit pas autre chose ; il voit dans « l'heureuse incompétence de Jean sans Terre » l'occasion qui permet à l'Angleterre « de se retrouver libre de la Normandie », un bon débarras[31]. La joie de cet auteur s'explique certainement par son dédain pour les marques latines de la France, alors qu'il tient l'origine de sa nation pour exclusivement germanique[32]. Aussi paradoxal que cela puisse paraître, dans l'historiographie anglaise du XIXe siècle, il existe un courant insulariste qui réprouve les aventures outre-Manche d'Henri II et ses descendants, et qui conçoit comme un lest leurs principautés continentales. Pour les élites politiques britanniques, rien ne vaut alors un « splendide isolement » !

A la même époque, un mépris du même acabit existe chez les médiévistes français, pour des raisons radicalement différentes. Comme l'atteste une lecture récente de ces historiens par Jean-Philippe Genet, la domination angevine sur une si vaste partie du « territoire national » les dérange ; elle retarde le terme de l'Etat capétien en gestation ; Richard Cœur de Lion y est décrit comme une brute épaisse s'interposant sur le chemin de Philippe Auguste (1180-1223), héros national, bâtisseur de la France, écartelée par le morcellement féodal de ses territoires[33]. Ces idées répondent à une conception téléologique de l'histoire française, tournée vers un seul but : la formation de la nation à l'intérieur de ses frontières éternelles. Dans sa fureur romantique, Jules Michelet (1798-1874) parle d'« Empire anglais », pour bien marquer le caractère intrus du gouvernement d'Henri II et des siens sur le territoire de la nation[34]. Son contemporain

Augustin Thierry (1795-1856) voit, de même, dans les révoltes de l'aristocratie aquitaine contre ce roi un mouvement patriotique de rejet de l'envahisseur anglais, une résistance à l'étranger dont le meneur héroïque est le troubadour Bertran de Born[35]. Couronnés à Westminster, l'Angevin et ses fils incarnent bien la perfide Albion.

Dès lors, le jugement d'Achille Luchaire, porte-drapeau d'une historiographie, aussi méthodique que patriotique, sur Henri II ne peut être que sans appel : « despote dans sa famille comme dans son Etat[36] ». C'est l'idée, reprise plus tard par Jacques Boussard, du caractère autoritaire du gouvernement des Plantagenêt sur des territoires pourtant si vastes. Cette efficacité politique leur paraît sans doute la seule contribution digne de mention des Angevins à la formation de la France. Elle permet de mater l'aristocratie insoumise par la concentration centralisée de l'administration territoriale. En 1941, Louis Halphen dit son admiration envers l'action d'Henri II dans l'île, car « sans lui, la royauté anglaise aurait couru le risque au XIIe siècle de retomber dans l'ornière féodale[37] ». Quatre ans plus tard, Yves Renouard, professeur à Bordeaux, applique un schéma identique aux possessions continentales pour louer le rôle actif de la dynastie dans l'union du Nord et du Midi, donnant à son empire une « tonalité septentrionale dominante » et préparant aux Capétiens la voie vers les pays du sud de la Loire[38]. Dans la tradition historiographique française, héritière du jacobinisme, les Plantagenêt gênent en raison de leur couronne anglaise et de leur combat incessant contre les Capétiens, mais on leur reconnaît pour le moins d'avoir œuvré à la construction de l'Etat français en luttant contre les fauteurs de troubles nobiliaires et en démantelant leurs incontrôlables châtellenies.

Ces modèles se fondent sur l'ancienne problématique du retour en force de la « royauté féodale », après une longue période d'effacement du pouvoir central. Malgré leur inévitable arrière-plan idéologique, ils restent à coup sûr opératoires sur bien des points[39]. Au-delà de leur dimension juridique et institutionnelle, ils doivent cependant être replacés dans un cadre élargi à l'histoire globale de la société, de l'économie et des mentalités. Les temps du XIIe siècle sont à la maturation du pouvoir public, appuyé sur le plan idéologique et technique par la renaissance du droit romain, enseigné dans maintes écoles méditerranéennes, d'où sortent plusieurs légistes de l'entourage des Plantagenêt. L'aspect personnel, humain, de l'action politique n'en demeure pas moins capital : le roi s'impose aux nobles, les véritables acteurs sociaux de ses principautés, autant par son charisme ou sa capacité individuelle à gagner leur attachement, que par les possibilités bureaucratiques de son administration. Il lui faut donc agir sur l'esprit de ses vassaux, en donnant de sa personne et de son œuvre une image qui emporte leur adhésion. L'effervescence intellectuelle et littéraire du XIIe siècle facilite ce programme : le roi attire des écrivains qui, en échange de son mécénat, rédigent des écrits qui lui sont favorables. Sur le plan matériel, enfin, une conjoncture propice facilite l'action des Plantagenêt. A la fin du XIIe siècle, l'essor agricole et les défrichements battent leur plein. La population augmente, les villes se développent et le commerce atlantique s'anime. Des revenus fiscaux en hausse donnent au roi les moyens de sa nouvelle politique. Dans les ports atlantiques du continent, la classe marchande montante, avide de privilèges communaux et prête à tisser des relations communales avec l'Angleterre, apporte également son soutien aux Plantagenêt. Les temps sont plus que jamais favorables à leur hégémonie.

La maison d'Anjou rencontre cependant un important obstacle sur le chemin de son succès politique. Obtenir la loyauté de l'ensemble de ses sujets est d'autant plus difficile que ses membres, même couronnés en Angleterre, doivent toujours l'hommage au roi de France pour leurs possessions continentales. On n'insiste jamais assez sur l'importance de cette vassalité[40], qui hypothèque lourdement l'avenir du « soi-disant » — l'expression montre ici ses limites — Empire Plantagenêt[41]. Un exemple parmi tant d'autres : l'abbé de Charroux (Poitou) affirme publiquement, en 1168, que son monastère appartient au roi de France depuis sa fondation par Charlemagne et qu'il ne relève en rien d'Henri II ; cette opinion est partagée par bien des moines aquitains, qui tendent à minimiser la juridiction comtale sur leurs terres en avançant qu'ils sont vassaux directs de Louis VII[42]. L'hommage dû par les Angevins aux Capétiens remet, par conséquent, à sa juste place celle d'une bien trompeuse fiction, la grosse tache rouge des cartes de nos manuels scolaires pour marquer l'immense « Empire Plantagenêt » face au domaine étriqué du roi de France, représenté par quelques traits, hachurés et grisâtres, entre Soissons et Chartres. Louis VII, et *a fortiori* Philippe Auguste ou Louis VIII, partent en réalité avec une longueur d'avance sur leurs concurrents angevins dans la course pour la mainmise définitive sur les centres de décision des principautés de l'ouest de la France.

Toutes ces données sont essentielles pour notre compréhension du XIIe siècle. Elles sont le terreau d'une histoire politique renouvelée, où l'événementiel s'efface devant l'analyse des pouvoirs, où l'institutionnel est remplacé par la prosopographie et par l'étude des gouvernants, des groupes de pression et de leurs réseaux de clientèle, et où l'histoire des idées se prolonge dans la connaissance des symboles et de l'imaginaire politique. L'histoire « de la politique » s'efface ainsi devant l'histoire « du politique ». Les exemples d'études présentant ces ouvertures épistémologiques sont nombreux. Nous n'en citerons que deux, particulièrement éclairantes pour notre propos. En 1924, *Les Rois thaumaturges* de Marc Bloch, portant sur la sacralité respective des royautés anglaise et française, montrent, avec une précocité remarquable, que le rejet de l'historiographie positiviste ou méthodique, attachée à décrire les grandes décisions princières et les batailles qu'elles entraînent, ne saurait faire passer à la trappe une histoire en profondeur de la politique médiévale. En 1955, *Angevin Kingship* de John E.A. Jolliffe propose, également, plusieurs voies fascinantes de recherche sur la nature du pouvoir des Plantagenêt qui, sans être, en raison de leur dépendance envers la loi, absolutistes, agissent de façon autoritaire, voire arbitraire. Ce livre, dense et difficile, est plus proche de la démarche de Hobbes (1588-1679), pour qui tout vide appelle un pouvoir, que de la description institutionnelle de l'école anglaise du XIXe siècle, férue de droit constitutionnel. Sa méthode est exemplaire pour ceux qui réfléchissent sur la pensée et l'action politiques au XIIe siècle. Ces deux ouvrages sont, à bien des égards, une référence pour toute recherche sur l'Empire Plantagenêt. Ils sont dans la même veine que la nouvelle histoire politique remise au goût du jour en France depuis les années 1980[43].

Le thème du pouvoir doit être au cœur de toute recherche sur l'Empire Plantagenêt. Il était déjà central pour les penseurs cléricaux de l'époque, qui le définissent souvent de façon duelle : d'une part, *auctoritas* ecclésiastique, parée du prestige que donnent le sacré et le savoir, d'autre part, *potestas* laïque, découlant de la contrainte des armes. Cette dernière force de coercition leur paraît indispensable pour faire régner la justice et la paix au sein d'une humanité pécheresse, encline au conflit. A leurs yeux, l'ordre que donne à la société le respect de la loi et de la coutume, trop souvent imposées par la force, facilite le salut éternel au plus grand nombre. Mais ces clercs savent aussi déceler dans l'orgueilleuse *potestas* une source de violence, « car tout pouvoir a toujours été, est encore et sera toujours, hostile à quiconque oserait le réclamer en partage », écrit, vers 1198, le chroniqueur Richard de Devizes, moine bénédictin de Saint Swithurn (Wessex), pour expliquer le limogeage d'Hugues de Puiset, évêque de Durham, de l'Echiquier par le chancelier Guillaume de Longchamps, évêque d'Ely, son ennemi déclaré[44].

Trop souvent au XIIe siècle, le pouvoir ne s'obtient pas : il s'arrache. Il provient davantage de la lutte d'influence ou de la voie de fait que du fonctionnement bien réglementé des institutions. Quel que soit l'échelon où l'on l'exerce, le conflit, y compris dans ses formes les plus exacerbées, pour sa conquête et pour sa conservation est inhérent à l'Empire Plantagenêt. Dans un tel contexte, sommes-nous dans la sphère du « politique », tel qu'il est conçu dans nos démocraties occidentales contemporaines ? L'utilisation de ce mot pour le Moyen Age frôle parfois l'anachronisme.

Le médiéviste qui veut connaître les tenants et les aboutissants de cette histoire est particulièrement gâté par les sources. Il profite, en effet, pour la fin du XIIe siècle, d'un changement radical de civilisation, objet du brillant ouvrage de Michael T. Clanchy : le passage de la mémoire à l'archive écrite[45], du savoir livresque réservé aux seuls clercs à la démocratisation de la lecture au sein du laïcat et enfin de l'écriture sacrée à la bureaucratie royale. Conséquence de cette évolution, la documentation devient des plus abondantes en Angleterre, où les méthodes de gouvernement connaissent une avance considérable qui se manifeste dans le recours constant à l'écrit par le roi et son entourage[46]. La chancellerie des Plantagenêt ne chôme pas. Ses messagers apportent des centaines de lettres brèves, closes par un sceau symbolisant la majesté du roi, à des destinataires demeurant partout dans l'Empire. L'activité est aussi frénétique à l'Echiquier, bureau central de la fiscalité en Angleterre ou en Normandie, qui conserve des traces écrites de toute entrée ou sortie comptable : déjà sous le règne d'Henri Ier Beauclerc (1100-1135), quelque quatre mille cinq cents lettres émanent chaque année de cet organe financier[47]. Sous Richard Cœur de Lion, dont on a pu écrire qu'il « fut le créateur de la diplomatique royale anglaise[48] », l'archevêque de Cantorbéry Hubert Gautier, grand justicier puis chancelier, perfectionne encore la bureaucratie. Au tout début du règne de Jean sans Terre et sous la direction d'Hubert, la copie des lettres royales sur des rouleaux de parchemins *(Pipe rolls)* est rendue systématique[49]. A cette activité bureaucratique, dont le but est de transmettre des ordres et d'en conserver les traces, il faut ajouter la collecte d'informations par les agents du roi, qui font du renseignement ou de l'espionnage au sens moderne du terme. Ils ont, par exemple, obtenu non seulement une copie du dossier de Thomas Becket conservé au Saint-Siège, mais de toutes les lettres relatives à l'affaire apportées par les légats pontificaux en Angleterre[50]. A l'époque des premiers rois angevins, la bureaucratie anglaise et normande accroît sa production écrite comme jamais par le passé.

La qualité de la conservation des archives anglaises est elle-même remarquable. Deux exemples suffisent à le prouver. D'une part, on possède une moyenne annuelle de cent vingt actes émanant d'Henri II, contre une vingtaine pour Louis VII (1137-1180) et une soixantaine pour Philippe Auguste. D'autre part, sur les 971 lettres décrétales pontificales conservées pour le XIIe siècle dont on connaît le destinataire, 434 concernent l'Angleterre, où elles ont été soigneusement gardées ; d'ailleurs, quinze des vingt-sept collections de décrétales compilées par des canonistes européens proviennent de l'île. L'efficacité du gouvernement des Plantagenêt, surtout en Angleterre et en Normandie, tient à la diffusion de l'écriture et à la conservation des actes à tous les échelons de la bureaucratie royale. A la grande joie du médiéviste, ces sources administratives n'ont pas subi les destructions massives de la fin du Moyen Age et de l'époque moderne qui caractérisent nombre de royaumes du continent.

Une telle masse documentaire est exceptionnelle en Occident. En tout état de cause, elle est bien supérieure aux archives conservées pour la France du XIIe siècle. A suivre une réflexion récente de Nicholas Vincent[51], cette donnée, conjuguée au goût ancien des chercheurs britanniques et des sociétés historiques locales pour l'édition des textes, est essentielle pour comprendre les traditions historiographiques de part et d'autre de la Manche. Sur l'île, une érudition sans faille et une grande précision chronologique et prosopographique sont plus courantes que la mise en perspective de modèles et de problématiques, alors que, sur le continent, la synthèse l'emporte sur l'analyse, comme si la pauvreté documentaire suscitait les idées. C'est la source qui fait l'historien !

La balance des écrits historiographiques penche également du côté insulaire. Chroniques et annales latines abondent en Angleterre, spécialement à partir des années 1180. Aux noms de Giraud de Barri ou Richard de Devizes cités plus haut, ajoutons le chanoine augustin Guillaume de Newburgh (1136-1198), originaire du Yorkshire, particulièrement bien renseigné, Roger († vers 1201), septentrional comme lui, mis dans ses vieux jours à la tête de la grande église collégiale de Howden, au diocèse de Durham, où il rédige une chronique, après avoir servi Henri II et Richard Cœur de Lion avec lequel il est même parti en croisade[52], Raoul, abbé du monastère cistercien de Coggeshale (Essex) entre 1207 et 1218, autre fervent admirateur de Richard, Raoul de Diss ou *Diceto* (1120/1130-1202)[53], doyen de la cathédrale Saint Paul de Londres, Gervais, moine de Cantorbéry

(† après 1210), Jean de Salisbury (1115-1180), évêque de Chartres à partir de 1176, ou le clerc Guillaume fitz Stephen, proches collaborateurs, tous deux, de Thomas Becket. C'est sans exagération qu'Antonia Gransden, la meilleure spécialiste de la question, peut qualifier les vingt dernières années du XIIe siècle d'« âge d'or de l'historiographie en Angleterre[54] ». L'un des intérêts, et non des moindres, de la plupart de ces chroniqueurs anglais est qu'ils présentent dans leurs œuvres des événements concernant l'ensemble de l'Empire Plantagenêt, voire l'Occident tout entier[55].

En revanche, la portée géographique des historiens des années 1150 à 1180, période immédiatement précédente, est à peine régionale. Ce rétrécissement spatial se comprend : ce sont, pour la plupart, des moines bénédictins originaires de la Normandie, de l'Anjou, du Poitou ou du Limousin, où ils perpétuent la tradition de la vieille historiographie de leurs maisons. En Normandie, Robert de Torigni († 1186), prieur du Bec, puis abbé du Mont-Saint-Michel, laisse un récit précis des événements du règne d'Henri II, son ami, dont il est aussi l'un des parrains de sa fille Aliénor[56]. C'est dans cette principauté que le roi charge deux clercs séculiers, Wace, puis, autour de 1170, Benoît de Sainte-Maure, de rédiger les gestes des ducs de Normandie en vers et en anglo-normand. On conserve, pour l'Anjou, plusieurs annales latines anonymes, tenues dans les monastères et cathédrales locaux. En Limousin, deux chroniqueurs de qualité, les moines Geoffroi de Breuil, prieur de Vigeois († après 1184), et Bernard Itier (1163-1225), bibliothécaire de Saint-Martial de Limoges, rapportent les faits survenus en Aquitaine. Il en va de même pour le clunisien Richard le Poitevin (vers 1110-après 1173). Cette liste d'auteurs démontre l'intérêt exceptionnel d'une étude sur l'Empire Plantagenêt, qui peut être fondée sur une historiographie foisonnante, comme nulle part ailleurs dans l'Occident du XIIe siècle.

Elle peut être allongée encore des noms de quelques jongleurs, professionnels de la performance orale, qui décrivent dans leurs chansons en anglo-normand métrique des événements dont ils ont été souvent les témoins oculaires. Originaire du pays d'Evreux, le trouvère Ambroise recueille en Terre sainte, où il se rend en pèlerinage juste après la trêve avec Saladin, des témoignages directs sur les exploits militaires de Richard Cœur de Lion, en l'honneur duquel il rédige un long poème[57]. Le clerc Jordan Fantosme choisit de même l'anglo-normand et une versification complexe pour décrire, peu après leur déroulement, les luttes qui opposent en Northumbrie, sa région d'origine, les troupes des rois d'Angleterre et d'Ecosse en 1173 et 1174[58]. Ces deux œuvres sont entièrement et exclusivement rédigées à la gloire de Richard Cœur de Lion et d'Henri II. C'est au même genre littéraire qu'appartient, autour de 1226, la *Chanson de Dermot*, narrant en 3 459 vers octosyllabes l'invasion de l'Irlande, entre 1169 et 1175, par les guerriers normands du sud du pays de Galles, menés par Strongbow[59]. Mentionnons, enfin, la célèbre chanson de Guillaume le Maréchal (†1217), régent d'Angleterre, rédigée par son trouvère Jean d'Ely en 1230[60]. A mi-chemin entre la chronique et l'épopée, ces longues chansons en langue vulgaire sont composées par des témoins proches, qui s'impliquent sans réserve dans les événements qu'ils décrivent. Elles rappellent les courts *sirventes* ou chansons engagées en langue d'oc, par lesquels les troubadours méridionaux encensent ou critiquent les Plantagenêt et leur activité politique. Ecrits à chaud pour servir une propagande face à un événement déterminé, ces poèmes tranchent sur la littérature de fiction.

Longtemps transmis uniquement par la voix de leurs créateurs et interprètes, nombreux sont les romans arthuriens ou épopées carolingiennes mis par écrit aux alentours de 1200 dans les territoires des Plantagenêt. Ils appartiennent au registre de l'imaginaire et de la création poétique, dont le cadre merveilleux, l'exploit surhumain et l'intervention surnaturelle constituent la toile de fond. En dépit des apparences, ces sources doivent être sollicitées par l'historien médiéviste, car elles s'inscrivent dans un contexte politique et social avec lequel elles entretiennent des rapports complexes. En outre, elles éclairent les mentalités collectives et les idéologies politiques d'une lumière originale.

De nos jours, pourtant, une certaine tendance post-structuraliste, teintée de pessimisme, prône l'impossibilité d'écrire l'histoire, car le passé est inintelligible. A la suivre de près, les documents ne livreraient que des discours, que seule une démarche intra-textuelle, exclusivement centrée sur leur contenu et faisant fi de toute autre réalité, permettrait d'approfondir. Une telle méthode fait quelques émules parmi les médiévistes qui l'appliquent même à la lecture des documents diplomatiques. *A fortiori*, elle interdit toute approche de la littérature de fiction qui tenterait d'en extraire des données factuelles pour cerner les hommes et la société qui en sont les auteurs. Il faut reconnaître au structuralisme le mérite d'avoir montré la part qu'invention, manipulation, genre, imitation ou mythe jouent dans l'élaboration de l'écrit, incitant le lecteur actuel à davantage de prudence. Toutefois, on aurait tort d'écarter la littérature des XIIe et XIIIe siècles, en particulier la légende arthurienne, dans l'étude du pouvoir angevin, alors même que la création poétique et la fiction romanesque occupent une place de choix dans l'Empire Plantagenêt[61]. Le tout est de prendre conscience de la spécificité de la méthode qui permet à l'historien d'approcher ces textes.

D'autres sources, à la diversité frappante, complètent le tableau. La correspondance des évêques Thomas Becket (1162-1170), Jean de Salisbury, Gilbert Foliot (1148-1187), Arnoul de Lisieux (1141-1181) ou de Pierre de Blois (vers 1130-1212)[62], chancelier de l'archevêque de Cantorbéry et archidiacre de Londres, est d'une consultation d'autant plus aisée qu'elle a été tout dernièrement étudiée, éditée ou traduite[63]. Ces lettres ont été regroupées en collections par leurs auteurs eux-mêmes ou par leurs auxiliaires, pour être largement diffusées[64] : elles justifient une ligne d'action politique pour Thomas Becket, archevêque de Cantorbéry et défenseur acharné des libertés de l'Eglise contre le roi, ou pour Gilbert Foliot, évêque de Londres, son adversaire déclaré sur ce terrain, mais aussi pour Arnoul de Lisieux qui, après avoir été grand justicier de Normandie, tombe en disgrâce auprès du roi pour avoir essayé de le réconcilier avec ses fils à l'occasion de la révolte de 1173[65].

Outre le genre épistolaire, il faut mentionner des manuels destinés à enseigner un savoir technique aux responsables de l'administration royale, comme le *Dialogue sur l'Echiquier*, déjà mentionné, ou la *Constitution de la maison du roi* qui décrit, en 1136, le fonctionnement de l'hôtel[66]. A côté de ces ouvrages sur les *utilia*, les *subtilia* scolastiques retiennent l'attention des intellectuels anglais, parmi lesquels on songe inévitablement à Jean de Salisbury, dont l'œuvre foisonnante compte le *Policraticus* ou *Gouverneur de la Cité*, première analyse systématique du phénomène politique au Moyen Age.

Sur le plan sociologique, il est intéressant de constater la présence accrue de clercs séculiers parmi ces auteurs, ce qui contraste avec la période antérieure aux années 1150 où la plupart des œuvres conservées sont dues à des moines. Les jeunes intellectuels quêtent désormais le savoir parmi les maîtres des bouillonnantes écoles urbaines, bien plus que dans le silence des cloîtres monastiques. Leurs écrits participent du mouvement que l'on appelle aujourd'hui la Renaissance du XIIe siècle, à la suite de l'ouvrage publié par Charles H. Haskins, professeur à Harvard, en 1927, mais que Gautier Map (vers 1140-1209) — un autre clerc au service d'Henri II — dénommait alors « Modernité »[67]. L'anthropocentrisme en moins, ce nouvel humanisme n'a rien à envier à celui qui réapparaîtra au XVIe siècle : on y trouve l'optimisme sur la nature humaine que Dieu lui-même a revêtue, la fascination pour les auteurs de l'Antiquité classique, la christianisation de l'éthique stoïcienne, le rôle accru de la raison en philosophie et de l'expérience en sciences naturelles, la croyance en l'infinitude de la connaissance intellectuelle, la mise en cause partielle de la tradition et de l'argument d'autorité, une expression austère et pondérée des sentiments ainsi qu'une place nouvelle donnée à la langue vernaculaire dans l'écrit[68]. Cette laïcisation, certes toute relative, du savoir mène de nombreux clercs vers la cour des Plantagenêt, qui emploient leurs connaissances au service du pouvoir royal. L'étude des humanités a structuré leur pensée et leur a donné la maîtrise de l'expression écrite, formation idéale pour l'administration princière. Elle est parfois complétée par l'acquisition de notions juridiques, indispensables pour légiférer et juger. La renaissance intellectuelle du XIIe siècle sert indéniablement les objectifs politiques de la royauté, qui promeut l'entrée à la cour des clercs lettrés.

Pour l'Empire Plantagenêt, ce processus de consolidation étatique, sur lequel nous éclairent des sources bien plus abondantes que par le passé, se déroule dans un contexte événementiel qu'il est indispensable de retracer avant d'entrer dans le vif du sujet[69]. De façon paradoxale, cet empire prend racine dans la guerre civile qui, dès la mort d'Henri Ier en 1135, ravage le royaume anglo-normand fondé quelques décennies plus tôt par Guillaume le Conquérant (1035-1087). Deux candidats se disputent alors la succession d'Henri Ier : sa fille, l'impératrice Mathilde, épouse de Geoffroi le Bel d'Anjou, et son neveu Etienne de Blois (1135-1154). En 1144, les combats aboutissent à un partage : Etienne de Blois, couronné roi à Westminster en 1135, conserve l'Angleterre et les troupes angevines occupent la Normandie. L'été 1151, Geoffroi le Bel et son fils aîné Henri II se rendent à Paris, où ils prêtent l'hommage à Louis VII pour le duché de Normandie que le roi de France leur reconnaît alors.

A cette occasion, Henri II fait la connaissance de la reine Aliénor d'Aquitaine, qu'il épouse en mai 1152, après le constat de la nullité de son union avec Louis VII au concile de Beaugency. Par ce mariage avec une duchesse héritière, d'une dizaine d'années son aînée, Henri II s'approprie l'Aquitaine, qui comprend alors le Poitou, la Gascogne et le Limousin[70]. Depuis septembre 1151, la mort prématurée de son père l'a mis à la tête de l'Anjou, du Maine et de la Normandie, non sans avoir dû combattre au préalable son frère cadet Geoffroi, héritier légitime de l'Anjou aux termes du testament de son père[71]. Une troisième acquisition s'ajoute bientôt à ce patrimoine imposant qu'Henri II vient d'obtenir par succession paternelle, par mariage et par les armes[72]. Depuis les années 1140, Henri II est bien connu en Angleterre, où il a participé, encore adolescent, à la guerre auprès de son oncle, l'influent Robert de Gloucester (vers 1090-1147), bâtard d'Henri Ier et d'une dame de l'aristocratie de l'Oxfordshire[73]. En novembre 1153, au lendemain de la disparition prématurée de son aîné Eustache, le roi Etienne de Blois procède à l'adoption d'Henri II aux termes du traité de Wallingford ; son fils cadet Guillaume (†1160) devra se contenter du comté de Boulogne. A sa mort, la succession au trône d'Angleterre est donc assurée en faveur de l'Angevin. Le 19 novembre 1154, Henri II et Aliénor sont couronnés à Westminster. A vingt et un ans, le nouveau roi d'Angleterre se trouve à la tête du conglomérat de royaumes, duchés et comtés que nous appelons l'Empire Plantagenêt.

Henri II consolide ensuite sa position. Il se rapproche de Louis VII qui accepte, en 1154, à Rouen, son hommage pour ses principautés continentales. Pour entériner cette alliance, des fiançailles sont conclues entre Henri le Jeune, l'aîné du roi, et Marguerite de France, fille de Louis VII, qui lui apporte le Vexin normand en dot. Dans les pays de la Loire, Henri II poursuit cependant la guerre contre son frère Geoffroi qui réclame toujours l'Anjou. Après avoir écrasé ses troupes, il le met à la tête de Nantes, ville d'où le comte Hoel (1148-1156) a été évincé par une révolte urbaine en 1155. Trois ans plus tard à peine, à l'âge de vingt-quatre ans, Geoffroi meurt. Un autre Geoffroi, son neveu, fils d'Henri II, lui succède au comté de Nantes ; il obtiendra, en 1166, la totalité du duché de Bretagne de son beau-père Conan IV (1156-1171). Au sud, Henri II poursuit la politique expansionniste, traditionnelle pour les ducs d'Aquitaine, en direction de Toulouse[74]. En 1159, avec son chancelier Thomas Becket, il lève une troupe imposante pour assiéger la ville avec l'aide de Raimond Bérenger IV (1131-1162), comte de Barcelone et prince d'Aragon[75]. Mais Louis VII vient au secours de son beau-frère Raimond V de Toulouse (1148-1194). Le roi d'Angleterre se retire, non sans avoir annexé Cahors et une partie du Quercy. Il ne recevra l'hommage du comte de Toulouse qu'en 1173.

Au cours des années 1160, Henri II est occupé par deux affaires dont les conséquences lui seront, à la longue, néfastes. D'une part, il envisage, dans la plus pure tradition angevine[76], le partage de ses principautés entre ses garçons : royaume anglo-normand et Grand Anjou pour Henri le Jeune, Aquitaine pour Richard Cœur de Lion et Bretagne pour Geoffroi. Pour caser le benjamin, Jean « sans Terre », né en 1166, il faut se rabattre successivement sur la Maurienne par mariage, le comté de Mortain ou la partie orientale de l'Irlande, conquise, autour de cette date, par les guerriers cambro-normands [77]. D'autre part, Henri II entre en conflit ouvert avec Thomas Becket, son ancien chancelier, consacré archevêque de Cantorbéry en 1162. Le refus catégorique opposé par Thomas aux constitutions de Clarendon, grâce auxquelles le roi entend abolir plusieurs privilèges ecclésiastiques et mieux contrôler l'Eglise d'Angleterre, aboutit à son exil, puis à son meurtre en 1170. Le crime dans la cathédrale entame considérablement l'autorité d'Henri II.

C'est le moment, en 1173, qu'Aliénor d'Aquitaine et ses fils, impatients de disposer librement de leur héritage, choisissent pour se révolter contre lui. Ils comptent sur l'appui de l'aristocratie de leurs principautés respectives, sur l'aide du roi de France et des comtes de Blois, de Boulogne et de Flandre, ainsi que de Guillaume le Lion (1165-1214), roi d'Ecosse. La capture de ce dernier à Alnwick, en juillet 1174, au moment même où Henri II mène son pèlerinage pénitentiel sur le tombeau de Thomas Becket, facilite l'écrasement des rebelles. Le roi se réconcilie avec ses fils et soumet Aliénor d'Aquitaine à une longue captivité. Son prestige est immense en Occident, comme le prouvent les demandes de son arbitrage dans les différends entre les rois Alphonse VIII de Castille (1158-1214), son gendre, et Sanche VI de Navarre (1154-1194), en 1177, et entre Henri le Lion (1129-1195), duc de Saxe et Bavière, un autre de ses gendres, et l'empereur Frédéric Barberousse (1152-1190) en 1182.

Il ne parvient toutefois pas à empêcher ses propres enfants de se révolter à nouveau contre lui ou de se combattre les uns les autres. En 1183, Henri le Jeune meurt en Limousin, alors qu'il vient de dévaster le pays pour manifester son désaccord avec son père. Trois ans plus tard, Geoffroi de Bretagne disparaît à son tour à Paris, où il séjourne souvent pour bien marquer son alliance avec Philippe Auguste à l'encontre d'Henri II. Le nouveau roi de France manifeste, en effet, la ferme détermination de combattre son rival Plantagenêt, car il considère la domination angevine sur de si vastes territoires continentaux comme un danger majeur pour les Capétiens [78]. En juillet 1188, il reprend les hostilités contre Henri II. Cette fois-ci, il compte sur l'appui militaire de Richard Cœur de Lion, qui combat avec succès son propre père dans la vallée de la Loire. Jean sans Terre est aussi du complot. Le 4 juillet 1189, en situation d'infériorité, Henri II doit reconnaître Richard comme seul héritier au traité d'Azay-le-Rideau. Deux jours plus tard, abandonné de tous, il meurt dans son château de Chinon.

En septembre 1189, Richard Cœur de Lion est couronné roi

d'Angleterre[79]. Mais sa volonté n'est tendue que vers un but unique : accomplir le vœu de croisade qu'il a prononcé avec Philippe Auguste, en apprenant la nouvelle de la chute de Jérusalem (1187)[80]. Il institue la dîme saladine, lève de nombreuses troupes et affrète une flotte impressionnante. Se méfiant des barons gascons et de Raimond V de Toulouse, il passe un traité avec le roi Sanche VI de Navarre pour qu'il les surveille en son absence. Ce pacte aboutira à son mariage avec Bérengère, fille de Sanche, célébré à Limassol (Chypre) en mai 1191. L'hiver 1190-1191, les croisés séjournent en Sicile, où les relations entre les rois d'Angleterre et de France commencent à se détériorer, car ils se disputent la direction de la croisade. Au printemps, Richard conquiert Chypre. En Terre sainte, par la victoire d'Arsur (septembre 1191) et la conquête de Jaffa (août 1192), il garantit aux Latins le contrôle de presque tout le littoral palestinien.

Mais Philippe Auguste, de retour en France, vient de passer un pacte avec Jean sans Terre qui lui cède le Vexin, le bas Berry et une partie de la Touraine en échange du gouvernement des principautés de son frère. La situation se complique d'autant plus en Angleterre que le justicier Guillaume de Longchamps a du mal à imposer son autorité face aux intrigues d'une partie de l'aristocratie, de Geoffroi, futur archevêque d'York, fils bâtard d'Henri II, et de Gautier de Coutances, qui arrache finalement à Guillaume la charge de justicier. En septembre 1192, après avoir conclu une trêve avec Saladin (1171-1193), Richard rentre en Occident, mais il est capturé par Léopold d'Autriche (1177-1194), qui le livre à l'empereur Henri VI (1190-1197). En dépit de l'excommunication lancée par Célestin III contre Léopold, qui a bafoué les droits les plus élémentaires du croisé, la captivité du roi dure plus d'un an et demi. Henri VI le contraint même à lui remettre ses principautés en fief.

Dans l'Empire Plantagenêt, toutefois, Aliénor d'Aquitaine encourage l'opposition à Jean et réussit à lever l'énorme rançon nécessaire à la libération de son fils Richard, qui équivaut au revenu de l'Angleterre pendant deux ans[81]. A son retour, en avril 1194, le roi pardonne à son frère. Il s'engage dans une guerre sans merci contre Philippe Auguste, son allié d'antan, pour récupérer les territoires perdus. Dans les mois qui suivent, ses victoires à Fréteval et à Issoudun, et sa conquête d'Angoulême avec l'aide de son beau-père Sanche VI, lui rendent le Vexin, la Touraine et le bas Berry[82]. Le traité de Louviers de 1196 entérine cette situation[83]. Sur le plan diplomatique les succès sont aussi importants : rapprochement avec Baudouin IX (1194-1206), comte de Flandre, mariage de sa sœur Jeanne, veuve de Guillaume II de Sicile, avec Raimond VI (1194-1222), comte de Toulouse, couronnement impérial de son neveu Otton IV de Brunswick (1198-1218)... Fort de toutes ces réussites, Richard peut se consacrer à pacifier l'aristocratie aquitaine. En mars 1199, une nouvelle révolte du comte d'Angoulême le mène en Limousin. C'est en assiégeant le château de Châlus, tenu par un fidèle du vicomte de Limoges, qu'il est touché par un carreau d'arbalète. La gangrène l'emporte le 6 avril 1199, à l'âge de quarante et un ans.

Son frère Jean sans Terre lui succède. Dans un premier temps, il s'assure la neutralité de Philippe Auguste par la coûteuse paix du Goulet (22 mai 1200), aux termes de laquelle il lui abandonne le pays d'Evreux, une partie du Vexin et le bas Berry[84]. Mais cette trêve fait long feu. Le 24 août 1200, afin de raffermir sa domination en Poitou, Jean épouse Isabelle, héritière d'Angoulême. Toutefois, Isabelle a déjà été mariée par des *verba de presenti* à Hugues IX de Lusignan, comte de la Marche : elle était alors âgée de neuf ans et cette union n'a pas été consommée. Petite-fille par sa mère de Pierre de Courtenay, frère de Louis VII, Isabelle est aussi la cousine de Philippe Auguste. Or, son mariage avec Jean sans Terre met d'une part, fin aux prétentions des Lusignan, comtes de la Marche, sur l'Angoumois et, d'autre part, écarte l'influence capétienne de la région[85]. A la demande d'Hugues IX de Lusignan, Philippe Auguste riposte en décrétant la commise (l'expropriation par le seigneur de son vassal félon) des fiefs continentaux du roi d'Angleterre, le 28 avril 1202. Il soutient Arthur de Bretagne, neveu de Jean, élevé à la cour de France, qui envahit l'Anjou. Le roi d'Angleterre parvient cependant à le battre en Poitou, le capturant à Mirebeau en juillet 1202. Ce n'est là qu'une bien provisoire rémission. Jean sans Terre, incapable d'exploiter sa victoire, s'aliène l'aristocratie sur ses propres terres. Les succès de Philippe Auguste se multiplient jusqu'à la conquête de la Normandie, de l'Anjou et de la Touraine, en 1204. Ces principautés échappent à jamais au roi d'Angleterre.

Jean connaît enfin des difficultés similaires en Aquitaine, où la mort de sa mère Aliénor, le 1er avril 1204, obère ses intérêts. Aussitôt, les villes et l'aristocratie poitevines font allégeance à Philippe Auguste. La Gascogne est envahie par Alphonse VIII de Castille, qui la réclame en dot de son épouse, sœur de Jean : le contrat de mariage stipulait, en effet, qu'il pourrait s'en emparer à la mort de sa belle-mère[86]. Mais la détermination de Savary de Mauléon, sénéchal de Poitou[87], et d'Elie de Malmort, archevêque de Bordeaux, aide à ramener une partie des élites locales dans le camp Plantagenêt et de rétablir la situation. L'été 1206,

Jean sans Terre revient sur le continent avec d'importantes troupes. Il conclut avec Philippe Auguste une trêve qui lui permet de garder l'Aquitaine.

Mais Jean doit faire face à d'aussi graves problèmes sur l'île. Il s'oppose à ce qu'Etienne Langton, élu archevêque de Cantorbéry, vienne en Angleterre prendre possession de son siège ; par rétorsion, Innocent III jette l'interdit sur le royaume en 1208 et excommunie le roi en 1209. Philippe Auguste est même sur le point d'envahir l'île. En février 1214, toutefois, Jean sans Terre débarque avec ses troupes sur le continent. Sans doute les membres normands et angevins de son entourage, qui ont tant perdu[88], le poussent-ils à s'engager dans cette reconquête hasardeuse, qui fait taire momentanément la contestation en Angleterre. Mais cette campagne se termine, le 2 juillet, par la défaite de la Roche-aux-Moines. Le 27 juillet, les alliés impériaux de Jean sont également battus à Bouvines. La trêve de cinq ans que Philippe Auguste accorde au roi d'Angleterre à Chinon lui permet de se retirer à bon compte. De retour sur l'île, il affronte une révolte généralisée qui lui impose la Grande Charte du 19 juin 1215. Ses opposants font même appel au futur Louis VIII (1223-1226), qui débarque dans le Kent, contrôle l'est de l'île et entre dans Londres le 2 juin 1216. Mais la mort de Jean, le 19 octobre, provoque une réaction en faveur de son fils Henri III, qui chasse le Capétien. Ce décès inattendu du roi sauve probablement sa dynastie, qui conserve la couronne d'Angleterre.

Les difficultés ne cessent pourtant pas pour Henri III, encore mineur, et pour son justicier Hubert de Burgh. Geoffroi de Marisco, lui-même justicier d'Irlande, fait sécession ; Llywelyn ap Iorwerth, prince du nord de Galles, conquiert plusieurs châteaux anglais au sud de son pays. Mais c'est en Aquitaine que la situation devient intenable. Revenue dans ses terres, la veuve Isabelle d'Angoulême se marie avec Hugues X de Lusignan, comte de la Marche, le fils de son ancien fiancé, créant la vaste principauté territoriale au sud du Poitou, que Jean avait jadis tant redoutée. Le 2 juin 1224, le nouveau couple s'entend avec Louis VIII à Bourges : en échange de Saintes, de l'île d'Oléron et d'une pension annuelle de deux mille livres, le roi de France l'aidera à prendre l'Aquitaine. Louis VIII s'allie, de même, avec les vicomtes de Thouars et de Limoges, et conquiert La Rochelle (tête de pont pour toute éventuelle reconquête depuis l'Angleterre), Saintes et Saint-Jean-d'Angély. Le Poitou échappe définitivement à Henri III. Seule la Gascogne résiste aux hommes d'Hugues X, auxquels elle préfère la lointaine domination anglaise. Mais les moyens d'action et les ressources d'Henri III sont faibles en comparaison de ceux de ses ancêtres. Tout au plus sa flotte parvient-elle à reprendre Oléron en 1230. La révolte de 1242 contre la royauté française menée par Hugues X et Isabelle d'Angoulême, habitués du revirement d'alliance, et par Raimond VII de Toulouse (1222-1249) avec l'appui d'Henri III est vite matée. En 1259, le traité de Paris reconnaît la Gascogne à la couronne anglaise[89], mais depuis 1224, sans le Poitou, l'Empire Plantagenêt n'est plus.

Il n'en a pas moins perduré quelque soixante-dix ans. Les causes d'une telle longévité sont l'objet du présent livre. Pour les mettre en lumière, force est de partir de la figure du roi, de sa famille et de son proche entourage. Ce milieu restreint, parfois solidaire, souvent en conflit, mérite une étude approfondie, car il incarne le gouvernement même de l'Empire Plantagenêt. Il est le promoteur de l'idéologie et de la propagande royales, destinées à rendre acceptable l'obéissance au roi dont les exigences en matière fiscale et militaire sont en hausse perpétuelle. C'est dans ce contexte que le mythe des origines, l'histoire immédiate ou la fiction romanesque sont sciemment manipulés, à l'instar de la légende arthurienne. De cette cour toujours en déplacement, vers laquelle affluent toutes les informations, émanent les décisions, prises en conseil, puis mises en forme par des clercs savants. Elles sont inégalement répercutées par les officiers locaux de la maison d'Anjou aux différents acteurs politiques et sociaux. L'aristocratie et la hiérarchie épiscopale sont les interlocuteurs privilégiés du roi. Avec les communes naissantes, ils sont même les seuls groupes sociaux à pouvoir entériner ou refuser ses ordres de leur propre gré. Leur discipline ou leur révolte expliquent la cohésion ou la dislocation de l'Empire Plantagenêt. Cette docilité ou, au contraire, cette résistance interviennent dans un monde rarement pacifié où la guerre et la violence des chevaliers sont omniprésentes. Elles posent le problème du triomphe ou de l'échec d'un pouvoir étatique supérieur en pleine croissance.

Pour les aborder, nous nous pencherons, dans un premier temps, sur le « centre » politique, le lieu de décision, de propagande et de coercition qu'incarnent le roi et son entourage. C'est à partir de cette cour, dotée d'un appareil idéologique en pleine évolution, que sont imposées des structures administratives à la « périphérie » sociale, étudiée dans un second temps. Deux groupes acceptent ou rejettent les directives royales : d'une part, les guerriers de la noblesse, maîtres de leurs seigneuries et de leurs réseaux féodaux, et forts de leur maniement des armes, et, d'autre part, l'épiscopat et le clergé savant dont une grande part de son autonomie est sauvegardée par des privilèges anciens et par une réflexion spécifique sur le pouvoir.

Gouverner et imposer
le pouvoir royal

En 1177, Pierre de Blois, clerc familier d'Henri II, écrit une lettre à l'Anglais Gautier, archevêque de Palerme, qu'il a longuement fréquenté à l'occasion d'un séjour de jeunesse en Sicile normande. Cette même année, le mariage entre Jeanne, fille du roi d'Angleterre, et Guillaume II (1154-1189), roi de Sicile, dont Pierre a été jadis le précepteur, resserre les liens entre la grande île méditerranéenne et l'Angleterre des Plantagenêt. Pierre répond à la requête de son ami, curieux d'en savoir davantage sur son maître. D'emblée, il compare Henri II à David, le roi par excellence de l'Ancien Testament, roux comme lui. Il poursuit cette description physique : taille moyenne, tête ronde, visage carré, yeux passionnés, calvitie à la César, nez proéminent... Il s'arrête sur ses « jambes équestres » : « Bien qu'elles soient affreusement blessées et couvertes de bleus par les ruades fréquentes des chevaux, il ne s'assied jamais, sauf sur une monture ou à table [1]. » Le corps du roi porte les stigmates d'une chevauchée incessante. Destriers et palefrois sont ses compagnons attitrés. Au pas avec sa cour ou au galop avec son armée [2], il est un perpétuel cavalier.

Dans une autre lettre, cependant, l'admiration de Pierre de Blois pour Henri II est plus nuancée [3]. Elle est troublée par les scrupules de ce prêtre de cour, tiraillé entre l'envie d'user de sa charge politique pour œuvrer au bien et son aspiration à une vie contemplative, impossible dans un milieu mondain dont il détaille les multiples tentations [4]. De façon plus prosaïque, l'âge aidant, il est las de ces voyages perpétuels qui empêchent les courtisans de se poser. Il décrit les malheurs de cette vie nomade, quand les serviteurs du roi s'attendent, anxieux, à prendre la route à l'improviste, au gré des caprices du roi. C'est inopinément qu'ils apprennent leur départ. Une fois leur cortège en branle, un parcours semé d'embûches les attend : « Pour cette "vanité des vanités" (Qo 1, 2), nos courtisans endurent aujourd'hui le labeur et la fatigue, de nombreuses veilles et de grands dangers, danger de mer, danger des fleuves, danger des montagnes, danger des faux frères (cf. II Cor 11, 26-27). Ils affrontent souvent la mort, brisent et épuisent leur corps, risquent leur vie. » Mais, contrairement à saint Paul et ses missions apostoliques, ils ne subissent pas ces périls au nom du Christ : « Ils sont les professeurs de la mondanité, les disciples de la cour, les chevaliers d'Hellequin[5]. » Ce personnage légendaire, âme damnée à qui le diable a interdit de jamais descendre de cheval, conduit une troupe de revenants qui, échappés des enfers, purgent leurs peines en ce monde dans une errance éternelle[6]. Cette agitation frénétique rappelle également à Gautier Map, autre compagnon d'infortune de Pierre de Blois auprès de l'Angevin, la cour royale en déplacement : « La mesnie Hellequin a été aperçue pour la dernière fois, au pays de Galles, à Hereford, la première année du règne d'Henri II, vers midi. Ils voyageaient comme nous, avec des chariots et des chevaux de somme, avec des bâts et des paniers, des oiseaux et des chiens, hommes et femmes mêlés [...]. Depuis ce jour, cette troupe ne s'est plus montrée, comme si elle nous avait transmis à nous, pauvres fous, les errances dans lesquelles nous usons nos vêtements, nous dévastons des royaumes, nous épuisons nos corps et ceux de nos montures sans avoir le temps de guérir nos âmes malades[7]. » Pierre de Blois et Gautier Map semblent particulièrement traumatisés par le nomadisme infernal du roi et de sa suite. Dans leur discours clérical perce une diabolisation de la cour, dont nous analyserons plus tard les multiples enjeux.

Pour l'instant, il importe de nuancer leur vision négative. Contrairement aux dires de Pierre de Blois, les parcours du roi ne sont nullement improvisés. Ils répondent à un plan de route préalable, savamment conçu et longuement mûri. La comptabilité royale des *Pipe rolls* montre qu'ils sont parfois préparés six semaines à l'avance en collaboration avec les intendants des seigneuries royales où le cortège trouve largement de quoi se nourrir[8]. D'ailleurs, des marchands le suivent et des paysans se présentent sur sa route, afin de veiller à son approvisionnement[9]. Enfin, les étapes, de quelque trente-cinq kilomètres par jour à cheval ou en char, sont loin d'être harassantes. Elles le sont d'autant moins que, comme l'attestent dans leur précision les dépenses consignées à l'Echiquier, un soin tout particulier est apporté à l'intendance : une partie du trésor est transportée sur un très grand char, la *longa carreta* ; la cuisine, sur un ou deux chars à un seul cheval et les vivres sur un autre ; les armes, le matériel du forgeron et les objets liturgiques de la chapelle sont empaquetés sur des montures [10]. Les voyages de la cour ne sont pas aussi pénibles que le disent Pierre de Blois ou Gautier Map.

De plus, à l'occasion de ces déplacements, les conditions de logement sont loin d'être précaires. Elles ne diffèrent guère de la vie sédentaire dans un château, où la promiscuité et l'absence d'espaces d'intimité sont le lot commun des subalternes. Pour leur voyage en rase campagne, le roi et ses plus proches peuvent même compter sur un abri confortable. Le cadeau favori d'Henri II à d'autres monarques est, en effet, une tente de prix. En 1157, c'est un véritable pavillon, monté à l'aide de poulies et autres mécanismes sophistiqués, qu'il envoie à Frédéric Barberousse ; le chroniqueur germanique Rahewin de Freising († vers 1175) le décrit comme « une tente digne d'être admirée pour sa décoration splendide », tissée de fils exotiques et couverte de motifs brodés [11]. En 1177, une « tente en soie » fait également partie de la dot que Jeanne apporte à Guillaume II de Sicile [12]. Le présent par excellence d'Henri II à ses pairs consiste donc en un pavillon, indispensable selon lui à tout roi pour ses déplacements. C'est dire l'importance que le voyage revêt à ses yeux.

L'itinérance est inhérente au gouvernement du vaste Empire Plantagenêt. Au cours de ses trente-quatre années de règne, Henri II a fêté Noël en vingt-quatre endroits différents, il a traversé vingt-huit fois la Manche et deux fois la mer d'Irlande [13]. L'addition des mois qu'il passe alors dans chacune de ses principautés permet d'obtenir des renseignements significatifs. Il demeure surtout en Normandie (quatorze ans et demi) et en Angleterre (treize années), où son pouvoir est le mieux implanté et d'où il tire ses principales ressources fiscales. En contrepartie, il ne passe en Anjou et en Aquitaine que sept années, c'est-à-dire le cinquième de son règne [14]. La route du roi traverse plus souvent les territoires septentrionaux, dociles et bien administrés, que les séditieuses régions du sud de la Loire. De fait, elle jalonne et crée même son Empire, comme si le Plantagenêt s'appropriait l'espace par sa seule présence physique. Ses réseaux féodaux dépendent presque exclusivement de ces contacts d'homme à homme avec les fidèles : une absence prolongée affaiblit sa domination ; elle favorise la révolte du fils auquel Henri II a confié une principauté territoriale, ou l'indépendance de la noblesse locale. Au dire du roi, elle fomente querelles et conflits [15]. En revanche, la cour en mouvement lui paraît source de justice, de bon gouvernement et de patronage. Le sens ultime de ces tournées est, en définitive, de contrôler étroitement la noblesse locale et les agents locaux du roi, dont il importe de surveiller la gestion. La lettre de Pierre de Blois l'affirme explicitement : « Henri II ne se repose pas dans son palais comme les autres rois, mais courant les provinces, il examine les faits de chacun, jugeant par-dessus tout ceux qu'il a constitués juges d'autrui[16]. » La mobilité de l'Angevin et de sa cour dépend étroitement de la stabilité de l'officier local[17]. Et la personnalisation de son pouvoir itinérant, du développement d'une bureaucratie impersonnelle.

Cette donnée coïncide avec le calcul précédent des mois passés par Henri II dans chacune de ses principautés : les fonctionnaires les plus nombreux se trouvent dans l'ancien royaume anglo-normand. C'est là aussi que la densité de domaines royaux, où il peut s'arrêter avec sa cour pour consommer sur place le fruit du travail paysan, est la plus élevée. Des structures administratives solides y existent de longue date, comme le prouve le maillage serré de prévôtés[18]. *Sheriffs* anglais ou « vicomtes » normands reçoivent à ferme les seigneuries du roi, les forêts ou les fiefs vacants de leur titulaire ; ils assurent la justice et la police dans leur circonscription, à l'aide de quelques sergents et informateurs[19]. Ils prélèvent les taxes ordinaires, principalement sur le commerce et les transactions, ou les taxes extraordinaires : ancien *Danegeld* (tribut jadis versé aux Vikings) jusqu'en 1161[20], dîme saladine en 1188, carruage proportionnel à l'étendue des propriétés foncières sous Richard Cœur de Lion, écuage sur les feudataires ne pouvant s'acquitter de leur service militaire, autres aides pour la guerre... Ces agents locaux doivent justifier leur gestion devant l'un des Echiquiers qui existent de part et d'autre de la Manche depuis le début du XIIe siècle. En cas de corruption, ils versent une amende équivalant au double des gains illicites. Ils sont, d'ailleurs, régulièrement inspectés par des envoyés de la cour royale, juges itinérants suivant un *eyre* (circuit fixé par la coutume). Avec ces *sheriffs*, « vicomtes » et prévôts, d'autres officiers servent de relais local au pouvoir du Plantagenêt. Il s'agit principalement des gardiens des châteaux royaux, qu'il nomme, déplace ou démet, ainsi que des responsables de la frappe de deniers en argent, lui achetant leur coin. Ce système bureaucratique implique encore fermage, vénalité et hérédité des charges. A la fin de son règne, Henri II commence à lui substituer la nomination et la rémunération directe des officiers par l'administration centrale. Cette modernité n'est toutefois de mise qu'en Angleterre ou en Normandie. Elle contraste avec le caractère embryonnaire de l'administration en Anjou ou Aquitaine, où quelques prévôts exploitent les seigneuries du comte et tentent d'imposer, tant bien que mal, sa justice autour d'elles.

A la tête de chaque principauté territoriale se trouve un représentant du roi. Il peut s'agir d'un régent pour ses fils mineurs, mais on a plutôt affaire à un grand justicier pour l'Angleterre ou la Normandie et à un sénéchal pour l'Anjou et l'Aquitaine[21]. Dans le royaume anglo-normand, le dapiférat (charge honorifique du sénéchal, responsable de la maison et la domesticité royales) confère plutôt le commandement de l'armée. Le sceau du roi est entre les mains du chancelier, qui supervise l'émission de ses actes. Une partie des prélèvements fiscaux d'Angleterre et Normandie n'est pas utilisée localement, mais sert à rémunérer le personnel de la cour, à accorder des fiefs-rente aux nobles ou à subventionner les campagnes militaires sur les fronts ligériens et aquitains. Elle est provisoirement entreposée à Winchester — puis, dès 1207, à Westminster et dans d'autres villes anglaises — ou à Caen, sous la responsabilité d'un trésorier et de deux chambellans, avant d'être transportée dans la *longa carreta* ou embarquée sur un bateau appelé *Serpent*[22].

Le *Dialogue sur l'Echiquier* fait la démonstration de ce que devraient être les bonnes orientations financières du royaume : « L'argent semble aussi nécessaire en temps de guerre que de paix. D'une part, il est versé pour renforcer les enceintes des villages ou pour payer les soldes et autres gages en fonction de la qualité des personnes ; le tout pour conserver le bon état du royaume. D'autre part, alors que se tait le bruit des armes, des églises sont construites par les princes pieux, le Christ est nourri et habillé dans la personne du pauvre (Mt 25, 40) et Mammon est distribué par la pratique des autres œuvres de miséricorde (Lc 16, 9)[23]. » Ce programme donne la priorité à la défense militaire par la construction castrale et par la rémunération des guerriers ; il encourage le patronage des églises, l'assistance et la charité. Héritier de la vieille théologie augustinienne, il présente le roi menant une guerre juste et défensive, favorisant le culte chrétien et soulageant la misère de ses sujets.

Nous ne saurons jamais à quel degré les Plantagenêt ont médité le programme sobrement exposé par le trésorier d'Henri II, ni la nature réelle de leurs motivations politiques. Ils n'en ont pas moins mené d'innombrables guerres pour conserver l'intégralité de leurs territoires, voire pour les agrandir. Ils ont bâti des châteaux, des monastères et des églises. Ils ont été touchés par de nouvelles spiritualités évangéliques encourageant le service au pauvre. En outre, ils ont essayé d'établir partout leur justice, considérant qu'ils étaient plus à même de régler les conflits et de faire régner la paix que leurs vassaux de la noblesse ou de l'Eglise. Pour gouverner avec efficacité et imposer leur pouvoir, il leur fallait compter sur l'aide et le conseil d'un groupe fourni de fidèles ; il leur fallait aussi légitimer leur domination croissante grâce à une idéologie et à une propagande qui la justifieraient auprès de l'aristocratie et du clergé. Ils apportèrent donc une attention particulière à la composition de leur cour et à la culture politique développée par les intellectuels à leur solde.

La cour, ses serviteurs et leur savoir

Pour les clercs de l'entourage d'Henri II, comprendre la cour tient de la gageure. Ils disent même que son analyse dépasse largement leurs forces. Gautier Map l'écrit sans ambages : « L'étude de la cour est une matière tellement vaste qu'aucun travail ne peut en venir à bout ni la maîtriser. » Il s'avoue même vaincu d'avance devant l'ampleur de la tâche : « Je parle de la cour. Mais quant à savoir ce qu'est la cour... Là, seul Dieu sait[1] ! » Ce n'est pas très encourageant pour le médiéviste qui voudrait s'y essayer à son tour, confrontant les écrits laissés par les courtisans aux méthodes de sa science. La cour lui apparaît pourtant comme le lieu par excellence du pouvoir royal. Elle est le centre à partir duquel le monarque et sa suite gouvernent la périphérie. C'est d'elle qu'émanent les décisions appliquées, avec plus ou moins d'efficacité, dans les différentes principautés territoriales. Son rayonnement à l'échelle locale dépend de sa mobilité, des enquêtes et des missions de ses envoyés, des rapports de ses informateurs et des lettres dressées dans sa chancellerie et portées par ses messagers. Pour saisir en profondeur ce noyau dur du pouvoir royal, force est de revenir à la signification de *curia,* son équivalent latin dans les sources du XIIe siècle. Le champ sémantique de ce mot couvre le triple sens attribué de nos jours à « cour ». Il désigne, à la fois, le tribunal, le palais et l'entourage.

Penchons-nous, en premier lieu, sur la fonction judiciaire. La centralisation de la justice est le principal enjeu du combat que le roi livre aux sires châtelains à la fin du XIIe siècle. Sur le plan social, elle implique le monopole royal du ban, du pouvoir de coercition et de contrainte, au détriment des seigneuries justicières. Sur le plan idéologique, elle s'inscrit dans la tradition romaine, christianisée par saint Augustin, selon laquelle il n'y a pas de paix sur terre sans une justice exercée de façon équitable par le prince. Ce processus de centralisation au profit de la *curia regis* est très avancé en Angleterre[2]. Ici, les assises de Clarendon de 1166 imposent les visites générales et annuelles des juges royaux dans les comtés pour empêcher les abus des *sheriffs* dans leurs circonscriptions et pour abolir les vieilles franchises judiciaires. Le pays sera désormais parcouru par des juges itinérants, issus de la cour royale, pour surveiller le bon fonctionnement des tribunaux comtaux[3]. La grande *Inquisitio vicecomitum* (*Inquest of sheriffs*) de 1170, qui examine la gestion des officiers des comtés et qui aboutit à la disgrâce de certains d'entre eux pour corruption, témoigne encore de l'efficacité du système anglais[4]. Cette enquête marque un tournant important pour notre propos : l'apparition de juges locaux étroitement liés à la cour dont ils sont d'ailleurs issus, que des historiens anglais n'hésitent pas à appeler les *curial sheriffs*[5]. Leur contrôle s'accroît encore sous Richard Cœur de Lion et Jean sans Terre. Ces *sheriffs* atténuent-ils pour autant leurs exigences fiscales ou cessent-ils leurs exactions ? Tel n'est pas l'avis des révoltés de 1215, qui font condamner leurs abus dans la Grande Charte[6]. Ils sont pourtant tenus de rendre régulièrement des comptes devant les bureaux de l'Echiquier, situés à Westminster. En plus de la généralisation des tournées annuelles des juges itinérants, une autre mesure prise lors des assises de Clarendon est la punition par les instances civiles des clercs criminels. Cette décision sera une pomme de discorde entre Henri II et Thomas Becket, partisan d'une justice ecclésiastique. En bref, la concentration judiciaire est largement menée en Angleterre au profit de la cour. La situation est, à bien des égards, similaire en Normandie. Pourtant, l'exemple anglo-normand est trompeur, car en Anjou et en Aquitaine les pouvoirs locaux conservent une large marge de manœuvre vis-à-vis de l'autorité centrale.

En second lieu, la *curia* est un lieu de résidence. Au cours de la dernière décennie, les monographies sur les différents sites habités par la dynastie Plantagenêt se sont multipliées[7]. Elles témoignent de l'apport notable de la castellologie — science aussi attentive aux formes architecturales qu'aux sources écrites — à notre connaissance du passé politique et guerrier. Elles décrivent Gisors, Loches ou Chinon, sur le continent, ainsi qu'Orford (Suffolk), où Henri II fait construire, entre 1165 et 1173, un donjon polygonal dont le plan tranche sur les vieilles tours carrées normandes. Mais les deux forteresses les plus importantes des Angevins sont Douvres (Angleterre), fortement modifiée entre 1180 et 1189, et Château-Gaillard (Normandie), construite par Richard Cœur de Lion en 1196, à son retour de la croisade : leur prix, très élevé, est évalué à 7 000 et à 11 250 livres respectivement ; à titre de comparaison, les revenus fiscaux de la Normandie représentent quelque 14 000 livres pour l'année 1195[8]. Les progrès de la poliorcétique et l'influence de l'architecture militaire de Terre sainte expliquent les nombreuses innovations de ces châteaux, qui répondent au schéma des fortifications concentriques, avec enceinte extérieure et intérieure. Avec une trentaine d'années d'avance par rapport aux Capétiens, les ingénieurs des Plantagenêt concrétisent alors les progrès les plus à la pointe de l'architecture militaire : recours exclusif à la pierre de taille, talus à l'angevine, tour à éperon, contrefort circulaire, mâchicoulis sur arcs, archère à niches ou en étriers, fente de visée perfectionnée[9]... En outre, les vieux châteaux royaux sont renforcés par des tours de flanquement à vocation offensive. Leurs donjons ne sont pas toujours très commodes, et les Plantagenêt y aménagent de nouveaux appartements pour y résider dans le confort, comme à Chinon[10]. C'est là qu'ils vivent souvent, tiennent leur cour et participent aux offices religieux. Par exemple, Adam d'Eynsham, hagiographe d'Hugues d'Avalon (1186-1200), évêque de Lincoln, décrit Richard Cœur de Lion, en août 1198, assistant à la messe dans la chapelle castrale de Château-Gaillard, au moment où le saint homme exige le baiser de paix que le roi, brouillé avec lui, tarde à donner[11]. Cette assimilation du palais et de la forteresse semble originale en Occident, alors que partout ailleurs le séjour royal et noble se démilitarise, et que les cadets descendent du château perché de l'aîné pour bâtir en plaine leur propre maison[12]. Cette double vocation, résidentielle et militaire, des châteaux des Plantagenêt témoigne, sur le plan symbolique, d'un modèle guerrier de la monarchie et, sur le plan politique, de la difficulté à gouverner un territoire trop souvent en révolte.

Les hommes dans leurs luttes

Le troisième sens de *curia* mérite de plus amples développements. Il désigne l'entourage royal, c'est-à-dire le personnel ou, plus généralement, la société politique qui seconde le prince dans ses décisions et qui l'aide à gouverner ses territoires. Le roi sollicite continuellement son conseil. La chronique du monastère de Battle met en scène son abbé montrant à Henri II la charte de fondation de l'établissement par Guillaume le Conquérant, sur le site de la bataille de Hastings (1066) ; il lui demande un document de confirmation. Et le roi de lui répondre sur-le-champ : « Je n'en ferai rien sans un jugement de ma cour[13]. » Il sait peut-être qu'au cours des années 1150, de nombreux faux au nom de Guillaume le Conquérant ont été forgés dans ce monastère pour entériner son immunité[14]. L'abbé s'adresse aussitôt à Richard de Lucé (†1179), le justicier du royaume, qui prend sa défense devant Henri II et les siens. C'est seulement après avoir écouté les avis des uns et des autres que le roi ordonne de confirmer la charte de fondation[15]. Autre exemple de l'influence de la cour sur le prince : au début du conflit entre Henri II et Thomas Becket, le clergé de la province de Cantorbéry envoie une lettre au pape pour faire porter sur l'entourage royal la responsabilité des mesures contraires aux libertés ecclésiastiques ; il y est question « des fidèles et familiers du roi qui l'assistent spécialement en privé, ceux par qui sont dirigés les conseils du roi et les affaires du royaume[16] ». Enfin, le *Dialogue sur l'Echiquier* mentionne dans des termes semblables « les grands du royaume qui conseillent de façon plus familière et privée le roi, afin que ce qui aurait été décidé ou déterminé par de si hauts personnages perdure d'un droit inviolable[17] ». Dans une monarchie étrangère à l'absolutisme de type moderne, la prise collective des décisions donne plus de poids aux ordres royaux, et permet de diluer la responsabilité du prince et d'attribuer, le cas échéant, une erreur politique à l'un de ses subalternes. Le registre sémantique de ces textes, qui mettent en avant les termes *fidelis, familiaris, secreta, consilium* et *assistere*, témoigne du caractère domestique, privé et restreint de cet entourage, dont le roi ne saurait nullement se passer pour gouverner[18].

Pour le règne d'Henri II, l'étude de cette suite de fidèles peut s'appuyer sur les solides biographies établies par l'érudit normand Léopold Delisle au début du XXe siècle[19]. Mais, sur le plan méthodologique, elle doit désormais s'inscrire dans la lignée de la thèse déjà classique, publiée en 1965, de Jean-François Lemarignier, sur *Le gouvernement royal aux premiers temps capétiens (978-1108)*. Cette démarche se fonde sur le dépouillement, le comptage et l'identification des témoins et souscripteurs des diplômes royaux ; elle a permis de dégager la spécificité d'un groupe de conseillers pour le replacer dans un contexte global d'évolution des pouvoirs et de la société. Elle a fait bien des émules, surtout parmi les spécialistes français du XIIe siècle[20]. Elle connaît dernièrement un second souffle grâce à l'engouement pour la prosopographie, c'est-à-dire l'élaboration de multiples biographies afin de dégager, avec précision, les membres et les contours de chaque groupe social. C'est en Angleterre et aux Etats-Unis que cette dernière grille d'analyse a été le plus exploitée pour l'entourage des Plantagenêt, comme en témoignent les travaux de J. E. Lally[21], de Thomas K. Keefe[22], de Ralph V. Turner[23] et de Nicholas Vincent[24]. De nos jours, l'utilisation de l'informatique pour constituer des banques de données et les traiter statistiquement aide largement ces recherches

Les déchirures familiales

Lorsqu'on analyse ce milieu curial, c'est la « famille » du roi, au sens actuel et strict du terme, à savoir les membres de sa parentèle nucléaire, unis par les liens de la filiation et de l'alliance, qui vient de prime abord à l'esprit. A l'époque, les membres de la maisonnée des Plantagenêt font preuve, les uns contre les autres, d'une agressivité indéniable. En effet, Henri II, sa femme Aliénor d'Aquitaine et leur innombrable progéniture n'ont cessé de se combattre. En témoignent la vaste révolte de 1173, fomentée par Aliénor et par ses fils Henri le Jeune, Richard Cœur de Lion et Geoffroi de Bretagne, la nouvelle rébellion d'Henri le Jeune en Limousin en 1183 ou le harcèlement fatal d'Henri II malade, en 1189, par les troupes du même Richard, sans parler du meurtre fort vraisemblable du jeune Arthur de Bretagne par son oncle Jean sans Terre au lendemain de la bataille de Mirebeau (1202)[25]. Ces agressions frappent par leur réitération. Elles s'enchaînent dans un perpétuel recommencement.

Elles pourraient appartenir à la fiction. Du moins, les guerres familiales apparaissent-elles constamment dans la littérature de la période. Dans son *Histoire des Anglais* (1135-1138), Geoffroi Gaimar met, par exemple, en scène la lutte entre le Danois Haveloc et l'oncle de sa femme, qui essaie de l'écarter de la royauté, ou la juste rébellion de Hereward contre les siens pour récupérer l'héritage dont il a été illégalement dépossédé. L'*Histoire des rois de Bretagne* (1138), rédigée en latin par Geoffroi de Monmouth (vers 1100-1155), présente également Brenne se révoltant contre son frère le roi Belin. Dans le *Roman de Brut* (1155), qui en est la traduction française et la paraphrase, Wace fait de Modred, le pire des ennemis d'Arthur, son propre neveu ; il jette pourtant sur ce même Modred, « chevalier merveilleux et preux », le regard positif que Monmouth portait sur lui[26]. On dirait les Plantagenêt sortis tout droit de l'imagination d'un romancier de leur temps. Ce sont les Atrides du XIIe siècle. Cette dernière comparaison peut paraître anachronique. Le chroniqueur Richard de Devizes, contemporain et admirateur de Richard Cœur de Lion, ne dit pas autre chose, quand il affirme que la dynastie angevine est « la confuse maison d'Œdipe[27] ».

Or, ces luttes familiales contrastent avec l'unité de la dynastie royale capétienne, consciente que sa survie repose sur une solidarité sans faille de ses membres et sur leur stricte obéissance à l'aîné. En outre, elles entraînent souvent une hostilité et une rancune insatiables, source des passions que les clercs de cour essaient de modérer par leurs conseils. Bien qu'il leur ait souvent pardonné et qu'il leur ait rendu leurs possessions, l'animosité d'Henri II à l'égard de ses fils ne décroît jamais. Entre 1188 et 1189, alors que la révolte de Richard Cœur de Lion bat son plein, Pierre de Blois rédige un *Dialogue entre le roi Henri et l'abbé de Bonneval*, où le père maudit ses enfants et les voue à l'enfer, face à un ecclésiastique qui tente de le ramener à de meilleurs sentiments[28]. D'après Richard W. Southern, cette conversation entre Henri II et Christian, abbé bénédictin de Saint-Florentin de Bonneval, dans le diocèse de Chartres, entre 1188 et 1198, aurait bel et bien eu lieu, Pierre se contentant d'en transcrire les termes[29]. Il semble cependant plus probable que cet abbé soit, tout simplement, un personnage allégorique, créé de toutes pièces à partir du nom d'un monastère aux résonances familières dans l'entourage des Plantagenêt[30]. Pierre de Blois utilise ce scénario pour encourager ses lecteurs à la charité envers leur prochain et à la fréquentation des sacrements. L'aristocratie accorde d'autant plus de poids à ces inclinations au repentir que le cadre des luttes où se déroule le prétendu dialogue ne détonne pas trop par rapport à la réalité. Les haines qui couvent au sein de la famille royale angevine sont réellement féroces.

Un chroniqueur aussi cultivé que Raoul de Diss a cherché à montrer que ces discordes ont connu de nombreux précédents historiques. Il cite à l'appui les personnages bibliques Jephté, fils de Galaad, Absalon, fils de David, et Adrammélek et Scharet, assassins de leur père Sennachérib, roi d'Assyrie. L'abrégé de Trogué-Pompée par Justin (IIIe-IVe siècles), les *Antiquités judaïques* de Flavius Josèphe (37-vers 95) ou l'*Histoire scolastique* de Pierre le Mangeur (1100-1179) lui servent à évoquer les parricides de la cour des Perses et d'Hérode ; grâce à Sigebert de Gembloux (vers 1030-1112), il peut aborder les disputes des Mérovingiens, Wisigoths et Carolingiens ; Geoffroi de Monmouth et Jean de Worcester (†1118) sont sa source essentielle pour les rois anglo-saxons et normands ; en revanche, des traditions orales, entendues probablement auprès du couple royal ou de son entourage continental, semblent étayer sa description des luttes entre Guillaume IX (1086-1126) et Guillaume X (1126-1137) d'Aquitaine, et entre Foulques Nerra (987-1040) et Geoffroi Martel (1040-1060) d'Anjou. L'histoire vient au secours des intellectuels proches des Plantagenêt, qui essaient de démontrer que l'attitude de leurs maîtres, sans être banale, s'inscrit dans une certaine continuité parmi les grandes lignées royales ou princières.

Il n'empêche qu'ils ne sont pas dupes et qu'ils en présentent les conséquences sous un jour catastrophique. Les annales de Saint-Aubin d'Angers notent à l'année 1173 : « Les trois fils du roi Henri se révoltent ensemble contre leur père : les royaumes terrestres en sont bouleversés, les églises désolées, la religion foulée aux pieds et la paix enlevée de la terre[31]. » L'impact des querelles familiales sur l'ensemble du royaume est ainsi nettement dénoncé ; le conflit domestique prend des proportions inattendues. Comme l'écrit Gautier Map, le roi capable qu'était Henri Ier gouvernait ses territoires « à la façon d'un bon père de famille dirigeant un seul foyer[32] ». Il conçoit donc l'harmonie dans la maison d'Anjou comme un préalable indispensable à la pacification et au contrôle de l'Empire Plantagenêt. L'analyse de son admirateur et plagiaire Giraud de Barri ne diffère guère[33], lorsqu'il dresse le bilan négatif du règne d'Henri II et de ses fils, qu'il insiste sur l'ampleur de leurs disputes, châtiment voulu par Dieu, et qu'il conclut sur la tradition tyrannique des gouvernants des îles en général et de l'Angleterre en particulier[34]. Pour ces deux clercs, à qui la lecture quotidienne de l'Evangile a appris que tout royaume divisé périra, l'échec final de Jean sans Terre face aux Capétiens trouve sa cause principale dans la mésentente pathétique des Angevins.

Quand ils se penchent sur les raisons profondes de cette dispute sans cesse renouvelée, ces prêtres adoptent un discours où merveilleux païen et providence chrétienne se mêlent inextricablement. C'est dans une atmosphère surnaturelle que baigne, par exemple, le récit de Roger de Howden sur la dernière guerre entre Henri II et Richard Cœur de Lion : au cours d'un de leurs échanges en rase campagne, la foudre tombe entre le père et le fils, alors que le ciel est sans nuages ; au moment où Richard pénètre dans la salle du château de Chinon où repose le cadavre de son père, celui-ci se met subitement à saigner des narines, phénomène de cruentation qui désigne le meurtrier dans le jugement de Dieu médiéval[35]. Chez ce chroniqueur d'habitude si sobre qu'est Roger de Howden, le surnaturel fait irruption dans la querelle familiale. Il accroît ainsi le caractère extraordinaire de l'âpre dispute entre le fils et le père, comme si cet affrontement n'avait d'autre explication que magique.

C'est, en effet, sur le registre du mythe des origines que plusieurs penseurs se placent pour rendre intelligibles ces conflits[36]. Giraud de Barri rappelle que les comtes d'Anjou descendent d'une fée maléfique — identifiable peut-être à Mélusine[37] — qui s'est évaporée dans les airs alors qu'elle assistait, contrainte et forcée par son époux, à la consécration de la messe, ce qu'elle avait toujours refusé de faire[38]. Originaire de Cologne, Césaire (vers 1180-1240), prieur du monastère cistercien de Heisterbach, se fonde sur cette légende, largement diffusée en Occident, pour comparer les rois d'Angleterre à Merlin, britannique comme eux et engendré par un démon incube, car « l'on dit qu'ils descendent d'une mère fantomatique[39] ». Giraud de Barri affirme que Richard Cœur de Lion commentait cette histoire pour justifier les guerres au sein de sa famille, et qu'il en concluait : « Nous, qui provenons du diable, reviendrons au diable. » Giraud dit, de même, que Bernard de Clairvaux (1091-1153), proche du roi de France, et Héraclius, patriarche de Jérusalem, dépité par le refus d'Henri II de partir en croisade en 1185, sous prétexte que ses fils se révolteraient en son absence, décrivaient les origines de la lignée dans des termes identiques : pour ces deux ecclésiastiques, la conduite des Plantagenêt les mène tout droit en enfer, non sans qu'ils aient au préalable tyrannisé leurs sujets[40]. Dans les temps mythiques de la fondation de la maison d'Anjou, la troublante union avec une femme diabolique rend déjà compte des disputes sanglantes de sa postérité.

Nous retrouvons aussi des emprunts plus proches de la culture populaire et profane que savante et cléricale dans l'emploi des prophéties de Merlin pour justifier *a posteriori* ces haines familiales. En dépit de son engendrement diabolique, ce personnage œuvre pour le bien et favorise le triomphe de son pupille Arthur, roi des Bretons : son savoir magique, acquis par sa filiation d'un ange déchu, lui permet de prédire l'avenir. Elaborées de toutes pièces ou traduites et mises en forme à partir d'un original gallois par Geoffroi de Monmouth, évêque de Saint-Asaph (Llanelwy), ses vaticinations sont écrites pour la première fois dans ses *Prophéties de Merlin* (1134) et recopiées ensuite dans la troisième section de son *Histoire des rois de Bretagne* (1138), l'un des ouvrages les plus diffusés du Moyen Age[41]. Les prédictions de Merlin se caractérisent, comme il se doit dans le genre prophétique, par leur hermétisme, qui laisse une grande liberté d'interprétation à ses glossateurs ultérieurs. Elles mettent de préférence en scène un bestiaire dont la nature mystérieuse accroît cette plasticité exégétique. C'est ainsi que les chroniqueurs Raoul de Diss et Richard le Poitevin, d'une part, et Roger de Howden, de l'autre, identifient respectivement la prophétie sur la rupture de l'alliance par l'aigle et sa joie pour sa troisième nichée et celle sur la révolte des rejetons de l'animal rugissant, aux relations détestables entre Henri II et ses fils[42]. Selon le témoignage de Giraud de Barri, le roi avait fait peindre dans son palais de Winchester une fresque, qui représentait un grand aigle attaqué par ses quatre aiglons, afin d'être figuré avec sa progéniture séditieuse[43]. Cette peinture ne va pas sans rappeler les deux prophéties précédentes[44]. De son côté, Gautier Map puise dans les nombreux oracles de Merlin celui qui annonce : « Le lynx pénétrant partout menacera de destruction sa propre race » pour évoquer les agissements d'Henri le Jeune, qu'il compare à Absalon, contre son propre père, et dont la mort à vingt-sept ans n'est que juste châtiment pour sa révolte[45]. En somme, les Plantagenêt et leur entourage recourent spontanément aux vaticinations de Merlin pour disculper leur guerre intestine.

Toutes ces prédictions entravent leur liberté individuelle, et par conséquent atténuent leur responsabilité morale dans leurs haines, colères et autres violences. Fixé dans la nuit des temps, où il a été saisi par le devin breton, leur destin est inexorable. C'est avec ou contre leur gré qu'il s'accomplira, y compris dans le parricide. En définitive, les vaticinations de Merlin, tout comme l'ancêtre féerique des comtes d'Anjou, appartiennent au registre folklorique des interventions du démon et de ses satellites, dont l'influence atténue le libre arbitre des actes humains. Nul ne l'a mieux exprimé que Giraud de Barri, l'un des promoteurs de l'idée d'une malédiction pesant sur les Plantagenêt. Il attribue, en effet, à Geoffroi de Bretagne — dont le fils Arthur sera assassiné un jour par son frère Jean — la réponse faite à Geoffroi de Lucy, futur évêque de Winchester (1189-1204), émissaire de son père qui le prie de se réconcilier avec lui : « Vous ne devez pas ignorer qu'il nous a été donné par nature, et pour ainsi dire par droit d'héritage de nos ancêtres, qui nous l'ont légué et inculqué, qu'aucun de nous n'aime l'autre, et que toujours le frère combattra le frère et le fils le père de toutes les forces dont il sera capable. Ne tâchez donc pas de nous priver de nos droits héréditaires, en vous efforçant en vain de chasser le naturel[46]. » A en croire Pierre de Blois, Henri II ne dit rien d'autre : « Je suis par nature le fils de la colère, comment pourrais-je ne pas me mettre en colère[47] ? » Un déterminisme surhumain conditionne le défi prométhéen lancé par les Plantagenêt à la morale chrétienne, à l'ordre lignager et à l'équilibre politique. Exposée par Giraud de Barri et d'autres intellectuels de la cour, cette destinée inéluctable relève largement de la culture païenne, qu'elle s'identifie aux démons succubes et incubes des légendes galloises dont ils entendent les contes depuis leur enfance ou au fatum des stoïciens latins dont ils sont les lecteurs assidus.

Faut-il pour autant, à l'instar de l'historien Karl S. Leyser[48], insister sur l'aspect blasphématoire de ces assertions à l'emporte-pièce attribuées aux Angevins, et les mettre sur le compte d'une laïcisation accrue de la royauté, dont l'administration devient chaque jour plus efficace ? Le problème du prétendu rejet du sacré par la royauté Plantagenêt est complexe, et nous essaierons de l'approfondir plus loin. Retenons cependant à présent que, tout irrévérencieux qu'ils soient vis-à-vis du magistère traditionnel de l'Eglise sur la liberté des actes humains, leurs propos déterministes font référence à un monde de démons, fées et magiciens qu'on ne saurait qualifier de séculier ni d'hostile au sacré. Il semble, par conséquent, malaisé de placer sur un même niveau la modernité étatique du XIIe siècle et cet imaginaire païen récupéré en partie à l'époque par la culture savante des théologiens[49].

Si les Plantagenêt cherchent dans un merveilleux folklorique à comprendre pourquoi ils se détestent, ils ne refusent toutefois pas des explications plus orthodoxes. Ils s'interrogent ainsi sur le bien-fondé d'alliances plus récentes que celle contractée avec la diablesse prise de phobie pour l'eucharistie, s'évanouissant dans les airs lors de la consécration. Contraires à l'éthique chrétienne, ces unions sont aussi dommageables que celle avec la fée. Elles ouvrent la porte de la maison d'Anjou à des femmes aussi malfaisantes que l'ancêtre fondatrice. Elles sont néfastes pour leur progéniture. Qu'elles soient normandes ou poitevines, elles sont source de malheur. D'une part, la prestigieuse alliance des Angevins avec une femme de la maison ducale de Normandie, qui leur apportera un jour la royauté anglaise, est viciée dès le début. En effet, d'après Geoffroi de Vigeois, Roger de Howden et Gautier Map, Henri V, premier mari de l'impératrice Mathilde, ne serait pas mort, mais il aurait quitté nuitamment sa femme[50]. Giraud de Barri le dit retiré en ermite près de Chester, où il expie ses fautes ; le chroniqueur accuse donc Mathilde de bigamie au moment de son mariage avec Geoffroi le Bel, leur fils Henri II serait le fruit de leur adultère[51]. D'autre part, toujours d'après les écrivains proches des Plantagenêt, l'alliance aquitaine de leurs maîtres est aussi corrompue, si ce n'est plus, que la normande. Dans un passé récent, la débauche a valu à la maison de Poitou des déboires similaires à ceux d'Henri II. Selon Raoul de Diss[52], Guillaume IX d'Aquitaine, le troubadour dont l'infidélité conjugale est unanimement réprouvée par les chroniqueurs anglo-normands du début du XIIe siècle[53], aurait abandonné sa femme légitime pour une femme qu'il appelle la

Maubergeonne ; en représailles, son fils Guillaume X aurait mené contre lui une guerre de sept ans, avant de mourir en pèlerinage à Saint-Jacques-de-Compostelle ; enterré loin des lieux traditionnels d'inhumation des membres de sa famille, son corps ne trouvera jamais de repos en punition pour sa révolte. Dans sa recherche des causes de la querelle des Plantagenêt, Giraud de Barri reprend ce même thème des amours coupables du duc d'Aquitaine avec la vicomtesse de Châtellerault, qu'il attribue non pas à Guillaume IX, comme le veulent les autres sources, mais à Guillaume X, père d'Aliénor d'Aquitaine, comme s'il avait besoin de discréditer davantage l'épouse d'Henri II à travers ses plus proches parents [54].

C'est surtout par cette dernière femme, Aliénor, que le scandale est arrivé. Son mariage avec Henri II deviendra même — aux termes d'une prophétie attribuée à saint Hugues d'Avalon (†1213), chartreux et évêque de Lincoln, sur son lit de mort — la cause de l'imminente chute des Angevins [55]. Cette union, intervenue dans des conditions détestables, ne pouvait que donner au roi d'Angleterre la progéniture hostile qu'on lui connaît. La plupart des écrivains attribuent en effet aux intrigues d'Aliénor la révolte de 1173 contre Henri II [56] : c'est elle, pour reprendre le mauvais jeu de mots de Robert de Torigni sur son nom, qui « aliéna » ses fils au roi [57]. Comme toute épouse de rang princier au Moyen Age, son image à la cour de son mari pâtit de ses origines étrangères et lointaines, qui en font une inconnue au passé et à la parenté incertains, ainsi que de sa provenance d'une maison souvent ennemie, avec laquelle le mariage scelle une trêve provisoire [58]. Mais aux yeux de ces clercs, le cas d'Aliénor est bien plus grave. Ses secondes noces n'auraient jamais dû avoir lieu, car elles sont, à la fois, bigames, incestueuses et félonnes. D'abord, Guillaume de Newburgh, Gervais de Cantorbéry, tous deux chroniqueurs, et Robert de Courson, un moraliste parisien, affirment, sans argumentation aucune, que le constat de nullité de son mariage avec Louis VII est illégal. Ensuite, d'après eux, la consanguinité, avancée pour cette annulation, existe bel et bien aussi dans sa seconde union [59], car Henri II et Aliénor sont cousins au cinquième degré [60] ; un ragot de cour, dont se font l'écho Gautier Map et son plagiaire Giraud de Barri, voudrait même qu'elle ait connu charnellement Geoffroi le Bel avant d'en épouser, commettant un inceste encore plus grave, le fils [61]. Enfin, Henri II a pris la femme de son seigneur pour mieux le combattre, acte de félonie des plus indignes pour un vassal [62]. Adultère, consanguin et déloyal, le mariage du comte d'Anjou et de la duchesse d'Aquitaine ne laisse présager rien de bon.

D'ailleurs, il déçoit bientôt Henri II qui prend de nombreuses maîtresses. En cela, le roi n'innove guère. La dynastie des ducs de Normandie était depuis longtemps attachée au mariage *more danico*, « à la mode des Vikings danois », la bigamie institutionnalisée accordant les pleins droits aux fils nés des concubines [63]. Guillaume de Newburgh remarque que, dans son infidélité conjugale, Henri II imite son grand-père maternel, même s'il décerne à ce dernier la palme de l'intempérance [64]. Cette assertion est corroborée par la recherche moderne qui a découvert au moins dix-neuf bâtards à Henri I[er 65]. Or, Giraud de Barri place l'infidélité d'Henri II parmi les multiples causes de la haine de ses fils envers lui [66]. Il insiste sur la bigamie de la mère d'Henri II et du père d'Aliénor, double adultère déterminant les malheurs de leur descendance selon la prophétie d'un ermite poitevin dont Hugues d'Avalon s'est souvent fait l'écho [67]. Adam d'Eynsham, hagiographe d'Hugues, met dans la bouche de cet évêque moribond la prophétie de l'effondrement de la royauté anglaise face aux Capétiens à cause du mariage illicite d'Henri II et d'Aliénor : « Les rejetons de bâtardise ne donnent pas de racines profondes [...], d'une couche adultère la semence sera exterminée [68]. » Hugues en veut d'autant plus à la lignée anglo-normande que son ancêtre fondateur, Guillaume le Bâtard, est né d'une union aussi peu conforme à la morale chrétienne [69]. La croyance qui met en relation la luxure et le désordre dans la famille, voire dans la société tout entière, est aussi ancienne que répandue.

Si elle concerne les aventures extra-conjugales, cette croyance se rapporte encore davantage à l'inceste, c'est-à-dire le mariage avec un proche parent, systématiquement associé aux haines et conflits qu'il entraîne. Dans la maison d'Anjou, par exemple, l'union consanguine, célébrée en 1032, entre Geoffroi Martel et sa cousine Agnès de Poitou provoqua la guerre entre le jeune marié et son père Foulques Nerra, au dire du chroniqueur de Saint-Aubin [70]. En signalant l'inceste comme la racine de la querelle familiale, le moine annaliste reprend *a contrario* une vieille idée développée par saint Augustin. Le but du mariage est de diffuser la charité au large, de faire sortir l'amour du cercle restreint et fermé des proches parents. Plus il est éloigné, plus est ample l'espace à l'intérieur duquel règne la paix et la concorde. A l'époque de la réforme dite grégorienne, théologiens et moralistes développent plus particulièrement cette thèse, démontrant, exemples à l'appui, que de l'union consanguine il ne découle que luttes, disputes et guerres [71].

Or, nous avons vu comment, dans le droit fil de ce discours déjà ancien, plusieurs chroniqueurs évoquent la parenté qui interdit le mariage entre Henri II et Aliénor d'Aquitaine, princes des comtés voisins d'Anjou et de Poitou. Leur argumentation porte d'autant plus que la duchesse a rompu son union précédente, précisément sous prétexte de consanguinité. La révolte des enfants, fomentée par la mère, qui éclate à peine vingt ans après son mariage leur donne raison. Elle apporte même un exemple des plus spectaculaires et convaincants à la pastorale exogamique. Les textes de Giraud de Barri et Gautier Map accusant Aliénor d'avoir épousé le fils de son amant se comprennent dans un tel contexte. Ecrits sous le règne de Jean sans Terre, après la mort des principaux protagonistes de la guerre intrafamiliale, ils donnent une explication à l'intensité inouïe de la querelle intestine des Plantagenêt. Comme n'importe quel clerc familiarisé avec la prédication de la période et prisonnier de son outillage mental, Giraud et Gautier trouvent cette explication dans la pire des transgressions. Ils reprennent donc *a posteriori* l'idée de cet inceste pour rendre compte des haines entre Plantagenêt, dans le but d'apporter un *exemplum*, une anecdote moralisante supplémentaire à la condamnation de l'endogamie. La valeur de leur témoignage, précieuse sur le plan de l'histoire des mentalités et de la religiosité, est nulle sur le plan de la vie affective d'Aliénor, sujet au demeurant extrêmemement futile [72]. Tout au plus leurs histoires, analyses et considérations éthiques montrent-elles qu'au XIIe siècle, tout clerc anglais tient le péché de la chair, et plus précisément le mariage consanguin, pour responsable de l'éclatement de la famille.

Comme on pourrait s'en douter, les explications des médiévistes contemporains se placent, quant à elles, à un tout autre niveau. Elles rendent compte des luttes intestines de la maison d'Anjou à travers une grille psychologique, familiale ou éducative [73]. Elles font, par conséquent, remonter les rancunes jamais assouvies à l'enfance perturbée des fils d'Henri II, en remarquant le faible rôle du roi, toujours en voyage, dans leur éducation. Le rôle pédagogique d'Aliénor, appelée souvent en Aquitaine, est presque aussi limité. Des nourrices, personnages indispensables de la cour, la remplacent auprès d'eux. L'une d'entre elles, Hodierne, fait l'objet de l'affection de Richard Cœur de Lion, qui la comble de biens et d'honneurs. Une autre, Agathe, qui prend soin du futur Jean sans Terre, profite également des largesses d'Aliénor [74]. A suivre ces hypothèses, dont les auteurs revendiquent parfois la nature psychanalytique, Aliénor n'aurait connu une véritable affection maternelle que pour Richard, et ce seulement à partir de son adolescence, dès lors qu'il est nommé duc d'Aquitaine. C'est pourquoiElizabeth A.R. Brown écrit que, dans ses rapports avec ses fils, la reine est plus « dominatrice » que « nourricière » [75].

En outre, après la naissance de Jean et la ménopause d'Aliénor, Henri II prend, au su de tous, la jeune Rosemonde Clifford pour concubine. Selon ces mêmes théories, les frasques d'Henri, la jalousie de son épouse et leur absence affective et éducative seraient à l'origine du conflit de générations, des luttes ultérieures de leurs enfants et de leurs traumatismes, très marqués, paraît-il, chez Jean sans Terre qu'ils accusent de paranoïa, de manie persécutrice, d'instabilité et d'autoritarisme... Ces thèses contiennent assurément une part de vérité. De nos jours, presque tous les médiévistes anglais invoquent les troubles de la personnalité du roi Jean, le rendant impopulaire et lui aliénant la noblesse de ses principautés, afin de comprendre la défaite de 1204, alors que les recettes de la fiscalité anglaise demeurent à cette date supérieures à celles de la française [76]. Mais ces théories accordent parfois une part trop belle à la psychologie des individus, d'autant plus insaisissable à huit siècles de distance que leur contexte social et mental est bien différent du nôtre.

Il semble, en revanche, moins déplacé de quitter le domaine de la personne intime, toujours indiscernable en raison de sa liberté déroutante, pour celui de la société et des comportements collectifs, où des règles générales ou, du moins, une certaine rationalité peuvent être dégagées. Il convient donc de chercher des causes politiques à ces guerres familiales, et d'insister derechef sur le caractère composite de l'espace immense contrôlé par Henri II, où des principautés territoriales sans histoire ni tradition communes possèdent un passé lourd en inimitiés ataviques. L'Empire angevin est divisible par essence ; sa cohérence est fragile ; de trop puissantes forces centrifuges le menacent. Selon son biographe, Geoffroi le Bel aurait lancé, sur son lit de mort, à son fils et successeur un avertissement qu'on considérerait volontiers comme lucide : ne jamais transférer les coutumes de l'une à l'autre de ses principautés, mais en préserver la spécificité juridique, en évitant toute fusion inutile [77]. En dépit de ce conseil, l'action politique d'Henri II, qui vise à souder ces territoires épars autour d'un gouvernement unitaire et d'une idéologie commune face au roi de France [78], paraît trop ambitieuse, irréaliste peut-être. Une ligne similaire est adoptée, au lendemain de son couronnement, par Richard Cœur de Lion [79]. Cette volonté centralisatrice se concrétise par quelques lois, assises et enquêtes relatives à tout le royaume anglo-normand, voire à l'ensemble de l'Empire Plantagenêt [80]. Dans chaque principauté où règne un fils, elle se manifeste, de façon humiliante et contraignante, par les ordres continuels et par les fréquentes visites d'Henri II et sa cour.

Le roi doit affronter, surtout en Anjou, Aquitaine et Bretagne, l'opposition de l'aristocratie locale. Pour conserver leur indépendance, les seigneurs en appellent contre Henri II à celui de ses fils qui se trouve à la tête de leur principauté. Les textes de l'époque ne disent rien d'autre. Ils s'en prennent, en effet, aux « mauvais conseillers » qui ont mené les fils du roi vers la sédition. Dans le *Roman de Rou*, Wace se lance dans une diatribe contre quelques « barons de la terre » normande, qu'il ne sied même pas de nommer, pour avoir perverti, au début des années 1170, les relations entre Henri II et sa progéniture, dont ils ont attisé les haines mutuelles [81] ; ces nobles imitent en cela les Français qui les *fiz mesconseillierent por le pere encombrer* (v. 69). Ce discours, qui épouse la version officielle, est repris par une source épistolaire. Dans la lettre qu'il adresse, en 1173, au pape Alexandre III (1159-1181) pour lui demander d'excommunier les rebelles, Henri II se livre à une exégèse, aussi longue que rhétorique, du verset de Proverbes, 17, 2, « Le serviteur astucieux dominera le fils imprudent » [82]. Par sa vraisemblance, une telle analyse sur le rôle prépondérant des conseillers de la noblesse locale dans le déclenchement de la rébellion diffère des explications surnaturelles ou merveilleuses des contes pour courtisans. Son avantage, de nature politique, est de faire basculer la responsabilité morale de la révolte sur l'aristocratie, que la royauté cherche alors à mettre au pas.

Monter en épingle l'ascendant d'un ministre sur les jeunes princes permet, en outre, de leur pardonner à bon compte. A son retour de captivité, Richard Cœur de Lion rencontre, chez l'archidiacre de Lisieux, Jean sans Terre qui se jette à ses pieds ; il le relève et lui dit : « Jean, n'aie pas peur. Tu n'es qu'un enfant. Tu as eu de mauvais compagnons et tes conseillers paieront. » Les deux frères partagent aussitôt le repas d'un saumon en signe de réconciliation [83]. Jean a certes déjà vingt-sept ans. Mais, par ce pieux mensonge sur son âge, son frère se rappelle peut-être qu'il avait lui-même quinze ans lors de sa première insurrection contre Henri II. Si les récits de la rébellion et du pardon insistent tant sur le jeune âge des insurgés, c'est, d'une part, pour faire voir qu'ils sont d'autant plus influençables qu'ils sortent à peine de l'adolescence. D'autre part, leur classe d'âge, la « jeunesse », au sens sociologique du terme [84], les rend particulièrement sensibles à l'appel au combat contre leur père ou leur frère aîné. En *juvenis* piaffant d'impatience devant l'héritage qui tarde à venir, chacun de ces princes opte pour la voie de faits et prend les armes contre le chef de la dynastie. Ce désir, mélange de convoitise pour les biens de la famille et de jalousie pour l'autorité paternelle, semble fort prononcé au sein de la maison Plantagenêt, où le meurtre du père a une portée tout autre que symbolique.

Somme toute, une incompatibilité radicale existe entre la conception moderne de la royauté et la perception patrimoniale du pouvoir, entre la dimension publique de l'Etat en gestation et le côté privé de la dynastie princière, paradoxalement trop solidaire et soucieuse de préserver à tout prix le droit des cadets. L'archaïsme du système n'en demeure pas moins pesant. Alors que les révoltes aristocratiques périphériques de l'« Espace Plantagenêt » attisent les querelles domestiques de la famille royale, la cour n'apparaît pas comme un épicentre dont les intrigues de palais aboutiraient, à l'image d'ondes concentriques, aux marges provinciales qu'elles désagrégeraient ensuite. Au contraire, c'est la pression de la périphérie qui détruit l'unité du centre[85]. Les fils du roi défendent les intérêts de la noblesse des principautés qu'ils gouvernent. L'influence de leur entourage est trop pesante. Les mesnies (au sens de maisonnée ou entourage militaire d'un seigneur) des princes sont un élément perturbateur au détriment de la cour du père.

Finalement, l'histoire des Plantagenêt est-elle exceptionnelle dans le panorama occidental des XIe et XIIe siècles ? Certes, la fréquence de leurs révoltes n'est pas courante. Ni Louis VII, père, il est vrai, d'un fils unique, ni Frédéric Barberousse, contemporains d'Henri II, n'ont rencontré une telle opposition chez leur progéniture. Mais les familles paternelle ou maternelle du roi d'Angleterre ont connu par le passé des situations similaires à la sienne. La violence des luttes, emprisonnements à vie et peut-être fratricides se retrouve dans la maison d'Anjou de Foulques Nerra et son fils Geoffroi Martel, ou de Normandie, avec les frères Richard III (1026-1028) et Robert le Magnifique (1028-1035), ou encore la progéniture de Guillaume le Conquérant. L'historien américain Bernard S. Bachrach décèle même une sorte d'« héritage angevin de structures de comportement » dans « l'interaction violente et hostile » au sein de la famille d'Henri II[86]. Force est toutefois de constater que l'allusion à l'atavisme dynastique n'a probablement pas de raison d'être, car cette situation n'est pas propre aux ancêtres angevins et normands des Plantagenêt.

A l'époque, les disputes entre proches parents ne sont pas aussi rares qu'on pourrait le croire. Dans la dynastie comtale de Barcelone, la comtesse Ermessende de Carcassonne (†1058) subit, pendant son veuvage, la révolte de son fils, puis de son petit-fils ; Raimond Bérenger II (1076-1082) est assassiné probablement à l'instigation de son frère jumeau Bérenger Raimond Ier (1076-1096). Le fratricide est, de même, fréquent dans la maison de Léon-Castille, où le roi Alphonse VI (1065-1109) est contraint par le Cid de prêter le serment purgatoire pour se disculper du meurtre de son aîné Sanche II (1065-1072). Plus ordinaire, au XIIe siècle, Alphonse VIII (1158-1214) de Castille, gendre d'Henri II Plantagenêt, se bat contre son cousin germain Alphonse IX de Léon (1188-1230) au détriment de la *Reconquista*, tandis que Sanche, comte de Provence, se révolte, en 1185, contre son frère Alphonse II (1162-1196), roi d'Aragon et comte de Barcelone[87]. Enfin, au cours de la croisade albigeoise, le comte Raimond VI de Toulouse, autre gendre d'Henri II, doit combattre son propre frère Baudouin, guerrier de l'ost de Simon de Montfort ; en 1214, il le capture et le condamne à la pendaison[88]. Les exemples sont donc nombreux. Ils prouvent que l'harmonie est trop souvent l'exception dans les maisons princières. De fait, le cas de la dynastie royale française est original, comme si le « miracle capétien » tenait aussi au respect que l'aîné sait imposer, génération après génération, à ses cadets et à ses fils. Or, c'est précisément cette famille qui est trop souvent choisie par les médiévistes comme point unique de comparaison avec les Plantagenêt, ses ennemis invétérés.

Les rois de France défendent pourtant comme eux la transmission de l'héritage paternel et maternel à l'aîné et des autres acquisitions territoriales, sous forme d'apanage, aux cadets. En 1225, le testament de Louis VIII aliène un tiers du domaine royal au profit de ses trois puînés[89]. Ce système de partage privilégie la primogéniture, car l'aîné reçoit l'intégralité du patrimoine ancestral des parents et la fonction royale, qui implique l'hommage de ses cadets. A quelques différences près, la même règle successorale prévaut chez les Plantagenêt[90]. Elle est, d'ailleurs, inhérente au lignage aristocratique à la fin du XIIe siècle, et les rois de France ou d'Angleterre n'ont fait que suivre la coutume générale. Elle apparaît même de façon fréquente dans les ouvrages latins écrits par les clercs de la cour des Plantagenêt qui évoquent l'ancienne Grande Bretagne, antérieure à Arthur, et les partages auxquels elle donne lieu au sein des maisons royales[91]. Ce n'est donc pas dans la division des territoires faite du vivant du roi ou dans la règle successorale, largement acceptée dans les lignages royaux et nobiliaires, qu'il faut chercher la raison des querelles des Plantagenêt. Elle tient peut-être à la vitalité de l'aristocratie dans les territoires périphériques de l'Empire et à sa propension à se révolter.

Les fidélités ministérielles

Dans les écrits des proches d'Henri II, l'expression *familia regis* ne concerne pas seulement la stricte famille nucléaire du roi[92], où règne la mésentente. Roger de Howden parle, par exemple, des cent chevaliers de la « famille » d'Henri le Jeune[93]. Ce terme englobe donc un large groupe de guerriers, de conseillers, de domestiques et de chapelains de la suite du prince. Il comprend, d'abord, les parents plus ou moins éloignés du roi, parmi lesquels ses enfants naturels occupent une place de choix. Ils ne semblent nullement marginalisés, comme si la bâtardise ne constituait pas encore un handicap social[94]. C'est le cas du futur archevêque d'York, Geoffroi, qui renonce au siège épiscopal de Lincoln en 1182 pour devenir le chancelier de son père Henri II, qui pouvait dire à son sujet, lors de la dernière et fatale révolte de ses enfants légitimes : « Celui-ci est mon vrai fils. Les autres sont des bâtards[95] ! » De même, Guillaume Longsword, qui épouse l'héritière du comté de Salisbury, est très actif dans l'entourage de Jean sans Terre, son demi-frère ; sa carrière politique est brillante : *sheriff* de huit comtés, lieutenant du roi en Gascogne, gardien du château de Douvres, responsable de la marche de Galles, chargé de nombreuses missions diplomatiques[96]...

Les domestiques et serviteurs appartiennent aussi à ce premier cercle des intimes du roi. Tout un petit monde de gardes, cuisiniers, panetiers, fauconniers, mais aussi de bouffons ou jongleurs, cohabite avec les grands du royaume. Quoique théoriquement préposés à de modestes tâches ménagères, ils profitent souvent de la faveur royale. Le théologien Alexandre Neckam (1157-1217), fils de la nourrice Hodierne et frère de lait de Richard Cœur de Lion, peut ainsi effectuer des études à Oxford et recevoir l'abbatiat de Cirencester, près de Bristol[97]. Comme dans bien des cours du Moyen Age, où tout pouvoir prend racine au cœur même de la maisonnée où règne le chef du lignage, certains de ces subalternes étendent l'ensemble de leurs attributions à des domaines politiques. On sait combien, au XIIe siècle, les charges prestigieuses de bouteiller, de maréchal, de chambrier ou de connétable tirent leur origine ancienne des services — humbles et valorisants en même temps — de la domesticité royale[98]. Elles sont devenues héréditaires et de grandes familles les occupent, à l'instar des bouteillers de la maison d'Aubigny, à laquelle appartient, par exemple, Guillaume, comte d'Arundel, par son mariage avec la veuve d'Henri I[er][99]. Les charges des officiers auliques proviennent de la ministérialité. Et cette valorisation n'est pas simplement institutionnelle, mais sociale, comme le prouve l'ascension de bien des familles de serviteurs en un temps où la puissance du roi, patron plutôt que monarque, est encore domestique.

Cette « famille » comprend, en outre, les conseillers les plus proches du roi qu'ils secondent dans ses inlassables voyages. L'itinérance des Plantagenêt est une aubaine pour les médiévistes qui peuvent dégager, à partir des listes des témoins des actes de la chancellerie, son « entourage permanent ». En effet, cette suite restreinte de fidèles, qui l'accompagne partout dans ses déplacements, ne saurait être confondue avec quelque « entourage occasionnel », composé de notables qui visitent le roi quand il traverse leurs terres et qui figurent simplement à ce titre dans l'eschatocole des diplômes. Bien des membres du premier cercle du roi, composé par ceux qui se déplacent avec lui, peuvent se voir confier des fonctions locales ou des missions lointaines. Ils n'ont guère de spécialisation administrative, et deviennent aussi bien *sheriffs* que juges itinérants, ambassadeurs ou guerriers. C'est sur eux que repose tout l'appareil étatique.

Quelles sont leurs origines géographiques ? L'idée la plus généralement admise, formalisée en particulier par Lucien Musset[100], est le renversement d'une tendance ancienne qui faisait de la Normandie la pépinière traditionnelle de vassaux, guerriers et administrateurs fidèles au roi, qui les transplantait dans l'île. A partir d'Henri II, c'est au contraire d'Angleterre que proviennent les principaux hommes de confiance et officiers du roi. Au profit de ces insulaires, la place de la noblesse normande à la cour diminue encore sous Richard Cœur de Lion[101]. Puisque l'aristocratie anglaise répond fidèlement à l'appel des Plantagenêt, on peut en déduire que leur intégration politique dans l'île est réussie ; la greffe y a parfaitement pris pour une dynastie qui se veut avant tout royale et donc insulaire. La faible résistance de la Normandie à Philippe Auguste traduit peut-être un certain éloignement de l'aristocratie envers un roi devenu Anglais parmi les Anglais. Les élites de l'Anjou, pourtant le berceau de la dynastie, et de l'Aquitaine d'Aliénor sont, en revanche, bien peu représentées parmi les intimes d'Henri II, Richard Cœur de Lion ou Jean sans Terre[102]. Elles fomentent souvent la révolte contre les Plantagenêt et encouragent l'alliance avec les Capétiens. Cette versatilité fournit une raison supplémentaire à Henri II et ses fils de s'appuyer davantage sur les Anglais et, en second lieu, sur les Normands. Ce n'est qu'après 1204, avec la perte des territoires ligériens, que quelques nobles de l'Anjou réfugiés en Angleterre jouent un rôle influent auprès de Jean sans Terre et Henri III, qu'ils poussent à mener des campagnes militaires sur le continent pour reprendre leurs seigneuries [103]. En définitive, alors que sur l'île le pouvoir des Plantagenêt est parfaitement accepté, sur le continent il rencontre le plus souvent de l'hostilité, et cette situation de fait se répercute dans les origines géographiques de leur entourage.

Une étude plus sociale que spatiale de la cour royale permet de constater que la carrière de ses membres, parce qu'elle dépend entièrement de la faveur du roi, est souvent aléatoire. L'un de ces courtisans, Gautier Map, juge itinérant en Angleterre en 1172-1173 et 1184-1185, ambassadeur auprès du pape en 1178, insiste sur la fragilité d'une situation où la disgrâce peut se substituer sans raison apparente à la faveur : « Si je devais décrire la cour comme Porphyre définit le genre, je ne mentirais peut-être pas si je disais qu'elle est une multitude se rapportant d'une certaine façon à un seul principe. Nous sommes certes une multitude infinie, mais qui cherche à plaire à un seul. Aujourd'hui nous sommes ainsi une multitude, mais demain nous en deviendrons une autre. Pourtant, la cour ne change pas : elle est toujours la même. Cela serait aussi juste, si nous disions de la cour ce que Boèce a dit, en toute vérité, de la fortune, qu'elle n'est stable que dans sa mobilité [104]. » De même, ce penseur ancien fait l'objet d'une admiration sans bornes de la part de Jean de Salisbury, qui reprend sa métaphore de la Roue de la fortune pour morigéner les épicuriens : offusqués par la recherche frénétique des biens transitoires et matériels, ces jouisseurs, avides de pouvoir, ne trouveront jamais le bonheur immobile et éternel [105]. Pour Gautier et Jean, la citation élogieuse de l'auteur de la *Consolation de la philosophie*, déchu de ses charges et condamné à mort par son maître Théodoric le Grand (474-526), n'est pas innocente [106].

La roue tourne, en effet, très vite à la cour Plantagenêt. Du moins les médiévistes constatent-ils que presque tous les milieux sociaux sont représentés dans l'entourage royal : haute aristocratie, petite chevalerie et roture. On y trouve, d'abord, la grande noblesse anglo-normande, les vassaux directs du roi qui lui doivent, aux termes de la coutume féodale, l'aide militaire et le conseil. Ainsi, Robert de Beaumont (†1168), comte de Leicester, est nommé grand justicier du royaume en 1154 : c'est probablement le baron le plus puissant d'Angleterre [107]. Guillaume de Mandeville (†1189), comte d'Essex par héritage et comte d'Aumale par mariage, appartient au même milieu ; Henri II en fait son ambassadeur auprès du roi de France et de l'empereur d'Allemagne et le place à plusieurs reprises à la tête de son armée ; lors de l'intronisation de Richard Cœur de Lion, Guillaume porte la couronne du roi qui le nomme à son tour grand justicier [108]. Richard du Hommet (†1179), connétable et peut-être justicier de Normandie, descend d'Eudes, évêque de Bayeux, frère de Guillaume le Conquérant ; son fils Guillaume lui succède en tant que connétable de Normandie ; les vastes possessions des Hommet, aussi bien sur le continent que dans l'île, s'étendent sur une dizaine de comtés [109]. Les exemples des magnats de la cour, riches et puissants, dont les ancêtres servent le roi d'Angleterre depuis au moins la conquête de 1066 pourraient être multipliés. Ils sont issus du groupe des tenants en chef, les plus grands feudataires du royaume : ce noyau restreint de courtisans détient 74 % des fiefs en Normandie et 68 % en Angleterre. Enfin, neuf des vingt-cinq témoins les plus souvent cités dans les chartes de Richard Cœur de Lion pour l'année 1189 sont titulaires de comtés (*earldoms*). L'auteur de ces calculs, Thomas K. Keefe, en déduit que la haute aristocratie est majoritaire dans l'entourage royal, et qu'elle est même la base du gouvernement d'Henri II et de ses fils [110].

Les études prosopographiques de Ralph V. Turner montrent, toutefois, que la haute aristocratie ne conserve pas l'exclusivité de la faveur royale qui peut se porter aussi sur les « hommes élevés de la poussière », expression méprisante du chroniqueur Orderic Vital (1075-1142), qu'on aimerait traduire en français par « tirés du ruisseau » [111]. Quelques comptages simples corroborent ce point de vue : seul un des quatorze juges royaux de Richard Cœur de Lion est de rang baronial, ainsi que dix-sept des quarante-six *sheriffs* nommés par Jean sans Terre [112]. C'est surtout dans la petite chevalerie, détentrice des quelques fiefs qui ouvrent au métier des armes à moindres frais, que le roi choisit ses officiers les plus nombreux [113]. En Angleterre, ce milieu, habitué au service féodal et à l'obéissance au roi et à ses barons les plus proches, fait preuve d'une fidélité inébranlable à la couronne. Le parcours politique sans faille de Richard de Lucé commence ainsi sous le règne d'Etienne de Blois (1135-1154), qui lui accorde plusieurs fiefs ; ce chevalier occupe de nombreuses charges : connétable de la tour de Londres, *sheriff* d'Essex, juge de Cumberland, président de l'Echiquier, grand justicier [114]... Ranulf de Glanville, qui le remplace à la tête de la justice anglaise, appartient à la même petite noblesse liée par clientélisme à la haute aristocratie curiale [115] ; on lui attribue, probablement à tort, un commentaire juridique intitulé *Les Lois et les coutumes du royaume d'Angleterre* (1187-1189) [116]. La qualité de sa réflexion politique, louée par Gautier Map et Giraud de Barri[117], montre que des études fort poussées ne sont pas incompatibles avec l'état laïc, et qu'elles accroissent l'efficacité des officiers qui les ont entreprises[118]. Chevalerie et *clergie* ne s'opposent pas à la cour Plantagenêt, où le savoir, profane et religieux en même temps, est utilisé au service du roi.

La reconstitution attentive des carrières des courtisans à partir des actes royaux et des comptes de l'Echiquier permet enfin d'aller plus loin, et de constater la présence de roturiers à des postes clefs du gouvernement anglais. Le chancelier Thomas Becket (†1170) lui-même n'est-il pas le fils de Gilbert, un marchand né à Rouen, qui a réussi dans les affaires à Londres où il devient l'un des deux prévôts de la ville ? L'éducation que le jeune Thomas reçoit au prieuré de Merton et à Paris lui permet de devenir comptable d'Osbert Huitdeniers, financier de Londres, puis des *sheriffs* de cette ville, avant d'entrer dans la maisonnée de l'archevêque Thibaud de Cantorbéry (1139-1161), qui recommandera en 1154 son clerc préféré à Henri II[119]. Une ascension plus spectaculaire encore est celle de Jean de Salisbury, bras droit et maître à penser du futur archevêque de Cantorbéry, ambassadeur d'Henri II auprès du pape, issu probablement d'une famille paysanne ; avant de fréquenter un jour les meilleures écoles cathédrales du continent, il a commencé son apprentissage auprès d'un prêtre de village, qui lui a enseigné les rudiments de la lecture à partir des psaumes[120]. Enfin, il en va de même peut-être de Richard d'Ilchester (†1188) qui sera la bête noire de Thomas Becket pour sa défense inaltérable au nom du roi des assises de Clarendon. Or, bien qu'il ait des appuis et des parents à l'évêché de Bath et même à la cour royale[121], il appartient à un milieu simple. Originaire du diocèse de Bath, il a commencé humblement sa carrière, vers 1156, comme scribe de la chancellerie royale, aux ordres de celui qui le détestera bientôt. Il porte les modestes surnoms de Toclyve, Tokelin ou Poore, ceux de sa famille sans doute, qu'il s'empresse de changer pour le titre d'« archidiacre » à la suite de sa nomination au chapitre de Poitiers, ou pour le patronyme d'Ilchester, du nom du domaine que lui a cédé Henri II pour le récompenser de ses innombrables services. Juge itinérant, personnage central de l'Echiquier, ambassadeur infatigable et justicier de Normandie, il est nommé évêque de Winchester par le roi, en 1173, après la mort de Thomas Becket ; à leur tour, ses fils Herbert et Richard occupent respectivement les épiscopats de Salisbury ainsi que ceux de Chichester, Salisbury et Durham[122]. L'ascension sociale par la ministérialité de personnages étrangers à l'aristocratie, est indéniable. Elle a été regrettée à maintes reprises par les satiristes de la cour, dont nous aurons plus tard l'occasion d'examiner le discours favorable à l'immobilisme d'une société d'ordres.

Comme Ranulf de Glanville, Guillaume de Mandeville, dont on a conservé la correspondance en langue vernaculaire et qui est peut-être l'un des protecteurs de Marie de France [123], appartient à la catégorie des « chevaliers lettrés [124] ». Leur connaissance du latin dépasse largement celle qu'on peut acquérir par l'école paroissiale ou par la liturgie [125]. Certains courtisans détiennent une culture juridique particulièrement adaptée à leurs fonctions administratives, car elle est supérieure à l'expérience et à la connaissance empirique de la loi et de la coutume que tout homme libre acquiert en Angleterre quand il siège dans les cours judiciaires locales [126]. L'archevêque Thibaud de Cantorbéry fait venir maître Vacarius de Bologne en Angleterre, où il participe au gouvernement royal [127]. Pierre de Blois est formé à Tours, Paris et Orléans, centres réputés pour l'enseignement de l'*ars dictaminis*, méthode de rédaction très en vogue dans les chancelleries ; il a appris ensuite le droit à Bologne, et il a servi à la cour de Sicile avant de se rendre en Angleterre. De son côté, Giraud de Barri raconte, non sans vantardise, qu'en 1176 l'enseignement de droit canonique qu'il dispense à Paris suscite un tel enthousiasme qu'on le croit sorti, lui aussi, de Bologne ; il a, pourtant, plus modestement appris le *Décret* auprès de Matthieu d'Angers [128]. Avant de devenir chancelier, Guillaume de Longchamps a compilé une *Pratique des lois et décrets* (1183-1189) [129]. Bien des courtisans possèdent une solide connaissance de la jurisprudence et de la théorie juridique.

D'autres officiers se caractérisent par la haute technicité de leurs savoirs comptable et financier. Le trésorier Richard fitz Nigel est envoyé, adolescent, étudier à Laon, l'un des centres les plus réputés pour l'enseignement de l'arithmétique ; son séjour continental a peut-être été décidé par son oncle Roger le Poer, évêque de Salisbury, un très proche officier d'Henri Ier [130]. A la mort de Roger II, roi de Sicile, Henri II fait venir de Palerme un certain Thomas Brun pour qu'il s'occupe de l'Echiquier anglais [131]. La chasse aux cerveaux peut mener les Plantagenêt jusqu'en Italie du Sud, dont ils savent la précocité du développement bureaucratique en raison de la longue domination byzantine [132].

Toutefois, l'essentiel des officiers sort des écoles épiscopales du nord de la France. Il a pu ainsi être calculé que l'entourage du roi d'Angleterre comprend deux fois plus de « maîtres », titulaires de la *Licencia docendi*, cette permission d'enseigner délivrée par l'écolâtre du chapitre d'une cathédrale, que l'entourage des Capétiens, pourtant seigneurs des lieux [133]. Il en résulte une cour et une administration royales dont le personnel, composé largement de clercs, est bien mieux formé qu'ailleurs en Occident. La présence prépondérante d'intellectuels dans l'appareil étatique du roi d'Angleterre n'est en aucun cas fortuite. Elle répond, au contraire, à une volonté politique, où le savoir et les aptitudes techniques sont sciemment recherchés pour appliquer avec efficacité les ordres qui émanent du roi et pour collecter et traiter les renseignements dont il a besoin pour gouverner. Pour imposer le pouvoir du centre à la périphérie, la rhétorique, le droit et la mathématique sont indispensables. Les Plantagenêt innovent dans cette « instrumentalisation » du savoir. En la matière, ils ont même plusieurs décennies d'avance en comparaison des autres monarchies européennes.

Ce rapide parcours prosopographique nous met en présence d'une société politique à la fois variée et homogène. Le personnel royal est certes hétéroclite par ses origines sociales : des barons anglo-normands apparentés au roi côtoient à la cour de petits chevaliers modestement fieffés en Angleterre ou des fils de marchands londoniens. Les premiers sont-ils plus nombreux que les derniers ? Les historiens débattent, à coup de fichiers prosopographiques et de listes de témoins des diplômes interposés, pour savoir si l'ancienne noblesse participe davantage au gouvernement Plantagenêt que la chevalerie récente ou la roture. Il n'empêche que la présence de la très haute aristocratie dans l'entourage du roi d'Angleterre est frappante en comparaison de la France de Philippe Auguste, où, par contraste, la petite noblesse et le milieu urbain se taillent la part du lion dans la conduite du royaume[134]. Les raisons d'une telle différence dans la composition de l'entourage du roi ont été analysées par John W. Baldwin et C. Warren Hollister[135]. En Angleterre et en Normandie, le roi exerce un contrôle efficace sur les fiefs des grands barons, emprise qui lui assure leur fidélité féodale, leur aide militaire et leur conseil politique ; il continue de garder un droit de regard sur les terres par lesquelles il les a récompensés. Cette imbrication anglo-normande du patrimoine royal et des domaines aristocratiques contraste avec la France divisée entre les seigneuries royales et les vieilles propriétés foncières de la noblesse, sur lesquelles le monarque français ne conserve aucun pouvoir. Les grands, dont les biens échappent à l'autorité du Capétien, ont déserté de longue date sa cour. Cette situation de fait pousse Louis VII et Philippe Auguste à s'appuyer davantage sur une basse noblesse d'autant plus malléable qu'elle lui doit tout. En revanche, les Plantagenêt contrôlent les grands tenants en chef, mais ils le sont aussi par eux. Les bases de l'absolutisme français et du parlementarisme anglais se trouvent peut-être dans cette distinction, où la docilité du personnel politique de Philippe Auguste et de Louis VIII contraste avec l'esprit de révolte de la haute aristocratie de Jean sans Terre, auquel elle arrache la *Magna Carta*.

Quoique socialement varié, l'entourage des Plantagenêt est homogène quant à sa provenance géographique : les Anglais ou les Normands implantés dans l'île y semblent prépondérants. On retrouve une identique homogénéité dans les études et dans le savoir communs de ces bureaucrates au service du gouvernement. Le milieu familial de Giraud de Barri, noble cambro-normand, est aux antipodes de celui de Thomas Becket, fils d'un marchand, mais ces deux courtisans ont fréquenté les écoles parisiennes dans leur jeunesse. Une culture latine et juridique, spécifique aux cadres administratifs de l'entourage royal, facilite le contrôle du vaste espace dont héritent les Plantagenêt. Qu'ils soient légistes, dialecticiens ou mathématiciens, les détenteurs du savoir emploient leur plume, leur éloquence ou leur esprit comptable au succès de la royauté et à l'établissement de sa bureaucratie. C'est pourquoi — et parfois en dépit de la modestie de leur extraction — Henri II et ses fils leur confient de nombreuses charges. Le système de gouvernement des Plantagenêt présente une efficacité et une modernité remarquables.

A la merci de leur roi

Pour faire venir à sa cour des conseillers et des officiers compétents, le roi doit les attirer. Il leur accorde donc des compensations matérielles. Comme par le passé, l'octroi d'un domaine foncier reste une forme de rétribution fort usitée, mais à la fin du XIIe siècle les institutions féodo-vassaliques sont en pleine transformation. Au cours de la guerre civile (1135-1153), le contrôle rigoureux des fiefs, qui faisait naguère l'admiration de tous les dirigeants occidentaux, échappe au prince en Angleterre ou en Normandie. La féodalité anglo-normande cesse alors d'être viagère et révocable ; les obligations militaires qu'elle entraîne ne sont plus guère respectées. A l'époque de son avènement, Henri II est obligé de reconnaître le traité de Westminster (1153), qui admet l'hérédité des fiefs au profit de l'aristocratie : le roi se trouve alors en position de faiblesse et, après une longue guerre de succession, il fait accepter le caractère héréditaire de la royauté. D'ailleurs, afin de consolider son accession au trône d'Angleterre, il est contraint de morceler son domaine pour gratifier, sous forme de fiefs, tous ses partisans, récompenses dont fait systématiquement état la section *terra data* des *Pipe rolls*[136].

Ces distributions foncières se poursuivront par la suite. Elles portent principalement sur des propriétés de la vallée de la Tamise et du Wessex central, régions d'une fidélité inébranlable à Henri II, où la densité du patrimoine foncier du roi est remarquable [137]. Richard de Lucé, Ranulf de Glanville ou encore les chambellans Garin et Henri fitz Gerald se taillent ainsi des seigneuries imposantes [138]. Mais le nombre de ces inféodations n'atteint plus jamais les niveaux de l'année 1154. Au fur et à mesure qu'il renforce son pouvoir, le nouveau roi réduit en effet ces cadeaux qui nuisent à l'intégrité de ses possessions. Il préfère consolider et agrandir le domaine royal plutôt que d'en céder des pans à ses courtisans et guerriers : la révolte de 1173 donne ainsi lieu à plusieurs commises, tandis que des enquêtes sur ses terres ou sur les fiefs de ses vassaux sont régulièrement menées [139]. Henri II s'arrangera pour continuer de percevoir une partie des revenus de ces domaines cédés ou pour récupérer ceux qui n'ont pas de succession directe [140]. La féodalité reste encore trop favorable au renforcement de l'aristocratie locale. Le pouvoir central saurait d'autant moins l'encourager que le remplacement progressif du service militaire des vassaux par l'écuage — une taxe versée par le vassal qui ne peut honorer le service militaire dû pour son fief — et le développement sans précédent du mercenariat la rendent désormais dépassée.

Il en va tout autrement avec le contrôle du mariage des dames feudataires par le roi, qui offre ces riches héritières à ses conseillers les plus fidèles [141]. Il empêche, du coup, des alliances et des concentrations patrimoniales au profit de familles peu sûres [142]. Richard Cœur de Lion récompense ainsi la fidélité de Guillaume le Maréchal, quinquagénaire, par la main d'Isabelle de Clare, la riche comtesse de Pembroke, propriétaire en Angleterre, au pays de Galles et en Irlande [143]. Il en va de même avec la famille de Lusignan, dont la loyauté lui fut sans failles en Terre sainte : en 1194, à son retour de captivité, il donne l'héritière du comté normand d'Eu à l'un de ses membres, Raoul d'Exoudun, frère d'Hugues IX le Brun [144]. La liste des veuves et orphelines les plus en vue de douze comtés anglais figure dans un document significatif : les *Rouleaux de dames, filles et garçons*, dressés vers 1185, sur ordre d'Henri II, qui entend disposer à sa guise de leur union matrimoniale [145]. La tutelle des orphelins est également recherchée par l'aristocratie, même si ceux qui parviennent à l'exercer sont parfois punis de *wastum*, l'amende pour avoir dilapidé les biens confiés [146]. En somme, tout courtisan laïc veut obtenir des fiefs du roi ; il y parvient le plus souvent en tant que mari d'une feudataire ou en tant que tuteur ou curateur d'un héritier mineur ou incapable. Le cas échéant, il réussira aussi à tirer du roi une inféodation directe en dépit des réticences de ce dernier à dépecer son domaine propre.

A la cour, les conseillers reçoivent le gîte et le couvert. Les registres de l'Echiquier conservent ainsi la *Constitution de la maison du roi*, qui consigne, depuis 1136, le montant des versements quotidiens en numéraire ou en nature dus aux officiers de l'hôtel royal [147]. En outre, les courtisans profitent d'autres cadeaux que le roi leur distribue de façon irrégulière, sous forme d'argent, d'étoffes, de vêtements, d'armes ou de montures, rétribution en biens mobiliers dont on ne saurait sous-estimer la portée [148]. Deux allégories morales, rédigées en vers latins par des clercs ayant fréquenté Henri II, caricaturent ces distributions. D'une part, le *Miroir des sots* (1180) de Nigel de Longchamps, dit Wireker (vers 1130-1200), moine de Cantorbéry et neveu probable de l'évêque Guillaume d'Ely, contient une longue tirade sur l'immoralité qu'entraînent les cadeaux du roi [149]. D'autre part, l'*Archipleureur* (1184) de Jean de Hauville, maître à l'école cathédrale de Rouen, s'en prend au joug qu'imposent « Reine Monnaie, la féconde mère du vice » et « Avarice, son inséparable compagnon », aux membres de la cour [150]. Les exemples d'Etienne de Marzai, sénéchal d'Anjou, et du trésorier Ranulf de Glanville montrent que l'intimité avec le roi peut rapporter gros. En juillet 1189, à la mort d'Henri II, Richard Cœur de Lion les oblige à payer respectivement 4 500 et 15 000 livres, « car ils étaient suspectés d'avoir tiré avantage de leur familiarité avec le roi », dit le chroniqueur Richard de Devizes [151]. Son témoignage, peu fiable peut-être en raison de son admiration pour le nouveau roi, est cependant confirmé par le passé trouble de Ranulf de Glanville comme *sheriff* du Yorkshire autour de 1170 [152]. Il est corroboré, en outre, par Jean le Trouvère, plus sûr, faisant à Guillaume le Maréchal en réponse à Etienne de Marzai qui refuse de subventionner le transfert du cadavre d'Henri II à Fontevraud : « Sire, si vous n'avez pas l'argent du roi, vous en avez plein du vôtre, que vous avez pillé en son service [153]. » La concussion ne relève pas ici d'une accusation vindicative due au simple règlement de comptes politique, mais elle est inhérente au système bureaucratique du XIIe siècle.

A l'occasion des expéditions militaires, pourvoyeuses de butin, les dons sont plus abondants encore qu'en temps de paix. Auprès de ses proches, à qui il veut donner l'image d'un chevalier généreux, Richard Cœur de Lion passe pour le plus large des rois [154]. Voici ce que raconte Roger de Howden à propos de son séjour en Sicile l'hiver de 1190-1191 : « Il distribua à profusion ses trésors à tous les chevaliers et écuyers de toute l'armée. Aussi beaucoup disaient que jamais un seul de ses prédécesseurs n'avait donné autant en une seule année que lui en ce mois[155]. » Ambroise, jongleur du pays d'Evreux qui accompagne le roi en croisade, décrit en des termes aussi enthousiastes cette munificence sicilienne : « Richard, qui n'était ni chiche ni avare, leur accorda de si riches dons, plats, hanaps d'argent, coupes dorées qu'on apportait par pleins tabliers aux chevaliers, selon leur rang, que grands, moyens et petits le louèrent de ses beaux dons[156]. » Ces cadeaux obligent davantage encore les guerriers envers leur maître. Ils sont cependant aléatoires, et dépendent du bon vouloir et des butins dont le roi dispose au rythme des campagnes victorieuses. Ils ne sauraient rémunérer de façon régulière les courtisans et les officiers royaux, qui considèrent par conséquent la concussion, l'exaction et la malversation comme une juste rétribution de leurs services à l'Etat.

En matière judiciaire, un tel système encourage la faveur royale. Voici un exemple parmi tant d'autres. Geoffroi fitz Pierre, dont le père est un simple forestier, gravit progressivement les échelons de l'administration anglaise : justicier de la forêt, *sheriff* de Northampton, il est associé au grand justicier Guillaume de Longchamps en l'absence de Richard Cœur de Lion avant d'être, en 1198, nommé lui-même grand justicier. Il réalise un beau mariage, en épousant Béatrice de Say, dont le cousin germain n'est autre que Guillaume de Mandeville, grand justicier et comte d'Essex et d'Aumale. Or, à la mort de ce dernier resté sans enfants, en 1189, l'influence de Geoffroi fitz Pierre à la cour de Richard Cœur de Lion est telle qu'il finit par gagner le comté d'Essex au détriment de son beau-frère Geoffroi de Say, qui, lui, n'obtient ni les emprunts nécessaires à son acquisition ni son attribution par le roi. Le favoritisme dont profite Geoffroi fitz Pierre dans cette succession est flagrant : son amitié envers le monarque, son influence à la cour et ses entrées à l'Echiquier lui permettent de l'emporter dans cette affaire[157]. Cet arbitrage partisan montre que la justice est loin d'être impartiale. La faveur royale est à l'origine de maints procès gagnés, fautes pardonnées ou amendes allégées au bénéfice des courtisans royaux et officiers locaux[158], qui voient dans ces avantages une forme légitime de rétribution. Ce favoritisme se retrouve, enfin, dans la facilité avec laquelle les fils des serviteurs du roi font des carrières dans l'administration. C'est le cas, par exemple, des Maudit, véritable dynastie de chambellans de l'Echiquier[159]. Cette hérédité *de facto* des charges est certes informelle et non institutionnalisée. Mais elle est à ce point entrée dans les mœurs que Jean de Salisbury l'admet, par exemple, dans son *Policraticus*[160], traité pourtant d'ordinaire si critique à l'encontre des comportements des courtisans. Elle présente, en effet, l'avantage de la transmission familiale d'un savoir-faire technique. Ainsi, Hubert Gautier, l'un des officiers les plus efficaces de la période, pourtant dépourvu de tout degré en théologie ou droit canon, a été élevé et formé aux finances par son parent le trésorier Ranulf de Glanville[161]. Favoritisme, clientélisme et hérédité représentent des moyens dissimulés, mais combien efficaces, d'indemniser les services de bien des laïcs.

La récompense des clercs de cour est plus facile. Du moins n'est-elle pas très onéreuse pour le roi, qui exerce un patronage strict sur les évêchés, chapitres et chapellenies de Normandie et d'Angleterre, deux principautés où il contrôle à sa guise les élections ecclésiastiques. Par contraste, le choix des prélats reste plus libre en Anjou et Aquitaine, ce qui témoigne encore de la moindre emprise royale sur ces régions[162]. La liste des *clerici regis*, devenus évêques ou chanoines à la suite d'une intervention d'Henri II, est trop longue[163]. Peut-être doit-on rappeler, *a contrario*, la disgrâce d'Arnoul (avant 1109-1184), évêque de Lisieux, contraint par le roi, après la révolte de 1173, à quitter son siège au profit du vice-chancelier Gautier de Coutances, bien plus fiable[164]. Richard Cœur de Lion intervient de façon aussi directe que son père dans les élections épiscopales. En septembre 1189, au cours du synode de Pipewell, il impose ses plus fidèles serviteurs, voire leurs parents, aux sièges épiscopaux vacants en Angleterre. Il parvient de même à faire élire Geoffroi, son demi-frère bâtard, à l'archevêché d'York, et supervise, en 1192, l'élection de l'archevêque de Cantorbéry depuis l'Allemagne où il est captif[165]. En 1197 et 1198, il réussit encore à mettre Philippe de Poitou, clerc de sa chambre et son compagnon en Terre sainte, à la tête de l'église de Durham, et Eustache, vice-chancelier et gardien des sceaux, de celle d'Ely[166]. La mainmise du roi sur ces charges ecclésiastiques est inextricablement liée au fonctionnement d'un Etat où les relations clientélaires restent fortes. Tout ce jeu complexe de luttes d'influence et de favoritisme autour du monarque, pour obtenir ses grâces, transparaît parfois dans la correspondance des ecclésiastiques de sa cour[167].

Nous ne connaissons pas avec précision la façon dont sont gagés les officiers locaux de l'Empire Plantagenêt. Les *sheriffs* anglais prennent leur charge à ferme et reçoivent une indemnité annuelle des administrés de leur comté. Ils rendent annuellement leurs comptes devant l'Echiquier, et sont aussi inspectés par les juges itinérants ou la cour de passage dans leur circonscription. En Anjou et en Aquitaine, les prévôts, voyers ou baillis responsables d'une seigneurie du domaine propre du roi, d'où ils exercent des fonctions de police et de justice dans le pays environnant, détiennent plutôt des terres attachées à leur charge[168]. Leur gestion est bien moins surveillée par le roi et par ses proches directs qu'en Angleterre ou en Normandie, principautés singulièrement bien administrées.

Cette analyse du système de récompense des courtisans et de quelques carrières cléricales corrobore les remarques acerbes des satiristes latins sur l'ambition des prélats à la cour Plantagenêt et sur leur course effrénée aux épiscopats et aux prébendes canoniales. Il en va de même pour leurs remontrances sur la corruption des officiers royaux, rémunérés de façon parfois incertaine. La part de la rhétorique dans leur discours sera bientôt étudiée, mais, en attendant, il faut constater que leurs critiques ont un fondement réel. Mécontents de leurs gages, les officiers du roi tirent profit de leur statut pour s'enrichir de façon arbitraire. D'ailleurs, les charges administratives ne leur apportent pas seulement des biens matériels. Elles leur donnent le prestige, l'influence et des amitiés qui assurent leur fortune.

En définitive, les hommes qui ont secondé les Plantagenêt appartiennent à des milieux sociaux bien divers. Ils viennent souvent de la très haute et vieille aristocratie, voire de la petite chevalerie guerrière et cultivée, mais aussi de la bourgeoisie urbaine ou de la paysannerie aisée profitant de quelques liens de clientèle avec les grands pour forcer les portes de la cour. La coexistence autour du roi de ces personnages, presque tous anglais ou normands, mais d'extraction sociale disparate, ne va pas sans heurts. La rencontre en un seul lieu de pouvoir de ces différents réseaux de vassalité et de fidélité qui luttent pour s'approprier la puissance politique est souvent conflictuelle. Des stratégies personnelles ou lignagères d'ascension inspirent, en outre, l'ambition des courtisans. Elles s'ajoutent aux intrigues fomentées au sein même de la famille angevine où les fils, *juvenes* en mal de stabilité, cherchent à soustraire leur principauté territoriale à l'Empire Plantagenêt entre les mains de leur père. La cour est donc un lieu de tensions, et ce climat étouffant a été maintes fois décrié par les officiers eux-mêmes. Il ne faudrait cependant pas conserver des courtisans la seule image d'un groupe en discorde. Parce qu'ils ont souvent suivi de longues études, parce qu'ils détiennent un savoir général ou technique, ces hommes œuvrent ensemble à la construction d'un appareil administratif solide, capable de faire régner la justice, d'imposer l'ordre et d'obtenir des rentrées fiscales pour financer les guerres lointaines.

La correction des conduites

La cour Plantagenêt impressionne par la quantité et la qualité des écrivains latinistes qui l'ont fréquentée : Jean de Salisbury, Pierre de Blois, Giraud de Barri, Gautier Map, Arnoul de Lisieux, Nigel de Longchamps, Gautier de Châtillon (vers 1135-vers 1179), Raoul le Noir (1140/1146-vers 1199)... Tous ont fait partie, à un titre ou à un autre, de la suite du roi d'Angleterre, et ont souvent profité de son patronage. Cette forte concentration est exceptionnelle dans le panorama culturel du XIIe siècle. Elle répond à une volonté politique du pouvoir, sans que celui-ci parvienne cependant à enrégimenter complètement ces savants, qui porteront toujours un regard critique sur la cour. Ils décrivent ainsi un milieu qui se caractérise par la rigidité de ses codes sociaux. Ils se font aussi l'écho d'une culture spécifiquement courtoise, qui combine des éléments aussi bien chrétiens que guerriers, sacrés que profanes. Pour les appréhender, il faut revenir d'abord sur le discours moralisateur que les clercs courtisans formulent eux-mêmes sur la société du palais royal, avant de se pencher sur les attitudes typiquement chevaleresques, que recouvre le terme, large mais explicite, « courtoisie ». Chemin faisant, nous découvrirons que la dichotomie entre *clergie* et chevalerie n'est pas si tranchée qu'on pourrait le penser et que les comportements courtisans des laïcs subissent une profonde influence ecclésiastique.

La morale des clercs à l'épreuve

A la solde d'Henri II, de Richard Cœur de Lion ou de Jean sans Terre, ces penseurs se présentent souvent comme des satiristes. Ils empruntent ainsi le genre littéraire et la rhétorique des écrivains latins qui censuraient jadis les mœurs de l'Empire romain décadent. Ils parlent paradoxalement de façon détachée, désabusée et même impitoyable de la cour où il leur a été donné de vivre et de l'humanité qu'ils y côtoient. C'est à l'infernale mesnie Hellequin qu'ils ont souvent affaire. Leurs œuvres ont été largement analysées par Egbert Türk[169], son meilleur spécialiste actuel. Dans une perspective d'histoire sociale, nous nous limiterons, plus modestement, à reprendre quelques critiques de ces intellectuels à l'encontre des courtisans et de leur monde, qu'ils connaissent si bien, afin de les replacer dans leur contexte politique et administratif.

Il importe, d'abord, de présenter un thème sur lequel ils reviennent inlassablement : les méfaits des parvenus dans l'appareil bureaucratique. Bougon comme à son habitude, Gautier Map établit le lien entre, d'une part, la basse extraction de certains juges, *sheriffs*, sergents et gardes forestiers et, de l'autre, leur concussion et leur sévérité excessive, véritables fléaux qui s'abattent sur l'innocent administré[170]. Un identique préjugé contre les roturiers transparaît sous la plume de Giraud de Barri, descendant du connétable d'Henri Ier et membre d'une grande famille normande installée au pays de Galles : Henri II, « oppresseur de la noblesse », encourage la promotion des étrangers, humbles et inconnus, car « il élève celui qui est en bas et abaisse celui qui est en haut »[171]. Les mêmes remontrances se retrouvent chez le chroniqueur Raoul le Noir, farouche partisan de Thomas Becket contre Henri II qu'il accuse d'avoir confié des postes importants à des « serfs, bâtards et mercenaires » et choisi les évêques et abbés parmi ses « domestiques »[172]. Certaines de ces flèches sont décochées contre des personnalités explicitement nommées. Par exemple, Falkes de Breauté, l'un des guerriers les plus en vue de la minorité d'Henri III, est critiqué par Gautier de Coventry (1293-1307), car il abuse de la faveur de Jean sans Terre « qui a fait de lui un chevalier du domestique qu'il était, et même l'égal d'un comte, en raison de l'assiduité de sa flagornerie[173] ». Des lieux communs anciens et des jalousies passagères, que servent des procédés rhétoriques classiques, conditionnent certainement le discours de ces contempteurs impitoyables des mœurs de leur temps. Il n'empêche que la prosopographie démontre que la présence à la cour Plantagenêt d'hommes nouveaux n'est pas seulement une vue de l'esprit.

Après avoir dénoncé la présence en surnombre dans l'administration de « gens de peu », chaque satiriste démonte les mécanismes de ce succès « illégitime ». La démocratisation du savoir, cause de leur irrésistible ascension, est l'une des cibles préférées de ces auteurs. Ainsi, Nigel de Longchamps, auteur d'un *Traité contre les courtisans et les officiers issus du clergé* (1193-1194) au titre significatif, met en cause l'intention de bien des ecclésiastiques qui ont fait de longues études pour entrer à la cour afin d'obtenir ensuite un siège épiscopal[174]. Dans une conversation qu'il dit avoir eue avec Ranulf de Glanville, Gautier Map récrimine également contre la promotion par l'école des roturiers : « Les nobles (*generosi*) de nos régions dédaignent les études, ou ils sont trop paresseux pour en faire entreprendre à leurs enfants. Or, de droit, seuls ceux qui sont libres peuvent s'adonner à ces arts qu'on appelle libéraux. Les serfs (*servi*) pourtant, que nous appelons paysans (*rustici*), s'efforcent d'élever leurs enfants ignobles (*ignominici*) et sans lignée (*degeneres*) dans des arts qui leur sont interdits, non pas pour abandonner leurs vices, mais pour avoir plus de richesses. Et plus ils sont capables, plus ils sont dangereux [175]. » A en croire Gautier, la promotion par les études est monnaie courante. Une fois de plus, sa réaction traduit des préjugés nobiliaires liés à la défense d'une société d'ordres ; elle exagère un phénomène dont nous savons la portée bien plus limitée, même si elle est d'autant plus intéressante sur le plan psychologique que Gautier lui-même est issu d'un milieu qui n'est pas aristocratique. Les détenteurs de la connaissance, quelles que soient leurs origines familiales, sont devenus incontournables.

De leur côté, ces intellectuels métamorphosés en administrateurs éprouvent un malaise profond. Dans leurs écrits, ils affirment l'indépendance de la culture et de la création littéraire, et rejettent leur instrumentalisation par le pouvoir à des fins partisanes, à laquelle ils se prêtent pourtant dans les faits. Tout se passe pour eux comme si la connaissance théorique et l'activité pratique étaient incompatibles. Le constat d'Alexandre Neckam en dit long : « Le philosophe qui a étudié les apories de l'arithmétique, souvent tard dans la nuit, est à présent attaché aux calculs de l'Echiquier [176]. » Le *trivium* et le *quadrivium*, dont ces savants prônent la gratuité et l'autonomie, mènent désormais, tout droit, au service royal. Selon eux, des formes si élevées de la connaissance ne devraient pas être gaspillées à la solde du pouvoir établi, ni abaissées aux besognes administratives. Toutefois, Jean de Salisbury se montre soucieux de l'augmentation en nombre de clercs, appelés de façon péjorative « Cornificiens », qui cherchent exclusivement un débouché professionnel rentable dans les études, de préférence courtes et bon marché [177]. Dans un même registre, Giraud de Barri déplore la décadence des études littéraires : les jeunes étudiants se ruent de façon superficielle sur le droit et les autres « sciences lucratives », au détriment des arts libéraux, qui leur apporteraient pourtant le véritable savoir fondant toute autre connaissance [178]. Seul le carriérisme préside à leur choix. C'est pourquoi Giraud dénonce nettement la fracture entre la *curia* et la *schola*, qui oppose le corps, la mort et l'enfer de la première, à l'esprit, l'éternité et le bonheur de la seconde, « la cour, source de soucis, et l'école, source de délices » ; il n'affirme pas pour rien que la vie n'offre pas de plaisir plus enivrant que lire et écrire des ouvrages [179].

Pierre de Blois se situe sur le même registre, tandis qu'il reproche, dans l'une de ses lettres, à maître Raoul de Beauvais d'avoir abandonné l'enseignement pour la cour, dont il fait dériver l'étymologie de *cruor*, « le sang qui coule, le meurtre [180] ». Il rédige même une longue joute oratoire en vers latins qui oppose le courtisan à son détracteur dont le discours prend des accents moralisateurs ; les arguments fallacieux du premier, qui mettent en avant de façon mondaine les délices et raffinements de la cour, ont été sciemment ridiculisés au profit du second[181]. A la fin de ses jours, Pierre qui a décidé de se retirer du monde remet en cause son existence tout entière ; seuls, dit-il, l'amour-propre, l'ambition aveugle et le désir de faire fortune l'ont poussé à entrer au service d'Henri II, cause de tous ses malheurs[182]. A lire tous ces ecclésiastiques, haut placés dans la bureaucratie princière, la vie contemplative est incompatible avec la vie active que mène avec frénésie tout serviteur du roi. Il n'est pas bon pour le prêtre de s'aventurer à la cour. Pris par d'innombrables soucis quotidiens, non seulement il manquera la béatitude intellectuelle que donne en ce monde la contemplation des idées, mais il risquera même de perdre, damné à jamais, la vision béatifique.

La corruption à la cour est telle, en effet, qu'elle rend fort difficile le salut éternel de ses membres. En décriant les malversations des officiers royaux, les satiristes abondent dans ce sens. A les suivre, la justice, chère pour le pauvre, gratuite pour le riche, n'est que simulacre[183]. La concussion est partout présente : nul détenteur d'une charge publique ne saurait accomplir sa tâche sans exiger auparavant une commission arbitraire de ses administrés. Pierre de Blois insiste ainsi sur les exactions des juges itinérants, des gardes des forêts et des *sheriffs*, prêts à extorquer de l'argent et à rendre justice au plus offrant. Par crainte de représailles, leurs victimes n'osent pas se plaindre au roi, car la cour, aussi divisée soit-elle à l'intérieur, fait preuve, dit-il, d'une solidarité sans failles dès qu'elle est attaquée de l'extérieur. Ce trafic d'influences se retrouve même au niveau des portiers et domestiques du palais royal, qui n'introduisent auprès du roi que ceux qui les soudoient copieusement[184].

Outre la corruption, il règne à la cour un climat épouvantable. La concurrence impitoyable qui oppose les courtisans pour gravir les marches du pouvoir est sans merci. Ces querelles peuvent parfois mener aux armes : en l'absence de Richard Cœur de Lion, parti en croisade, Guillaume de Longchamps, évêque d'Ely, son chancelier, affronte Hugues de Puiset, évêque de Durham, grand justicier d'Angleterre ; ces deux officiers suprêmes de l'Angleterre en viennent à s'échanger des otages et des châteaux royaux[185]. Au quotidien, ces luttes se manifestent surtout dans la pression exercée auprès du roi pour abattre un rival. En 1155, dans une lettre adressée à Thomas Becket, l'évêque Arnoul de Lisieux, justicier de Normandie, se dit ainsi la victime des machinations des sycophantes qu'il a pourtant lui-même introduits à la cour[186]. Dans le même sens, Jean de Salisbury dénonce la jalousie comme le péché capital par excellence des courtisans, qui les mène inéluctablement à la calomnie et à l'hypocrisie[187]. Et Gautier Map de raconter l'histoire de ce jeune guerrier dont le courage sur le champ de bataille valut au roi de Portugal une grande victoire ; il ne jouit toutefois pas longtemps de la faveur royale, puisque les courtisans l'accusèrent mensongèrement d'adultère avec la reine avant de le tuer en toute impunité à la chasse[188]. A la cour, le ragot s'accompagne aussi de la flagornerie obséquieuse, à laquelle Jean de Salisbury consacre de longs chapitres de son *Policraticus* : « Le flatteur est l'ennemi de toute vertu, et il forme une sorte de cataracte dans les yeux de celui avec lequel il s'engage en conversation[189]. » Trop fortes apparaissent les tensions qui traversent le milieu curial, où tous les coups sont permis pourvu que soit arrachée la charge tant désirée.

Une fois ce pouvoir acquis, on cherche à placer ses proches. Le népotisme et le clientélisme sont alors les moyens les plus sûrs de promotion politique. D'après Pierre de Blois, les « sangsues » qui s'occupent de l'administration locale délèguent leur pouvoir seulement à des parents et à des amis fortunés[190]. Ces liens, dont la prise en compte est étrangère au bien commun, sont explicitement critiqués dans l'*Archipleureur* de Jean de Hauville[191], et les exemples de réseaux de parenté et de clientèle constitués autour des charges politiques sont fréquents parmi les proches des Plantagenêt[192]. La protection, la bienveillance et la recommandation d'un magnat permettent de monter très haut. Si elles ne viennent pas de la relation de parenté, l'argent permet de les acheter. Jean de Salisbury récrimine de la sorte contre « ceux qui rendent visite aux puissants les bras chargés de présents, sollicitant leurs parents et leurs proches et se recommandant au haut clergé ». Il stigmatise, plus loin, leur ambition débridée : « Ils surveillent l'âge des hommes influents et se réjouissent de leurs cheveux gris. Ils consultent les médecins et les astrologues sur le destin des gouvernants[193]. » Au passage, Jean étrille l'astrologie, vice, à ses yeux, fort répandu, avec la magie, dans le milieu courtisan, auquel il consacre de longs développements dans le deuxième chapitre du *Policraticus*[194]. Ainsi, parenté, affinité et amitié entravent le déroulement équitable des carrières. Ces liens traversent l'appareil d'Etat. Ils le noient dans un tel magma d'intérêts patrimoniaux et de politiques familiales qu'ils interdisent toute équité.

Outrés par la corruption, la vénalité et l'ambition qu'ils disent rencontrer autour d'eux, ces écrivains comparent la cour à l'enfer ou, du moins, à son sas d'entrée. Les revenants de la mesnie Hellequin y dictent leur loi. Le jugement de Jean de Salisbury sur les pécheurs qui y demeurent est sans appel : « La loi appelle à la cour les savants en futilités et en crimes ; elle met à la porte les véritables sages [195]. » Il s'en prend ensuite aux vices des courtisans, tous lâches, traîtres, criminels, menteurs, homosexuels, gloutons, passionnés pour la chasse, les dés, les mimes et autres abominations, toutes choses à l'opposé de l'idéal d'austérité, de gravité et de modération du philosophe : « L'amour du savoir n'a jamais rendu riche [196]. » Gautier Map pousse plus loin le raisonnement. Pour lui, la cour n'est pas seulement un lieu de perdition, mais de souffrance, une répétition générale de la damnation finale, un véritable enfer où se trouvent tous les démons explicitement nommés : Phlégéton ou la convoitise, Léthé ou l'oubli de Dieu, Achéron ou le regret des désirs inassouvis... « Quel supplice y a-t-il en enfer qui ne soit pas amplifié à la cour [197] ? » Le pire d'entre eux est assurément l'impossibilité de toute création littéraire ou de toute réflexion profonde et soutenue, dans ce milieu que les Muses ont complètement déserté.

A quelques siècles de distance et au risque d'anachronisme, le chercheur saisit le sens de ces remontrances : elles traduisent l'insatisfaction du penseur qui souhaiterait consacrer davantage de temps à sa quête intellectuelle qu'à des tâches administratives trop absorbantes [198]. D'autres motivations psychologiques ont pu entrer en ligne de compte, telle l'amertume contre le roi et son entourage d'un clerc qui n'a pas obtenu les grâces escomptées et qui ressasse, au soir de sa vie, l'échec de sa carrière [199]. Les écrits de Giraud de Barri, empêché par Henri II et le chancelier Hubert Gautier d'accéder à l'évêché de Saint David's (Tydewwi), où il a été élu à la suite de son oncle par le chapitre cathédral, ou ceux d'Arnoul de Lisieux, déposé de son siège en raison de son attitude pendant la révolte de 1173, trahissent peut-être des ressentiments de cet ordre, mais le médiéviste ne pourra jamais percer leurs véritables intentions [200]. Enfin, comme dans bien des civilisations, les critiques contre les conseillers ont une fonction idéologique précise : sauver la face du roi en rendant son entourage responsable des abus et mesures impopulaires [201].

Faut-il donc prendre les critiques de ces auteurs au pied de la lettre ? Même Gautier Map, si peu indulgent d'habitude à l'égard de ses collègues de cour, n'en considère pas moins comme exemplaires les juges de l'Echiquier [202] ; la lecture de leurs documents comptables corrobore, de nos jours, leur sévérité à l'encontre des *sheriffs* peu sûrs. Il n'empêche que, comme le soulignent ce même Gautier Map ou Pierre de Blois, les abus et exactions sont largement répandus à tous les niveaux de l'appareil administratif. Concussion, vénalité ou favoritisme, tant décriés par les clercs de la suite des Plantagenêt, semblent de fait courants dans une administration qui rémunère de façon aléatoire ses membres et qui souffre du manque de contrôle et de renseignements à leur sujet. Formés à la science juridique, les écrivains satiristes raisonnent en termes d'institutions, de droits ou d'offices. Il n'en va pas de même pour bien des baillis et des *sheriffs* qui se comportent, non pas comme des fonctionnaires obligés de rendre des comptes rigoureux de leur gestion, mais comme des seigneurs. Leurs mœurs ne sont guère celles de serviteurs sévères de l'Etat dans des sociétés qui n'ont pas encore pris conscience du bien commun, de l'autonomie de la sphère publique ou de la « politisation »[203]. Au cœur même de l'appareil étatique, la vénalité l'emporte sur l'équité, le privé sur le public, et les considérations lignagères et patrimoniales sur le bien commun.

A l'heure de formuler leurs récriminations contre la cour, ces satiristes citent des références classiques et ont recours à de vieux procédés rhétoriques. Dans une perspective de littérature comparée, les philologues montrent combien leurs thèmes se trouvent, bien avant le XIIe siècle, dans l'œuvre des auteurs latins de l'Antiquité, et qu'ils pourraient, à la rigueur, être analysés en dehors de toute contingence chronologique[204]. L'idée du loisir et du calme (*otium*) nécessaire au philosophe pour atteindre et contempler la vérité en dehors de toute affaire temporelle ou négoce (*necotium*) remonte, pour le moins, à Socrate. Or les lieux de pouvoir et les responsabilités ne sauraient favoriser ces circonstances. Sous l'Empire romain, Sénèque et les stoïciens ont formulé contre la cour des critiques que les penseurs chrétiens, persécutés par les pouvoirs établis, ont tôt fait de récupérer[205]. Le parcours personnel de Boèce auprès de Théodoric le Grand, sa disgrâce et la rédaction de la *Consolation de la philosophie* montrent, si besoin était, qu'il n'a pas fallu attendre Jean de Salisbury, Gautier Map, Giraud de Barri ou Pierre de Blois pour que de tels *topoi* s'enracinent chez des intellectuels tiraillés entre leurs devoirs à la cour et leur soif de connaissances, de beauté et de spiritualité. Les clercs des Plantagenêt connaissent d'autant mieux les classiques que la renaissance de l'époque les leur fait découvrir sous leur forme originale, autrement que dans les anciens florilèges. Leur intérêt pour la *Consolation* de Boèce se concrétise même dans le *Roman de philosophie*, son adaptation anglo-normande due à Simon de Freine (†1224/8), ami de Giraud de Barri[206]. Il est indéniable que les auteurs antiques ont influencé leur pensée.

Une fois passés les regrets du philosophe, le prêtre ne ménage pas ses critiques sur l'éthique défaillante des courtisans. Telle est, au fond, sa fonction pastorale : réformer le comportement des laïcs et dénoncer leurs vices, quitte à les exagérer pour mieux les corriger [207]. D'après Matthieu, doyen de Chichester entre 1180 et 1197, cette mission justifie à elle seule la présence des clercs à la cour : « Nous n'interdisons pas aux clercs de servir honnêtement les princes, mais nous leur reprochons seulement de le faire de façon obséquieuse et par avarice, et d'y prendre trop de plaisir [...] Des ecclésiastiques peuvent s'attacher à une cour princière et la suivre dans ses déplacements, pourvu qu'ils soient motivés par l'amour et le désir de corriger les princes ou de faire avancer les affaires des églises [208]. » *A contrario*, pour Jean de Salisbury, le plus détestable des conseillers cléricaux du roi est le flatteur, « chien de cour » aboyant des louanges au grand plaisir de son maître, dont la flagornerie — son vice principal — est épinglée dans plusieurs chapitres du *Policraticus* ; son antithèse est le modèle du clerc qui, à l'instar des prêtres du Deutéronome, veille à ce que la loi divine soit partout respectée, admonestant sans hésiter les gouvernants [209]. Nul ne saurait donc lui reprocher de faire la morale aux autres courtisans par l'exhortation ou la prédication.

En accomplissant l'une des missions de son sacerdoce, il ne risque d'ailleurs pas d'être puni par le roi. Cette liberté de parole est explicitée ainsi dans la première préface de l'*Instruction du prince* (1192-1218) de Giraud de Barri : « Je trouve bien des choses répréhensibles dans l'action des princes et prélats nommés pour gouverner et pour instruire les autres aussi bien par leur exemple que par leur pouvoir. » Contre ceux qui lui font grief d'aduler les grands de ce monde et de manquer d'audace dans ses critiques à leur endroit, Pierre de Blois rappelle sa franchise envers Henri II dans son *Abrégé du livre de Job* (1173) et dans son *Dialogue de l'abbé de Bonnevaux* (1188-1189) [210]. Sans doute ce plaidoyer *pro domo* est-il exagéré : ces deux florilèges de citations bibliques sont certes explicitement adressés au roi, mais gardent à son égard un ton respectueux et indulgent ; tout au plus lui proposent-ils un modèle assez classique de vie chrétienne, insistant sur la patience face à l'adversité, la charité envers l'ingratitude des fils, la fréquentation des sacrements, la pénitence pour les propres péchés, la pratique de la vertu et la générosité envers le pauvre. Rien n'est plus naturel, en somme, pour un clerc de cour que de stigmatiser les travers de son milieu, dans un but de réforme morale.

Cette attitude est d'autant plus marquée sous le règne d'Henri II que le conflit avec Thomas Becket ravive la querelle, vieille de plus d'un siècle, entre les pouvoirs spirituel et temporel. Pierre Damien (vers 1007-1072), l'un des penseurs les plus influents de la réforme dite grégorienne, n'a-t-il pas écrit un opuscule intitulé *Contre les clercs de cour et la course aux dignités*, tout en prônant la séparation stricte entre Dieu et César ? En 1179, le concile de Latran III ne vient-il pas de condamner les clercs majeurs ou mineurs qui vivent de revenus ecclésiastiques, mais qui continuent de plaider devant des tribunaux civils, situation fort répandue en Angleterre[211] ? Pour Jean de Salisbury ou Raoul le Noir, engagés corps et âme dans le combat aux côtés de Thomas Becket, la critique de la cour vise tous ceux qui aident le roi à abolir les libertés ecclésiastiques. Il en va de même avec Giraud de Barri, opposant bien plus tiède en comparaison, qui n'hésite pas à qualifier Henri II de « fils de perdition » et « marteau frappant l'Eglise », et à voir dans sa mort ignominieuse un châtiment divin consécutif au meurtre de l'archevêque de Cantorbéry, « commis par quatre chiens de cour »[212]. Presque tous les hagiographes de Becket abondent dans ce sens, accusant les « conseillers scélérats » du roi d'être à l'origine du crime : leurs « calomnies de délateurs », « morsures d'envieux » et « énormités d'ambitieux » ont provoqué l'irréparable[213]. En définitive, pour ces intellectuels, le roi et ses mauvais conseillers méritent d'autant plus la damnation qu'ils sont responsables du crime dans la cathédrale et de l'écrasement des privilèges de l'Eglise. Comme le démontre Natalie Fryde[214], ces positions cléricales d'hostilité envers la royauté angevine s'inscrivent dans le droit fil de la longue lutte pour préserver la *libertas* ecclésiastique ; elles seront reprises dans le texte de la Grande Charte, arrachée par la force des armes au roi, désormais contraint de les respecter. Dans un contexte qui n'est pas sans rappeler la querelle des investitures, les critiques anticuriales, pourtant classiques, prennent une nouvelle dimension et une acrimonie supplémentaire.

Ces blâmes moralisants sont au cœur même de l'œuvre des penseurs à la cour des Plantagenêt, dont le but essentiel est de corriger les dysfonctionnements humains de l'Etat[215]. Leurs critiques à forte teneur éthique peuvent sembler bien rétrogrades à un médiéviste contemporain qui leur appliquerait une grille d'analyse inspirée de Machiavel, Hobbes ou Hegel, au nom du développement inéluctable des moyens de gouvernement d'après leur logique intrinsèque[216]. Une telle philosophie insiste, en effet, sur l'autonomie morale de la croissance étatique de type moderne, indépendance que les clercs de la cour des Plantagenêt jugeaient nocive pour le bien commun et qu'ils n'hésitaient pas à qualifier de tyrannique. Nous sommes cependant d'autant plus mal placés pour juger les penseurs du XIIe siècle que les événements les plus atroces du XXe siècle ont montré combien la raison d'Etat et l'éthique politique ne sauraient nullement être incompatibles. Or, profondément conscients de leur vocation réformatrice, les intellectuels de la cour des Plantagenêt œuvrent à changer la conduite de l'aristocratie, en lui inculquant un savoir et des manières propres à contrer les manifestations collectives et individuelles de son agressivité.

Les chevaliers courtois en vogue

Au XIIe siècle, l'accroissement du pouvoir royal se fait trop souvent au détriment de la noblesse dont la culture est, avant tout, guerrière. Dès lors, le choc entre l'Etat embryonnaire, seul détenteur légitime de la violence, et l'aristocratie, dont le comportement est fréquemment brutal, devient inévitable. L'éducation des jeunes nobles est fondée sur l'acquisition d'une technique et d'une force physique qui les rendent aptes au combat à cheval ; elle comporte, en outre, la transmission de valeurs militaires telles que le courage, la loyauté, la camaraderie, l'honneur ou la discipline. La violence imprègne les pratiques de l'aristocratie, dont la guerre — privée autant que publique, seigneuriale autant qu'étatique — est la principale occupation et la raison d'être de sa prépondérance sociale. Les exemples de sauvagerie au quotidien abondent, mais on se limitera ici à l'anthroponymie nobiliaire, qui comporte presque toujours des noms et des surnoms de bêtes féroces[217]. L'assassinat de Thomas Becket vient à l'esprit : après l'avoir blessé, les quatre criminels s'acharnent à coups d'épée sur l'archevêque qui gît à terre ; ils blessent les clercs désarmés qui essaient de le défendre ; ils pillent ensuite le palais archiépiscopal et s'emparent de tous les chevaux de l'écurie[218]... De tels gestes sont accomplis sans scrupules, comme si une longue pratique des armes et du pillage avait banalisé la violence parmi ces chevaliers proches d'Henri II[219].

L'affaire Becket est significative à un autre titre. Elle traduit brutalement dans les faits l'ancienne dialectique entre guerriers à la violence sans retenue et prêtres, voués au culte divin et détenteurs du savoir écrit, à qui le droit canon interdit de verser le sang. Le clergé s'engage dans une pastorale qui vise à contenir la violence des nobles dans le cadre strict de la guerre juste, légitime et défensive, d'après la définition de saint Augustin, et à en limiter la pratique par la christianisation de leurs mœurs.

Les prêtres encouragent ainsi l'aristocratie à s'approprier une idéologie, jusqu'alors réservée aux rois, prônant le rétablissement de la justice et de la paix sur terre par la défense des plus démunis. Ce système de valeurs n'est rien d'autre que la chevalerie, dans l'acception idéologique et non pas sociale du terme, à savoir une éthique pétrie de vertus ecclésiastiques, une déontologie proposée par les clercs aux professionnels de la guerre[220].

Les textes produits par le clergé à la cour d'Henri II témoignent de cette volonté de pacifier les mœurs aristocratiques. Dans l'une de ses lettres, Pierre de Blois insiste sur la décadence de la chevalerie : dès qu'ils reçoivent l'adoubement, les nobles tournent leurs armes contre l'Eglise[221]. Même chose dans le *Livre des manières* (vers 1175), au titre significatif, d'Etienne de Fougères (†1178), chapelain d'Henri II et secrétaire dans sa chancellerie, promu à l'évêché de Rennes en 1168 : son ouvrage, rédigé en anglo-normand, emprunte le schéma de la prédication *ad status* (pour les différents « états » de vie), qui rabroue chacune des catégories sociales en épinglant ses vices spécifiques ; il n'épargne ni les chevaliers, qui abusent à tort et à travers de leur pouvoir pour maltraiter et exploiter leurs sujets, ni les femmes nobles, leurs épouses, coupables d'adultère[222]. Maints auteurs adoptent à sa suite ce ton moralisateur pour fustiger l'aristocratie combattante[223].

Mais c'est Jean de Salisbury qui a le plus réfléchi au problème du comportement des guerriers et à leur rôle dans l'organisation sociale[224]. Il donne ainsi une longue définition des devoirs du chevalier, qui reprend le modèle ecclésiastique : « Protéger l'Eglise, combattre la perfidie, vénérer le sacerdoce, éloigner des pauvres l'injustice, faire régner la paix dans le pays, verser son sang et, si besoin était, donner sa vie pour ses frères[225]. » La fonction de la chevalerie est donc de défendre les *inermes* et de faire régner la justice et la paix ; cela lui assigne une place spécifique dans la société, que ce penseur ne présente plus d'après le schéma trifonctionnel depuis longtemps périmé par la bureaucratisation croissante du gouvernement anglais[226]. D'après Jean, l'organisation des hommes ressemble à un corps organique[227] : les chevaliers en sont les mains, et obéissent aveuglément au prince qui est la tête ; ils se doivent donc d'être soumis au roi. Leur révolte contre lui n'est en aucun cas justifiable.

C'est, en effet, à tort que la théorie du tyrannicide, développée dans le *Policraticus*, a été interprétée comme un appel aux armes contre Henri II[228], qui sera, une dizaine d'années après la rédaction de ce livre, responsable de l'assassinat de Thomas Becket dont Jean de Salisbury fut le plus proche conseiller[229]. A la décharge des exégètes de son œuvre, force est d'avouer que la pensée de Jean est d'interprétation difficile. Sa méthode n'est pas scolastique, mais encyclopédique. Elle procède plutôt par la comparaison d'anecdotes ou *exempla* contradictoires, et ne sélectionne pas les arguments selon le principe de non-contradiction ou selon une dialectique abrupte[230]. Pétrie d'une sagesse grégorienne, elle tente vainement de parvenir à la « concordance des discordants » (*concordia discordantium*) : ce mode de pensée a été élaboré autour de l'an mil pour concilier les contraires, les dépasser et les assumer dans la consonance ; l'harmonie musicale est une de ses sources d'inspiration, car elle permet, par le diapason, d'obtenir l'unité des sons dans leur variété[231]. Dans le cas qui nous occupe, Jean place précisément son développement sur le tyrannicide dans le chapitre dénonçant la flagornerie des courtisans, afin de bien marquer le contraste entre ces deux attitudes. Comme à son habitude, il noie ses considérations sur l'assassinat politique dans une telle masse de contre-exemples (la patience de David face à Saül) et d'exceptions (interdiction de tuer celui à qui on a prêté un serment d'allégeance et auquel on doit la fidélité, ou d'utiliser le poison) que le passage à l'acte devient presque impossible[232]. Il insiste, en revanche, sur la justice divine, immanente aux actes des hommes, qui explique la fin désastreuse de tous les gouvernants qui ont abusé du pouvoir venu d'en haut, qui ont fait fi des lois supérieures et qui ont violemment opprimé leur peuple. Parce qu'il est nuancé et qu'il joue sur le paradoxe, son raisonnement présente les problèmes politiques dans toute leur complexité[233]. Il est indéniablement proche d'une sensibilité moderne.

En dépit de toutes les nuances introduites par un tel mode de pensée, le caractère novateur, voire révolutionnaire, de la théorie du tyrannicide réactualisée par Jean de Salisbury dans l'histoire de la pensée politique occidentale est certain. La théorie fait irruption dans le panorama intellectuel médiéval après plusieurs siècles d'oubli[234]. Elle sera reprise par son contemporain Giraud de Barri qui l'exprime d'une façon beaucoup plus nette et tranchée que lui, même si la postérité lui en a moins su gré : « Celui qui frappe le tyran n'est pas passible d'une peine, mais digne de récompense, selon l'adage : "Qui tue un tyran, reçoit un prix"[235]. » Les penseurs de la cour des Plantagenêt sont décidément en avance sur leur temps.

Il faut toutefois insister sur le fait que la théorie de Jean ne répond pas à une praxis précise à court terme. En tout cas, elle ne vise nullement Henri II. Le *Policraticus* est achevé en 1159, alors que les relations entre le roi et son chancelier, dédicataire de l'ouvrage, sont encore excellentes : Thomas conduit, à cette date, l'armée royale contre Toulouse. Un chapitre entier de l'ouvrage contient, d'ailleurs, un éloge dithyrambique sur la façon dont le jeune Henri est parvenu à pacifier l'Angleterre après la longue guerre civile ; tout au plus le livre se clôt-il par une courte phrase faisant allusion à l'homme qui atteint l'âge mûr, qu'un traducteur moderne a pu interpréter comme une critique voilée au montant trop élevé de l'écuage perçu par le roi pour la campagne de Toulouse [236]. Enfin, Jean est provisoirement tombé en disgrâce auprès du roi, qui lui interdit de revenir sur l'île : il cherche donc à s'attirer ses grâces en le complimentant de la sorte et en poussant son chancelier, dédicataire du livre, à intervenir en sa faveur auprès de lui.

Ailleurs, il qualifie de tyrans les seigneurs jadis révoltés contre le roi Etienne de Blois. Il s'en prend également aux nobles qui ont profité de la guerre civile pour occuper les terres de l'église de Cantorbéry [237]. Il rejoint, sur ce point, une tradition de l'historiographie monastique, qui remonte au moins à l'époque carolingienne, pour laquelle le tyran n'est autre que celui qui défie le pouvoir royal : les *Annales de Saint-Serge* louent ainsi Henri II qui, en 1154, « imposa la paix à un certain tyran, Hugues de Mortemer, qui s'était rebellé [238] ». Le discours de Jean ne remet donc jamais en cause le processus de construction étatique des Plantagenêt au détriment des châtellenies indépendantes et de la seigneurie banale de l'aristocratie.

Un dernier aspect, en apparence secondaire, du *Policraticus* se rapporte à l'emploi de la violence par la noblesse. Il s'agit de sa dure critique contre les activités cynégétiques auxquelles les courtisans se livrent avec fureur : « La chasse est une occupation stupide, et même bien pénible, et elle ne compense jamais les inconvénients de son extravagance par les avantages de ses succès [239]. » Jean de Salisbury exprime assurément les préjugés du milieu ecclésiastique à l'encontre d'un loisir entraînant effusion de sang, que le droit canonique interdit aux clercs. Il sait, en outre, que la chasse peut être un apprentissage de l'homicide, et combien l'institution de la réserve ou forêt royale, représentant un quart du territoire anglais, appauvrit la paysannerie, empêchée de l'exploiter. Ses récriminations s'inscrivent, enfin, dans un courant de pensée plus large, développé à l'époque par les exégètes bibliques, qui font de la chasse une métaphore de la chair sanglante dévorée par le roi, allusion déguisée à la fiscalité qui consomme, de façon similaire, le labeur populaire. Giraud de Barri met ainsi en scène le roi Guillaume le Roux en train de manger un homme cru à la veille d'une partie de chasse [240]. Comme le fait remarquer Philippe Buc, ce cannibalisme est le pôle répulsif de l'eucharistie cléricale qui, loin de détruire, construit en intégrant à l'Eglise. Il renvoie à une face féroce de la monarchie, qui est aussi, en quelque sorte, celle de l'aristocratie enrichie par les prélèvements seigneuriaux sur la paysannerie[241].

Pour Jean de Salisbury, toutefois, le clivage essentiel entre le clerc et le chevalier est tout autre. La ligne de partage passe par la connaissance des lettres. « Qui pourrait donc demander à un illettré (*illitteratus*), dont le devoir est de connaître les armes plutôt que la littérature, d'exercer un métier littéraire[242] ? » *Illitteratus* doit être pris ici au sens médiéval, et non pas moderne, du terme : l'illettré est celui à qui la méconnaissance du latin interdit l'accès à la plupart des ouvrages disponibles dans ces matières savantes, hautement considérées, que sont la philosophie et la théologie. Sans latin, il est, de plus, impossible de travailler dans l'administration. Dès lors, l'usage littéraire de la langue vulgaire est réservé à un domaine qui exclut le véridique et ne concerne que la fiction et l'anecdote, en prenant des distances convenues avec le réel[243]. A l'époque qui nous intéresse, et à quelques rares exceptions près, cet « illettré » s'identifie au laïc. *Clergie* et chevalerie participent de deux cultures différentes. Est-ce à dire pour autant qu'elles sont incompatibles ? Les ponts sont-ils définitivement coupés ? Ecrit en Normandie vers 1150, le prologue du *Roman de Thèbes* met ces deux catégories privilégiées sur un même plan, et les considère comme seules aptes à suivre le récit : « Que tout le monde se taise à ce sujet, sauf clercs et chevaliers, car les autres ne peuvent rien apprécier, si ce n'est comme un âne à la harpe[244]. » En littérature, un certain élitisme associe clergé et noblesse, et exclut marchands et paysans.

La culture savante n'est pas interdite aux nobles laïcs, même si elle ne revêt pas toujours un caractère écrit, latin et sacré, mais oral, roman et profane. Les cas précédemment étudiés de Ranulf de Glanville ou Guillaume de Mandeville montrent que le *miles litteratus* n'est pas incompatible ni dans les termes de cette expression ni dans les faits de la société aristocratique de la fin du XIIe siècle[245]. L'émergence de ces « chevaliers lettrés » ne signifie pas nécessairement une crise des valeurs militaires au sein de la noblesse[246]. Sous la plume de Giraud de Barri, le guerrier savant prend peut-être la forme d'un revenant qui veut retrouver sur terre son maître Maurice pour échanger comme jadis quelques vers latins improvisés[247]. Il n'en est pas moins un type social répandu à la cour des Plantagenêt au sein d'une noblesse de rang moyen pour qui les études facilitent les carrières au service de la royauté[248]. La haute aristocratie est tout aussi cultivée, si ce n'est plus. Robert de Gloucester (†1147), fils illégitime d'Henri Ier et partisan du jeune Henri II, est un mécène généreux, qui protège Guillaume de Malmesbury, Geoffroi de

Monmouth et Geoffroi Gaimar[249]. Pareillement, Robert de Beaumont (†1168), comte de Leicester — loué par Jean de Salisbury pour sa pensée sur la royauté et par Richard fitz Nigel qui le dit *litteris eruditus* —, et son frère jumeau Galeran de Meulan (†1166) — qui versifie en latin et lit dans le texte les chartes — ont reçu, dans leur enfance, une éducation soignée au monastère d'Abingdon[250]. Galeran, à qui sont dédicacés plusieurs manuscrits de l'*Histoire des rois de Bretagne* de Geoffroi de Monmouth, est peut-être le père de Marie de France, l'auteur des *Lais*, et cette dame serait ainsi l'épouse d'Henri de Talbot, un seigneur du comté de Hereford[251]. Apparenté aux Clare, Gilbert fitz Baderon rassemble une bibliothèque de livres français et latins dans son château de Monmouth ; il a emprunté l'un d'entre eux au poète cambro-normand Hue de Rotelande[252]. Constance, femme de Raoul fitz Gilbert, un seigneur du Lincolnshire, commande probablement à Geoffroi Gaimar la traduction française de la chronique anglo-saxonne[253]. Ces personnages appartiennent certes à la haute aristocratie normande de l'île, mais des chevaliers lettrés se recrutent également dans la moyenne noblesse de service. Pour ces courtisans, la guerre ou la justice n'excluent nullement l'amour des lettres.

L'apprentissage de la civilité

Sans détenir une culture savante aussi considérable, la plupart des *milites* maîtrisent l'écrit dans un cadre plus pragmatique. Sans consacrer leurs loisirs à se cultiver par la lecture d'ouvrages de fiction ou d'érudition, ils ont les rudiments d'écriture et de mathématiques pour comprendre, ne serait-ce qu'à grands traits, les diplômes royaux ou pour suivre les comptes de leurs domaines. En Angleterre, bien des *sheriffs* et juges locaux savent lire et dicter des actes en latin, voire les écrire eux-mêmes, comme le prouve l'olographe de Richard, qui gouverne le Hampshire au nom d'Henri II[254]. Gautier Map mentionne l'un de ses jeunes parents anglais, que sa passion pour les armes pousse en Flandre afin de parfaire sa formation militaire auprès de Philippe d'Alsace, et qui « sans connaître le latin, ce qui est regrettable, sait néanmoins transcrire l'alphabet[255] ». Cet exemple semble significatif du niveau d'éducation moyen des guerriers.

Ils développent d'ailleurs une culture qui leur est propre, où l'oral et le vernaculaire se substituent à l'écrit et au latin des clercs. Gautier Map parle ainsi de Galeran d'Ivry, qui, quoique *miles illitteratus*, c'est-à-dire non latiniste, sait composer des vers en français[256]. A la fin du XIIe siècle, l'usage de cette langue acquiert un prestige considérable parmi les nobles de l'ensemble de l'Empire Plantagenêt. C'est sans ambages que l'écrit Giraud de Barri, Gallois issu d'une famille de l'aristocratie normande : « Pour nous le latin et le français surpassent les autres langues[257]. » Dans l'île, l'anglo-normand (dialecte français parlé de part et d'autre de la Manche) apparaît comme la langue des élites depuis la conquête de 1066, qui a anéanti ou déclassé l'aristocratie locale parlant anglo-saxon (à l'époque, moyen anglais). Tout au long du XIIe siècle, le prestige de l'anglo-normand ne cesse de s'accroître parmi les nobles, clercs et jongleurs insulaires. C'est même en Angleterre qu'on trouve les premiers roman, ouvrage historique, traduction biblique, règle monastique, texte scientifique, traité administratif et couplets octosyllabiques rédigés en français. C'est là aussi que, pour la première fois, une femme écrit dans cette langue. Ian Short attribue cette précocité au trilinguisme et au multiculturalisme des élites insulaires qui adoptent cette langue vernaculaire, plus pratique que le latin et dont le rayon d'action est supérieur à l'anglo-saxon[258].

Dans un tel contexte, l'anglo-saxon est relégué à un second plan, devenant un parler quotidien, domestique et familier[259]. Grâce à un hagiographe de Thomas Becket, nous savons qu'à la maison, la femme d'Hugues de Moreville, l'un des assassins, s'adressait à lui en anglais ; par contre, l'altercation finale entre l'archevêque et ses meurtriers se déroule en français[260]. Cette situation de diglossie, où un langage plus prestigieux en relègue un autre au seul registre de la vie courante, se répercute dans les complexes éprouvés par les anglophones qui doivent utiliser la langue d'oïl, à l'instar de la nonne de Barking, qui en demande pardon aux lecteurs de sa *Vie d'Edouard le Confesseur* : « Je sais un faux français d'Angleterre, car je ne suis pas allée le chercher ailleurs[261]. » De son côté, Nigel de Longchamps conseille à son oncle Guillaume, évêque d'Ely, d'employer l'idiome de son père, le français, plutôt que celui de sa mère, l'anglais[262]. Le premier est la langue du roi et de ses courtisans, celle qui facilite carrières et ascensions sociales.

A la cour, la grammaire, la syntaxe et la diction de l'anglo-normand véhiculent des codes sociaux. Bien les maîtriser est source de prestige et de réputation. Pour moquer un ennemi politique, rien n'est plus facile que de ridiculiser son accent. Gautier Map fait ainsi des gorges chaudes du mauvais français de Geoffroi d'York, fils naturel d'Henri II, qui parle la langue de Marlborough, un charabia barbare, dit-il, qui colle à ceux qui ont bu l'eau de la fontaine du village[263]. D'autres modes langagières paraissent plus difficiles à interpréter. Ainsi, dans le prologue — dont on fait à tort un manuel de civilité rédigé par Nigel de Longchamps [264] — du *Policraticus*, Jean de Salisbury donne ce conseil au jeune ambitieux qui voudrait réussir à la cour : « Que ta démarche, ton vêtement et ta mine adoptent un air étranger. Ta langue singulière ne saurait prononcer que des sons bizarres. Dis à tous que tu es né en Poitou, où le parler est plus libre [265]. » La distinction sociale passerait-elle désormais par un accent continental et lointain, affranchi de l'accent et de la grammaire singuliers que le bilinguisme donne aux Anglais, complexés de parler un dialecte que Giraud de Barri qualifie de « français de caniveau [266] » ? Sur l'île, le triomphe de l'anglo-normand comme langue valorisante des élites militaires et seigneuriales, et comme signe de leur raffinement, coïncide avec l'affirmation politique de la dynastie angevine. Pour être pleinement intégré à la cour, on se doit de bien parler cette langue qui a plus que jamais supplanté l'anglo-saxon qu'Henri II lui-même ne maîtrise pas. Sous son règne, l'usage du français, langage du conquérant imposé aux vaincus par Guillaume le Bâtard et ses hommes, reste un instrument de domination politique de la noblesse insulaire par la royauté.

En revanche, dans les territoires occitans de l'espace Plantagenêt, il ne semble pas que les Angevins aient éprouvé le besoin de recourir à la langue d'oïl pour mieux gouverner. Nul ne mettrait ici en doute leur légitimité en tant que ducs d'Aquitaine, protecteurs traditionnels de la littérature en oc, et ils ont su prolonger ce mécénat pour en tirer du prestige. A l'instar de Guillaume IX, le premier troubadour connu et son arrière-grand-père maternel, Richard Cœur de Lion pratique personnellement la poésie occitane [267]. Longtemps duc d'Aquitaine avant de ceindre la couronne anglaise, il entretient des relations privilégiées de patronage et d'amitié avec de nombreux troubadours, qui lui en savent gré dans leurs chansons. Ils composent ainsi des *sirventes* (pièces politiques par opposition aux *cansons* amoureuses), que de nombreux jongleurs chantent pour exalter les Plantagenêt dans leurs principautés du sud de la Loire. De la part de l'aristocratie méridionale — qui écoute, interprète ou compose ces chansons —, il n'y a jamais cette fascination qu'ont les Anglais pour les parlers d'oïl. Les troubadours, issus de la chevalerie ou de la domesticité des cours princières et nobiliaires, continuent de composer en occitan jusqu'à la conquête capétienne.

Ces différents parlers apparaissent ainsi comme les éléments d'un système, socialement codifié, où les manières jouent également un rôle essentiel. A la fin du XIIe siècle, la littérature chevaleresque et la prédication cléricale se font l'écho d'une façon de se comporter à la cour pour s'attirer l'estime du roi, accroître sa réputation parmi les hommes et gagner l'admiration des dames. Il s'agit de la courtoisie, dont l'importance est capitale dans la construction en cours de l'Etat Plantagenêt. Elle est, en effet, un facteur de changement social, un programme développé par le roi et les penseurs ecclésiastiques afin de pacifier les mœurs du guerrier et de lui apprendre le contrôle de soi, schéma sur lequel insistent les travaux novateurs de C. Stephen Jaeger[268]. L'apparition de manuels de civilité dans le domaine occitan des Plantagenêt traduit bien cette évolution. Autour de 1200, Arnaut Guilhem de Marsan rédige, en Gascogne, un *Ensenhament* qui donne des conseils de propreté, d'habillement, de tenue de la maison et de munificence aux chevaliers qui veulent gagner l'amour des dames[269]. Ce texte témoigne d'un raffinement accru dans les gestes, le vêtement ou la conversation de la noblesse. Il reflète aussi la part prise par la femme dans l'amour courtois, où l'apprentissage du contrôle de la passion érotique participe de cette maîtrise de la violence aristocratique.

La réflexion théorique et les leçons de savoir-vivre évoquées dans les manuels correspondent bien à la réalité de la cour des Plantagenêt. Vers 1175, Herbert de Bosham décrit, en particulier, les manières que Thomas Becket, précepteur d'Henri le Jeune, inculque aux adolescents aristocrates dont l'éducation lui a été confiée. Pour Thomas, la commensalité est une école privilégiée : les jeunes se rassemblent autour de lui pour un banquet philosophique ; ils mangent avec retenue et modération, respectent un ordre hiérarchique pour faire passer les plats ou servir les convives tour à tour[270]. En effet, des règles de préséance très strictes sont de mise à la cour royale : les maréchaux, par exemple, peuvent expulser de son logis en pleine nuit un noble, si survient un dignitaire plus élevé en grade que lui[271]. Ces pratiques donnent lieu à des querelles parfois spectaculaires : Gautier Map rapporte l'affrontement entre Guillaume de Tancarville, grand chambellan, et le chambrier du roi, pour s'emparer des bassins d'argent destinés au lave-mains d'Henri II[272] ; de leur côté, c'est à coups de poing et de bâton que les archevêques de Cantorbéry et d'York se battent pour occuper la place de choix auprès du cardinal légat au synode de Westminster (1176)[273]. Ici, le sens de la préséance est plus fort que les bonnes manières !

Le rôle de l'étiquette est prépondérant à la cour Plantagenêt. Il est même si important qu'il faudrait abandonner à jamais les réticences qui empêchent parfois les médiévistes de traduire, dans les textes de la période, *curialis* par « courtisan » sous prétexte que ce terme français renvoie à Versailles et aux fastes de la monarchie du XVIIe siècle. Il n'a pourtant pas fallu attendre les perruques poudrées et les manchettes dentelées pour que les monarchies occidentales découvrent la « civilisation des mœurs », chère à Norbert Elias. Si besoin est, la cour des Plantagenêt prouve que l'apprentissage de la discipline par les manières et de l'obéissance par la préséance, imposés à une noblesse que le roi a menée à son palais, n'est pas une invention de l'époque moderne. Longtemps avant, les princes ont eu tôt fait de comprendre que le contrôle, la mise au pas et la soumission de l'aristocratie passaient par sa « curialisation ».

A la fin du XIIe siècle, cette domestication des hommes par les manières intervient dans un cadre de pensée spécifique. Il s'agit de la renaissance intellectuelle, favorisée par la redécouverte des classiques latins et un certain humanisme. Importée des écoles de Chartres et de Paris, une conception stoïcienne du savoir et de l'éducation façonne les penseurs de la cour. Sénèque, dont l'éthique politique est enseignée par Guillaume de Conches, maître d'Henri II, est aussi admiré que Cicéron, au sujet duquel Jean de Salisbury, autre élève de Guillaume, écrit que le monde n'a rien produit de plus beau[274]. Jean emprunte à son œuvre — passablement christianisée depuis Ambroise, Isidore ou Bède — les notions de *civilitas*, *cultus virtutum* et *honestum*. Derrière ces expressions se dessine une idée morale du service de l'Etat, que seuls d'honnêtes hommes et de vertueux citoyens sauraient prendre en charge. Ces gouvernants ont tous été formés, non pas par un professeur froid et distant, ne dispensant qu'un enseignement technique et pragmatique, mais par un éducateur exemplaire façonnant en profondeur la personnalité de l'élève par la vertu, l'humanité et les bonnes manières. Une maxime de Sénèque résume bien cette pédagogie : « L'enseignement par la théorie est lent, mais il est par l'exemple rapide et efficace. »

Les leçons de Thomas Becket à ses élèves s'inscrivent dans cette redécouverte de la culture rhétorique. Le chancelier met, en effet, l'accent sur l'usage de la parole et sur la tenue de ses élèves dans un but strictement moral. Il estime qu'une double grâce, humaine et divine, une bienveillance (*benignitas*), « qui plaît au siècle », et une bonté (*bonitas*), « qui plaît au ciel », composent la formation intégrale de la personne[275]. A l'instar de Thomas Becket, la dimension humaniste de l'éducation est primordiale pour Jean de Salisbury qui insiste sur la « civilité », grâce à laquelle on atteint la béatitude par la seule voie de la philosophie et de la vertu, en faisant abstraction bien sûr de l'ordre surnaturel[276]. En insistant sur les bienfaits d'une culture profane, Pierre de Blois abonde dans son sens : « Le labeur de l'écolier n'apporte rien au salut de l'âme, mais il y a en lui une honnêteté mondaine, une innocence séculière[277]. » A la fin du XII siècle, ces thèmes, issus des auteurs classiques latins, ne se retrouvent pas simplement chez les penseurs de la cour Plantagenêt par goût littéraire ou par mimétisme irréfléchi de formes rhétoriques. Ils sont adoptés dans un contexte culturel et politique précis, où le roi tente d'imposer son unique pouvoir coercitif aux seigneuries. La discipline du corps, l'exigence intellectuelle ou l'acquisition du savoir s'inscrivent dans un programme plus large de domestication de la noblesse, qui apprend à la cour la maîtrise de ses passions, tandis que la violence privée, devenue un monopole royal, lui est désormais interdite. C'est dans ce contexte que se développent les thèmes de la *fin'amors*, expression qu'on traduit depuis le XIX siècle précisément par « amour courtois », que Guillaume IX d'Aquitaine a fixés dans ses chansons pour la première fois en Occident. Civilité et courtoisie vont donc de pair.

Tout au long de notre période, la part du savoir livresque, des valeurs chevaleresques et de la préciosité courtoise s'accroît dans les mentalités de l'aristocratie de l'Empire Plantagenêt. Reste, toutefois, à soulever le problème des origines géographiques de cette nouvelle culture nobiliaire. Banale en apparence, peut-être insoluble même, cette question présente des implications évidentes dans l'histoire politique du XII siècle. La théorie diffusionniste, qui fait partir la courtoisie d'un centre français vers une périphérie des marges européennes, prévaut parmi les meilleurs spécialistes de la cour médiévale : pour Joachim Bumke, en particulier, à partir des années 1100, les routes commerciales, le déplacement des clercs et les connexions dynastiques auraient importé en Allemagne la culture aristocratique venue de la cour royale de France[278]. La supériorité savante du monde capétien et le succès général de ses modèles de comportement sous-tendent une telle thèse, qui fait fi du dynamisme des cours anglaise, flamande ou champenoise.

De façon surprenante, les nobles anglais de l'entourage d'Henri II développent un point de vue identique. Au lendemain de la chute de la Normandie en 1204, Giraud de Barri rapporte l'impossible conversation qu'il dit avoir eue avec Ranulf de Glanville, en réalité mort à la croisade une dizaine d'années auparavant, sur les causes qui ont rendu la conquête si facile à Philippe Auguste : il met alors en avant l'amour des Français pour la connaissance, qui les rend supérieurs aux autres peuples, comme dans l'Antiquité les Grecs et les Romains[279]. A en croire cette analyse, formulée autour de 1216, alors même que Giraud soutient l'invasion de l'Angleterre par le futur Louis VIII, les écoles de Paris et de Chartres ont eu le dernier mot dans le conflit qui oppose les rois de France et d'Angleterre. Il est vrai que, chez les intellectuels anglais, ces lieux de savoir forcent une admiration aveugle, proche d'une francophilie difficilement compatible avec la guerre des deux rois. Ils aiment alors à jouer avec les mots « Paris » et « paradis »[280]. Giraud de Barri affirme que « le transfert de l'Empire et de l'étude » (*translatio imperii et studii*) depuis la Grèce et ensuite depuis Rome a abouti en France[281]. Jean de Salisbury se dit aussi émerveillé par Paris, par le bonheur de ses habitants, par leur respect pour le clergé, par la splendeur de son Eglise et par la philosophie de ses étudiants que pouvait l'être Jacob en voyant les anges monter et descendre l'échelle ; il s'écrie comme lui : « En vérité le Seigneur est en ce lieu, et je ne le savais pas (Gen, 28, 16)[282] ! » Les prestigieux modèles culturels que les écoles cathédrales du nord de la France ont su diffuser augmentent la renommée de Philippe Auguste, et ce rayonnement intellectuel sert sa cause politique. Cette fascination intellectuelle a distendu les liens entre les élites normandes et Jean sans Terre. Elle a aussi érodé leur force de résistance aux Capétiens.

Il serait incomplet d'évoquer les mentalités à la cour des Plantagenêt sans mentionner sa religiosité, influencée au demeurant par les courants spirituels les plus novateurs de la fin du XIIe siècle. La réforme monastique ou pontificale, dite grégorienne, n'est peut-être pas parvenue à dégager l'Eglise anglaise ou normande de l'emprise de la royauté. Pourtant, ses idées, croyances et attitudes influencent les élites politiques du royaume. Un renouveau du sentiment religieux semble s'affirmer alors chez ces laïcs et clercs, qui prônent la liberté spirituelle, l'intériorité et l'attachement à l'humanité du Christ[283]. En paraphrasant le stoïcien Lucain, neveu de Sénèque — « Que celui qui veut être pieux quitte la cour[284] ! » —, Jean de Salisbury exagère certainement l'indifférence religieuse d'un milieu où se dégagent, en dépit de sa maxime, des formes spécifiques de spiritualité.

Un certain attachement aux cisterciens est marqué chez Richard Cœur de Lion, dont le confesseur est Adam de Perseigne (vers 1145-1221), moine de cet ordre, et à qui Milon, abbé du Pin, administre l'extrême-onction[285]. Il fonde ainsi Bonport, reconstruit le Pin ou refait le toit de Pontigny[286]. De son côté, Guillaume le Maréchal fait bâtir deux monastères cisterciens en Irlande : Tintern Parva et Diúske[287]. Enfin, les moines blancs jouent un rôle diplomatique important en tant que légats pontificaux, ambassadeurs ou arbitres dans l'obtention de trêves entre les rois de France et d'Angleterre[288]. Ils jouissent encore d'un prestige indéniable. Certes les critiques que Gautier Map et Giraud de Barri formulent contre cet ordre traduisent une certaine désaffection[289]. Mais il faut retenir qu'à partir de 1152 le chapitre général de Cîteaux refuse de nouvelles fondations[290], et que les exigences des moines souhaitant de vastes friches pour installer leurs monastères ne leur facilitent pas les donations. En outre, l'attitude de Geoffroi d'Auxerre, abbé de Clairvaux, dans l'affaire Becket a dû nuire à la réputation de l'ordre : en 1166, Geoffroi obtient du chapitre général l'expulsion de Thomas et de ses proches du monastère de Pontigny où ils ont trouvé refuge ; les cisterciens qui, à l'instar du théologien Isaac, abbé de l'Etoile, près de Poitiers, s'opposent à cette décision sont alors persécutés par le roi d'Angleterre[291]. Quatre ans plus tard, le meurtre de l'archevêque de Cantorbéry et la popularité du culte qu'il suscite ont certainement entamé le prestige de Cîteaux et de ses maisons.

C'est donc vers d'autres institutions que se porte le choix des Plantagenêt. Henri II soutient l'essor des formes d'érémitisme encouragées à Grandmont, dans le Limousin : Gautier Map se fait l'écho de sa générosité, mais, tout en louant la pauvreté de ce nouvel ordre, il n'en craint pas moins qu'il sombre dans l'avarice[292]. Avec les chartreux, les grandmontains rencontrent également la sympathie de Jean de Salisbury, qui est pourtant critique envers les cisterciens[293]. Les chanoines réguliers, qui combinent mission pastorale, vie conventuelle et études poussées, ont en effet davantage le vent en poupe que les moines noirs ou blancs. C'est pourquoi Richard Cœur de Lion ouvre plusieurs maisons de prémontrés en Aquitaine. Les augustins, qui comptent sept des vingt-neuf fondations entreprises par les officiers royaux entre 1170 et 1239[294], sont ainsi très appréciés à la cour. D'après Giraud de Barri, dont la dent est dure avec les autres ordres, ce sont de loin les meilleurs de tous les religieux[295]. Quelques mois avant sa mort, Richard de Lucé abandonne, par exemple, le justiciérat du royaume pour se retirer dans le prieuré augustin de Lesnes (Kent) qu'il a lui-même fondé. Il en va de même avec Robert de Beaumont, enterré dans le chœur de la maison de cet ordre, qu'il a ouverte dans sa seigneurie de Leicester[296]. Ces conversions *ad succurrendum*, au soir de la vie, sont particulièrement fréquentes dans les ordres militaires — qu'on se souvienne de la mort de Guillaume le Maréchal en templier, mise magistralement en scène par Georges Duby[297] —, à une époque où l'idéal de croisade hante les esprits. Les clercs ne semblent toutefois pas partager l'enthousiasme des nobles laïcs pour les moines guerriers, comme le prouve la célèbre citation de Jean de Salisbury : « Les chevaliers du Temple qui sont censés administrer le sang du Christ aux fidèles ont fait profession de verser du sang humain [298]. » Les critiques contre les ordres militaires et l'incongruité de leur mission commencent alors à voir le jour.

Des fondations ouvertement caritatives, orientées vers l'assistance des démunis et vers le soin des infirmes, sont fréquemment encouragées par l'aristocratie. En Angleterre, on en compte onze sur les vingt-neuf fondations d'officiers royaux. Gautier Map rapporte un *exemplum* qui, pour être exposé crûment, n'en demeure pas moins significatif d'une nouvelle attitude à l'égard de la maladie et de la pauvreté : « A cause de leur réputation, beaucoup d'hommes et de femmes cédaient leur patrimoine aux hôpitaux, et plusieurs même se soumettaient à ces institutions pour y servir les faibles et malades. Un noble qui était habitué à être servi, s'y rendit pour servir (Mt 20, 28, Mc 10, 45) ; tandis qu'il lavait les pieds d'un malade aux horribles ulcères, il fut pris de nausées : il avala aussitôt l'eau avec laquelle il les lavait, pour forcer son estomac à s'habituer à ce qui l'écœurait [299]. » C'est auprès des nécessiteux que certains courtisans découvrent l'humanité et les souffrances du Christ [300]. En l'occurrence, cette réception des idées les plus novatrices sur la pauvreté montre que le milieu curial n'est pas du tout fermé sur lui-même, mais qu'il est, au contraire, sensible à l'évolution générale des mentalités.

La cour est un lieu de savoir, où les connaissances traditionnelles, issues de la Bible et de son exégèse, mais aussi des classiques latins, se mêlent inextricablement à une culture profane en pleine régénération. Cette nouvelle sensibilité est personnalisée par le *miles litteratus*, que l'on croise de plus en plus à la cour des Plantagenêt. Guerrier et savant, courtisan et chevalier, administrateur et combattant, il participe à la construction d'un Etat embryonnaire. Il sait que la guerre est la raison d'être de sa prééminence sociale, pourvu qu'elle soit pratiquée à l'ost royal, dûment encadrée, et même « enrégimentée ». Il doit, en outre, gouverner auprès du roi ou représenter son pouvoir à l'échelle locale, sapant les fondations de la seigneurie aristocratique par de nouvelles formes de justice et de fiscalité. Ce faisant, il s'attaque aux bases mêmes de l'autonomie et des privilèges de la noblesse, sans vouloir pour autant perdre la fidélité de cette catégorie juridique.

Les contradictions d'une telle attitude sautent aux yeux. Le *miles litteratus* œuvre, depuis le centre qu'est la cour, au démantèlement de la puissance aristocratique, établie, quant à elle, à la périphérie seigneuriale. Il y trouve certainement son compte dans les soldes, livrées, tutelles ou mariages que lui offre en récompense le roi. Ce comportement, de plus en plus répandu, frôle la schizophrénie sociale : la double personnalité d'un chevalier qui est à la fois guerrier et savant, et, ce qui est plus difficile à accepter, héritier d'un domaine ancestral et son démolisseur en tant qu'officier royal. Il en résulte une violence, privée et non pas publique, exercée en dehors des nouvelles structures féodales contrôlées par le gouvernement royal. Nombreux seront, en effet, les chevaliers prêts à suivre les fils du roi et à prendre, à leurs côtés, les armes contre lui. Cette sédition manifeste la colère des jeunes cadets en mal d'héritage, mais aussi celle de leurs aînés plus mûrs, qui sentent les ressources et les pouvoirs de leur seigneurie se rétrécir comme une peau de chagrin devant les attaques des agents de la couronne, parmi lesquels ils comptent précisément certains de leurs parents. La guerre intra-familiale, si fréquente chez les Angevins eux-mêmes, devient alors monnaie courante dans des lignages déchirés par des intérêts et par des choix politiques souvent opposés. La construction de l'Etat Plantagenêt brise les solidarités familiales et féodales traditionnelles.

Parenté, gouvernement, mobilité, savoir et civilité, ces multiples facettes se retrouvent dans le phénomène curial. Elles forment les éléments d'un système cohérent de construction étatique. Elles mènent à la cour de nombreux guerriers, entraînés dans un processus de civilisation des mœurs, et des clercs, qui mettent leur savoir au service d'une bureaucratie croissante, mais qui réfléchissent aussi sur la politique et sur son éthique. Cause aussi de ces bouleversements, la cour des Plantagenêt est-elle pour autant « l'enfer sur terre » ? Les intellectuels cléricaux de l'entourage d'Henri II, Richard Cœur de Lion ou Jean sans Terre abusent peut-être de cette métaphore diabolisante, afin de pousser les courtisans à la conversion. Comme les autres officiers auliques, ils sont toutefois conscients de bâtir une monarchie durable et de doter d'institutions solides les principautés du roi. Frottés d'augustinisme politique, ils savent aussi que la vocation première de la *curia*, au sens judiciaire du mot, est de faire régner la Justice et, par voie de conséquence, la Paix. Leur legs perdure encore.

L'idéologie Plantagenêt

Chaque jour, clercs savants et chevaliers lettrés travaillent à renforcer le pouvoir des Plantagenêt. Ils occupent les charges judiciaires, militaires ou fiscales de l'administration centrale ou locale, au cœur même de l'appareil bureaucratique de la monarchie. Mais leur mission au service de la royauté ne saurait s'arrêter à ce rôle d'officiers ou de fonctionnaires. Ces cerveaux sont en outre mobilisés au succès d'un plan bien plus ambitieux : idéaliser l'Angevin et son gouvernement dans l'esprit de ses sujets aristocratiques, les faire adhérer à son programme d'expansion et d'unité territoriale, les engager enfin personnellement dans cette aventure. Agir ainsi sur l'intelligence et la volonté des élites de l'Empire Plantagenêt est aussi la façon la plus efficace d'asseoir la domination royale.

Même les satiristes, qui tournent parfois en dérision l'action du souverain et sa cour, ne négligent pas d'en faire l'éloge quand les circonstances l'imposent. Gautier Map met ainsi en sourdine ses critiques quand il écrit : « Notre roi Henri, dont la puissance est crainte dans presque tout l'univers. » Il affirme que Louis VII aurait dit un jour : « Votre roi d'Angleterre ne manque de rien. Il a des hommes, des chevaux, de l'or, de la soie, des bijoux, du gibier et tout le reste. Nous, en France, nous n'avons rien que du pain, du vin et de la gaieté[1]. » Si la comparaison avec les Capétiens tourne ici à l'avantage des Plantagenêt, c'est que la bataille a été remportée d'abord dans l'imaginaire.

Pour les besoins de la cause, les penseurs de la cour défendent plus souvent qu'ils ne le critiquent la politique royale. Au service de leur maître, ils font de la propagande. Leur tâche est d'autant plus utile que les rois d'Angleterre, engagés dans un coûteux conflit contre Louis VII puis Philippe Auguste, demandent un effort de guerre soutenu. C'est particulièrement vrai à la veille de la chute de la Normandie en 1204 : le cistercien Raoul de Coggeshale, historiographe de Richard Cœur de Lion, affirme que, dans les cinq ans qui ont suivi son retour de captivité jusqu'à sa mort, celui-ci demanda plus d'argent qu'aucun roi ne l'avait jamais fait de mémoire d'homme ; il présente même son décès prématuré comme une punition divine pour ces exactions[2]. De telles ponctions fiscales ne peuvent donc être exigées sans une préparation des esprits, mission précisément affectée aux idéologues de la cour.

Le roi maître de sa propagande

Si moderne nous semble-t-il, ce terme « propagande » ne paraît, tant s'en faut, ni excessif ni anachronique[3]. Il suggère, tout simplement, l'émission d'un message politique à partir d'un centre, c'est-à-dire la cour royale, et sa réception par une périphérie, où l'aristocratie détient un pouvoir de décision sur lequel le souverain cherche à exercer son influence. Il reconnaît l'existence d'une opinion publique, en l'occurrence seigneuriale, qu'il faut convaincre du bien-fondé de l'action du prince et de ses officiers. Ce mot présuppose aussi une conscience aiguë du rôle de la communication par les gouvernants, qui encouragent à bon escient la vulgarisation d'idées qui leur sont favorables en finançant des professionnels de la réflexion, de l'écriture et de la performance orale. Il sous-entend enfin une infrastructure, ne serait-ce qu'embryonnaire, même si la plupart du temps elle apparaît comme « propagande diffuse[4] », incontrôlée et spontanée de thèmes créés à la cour et lancés par elle, retraités et modifiés à l'échelon local, loin de l'entourage royal.

Toutes ces conditions sont réunies à la cour des Plantagenêt, qui a utilisé les moyens les plus divers pour répandre idées et images favorables à la dynastie. Cette publicité se matérialise, par exemple, dans les inscriptions épigraphiques latines affichées à la vue de tous. La lecture et la compréhension de ces plaques lapidaires sont assurément difficiles pour la plupart des passants[5]. Mais elles n'en comportent pas moins des enjeux politiques considérables. Preuve en est l'anecdote, attestée dans une charte royale, de la dalle posée à l'abbaye de Varennes, pour louer le patronage d'Ebbes de Déols, le seigneur le plus important du bas Berry ; l'ayant appris, Henri II la fait aussitôt enlever, car il se considère le seul « fondateur, gardien et défenseur de cette église[6] ». Cette intervention autoritaire témoigne de la volonté du roi de laisser, dans la mémoire collective, une trace de son patronage et de sa générosité envers les établissements ecclésiastiques.

Livrée au regard de tous, l'iconographie joue un rôle similaire. Entre 1168 et 1170, Henri II et Aliénor d'Aquitaine se font ainsi figurer, avec leurs quatre fils, comme donateurs sur le grand vitrail de la crucifixion de saint Pierre de la cathédrale de Poitiers, dont ils ont encouragé les travaux[7]. Comme à Varennes, la largesse royale envers l'Eglise trouve ici son expression. Cette même volonté de mettre en avant la dynastie royale transparaît-elle dans la sculpture ? Des recherches récentes insistent, en effet, sur la cohérence des programmes sculpturaux des façades gothiques des cathédrales d'Angers et du Mans et de la collégiale de Saint-Martin de Candes. Elles soulignent les partis pris iconographiques d'Henri II et d'Aliénor d'Aquitaine, qui auraient souhaité la représentation du Christ-roi, d'un couple royal ou des rois de l'Ancien Testament sur ces églises pour exalter la légitimité monarchique de la maison d'Anjou[8]. Nullement corroborées par les sources écrites, ces hypothèses sont invérifiables. Il n'en reste pas moins que la concomitance entre le choix des thèmes royaux par le premier gothique ligérien et l'accession d'Henri II au trône d'Angleterre est frappante. Au-delà de son caractère christologique, elle semble bien illustrer la volonté de propagande politique.

C'est dans un autre registre, davantage profane que religieux, qu'il faut placer les deux exemples suivants. D'une part, à la demande d'Henri II, une fresque du palais de Winchester, aujourd'hui perdue, montrait un grand aigle harcelé par ses quatre aiglons, symbolisant la rébellion des enfants du roi contre leur père[9]. D'autre part, le mur de l'ermitage de Sainte-Radegonde, creusé dans un rocher de Chinon, conserve la peinture de cinq cavaliers au pas, somptueusement vêtus, dont deux sont couronnés. Les spécialistes s'accordent pour voir en eux des membres de la dynastie angevine à la fin du XIIe ou au début du XIIIe siècle. Ils émettent cependant des hypothèses fort différentes pour interpréter l'ensemble de la scène : partie de chasse de Jean sans Terre et sa femme Isabelle d'Angoulême à l'aide du faucon porté au poing par l'un des cavaliers[10] ; Aliénor d'Aquitaine, menée en captivité par son mari, prenant congé d'Henri le Jeune et de Richard Cœur de Lion[11] ; Henri II et ses quatre fils, réconciliés après la révolte de 1173, en pèlerinage à Sainte-Radegonde[12]... Qu'elles visent à exalter l'harmonie de la maison d'Anjou ou, au contraire, à rappeler ses luttes intestines, les peintures commandées par les Plantagenêt témoignent de leur maîtrise de l'image pour se représenter.

Pour communiquer, le chant semble toutefois bien plus efficace que l'épigraphie, la sculpture ou la peinture murale. C'est pourquoi les Angevins ont cherché à contrôler les *sirventes* ou chansons politiques, média par excellence de la période[13]. Le chroniqueur Roger de Howden a laissé un témoignage exceptionnel des moyens mis en œuvre pour se glorifier par Guillaume de Longchamps, évêque d'Ely, chancelier de Richard Cœur de Lion parti en croisade : « Guillaume, pour rehausser et illustrer son nom, faisait composer des poèmes de complaisance et des chansons flatteuses. Il avait fait venir du royaume de France, en les attirant par des présents, des chanteurs et des jongleurs pour qu'ils aillent le chanter sur les places. On disait déjà partout qu'il n'avait pas son pareil au monde[14]. » Ce passage tiré d'une lettre très critique d'Hugues de Nunant, évêque de Coventry, cherche à discréditer le mécène ; il raille la mégalomanie d'un chancelier qui pour dorer son blason s'offre des baladins. Il ne faut toutefois pas rejeter ce témoignage, dont l'authenticité est corroborée par Giraud de Barri qui affirme en 1195, quelques mois après la déchéance de Guillaume, que si naguère les jongleurs interprétaient des chants à sa gloire, aujourd'hui ce sont des lettrés qui le dénigrent dans leurs écrits[15]. Heurs et malheurs du commanditaire orgueilleux !

Le roi n'est pas en reste. A l'instar de son chancelier, il s'attache des ménestrels, en leur cédant, par exemple, des terres, comme Garin Trossebof qui reçoit d'Henri II un champ à Dol en viager de l'archevêque Roland[16]. De même, la comptabilité du roi mentionne les gages versés au conteur Maurice en 1166 et au citharmiste Henri en 1176[17]. Dans leurs diatribes contre la cour, Pierre de Blois ou Jean de Salisbury disent ces jongleurs nombreux dans l'entourage royal, où ils sèment la débauche et jouent la comédie de la futilité et de la duplicité[18]. Largement attestée, leur présence à la cour témoigne de cette volonté des Plantagenêt de les utiliser à des fins politiques.

Peu de *sirventes* entièrement consacrés à exalter la lignée angevine nous sont parvenus. Ils représentent pourtant la partie émergée d'un iceberg de chansons aujourd'hui perdues. Les médiévistes savent combien cette littérature orale — composée au gré des événements dans un but politique immédiat — est éphémère. Ces courtes chansons de circonstance sont rarement copiées dans des manuscrits d'apparat, et elles ne résistent guère au passage du temps[19]. Nous conservons cependant le poème où Richard Cœur de Lion, renouant avec la tradition littéraire inaugurée par le troubadour Guillaume IX, son arrière-grand-père maternel, en appelle à sa libération des geôles impériales ; relayée par des jongleurs, cette chanson a dû encourager la levée de sa rançon[20]. On sait que deux troubadours, Peire Vidal (avant 1184-après 1207) et le moine de Montaudon (avant 1193-après 1210), demandent, à leur tour, sa libération dans leurs poèmes où ils louent, au passage, ses exploits récents contre les Turcs[21]. Entre 1197 et 1199, bien après sa délivrance, Richard adresse un *sirventes* à Gui, comte d'Auvergne, et à son cousin Dauphin, les accusant de ne pas avoir tout mis en œuvre pour éviter que la ville d'Issoire passe au domaine du roi de France[22]. Enfin, dix ans plus tard, une courte pièce anonyme en langue d'oïl encourage Savary de Mauléon et les autres fidèles poitevins de Jean sans Terre à défendre la ville de Thouars face aux troupes de Philippe Auguste[23]. Toutes ces compositions voient le jour dans un but précis. Elles militent en faveur du succès politique et armé des Angevins. Elles agissent donc sur l'affect de l'aristocratie, en lui proposant le modèle guerrier et courageux des Plantagenêt aux antipodes de la félonie capétienne.

A ces chansons engagées, il faut ajouter les *planhs* ou élégies funèbres, composées respectivement par Bertran de Born (avant 1159-1215) et par Gaucelm Faidit (vers 1150-vers 1202) à la mémoire d'Henri le Jeune et de Richard Cœur de Lion[24]. Leur frère Geoffroi de Bretagne prend part à une *tenson* (échange de vers entre deux poètes) en oïl avec Gace Brulé (avant 1159-après 1212) et bilingue en oïl et en oc avec Gaucelm Faidit[25]. De brèves allusions aux Plantagenêt apparaissent, au détour d'une digression, d'une incise ou d'une dédicace, dans d'autres poèmes, dont le thème principal est l'amour. Par exemple, Arnaut de Mareuil (avant 1171-après 1190) ose affirmer que Jules César était loin d'être d'aussi noble origine que « le roi d'Irlande, le comte d'Anjou ou le duc de Normandie » ; il en va de même pour l'abîme qui sépare sa petitesse de la grandeur de sa dame, dont il parviendra cependant à prendre le cœur tout comme l'empereur romain et le roi d'Angleterre ont conquis tant de terres[26]. Peire Vidal, toujours si imbu de son propre art, écrit ces vers à l'adresse de Richard Cœur de Lion : « Votre renom et le mien dépassent ceux de tous : vous pour le bien agir et moi pour le bien dire[27]. » Giraut de Borneil (avant 1169-après 1199) ou Folquet de Marseille (avant 1178-1231) tournent quelques vers pour louer l'engagement du même roi à la croisade[28]. Le registre courtois sied davantage à Bernart de Ventadorn (avant 1147-après 1170), qui dédie l'une de ses chansons à Aliénor d'Aquitaine, « la reine des Normands[29] ». Les poètes ayant dit leur admiration pour les Angevins, dont ils ont pu profiter occasionnellement du mécénat, sont nombreux[30].

Leurs chansons, des plus élogieuses, ont rendu Henri II et ses fils extrêmement populaires parmi les troubadours. Après leur mort, l'évocation de leur courage et de leur courtoisie semble devenue un *topos* littéraire. Entre 1199 et 1213, en Catalogne, Raimon Vidal de Besalù les remémore dans un *ensenhamen*, une sorte de traité de civilité à l'attention du jongleur, tandis qu'il mentionne les trois noblesses de cœur, d'esprit et de savoir : « Ces trois vertus augmentèrent le mérite de sire Henri, roi d'Angleterre, et de ses trois fils, que je n'oublie pas : les seigneurs Henri, Richard et Geoffroi. Il y avait en eux deux fois plus de qualités qu'on ne pourrait en énumérer en un an ; je les vis venir à ses côtés à la cour, courtiser et guerroyer. C'était le bon vieux temps pour celui qui savait accomplir des actes nobles, valeureux et sensés[31]. » A l'époque, Guiraut de Calanson rédige un *planh* en l'honneur du jeune Ferdinand (†1211), infant de Castille et Plantagenêt par sa mère, qu'il n'a de cesse de comparer au roi Arthur, le mythique ancêtre familial, mais aussi à ses oncles, « le roi jeune, le preux Richard et le comte Geoffroi, les trois vaillants frères, auxquels il ressemblait par son physique, ses manières et son cœur généreux[32] ». Encore en 1241, Peire del Vilar qui encourage par son poème la grande révolte méridionale, soutenue par Henri III contre Alphonse de Poitiers et le roi de France affirme que le léopard anglais sera à la hauteur « du lignage dont furent issus les courageux frères Henri, Richard et Geoffroi[33] ». L'image que les Angevins ont léguée pour des décennies à la postérité à travers les professionnels de la chanson d'oc est des plus flatteuses.

Dans la littérature en oïl, il existe au moins deux très longs poèmes rédigés par des trouvères dans le but exclusif de célébrer les exploits militaires des Plantagenêt. Ces œuvres forgent de toutes pièces l'épopée des rois angevins d'Angleterre qui abattent, sur les Iles britanniques et outre-mer, la « barbarie » au triple visage gallois, irlandais et sarrasin[34], tout en combattant avec succès sur le continent le roi de France, l'ennemi de toujours.

Une telle intention transparaît ouvertement dans l'*Histoire de la guerre sainte* (1192-1199), le premier de ces deux poèmes, qu'Ambroise compose à la demande de Richard Cœur de Lion, afin de louer ses hauts faits d'armes contre Saladin[35]. Ce jongleur profite de la trêve de 1192 avec les Seldjoukides pour se rendre en Terre sainte peu après le départ de Richard, dont la geste lui est narrée par des témoins oculaires ; il s'inspire également d'une source française plus ancienne en prose, que suit aussi l'auteur latin anonyme de l'*Itinéraire des pèlerins et les gestes du roi Richard*[36]. Trouvère professionnel, il nous dit maîtriser le répertoire traditionnel, « les vieilles chansons de geste, dont les jongleurs font si grande fête » : à l'en croire, les cycles d'Alexandre le Grand et Troie, d'Arthur, de Pépin et Charlemagne, mais aussi les chansons d'Aspremont et des Saisnes n'ont aucun secret pour lui[37]. Il est né à Pacy ou à Breteuil, villages de la région frontalière du sud-est de la Normandie, particulièrement meurtris par les offensives capétiennes[38]. Il n'hésite donc pas à laisser libre cours à sa haine contre les Français quand il relate la rivalité entre Richard et Philippe Auguste au cours de la croisade.

Le champ d'action du second poème, également rédigé en anglo-normand une vingtaine d'années auparavant, est beaucoup plus septentrional. Il s'agit de l'*Histoire du vieux roi Henri* (1174-1175), récit de la guerre contre Guillaume le Lion d'Ecosse en Northumbrie, pays de la frontière dont est originaire son auteur, Jordan Fantosme. Après avoir étudié auprès du grand théologien Gilbert de la Porrée (vers 1075-1154) à Paris, ce clerc devient écolâtre de la cathédrale de Winchester[39]. A ce titre, il est très proche de Richard d'Ilchester, récemment élu évêque de ce siège, l'un des conseillers les plus écoutés d'Henri II. Il y a de fortes chances pour que le roi lui-même ait été le mécène de son œuvre[40] : dès son ouverture, le poème exprime son intention de raconter « la vraie histoire du meilleur homme couronné qui jamais fut en vie, le gentil roi d'Angleterre, au cœur très hardi » (v. 1-5) ; Henri II devient même « le plus honorable et le plus conquérant » (v. 111) des princes depuis les temps de Charlemagne et ses douze compagnons. La propagande est flagrante dans son éloge sur la piété du roi, dans son discours sur la soumission des vassaux de son ost (*Plus regrette sun seignur que chevalier s'amie*, v. 548), dans sa haine pour l'étranger, Flamand soudard ou Ecossais sauvage, ou dans sa commémoration des guerriers héroïques anglo-normands dont la fraternité a permis la victoire[41]. Elle saute davantage aux yeux quand Jordan fait coïncider, d'une part, la pénitence du monarque à Cantorbéry en expiation de l'assassinat de Thomas Becket et, de l'autre, la capture simultanée de Guillaume le Lion à Alnwick, victoire lui manifestant le pardon céleste[42]. Les conséquences idéologiques d'une telle lecture des événements, empreinte de providentialisme, sont évidentes.

Les quelques critiques de Jordan Fantosme sur l'attitude d'Henri II envers Henri le Jeune ne sauraient être interprétées comme la preuve de l'inexistence d'un mécénat royal[43], mais bien comme l'encouragement louangeur au père à faire montre une fois de plus de sa magnanimité et de son indulgence. Au Moyen Age, la liberté de ton ou la franchise des poètes de cour et des historiographes officiels sont compatibles avec le mécénat, qui n'implique nullement la louange servile envers le commanditaire de l'œuvre[44]. Jean de Salisbury, dédiant en 1159 le *Policraticus* au chancelier Thomas Becket, qui est alors aux yeux de beaucoup le *curialis* mondain par excellence, ne consacre-t-il pas précisément son œuvre à la critique des « Futilités des courtisans », sous-titre de son ouvrage[45] ?

L'une des raisons de la large diffusion de la poésie en langue vulgaire est son interprétation chantée à l'aide d'instruments de musique. Ceux qui en jouent paraissent devant le roi, qui se passionne pour leurs prestations, comme Richard Cœur de Lion selon Raoul de Coggeshale : « Il stimulait par ses dons et prières les chanteurs dans leurs modulations ; il les encourageait à chanter avec plus d'allégresse et, marchant partout dans le chœur de la chapelle, il les incitait à la voix et à la main à faire retentir leur chant plus haut[46]. » Au contraire, c'est tout naturellement que, pour évoquer le silence qui règne la nuit au palais royal de Westminster, Jordan Fantosme dit que « ni harpe ni vièle ne sonnaient plus[47] ». En effet, qu'il soit sacré ou profane, l'univers sonore est dominé par la musique qui envahit toutes les habitations princières, où interprètes et instrumentistes affluent. Les clercs s'en prennent, d'ailleurs, à la débauche qu'inspirent les chants lestes des jongleurs et leurs danses lascives. Jean de Salisbury critique ainsi les dangers pour l'âme humaine de la musique profane, voluptueuse et ennemie de toute modération, aussi attirante que le chant des sirènes et particulièrement dangereuse au cours des banquets[48]. Pierre de Blois maugrée, de même, contre les femmes qui chantent à la cour d'Henri II[49]. C'est la réalité sociale d'un groupe considérable de musiciens professionnels qu'il faut deviner derrière ces récriminations aigries.

Plus intéressant sur les implications politiques des œuvres artistiques, le témoignage de Guillaume fitz Stephen décrit l'ambassade du chancelier Thomas Becket à Paris l'été 1158 pour arranger le mariage d'Henri le Jeune et Marguerite de France. Tout au long du voyage, les deux cent cinquante garçons de son superbe cortège interprètent des compositions, chacun dans sa langue maternelle[50] ; leurs chants, assez souvent à la gloire d'Henri II et de sa famille, ajoutent au faste de la légation, et font impression à l'approche de Paris où il faudra négocier le contrat matrimonial en position de force. C'est que la musique revêt une importante capitale dans la diffusion des *sirventes*, en leur donnant une vie et une autonomie propres. Elle est d'autant plus facile à retenir qu'il s'agit souvent d'une mélodie en vogue, empruntée directement à une chanson amoureuse populaire. L'effet humoristique de cette contrefaçon aidant, les *sirventes* sont souvent repris par ceux qui les entendent de la bouche même des ménestrels venus de la cour les interpréter en un lieu public. La musique est le meilleur média de ces chansons.

La fonction politique de la littérature latine portant aux nues les Angevins est moins évidente. Du moins la diffusion de ces œuvres semble-t-elle plus difficile que celle des chansons en langue vulgaire, interprétées par des jongleurs et comprises de tous. Pourtant, nous conservons une dizaine de poèmes latins dédiés à Henri II, Henri le Jeune et Richard Cœur de Lion : un poème en hexamètres exaltant l'avènement d'Henri II sur le trône d'Angleterre[51] ; une curieuse complainte à sa mort, qui se termine par l'éloge de son successeur en raison du changement radical qu'il opère vis-à-vis de la politique paternelle[52] ; une autre à la mémoire d'Henri le Jeune, le comparant à Pâris et à Hector, citée par Gervais de Tilbury (vers 1140-1220)[53] ; une plus conventionnelle, à la mémoire d'un prince prématurément décédé, probablement Henri le Jeune ; deux poèmes réclamant la libération de Richard Cœur de Lion et critiquant la Germanie, l'Angleterre et Rome, pièces qui, comme la précédente, sont vraisemblablement signées du courtisan Pierre de Blois[54] ; huit distiques de louanges à ce roi[55] ; plusieurs épigrammes pleurant sa mort[56] ; une autre élégie, longue de soixante-trois hexamètres et trois distiques, dédiée à la mémoire du même Richard, défenseur de la Normandie, assassiné par un chevalier perfide, et rédigée avec savoir-faire par Geoffroi de Vinsauf (†vers 1220), professeur de rhétorique à Northampton, qui l'insère dans sa *Poetria nova* (1208-1213), un traité de poésie voué à un avenir prometteur[57]. A deux exceptions près, ces poèmes latins relèvent du genre élégiaque : ce sont des complaintes composées pour le décès ou l'emprisonnement du roi. Roger de Howden a, lui, recopié les poèmes funèbres à la mémoire d'Henri II et de Richard Cœur de Lion dans ses chroniques, sorte d'épilogue qui clôt l'histoire de leur règne respectif.

Parmi les nombreux chroniqueurs et conteurs latins qui ont non seulement dit leur admiration pour la dynastie angevine, mais ont aussi raconté sa geste, on trouve quelques courtisans, amis ou officiers occasionnels du roi : Gautier Map, Roger de Howden, Robert de Torigni, Raoul de Diss... Giraud de Barri est plus disert et explicite qu'eux sur les motivations qui le poussent à écrire et sur les conditions de son travail. Dans ses deux premiers ouvrages, rédigés en 1188 pour commémorer l'invasion de l'Irlande, il ne cache pas son soutien à la cause de la monarchie. D'une part, sa *Conquête* enjoint de se taire aux envieux et étourdis qui affirment que les rois d'Angleterre ne détiennent aucun droit sur l'île[58]. D'autre part, le prologue de sa *Topogra-*

phie dit clairement qu'il veut fixer à jamais les exploits accomplis par Henri II au cours de l'invasion : à un prince magnanime, il vaut mieux offrir, plutôt que de l'or et des faucons, un livre impérissable qui loue à jamais les hauts faits de ce nouvel Alexandre, bâtisseur d'un Empire et pourfendeur d'une nation cruelle et barbare au nom de la vengeance divine[59]. De la sorte, Giraud rend publics sa relation intéressée avec son souverain, et l'asservissement qu'elle comporte pour sa pensée.

Dans son autobiographie, il raconte qu'il a fait amplement connaître la *Topographie* en organisant une lecture publique au cours d'un repas offert à ses frais, pendant trois jours, à Oxford. Le premier jour, il invite les pauvres de la ville, le deuxième, les docteurs et les meilleurs étudiants et, le troisième, les chevaliers et les bourgeois. Plusieurs de ces personnages demandent alors une copie de l'œuvre, dont il reste encore vingt-quatre manuscrits, chiffre fort élevé pour les textes de cette période[60]. Giraud lui-même affirme que la lecture publique est exceptionnelle en son temps. Courante sous l'Antiquité, elle semble remise au goût du jour dans le Paris des écoles depuis déjà quelques décennies[61]. Cela ne suffit pas cependant à augmenter la faible diffusion de l'historiographie latine en prose, réservée à un cénacle de courtisans et d'intellectuels qui, pour être influents dans la société, n'en sont pas moins peu nombreux.

L'œuvre de Giraud de Barri — auteur aussi d'un *Livre des vaticinations* aujourd'hui perdu — foisonne en prophéties politiques[62]. Au pays de Galles dont cet écrivain est originaire, les bardes (qu'on appelle en langue celtique *cyfarwydd, awennithion*, mot dérivé d'*awen*, « don poétique ou inspiration ») forment encore une classe, aussi bien professionnelle qu'héréditaire, de poids. Il ne s'agit pas de simples conteurs ou chanteurs : on leur attribue des pouvoirs qui relèvent de la sorcellerie et qui leur valent une reconnaissance sociale les érigeant trop souvent en juges. La divination fait partie de leurs activités ; ils s'y adonnent en suivant les gestes mêmes des chamans eurasiatiques : aussitôt après avoir été consultés, ils entrent en transe pour prononcer, toujours en état d'extase, des oracles à l'obscurité déroutante[63]. Ces vaticinations encouragent parfois la résistance aux Anglo-Normands. Au service d'Henri II, Giraud reprend ce vieux fonds prophétique celtique pour exalter, en revanche, la suprématie militaire du roi sur les Gallois et les Irlandais. En voici deux exemples datant des années 1180 : « Le guerrier biparti pénétrera en premier dans l'enceinte d'Hibernie », allusion au débarquement en Irlande de Robert fitz Stephen, Normand mâtiné de Gallois, en 1169 ; « Le guerrier blanc, montant sur un cheval blanc, portant des oiseaux sur son bouclier, envahira en premier l'Ulster de façon hostile », se réfère à la campagne de Jean de Courcy en 1177. Giraud se sert, en outre, de ces prédictions pour justifier les luttes au sein de la maison angevine, leur accordant un caractère inéluctable qui dépasse la volonté des protagonistes eux-mêmes. Au XIIIe siècle, Jean sans Terre prête encore une attention particulière à la prophétie, dont il mesure toutes les implications politiques. En 1213, il ordonne que Pierre de Pontefract, un ermite du Yorkshire, soit traîné à la queue d'un cheval puis pendu avec son fils pour avoir prédit à tort qu'il ne conserverait pas son trône au-delà de la fête de l'Ascension[64]. En définitive, la prophétie est largement et consciemment utilisée à des fins de propagande par les Plantagenêt.

Au XIIe siècle, le genre épistolaire connaît un développement inouï parmi les intellectuels, pour qui les lettres de Cicéron et de Sénèque sont le modèle rhétorique par excellence. Les grammairiens donnent un cadre précis à chaque missive, qu'ils composent d'après un latin rythmé, plaisant et facile à mémoriser, répondant aux règles du *cursus* ou *dictamen* ; elle doit comporter cinq parties : salutation (où l'auteur précise son rang vis-à-vis du destinataire, qu'il flatte de titres honorifiques), exorde (destiné à gagner la bienveillance de celui-ci), explication (exposant les raisons de la demande qui suit), pétition et conclusion (menant à son terme l'argumentation)[65]. La correspondance n'apparaît pas alors comme une affaire privée, mais relève le plus souvent du domaine public. On sait que certaines lettres, aussitôt écrites, connaissent une rapide diffusion, comme par exemple l'*Ex inesperato*, que Jean de Salisbury rédige quelques heures après l'assassinat de Thomas Becket dont il a été témoin. *Idem* pour les trois lettres, mises vraisemblablement en forme par Pierre de Blois, adressées par Aliénor d'Aquitaine à Célestin III (1191-1198), qu'elle implore d'intervenir dans la libération de son fils Richard Cœur de Lion, prisonnier de l'empereur[66].

Si elles sont nombreuses, ces missives peuvent être regroupées, puis copiées dans des manuscrits mis en circulation pour défendre les droits de leur auteur. Les proches de Thomas Becket ont ainsi constitué une première collection de ses lettres vers 1164, au plus fort de son combat contre le roi. Vers 1175, quelques années après son assassinat, Alain de Tewkesbury (†1202) retouche et augmente d'autres missives cette première collection, afin de donner davantage à connaître la position et la pensée de l'archevêque récemment canonisé. Le volume des lettres de Gilbert Foliot, évêque de Londres et partisan d'Henri II contre Becket, a vraisemblablement été constitué en riposte au manuscrit de 1164. La collection épistolaire de Pierre de Blois, qui vante souvent les mérites du gouvernement d'Henri II, sert également, comme celle de Gilbert Foliot, les intérêts de la royauté. En définitive, seules ou regroupées, ces lettres sont lues partout. Leur raison d'être est très souvent didactique et propagandiste[67].

Les exemples précédents, choisis principalement dans la poésie occitane à caractère politique, l'épopée historique en langue d'oïl ou la littérature latine semblent sûrement insuffisants pour appréhender un phénomène aussi complexe que la propagande. Par leur nature, les sources de la période ne laissent guère déceler en profondeur l'importance de ce programme ou les modalités et l'étendue de sa mise en œuvre. Elles nous apprennent, toutefois, que les Plantagenêt ont recruté des professionnels de l'écriture pour chanter en langue vulgaire ou écrire en latin leurs exploits, afin de donner un lustre supplémentaire à leur dynastie, engagée dans la lutte contre les Capétiens, dans la croisade contre Saladin ou dans la conquête de nouveaux territoires insulaires contre les Celtes. L'une des intentions manifestes de ces intellectuels est de promouvoir leur maître par la propagande Reste à analyser les principaux thèmes et les enjeux idéologiques qui jalonnent leurs récits et commentaires.

Le roi chevalier lettré

L'image que les Plantagenêt ont voulu léguer à la postérité est polymorphe. Elle n'en semble pas moins se construire autour de deux thèmes : la connaissance et la guerre. En Touraine, Jean de Marmoutier décrit Geoffroi le Bel « s'adonnant aux armes civiles, mais aussi aux études libérales[68] ». De façon similaire, Giraud de Barri affirme que son fils Henri II se consacre « aussi bien aux affaires des armes que de la toge, aux guerres qu'aux lettres[69] ». Pour ces auteurs, le prince apparaît aussi instruit et sage qu'il est habile et courageux au combat. Il opère, en sa personne, la parfaite synthèse du clerc et du chevalier. En définitive, il devient *miles litteratus*, d'après le modèle prestigieux adopté déjà par tant de ses courtisans laïcs.

Un modèle de sagesse et de culture

Savoir est pouvoir. Henri II pratique la chasse aux cerveaux. Il organise même un véritable *brain drain* avant la lettre pour remplir son palais et ses bureaux d'intellectuels. Il ne conçoit pas de serviteur de l'Etat ignare. Il prêche par l'exemple, et donne lui-même l'image d'un prince cultivé [70]. Les précepteurs de son enfance ont dû lui assener souvent ce jugement sans appel : « Un roi illettré est comme un âne couronné ! »

Cette maxime apparaît pour la première fois sous la plume de l'historien Guillaume de Malmesbury (vers 1080-vers 1142), qui l'attribue à Guillaume le Conquérant en éducateur exigeant de son fils Henri Ier Beauclerc [71]. À la génération suivante, le conflit contre les Capétiens aidant, elle est devenue une critique à peine voilée du roi de France par les clercs anglais ou angevins. Chroniqueur des comtes d'Anjou dans les années 1155-1173, Breton d'Amboise la met dans la bouche de Foulques II le Bon (vers 940-vers 960), dont il loue « la sagesse, l'éloquence et les lettres », en réponse aux moqueries du roi Louis IV d'Outremer (936-954), qui lui reproche de psalmodier dans le chœur parmi les chanoines [72]. Dans le *Policraticus* (1159), Jean de Salisbury emploie cette sentence pour vanter la supériorité d'une formation intellectuelle et biblique plutôt que militaire ; il la place, à titre d'anecdote édifiante, dans une lettre imaginaire où l'empereur romano-germanique enjoint le roi des Francs de bien instruire sa progéniture [73]. Le cistercien Hélinand de Froidmont (1160/70-vers 1229) cite également cette missive : il n'hésite donc pas à mentionner une phrase qui ridiculise plutôt les rois de France, jadis ses maîtres, alors qu'il servait à la cour de Philippe Auguste comme trouvère [74]. Enfin, Giraud de Barri glisse cette même maxime dans la première préface de son *Instruction du prince,* dont le titre et le contenu lui font référence, sans l'appliquer toutefois à aucune situation ni monarque particulier ; il montre cependant ailleurs toutes les leçons qu'un monarque peut tirer de l'étude de l'histoire pour gouverner et faire la guerre [75]. Pour Giraud, comme pour tous les autres auteurs, cet aphorisme vient corroborer le besoin pour tout roi d'acquérir l'expérience et le savoir cumulés au fil des siècles pour ne pas répéter, au miroir des événements du passé, les erreurs commises par les Anciens.

La vogue de ce *topos* n'est-elle inspirée que par l'ambition des clercs de se faire, auprès du prince, une place au soleil en échange du savoir qu'ils ont acquis dans les écoles [76] ? Nous ne le pensons pas. Du moins, telle n'est pas la principale motivation de ces intellectuels qui, une fois à la cour, regrettent de façon nostalgique l'accaparante violence de leurs nouvelles tâches qui les écartent des affaires de l'esprit. Il semblerait plutôt que la popularité de cette maxime reflète un double phénomène, bien plus global, d'étatisation — qui élève le niveau technique de la bureaucratie royale — et de renaissance intellectuelle. D'une part, la cour, qui rassemble plus que jamais des savants formés sur le continent, est devenue un lieu de sciences, et le prince ne saurait être moins brillant que son entourage. Il y va en grande partie de son autorité s'il souhaite se faire promptement obéir. Sans culture, son prestige serait moindre parmi les clercs curiaux.

Pour bien gouverner, le roi doit, d'autre part, détenir la sagesse. Seules l'instruction auprès de savants et la lecture assidue lui permettront d'acquérir cette vaste culture chrétienne, imprégnée du contenu moral de la Bible, du savoir profane des classiques et de la connaissance exemplaire de l'histoire antique. Dans une missive que Pierre de Blois envoie à Henri II, de la part de Routrou de Rouen et des autres évêques du royaume, pour l'encourager à donner à son fils Henri le Jeune, alors âgé de six ans, une éducation aussi soignée que celle qu'il a lui-même reçue, on trouve une formule qui, pour être moins citée que celle de l'« âne couronné », ne laisse pas d'être aussi efficace : « Un roi sans lettres est un bateau sans rames et un oiseau sans plumes [77]. » Son auteur cite ensuite Jules César, maître ès littératures, droit civil et philosophie, Alexandre, formé par Aristote, ainsi que les rois instruits de l'Ancien Testament (Salomon, David, Ezéchias, Josias) ou de l'Empire romain chrétien (Constantin, Théodose, Justinien, Léon), aussi versés dans l'art militaire que dans les lettres. Le modèle biblique et antique du roi sage est ainsi proposé aux Plantagenêt, afin d'accroître leur sens de la justice, de l'équité et de la paix. La dynastie l'adopte d'autant plus volontiers qu'il accroît sa renommée et le respect qu'on lui porte.

Ce goût pour la lecture des Anciens est illustré dans une anecdote transmise par l'historiographie angevine. Elle met en scène Geoffroi le Bel, découvrant la façon de prendre la place forte de Montreuil-Bellay par l'utilisation du feu grégeois en lisant Végèce (vers 400), le grand stratège de l'Empire romain [78]. La compétition pour briller à la cour et éviter le ridicule transparaît encore dans une discussion entre Richard Cœur de Lion et Hubert Gautier, archevêque de Cantorbéry, sur l'emploi de l'accusatif ou de l'ablatif pour la préposition *coram*, « auprès de » ; c'est, à en croire Giraud de Barri, l'ablatif de Richard qui l'emporte sur la grammaire défaillante de la plus haute autorité religieuse d'Angleterre [79]. Ce roi apparaît aussi combatif dans le domaine de la poésie en langue vulgaire, où il s'affirme comme un versificateur-né : au cours de la croisade, il improvise une repartie rimée à une chanson insultante que le duc Hugues de Bourgogne vient de lui consacrer [80]. Il s'intéresse aussi à la théologie et à l'exégèse. A Messine, en Sicile, l'hiver 1190-1191, en route pour la croisade, il s'entretient longuement, sans aucun doute en latin, sur le succès de ses futures campagnes contre Saladin, septième tête du dragon de l'Apocalypse, et sur la fin des temps, avec Joachim de Flore (vers 1130-1202), l'abbé cistercien réputé pour ses commentaires eschatologiques de l'Ecriture[81]. La culture littéraire de Richard Cœur de Lion est indéniable.

Son père Henri II, dont l'éducation fait l'admiration des clercs de son temps, ne lui était pas inférieur. Enfant, il fut confié à un maître de Saintes, qu'on tient alors pour le meilleur versificateur de l'Occident[82]. Il rejoint, en 1142, à l'âge de neuf ans, l'Angleterre pour vivre auprès de son oncle Robert de Gloucester, ami des lettres, et de son fils Roger, futur évêque de Worcester. Quatre ans durant, il a pour précepteur un dénommé maître Matthieu que d'aucuns identifient avec son futur chancelier et évêque d'Angers[83]. A son retour en Normandie, à treize ans, son éducation est vraisemblablement prise en charge par Guillaume de Conches (vers 1080-1154), élève du grammairien Bernard de Chartres (†vers 1126) — dont la célèbre phrase « Nous ne sommes que des nains juchés sur les épaules de géants » résume bien la « Renaissance » du XIIe siècle — et maître de Jean de Salisbury qui loue avec enthousiasme son enseignement[84]. C'est d'ailleurs au jeune roi que Guillaume dédie longuement ses *Dogmes des philosophes moralistes*, ouvrage d'inspiration cicéronienne qui passe en revue les vertus cardinales et disserte sur le conflit entre l'honnête et l'utile[85]. Le niveau de ses précepteurs prouve qu'Henri II enfant a reçu une éducation intellectuelle poussée.

Il en est marqué dans sa maturité. Dans la lettre qu'il adresse à l'évêque de Palerme, Pierre de Blois souligne que les loisirs du roi sont consacrés à la lecture ; il loue, en outre, la qualité de ses propos : « Avec le roi d'Angleterre on est chaque jour à l'école, en train d'engager une conversation constante avec les meilleurs maîtres et une discussion de problèmes intellectuels[86]. » Il n'est pas étonnant qu'une missive au ton si flagorneur ait été soigneusement conservée dans la collection épistolaire qu'Henri II fait préparer par Pierre de Blois pour être diffusée[87]. Dans la partie de l'*Instruction du prince* écrite pendant sa vieillesse, particulièrement critique envers le roi, Giraud de Barri lui reconnaît pour le moins sa très haute éloquence et son érudition, exceptionnelles pour son temps[88]. Ces remarques coïncident avec le portrait que Gautier Map fait du souverain : suffisamment lettré et instruit pour bien gouverner, il parle le latin et le français, et comprend — sur ce point, l'adulation de Gautier est exagérée — toutes les langues depuis l'Atlantique jusqu'au Jourdain[89]. Beaucoup de ces louanges sont corroborées par les sources diplomatiques et judiciaires, qui montrent le roi en lecteur rapide et efficace des chartes des monastères de Saint Albans, Battle et Bury Saint Edmund's[90]. Henri II possède une maîtrise certaine du latin, et fait preuve d'une vraie curiosité intellectuelle. Cette culture et ce goût pour les lettres ne tardent pas à être montés en épingle par les clercs de sa cour, qui en font le modèle même du roi sage, un « second Salomon » pour reprendre un propos de Giraud de Barri[91].

Plusieurs traités lui sont, en conséquence, dédicacés. Leurs prologues ou certaines remarques insérées dans le corps du texte louent, de façon plus ou moins explicite, l'éducation et la culture du roi. Pour ne pas l'offenser les auteurs se font modestes : ces connaissances ne sont qu'un complément à son savoir qui devrait l'aider à mieux remplir sa tâche. C'est le cas de trois manuels directement liés au gouvernement Plantagenêt : le *Dialogue sur l'Echiquier* du trésorier Richard fitz Nigel, les *Lois et coutumes du royaume d'Angleterre* (1187-1189), écrit par des juristes de la suite royale[92], et l'*Art notarial*, probablement dû à la plume de Jean de Tilbury[93]. Rappelons que le premier de ces ouvrages présente le fonctionnement de l'organe financier du gouvernement royal anglais. Le deuxième est une compilation de lois et de commentaires juridiques, dans le sens d'un renforcement de l'autorité royale. Le troisième donne d'abord une définition du travail du notaire et quelques éléments de son histoire, avant de proposer conseils techniques et abréviations. L'implication directe de ces livres dans le métier quotidien du roi et de ses proches est évidente.

D'autres traités contiennent une science plus fondamentale et moins pragmatique ou, en tout cas, d'un usage moins immédiat pour le prince. C'est le cas du *Traité de l'astrolabe* (1149-1150), du célèbre Adélard de Bath (vers 1091-vers 1160), mathématicien, astronome et fauconnier, promoteur du zéro en Occident, qui étudie à Tours, Laon et en Sicile, et voyage en Cilicie et Syrie, avant de revenir auprès de l'évêque de Wells dans les années 1120. Cet ouvrage contient un long prologue vantant les qualités du futur Henri II et l'encourageant à découvrir l'astronomie orientale[94] : « Je sais que toi, Henri, le petit-fils du roi, es instruit dans tous les aspects de la philosophie. On dit, en effet, que la république est heureuse quand elle est gouvernée par des philosophes ou que ses gouvernants suivent la philosophie [...] C'est pourquoi tu dois acquérir non seulement la connaissance des textes latins, mais aussi de ce que les Arabes ont à nous apprendre sur le mouvement de la sphère et de l'orbite des étoiles[95]. » *Idem* dans la préface de l'anthologie de l'*Histoire naturelle* de Pline le Jeune que Robert de Cricklade (vers 1140-1174), prieur du couvent augustin de Sainte-Frideswide d'Oxford, prépare pour Henri, qui deviendra roi quelques années plus tard : le seigneur qui gouverne une si large partie du monde, invaincu à la guerre et s'adonnant à l'étude des sciences libérales dans la paix, ne saurait ignorer la nature des terres, ciel et mer, de ses animaux, végétaux et minéraux [96]. Aliénor d'Aquitaine fait l'objet d'une autre de ces dédicaces, comme si l'association au trône de son mari lui permettait d'atteindre la sagesse qui aide à gouverner. Premier traducteur connu d'un ouvrage scientifique en français, Philippe de Thaon lui dédie, en effet, une copie du *Bestiaire* (1121-1139), son adaptation anglo-normande du *Physiologus*, qu'il avait déjà, une trentaine d'années auparavant, offert, dans sa version originale, à Adélaïde, seconde femme d'Henri I[er 97]. Enfin, d'après le témoignage tardif de Daude de Prades (†1282), chanoine de Rodez, Henri II serait l'auteur d'un traité de fauconnerie, dont il n'existe plus aucune autre trace ; à l'en croire, l'originalité de cet ouvrage vient de ce que ses thèses sont rigoureusement fondées sur la pratique [98]. Nous ne saurons jamais si cette attribution est exacte, mais elle rappelle étrangement celle d'un autre traité de fauconnerie qu'Adélard de Bath établit, vers 1130, à destination de Harold [99].

Que sa postérité ait considéré le roi comme capable d'écrire un tel ouvrage n'est pas seulement dû à son penchant cynégétique ou à son goût pour les animaux, largement confirmés par les sources : il a, par exemple, sa propre ménagerie [100]. Le thème de la connaissance de la nature par le souverain s'inscrit dans une réflexion plus vaste. De prime abord, dans la Chrétienté médiévale, la notion de la sagesse du prince renvoie aux livres sapientiaux de l'Ancien Testament et à la personne du roi Salomon, auteur présumé des *Proverbes*, mais aussi à la pensée grecque et latine. La lettre et le poème d'Osbert de Clare, prieur de Westminster, consacrés, vers 1154, à louer Henri II pour son récent avènement en Angleterre, empruntent à ce registre vétéro-testamentaire pour camper cette sagesse personnifiée qui est source de paix, parce qu'elle combat le vice [101]. A l'époque, on sait que cette culture classique, indispensable au bon gouvernement, a été appréciée par l'empereur Charlemagne et les intellectuels de sa cour, et plus encore par Alfred le Grand, roi du Wessex (871-899), qui entreprend la reconstruction des écoles anglaises, qui attire à lui des érudits étrangers et qui n'hésite pas à traduire en anglo-saxon les psaumes et les grands textes de la patristique latine. Ces deux modèles traditionnels inspirent Henri II et les prêtres qui le conseillent. Ce rapport à la sagesse, fort classique en l'occurrence, n'est guère étonnant et s'inscrit dans le sillage de la réflexion grégorienne sur la paix de Dieu.

Plus surprenante pour la période est la spéculation sur le bonheur dans une république régie par des philosophes, évoquée en particulier dans le prologue de l'astrolabe d'Adélard de Bath. Empruntée à Platon, cette idée a déjà été développée par quelques théoriciens latins, par exemple Alcuin d'York qui l'attribue explicitement au philosophe athénien dans un texte adressé à Charlemagne [102]. De même, le stoïcisme insiste sur la valeur de la sagesse pour celui qui a le devoir de gouverner : Cicéron et Sénèque en font une vertu supérieure de l'intelligence, une science des affaires humaines et divines qui la guide vers le Bien [103]. Si quelques-unes de ces réflexions étaient déjà présentes dans des écrits antérieurs, l'entourage intellectuel d'Henri II innove dans la citation explicite des classiques néoplatoniciens et stoïciens autour des thèmes de la sagesse et du bon gouvernement ; sur ce point, leurs écrits reflètent indéniablement la renaissance intellectuelle du XIIe siècle.

Leur originalité se trouve cependant ailleurs. Elle concerne le lien qu'on veut établir entre le roi et les sciences de la nature, et plus encore entre le roi et l'acquisition d'un savoir empirique par l'expérimentation. La figure du premier roi angevin en scientifique est d'une modernité remarquable. Elle précède celles qu'un demi-siècle plus tard l'empereur Frédéric II (1212-1250) ou Alphonse X (1254-1284) de Castille, *alias* le Sage, rois méditerranéens, ont voulu léguer d'eux. Ce monarque omniscient est peut-être l'ancêtre du despote éclairé du XVIIIe siècle, qu'un vaste savoir pousse vers l'absolutisme. Sa science, ancrée dans le concret, paraît ainsi supérieure à la sagesse du clergé dont les connaissances scripturaires et théologiques sont bien inutiles en comparaison pour gouverner de façon efficace. Ni Henri II ni les siens ne sont, bien entendu, arrivés aussi loin dans leurs élucubrations politiques. Mais il n'en reste pas moins que leur représentation du roi scientifique est l'une des premières connues dans l'Occident médiéval.

A ces ouvrages techniques, il faudrait ajouter encore quelques livres d'histoire en latin ou anglo-normand et des ouvrages de fiction, dont tous les prologues louent également les Plantagenêt, sur lesquels nous aurons l'occasion de nous arrêter longuement. Ces nombreuses mentions élogieuses d'Henri II ou de sa famille sont difficiles à interpréter [104]. Signifient-elles l'existence d'un lien de patronage, au sens étroit du terme, par lequel l'auteur est rémunéré à la tâche, ou reflètent-elles, au contraire, la volonté de l'écrivain de s'attirer les grâces du roi, auprès duquel il n'a eu jusqu'alors aucun accès ? Plutôt que d'adopter sans réserve l'une ou l'autre de ces deux interprétations, il semble plus raisonnable d'étudier, au cas par cas, les éléments de la biographie de l'auteur qui le rapprochent ou l'éloignent du roi pour déterminer la nature et l'intensité exactes de leur relation. L'histoire bien documentée de Giraud de Barri — courtisan flagorneur des Plantagenêt lesquels en refusant, en dépit des nombreux services rendus, de lui accorder l'épiscopat de Saint David's ont déclenché son ire — ou de Wace — pour qui Henri II obtient une prébende canoniale à Bayeux afin qu'il rédige sans souci matériel l'histoire des ducs de Normandie — atteste la diversité des exemples. Bien de ces intellectuels profitent, sinon de l'hospitalité temporaire à la cour, au moins de cadeaux, souvent d'une valeur considérable, que le roi distribue à profusion à ses plus proches serviteurs. Parfois, ces clercs prébendés, ces moines vivant des revenus de leur abbaye ou ces chevaliers lettrés nantis de seigneuries ont agi de leur propre gré, bénévolement, par pure sympathie pour la personne du roi. Quoi qu'il en soit de leurs motivations profondes et de la façon dont leur travail a été récompensé, il reste néanmoins qu'à travers leur propagande les idées favorables à la dynastie régnante étaient largement diffusées.

Ces écrivains ont accru le prestige de la maison, considérée désormais comme le parangon du mécénat, du patronage et de la magnanimité. Déjà en 1154, Osbert de Clare met en scène Mécène auprès d'Horace et Auguste auprès de Virgile, dans le poème qu'il adresse à Henri II, depuis peu roi d'Angleterre[105]. Vers 1230, une quarantaine d'années après le décès du roi, les prologues de la *Queste du saint Graal* et de la *Mort du roi Arthur* et l'épilogue de quelques manuscrits de *Lancelot du Lac* accordent, de façon anachronique, la paternité de leurs ouvrages à Gautier Map, mort vers 1209, et prétendent que son travail aurait été commandé et supervisé par Henri II[106]. Cet hommage rendu par les prosateurs de cette vulgate arthurienne est facile à expliquer. Il correspond à l'idée, largement admise au début du XIIIe siècle, de la générosité du mécénat de ce roi et de son intérêt pour la création littéraire. Il ne semble pas que cette image soit surfaite, en dépit de quelques tentatives récentes d'en minimiser la portée. Elle a été reprise par maints philologues et historiens au XXe siècle. En 1963, Reto Bezzola, dont la connaissance des textes relatifs aux principales cours médiévales était pour le moins impressionnante, écrivait : « Depuis les Carolingiens, voire depuis l'Antiquité, il n'y avait plus eu en Occident un centre littéraire de l'importance qu'aura la cour d'Henri II[107]. » De nos jours, les indices qu'on peut encore tirer des sources concordent avec cette appréciation. Ils impliquent qu'on y adhère sans restriction aucune.

Les fils de la colère

A la fin du XIIe siècle, dans le milieu aristocratique, les armes sont encore souvent l'aboutissement naturel de tout conflit. Certes, les arbitrages des ecclésiastiques, les rencontres à une frontière, les ambassades, les trêves provisoires ou les alliances matrimoniales empêchent parfois que les disputes dégénèrent en combat ouvert, ou, plutôt, retardent de quelques mois l'explosion de la violence. Au cours des années 1154-1224, la liste est, cependant, trop longue des guerres qui opposent rois, princes territoriaux et châtelains. Dans ce contexte belliqueux, les Angevins veulent incarner face à leurs sujets ou à leurs ennemis des combattants acharnés et invincibles. Certains d'entre eux semblent, d'ailleurs, fort talentueux sur les champs de bataille, où ils se révèlent des chevaliers audacieux, stratèges habiles et vrais meneurs d'hommes. Du moins les chroniqueurs et poètes qui leur sont favorables transmettent-ils cette image dans un but étroit de propagande, en espérant qu'elle sera le plus largement diffusée. Car les guerres sont toujours psychologiques : elles se gagnent autant dans l'imaginaire collectif que sur le champ de bataille. Le problème est donc de mesurer l'impact du thème du guerrier dans la culture politique des Plantagenêt, ses traits spécifiques et l'usage qui en a été fait dans leurs conflits.

La mémoire de la maison d'Anjou privilégie sans conteste la chevalerie. A la fin du XIIe siècle, les chroniques locales fondent le mythe de ses origines sur un aventurier sorti du ruisseau, devenu le fondateur ancestral de la lignée grâce à ses exploits militaires. Il s'agit de Tertulle, fils de Torquatius, préposé aux bois de Charles le Chauve, qui appartient à une famille sans noblesse expulsée de Bretagne sous l'Empire romain. Tertulle « le Forestier » fraie son chemin dans la haute société ligérienne en combattant avec succès les Normands dans l'armée du roi de France, qui lui donne en récompense femme et terres. Son fils Ingelgerius, meilleur guerrier que lui, est adoubé chevalier. Les *Gestes des sires d'Amboise* insistent sur le caractère fulgurant de l'ascension de Tertulle que ses origines modestes prédisposent à une fidélité sans faille à l'égard de Charles le Chauve, qui privilégie davantage « ces hommes nouveaux [...] devenus grands et illustres » que « les hommes de vieille souche et de beaucoup d'ancêtres »[108]. Le fondateur de la dynastie Plantagenêt apparaît, en définitive, comme un jeune désargenté qui s'est fait un nom au sein de l'aristocratie par ses hauts faits d'armes et qui, en épousant une riche héritière, a trouvé la fortune nécessaire à son installation. Jamais on ne lui invente un ancêtre dans la grande lignée des Carolingiens, comme si la chevalerie comptait plus que le sang royal. Remarquons, enfin, que le roi Arthur que les Plantagenêt essaient de récupérer comme l'un de leurs ancêtres devient sous la plume de leur historiographe officiel, Wace, un « chevalier très vertueux », doté de toutes les qualités physiques et morales[109]. Les valeurs chevaleresques font intrinsèquement partie du discours d'Henri II et des siens sur les origines de leur lignée.

Comme leurs ancêtres mythiques, plusieurs membres de la maison angevine se représentent davantage en chevalier individualiste réputé pour ses faits d'armes et ses exploits personnels au combat, qu'en monarque issu de vieille souche, fin stratège et politique avisé au service de son peuple. L'incarnation même du roi-chevalier est alors Richard Cœur de Lion, dont les poètes et chroniqueurs vantent de façon obséquieuse les qualités exceptionnelles de combattant et de croisé. *Rex bellicosus*, « Roi de guerre », c'est ainsi que le désigne son biographe, le cistercien Raoul de Coggeshale, en admiration devant les prouesses de Richard à Jaffa en 1192, qui aurait mis, à l'en croire, trois mille Sarrasins en déroute avec seulement six de ses chevaliers[110]. Cette idéalisation du monarque n'est pas incompatible avec la réalité d'un chef militaire calculateur et méthodique, toujours à la pointe de la poliorcétique et attentif à l'intendance[111]. Peu importe ! Sa propagande lui a fabriqué l'image du meilleur combattant de son temps, hardi, courageux et magnanime.

A l'âge de seize ans, au printemps de 1173, un an après son intronisation comme duc d'Aquitaine, Richard est adoubé à Paris par Louis VII. Sans doute le roi de France l'encourage-t-il alors à s'engager dans la révolte de ses frères et d'une grande partie de l'aristocratie contre Henri II. C'est, ainsi, par les armes qu'il cherche à s'émanciper de son père comme tant de *juvenes* de son temps. En septembre 1174, vaincu par les troupes royales, il se rend. Il va travailler, dix ans durant, à la pacification de la noblesse poitevine et limousine. Il s'illustre, en particulier, lors des sièges, comme en 1179 à Taillebourg, solide bâtisse perchée sur un rocher surplombant la Charente, réputée imprenable, qu'il conquiert à la tête de ses hommes. A partir de 1183, il entre en conflit avec ses frères pour la succession future d'Henri II, qui meurt, en 1189, harcelé par son armée et par celle de son allié Philippe Auguste. Couronné roi d'Angleterre, il part aussitôt pour la croisade, dont il a vite fait de prendre la direction : il s'empare de Chypre et des principales places du littoral palestinien. Les chroniques anglo-normandes unanimes constatent son engagement direct dans la mêlée des batailles, dans l'assaut des villes ou dans les escarmouches alors qu'il est accompagné d'une faible escorte ; son entourage juge alors disproportionnés les risques qu'il prend dans ces combats. Rentré en France en 1194, Richard se bat contre Philippe Auguste auquel il inflige les défaites de Fréteval (1194) et d'Issoudun (1195). D'ailleurs, pour mieux se défendre du roi de France, il applique son savoir-faire à la construction de Château-Gaillard, l'un des plus impressionnants ensembles fortifiés jamais bâtis. En 1194, ayant de longue date expérimenté combien les tournois entraînent à la guerre, il les rétablit, mais avec une nouvelle réglementation, en Angleterre, où ils ont été interdits par son père, qui se méfiait des soulèvements que de tels rassemblements aristocratiques pouvaient susciter. En mars 1199, c'est au cours du siège du château du vicomte de Limoges à Châlus qu'il est touché d'un carreau d'arbalète à l'épaule : il meurt quelques jours plus tard, âgé d'à peine quarante et un ans. Sa courte vie aura été placée sous le signe de la guerre.

De son vivant, ses thuriféraires le décrivent tel un héros, digne de la chanson de geste. Cette image est largement diffusée dans ses territoires : en 1186, un acte du monastère gascon de La Réole fait, par exemple, de lui un chevalier très preux (*miles probissimus*)[112]. Cette titulature est d'autant plus inusitée alors pour un prince territorial qu'elle apparaît à l'eschatocole, avec la date du document, lieu où les formules sont habituellement fort figées. La charte se ferait-elle l'écho de thèmes littéraires répandus par la chanson en langue vernaculaire ou par les chroniques latines, composées en l'honneur du roi ?

Autour de 1195, le jongleur normand Ambroise est ainsi chargé d'élaborer le récit de ses hauts faits en Terre sainte : en rapportant ses exploits à Jaffa, Acre ou Arsur, il n'hésite pas à le comparer à Roland ou à d'autres héros de la chanson épique. C'est de façon emphatique que cet auteur décrit ses hauts faits d'armes : « Vous auriez vu le roi, l'épée d'acier au poing, poursuivre si rudement les Turcs que ceux qu'il atteignait, il n'y avait pas d'armure qui les garantît d'être pourfendus jusqu'aux dents ; aussi le fuyaient-ils comme des brebis qui voient le loup[113]. » Ambroise pousse son éloge de l'audace et l'intrépidité du roi jusqu'à l'exagération, tandis qu'il met l'affirmation suivante sur les lèvres de Saladin : « Le roi a beaucoup de vaillance et de hardiesse, mais il se lance si follement ! Quelque haut prince que je fusse, j'aimerais mieux avoir de la libéralité et du jugement avec de la mesure que de la hardiesse avec de la démesure[114]. » Ecrit dans les années 1210, à partir d'une même source française suivie par Ambroise, l'*Itinéraire des pèlerins et les gestes du roi Richard* puise dans les classiques pour accorder au roi « la puissance d'Hector, la magnanimité d'Achille et une force ni inférieure à celle d'Alexandre ni à celle de Roland[115] ». Grâce à Ambroise, Richard se taille une réputation de guerrier hors pair et de croisé aussi courageux que tenace.

C'est pourquoi, et dans l'esprit des emblèmes héraldiques de la dynastie angevine, il est appelé le « lion », roi indompté des animaux à l'audace effrénée, et plus encore « Cœur de lion », un surnom dont Ambroise l'affuble pour la première fois en relatant sa conquête d'Acre (1191)[116]. Toujours à la tête de ses hommes, prenant des risques inconsidérés, le plus courageux des souverains accroît son honneur par les armes, engrangeant un capital d'estime inégalé auprès des siens[117]. La valeur de ceux qui le suivent au cœur de la mêlée n'en sort que plus grande. Tout chevalier de ses principautés a beaucoup à gagner en intégrant son ost, non seulement en prestige mais aussi en butin, les largesses de Richard étant notoires chez les chroniqueurs et poètes acquis à sa cause. Répandues par des professionnels de l'écriture en latin et de la chanson en français, ces louanges garantissent à Richard la fidélité des nobles de ses principautés, et motivent leur engagement politique, si ce n'est militaire, dans son camp.

Encore de nos jours, la réputation guerrière de Richard Cœur de Lion porte ombrage à celle de son frère aîné Henri le Jeune, qui jouissait toutefois au XIIe siècle d'un prestige similaire. Moins connue que celle son frère cadet Richard, sa biographie mérite d'être retracée[118]. Henri est couronné en 1170 par l'archevêque d'York, acte qui précipite la crise aboutissant à l'assassinat de Thomas Becket. Peu avant la cérémonie, son père procède à son adoubement. En 1173, Guillaume le Maréchal, qui l'a initié au maniement des armes et emmené à maints tournois, le ceint à nouveau de l'épée et l'embrasse[119]. Cette même année, Richard Cœur de Lion est également adoubé, comme si ces rites devaient apporter des forces aux deux frères dans la révolte récemment déclenchée contre leur père. Henri vivra encore une décennie, occupé par les querelles familiales et les participations aux tournois. En 1183, dans le Limousin, il se soulève une dernière fois contre son géniteur. Il est emporté par une maladie en juin. Sa disparition prématurée et inattendue, à vingt-sept ans, lui attire bien des sympathies.

Plusieurs écrivains louent ses talents militaires. Ils font même de lui un guerrier hors pair, pétri des valeurs chevaleresques. En parlant de son goût immodéré pour les tournois, le chroniqueur Raoul de Diss va jusqu'à lui reprocher de « mettre de côté sa dignité royale pour se muer en chevalier[120] ». Cette participation aux joutes lui vaut, en effet, une solide réputation de combattant, que d'aucuns considèrent comme incompatible avec l'exercice de la royauté. De façon plus positive, Gautier Map loue également son apport à la chevalerie : « Ce fut un homme de guerre imaginatif qui réveilla ce métier quasiment dormant et le conduisit à son apogée [121]. » De pareilles élégies se retrouvent sous la plume de Gervais de Tilbury, qui tient aussi son décès précoce comme la ruine annoncée de la *militia* [122]. Dans le même registre, à en croire Jean le Trouvère, Guillaume le Maréchal, le maître de son adolescence, dont les rumeurs d'une liaison avec sa femme ont brisé l'amitié, affirme que sa mort marque la fin de toute la chevalerie. Toujours selon cet auteur, Philippe d'Alsace (1168-1191), comte de Flandre, qui fut comme le Maréchal son mentor pour les tournois, aurait également dit qu'après sa disparition plus personne n'offrirait de dîners ni d'armes aux jeunes guerriers dans le besoin [123]. Pour ce poète, cette largesse envers les combattants désargentés devient, tout naturellement, l'un des traits majeurs du jeune roi amateur de tournois, celui qui a porté la chevalerie à son sommet.

Plus surprenant est le culte posthume qui se met en place autour de sa personne. Thomas d'Earley (†vers 1191), archidiacre de Wells et proche de Guillaume le Maréchal, est l'auteur d'un opuscule hagiographique pour commémorer sa mort : les portes du ciel lui sont ouvertes car il est parvenu à surmonter sa colère contre son père comme le prouve l'anneau au saphir vert, cadeau d'Henri II, qu'il a gardé sur son lit de mort en signe d'amour filial, ainsi que le rêve de sa mère Aliénor qui l'a vu couronné d'une double auréole. Suit le récit de nombreux miracles opérés au seul contact physique de sa dépouille mortelle, guérissant les malades atteints de fistules, de pustules au visage, de lèpre, d'hydropisie, de fièvres ou de cécité. Son cadavre reposera finalement à la cathédrale de Rouen, au grand regret des Manceaux qui l'ont conservé une trentaine de jours et qui ont dû le céder contre leur gré [124]. Objet de dispute entre les églises, il est devenu une véritable relique, auprès de laquelle se pressent infirmes et invalides.

Ce culte est arrivé aux oreilles de Guillaume de Newburgh, qui méprise toutefois ceux qui se font l'écho de tels miracles, comme si toute faute était pardonnée au jeune roi. Cet historien leur reproche de croire soit qu'Henri avait des raisons légitimes d'offenser son père, soit que sa repentance finale a trouvé grâce auprès de Dieu. Les manifestations spectaculaires de cette dévotion populaire ne sont pas du goût du chanoine augustin, sans doute le plus pondéré et équilibré des chroniqueurs de son temps. Il ne tient pas en estime le fils insoumis d'Henri II,

« jeune turbulent, né pour la ruine de beaucoup, mais si aimé de ses fidèles, car il est écrit que "le nombre des sots est infini" (Qo I, 15)[125] ». Peut-être a-t-il en tête les profanations du monastère de Saint-Martial de Limoges et du sanctuaire de Rocamadour, auxquelles le jeune roi s'est livré peu avant sa mort afin de se procurer le butin indispensable au succès de sa seconde révolte. Ces pillages sont décrits, dans le moindre détail, par Roger, recteur de l'église collégiale de Howden, qui manifeste toutefois moins explicitement que Guillaume de Newburgh de dépit à son égard[126]. Ces deux prêtres regrettent qu'Henri, en prenant les armes contre son père, fasse obstacle au programme de pacification que le souverain devrait imposer à la société. Il devient un contre-exemple néfaste pour tous les nobles, dont il fomente ainsi l'insoumission à l'autorité légitime. La perception de son action est tout autre pour les guerriers de sa suite et pour bien des jeunes chevaliers, qui se font les promoteurs admiratifs de son culte auprès des populations angevines et normandes.

Il est vrai que, loin de donner de lui l'image d'un séditieux, les rébellions d'Henri contre son père paraissent légitimes pour les hommes de son milieu. Dans l'air du temps, elles ne sont que l'expression d'un *juvenis*, fils de famille célibataire en mal de richesses qui, en attendant d'hériter, parcourt et pille en bande le pays, dans une inlassable errance en quête de gloire, d'aventures et de butin[127]. Dans son *planh* à sa mémoire, Bertran de Born fait même d'Henri le « père de jeunesse », c'est-à-dire le protecteur généreux de la classe d'âge pléthorique des chevaliers pas encore casés[128]. Celui-ci a certes été marié à Marguerite de France, mais, comme le fait remarquer Roger de Howden, cette union ne l'a pas pour autant dégagé de la tutelle directe de son père qui ne lui cède pas de patrimoine propre : « Il prenait mal que son père ne lui assignât aucune de ses terres où il pourrait demeurer avec sa reine[129]. » Roger, d'habitude peu critique envers Henri II, semble prendre ici le parti du fils. Peut-être tient-il la munificence — celle-là même qui dote les églises dont il est l'un des doyens — pour une vertu essentielle de la personne royale et pour un élément clef du bon gouvernement ? Il juge, en tout cas, d'un mauvais œil la parcimonie avec laquelle Henri II constitue la dotation patrimoniale de son fils aîné.

C'est aussi dans cet esprit qu'un historiographe proche d'Henri II, Jordan Fantosme, décrit la guerre de 1173 qui voit s'allier Henri le Jeune, *li gentilz debonaire*, à Guillaume le Lion, roi d'Ecosse — d'autant plus *juvenis* qu'il est encore célibataire — et à d'autres nobles cadets pour réclamer des droits que leurs pères tardent à leur accorder. Cet écrivain fait remarquer qu'au moment de décider d'attaquer l'Angleterre, le conseil du roi d'Ecosse s'est divisé en deux camps : les jeunes chevaliers (*la gent jeufne et salvage*) de la suite guerrière de Guillaume le Lion, avides de butin et de conquêtes, voulaient la guerre, tandis que les seigneurs fieffés choisissaient prudemment de ne pas attaquer ; ces derniers rallièrent à la fin le parti belliqueux pour ne pas être accusés de couardise[130]. Combattant son royal père, Henri le Jeune est, en somme, l'archétype princier du chevalier juvénile. Il en va de même de ses frères. S'ils font du conflit de générations la règle, c'est qu'ils placent très haut l'idéal de la jeunesse guerrière, dont Tertulle le Forestier, fondateur mythique de la lignée angevine, fut le parfait représentant.

Le caractère incontrôlé de ces bandes de jeunes en armes sert, d'une certaine façon, les Plantagenêt qui mettent en scène cette furie pour impressionner leurs ennemis. Giraud de Barri ou Pierre de Blois soulignent l'agressivité qui règne au sein de cette maison de « fils de la colère », engendrée dans la nuit des temps par une mère diabolique, et ce trait atavique de leur héritage familial qui les pousse inéluctablement à se battre les uns contre les autres. Cette violence presque congénitale apparaît également dans le penchant familial pour la chasse : le surnom de « Plante-genêt », dont est affublé Geoffroi le Bel, renvoie, d'après Wace, à son goût pour les bois et les forêts, où se déchaîne sa passion cynégétique[131]. Une telle férocité rappelle la « fureur des Normands », maintes fois condamnée par Orderic Vital, qui compare la propension de ce peuple à s'entre-dévorer à celle de la bête de l'Apocalypse[132]. Mais peut-être le terme *furor*, employé ici dans sa chronique, recouvre-t-il, comme pour d'autres auteurs latins le sens de l'*ódor* en vieux norois (*Wut* en allemand), cet état second qu'obtiennent, sous l'effet de l'ivresse, les guerriers-fauves scandinaves afin de décupler leurs forces au combat[133] ? Inutile de dire combien les clercs méprisent cette haine véhémente et effrénée.

Si elle est à l'origine de déchirures familiales sans nombre, cette agressivité, quand elle trouve son exutoire contre un ennemi étranger, peut devenir toutefois un atout considérable par la crainte qu'elle suscite. Convenablement théâtralisée, elle participe de la propagande de guerre. Racontant la réception du viatique par Richard Cœur de Lion sur son lit de mort, Raoul de Coggeshale rapporte que le roi s'était abstenu de se confesser et de communier pendant sept ans, « car il nourrissait dans le cœur une haine mortelle contre le roi de France[134] ». Cet abbé cistercien met en avant le respect que Richard éprouve envers le mystère sacramentel pour justifier son éloignement de la pénitence et de l'eucharistie. Il n'empêche que l'attitude du roi pourrait relever davantage de l'« hybris », le défi prométhéen lancé par certains héros de l'Antiquité païenne contre leurs divinités, que de la piété ; elle apparaît, en effet, comme la provocation du guerrier amoral envers Dieu et sa Loi, pour laisser libre cours à son ire et à sa soif de vengeance et exterminer ses ennemis.

La « fureur » supposée des Plantagenêt tranche sur le discours clérical aux accents nettement pacifistes. Deux exemples suffisent à prouver qu'à la fin du XIIe siècle les prêtres anglais ont adopté les restrictions apportées à la théorie augustinienne de la guerre juste par le *Décret* (1140) de Gratien, et désormais la tolèrent à peine contre les païens et les hérétiques[135]. D'une part, Guillaume de Newburgh salue les artisans de la paix qui ont obtenu une trêve entre Henri II et Louis VII, « car l'envie et l'orgueil des deux monarques n'entraînèrent plus alors le massacre des peuples innocents », et il écrit plus loin : « Jamais ces deux rois ne s'entendirent longtemps, et ils habituèrent le peuple aux châtiments de leur orgueil délirant[136]. » D'autre part, Jean de Salisbury évoque le problème de la colère royale au sujet de la répression du crime : « Le prince punit les délinquants de la façon la plus juste non pas quand il est mû par l'ire, mais par la volonté d'une loi apaisée[137]. » La mansuétude bienveillante du souverain, chère aux intellectuels ecclésiastiques, se trouve aux antipodes de la haine, celle-là même que les Plantagenêt revendiquent à la guerre, dans leurs propos rapportés par les chroniqueurs ou dans les formules des chartes de leur chancellerie[138].

Le contraste avec les Capétiens n'en est que plus frappant. Giraud de Barri l'a exprimé clairement. A la fin de ses jours, déçu par les Angevins, il reporte tous ses espoirs sur la dynastie royale de France au point d'encourager, dans l'un de ses poèmes, Louis VIII lors de son débarquement militaire sur l'île[139]. Il considère que la vertu par excellence des Capétiens est la douceur, alors que la race diabolique des Angevins les condamne irrémédiablement à la lutte : il compare les ours, lions et léopards, bêtes féroces choisies pour leurs emblèmes héraldiques, aux fleurs de lis de leurs ennemis ; d'un côté l'orgueil, de l'autre l'humilité[140]. Mais Giraud ne serait-il pas, tout simplement, en train de régler ses comptes personnels avec les Plantagenêt, qui ont toujours refusé d'entériner son élection à l'évêché de Saint David's ? Ce serait aller trop vite en besogne.

D'autres clercs établissent la même dichotomie entre les deux maisons royales. Dans l'une de ses lettres, Jean de Salisbury, dont on connaît l'engagement sans faille auprès de Thomas Becket contre Henri II, affirme que Louis VII vit en toute tranquillité parmi les siens, sans chevaliers pour le protéger[141]. D'après le plus neutre Gautier Map, au comte de Champagne qui lui reproche de n'être surveillé que par deux gardes pendant son sommeil, le roi de France répondit que personne n'en voulait à sa vie [142]. Cette opposition se retrouve sous la plume des Français proches de Louis VII. Chanoine de Reims, l'exégète Pierre Riga (†1209) écrit, en 1157, un dialogue versifié en latin opposant le héraut du roi de France à celui du roi d'Angleterre : le premier vante la paix que le Capétien fait régner sur ses terres, reprochant au second son goût pour la guerre [143]. Ces témoignages concordants déclinent toujours les mêmes thèmes : la sérénité, la modération et la piété d'un Louis VII *senior* est à l'opposé de la combativité des Plantagenêt *juvenes* [144]. Le discours de paix des prêtres ne recoupe pas nécessairement les préoccupations de l'aristocratie laïque...

Les Angevins, et plus particulièrement Henri le Jeune et Richard Cœur de Lion, incarnent de façon indéniable les valeurs guerrières les plus prisées par la noblesse de leur temps. Ils sont dans la lignée de Tertulle le Forestier et d'Arthur, leurs ancêtres mythiques, dont l'historiographie latine et la chanson anglo-normande vantent les hauts faits d'armes. Habilement exploités par les écrivains et jongleurs, tournois, victoires sur les champs de bataille occidentaux, croisade en Terre sainte, assaut des châteaux attirent bien des sympathies nobiliaires aux Plantagenêt. Cette propagande, d'une efficacité redoutable, peut toutefois devenir une arme à double tranchant dont les conséquences s'avèrent souvent néfastes au gouvernement royal. En adhérant à cet idéal de combat, les « jeunes » de la maison d'Henri II sèment partout la révolte aristocratique contestant l'autorité de leur père. Ces rébellions ne proviennent donc pas de l'initiative exclusive des nobles qui en voudraient à l'accroissement inexorable du pouvoir du roi. Au fil d'une conjoncture mouvante, due à des intérêts personnels et à des rancœurs irrationnelles, elles sont souvent déclenchées par les fils ou petit-fils d'Henri II, détenteurs d'une principauté territoriale où ils lèvent des troupes de chevaliers à leur service. Elles ne cadrent donc pas strictement avec le schéma de la dialectique entre le public de la royauté et le privé de l'aristocratie.

De fait, à l'instar de cette jeunesse, le roi aime à incarner le chevalier lettré, modèle particulièrement prisé à la cour où guerre laïque et savoir clérical sont en symbiose. Fidèle à son entourage nobiliaire, l'Angevin veut apparaître comme le premier parmi ses pairs. Quoique intellectuel et combattant comme eux, est-il pour autant leur égal ? Force est de répondre par la négative. L'onction et le couronnement ont donné au monarque une dimension sacrée, et il convient d'analyser ici les rapports complexes qu'il entretient avec le profane.

Le roi couronné, le duc intronisé

C'est une femme, l'impératrice Mathilde, fille d'Henri Ier d'Angleterre et mère d'Henri II, qui apporte la royauté à la maison d'Anjou. Inutile d'insister sur l'importance que représente pour les Plantagenêt cette nouvelle titulature royale, bien supérieure dans les mentalités à la dignité ducale ou comtale, qu'elle relègue au second plan. Le chroniqueur Richard le Poitevin ne dit rien d'autre : après avoir énuméré les multiples principautés continentales d'Henri II, il écrit qu'« en raison de l'honneur et de la révérence du titre royal il est appelé "roi des Anglais"[145] ». Sans doute cet Aquitain perçoit-il la Grande Bretagne comme insulaire, marginale et périphérique : il se croit donc dans l'obligation de justifier le choix d'Henri II qui préfère, au point de vue des symboles, l'héritage maternel au paternel.

Au milieu du XIIe siècle, ce cas n'est pas isolé en Occident. En 1162, dans la maison de Barcelone, Alphonse II, fils du comte Raimond Bérenger IV et de Pétronille, reine d'Aragon, abandonne le prénom de son père pour celui de son grand-oncle maternel et il adopte le titre royal qui lui vient de sa mère. Or, Alphonse II enfant se trouve à cette date sous la tutelle d'Henri II. C'est pourquoi Guillaume de Newburgh et Robert de Torigni commentent longuement dans leurs chroniques, rédigées pourtant en Angleterre ou Normandie, cette acquisition par voie cognatique de la titulature et des symboles du roi d'Aragon qui leur évoque assurément celle de leur maître[146].

Les limites du sacre

L'un des avantages, et non des moindres, de la royauté se trouve dans la souveraineté prestigieuse qui découle du sacre, cérémonie qui comporte l'élection, le serment, l'onction, la remise des *regalia* (épée, éperons, sceptre et autres insignes) et le couronnement[147]. Ce rituel offre au roi la légitimité d'une consécration opérée sur sa personne par l'épiscopat et l'approbation collective de son autorité par ses administrés. Une mise en scène, savamment orchestrée, préside à son déroulement. Elle montre la majesté du roi, placé au-dessus des autres laïcs. Dans un monde où la part de l'écrit reste faible, le langage gestuel sert, comme la parole ou le chant, à exprimer son pouvoir, et témoigne de sa prééminence sur le commun des mortels.

A l'époque où Henri II monte sur le trône d'Angleterre, la cérémonie du sacre a déjà une longue tradition [148]. Elle obéit à un rituel anglo-normand spécifique, qui tranche par rapport aux cérémonials anglo-saxon (largement inspiré du rituel carolingien), normand ou romano-germanique, trois traditions liturgiques dont il est issu. L'*ordo*, le livre liturgique anglo-normand qui a réglé le couronnement des premiers Angevins, ne nous est pas parvenu. On peut cependant s'en faire une idée grâce à trois sources fort précises : le texte de la promesse d'Henri II (1154) [149], le récit extrêmement circonstancié du couronnement de Richard Cœur de Lion à Westminster (1189) par Roger de Howden [150], et enfin la description par Gervais de Cantorbéry de la cérémonie de port de la couronne par ce même roi, juste à son retour de captivité, à Winchester (1194) [151]. Ces documents et quelques mentions éparses des chroniques de l'époque permettent de suivre le protocole du sacre des rois d'Angleterre.

A quelques variantes près, la cérémonie se déroule toujours de la façon suivante. Un cortège solennel formé d'évêques, abbés et clercs vient chercher le roi à la porte de sa chambre pour le conduire à l'autel de Westminster, abbaye où repose la dépouille d'Edouard le Confesseur (1042-1066). Cette procession emprunte une rue dont le sol a été recouvert de tapis. Voici l'ordre qu'en donne Roger de Howden pour le couronnement de Richard : en tête, les clercs portant goupillons, croix et encensoirs, sont suivis des prieurs, abbés et évêques, encadrant quatre barons tenant quatre candélabres dorés, puis suivent Geoffroi de Lucy avec le bonnet du roi, Jean le Maréchal avec ses deux éperons d'or, Guillaume le Maréchal avec le sceptre et, à côté de lui, Guillaume de Salisbury avec la baguette dorée surmontée d'une colombe. David de Huntingdon, frère du roi d'Ecosse, Jean sans Terre et Robert de Beaumont portant chacun un glaive précèdent six comtes et barons qui ont sur les épaules un grand échiquier sur lequel se trouvent les *regalia* et les habits royaux. Guillaume de Mandeville tient la couronne. Enfin, entre les évêques Réginald de Bath et Hugues de Durham, à l'abri d'un dais en soie tendu par les quatre barons des cinq ports, Richard ferme la marche. La foule des comtes, barons, chevaliers et clercs suit le cortège jusqu'à l'église. Par son ordonnancement, cette procession reflète la hiérarchie des deux premiers ordres de la société anglaise, même si elle ne répond pas aux critères de la préséance au sens strict.

Selon Raoul de Diss — qui, en tant que doyen de la cathédrale Saint Paul, représentait alors l'évêque de Londres en la vacance du siège épiscopal —, l'acclamation solennelle fuse aussitôt. L'assistance exprime d'une seule voix sa volonté d'avoir l'impétrant pour roi. Raoul considère cette approbation comme une « élection solennelle et formelle par le clergé et le peuple [152] », indispensable pour la poursuite de la cérémonie. Cette acclamation ancienne, commune aux anciennes tribus celtiques et anglo-saxonnes, joue sur la complémentarité des principes d'élection et d'hérédité. A une époque où les règles de succession ne sont pas encore rigoureusement fixées, elle a toute sa raison d'être. En faisant procéder de son vivant au sacre d'Henri le Jeune, Henri II essaie de passer outre à ce principe électif, ou du moins cherche-t-il à en faire la simple commémoration d'une pratique passée. Dans la maison d'Anjou, cette anticipation ne convainc personne ; elle donne même au fils aîné une raison de plus pour se révolter [153]. Elle n'est pas encore aussi bien assimilée que dans la lignée capétienne.

Agenouillé, étendant ses mains sur les Evangiles et de nombreuses reliques, qui reposent sur l'autel, le roi prête ensuite un triple serment : la protection de l'Eglise, la justice envers le peuple et la suppression des mauvaises coutumes. Il promet ainsi de respecter les privilèges ou « lois privées » (*privatæ leges*) de ses sujets. Certains médiévistes pensent qu'Henri II s'est imposé un quatrième devoir, reflétant sa détermination à affirmer l'autorité royale, notamment face aux revendications des ecclésiastiques : l'inaliénabilité des droits et propriétés de la couronne [154]. Puis la charte contenant le texte de cette profession est déposée sur l'autel. Des copies sur parchemin sont ensuite envoyées dans tout le pays [155]. Plus tard, juste après l'onction et la remise de l'épée et des éperons, le roi s'engagera de nouveau à respecter ce qu'il a juré.

Cette place primordiale du serment dans le cérémonial du sacre a été parfois perçue comme une spécificité anglaise. D'aucuns font remarquer la similitude entre le texte de cette profession et la Grande Charte de 1215, comme s'il s'agissait de la même réalité juridique [156]. C'est un point de vue peut-être inexact. Le serment existe dans toutes les monarchies continentales, y compris la française [157]. Il est, par exemple, constitutif de la royauté aragonaise, fondée sur le « pactisme », ce contrat de respect mutuel passé entre le monarque et les ordres de son peuple, dont les privilèges sont entérinés lors du couronnement [158]. Il est encore inhérent à une conception traditionnelle de la souveraineté, d'après laquelle le roi est lié par un engagement contractuel à ses administrés et par une loi supérieure à Dieu [159].

Après le serment, le roi se dépouille de ses vêtements à l'exception de sa chemise et de ses braies. L'archevêque de Cantorbéry oint alors sa tête, sa poitrine et ses bras, sièges respectifs de la gloire, la science et la force[160]. A l'époque, l'onction est probablement le moment le plus important de la cérémonie. Du moins la polémique autour de sa signification donne-t-elle lieu à une abondante littérature cléricale, alors que les œuvres de fiction, davantage destinées à un public laïc, semblent lui prêter peu d'attention[161]. Les penseurs ecclésiastiques débattent, en effet, sur son caractère sacramentel. L'onction équivaut-elle à l'ordination épiscopale ? Accorde-t-elle à celui qui la reçoit un pouvoir vicarial, un rôle d'intermédiaire entre Dieu et les hommes pour lesquels il obtient le salut ? Le rend-elle comparable au Christ, dont le nom veut dire l'Oint ? Le caractère indélébile de cet acte empêcherait-il enfin de déposer le souverain, voire de se révolter contre lui ou, tout simplement, de lui désobéir ?

Au XIIe siècle, les théories qui insistent sur la forte sacralité que l'onction accorde au monarque sont souvent défendues en Normandie ou Angleterre. Ainsi, l'anonyme d'York — qu'il faut identifier peut-être à Guillaume Bonne Ame (1079-1110), archevêque de Rouen — affirme que le sacre permet au roi d'intervenir dans la législation ecclésiastique, et même d'absoudre les péchés de ses sujets[162]. Des idées similaires circulent encore parmi les courtisans d'Henri II, indifférents en apparence au large succès que le courant grégorien et le dénouement de la querelle des investitures a remporté sur les intellectuels du continent. Défenseur de la cause royale contre le parti de Becket, Gilbert Foliot, évêque de Londres, en fait état, fin 1166, dans la lettre *Multiplicem* qu'il adresse à Thomas pour le faire changer d'avis. Il avance ainsi que le roi, devenu un second Christ par les cinq onctions, se situe au-dessus des autres hommes qu'il peut juger en toute circonstance, et quand bien même ils seraient ecclésiastiques[163].

Une lettre circulaire que Pierre de Blois envoie, vers 1185, à ses amis de la cour surpasse ces simples prérogatives judiciaires, pour octroyer à son royal maître des dons thaumaturges : « Je l'avoue, assister le roi, c'est pour un clerc accomplir une chose sainte ; car le roi est saint ; il est le Christ du Seigneur ; ce n'est pas en vain qu'il a reçu le sacrement de l'onction, dont l'efficacité, si par hasard quelqu'un l'ignorait ou la mettait en doute, serait amplement démontrée par la disparition de cette peste qui s'attaque à l'aine et par la guérison des écrouelles[164]. » En établissant le lien entre le rituel du sacre et la croyance préchrétienne des pouvoirs guérisseurs du roi[165], Pierre de Blois place résolument le monarque dans un monde surnaturel ; il établit, en outre, le lien entre l'onction vétéro-testamentaire, accomplie par un évêque, et une religiosité de type populaire, voire païen. Son allusion aux écrouelles concerne le « mal royal », un abcès défigurant le visage et dû à l'inflammation des ganglions du cou, que les rois de France et d'Angleterre seraient réputés soigner.

Certes, dans ces deux monarchies, le toucher des écrouelles ne deviendra une pratique systématique, qu'à la fin du XIIIe siècle, sous forme d'une cérémonie au terme du couronnement [166]. Mais Henri II lui-même ne manque pas de s'y adonner occasionnellement, pour justifier les facultés de thaumaturge que lui attribuent certains de ses sujets. Preuve en est une source tout récemment mise en valeur. Il s'agit du recueil des miracles de Frideswide (†735), composé par Philippe, prieur augustin de l'ancien monastère de cette abbesse, à Oxford. C'est en 1180, à l'occasion de la translation solennelle des reliques de la sainte effectuée à l'initiative d'Henri II, que Philippe dit l'avoir écrit. Il rapporte un miracle pour le moins surprenant, qui se réfère aux « écrouelles sous le gosier, appelées familièrement "glandes", qu'on dit soigner au contact de la main royale [167] ». La fille d'un chevalier, atteinte de ce mal, se rend auprès d'Henri II qui l'en guérit. Le soir même, elle devient toutefois totalement paralysée. Elle est alors amenée sur la tombe de sainte Frideswide, qui lui redonne la santé. Philippe ne commente pas les raisons de cette paralysie, dans laquelle il n'est pas difficile de voir une punition divine pour avoir eu recours au pouvoir thaumaturge du souverain [168]. Un tel échec témoigne à coup sûr de l'hostilité des clercs réformateurs de la fin du XIIe siècle à la croyance en la sacralité du monarque, incompatible avec le point de vue grégorien. Cet exemple n'en est pas moins significatif du recours des laïcs à la puissance miraculeuse de celui qui a reçu l'onction. En aucun cas, il ne saurait être utilisé pour dénier toute sacralité aux rois angevins dans les mentalités communes du XIIe siècle [169].

Ce passage des miracles de sainte Frideswide mérite d'être mis en parallèle avec un autre texte. Dans son éloge funèbre d'Henri le Jeune, sacré roi une dizaine d'années avant sa mort, Thomas d'Earley raconte les guérisons d'un fistuleux, d'un lépreux et d'un pustuleux au contact de ses reliques [170]. Sans être des scrofuleux au sens strict, ces hommes sont atteints d'une maladie dont les symptômes extérieurs, des plaies défigurantes, rappellent ceux des écrouelles. En somme, les premiers monarques angevins ont guéri occasionnellement le « mal royal » : leur aura surnaturelle en est sortie renforcée.

Face aux partisans d'Henri II, qui défendent les pouvoirs supérieurs de l'onction, se dresse cependant un groupe de clercs qui veulent minimiser les conséquences politiques de ce rite. Ces derniers vont plus loin en cas de conflit avec le roi. Pour Thomas Becket, les ecclésiastiques ont procédé à l'onction du monarque et lui ont remis l'épée afin qu'il défende l'Eglise : s'il s'en montre indigne, il est naturel qu'ils lui enlèvent cette puissance déméritée[171]. Etienne Langton (1207-1228), autre archevêque de Cantorbéry, nie même tout caractère sacramentel de l'onction[172]. Il appartient à la génération du pape Innocent III qui, dans une décrétale de 1204, marque bien la distinction entre l'onction épiscopale et l'onction royale : la première, sur la tête et les mains, est intérieure et invisible, affectant le cœur ; la seconde, sur les bras et les épaules, n'est qu'extérieure et matérielle et concerne exclusivement le corps. Cette théologie découle logiquement du concile de Latran III (1179), qui, en imposant la définition septénaire des sacrements, relègue l'onction royale au rang de sacramental, qui n'est pas un sacrement à proprement parler, mais un simple rite de l'Eglise qui, tout en apportant quelques bienfaits spirituels, ne produit pas la grâce de façon systématique[173].

Le débat entre les partisans et les détracteurs de la sacralité de l'onction royale se poursuit dans le choix de sa matière. Pour les premiers, le roi doit être sacré avec le saint chrême, une huile additionnée de baume ; pour les seconds, avec l'huile des catéchumènes, une huile ordinaire. Consacrées par l'évêque lors de la même messe chrismale du jeudi saint, ces deux huiles saintes ne jouissent pas de la même dignité. Leur fonction est différente : la première est administrée juste après le baptême pour celui qui vient d'être incorporé dans l'Eglise, pour ceux qui reçoivent la confirmation ou encore, lors de l'ordination, sur les mains du prêtre ou sur la tête de l'évêque ; la seconde, de moindre valeur, est appliquée sur la poitrine avant le baptême ou sur des objets liturgiques.

Au XIIe siècle, le roi de France est oint avec le saint chrême, privilège qu'il conserve en dépit de la tentative d'Innocent III de le lui retirer ; ce chrême est mélangé à l'huile de la Sainte Ampoule, fiole qu'on dit miraculeusement rapportée par une colombe au baptême de Clovis[174]. En Angleterre, la situation est moins claire. Les rois anglo-saxons auraient reçu l'onction du chrême sur la tête, et encore au début du XIIe siècle l'anonyme d'York affirme que le roi peut intervenir dans les affaires ecclésiastiques puisqu'il a été sacré du même onguent que l'évêque. Toutefois, à cette époque, la modification de l'*ordo* anglo-saxon, sous l'influence du pontifical romano-germanique, introduit dans le sacre l'huile des catéchumènes, appliquée certes sur la tête du roi à la façon des évêques[175]. Henri II et Richard Cœur de Lion ont probablement reçu l'onction de la sorte[176]. Il n'en est peut-être pas de même avec Henri le Jeune, à lire un texte qui laisserait supposer l'utilisation du saint chrême dans son sacre en 1170[177]. Si c'était le cas, les évêques opposés à Thomas Becket auraient agi, probablement en accord avec Henri II, d'une façon provocatrice à l'égard d'Alexandre III et de l'archevêque de Cantorbéry, mais cohérente avec leurs positions césaro-papistes.

Roger de Howden nous apprend encore qu'aussitôt après l'onction, l'archevêque de Cantorbéry pose le bonnet, apporté par Geoffroi de Lucy, sur la tête de Richard Cœur de Lion. Cette calotte est la même dont on couvre la tête ointe des baptisés, revêtus alors d'une simple robe blanche. Une aube et une dalmatique, deux habits sacerdotaux, sont ensuite passées au roi. L'archevêque lui remet alors l'épée dans un geste dont la dimension théocratique est évidente : ce n'est pas le roi lui-même qui se saisit de ce symbole de l'exercice souverain de la justice, mais le prélat qui le lui donne à titre d'investiture. Deux comtes lui mettent ensuite les éperons aux pieds, insignes de la chevalerie ; l'intervention de ces deux laïcs dans une cérémonie conduite jusqu'alors par des prélats symbolise le monde des guerriers aristocratiques, combattant sur une monture, monde auquel le roi appartient. Enfin, revêtu d'un manteau, il se dirige vers l'autel où l'archevêque lui enjoint de prononcer à nouveau le serment. Ces brefs rites intermédiaires, placés entre l'onction et le couronnement, correspondent à deux catégories : vêture et remise d'insignes. A l'exception de l'imposition des éperons, qui renvoie au monde laïc, celui de la chevalerie, ils font la part du lion au clergé, alors que la royauté reçoit passivement les insignes de son pouvoir.

Il n'en va pas tout à fait de même avec la couronne. Toujours d'après Roger de Howden, c'est Richard Cœur de Lion qui la prend lui-même et la remet à l'archevêque qui la lui pose sur la tête. Le geste du roi, qui garde l'initiative, n'est pas sans signification. Il nuance, en effet, le rôle du prélat. Cette partie de la cérémonie est capitale, car elle se rapporte à une pièce dont le sens est riche. Au XIIe siècle, la couronne ne représente plus seulement un simple insigne de la royauté, héritier des lauriers et diadèmes de l'Antiquité. Dans le langage politique, elle revêt désormais un sens « invisible » : elle s'identifie au royaume tout entier[178]. En la recevant, c'est l'ensemble de ses sujets et de ses territoires que le roi reçoit. Enfin, la couronne des Plantagenêt provient de l'Empire romano-germanique. Une liste des *regalia*, dressée en 1207, nous informe que la couronne de Jean sans Terre vient d'Allemagne. Il y a de fortes chances qu'elle soit l'une des deux rapportées par l'impératrice Mathilde à son retour en Angleterre en 1125, l'année de son veuvage d'avec Henri V[179]. L'usage par les rois d'Angleterre de ces emblèmes prélevés sur le trésor impérial n'est pas sans importance. Il coïncide, d'une part, avec l'influence grandissante de l'*ordo* romano-germanique du sacre sur l'île, et s'inscrit, d'autre part, dans une conception politique élargie des territoires insulaires et continentaux de la maison d'Anjou, qui frôle l'idée impériale.

La cérémonie se poursuit par la remise de deux autres emblèmes : le sceptre et la baguette. Ces deux insignes du gouvernement sont chargés d'un très ancien symbolisme. Sans renvoyer à la crosse épiscopale du pasteur, comme cela était peut-être encore le cas aux IXe et Xe siècles [180], ils sont redevenus tout simplement, au XIIe siècle, l'allégorie par excellence du commandement qu'on trouve, sous forme de verges et bâtons, dans bien des civilisations. A l'époque encore, comtes, maréchaux et sénéchaux anglais font de la baguette le symbole premier de leur autorité [181]. Sur ce point, le couronnement des Angevins — contrairement à celui des rois anglo-saxons — ne conserve pas la trace de la remise d'anneau, qui dans l'ordination épiscopale représente l'union du prélat avec l'Eglise. Décidément, le roi, couronné par un évêque, n'est pas lui-même évêque.

Dans un texte écrit en vers hexamètres à la gloire de l'avènement imminent d'Henri II, Henri, archidiacre de Huntingdon (1080/90-vers 1160), souligne la forte symbolique du sceptre et de la baguette : « Pas encore roi [...], tu es le plus digne du sceptre. Que tu porteras bien le sceptre, toi qui tiens déjà les rênes du royaume ! Tu ne portes certes pas encore le sceptre, mais à travers toi ou même encore sans toi, retenu au-delà des mers, l'Angleterre jouit de la paix [...]. Tes baguettes [*radii*], alors que tu approches rayonnant [*radians*], sont confiance certaine, clémence joyeuse, puissance prudente, joug léger, vengeance pondérée, correction douce, amour chaste, honneur balancé et désir modéré. Ainsi, avec ces baguettes, alors que tu embellis le beau sceptre, tu embellis davantage le diadème que le diadème t'embellit [182]. » En énumérant tous les attributs et manifestations de la puissance royale, Henri de Huntingdon fait du sceptre et de la baguette l'insigne principal du commandement.

La cérémonie du sacre se clôt par l'intronisation du roi. Suit une messe. Lors de l'offertoire, Richard Cœur de Lion quitte son trône pour déposer un marc d'or fin sur l'autel. Et Roger, en bon doyen de l'église collégiale de Howden, de rappeler que ce don devrait être accordé à chaque couronnement : le sens de cette oblation, proche de la redevance récognitive de seigneurie, marque encore une fois la soumission du roi à l'Eglise. Le banquet qui suit donne lieu à des préséances et services dont l'ordonnancement suit la hiérarchie des corps constitués du royaume, comme dans la procession qui ouvrait la cérémonie.

La reine est également couronnée. Aliénor d'Aquitaine l'a été en même temps que son mari, le 19 décembre 1154 : il se peut, toutefois qu'elle n'ait pas été ointe à cette occasion, car elle l'avait déjà été avec son premier époux, le roi de France[183]. Henri le Jeune a reçu l'onction et la couronne, seul, le 14 juin 1170. L'absence de son épouse Marguerite de France est due au caractère particulier de ce sacre, effectué pour la première fois dans l'histoire anglaise sur la personne d'un prince héritier, du vivant de son père. Elle s'explique surtout par la contestation suscitée par cette cérémonie, que condamnent Thomas Becket, archevêque de Cantorbéry, et le pape : il est, en effet, probable que l'exclusion de Marguerite a été voulue par Henri II pour pousser le père de cette dernière, le roi de France, à faire pression sur Becket afin que celui-ci officie au couronnement[184]. Quoi qu'il en soit, ce n'est que le 27 août 1172, dans la cathédrale de Winchester, que Marguerite est enfin sacrée et couronnée ; son mari l'est également alors avec elle, puisque l'invalidité de son onction précédente a été reconnue après l'assassinat de Thomas et la réconciliation de son père Henri II avec l'Eglise[185]. Le 27 mai 1199, Jean sans Terre n'associe pas Isabelle de Gloucester à son couronnement : il sent peut-être déjà l'issue de ce premier mariage, qui se termine par le constat de sa nullité quelques mois plus tard. Enfin, Bérengère de Navarre et Isabelle d'Angoulême, épousées après le sacre de leur époux, ont été respectivement couronnées à Limassol (Chypre), au moment même des noces de Bérengère, et à Westminster, lors de l'arrivée d'Isabelle en Angleterre[186].

Deux enseignements peuvent être tirés des exemples précédents. D'une part, en situation normale, la reine est sacrée en même temps que son époux. D'autre part, elle reçoit, comme lui, l'onction et la couronne, éléments essentiels et constitutifs de la cérémonie. En outre, ses *regalia* comprennent, comme pour son conjoint, le sceptre et la baguette ; en revanche, contrairement à son époux, elle se voit passer l'anneau au doigt et ne reçoit aucune épée[187]. En somme, sacre et couronnement opérés avec le mari attribuent à la reine un statut souverain équivalent. Aliénor d'Aquitaine et Isabelle d'Angoulême ont sans doute tiré prestige et autorité de leur onction, en particulier après leur veuvage. Il n'empêche que dignité royale n'est pas synonyme de pouvoir royal, tout comme le rang (la place dans la hiérarchie des pouvoirs) et le rôle (l'exercice effectif d'un pouvoir et sa reconnaissance sociale) ne sauraient être confondus au Moyen Age. Preuve en est l'épée, insigne de commandement militaire et de pouvoir judiciaire, qui aurait été accordée à la reine au cours du sacre. L'épouse royale est donc associée au trône, ce qui la rend

« consort » au sens entier du terme, à savoir l'association à la même destinée et à la communauté d'honneur et dignité. Mais sa puissance réelle n'est jamais institutionnalisée : elle dépend exclusivement de son ascendant sur son époux, du pouvoir qu'elle a conservé dans sa principauté territoriale d'origine ou des circonstances de son veuvage.

A l'époque de la maison normande d'Angleterre, le roi procède, au moins trois fois l'an, à un port solennel de la couronne, rappel de la cérémonie du sacre qui fonde son autorité. Ces « ostensions » interviennent toujours dans une église au cours d'une messe votive ; elles peuvent comporter un nouveau couronnement, une remise des *regalia* et le chant des *laudes regie*, hymne en l'honneur du roi qui commémore son élection et son acclamation ; l'onction n'est pas renouvelée en raison de son caractère inaltérable. Le roi Henri Ier décide cependant d'abandonner ces ostensions, probablement en raison de leur coût et de l'éloignement de sa résidence de Woodstock d'une grande église digne de leur liturgie[188]. Après son emprisonnement et sa libération au cours de la guerre civile, Etienne de Blois organise, par contre, en 1142, une cérémonie somptueuse de recouronnement pour effacer le déshonneur subi ; *idem*, en 1194, pour Richard Cœur de Lion à la cathédrale de Winchester, au retour de sa captivité germanique[189]. De même, les trois premières années de son règne, Jean sans Terre multiplie ce type de cérémonie, pour ancrer son pouvoir, contesté par Arthur de Bretagne, et la rend publique.

En comparaison des premiers rois normands, toutefois, les Angevins vont délaisser ces ostensions, qu'ils ne pratiquent guère que dans ces circonstances exceptionnelles où leur légitimité est menacée. Le jour de Pâques 1158, en effet, au cours de l'offertoire de la messe qui se tient à Worcester, Henri II et Aliénor déposent leur couronne sur l'autel, jurant de ne plus la porter. Le sens de leur renoncement a fait couler beaucoup d'encre chez les historiens, qui avancent plusieurs explications. Elles sont d'ordre psychologique (acte d'humilité, souci d'économie, aversion pour l'apparat et pour la longueur des cérémonies), symbolique (l'épiscopat étant l'acteur principal de la remise de la couronne vole la vedette au roi) ou politique (éviter le rassemblement massif de l'aristocratie à la cour)[190]. Abandonnons les invérifiables hypothèses psychologisantes, qui renvoient, pour la modestie royale, à un *topos* rhétorique remontant au moins à la description des élections impériales par Suétone (70-128)[191], ou le motif politique, car la noblesse en participant à la cérémonie et acclamant le roi reconnaît *in fine* la soumission qu'elle lui doit, plus qu'elle ne met en avant sa propre puissance. La plus vraisemblable des explications concerne l'inutilité de ces ports et recouronnements, alors même que nul ne remet en cause le pouvoir d'Henri II au printemps 1158. A cette date, les gouvernants de l'Ecosse et du pays de Galles ont déposé les armes, après le triomphe du roi sur les derniers sires anglais récalcitrants[192]. Inutile donc d'avoir recours à ces rituels — dont les implications théocratiques sautent aux yeux — pour imposer une légitimité universellement admise. Les rois ne les renouvelleront qu'en cas de crise majeure.

Les faiblesses du vassal

Si les Plantagenêt ne sont plus tenus de répéter les rites entérinant leur royauté en Angleterre, ils donnent, en revanche, davantage de relief aux cérémonies qui les rendent maîtres de leurs duchés continentaux, où ils doivent s'affirmer vis-à-vis du roi de France. Tel est le cas lorsque Richard Cœur de Lion et Jean sans Terre se font introniser ducs de Normandie à la cathédrale de Rouen, avant de traverser la Manche pour être couronnés. L'archevêque de cette ville préside à la cérémonie. Il donne l'épée, symbole primordial du pouvoir ducal, au futur roi, quoique nous sachions que Richard Cœur de Lion l'a prise lui-même sur l'autel. C'est, en tout cas, le prélat qui lui pose le cercle d'or tressé de roses sur la tête et qui lui remet l'étendard du duché, fixé à une lance. Le nouveau duc jure, enfin, au clergé et au peuple de protéger l'Eglise, préserver la paix et maintenir la justice, juste contrepartie de l'hommage que ses sujets lui ont rendu au cours de la cérémonie[193].

L'importance que revêt le titre de duc de Normandie à l'échelle des principautés françaises est considérable. Il est probable qu'à la fin du XIIe siècle, l'ancienne Neustrie est considérée comme le premier territoire du royaume. Pour preuve, retenons que, dans la procession ouvrant le sacre de Philippe Auguste enfant en novembre 1179, Henri le Jeune, duc et roi, est en tête du cortège et porte la couronne « en raison de son droit sur le duché de Normandie », suivi de Philippe, comte de Flandre, avec l'épée[194]. Il est vrai qu'Henri est aussi sénéchal de France en tant que comte d'Anjou et qu'il est lui-même roi, ce qui ajoute à sa préséance.

Le rituel d'intronisation ducale en Aquitaine est particulièrement bien connu. Il existe, en effet, un récit de cette cérémonie pour Richard Cœur de Lion en juin 1172, dû au chroniqueur limousin Geoffroi de Vigeois, ainsi qu'un *ordo* fort circonstancié des rites effectués à Limoges, qu'Élie Aimeric, précenteur du chapitre, aurait mis par écrit en 1218[195]. Ce dernier texte contient des prières empruntées au sacre romano-germanique, en raison peut-être des liens étroits qu'entretenait Guillaume V d'Aquitaine (996-1030) avec l'empereur Henri II (1002-1024). C'est, en effet, sous le règne de ce duc, aux alentours de l'an mil, que la cérémonie semble se mettre en place [196].

Elle s'enrichit cependant de façon considérable sous les Plantagenêt, qui reconnaissent toute sa portée politique dans le cadre d'un irrédentisme aquitain ancien. Dans un premier temps, la cérémonie se déroule à Poitiers, dans la basilique Saint-Hilaire, dont le duc est l'abbé en titre ; il est donc intronisé sur le siège abbatial, puis reçoit, des mains de l'archevêque de Bordeaux et de l'évêque de Poitiers, la lance et l'étendard ; on entonne alors l'hymne *O princeps egregie,* composé à Saint-Martial de Limoges. Dans un second temps, à Limoges, à la porte de la cathédrale Saint-Etienne, l'évêque de cette ville lui tend l'eau bénite en guise de salutation et le revêt d'une tunique de soie. Il lui passe ensuite au doigt l'anneau de sainte Valérie : ce bijou est central dans les récits hagiographiques médiévaux sur cette protomartyre régionale du IIIe siècle. Fille unique et héritière du duc Léocadius d'Aquitaine, alors qu'elle était fiancée, convertie au christianisme par Martial, elle avait été décapitée pour avoir refusé un prestigieux mariage [197]. L'évêque pose encore un cercle d'or sur la tête du duc puis lui remet un étendard. Ils pénètrent alors dans la cathédrale et se dirigent vers le chœur, où le duc est investi de l'épée et des éperons. Après qu'il a juré de protéger l'église de Limoges, suit la messe. A la fin, il dépose sur l'autel les *ducalia* reçus au cours de la cérémonie. Une intronisation similaire devait sûrement se dérouler à Bordeaux.

Même anciennes, ces cérémonies ducales n'ont jamais revêtu l'apparat que les Plantagenêt vont leur donner. Elles consistent principalement en l'investiture de quelques insignes : cercle d'or, épée, éperons, lance et étendard. L'épée et les éperons, qu'on accorde au nouveau chevalier lors de l'adoubement, se retrouvent dans le sacre royal. On remarquera cependant la spécificité des trois autres *ducalia* : le cercle apparaît comme une pâle copie de la couronne ; la forme de la lance évoque le bâton de commandement ; l'étendard est le symbole des troupes menées par un seul chef à la victoire. La bague des fiançailles tronquées de Valérie renvoie à un culte local des plus prestigieux. Pour reprendre la formulation d'Edina Bozóky, « les épousailles symboliques des ducs d'Aquitaine avec Valérie, par son anneau-relique, confèrent une légitimation sacrale à leur investiture [198] ». A ce titre, la bague de Limoges n'est nullement l'anneau quasi épiscopal que les rois recevaient jadis lors du sacre pour signifier leur union avec le peuple.

Pour les Plantagenêt, la magnificence accrue du rituel d'avènement à leurs duchés tient, en partie, à leur volonté de minimiser les implications de l'hommage qu'ils doivent au roi de France pour leurs principautés continentales. Preuve en est la tendance à faire disparaître, à la même époque, la cérémonie du port de la couronne en Angleterre, où leur domination n'est plus guère contestée. Dans le royaume de France, au contraire, le faste de leur intronisation fait accroire que leur puissance vient directement de Dieu par l'intercession des saints locaux ; leur soumission au roi de France s'en trouve réduite d'autant. Les enjeux politiques de ces cérémonies transparaissent dans les *Gestes de Philippe Auguste* de Rigord (vers 1158-vers 1209), moine de Saint-Denis, la nécropole des rois de France où sont conservés leurs *regalia* : ce texte rapporte que la dépouille de Waïfre, duc d'Aquitaine, vaincu et tué en 768 par le roi Pépin le Bref, est conservée à Saint-Denis et avec elle, en guise de trophée, plusieurs des insignes ducaux censés être remis lors de l'intronisation. Cette lecture de l'histoire ne met pas seulement en cause la volonté du clergé de Limoges à faire de cette ville la capitale de l'Aquitaine. Elle est aussi un désaveu formel du discours des Plantagenêt et une riposte sans appel à leurs revendications séparatistes[199].

Dans cette guerre de rites, les rois angevins ne doivent pas seulement affronter les Capétiens. Ils sont également en conflit avec l'Eglise d'Angleterre, en particulier sous les épiscopats de Thomas Becket et Etienne Langton. Or, le rôle accru de l'archevêque, devenu maître à part entière du sacre, joue en défaveur du roi, acteur passif, qui reçoit non seulement l'huile mais aussi la couronne des mains du prélat. En jurant de protéger l'Eglise, le souverain réduit considérablement sa marge de manœuvre. Au plus fort de sa querelle avec Henri II, l'archevêque Thomas Becket n'oubliera pas de lui en rappeler toutes les conséquences : « Souvenez-vous de la profession que vous avez prononcée et dont vous avez déposé le texte sur l'autel de servir la liberté de l'Eglise de Dieu, quand vous avez été consacré et oint par mon prédécesseur à Westminster[200]. » Plus prosaïquement, Giraud de Barri, contempteur des mœurs royales, regrette que « le prince ait perdu le sens du sacrement royal de l'onction, de la couronne et du sceptre et des autres insignes de la royauté[201] ». Pour ce clerc comme pour tant d'autres, le sacre donne une occasion de faire la morale au roi. Il suppose davantage de devoirs que de droits pour le souverain, dont il lie les mains.

L'onction est, en somme, davantage de nature théocratique que césaro-papiste. Tout au plus les partisans de la sacralité royale tentent-ils de ressusciter le bon vieux temps de l'Anonyme d'York, en rapprochant le sacre royal de l'épiscopal, ou en tentant d'introduire le saint chrême dans la cérémonie et en rappelant qu'elle accorde des pouvoirs thaumaturges. Mais ce combat d'arrière-garde semble désormais voué à l'échec.

Le roi parvient néanmoins à associer le sacre à des signes de subordination élaborés pour ses sujets. Au cours de la cérémonie, acclamations et *laudes regiæ* font partie de ces marques de reconnaissance. Plus engageant encore, Jean sans Terre reçoit, au lendemain même de son couronnement en mai 1199, l'hommage des barons et la foi des évêques de son royaume[202]. Pour la noblesse, cette vassalité entraîne des contraintes considérables : outre le service militaire traditionnel, elle implique la reddition des châteaux à la simple demande du roi. Ainsi, en 1176, Henri II envoie des représentants dans des forteresses seigneuriales d'Angleterre et de Normandie, dont ils prennent possession de façon symbolique en opérant au nom du roi les rites de l'entrée solennelle, du remplacement des bannières par celles de la couronne et de la réception des clefs. Grâce à cette forme évoluée de la féodalité royale, le réseau castral se trouve sous le strict contrôle de la royauté[203].

C'est avec Jean sans Terre que la prestation collective de serments à l'occasion du couronnement devient une véritable institution en Angleterre. Ces engagements concernent, d'ailleurs, tous les sujets du roi, y compris les roturiers. Déjà au cours du règne d'Henri II, les assises de Northampton (1176) précisent que tous, depuis les comtes jusqu'aux paysans, doivent jurer allégeance au roi en sa personne ou en celle des juges locaux. Cette législation reprend vraisemblablement l'ancienne coutume carolingienne du serment général, adoptée par les Vikings lors de leur installation en Neustrie. En réactualisant une cérémonie traditionnelle, qu'il adapte à un Etat en pleine croissance, l'Angevin devient le seigneur indiscuté, sans médiation aucune, de tous les habitants de Normandie et d'Angleterre. En effet, le caractère collectif de la foi prêtée par l'ensemble de ses sujets au roi atténue les implications contractuelles des relations féodo-vassaliques, puisqu'elle est une obligation commune plutôt que le privilège de chacun à se choisir un seigneur. Pour le vassal, les devoirs envers le monarque deviennent donc plus importants que ses droits et les liens féodaux ne sauraient désormais être recevables face au souverain[204]. Cette nouvelle ligesse fait, enfin, du roi le seigneur principal de tous les vassaux du royaume, qu'il peut accuser, en cas de révolte, de parjure et félonie. Le rapprochement dans le temps du sacre et des différents hommages et serments collectifs n'est pas étranger à cette évolution.

En dehors de l'Angleterre, les premiers Angevins se sont affilié les rois ou souverains des autres principautés britanniques par des rites d'allégeance, qu'ils empruntent presque toujours à la vassalité féodale. A la suite des expéditions menées au nord du pays de Galles au début de son règne, Henri II obtient l'hommage d'Owain (1137-1169), prince de Gwynedd, et de Rhys ap Gruffydd, prince de Deheubarth ; Malcolm IV (1153-1165), roi d'Ecosse, les accompagne, en juillet 1163, à Woodstock, où il doit se soumettre avec eux à cette humiliante cérémonie et laisser son frère cadet David en otage. Par le traité de Falaise (1174), son successeur Guillaume le Lion (1165-1214), prisonnier d'Henri II, devient, d'après ce texte, son « homme lige » pour tous ses territoires, et doit lui céder les principaux châteaux écossais ; tous ses sujets pourront se voir réclamer l'hommage par le roi d'Angleterre[205]. Le roi d'Ecosse n'interprète sûrement pas la cérémonie dans le même esprit autoritaire que son nouveau maître, mais comme un simple hommage égalitaire de paix. Cette ambiguïté n'est plus de mise en Irlande, où la liturgie traditionnelle est respectée. A la suite de la conquête de la partie orientale de l'île, les rois et magnats locaux entérinent, en effet, la suprématie d'Henri II par des rites qui leur sont propres : construction de maisons temporaires en bois avec salle de banquets, acceptation de cadeaux sans réciprocité, versement de tributs, remise d'otages, serment de loyauté prêté près des rivières qui marquent la séparation des royaumes, voyage du roi en suivant un circuit ancien, convocation d'assemblées par Henri II à l'occasion de fêtes traditionnelles... Comme Marie-Thérèse Flanagan le fait remarquer, ces traités, trêves et alliances engagent peu leurs contractants[206]. Il en va de même avec les princes de Galles et d'Ecosse qui cherchent la moindre occasion pour affirmer leur indépendance envers le roi d'Angleterre et rompre ainsi l'hommage qu'ils ont dû lui prêter, contraints et forcés, après une défaite militaire. C'est pour l'éviter que l'Angevin exige d'eux des otages et des châteaux.

Dans le droit féodal, l'onction offre un atout supplémentaire à son récipiendaire. Elle le place théoriquement au-dessus de tous les pouvoirs civils. Aucune autorité laïque ne lui est supérieure ; il tient de nul ; il est empereur en son royaume. Par conséquent, aucun hommage ne peut être rendu par un roi sacré. Henri II, qui l'exige de ses fils en tant que ducs ou comtes, renonce à le recevoir, après 1170, d'Henri le Jeune. Pour ce dernier, l'onction et la subordination féodale s'excluent[207]. L'argument est vraisemblablement utilisé par les juristes de l'entourage de Jean sans Terre en 1202, quand Philippe Auguste le condamne par contumace à la commise de ses fiefs continentaux pour ne pas s'être rendu devant son tribunal ; à l'époque, les Anglais rétorquèrent que leur roi ne saurait être jugé qu'en marche, à la frontière de la Normandie, en raison d'un privilège coutumier [208]. En 1216, Jean se trouve encore dans une mauvaise passe, alors que les troupes françaises envahissent l'île qu'ils pensent pouvoir libérer de sa tyrannie. Innocent III le défend cependant dans une lettre où il reproche aux Capétiens de s'en prendre à lui, « car il est un roi oint et il est ainsi supérieur [209] ». Cette théorie, qui met en avant les conséquences d'un rituel prestigieux, pourrait sembler convaincante.

Dans la pratique, cependant, elle ne prend pas. Les trois premiers rois angevins doivent, en effet, se plier au cérémonial, quelque peu humiliant, de l'entrée en vassalité. Ils rendent ainsi une dizaine de fois l'hommage au roi de France pour leurs principautés continentales, afin surtout d'affirmer leurs droits à l'occasion d'une querelle successorale ou pour vaincre un proche lors de leurs fréquents conflits familiaux. En cela, ils font preuve d'une subordination accrue en comparaison de la dynastie normande, bien plus économe en témoignages de vassalité [210]. C'est à Paris que Geoffroi le Bel, en bon comte d'Anjou, demande, en 1151, à son fils Henri II, déjà duc de Normandie, de devenir l'homme lige du roi, ce que les princes normands n'avaient jamais accepté de faire. Ces derniers ont presque toujours su éviter l'hommage. Quand ils n'ont, toutefois, pas eu le choix, ils l'ont toujours rendu en marche, à la frontière de l'Epte, dans le Vexin, lieu habituel de leurs guerres avec les rois de France, mais aussi celui de leurs rencontres, négociations et trêves. L'hommage en marche est « personnel », engageant la parole de deux personnes, et non pas « réel » pour un fief, support matériel du contrat ; il est proche du serment de fidélité : prêté en geste de paix, il suppose une certaine égalité. Devenus rois d'Angleterre, les Plantagenêt l'adoptent à leur tour car ils en comprennent toutes les implications politiques.

Cet hommage est souvent rendu entre Gisors et Trie, sur la rive française de l'Epte, et plus précisément sous un orme qui a donné son nom à la localité actuelle, L'Ormeteau-Ferré. Cet arbre présente une symbolique variée. Il sert, d'abord, à délimiter la frontière, comme en témoigne la chanson de geste. Il apparaît, ensuite, comme le lieu de la sociabilité villageoise, et abrite l'assemblée communale ou le tribunal seigneurial [211]. Il est, enfin, l'image même de la superbe en raison de sa hauteur et de sa beauté qui cachent mal sa stérilité. A ce titre, une homélie attribuée à Augustin, reprise par la prédication médiévale, l'oppose à la vigne plus modeste qui, dans sa petitesse, donne des fruits abondants[212]. Légèrement plus positif, Grégoire le Grand fait de l'orme infécond le soutien de la vigne qu'on lui attache pour qu'elle puisse croître et produire, à l'instar des laïcs qui encouragent par leur générosité les moines aux fruits spirituels abondants[213]. Ce point de vue sur la stérilité de cet arbre serait sans doute contesté par Hildegarde de Bingen (1098-1179) qui en propose, quant à elle, plusieurs utilisations à des fins médicinales[214]. En définitive, au Moyen Age, les significations savantes et populaires de l'orme sont aussi riches que multiples.

C'est pourquoi la décision de Philippe Auguste, qui ordonne qu'on abatte l'arbre, le 18 août 1188, est chargée de sens. L'échec des négociations qui viennent de se tenir trois jours durant avec Henri II sous l'orme de Gisors serait, à en croire Raoul de Diss, la raison de cette décision, que l'Angevin venge aussitôt en saccageant le domaine royal jusqu'à Mantes. Pour Guillaume le Breton (vers 1165-après 1226), continuateur de Rigord, c'est une querelle de préséance qui motive l'acte : Henri II s'est abrité sous son ombre, laissant Philippe Auguste au soleil ; l'abattage est d'autant plus signifiant que le roi d'Angleterre en a jadis cerclé de fer le tronc, en y faisant inscrire que le jour où il perdrait cet arbre, il serait aussi privé de sa terre. Selon Jean le Trouvère, enfin, l'initiative de le couper vient de chevaliers français à l'insu de Philippe Auguste, qui en fut fort contrarié. Que ces trois écrivains aient tant disserté sur cet épisode témoigne de la signification qu'ils lui accordent. L'abattage de l'orme de Gisors symbolise le point de non-retour entre le roi de France et Henri II. Ce dernier mourra l'année suivante au cours d'une campagne militaire contre Philippe Auguste, allié avec son propre fils.

Derrière la violence de ce geste, on comprend, en outre, toutes les implications idéologiques de l'hommage du duc de Normandie au roi de France. Dans les années 1140, les juristes du nord de la France précisent ce point de droit féodal. Suger, abbé de Saint-Denis et mentor de Louis VII, est pour beaucoup dans l'élaboration de la nouvelle théorie politique, selon laquelle toutes les principautés territoriales sont les fiefs du royaume ; l'hommage qu'on prête en leur nom, y compris en marche, n'est pas seulement personnel, mais bel et bien réel. Peut-être emprunte-t-il l'image de la hiérarchie féodale à la pyramide de lumière pseudo-dyonisienne, qu'il applique également à la réfection de son abbatiale, devenue le premier chantier gothique de l'Occident[215]. En 1166, Etienne, abbé de Cluny, pousse encore plus loin le raisonnement dans une lettre où il considère la France comme « un corps entier », où la Bourgogne, comme tous les autres territoires, appartient au roi sans médiation aucune[216]. Ces idées formulées par des savants transparaissent dans les gestes des princes : en 1173, contraint de prêter l'hommage à Henri II, Raimond V de Toulouse formule une réserve de fidélité en faveur du roi de France, son seigneur principal[217]. Le royaume de France apparaît désormais comme un espace unique aux mains du Capétien, et la Couronne comme une entité entière et indivisible.

Sur le plan de la théorie politique et de la doctrine féodale, la riposte des Plantagenêt est bien faible. En 1139, Robert de Torigni copie certes un passage de la *Relation brève sur Guillaume, comte des Normands* (1114-1120), due à un moine de Battle, développant l'idée de l'allodialité (d'« alleu » ou pleine propriété par opposition à « fief », détenu au nom d'un seigneur) de la Normandie, pour laquelle le duc ne saurait être redevable d'aucun service féodal ; tout au plus serait-il tenu de rendre au roi de France une foi et un hommage comportant exclusivement les obligations négatives de ne pas attenter à sa vie ni à son patrimoine ; en contrepartie, le roi jurait fidélité au duc, contractant à son tour le même engagement. Robert se fait ainsi l'écho de l'esprit d'indépendance qui régnait à l'époque où Henri Ier remportait la bataille de Brémule (1119) sur le roi Louis VI, auquel il refusait déjà l'hommage de son fils Guillaume Adelin[218]. Quelques années plus tard, devenu un proche conseiller d'Henri II, Robert modifie, cependant, de façon considérable sa pensée. Il accepte, en effet, que l'ancienne Neustrie relève du royaume de France ; il est ainsi le seul auteur des domaines des Plantagenêt à mentionner « l'hommage du duc Henri pour le duché de Normandie » de 1151[219]. Il y a de fortes chances que sa réflexion, comme celle des autres intellectuels de l'entourage du premier roi angevin d'Angleterre, traduise désormais une vision hiérarchique de la féodalité, qui assujettit l'ancienne Neustrie à la Francie occidentale.

On en a une autre preuve avec le *Roman de Rou*, où Wace, historiographe protégé par Henri II, écrit qu'avant son départ sans retour pour la Terre sainte, le duc Robert le Magnifique (1027-1035) confia son fils Guillaume le Bâtard au Capétien : « Il l'a mené au roi de France et il le lui a livré par le poing ; il le fit devenir son homme et saisir de la Normandie[220]. » Cette traduction littérale des vers anglo-normands montre combien cet hommage est « réel » au sens juridique du terme, prêté pour un fief, en l'occurrence la Normandie. A la cour des Plantagenêt, formuler l'idée de la subordination féodale de l'ancienne Neustrie au roi de France n'est donc pas nécessairement perçu comme une atteinte impardonnable à l'autorité du duc. On pourrait rétorquer certes que l'œuvre de Wace n'est pas asservie au bon vouloir d'Henri II, son généreux mécène, et que cette liberté d'esprit valut un jour à son auteur de tomber en disgrâce auprès de lui.

Ces nouvelles conceptions juridiques ne semblent pas, pourtant, déranger outre mesure Henri II. Du moins une lettre, dictée en 1164, pour une affaire certes extérieure à la Normandie, permet-elle de mesurer le degré de sujétion qu'Henri II dit lui-même avoir avec Louis VII. Le Plantagenêt la lui adresse à cette date pour implorer la libération de Guillaume VII et Guillaume VIII, comtes d'Auvergne, ses vassaux, que le roi de France vient de capturer. Les expressions d'Henri II ne présentent aucune ambiguïté : « Je vous ai livré toute ma terre de ce côté-ci de la mer pour que vous la gardiez en tant que seigneur » ; « par la foi que vous me devez comme seigneur à moi, votre homme et ami ». Dans une seconde missive envoyée en remerciement de l'élargissement des comtes d'Auvergne, Henri II écrit encore : « Je me transporterai pour vous servir, vous mon très cher seigneur, où et autant qu'il vous plaira et de n'importe quelle façon [221]. » Cet exemple n'est pas isolé. La lettre de la même année, pour le prier de ne pas aider Thomas Becket, exilé en France, est adressée « à son seigneur et ami Louis, illustre roi [222] ». Si l'on excepte la rhétorique épistolaire et la politesse diplomatique, il convient de constater qu'Henri II accepte toutes les conséquences, aussi lourdes soient-elles, de l'hommage prêté à Louis VII.

Le seul texte arguant la supériorité féodale des Plantagenêt sur les Capétiens émane d'Etienne de Rouen (avant 1143-vers 1170), moine du Bec et panégyriste d'Henri II. Son long poème latin en 4 390 vers distiques, *L'Etendard normand* (1167-1168), met en scène Frédéric Barberousse envoyant en ambassadeur Henri le Lion, duc de Saxe et de Bavière et gendre d'Henri II, pour prier ce dernier de ne pas rendre l'hommage à Louis VII, au moins « son égal en force, honneur et dignité », descendant des usurpateurs du trône carolingien, dont l'empereur romano-germanique est le seul héritier légitime. Frédéric offre même la France à Henri II et à ses successeurs : il lui propose de l'aider à détrôner les Capétiens. Il est significatif qu'Etienne de Rouen passe sous silence, dans sa vaste fresque historique des ducs de Normandie, l'hommage de Rollon, dont il admire pourtant les conquêtes menées au détriment des Francs, ou l'enfance de Guillaume le Bâtard, alors pupille du roi de France [223]. Toutefois, son ouvrage, des plus pamphlétaires, reste l'exception qui confirme la règle. Ni les Plantagenêt ni les autres écrivains qui leur sont proches n'occulteront les hommages rendus au roi de France, ni même les conséquences politiques qui en découlent.

D'autres marques de soumission ont ponctué l'histoire des

rapports des premiers Angevins avec le Capétien. D'abord, à une époque où l'hypergamie (mariage à une femme de rang supérieur) est encore de mise dans les maisons princières, ils contractent des épousailles ou fiançailles avec Marguerite et Alix de France : en « donneur de femmes », Louis VII manifeste qu'il est bien leur seigneur. Refusant la main de sa sœur Jeanne à Philippe Auguste, Richard Cœur de Lion commet une grave erreur politique : il rate l'occasion de renverser cette situation à son profit, et s'attire à jamais l'inimitié de son allié de toujours. Ensuite, les fréquents voyages et séjours d'Henri II et ses fils à Paris, où ils profitent de l'hospitalité du roi, témoignent du statut de courtisans qu'ils adoptent alors envers le Français. Enfin, certains présents que les Plantagenêt offrent au roi sont autant de gages de cette fidélité. Historiographe officiel du Capétien, Rigord constate, par exemple, l'empressement avec lequel Henri II envoie des cerfs, daims et chèvres sauvages pris en Normandie et Aquitaine pour enrichir la réserve que Philippe Auguste recrée dans la forêt parisienne de Vincennes. Il a été remarqué que l'Angleterre ne fournit jamais de gibier à Philippe, tandis que les domaines continentaux des Plantagenêt doivent livrer ces bêtes, dont la chasse symbolise la domination du roi de France sur l'ensemble des terres du royaume. Grande est, en effet, la symbolique guerrière des activités cynégétiques : la soumission par la violence d'animaux sauvages, dont les dépouilles sont exhibées de façon triomphale, n'est qu'une métaphore du butin pris au vaincu sur le champ de bataille [224]. En définitive, tout comme l'hommage, mariage hypergamique, séjour à la cour et cadeaux obligent les Angevins envers le Capétien.

Les hommes d'alors ont-ils perçu toutes les implications de ces marques ostensibles de respect au roi ? Ont-ils ignoré toutes les conséquences du langage gestuel de la soumission ? Ont-ils bien saisi le sens de l'interprétation défavorable que leurs propres courtisans en ont donnée ? Ou leur a-t-il fallu attendre la proclamation de la commise des fiefs de Jean sans Terre pour s'apercevoir de l'importance de la féodalité dans la construction étatique capétienne ?

La réponse à ces questions ne saurait être tranchée radicalement. Elle appelle deux types de remarques. D'une part, les rapports des Plantagenêt avec les Capétiens sont souvent formalisés par des rites d'amitié qui tendent à diminuer, voire à effacer, la sujétion de l'hommage. Manger à la même table, coucher dans le même lit, manifester de l'affection, pleurer de façon pathétique l'ami perdu... Dans l'esprit de l'aristocratie du XIIe siècle, ces marques d'alliance, conventionnelles et publiques, réitèrent le pacte passé entre les rois de France et d'Angleterre sur un pied d'égalité[225]. D'autre part, c'est au jour le jour, sans visée politique à long terme, que les Angevins ont géré le code de l'allégeance envers Louis VII et Philippe Auguste, et qu'ils leur ont marqué leur subordination. La nécessité d'une trêve, d'une reconnaissance territoriale ou d'une alliance pour combattre père ou frère les a, le plus souvent, poussés à se plier à ces rituels humiliants. En l'absence d'un programme clair, leur politique à court terme est ainsi déterminée par les événements changeants. Davantage pragmatiques qu'idéologues, les Angevins pensent peut-être que l'onction royale, la pompe nouvelle des rites d'intronisation ducale ou les manifestations codifiées d'amitié envers le roi suffisent à neutraliser tout signe extérieur de vassalité. A long terme, leur calcul se révèle infondé.

Cette indifférence se retrouve dans la facilité avec laquelle les Plantagenêt ont accepté de se trouver sous la dépendance d'autres pouvoirs. C'est à deux reprises qu'ils sont devenus les hommes de l'empereur romano-germanique. D'abord, en 1157, à en croire du moins une lettre à l'authenticité douteuse d'Henri II, rapportée seulement par Rahewin de Freising, continuateur de la chronique de son maître Otton (1111/15-1158), oncle de l'empereur, le Plantagenêt aurait abandonné tout son royaume et ses sujets à la domination de Frédéric Barberousse ; en échange, il conservait la main de saint Jacques, relique provenant du trésor impérial et rapportée par sa mère Mathilde en Angleterre : la précieuse main a rendu prestigieuse l'abbaye clunisienne de Reading, fondée par Henri Ier, qui y est enterré avec Guillaume, l'aîné d'Henri II et d'Aliénor[226]. Ensuite, en 1193, plus sûre est la résignation de son royaume et de l'île de Chypre par Richard Cœur de Lion à l'empereur Henri VI (1190-1197). Mais les circonstances ont bien changé : le roi, son captif, est prêt à toutes les concessions. Il remet ses terres à l'empereur qui les lui rétrocède, lui offrant une double croix d'or en signe d'investiture. Henri VI ajoute à ce fief de reprise le royaume d'Arles et Bourgogne, domaine impérial au sens strict. Il semble cependant qu'il ait libéré le roi d'Angleterre de toutes ces obligations sur son lit de mort, par mauvaise conscience[227]. Si son père aspirait, tout au plus, à atteindre une certaine primauté politique en Occident, l'ambition d'Henri VI est plus grande. Il veut être l'empereur et le seigneur féodal, non pas des seuls territoires germaniques et italiens, mais de tous les royaumes européens et de la Terre sainte[228].

A certains égards, la soumission de Jean sans Terre au pape Innocent III (1198-1216) évoque celle de Richard Cœur de Lion à l'empereur. Le contexte, marqué par les prodromes de la théocratie des pontifes du milieu du XIIIe siècle, est toutefois bien différent. Depuis 1208, l'Angleterre se trouve, en effet, sous interdit en raison du conflit qui oppose le roi au cardinal Etienne Langton, archevêque de Cantorbéry, proche du pape depuis l'époque de leurs études communes à Paris. S'il porte ombrage à son autorité, cet anathème avantage la politique financière de Jean, qui confisque en représailles le patrimoine ecclésiastique et jouit de ses revenus. En 1213, la menace d'une invasion française contraint néanmoins le roi à négocier avec Innocent III. Il abandonne alors les royaumes d'Angleterre et d'Irlande au pape, qui les lui rend en fief pour une rente annuelle de mille marcs[229]. A l'époque, le pouvoir temporel d'Innocent III, prédicateur infatigable de la croisade et arbitre de maints conflits entre les monarques d'Occident, est à son sommet. Il reflète la vocation universelle du gouvernement de ce pontife qui prend Melchisédech, le roi-prêtre, pour modèle. L'épisode de la soumission de Jean sans Terre n'est, en somme, qu'un parmi tant d'autres ; il rappelle le couronnement pontifical et l'hommage des rois d'Aragon et de Portugal. Son importance doit être minimisée.

Son poids pèse peu, en tout cas, dans l'esprit de Jean sans Terre, qui, comme Henri II ou Richard Cœur de Lion, s'est souvent imposé la cérémonie de l'hommage, devenant, à genoux, dans un acte d'auto-dédition, le vassal d'un seigneur. Par la fréquence avec laquelle ils formalisent leur dépendance au roi de France, y compris à Paris même, les Plantagenêt s'inscrivent davantage dans la lignée des comtes d'Anjou que dans celle des ducs de Normandie. Ils se soumettent également à l'empereur et au pape, auxquels ils cèdent le royaume même d'Angleterre en fief. Les circonstances où interviennent ces rites de sujétion sont certes particulières. En outre, l'hommage au roi de France est la plupart du temps en marche. Il n'empêche que toutes ces cérémonies comportent leur part d'humiliation, ressentie comme telle au sein d'une société princière et aristocratique où l'honneur est une valeur suprême. En définitive, sur le continent, les Plantagenêt n'ont pas su exploiter l'impact idéologique découlant du sacre. Leur pouvoir paraît relever davantage de la principauté que de la majesté.

Ce phénomène exige qu'on s'interroge sur un dernier point, à savoir l'ostentation dont ils font preuve durant leur règne. La représentation qu'ils donnent d'eux-mêmes au grand jour est-elle royale ou princière ? Leur paraître relève-t-il de l'apparat ou de la simplicité ? Sur ce point, l'on peut observer une différence de style entre le règne d'Henri II, fils d'un comte, et celui de ses fils, élevés dans une famille royale. Richard Cœur de Lion souhaite donner une certaine théâtralité à ses apparitions publiques. Son sacre, décrit par le menu sous la plume de Roger de Howden, répond à une mise en scène extrêmement sophistiquée. Comme son frère Jean sans Terre, il en a fait revivre le souvenir par le cérémonial du port de la couronne, banni pourtant du vivant de son père. De fait, il aime se montrer en majesté chaque jour. L'évêque Hugues de Lincoln le découvre ainsi en train de suivre la messe, installé à l'entrée de la chapelle de Château-Gaillard sur un trône, les évêques de Durham et d'Ely se tenant à ses pieds[230]. Richard a, somme toute, une forte conscience de sa royauté, et il aime le faire savoir.

L'image que les sources ont donnée de son père Henri II est un peu différente. En tout cas, les indices montrant son intérêt pour la pompe royale sont rares. Tout au plus, d'après Gautier Map, aurait-il appris de sa mère, l'impératrice Mathilde, à retarder les affaires que ses sujets le prient instamment de traiter ; un faucon qu'on nourrit avec parcimonie, dit-elle, est plus facile à apprivoiser. Elle lui conseille également de rester souvent seul dans sa chambre et de prendre peu de décisions en public. Henri II semble avoir assimilé la première leçon, si l'on en croit Pierre de Blois, qui lui reproche de faire traîner des décisions qu'il aurait pu expédier sur-le-champ[231]. En revanche, contrairement aux souhaits de sa mère, le roi aime les bains de foule. Toujours selon Gautier Map, ses rapports avec le peuple sont des plus chaleureux : « Chaque fois qu'il sortait, les foules se l'arrachaient et l'emmenaient où il ne voulait pas. Plus étonnant encore, c'est qu'il écoutait chacun avec patience, et malgré les cris des gens qui le malmenaient, il n'accusait personne et ne montrait aucun signe de colère[232]. » Ce témoignage est corroboré par Pierre de Blois qui met sur les lèvres d'Henri II la plainte suivante dans son dialogue avec l'abbé de Bonneval : « Même à la messe je suis sollicité non seulement par des laïcs, mais aussi par des clercs et religieux, qui ne cessent de me harceler de leurs demandes au détriment de la révérence due au divin sacrement[233]. » Le roi passe outre l'étiquette pour ses sujets. Il est indéniablement accessible. Son entourage ne sert jamais d'écran entre lui et le commun.

Par définition, ses courtisans peuvent s'approcher bien plus facilement de lui. Les espaces où le roi jouit d'une certaine intimité sont, de fait, peu nombreux dans ses palais. Sa chambre à coucher n'est pas à l'abri de ceux qui veulent le rencontrer. Certains parviennent même à troubler son sommeil, en dépit des efforts de son chambellan pour les éloigner. A en croire Jordan Fantosme, c'est ce que fait le messager lui apportant, en pleine nuit, la nouvelle de la victoire d'Alnwick[234]. Henri II ne connaît pas le formalisme et la distance qui seront de rigueur à la fin du Moyen Age. Son fils Jean sans Terre donne de lui-même une image radicalement contraire, celle d'un roi timoré évitant de se mêler à ses sujets. L'*Histoire de Guillaume le Maréchal* le présente méfiant et soupçonneux, craignant toujours l'attentat sur sa personne à l'approche d'étrangers, voyageant la nuit et écourtant ses séjours dans les villes et villages, pour ne pas avoir à affronter la foule [235]. Jean aime à s'isoler et à prendre en secret ses décisions. Troubles de la personnalité ou véritable expression d'une nouvelle façon plus efficace de gouverner et de se faire respecter ? Voire...

Un dernier trait semble caractériser les apparitions publiques d'Henri II. Sa tenue vestimentaire n'est jamais ostentatoire. Giraud de Barri dit qu'il introduit en Angleterre la mode angevine des manteaux courts, qui fait contraste avec les longs vêtements et traînes du règne d'Henri Ier, que le moine Orderic Vital tenait pour représentatifs des courtisans décadents et efféminés [236]. Guillaume fitz Stephen rapporte encore comment Henri II, simplement vêtu, aurait arraché en riant la fourrure de Thomas Becket pour la donner à un mendiant de Londres, tout en lui reprochant son goût du luxe.

Avant son ordination sacerdotale, le chancelier affiche, en effet, une ostentation bien plus spectaculaire que le roi. Preuve en est l'apparat de l'ambassade, décrite aussi par Guillaume, que Thomas mène, l'été 1158, en tant qu'émissaire d'Henri II à Paris pour négocier le mariage d'Henri le Jeune et Marguerite de France. Son entrée dans la ville est plus que royale. Deux cent cinquante piétons tirent son char en chantant ; d'autres tiennent ses lévriers en laisse. Six chars portent son équipage et deux autres de la bière ; chacun de ces chars, gardé par un chien enchaîné, est tiré par cinq chevaux portant un singe sur l'encolure. Suivent vingt-huit palefrois transportant de l'or et de l'argent, des soieries, des livres, des ornements liturgiques... A elle seule, la suite privée du chancelier est composée de deux cents écuyers, protégés de leurs boucliers, et par des chevaliers, montés sur des destriers, deux par deux, ainsi que par des fauconniers. Thomas arrive en dernier, à cheval, avec quelques-uns de ses proches. Conformément au résultat escompté pour une telle mise en scène, les Parisiens s'écrient : « Quel homme magnifique doit être le roi d'Angleterre, si son chancelier voyage en un tel apparat [237] ! » Etaler sa richesse est un moyen efficace de susciter le respect du sujet et d'inspirer la crainte de l'ennemi. Paradoxalement, c'est ici le ministre, plutôt que le roi, qui personnifie luxe et largesse.

La dignité royale n'est pas, enfin, incompatible avec des manifestations extérieures de camaraderie ou de confiance toujours réfléchies. Adam d'Eynsham rapporte qu'Henri II, furieux contre Hugues de Lincoln, qui a excommunié un forestier royal, le convoque à Woodstock. A son arrivée, l'évêque lui jette sans ambages : « Combien tu ressembles à tes cousins de Falaise ! », allusion évidente à la bâtardise de ses ancêtres. Or, contre toute attente, Henri II éclate en un grand rire[238]. Cette hilarité est à l'opposé de la susceptibilité tatillonne en matière d'honneur qu'on pourrait attendre d'un roi dont la dignité et l'autorité viennent d'être bravées. Elle s'explique toutefois. Elle répond, d'une part, à une boutade qui, impertinente en apparence, ne fait qu'entériner la légitimité dynastique de l'accession au trône de Normandie par l'Angevin[239]. Plus important encore, elle apparaît, d'autre part, comme le moyen de désamorcer, du moins de façon temporaire, une trop forte tension.

Cette réaction aurait pu aussi bien être provoquée par les mots d'un bouffon, personnage chargé de dire tout haut au détenteur de l'autorité suprême ce que chacun pense tout bas. Ces histrions apparaissent parfois dans les sources : en 1180, l'Echiquier normand remet quarante sous à Roger, l'un d'entre eux, pour rejoindre Henri II avec deux chevaux et sept chiens ; ce même roi cède une sergenterie, sise dans le Suffolk, à Roland afin qu'il exécute devant lui, à Noël, ses galipettes et facéties d'ordre scatologique[240] ; en 1200, Jean sans Terre donne au fou Guillaume Picolphe le manoir de l'Oisellerie et les terres de Champeaux et de Mesnil-Ozenne, situés dans le comté de Mortain (Normandie)[241]. Attachés à demeure à la cour, ces bouffons jouent un rôle politique et social bien précis. Ils provoquent l'hilarité du roi et, au passage, le tournent parfois en dérision, afin qu'il descende de son piédestal et se rapproche de ses sujets. Une certaine liberté de ton prime ainsi à la cour, où des professionnels du rire mettent parfois fin aux querelles de l'entourage princier. Leur activité apparaît comme une soupape de sécurité aux tiraillements et à la concurrence propres à tout milieu de pouvoir. En quelque sorte, leur liberté de parole rappelle les remontrances outrancières des clercs réformateurs de la cour, qui ne risquent guère pour leur personne en faisant la morale au roi. Celui-ci se prête volontiers au jeu, et manifeste une familiarité de bon aloi à l'égard de ses gouvernés afin de gagner leur confiance.

Cette image du roi, qui dégage en apparence une certaine désinvolture, mais surtout une proximité affable avec ses sujets, n'est pas sans conséquences politiques. Elle correspond à une période où la conception de la royauté relève davantage du « pactisme » que de l'« absolutisme » ; le respect de la loi et la protection des sujets font partie du contrat que le roi passe avec son peuple par son serment. Même l'onction, qu'on pourrait croire source de pouvoir surnaturel, lie les mains de celui qui la reçoit à l'épiscopat. La Grande Charte, imposée au roi en 1215 par la noblesse et le clergé, s'inscrit dans ce contexte, en limitant considérablement la puissance normative et exécutive du roi. Pour achever le tout, les Plantagenêt se soumettent à des instances supérieures par la foi et l'hommage ; pour une raison ou pour une autre, le roi de France, l'empereur romano-germanique et le pape deviennent leur seigneur. La majesté des premiers Angevins n'est pas inaccessible et toute-puissante ; elle ne ressemble guère à celle des monarques absolutistes de l'époque moderne. Les Plantagenêt incarnent une monarchie de transition.

La fabrique de la légende

Les Plantagenêt entretiennent un rapport privilégié avec le passé, qu'ils veulent s'approprier à des fins propagandistes. De nombreux historiens, acquis à leur cause, se plaisent à coucher par écrit leurs exploits. Ils dressent, en outre, leur généalogie, relatant les hauts faits de leurs ancêtres. Certains d'entre eux profitent largement du mécénat direct de la maison royale : Wace et Benoît de Sainte-Maure sont chargés par Henri II de mettre en français l'histoire de ses aïeux normands [242]. Nous savons également par sa correspondance que le courtisan Pierre de Blois préparait un récit des gestes d'Henri II, jamais achevé ou perdu à ce jour [243]. C'est peut-être l'un de ces deux ouvrages que, le 29 avril 1205, Jean sans Terre ordonne instamment de faire venir de Westminster à Windsor, ce qui prouve que les rois les consultent et les utilisent [244]. Sans être au service du monarque, d'autres chroniqueurs entretiennent des rapports irréguliers avec la cour, comme Roger, recteur de Howden (Yorkshire), justicier des forêts de sa région, émissaire auprès du pape au nom de Richard Cœur de Lion, qu'il accompagne au début de la croisade [245]. Même les historiens les plus réputés pour leur esprit indépendant finissent par avoir, à la fréquentation des courtisans, un regard positif sur la dynastie régnante : Guillaume de Newburgh a ainsi pour ami Philippe de Poitou, bras droit de Richard Cœur de Lion [246]. La liste des chroniqueurs en contact plus ou moins direct avec la maison d'Anjou pourrait être allongée.

Leur exemple montre, si besoin était, que l'écriture historiographique est trop souvent une tâche mercenaire au profit de la royauté[247]. La manipulation de la mémoire fait donc partie intégrante du programme de propagande que la monarchie encourage afin de transmettre une image positive de sa maison[248]. Elle porte assurément sur l'activité politique des rois au pouvoir, dont il importe de justifier choix et décisions. Mais elle concerne aussi des événements éloignés des années 1154-1224. Nous présenterons le traitement que leur font subir les chroniqueurs de la sphère d'influence des Angevins, d'après une chronologie qui part du plus moderne pour finir par le plus ancien, méthode à bien des égards empruntée à la généalogie de Wace, connue comme « chronique ascendante ».

Les Plantagenêt entretiennent avec soin le souvenir de leurs ancêtres maternels, qu'ils soient anglo-saxons ou normands, les plus proches dans le temps. Le roi Edouard le Confesseur, mort en odeur de sainteté en 1066, profite le premier de cet attachement dynastique. Henri II encourage le pape Alexandre III à ouvrir son procès de canonisation, qui aboutit en février 1161. Deux ans plus tard, le 13 octobre 1163, il suit la translation solennelle de ses reliques à Westminster, lieu de l'onction royale : leur culte dans ce sanctuaire ajoute un lustre supplémentaire à la cérémonie du couronnement et accentue le caractère sacré des successeurs d'Edouard sur le trône d'Angleterre, dotés, comme lui, de pouvoirs thaumaturges[249]. Il est significatif que cette translation intervienne tandis que se tient, à Westminster même, un concile où Thomas Becket s'oppose pour la première fois ouvertement à Henri II au sujet de la justice ecclésiastique. Dans le cadre du conflit amorcé avec le *sacerdotium*, cette sainteté, confirmée par Rome, d'un représentant du *regnum* n'est pas inutile pour l'Angevin.

Dans le registre généalogique, les récits hagiographiques faits à l'occasion de cette cérémonie servent également les intérêts du roi. Ils établissent, en effet, qu'Henri II est bel et bien le successeur légitime du dernier roi anglo-saxon d'Angleterre. Déjà vers 1138, dans sa *Vie d'Edouard*, Osbert de Clare, prieur de Westminster, avait occulté le rôle de Goldwin, père de Harold, et de sa famille dans le gouvernement royal, pour mettre en avant les droits des ducs de Normandie à la succession du Confesseur[250]. A son tour, l'abbé cistercien Aelred de Rievaulx (vers 1110-1167), écrivant une nouvelle *Vie d'Edouard*, peu avant sa translation en 1163, insiste sur les ancêtres d'Henri II, dédicataire de son œuvre : l'Angevin, dit-il, est la pierre angulaire faisant la jonction entre ces deux murs que sont les races anglaise et normande. En sa personne s'accomplit la vision prophétique d'Edouard le Confesseur sur son lit de mort : le fruit de l'arbre coupé en deux retrouvant son unité pour refleurir n'est autre que le fils de l'impératrice Mathilde, qui réunit avec bonheur en sa seule lignée les territoires de part et d'autre de la Manche [251]. L'interprétation de cette prophétie par Aelred bat en brèche le pessimisme d'Osbert, pour qui l'image de l'arbre tranché signifiait l'impossible réunification [252]. C'est dans le même esprit qu'Aelred compose à l'époque une *Généalogie des rois d'Angleterre* qui s'ouvre par un éloge dithyrambique d'Henri II, dont il a décidé de retracer les origines familiales : parmi ses ascendants et parents, figurent sainte Marguerite d'Ecosse, le pieux roi Alfred le Grand et Edouard le Confesseur, dont le nouveau monarque devrait imiter scrupuleusement l'exemple pour jouir comme eux de la béatitude éternelle [253]. La concomitance entre ces deux opuscules n'en est pas moins frappante. Elle s'explique vraisemblablement par une commande passée par le roi ou par son entourage à l'un des meilleurs littérateurs latins de son temps.

Quelques mois plus tard, une nonne de Barking — qu'il faut peut-être identifier avec Clémence, auteur d'une vie de sainte Catherine — traduit et adapte en anglo-normand la *Vie de saint Edouard* par Aelred [254]. Elle introduit dans son texte des éléments de la généalogie « du glorieux roi Henri », libérateur de l'Angleterre et bienfaiteur de l'Eglise, empruntés à l'autre opuscule de cet auteur. Le Plantagenêt appartient, d'une part, à la lignée sainte de Normandie, représentée par le comte Robert, Richard le Bon et Guillaume le noble bâtard, mais aussi par Emma, mère de saint Edouard. Il est, d'autre part, l'héritier de la dynastie anglo-saxonne par le mariage d'Henri Ier, son grand-père maternel, avec Mathilde d'Ecosse, dont l'arrière-grand-père maternel, le roi Edmond (1016), est le demi-frère d'Edouard le Confesseur. Des liens aussi lâches n'empêchent pourtant pas la moniale de considérer que cette union restaure l'ancienne dynastie du saint roi, non pas par peur ou force, mais par amour. A la fois anglais et normand, Henri II est « issu de ce saint lignage » (v. 108), qu'il perpétue en la personne de ses enfants : « Que Dieu sauve notre roi, leur père, et notre reine, leur mère. Qu'il les maintienne dans la vraie santé, la paix, la joie et la plénitude et qu'il leur donne des forces pour battre tous ceux qui comptent leur faire la guerre » (v. 4996-5006). Cette prière aurait été rédigée tout autrement quelques années plus tard, alors que ses fils se révoltent à plusieurs reprises contre Henri II. De la part de sa versificatrice, elle montre une intention ouverte de faire de la propagande en faveur de la maison d'Anjou.

Cette volonté d'exalter la dynastie au pouvoir ne détonne guère dans le monastère de Barking, dont la royauté contrôle l'élection abbatiale. Au début du XIIe siècle, Mathilde d'Ecosse elle-même, veuve d'Henri Ier, et une autre Mathilde, veuve d'Etienne de Blois, en ont été les abbesses. Au moment où la nonne écrit anonymement en l'honneur du Plantagenêt, c'est Adelaïde, sœur d'Eustache fitz Jean, fidèle partisan de l'impératrice Mathilde pendant la guerre civile, qui a été placée à la tête du couvent. Marie, sœur de Thomas Becket, lui succédera en 1173 ; elle sera nommée par Henri II pour compenser la persécution qu'il a menée contre sa famille avant le meurtre de l'archevêque. Une troisième Mathilde, fille illégitime d'Henri II et d'une Jeanne dont on ne connaît que le nom, sera enfin abbesse de Barking dans le dernier quart du XIIe siècle [255]. Cette mainmise royale sur les affaires d'un monastère féminin n'est guère exceptionnelle dans le contexte politico-religieux de l'époque. Elle explique en partie ce traitement extrêmement servile de la généalogie d'Henri II sous l'abbatiat d'Adelaïde fitz Jean.

Le 11 mars 1162, un an et demi donc avant la translation des reliques d'Edouard le Confesseur à Westminster, Henri II participe à une cérémonie dans l'abbatiale de la Sainte-Trinité de Fécamp, située dans un port du pays de Caux et qui est l'une des nécropoles des ducs de Normandie, attenante à leur palais [256]. On y vénère une relique prestigieuse, le saint Sang du Christ, recueilli, d'après des traditions hagiographiques différentes, de deux façons. Selon certaines sources, il proviendrait du miracle survenu à la messe que le prêtre Isaac célébrait, le 15 juin 989, dans un village proche de Fécamp, alors même que le duc assistait à la dédicace de l'église abbatiale de ce lieu ; le plus ancien récit de cette histoire est tirée de l'œuvre d'un moine de l'abbaye écrivant à la fin du XIe siècle, alors même que la querelle eucharistique autour de Bérenger de Tours bat son plein. Dans une autre version vers 1120, le précieux Sang de Fécamp proviendrait des plaies du Christ et aurait été recueilli par Nicodème au moment de sa mise au tombeau [257]. En 1162, les dépouilles de Richard Ier (942-996) et de son fils Richard II (996-1026) sont exhumées et placées ensemble derrière l'autel principal de ce prestigieux sanctuaire [258]. La réputation de sainteté des deux ancêtres d'Henri II, surtout du premier, n'est plus à faire : Dudon de Saint-Quentin († avant 1043) affirme que le père jouit du bonheur éternel pour avoir incarné de son vivant toutes les béatitudes évangéliques, tandis que Guillaume de Malmesbury (vers 1080-vers 1142) présente le fils en adepte de la vie monastique et généreux restaurateur d'églises abandonnées [259]. Le 19 juillet 1171, une dizaine d'années après la translation, les liens entre Richard Ier, protagoniste indirect du miracle de la consécration du prêtre Isaac, et le saint Sang sont encore renforcés. A cette date, l'abbé Henri de Sully, le cousin issu de germain et ami d'Henri II, futur abbé de Gloucester et évêque de Worcester, découvre, en procédant à des travaux dans l'église abbatiale endommagée par un incendie, la fiole reliquaire dans une colonne où le saint duc l'aurait dissimulée pour éviter la profanation[260]. Cette invention augmente indéniablement la réputation de Richard Ier, aïeul normand du roi, dévot et protecteur du saint Sang. Comme il l'a fait pour Edouard le Confesseur, Henri II encourage, voire commissionne, la mise en langue vernaculaire de la vie de cet ancêtre prestigieux et, avec lui, de son fils le duc Richard II, à la sainteté similaire.

Ce travail est du ressort de Wace, chevalier devenu clerc[261], issu de la noblesse de l'île de Jersey, dont le *Roman de Brut* (1155), adaptation française en vers de l'*Histoire des rois de Bretagne* (1138) de Geoffroi de Monmouth, vient de connaître un franc succès. Il se peut que Wace, arrière-petit-fils par sa mère de Tostain, chambrier de Robert le Magnifique, ait souhaité intégrer comme son ancêtre la cour ducale en attirant l'attention d'Aliénor d'Aquitaine, probable dédicataire de son premier ouvrage[262]. Quoi qu'il en soit, Henri II l'appelle auprès de lui en 1160, et lui obtient une prébende canoniale à Bayeux afin qu'il puisse, libre de tout souci matériel, retracer l'histoire de ses ancêtres, les ducs de Normandie[263]. Il consacre ainsi son temps à lire les chroniques normandes, à écouter les chansons épiques, à enquêter sur les traditions orales locales et même à étudier les chartes de la cathédrale de Bayeux et de Saint-Etienne de Caen[264]. A partir de ce matériau, il commence le *Roman de Rou* (du nom de Rollon, premier duc normand), où il dit avoir assisté personnellement à la translation de Fécamp en mars 1162. Il rapporte, en outre, trois interventions miraculeuses de Richard Ier, qui chasse de son vivant les démons. Pourtant, cela ne semble pas satisfaire son mécène.

Comme Jean-Guy Gouttebroze l'a remarqué[265], en comparaison des anciens chroniqueurs normands ou d'Aelred de Rievaulx, Wace ne fait jamais l'éloge de la sacralité ducale, qu'Henri II attend de lui ; il évite toute glorification généalogique qui aurait pu insister sur la transmission héréditaire des pouvoirs surnaturels au sein des maisons de Normandie ou d'Angleterre. Son silence traduit-il une conception « grégorienne » de la royauté, dépourvue de toute puissance sacramentelle, au profit du clergé ? Répond-il au même choix ecclésiologique, hostile à la sacralité royale et favorable aux libertés cléricales, que révèle la correspondance d'Henri de Beaumont, évêque de Bayeux, où Wace est chanoine, à Jean de Salisbury, chef de file des prêtres exilés par le roi ? Si tel est le cas, la situation de l'historiographe officiel d'Henri II fut intenable dans les années

1164-1170, dominées par l'affaire Becket. Plus ou moins tacite, ce désaveu du monarque met en cause son activité d'historien parrainée par le roi même. Wace n'est pas politiquement correct.

Le chanoine de Bayeux semble aussi peu enthousiaste dans son appréciation de certains ancêtres fondateurs de la dynastie. Cela tient peut-être à la distance qu'il sait garder en historien rigoureux face aux personnes et aux événements : il a en horreur le panégyrique, que souhaite précisément le roi en retour de ses largesses. Il n'est certainement pas un admirateur aveugle de Guillaume le Bâtard, dont les droits sur la succession au trône d'Angleterre au détriment de Harold ne lui semblent pas toujours très clairs. En cela, il suit peut-être l'*Histoire des Anglais* (1135-1138) de Gaimar, qui censure les aspects les plus cruels de la conquête normande de l'île. Wace insinue aussi que Robert Courteheuse avait davantage de droits sur l'Angleterre que son frère cadet Henri Ier, qui n'est autre que le grand-père d'Henri II[266]... Sous sa plume, l'arbre généalogique du Plantagenêt perd ses plus beaux fleurons. En outre, Wace appartient à l'aristocratie de basse Normandie, et son récit laudatif de l'histoire de plusieurs de ses familles n'est plus de mise à partir de 1173, alors qu'elles viennent de rallier la révolte d'Aliénor d'Aquitaine et ses enfants[267]. Toutes ces prises de position traduisent une grande indépendance, et cette liberté d'esprit ne cadre guère avec le statut d'un chanoine prébendé par les bons offices de la royauté. En définitive, le conflit entre Henri II et Wace est idéologique et jamais esthétique[268].

C'est pourquoi le roi décide de congédier l'historien. Sur son ordre, Wace arrête brutalement d'écrire le *Rou,* tout en exprimant de façon discrète sa peine devant l'attitude de son protecteur de naguère[269]. Il est aussitôt remplacé par Benoît de Sainte-Maure, un écrivain originaire de Touraine, dont le récent *Roman de Troie* (1165), épopée en français des guerres homériques, a suscité l'engouement de la noblesse. Peut-être Benoît a-t-il des vues sur un éventuel bénéfice du roi d'Angleterre en rédigeant cet ouvrage ? En effet, au bout d'une longue tirade misogyne, il parvient à placer, en guise de regret envers la féminité qu'il vient ainsi de dénigrer, un éloge à « la riche dame du riche roi » (v. 13469), « en qui toute science abonde » (v. 13466). Il s'agit sans doute d'une dédicace à Aliénor d'Aquitaine qu'il aimerait avoir pour mécène[270]. Si tel est son vœu, il sera un jour largement exaucé au détriment de Wace.

Le nouvel historiographe officiel des ducs de Normandie s'acquitte de sa tâche à une cadence soutenue, qui ne déplaît certainement pas à son patron. Son œuvre comprend le récit des événements normands jusqu'en 1135, en plus de 44 000 vers. A côté de lui, Wace, qui s'arrête à quelque 16 000 vers et à l'année 1106, pourrait sembler faire figure de dilettante[271]. Comme Elisabeth Van Houts l'a néanmoins démontré, Benoît se limite à traduire la version des *Gestes des ducs de Normandie* de Robert de Torigni et à l'enjoliver de longues périphrases rhétoriques, ce qui explique son rythme si fébrile d'écriture. En revanche, Wace a fait œuvre de véritable historien, confrontant des sources éparses pour rédiger un texte original, où on décèle encore de nos jours une indéniable touche personnelle[272]. Sa prétendue lenteur doit être mise sur le compte de sa rigueur.

Contrairement à son prédécesseur, Benoît est, en outre, complètement acquis à la cause royale. Il est la voix de son maître et truffe son œuvre d'allusions flatteuses sur Henri II et ses ancêtres, les ducs de Normandie[273]. Il insiste ainsi lourdement sur l'amour que ceux-ci manifestaient envers leurs barons, qui le leur rendaient bien par une fidélité et une docilité à toute épreuve[274]. Davantage significatif est le portrait qu'il brosse du duc Richard Ier. Il souligne, en premier lieu, l'initiative du « bon roi, fils de la bonne impératrice Mathilde, Henri II, fleur des princes du monde » (v. 32058-32061), dans l'élévation des reliques ducales en 1162, alors que Wace ne mentionnait même pas sa présence à la cérémonie. Sous sa plume, la filiation maternelle rétablit d'ailleurs l'ascendance normande de l'Angevin. Ensuite, Benoît reproche à son devancier d'avoir passé sous silence la foi et l'amour de Richard Ier pour le Créateur : « Cela me rend bien malheureux qu'on taise sa haute science, comme le fit maître Wace, ce que je ne saurais jamais faire » (v. 25836-25839). Selon lui, le duc de Normandie tire profit de son savoir théologique, et même de sa sagesse infuse, pour catéchiser et convertir les guerriers scandinaves. Par sa piété, par sa charité et par l'attention qu'il porte au salut de son peuple, il rappelle Edouard le Confesseur[275]. Avec Benoît, la royauté retrouve, en somme, sa suprématie religieuse que Wace avait voulu occulter. La mainmise d'Henri II sur une œuvre en langue vernaculaire qu'il a lui-même commandée, surveillée et orientée n'en est que plus évidente.

Si les Plantagenêt se découvrent de solides racines anglo-saxonnes et normandes grâce à la docilité de quelques chroniqueurs latins et poètes français, ils n'en négligent pas pour autant leurs ancêtres angevins. Encourager l'écriture d'une historiographie en souvenir des hauts faits de leur famille agnatique ne va toutefois pas sans danger. La réputation de la maison d'Anjou était, en effet, détestable dans la Normandie des années 1130, alors que le chroniqueur Orderic Vital (1075-

1142), moine de Saint-Evroul, avait décrit ses membres et ses guerriers comme des barbares capables d'une violence inouïe au cours de leurs raids sur la frontière du duché[276]. Or, le travail confié à Wace et à Benoît a précisément pour but d'en finir avec cette vieille rivalité, en reconstruisant une mémoire normande favorable au nouveau roi d'Angleterre.

Ce travail ne semble cependant pas incompatible avec le patronage d'une historiographie angevine qui se poursuit. D'une part, Henri II met à contribution les moines de Marmoutier, tout près de Tours, afin qu'ils entretiennent, comme par le passé, la mémoire de sa maison paternelle[277]. Au début du règne de son père Geoffroi le Bel, Eudes, abbé de ce monastère, a procédé à une première rédaction de la *Chronique des comtes d'Anjou*. Dans les années 1160, ce texte est copié, retouché et actualisé par Thomas, prieur de Loches, par Robin et le Breton d'Amboise et par Jean de Marmoutier. Ce dernier ajoute au préambule de deux des manuscrits de la chronique, qu'il vient de modifier, une dédicace à Henri II[278]. D'autre part, des interventions du roi d'Angleterre ou des siens dans les chansons de geste exaltant en langue vulgaire les anciens princes angevins ne sont pas à exclure. Elles permettent de donner aux histoires latines de Marmoutier une diffusion autre que locale. Par certains côtés, elles rappellent la commande passée à Wace et Benoît.

Il est, en tout cas, intéressant de retrouver dans l'épopée de la fin du XIIe siècle l'ancienne revendication par le comte d'Anjou sur le dapiférat du roi de France, qui apparaît dans les chroniques de Marmoutier. En 1158, Hugues de Claye, un chevalier de l'arrière-pays d'Angers, membre fidèle de l'entourage d'Henri II, consacre même un opuscule entier à la question : à le suivre, Robert le Fort, ancêtre des Capétiens attesté en 866, aurait accordé le commandement de l'armée française à titre héréditaire au comte d'Anjou Geoffroi Grisegonelle (958-987)[279]. Or, la plus ancienne version connue de la *Chanson de Roland*, transcrite vers 1160-1170 dans un manuscrit conservé aujourd'hui à la Bibliothèque Bodléienne d'Oxford, a vraisemblablement été élaborée à la cour d'Henri II. Dans cette œuvre, Geoffroi, comte d'Anjou — auprès duquel le scribe du manuscrit d'Oxford introduit à deux reprises un parent appelé Henri, inconnu dans les autres versions —, est sénéchal et porte-gonfanon de Charlemagne. Fort de ces attributions, il invalide la décision du tribunal royal qui avait amnistié Ganelon, dont la traîtrise est prouvée au cours d'un duel judiciaire où son champion est battu par Thierry, le frère même de Geoffroi[280]. Le goût pour cette chanson se retrouve chez Mathilde, fille d'Henri II et épouse d'Henri le Lion, duc de Saxe et de Bavière, qui en commande une traduction allemande à Conrad le Prêtre[281]. La *Chanson de Roland* est d'autant plus une affaire de famille chez les Plantagenêt qu'ils sont maîtres de l'Aquitaine. Les restes des combattants de Roncevaux sont, en effet, vénérés à Bordeaux, Blaye et Belin, en Gascogne septentrionale. Les sanctuaires locaux recèlent également Durandal et l'olifant. Le *Guide du Pèlerin de Saint-Jacques*, écrit probablement alors par Aimery Picaud, un clerc de Parthenay (Poitou), s'arrête longuement sur plusieurs de ces reliques[282]. Par le biais de leurs ancêtres, le sénéchal Geoffroi, le champion Thierry et leur parent Henri, les Plantagenêt parviennent à capter une bonne partie de cette légende qu'on imaginait l'apanage exclusif du roi de France.

Le succès littéraire des compagnons angevins de Roland ne s'arrête pas là. Bien d'autres chansons de geste de la fin du XIIe et du XIIIe siècle se font, en particulier, l'écho des exploits de Geoffroi Grisegonelle et de ses frères : Aspremont, Gaydon, Renaud de Montauban, Fierabras, Saisnes, Girard de Roussillon[283]...

L'intérêt de la *Chanson d'Aspremont* pour notre propos est certain. Son plus récent éditeur va jusqu'à affirmer, peut-être de façon excessive, qu'il s'agit d'« une chanson politique à la gloire d'une grande dynastie royale, celle des Plantagenêt » ; il voit même en Baderon de Monmouth (†1190/1) et sa femme Rohaise de Clare, nobles anglo-normands, les commanditaires de l'œuvre[284]. En effet, la *Chanson d'Aspremont*, narrant les combats de Charlemagne et Roland contre les musulmans en Calabre, place Geoffroi parmi les barons de l'entourage proche de l'empereur. Un autre de ses guerriers, Girart de Fraite, seigneur de Gascogne et d'Auvergne, et ennemi de l'archevêque de Cantorbéry, porte le sobriquet de « cœur de lion » : le rapprochement avec Richard Cœur de Lion, dont la familiarité avec l'*Aspremont* est attestée dans les nombreuses citations qu'en fait son jongleur Ambroise[285], est d'autant plus facile que l'œuvre contient des allusions au douaire calabrais de sa sœur Jeanne et à l'héroïsme d'un duc de Bavière qui rappelle son beau-frère Henri le Lion.

Un Richard de Normandie joue, en outre, un rôle primordial dans *Gaydon*. Le titre de cette chanson épique reprend le sobriquet de son frère Thierry, duc d'Angers, sénéchal de Charlemagne et mari de la reine de Gascogne : un « geai » (*gai*, en ancien français) s'est, en effet, posé à deux reprises sur le heaume qu'il portait lors du duel judiciaire avec Pinabel, le champion de Ganelon, dont la vengeance familiale contre les Angevins occupe l'essentiel du récit[286]. Remarquons au passage le portrait ridicule de Charlemagne, prenant des décisions militaires absurdes sous l'emprise de l'alcool. Les exemples des allusions positives aux ancêtres légendaires des Plantagenêt dans l'épopée carolingienne pourraient être multipliés ailleurs que dans *Aspremont* ou *Gaydon*.

Les passages retenus montrent toutefois que l'empereur à la barbe fleurie, chef de leurs ancêtres angevins, ne leur est pas nécessairement étranger. Ont-ils pour autant cherché à placer leur royauté sous le patronage prestigieux de Charlemagne ? Force est de constater qu'en 1165, Henri II insiste auprès de Frédéric Barberousse et de l'antipape Pascal III pour le faire canoniser[287]. Mais cette démarche intervient dans une conjoncture politique très particulière. Les temps sont alors à l'alliance avec l'empereur romano-germanique contre Louis VII ; la demande formulée à l'antipape impérial par Henri II apparaît aussi comme un moyen de pression sur Alexandre III dans le cadre de l'affaire Becket. On trouve encore quelques rares comparaisons entre les rois d'Angleterre et Charlemagne sous la plume de Pierre de Blois, Raoul de Diss, Jordan Fantosme et des troubadours Giraut de Borneil et Bertran de Born, proches pour la plupart des Plantagenêt[288]. Pourtant, deux de ces auteurs, Bertran de Born et Jordan Fantosme, citent plus facilement Louis VII ou Philippe Auguste, quand ils évoquent le célèbre empereur, comme s'il était avant tout français. De plus, dans l'*Instruction des princes,* Giraud de Barri, qui ne cache pas alors sa vénération pour les Capétiens, affirme que les rois de France sont de la race de Charlemagne, roi auquel les Bretons et Ecossais étaient jadis soumis[289]. En somme, les chansons de geste qui se développent au XIIe siècle autour de l'empereur légendaire font considérablement progresser l'appropriation du personnage par les Capétiens. Cette réappropriation par les descendants d'Hugues Capet, qu'on pourrait croire un usurpateur du trône revenant en droit aux Carolingiens, est définitivement réalisée sous le règne de Philippe Auguste. La genèse de cette nouvelle conscience généalogique est appelée alors *reditus ad stirpem Karoli,* le retour des Capétiens à la souche carolingienne. Elle se concrétise dans le mariage de Philippe Auguste avec Isabelle de Hainaut, qui, contrairement à son époux, descend en ligne directe de l'empereur mythique[290]. Charlemagne, devenu l'ancêtre du roi de France, et même sa figure tutélaire et emblématique, loge désormais davantage à Saint-Denis qu'à Aix-la-Chapelle. Il est devenu bien plus capétien que Hohenstaufen. Et même aviné, il reste le seigneur des Angevins de l'épopée, qui lui doivent obéissance et service...

C'est pourquoi l'instrumentalisation politique de Charlemagne par les Plantagenêt s'avère des plus périlleuses. Force leur est donc de se donner un autre aïeul prestigieux et capable même de le concurrencer. Sous Henri II, et encore plus à partir du règne de Richard Cœur de Lion, ce rôle est dévolu à Arthur, roi des Bretons insulaires. La récupération de ce personnage dans le champ idéologique des Plantagenêt devient un enjeu politique de premier ordre, auquel l'historien Amaury Chauou a consacré dernièrement un ouvrage[291]. De fait, nous ne savons pas grand-chose sur le véritable Arthur qui vécut au VIe siècle, car sa biographie est brouillée par bien des excroissances et adaptations romanesques. Tout au plus les *Annales de Cambrie* (950), qu'on peut compléter par des sources antérieures moins sûres, nous apprennent-elles qu'il est à la tête de l'armée des Bretons lorsqu'il remporte la victoire du mont Badon (516), au sud de l'Angleterre, face aux Saxons ; il tombe cependant avec un certain Modred, quelques années plus tard, à la bataille de Camlann (537)[292]. Il s'agit, en définitive, d'un chef militaire important de la résistance celtique aux envahisseurs germaniques, que les chroniqueurs vont hisser au rang de héros de l'indépendance de la Grande Bretagne.

Aussi la légende s'empare-t-elle vite de lui. Un certain nombre d'histoires courent à son sujet dans l'espace linguistique celte, puisées à leur tour dans un vieux fonds folklorique antérieur au VIe siècle. *Culhwch ac Olwen*, une nouvelle en prose galloise, fixée vraisemblablement au XIe siècle, en dresse le portrait d'un demi-dieu dont la cour souterraine, où il règne en généreux dispensateur de banquets, abrite des guerriers extraordinaires, capables de combattre géants et monstres, et de rapporter des chaudrons pleins de trésors[293]. Des bardes professionnels font circuler ces contes. Ils connaissent souvent le latin et les langues romanes, ce qui leur permet de voyager au loin sur le continent. Ainsi, Bléhéri, qu'il faut peut-être identifier avec le chevalier gallois Bleddri ap Kadifor (vers 1116-vers 1135), s'est rendu à la cour de Poitiers ; ce séjour, mentionné par l'écrivain flamand Wauchier de Denain au début du XIIIe siècle, explique que Marcabru (vers 1130-vers 1149) et Cercamon (vers 1137-vers 1149), deux troubadours de l'entourage de Guillaume IX d'Aquitaine, citent Arthur et Tristan dans leurs chansons[294]. Bien avant l'avènement d'Henri II, des chanteurs itinérants diffusent donc le mythe arthurien partout en Occident.

La portée de cette légende serait cependant demeurée fort limitée sans l'œuvre de Geoffroi de Monmouth (vers 1100-vers 1155). Ce maître et chanoine d'Oxford, plus tard élu évêque de Saint-Asaph (Llanelwy, pays de Galles), est, en 1130, l'auteur des prophéties de Merlin, qu'il incorpore, huit ans plus tard, à son *Histoire des rois de Bretagne*, promise à un avenir littéraire exceptionnel. Cet ouvrage en latin mêle la fiction, tout droit sortie de l'imagination fertile de son auteur, à des connaissances puisées dans les traditions orales celtiques et dans les sources historiographiques anciennes[295]. Il retrace les hauts faits de quatre-vingt-dix-neuf rois de l'île britannique sur deux mille ans, depuis l'arrivée des Troyens, prétendus fondateurs de leur dynastie, jusqu'à l'expulsion des Bretons par les Germains. Un tiers de ce livre est occupé par la geste d'Arthur, le fils du roi Uther : il vainc les Saxons et écrase les Pictes et Scots, avant de conquérir l'Irlande, mais aussi la France, la Scandinavie et l'Islande ; il épouse Guenièvre, une femme de la noblesse romaine, avec laquelle il va donner un faste considérable à la vie de sa cour ; il est trahi cependant par son neveu Modred qui la séduit, s'allie aux Saxons et le bat ; blessé, il se retire à l'île d'Avalon. Dans la *Vie de Merlin*, écrite vers 1150, Geoffroi apporte des précisions sur cette retraite : c'est la fée Morgane qui prend Arthur dans sa nef pour panser ses plaies[296]. Ainsi constitué, ce corpus de récits et contes connaît un succès inouï : nous conservons deux cent quinze manuscrits médiévaux de l'*Histoire des rois de Bretagne*, dont cinquante pour le XIIe siècle, chiffres jamais atteints par aucun autre ouvrage de la période[297].

Les traductions en anglo-normand se multiplient. Six d'entre elles semblent avoir circulé du vivant même de l'auteur[298]. La plus influente est l'*Histoire des Bretons*, aujourd'hui perdue, effectuée peu avant 1140 par le clerc Geoffroi Gaimar, qui s'est procuré, très vite après leur parution, les *Rois de Bretagne* de Monmouth. Gaimar est, en effet, un membre actif d'un cercle littéraire de la haute noblesse insulaire, animé par Robert de Gloucester, patron de Monmouth et dédicataire de son œuvre : il dit avoir emprunté ce manuscrit à Constance, épouse de Raoul fitz Gilbert, qui elle-même l'avait reçu de Gautier Espec, baron du Yorkshire ; celui-ci est le donateur des terres où s'est installé le monastère cistercien de Rievaulx et où vit le savant Aelred. Nous avons déjà rencontré quelques-uns de ces nobles qui appartiennent, avec leur épouse, à la catégorie des « chevaliers lettrés » (*milites litterati*), mécènes de la littérature en anglo-normand, langue profane des élites dirigeantes usitée en signe de distinction sociale et de domination culturelle[299]. Ils entreront bientôt en contact avec le jeune Henri, venu en Angleterre réclamer par les armes, avec le soutien de Robert de Gloucester, son tuteur, l'héritage de sa mère l'impératrice Mathilde.

Il se peut que Wace, entré sur le tard dans les ordres après avoir été un combattant, soit l'un d'entre eux. A leur instar, il se passionne pour le livre de Geoffroi de Monmouth, qu'il entreprend de mettre en octosyllabes français dans le *Roman de Brut*, achevé vers 1155. Plutôt qu'une traduction, c'est une adaptation très libre que Wace compose. Il amplifie les descriptions de Monmouth, en ajoutant de nombreux passages de son propre cru, détails pittoresques pour séduire son public. Il transforme ainsi l'image d'Arthur, présenté naguère par Geoffroi comme un dirigeant autoritaire envers ses sujets et comme un guerrier sanguinaire, ordonnant le massacre de ses ennemis. Avec Wace, Arthur devient un roi féodal, plein d'égards envers ses vassaux auxquels il doit le respect, la protection et l'écoute : un roi assis avec eux autour de la table ronde, mentionnée précisément pour la première fois dans le *Brut*[300]. Quand il pratique la guerre, Arthur n'est désormais plus le cruel exterminateur, n'épargnant ni hommes ni chevaux et capable de renvoyer à Rome par simple dérision le cadavre de l'empereur, son ennemi vaincu. Aux antipodes du portrait dressé par Geoffroi de Monmouth, Wace campe un Arthur qui n'engage la guerre qu'en dernier ressort et dans le seul but de restaurer la paix. Le roi est chevaleresque au combat, dépourvu désormais de toute violence gratuite envers ses ennemis, dont les montures ne subissent plus de blessure volontaire. Il fait enterrer la dépouille de l'empereur avec le respect dû au combattant tombé au champ d'honneur. Pour finir, Arthur est grand et généreux envers tous ceux qui viennent vers lui « pour entendre sa courtoisie » (v. 1235), valeur première du somptueux univers curial mis en scène dans le *Brut* : sa cour devient un passage obligé pour tout jeune guerrier aspirant à la chevalerie[301]. En somme, Wace fait d'Arthur le *chevaliers molt vertueus, molt prisanz et molt glorieus* (v. 477-478), doté de toutes les qualités physiques et morales, que souverains et seigneurs se doivent d'admirer et d'imiter. Métamorphosé de la sorte, son personnage devient le parangon du roi-chevalier.

Arthur subit une métamorphose tout aussi importante du point de vue de sa « nation ». Dans son livre, Geoffroi de Monmouth exalte les Bretons, et encore davantage ses compatriotes gallois, qu'il présente comme un groupe irréductible de Celtes insulaires ayant résisté à toutes les invasions. Il essaie de la sorte de les rendre respectables, alors que les intellectuels anglais de son temps leur taillent, au contraire, une réputation de cruels barbares, dont la civilisation n'aurait guère dépassé le stade pastoral[302]. C'est dans cette perception contradictoire du passé britannique qu'il faut peut-être comprendre le rejet de cette œuvre par Guillaume de Newburgh, qui raille les « fictions ridicules », tout juste bonnes à flatter la vanité des Bretons, et par Giraud de Barri, qui raconte que les mêmes démons qui fuient l'Evangile de Jean se précipitent avec enthousiasme sur l'*Histoire des rois de Bretagne*[303]. Il est vrai que Geoffroi fait parfois montre d'une hostilité ouverte envers les Normands, derniers envahisseurs en date. Une prophétie de Merlin, inspirée de vieux poèmes gallois attribués à son homonyme celte Myrddin ou peut-être simplement inventés par Geoffroi à l'époque où Etienne de Blois combat l'impératrice Mathilde et ses guerriers venus de Normandie, ne les épargne pas : « Dehors, Neustriens ! Cessez de porter des armes et de gouverner l'homme libre en guerriers violents ! Il ne reste plus rien que vous puissiez avaler, car vous avez mangé tout ce que la nature féconde a produit par sa générosité fertile. O Christ, viens au secours de ton peuple ! Dompte les lions, arrête la guerre et donne la paix et la prospérité au royaume [304]. » On retrouve cet esprit anti-normand dans les prophéties rassemblées par Jean de Cornouailles en 1153-1154 [305]. Merlin n'aime décidément pas les continentaux.

En bon Anglo-Normand, voire simplement en écrivain soucieux de s'attirer les grâces de la reine Aliénor, Wace entreprend de donner un nouveau visage au prophète. Plutôt que de le présenter comme un doublon sacré et presque royal d'Arthur, dont il détermine les actes, il en fait un magicien à son service. Wace dit, d'ailleurs, avoir décidé de ne pas traduire ses vaticinations, parti pris littéraire dont on peut déceler les arrière-pensées. L'absence des prophéties de Merlin dans le manuscrit de Wace dépolitise passablement le livre de Monmouth, notamment l'idée de la délivrance imminente des Bretons de l'oppression normande. En effet, la *Description de l'Angleterre*, écrite par un Normand anonyme dans les années 1140, montre bien quel est alors l'esprit des Celtes insulaires : « Les Gallois se sont bien vengés. Ils ont massacré beaucoup de nos Français. Ils ont pris quelques-uns de nos châteaux. C'est avec fierté qu'ils nous ont menacés. Ils disent partout ouvertement qu'à la fin ils posséderont tout. C'est grâce à Arthur qu'ils reprendront tout le territoire et [...] qu'ils l'appelleront Bretagne à nouveau [306]. » Ce texte exprime ouvertement l'aide que le retour d'Arthur apportera au pays de Galles en révolte. De la part de Wace, l'occultation des prophéties de Merlin et de l'irrédentisme du roi mythique est d'autant plus compréhensible qu'en 1155, peu avant la parution du *Brut*, les Gallois Owain ap Gwynedd et Rhys ap Gruffydd ont attaqué avec succès les garnisons cambro-normandes, et qu'Henri II, récemment couronné, prépare alors sa riposte militaire [307]. De fait, Wace est en train de construire un Arthur qui n'est plus le roi des Bretons, mais de tous les Anglais — celtes autant qu'anglo-saxons ou normands — qui commencent à se découvrir alors une identité commune [308].

A la même date, Arthur et les chevaliers de la table ronde suscitent un engouement considérable auprès des écrivains français qui, à force de couper leurs racines bretonnes, en font peu à peu les héros cosmopolites de la littérature occidentale tout entière. Ces lettrés entretiennent des liens avec Henri II, naguère pupille de Robert de Gloucester, le protecteur de Geoffroi de Monmouth. Célèbre et talentueux, Chrétien de Troyes (vers 1160-vers 1190) travaille à la cour de Marie de Champagne, fille du premier lit d'Aliénor d'Aquitaine ; il connaît bien l'Angleterre où il a peut-être séjourné[309]. Marie de France, auteur vers 1160 des lais celtisants de *Lanval* et *Chèvrefeuille*, a été, fort vraisemblablement aussi, invitée à la cour d'Henri II ; il se pourrait même qu'elle appartienne à la puissante famille de Beaumont-Meulan, propriétaire de seigneuries de part et d'autre de la Manche[310]. A la même époque aussi, deux poètes ont fait intervenir, incidemment, le roi Arthur dans leur récit des amours de Tristan et Iseult, inspiré d'anciennes traditions celtiques : il s'agit de Thomas, qui nous apprend que sa source est Bléhéri et fait un éloge enflammé de Londres où il a probablement rencontré la famille royale ; Béroul, l'autre poète, connaît aussi bien l'Angleterre, en particulier les Cornouailles, quoiqu'il utilise un dialecte normand du continent[311]. Ces œuvres, qui nous sont trop souvent parvenues de façon fragmentaire, ne forment sûrement qu'une part mineure des histoires en anglo-normand circulant sur le compte d'Arthur.

Dans l'Empire Plantagenêt, toutefois, ces récits ne sont pas seulement fixés en langue d'oïl. Autour de 1175, Robert de Torigni, parrain de l'une des filles d'Henri II, est l'auteur vraisemblable de deux ouvrages en latin sur le sujet : *Naissance de Gauvain*, ce chevalier qui défend héroïquement la frontière septentrionale du royaume de son oncle Arthur, et une *Histoire de Meriadoc*, autre champion du roi de Bretagne, avec l'aide duquel il venge le meurtre de son père[312]. On sait que Robert dispose, dès l'année 1139, d'un manuscrit de l'*Histoire des rois de Bretagne* à la bibliothèque du Bec dont il est alors responsable. Entre 1191 et 1205, Layamon, prêtre d'Ernley (Worcestershire), adapte en moyen anglais le *Roman de Brut*, sans qu'on puisse déterminer toutefois aucun lien entre son œuvre et la cour royale. Enfin, vers 1195, le *Lancelot* allemand d'Ulrich von Zatzikhoven a été composé à partir d'une version anglo-normande du roman, apportée sans doute en terre d'Empire par Hugues de Moreville, compagnon de captivité de Richard Cœur de Lion[313]. En définitive, les rois d'Angleterre sont en contact, de façon plus ou moins régulière, directe ou indirecte, avec les écrivains qui ont rédigé des œuvres arthuriennes.

Ces récits se propagent largement, surtout à l'intérieur du vaste espace que les Plantagenêt dominent sur les îles et le continent. C'est tout naturellement qu'au fil des rimes, les troubadours poitevins, limousins ou gascons invoquent ces héros : Bertran de Born pleure la mort de Geoffroi de Bretagne que ni Arthur ni Gauvain ressuscités ne sauraient remplacer ; Rigaud de Barbezieux (vers 1140-vers 1163) se dit si ébloui par sa dame qu'il n'ose rien lui demander, et compare son mutisme à celui de Perceval devant le Graal ; le *planh* de Gaucelm Faidit pour Richard Cœur de Lion en fait l'égal d'Arthur ; Bertran de Born le Jeune (avant 1192-1233) vante les exploits de Gauvain, et le propose en exemple à Jean sans Terre pour qu'il imite sa vaillance au combat au lieu de s'adonner à la chasse et aux amusements mondains et « se laisser déshériter vivant [314] »... Les troubadours d'Aquitaine, région pourtant bien éloignée des centres d'origine de la légende arthurienne, font la preuve éclatante d'une familiarité avec ces sujets, qu'ils insèrent dans leurs chansons occitanes. Pour reprendre la distinction établie à leur époque entre les trois grands thèmes littéraires, ils maîtrisent aussi bien cette « matière de Bretagne », relative à Arthur et ses chevaliers, que la « matière de France », renvoyant à Charlemagne, Roland et à leurs compagnons, ou la « matière de Rome », plaçant le roman dans un cadre antique.

Ces troubadours ne sont pas seuls à se passionner pour les chevaliers de la table ronde, dont les histoires ne sauraient être l'apanage des spécialistes de la création littéraire destinée à un public laïc. Mais dans son *Livre de la confession sacramentelle*, Pierre de Blois ne sait que regretter la compassion larmoyante qu'éprouvent les auditeurs face aux malheurs d'Arthur, Gauvain ou Tristan, alors qu'ils ne sont jamais émus par la prédication sur l'amour de Dieu[315]. Aelred de Rielvaulx tient un discours similaire[316]. Compilateur d'un recueil d'*exempla*, le cistercien Césaire de Heisterbach (vers 1180-1240) décide de réagir et cite un abbé de son monastère qui préfère raconter, pendant ses prêches, les histoires d'Arthur aux frères lais pour les tirer de leur sommeil et faire cesser leurs ronflements[317]. L'utilisation d'une iconographie arthurienne au cœur même des édifices religieux traduit cette interaction entre le sacré et le profane. Deux exemples italiens suffisent à le prouver : une archivolte de la cathédrale de Modène, sculptée vers 1130, présente la troupe d'Arthur et de ses guerriers ; une trentaine d'années plus tard, le roi breton chevauchant un bouc est figuré sur la mosaïque du pavement d'une église d'Otrante[318]. Fort répandues, les histoires de la table ronde sont indéniablement populaires dans l'aristocratie de tout l'Occident, mais aussi dans le clergé, et au-delà dans tous les milieux sociaux et culturels.

Très vite, les Plantagenêt cherchent à se les approprier. Pour cela, ils souhaitent donner au tombeau d'Arthur le lustre qui lui revient[319]. Encore faut-il le trouver, car la popularité de ce vague roitelet du VIe siècle est si récente que le temps en a effacé toute trace matérielle. Or, cette invention a, malgré tout, lieu au monastère bénédictin de Glastonbury, situé sur une colline entourée de marécages asséchés, qu'on pourrait prendre pour une ancienne île, dans le Somerset, comté séparé du pays de Galles par le canal de Bristol. Ce couvent est particulièrement lié à la royauté, qui en contrôle l'élection abbatiale et y trouve des partisans fidèles à sa politique. La découverte des restes d'Arthur est décrite avec force détails par Giraud de Barri dans la partie de l'*Instruction du prince* rédigée avant 1192 et dans le *Miroir de l'Eglise*, vers 1217. Son récit est repris par deux sources cisterciennes, Raoul de Coggeshale (vers 1224) et la Chronique de l'abbaye de Margam en Glamorgan (vers 1234), dont l'intérêt majeur est de préciser la date de 1191 pour l'invention. Les textes de Giraud sont cependant les plus complets. Ils serviront de modèle à toute l'historiographie ultérieure.

Ils mettent en avant l'initiative d'Henri II, « qui indiqua, selon les traditions qu'il avait entendues d'un chanteur breton d'histoires, qu'on trouverait le corps enfoui à seize pieds au moins, dans un chêne évidé[320] ». C'est donc le roi qui encourage les fouilles dans le cimetière, en transmettant le message du barde gallois aux moines, à la façon d'un médiateur entre la culture celtique et la culture monastique. En effet, une légende sur la découverte merveilleuse du cadavre d'un guerrier au monastère irlandais de Clonmacnoise, attestée au XIe siècle, répond à une structure narrative similaire, reprise probablement par les conteurs de part et d'autre du canal Saint-Georges séparant les deux îles. Le récit de Giraud fait l'amalgame entre le folklore breton, des textes hagiographiques sur l'invention des reliques de saints et des chroniques latines relatant la découverte de tombeaux d'empereurs, rois et autres ancêtres fondateurs.

A Glastonbury, les religieux, orientés par les indications d'Henri II, trouvent les restes d'un géant touché par dix blessures et d'une femme à la tresse blonde. Afin qu'aucun doute ne subsiste sur leur identité, une inscription accompagne le tout : « Ci-gît le fameux roi Arthur, enseveli avec Guenièvre, sa seconde femme, dans l'île d'Avalon. » Les corps sont aussitôt transférés à l'église abbatiale et déposés dans un tombeau de marbre. L'écrivain cambro-normand remarque combien cette découverte dément la légende du roi disparu, emporté par les esprits dans un pays de rêve : ce mythe, contraire à la vraie religion, était aussi dangereux sur le plan politique, car il donnait aux Bretons l'espoir du retour messianique d'Arthur. C'est pourquoi, sous la plume de Giraud, Morgane n'est plus qu'une parente noble du roi s'occupant pieusement de sa sépulture, et que seule l'imagination débridée de bardes superstitieux a transformée en une déesse mystérieuse. Le pragmatisme d'un Giraud, tenant le discours du clerc scolastique, contraste ici avec le crédit aveugle qu'il accorde en général aux récits merveilleux dans ses descriptions du pays de Galles et de l'Irlande. Cet intellectuel sait, en effet, s'adapter au genre littéraire qu'il emprunte, au public qui l'écoute et aux mobiles politiques qu'il poursuit au moment où il écrit.

Toujours dans la même veine savante, Giraud se lance dans un long développement sur l'évolution linguistique de la toponymie locale pour démontrer que Glastonbury en saxon et Avalon en celte désignent bel et bien le même lieu, car ils signifient tous deux « Ile de verre ». Il ajoute un détail supplémentaire à son argumentation : la Vierge figurant sur le bouclier d'Arthur renvoie à la dédicace mariale du monastère, objet de ses largesses. Ainsi Giraud double-t-il le récit de l'invention des dépouilles du populaire roi britannique d'un discours intellectuellement élaboré sur l'identité du lieu et sur l'absurdité des légendes bretonnes relatives à l'île féerique d'Avalon. Sa remarque sur le rôle actif d'Henri II dans la découverte prouve encore, si besoin en était, les efforts de la maison d'Anjou pour promouvoir une vénération publique des restes d'Arthur.

Le programme du roi coïncide justement avec celui des moines de Glastonbury, qui veulent de longue date détenir des reliques suffisamment réputées pour attirer pèlerins et donateurs. Déjà au début du XIIe siècle, les religieux chargent Guillaume, bibliothécaire du monastère de Malmesbury, près de Bristol, membre du cercle littéraire de Robert de Gloucester et l'une des sources d'inspiration de Geoffroi de Monmouth, et d'autres hagiographes de démontrer l'ancienneté de leur maison et le prestige de ses saints, afin d'en accroître le rayonnement. Ces auteurs n'ont toutefois jamais pensé à y placer la dépouille d'Arthur. Tout au plus en préparent-ils involontairement l'invention. Dans ses *Gestes des rois d'Angleterre* (1125), ce même Guillaume de Malmesbury rapporte que, sous le règne de Guillaume le Conquérant, le tombeau de Gauvain, neveu par sa mère d'Arthur, fut découvert dans le pays de Galles ; il ajoute cependant que le sépulcre du roi des Bretons n'a jamais été retrouvé, ce qui donne lieu à bien des affabulations sur son retour[321]. A la même époque, un autre de ces écrivains soutenus par l'abbaye, le Gallois Caradoc de Llancarfan, rédige la vie de saint Gildas, un ascète longtemps installé dans un ermitage du canal de Bristol, puis venu à Glastonbury où il meurt et est enseveli. Caradoc est le premier à établir un lien entre le monastère et Arthur, en racontant que celui-ci s'y rendit avec une puissante armée pour reprendre Guenièvre à Melwas, roi du Somerset, qui l'avait ravie : l'abbé de Glastonbury et Gildas obtinrent toutefois la réconciliation des rois rivaux qui, en reconnaissance, leur accordèrent des dons généreux.

Depuis 1184, date où le monastère est ravagé par un incendie, ces largesses font, plus que jamais, terriblement défaut. En septembre 1189, Henri de Sully est rappelé de Fécamp pour devenir abbé de Glastonbury, grâce — si l'on en croit Adam de Domerham, un moine complétant la chronique de son monastère à la fin du XIIIe siècle — à une intervention personnelle de Richard Cœur de Lion. Il a bien conscience que son protecteur, engagé dans la croisade qui engouffre toutes les ressources financières de la couronne, n'aidera pas à reconstruire la maison. En 1191, il fait la découverte du tombeau qui rappelle, à bien des égards, la trouvaille du saint Sang qu'il avait encouragée à Fécamp une trentaine d'années auparavant : de part et d'autre de la Manche, la concomitance entre les travaux engagés à la suite d'un incendie et l'invention est, pour le moins, frappante. Or, la découverte des restes d'Arthur, selon les indications des bardes gallois à Henri II, récemment décédé, intervient à point nommé. Elle rend doublement service. D'abord au monastère, qui possède désormais les restes du plus célèbre des rois de l'île, et ensuite aux membres de la maison d'Anjou, vrais inventeurs de la dépouille de leur ancêtre mythique. Ils peuvent ainsi davantage se réclamer de sa lignée. La même année 1191, à Messine, Richard Cœur de Lion désigne son neveu Arthur de Bretagne, âgé de trois ans, comme son successeur au trône d'Angleterre ; ce choix n'est peut-être pas étranger à la découverte de Glastonbury, car il établit une homonymie chargée de sens au sein de la lignée angevine [322]. Invention archéologique et reconstruction généalogique vont ainsi de pair. Autre intérêt politique : les Plantagenêt ont à présent un argument de poids pour contrer les aristocrates du pays de Galles et de la Bretagne armoricaine, qui invoquent l'« espoir breton », cette idée du retour messianique d'Arthur, pour fomenter des révoltes.

Inventeurs de la dépouille d'Arthur, les Plantagenêt ont cherché, en outre, à récupérer quelques-uns de ses objets familiers. Ils portent ainsi les épées des héros légendaires, d'après la croyance ancienne du transfert, à travers l'arme, de la force de son possesseur originel. Dans une perspective chrétienne, la puissance du glaive est d'autant plus grande qu'il a été posé sur l'autel, béni et remis le jour du sacre royal. En révolte contre son père, Henri le Jeune s'est emparé avec violence de Durandal, l'épée de Roland, conservée au trésor de Rocamadour. Ses frères lui préfèrent néanmoins un glaive arthurien, obtenu en toute légalité. Richard Cœur de Lion détient ainsi Excalibur, l'épée d'Arthur lui-même, qui lui vient peut-être de son grand-père paternel Geoffroi le Bel, qui l'aurait reçue à son tour d'Henri Ier d'Angleterre lors de son adoubement en 1127[323]. Quoi qu'il en soit, le seul témoignage corroborant cette possession provient de la chronique de Roger de Howden, qui écrit qu'en 1191 Richard l'offre à Tancrède, roi de Sicile, en échange d'une vingtaine de navires pour la croisade. Or, l'ancêtre britannique des rois d'Angleterre jouit d'une grande popularité en Italie du Sud, où Gervais de Tilbury, Césaire de Heisterbach et l'auteur anonyme du roman arthurien en langue d'oc de *Jaufre* (vers 1160-vers 1190) disent, tous trois, que l'Etna, demeure de la fée Morgane, est aussi le lieu de son dernier séjour[324]. Le nom d'Excalibur ou *Caliburnus* apparaît pour la première fois sous la plume de Geoffroi de Monmouth : son étymologie celtique vient peut-être de *Chalybs* « acier » ou de *Caled-fuwulch* « entame solide » ; Wace affirme qu'elle a été forgée sur l'île d'Avalon, et Layamon d'ajouter que son artisan est l'elfe Wygar[325]. La légende du perron, d'où Arthur enfant l'aurait arrachée, est inspirée d'une anecdote édifiante sur saint Wulfstan (1062-1095), rapportée par Osbert de Clare vers 1138 : cet évêque de Worcester défia ses détracteurs en plantant sa crosse sur la pierre du tombeau d'Edouard le Confesseur, leur enjoignant de l'enlever, ce qu'ils furent incapables de faire. Le transfert de cette histoire dans la légende arthurienne est parachevé vers les années 1210, dans l'œuvre de Robert de Boron[326]. Il témoigne, une fois de plus, de la vitalité du mythe d'Arthur, objet constant d'adaptations et d'enrichissements.

Comme Richard, son frère, Jean sans Terre possède lui aussi un glaive tirant sa réputation du même cycle littéraire. Depuis 1189, il a reçu en apanage le comté de Cornouailles, au sud-ouest de l'Angleterre, la terre du légendaire roi Marc, époux d'Iseult. Or, un inventaire de 1207 mentionne « l'épée de Tristan » parmi ses *regalia*. Vers 1250, elle prend le nom de Courtaine. Tristan l'a utilisée contre le géant irlandais Morholt pour le frapper au crâne, où l'un de ses morceaux est resté incrusté. C'est pourquoi les sources tardives du sacre des rois modernes d'Angleterre nous apprennent qu'elle présente une encoche[327]. L'épisode du combat contre le géant est d'autant plus capital dans l'histoire de Tristan, que c'est Iseult qui panse ses blessures, ce qui est le commencement de leur idylle dans certaines versions. Un autre indice de la récupération de la figure du héros par les Plantagenêt pourrait être la mention, vers 1225, de son écu aux lions d'or sur un fond rouge dans la saga norroise de Tristan, description qui coïncide avec les armoiries des rois angevins d'Angleterre. Mais ce rapprochement est encore controversé[328]. Il n'empêche que, vers 1270, le pavement de l'abbaye de Chertsey, représentant la victoire sur Morholt, met bien un lion rampant sur l'écu de Tristan. En définitive, Jean sans Terre et ses successeurs ont su détourner au profit de leur maison ce héros majeur de la matière de Bretagne.

L'image d'Arthur, telle qu'elle est transmise dans les chansons et romans dont les Plantagenêt encouragent la création, convient parfaitement à leur programme militaire d'hégémonie à l'extérieur et de consolidation à l'intérieur. Leur ancêtre mythique est un combattant, « chef de guerres » (*dux bellorum*), pour reprendre l'expression de Guillaume de Malmesbury ou de Geoffroi de Monmouth, un roi armé à cheval, entouré d'une mesnie solidaire et disciplinée[329]. Les buts de sa guerre inlassable sont non seulement de défendre des territoires, mais aussi d'en conquérir de nouveaux. Geoffroi et, à sa suite, quoique dans un esprit plus chevaleresque, Wace racontent ainsi longuement les combats d'Arthur en Grande Bretagne, puis la reprise de la Gaule aux Romains. L'impérialisme de l'ancêtre fondateur concerne, de prime abord, les Iles britanniques : Giraud de Barri n'a donc pas de mal à s'en souvenir dans son ouvrage *Conquête de l'Irlande*, écrit à la gloire des campagnes de Strongbow et Henri II[330] ; à l'époque de la guerre contre Guillaume le Lion d'Ecosse, Robert de Torigni rappelle comment jadis Arthur vint galamment à la rescousse du château des pucelles, assiégé par le roi païen du nord de la Grande Bretagne[331] ; sous le règne de Jean sans Terre, Layamon invente le tribut de soixante bateaux remplis de poissons que le roi des Orcades devait apporter chaque année à Arthur, passage qui ne se trouve pas dans Wace, sa source d'inspiration[332]... Les exemples de l'exploitation politique du souvenir arthurien pourraient être multipliés[333]. En tout cas, les intellectuels favorables à l'expansion territoriale des Plantagenêt y trouvent matière à justifier leurs conquêtes, y compris au détriment de royaumes celtiques pourtant en droit de revendiquer l'héritage arthurien.

Une bonne partie de l'œuvre de Geoffroi de Monmouth est ainsi consacrée aux exploits du roi légendaire des Bretons en Gaule, notamment lorsqu'il assiège Paris et élimine le tribun Frollon, le représentant dans cette ville de l'empereur Léon, que lui-même déposera bientôt à Rome. Arthur accorde, d'ailleurs, l'Anjou et la Normandie à des lieutenants de son armée : ce pouvoir de distribuer des grands fiefs, réservé jusqu'alors à Charlemagne, est ici chargé de sens. Cette argumentation est reprise, dans les années 1160, par les chroniqueurs ligériens Jean de Marmoutier et Breton d'Amboise, acquis à la cause des Plantagenêt, qui insistent sur l'attribution par Arthur des principautés d'un territoire continental qui coïncide largement avec l'espace dominé par Henri II[334]. Prise au premier degré, l'utilisation d'une telle histoire par les rois de la maison d'Anjou est simple : elle justifie leurs nouvelles acquisitions territoriales sur le continent, en contestant au passage leur soumission vassalique au Capétien[335].

Le récit est truffé, en outre, de dures critiques contre les Français, qui sont souvent battus à plate couture par les Bretons. En témoigne le *Roman des Français*, satire impitoyable en vers anglo-normands rédigée par André de Coutances, peut-être moine au Mont-Saint-Michel, auteur d'un *Evangile de Nicodème* dédié à sa cousine, la dame de Tribehou, près de Saint-Lô[336]. Le *Roman des Français* est adressé aux différents peuples gouvernés par les Plantagenêt : « Anglais, Bretons, Angevins, Manceaux, Gascons et Poitevins. » Il répond de façon burlesque à une chanson de la même veine composée par un partisan des Capétiens pour dénigrer les Anglais, commandés par Arflet (sobriquet d'Alfred le Grand) de Northumberland, roi des buveurs de cervoise, et par Arthur, mangé par le chat Chapalu. André riposte en racontant la conquête de la France par Arthur, réussie avant lui par Maxime, Constantin, Brenne et Belin, ses prédécesseurs sur le trône d'Angleterre. Le Breton n'a guère de mal à prendre Paris dès le premier assaut et à battre Frollon en duel singulier sur l'île de la Cité. Le gouverneur de Paris est d'autant plus ridicule que, paresseux, il se fait chausser au lit comme, dit-il, tous ses compatriotes. Avant de partir au combat, il dicte une sorte de testament encourageant l'impiété, le mensonge, la cruauté, l'avarice, le jeu, le blasphème, la palabre, la vanité et la haine ; son premier commandement, qu'ils suivent comme les autres avec docilité, est « Vivez comme des chiens ! ». André décrit ensuite sa mort et son incinération, antichambre du feu de l'enfer, ainsi que l'asservissement de son peuple · les Français deviennent des « culverts », une catégorie inférieure de serfs, prêtant l'hommage à Arthur et lui versant un chevage de quatre deniers. Enfin, André disserte longuement sur leur avarice, particulièrement spectaculaire aux banquets où chacun triche et se bagarre pour de la nourriture[337]. Au-delà de ces insultes stéréotypées, catalogue des contre-valeurs de la chevalerie et de la courtoisie, l'intérêt de ce texte est de faire coïncider, *via* la parodie certes, le sentiment antifrançais avec un épisode emprunté à Geoffroi de Monmouth[338].

Les remontrances contre les sujets du roi de France rappellent la longue diatribe de la chronique ascendante du *Rou* de Wace, rapportant le siège raté de Rouen par Louis VII en 1174 : « On ne doit pas cacher les perfidies de la France : toujours les Français ont voulu déshériter les Normands, toujours ils les ont tourmentés [...] Ils sont faux et perfides, nul ne s'y doit fier. Ils sont tellement convoiteux d'avoir qu'on ne peut les rassasier ; ils sont avares de leurs dons et chiches dans leurs repas. Voyez les histoires et les livres : jamais les Français n'ont porté foi aux Normands [...]. Et toutefois les Normands savent bien les réprimer, non pas par des trahisons, mais par les grands coups qu'ils donnent[339]. » La haine contre la France couve chez les écrivains normands du continent, dont les terres sont parfois exposées aux raids capétiens. Dans cette xénophobie, les chroniqueurs insulaires ne sont toutefois pas en reste. A l'occasion, Richard de Devizes ou Guillaume de Newburgh glissent des remarques insidieuses sur les Français, tantôt crédules, tantôt arrogants[340]. Leurs flèches, qu'ils décochent avec davantage de fureur contre Gallois et Irlandais, sont le pendant négatif d'une identité qui s'affirme à la fin du XIIe siècle[341]. Se découvrant anglais, bien plus que celtes, anglo-saxons ou normands, ils ont besoin d'un bouc émissaire, qui permet de mieux exalter le sentiment « national » en gestation.

L'hostilité aux Français est également la toile de fond de l'*Etendard normand*. Rappelons qu'Etienne de Rouen, auteur vers 1168 de ce poème latin, véritable panégyrique en honneur des Plantagenêt, encourage le roi d'Angleterre à détrôner les usurpateurs capétiens, avec l'aide de Frédéric Barberousse. A plusieurs reprises, il propose à Henri II, « lion indomptable », de secouer le joug d'une dynastie pitoyable au maigre domaine, pâle reflet des Carolingiens, eux-mêmes déjà des usurpateurs de la royauté mérovingienne. Moine du Bec et neveu de Bernard (1134-1149), abbé du Mont-Saint-Michel, Etienne a sous la main les chroniques normandes et les écrits de Geoffroi de Monmouth, sources principales de sa connaissance historique.

Comme les autres intellectuels de la cour, le moine s'inspire librement de la geste d'Arthur. Il invente, en effet, une correspondance entre le roi mythique des Bretons et Henri II. La première lettre est de Roland, comte de Bretagne, priant Arthur de venir à son aide pour défendre ses terres de l'invasion d'Henri II. Dans sa réponse, Arthur lui écrit qu'il n'a rien à craindre du roi d'Angleterre, car il sera momentanément paralysé en apprenant la mort de sa mère. Il prend à nouveau la plume pour s'adresser à Henri II, auquel il se présente en tant que roi des Bretons, des Anglais et des Français, vainqueur des Romains et du traître Modred, enfin, hôte immortel de l'île d'Avalon ; il le menace de revenir des antipodes avec sa flotte et son armée invincible pour défendre les Bretons. A la veille d'une bataille décisive, Henri II lui répond avec déférence que la Bretagne, conférée à Rollon par Charles le Simple, lui revient en droit, mais qu'il ne l'envahira pas à présent par respect pour la mémoire de sa mère, se contentant de la tenir en fief d'Arthur [342]. Cette correspondance fictive, insérée dans une œuvre politique dont le caractère pamphlétaire est ouvertement affiché, s'avère pour le moins originale. Son genre hétéroclite, mêlant fiction littéraire, évocation historique et propagande politique, complique son analyse.

Les médiévistes ont, malgré tout, tenté de trouver des interprétations [343]. D'abord, sur le plan rhétorique, force est de remarquer l'engouement pour le genre épistolaire qui caractérise les écrivains latins du XIIe siècle. La renaissance intellectuelle encourage alors la lecture des lettres de Cicéron et Sénèque, mais aussi d'Alexandre à Darius, explicitement mentionnées dans le passage commenté d'Etienne de Rouen, qui a pu les lire dans la traduction latine de Léon l'Archiprêtre dont le monastère du Bec possède une copie. Auteur d'un *Art poétique*, Etienne, féru de versification latine, se livre ici à un exercice de style. Ensuite, les clefs de lecture politique sont relativement accessibles : Roland, comte de Bretagne, renvoie peut-être au héros de Roncevaux, préfet de ce duché sous Charlemagne, mais, plus vraisemblablement, l'année où meurt l'impératrice Mathilde, il incarne Roland de Dinan, un des plus puissants barons bretons, détenteur de neuf comtés en Angleterre dont celui de Richmond, et depuis 1167 partisan de la rébellion armoricaine contre Henri II. Arthur prend à cœur sa protestation, mais il ménage également le roi d'Angleterre, qui sera finalement investi de la Bretagne par ses bons soins. Enfin, Etienne insiste sur l'attitude condescendante et amusée d'Henri II à l'égard d'Arthur, auquel il va jusqu'à reprocher de se prendre pour Alexandre, alors qu'il ressemble davantage par sa sauvagerie à Darius. Il se place ainsi dans un registre burlesque : le problème soulevé par cette ironie volontaire d'Etienne, hypothèse avancée par philologues et historiens, se trouve dans l'insertion, au cœur de la correspondance fictive, du décès de l'impératrice Mathilde, qu'il admire sincèrement et qui est de surcroît la mère du destinataire de son ouvrage. Mais il est vrai que l'usage du rire d'un intellectuel du XIIe siècle diffère du tout au tout avec le nôtre, de même que sa relation aux défunts qui lui sont chers. Il se peut, par conséquent, qu'à l'instar d'autres intellectuels anglo-normands [344], le moine du Bec tourne simplement en dérision « l'espoir breton », à une époque où Roland de

Dinan et ses alliés voudraient encore exploiter la figure mythique d'Arthur contre Henri II.

Les attentes messianiques de l'aristocratie bretonne et la tentative d'un intellectuel normand très proche du roi d'Angleterre pour les contrer traduisent toute l'ambiguïté de la légende arthurienne, qui se prête aux manipulations politiques les plus contradictoires. Dans ce sens, il importe de remarquer combien les prophéties de Merlin, noyau dur de l'œuvre de Geoffroi de Monmouth, sont malléables. Elles peuvent être facilement utilisées par les partisans des Plantagenêt : Etienne de Rouen montre comment elles prédisaient le couronnement impérial de l'impératrice Mathilde à Rome (« l'aigle construira son nid sur le mont Aran »), la victoire d'Henri II sur Etienne de Blois (« encerclé par les dents du sanglier ») ou le remariage d'Aliénor d'Aquitaine (« on réunit l'aigle de l'union rompue »)[345] ; elles minimisent surtout la part de la responsabilité des Plantagenêt dans leurs propres échecs, comme les révoltes à répétition des fils d'Henri II contre leur père, étudiées plus haut, ou comme la perte de la Normandie en 1204 que Raoul de Coggeshale explique par l'oracle sur « l'épée séparée du sceptre[346] ». Mais ces vaticinations servent davantage la contestation que le pouvoir établi. Dans les années 1140-1150, elles étayent les critiques de la présence des Normands sur l'île, exaltant la lutte que mènent contre eux les Gallois. Comme nous l'avons vu, cet emploi subversif explique que Wace ne veuille pas les traduire dans le *Brut*. Dans les années 1160, Jean le Maréchal, qu'Henri II a dépossédé du château de Marlborough, et Jean de Salisbury ou Herbert de Bosham, qu'il a exilés, interprètent encore Merlin sous un jour hostile à l'Angevin[347]. La diffusion de la matière de Bretagne, encouragée par les Plantagenêt, ne va donc pas sans risques pour eux. Leur appropriation idéologique d'Arthur n'a jamais été parachevée.

L'évolution de l'image du roi mythique des Bretons dans la littérature en langue vernaculaire de la fin du XIIe siècle et du début du XIIIe prouve même plutôt qu'elle tend à leur échapper. D'une part, la fonction militaire d'un Arthur conquérant passe au second plan. A la suite de Chrétien de Troyes, sa royauté devient davantage curiale et courtoise que militaire : Arthur ne quitte guère son palais, d'où il ordonne aux chevaliers de la table ronde de partir en aventures. Inactif, il apparaît tantôt falot, tantôt, à l'extrême opposé, autoritaire[348]. Si, malgré cet affadissement, son rôle de majesté garde un certain prestige, la vedette est désormais volée par les jeunes guerriers, dont les romans exaltent les exploits militaires tout en déplorant l'appauvrissement de la chevalerie au profit de marchands et de vilains.

Transposant la fiction dans le champ social, les nobles de l'Empire Plantagenêt peuvent ainsi s'identifier à ces chevaliers et regretter la distance qu'ils ont, comme eux, avec leur monarque désormais inaccessible. D'autre part, l'invention d'Arthur à Glastonbury n'a jamais effacé l'idée de l'immortalité et du retour du roi. Dans le *Perlesvaus* (1200-1210 ou 1230-1240), Lancelot se rend sur la tombe préparée pour Arthur à Avalon, mais découvre que seule Guenièvre y est ensevelie ; dans l'épilogue de cet ouvrage, l'ermite Joseph, son auteur imaginaire, écrivant sous la dictée d'un ange, prend même ses distances à l'égard du témoignage des moines d'Avalon, qui disent garder son corps. La *Mort Artu* (1215-1235) met en scène Girflet, chevalier de la table ronde, qui voit un jour le roi blessé emporté par Morgane dans la nef féerique des dames, ce qui semble incompatible avec son enterrement à la noire chapelle qu'avancent certains. Ces deux exemples reflètent les limites de la mainmise des Plantagenêt sur la figure d'Arthur[349]. Devenue adulte à l'orée du XIIIe siècle, leur créature, ou du moins leur fils adoptif, s'émancipe. Pis encore, il peut se retourner contre eux, alors que leur expansion marque le pas et que s'amorce déjà la dislocation de leur empire. Si les nobles mesurent les échecs militaires à répétition de Jean sans Terre à l'aune du modèle sans faille que constitue son ancêtre mythique, la légende est désormais défavorable au roi. Elle alimente même la subversion. L'arme redoutable de propagande qu'elle représentait passe ainsi aux mains de la noblesse anglaise en révolte ou de l'aristocratie galloise et irlandaise luttant pour son indépendance.

S'ils ont su, d'une façon plus ou moins adroite, manipuler les matières de France et de Bretagne en y insérant leurs aïeux, les Plantagenêt jettent également leur dévolu sur la matière de Rome. Quelques intellectuels font même remonter leurs racines familiales jusqu'aux héros de la guerre de Troie, vus à l'époque comme les fondateurs des grandes villes et nations d'Occident[350]. Ils adhèrent ainsi à une vision de l'histoire déterminée par la *Translatio Imperii et Studii*, le déplacement progressif de l'est vers l'ouest du pouvoir impérial et du savoir. L'aboutissement logique du périple troyen, toujours en direction du couchant, est la nation bretonne, installée dans les plus occidentales des contrées du Finisterre continental et insulaire, thème développé déjà au IXe siècle dans l'*Histoire des Bretons* du pseudo-Nennius et, au siècle suivant, par l'*Armes Prydein Vawr* (« Grande prophétie de Bretagne ») en langue celtique. L'*Histoire des rois de Bretagne* de Geoffroi de Monmouth précise cette légende. A suivre ce livre, l'oracle de Diane impose à Brutus, arrière-petit-fils d'Enée, de partir vers une île du soleil couchant.

Le héros donne son nom à la Grande Bretagne (*Britania* dériverait de *Brutus*), où il finit par s'installer en fondant Londres. Il est la souche de la dynastie royale de l'île et, à ce titre, l'aïeul d'Arthur. Sous la plume de Monmouth, la généalogie des détenteurs du trône d'Angleterre gagne ainsi en profondeur et prestige.

Il n'est, dès lors, pas étonnant que le *Brut* de Wace, traduction anglo-normande de Monmouth, soit associé, dans le manuscrit du copiste Guiot, à trois romans français couvrant toute l'histoire troyenne, depuis les Argonautes jusqu'au départ d'Enée quittant sa ville en flammes, comme s'ils appartenaient au même cycle narratif : *Thèbes*, *Troie* et *Enée*[351]. Ecrits dans la décennie 1155-1165, ces livres sont truffés d'allusions à la cour d'Henri II : l'auteur anonyme du premier dit préférer les rires et baisers des filles d'Adraste à Londres et à Poitiers, allusion qui pourrait dénoter une certaine familiarité avec deux des capitales des Plantagenêt[352] ; le *Roman de Troie* de Benoît de Sainte-Maure fait vraisemblablement l'éloge d'Aliénor ; la langue du troisième présente des formes dialectales normandes. Ces ouvrages prônent ouvertement l'élitisme, ce qui contraste avec les cycles épiques de Charlemagne et d'Arthur, plus populaires. Rappelons que le prologue du *Roman de Thèbes* en réserve l'écoute et le commentaire aux seuls clercs et chevaliers. La matière de Rome, privilège d'un cercle fermé et select, est éminemment courtoise au sens sociologique du terme. Elle convient parfaitement aux intellectuels du clergé et aux *milites litterati* de la suite d'Henri II et d'Aliénor d'Aquitaine.

Rédigés en latin et s'adressant au même milieu, au moins deux autres ouvrages abordent l'histoire d'Ilion, comme si cette langue savante et cléricale donnait un éclat supplémentaire à la mémoire généalogique de la maison d'Anjou et de la royauté anglaise. D'une part, Pierre de Saintes, précepteur d'Henri II enfant, qui l'a familiarisé avec ses thèmes, est l'auteur d'un poème sur la guerre de Troie aujourd'hui perdu. D'autre part, le clerc Joseph d'Exeter, neveu de Baudouin (†1190), archevêque de Cantorbéry, écrit en hexamètres une élégante *Iliade de Darès de Phrygie* (1180-1189), où il glisse après la mort d'Hector une évocation de la mémoire d'Henri le Jeune, récemment décédé ; Joseph part avec son oncle Baudouin pour la troisième croisade, qu'il a décrite dans son *Antiocheis* en latin pour vanter les exploits de Richard Cœur de Lion[353]. Enfin, à la même époque, l'*Archipleureur* (1184) de Jean de Hauville, maître à l'école cathédrale de Rouen, établit dans un chapitre dont la rubrique est « Génération d'Arthur et origines de celui à qui cet ouvrage est dédié » une généalogie mythologique qui situe, à partir d'Anchise, père d'Enée, la race phrygienne en Cornouailles ; Arthur y apparaît comme le quatrième Phébus (autre désignation d'Apollon, dieu de la lumière), avant Henri II, cinquième de ce nom [354]. Proches des Plantagenêt, ces trois écrivains exploitent la veine troyenne, qui n'est pas pour déplaire à leurs maîtres.

On pourrait citer encore les comparaisons fréquentes avec des héros de la guerre de Troie dont font l'objet les Angevins dans la littérature de leur temps. Le parallèle entre Hector et Henri le Jeune osé par Joseph d'Exeter n'est pas du tout exceptionnel. Gautier Map présente en effet Henri II en Achille, Alain de Lille (vers 1125-1203), Richard Cœur de Lion en Ajax, Bertran de Born, Mathilde, duchesse de Saxe et de Bavière, en Hélène [355]... Force est cependant de reconnaître que nous avons ici plutôt affaire à un procédé littéraire, similaire à la comparaison avec Alexandre le Grand qui revient si souvent sous la plume des poètes mentionnant les Plantagenêt, voire les autres rois. Preuve en est la mise en parallèle avec Achille et Ajax, tous deux achéens et ennemis d'Ilion, qui ne cadre guère avec les racines troyennes des Bretons préconisées par les intellectuels de la cour angevine. En définitive, l'histoire de Brutus et de ses aïeux est aussi difficile à maîtriser par les rois d'Angleterre que la légende arthurienne. Toutefois, même s'ils n'en contrôlent pas tous les thèmes et les formes, elle sert indéniablement leur propagande et leurs intérêts politiques. Elle les place, somme toute, au même niveau que les autres grandes monarchies européennes qui revendiquent avec fierté leurs origines troyennes.

Le passé des Plantagenêt est ainsi recomposé en trois temps par les chroniqueurs et romanciers de leurs principautés. La première période, porte sur l'histoire des saints rois et ducs de la famille, comme Édouard le Confesseur ou Richard Ier, dont les reliques sont vénérées dans des sanctuaires à forte connotation dynastique. Dans leurs récits hagiographiques, les clercs légitiment avec habileté l'accession de la maison d'Anjou au trône d'Angleterre par de savantes généalogies qui font converger les dynasties anglo-saxonnes et normandes. La deuxième période reprend des événements réels des VIe-IXe siècles, enrichis de légendes puisées dans l'ancien fonds folklorique, voire inventées de toutes pièces par quelques écrivains : les compagnons angevins de Roland et, par-dessus tout, Arthur, pendant d'un Charlemagne déjà pris par les Capétiens, y tiennent le haut du pavé. Enfin, la troisième période nous plonge dans un monde troyen des plus improbables, où les héros de la mythologie grecque, devenus les ancêtres fondateurs de la dynastie britannique, se taillent la part du lion. Or, cette lecture ternaire de l'Histoire, fortement biaisée au regard de nos découpages contemporains, ne diffère guère du modèle patronné alors par les rois de France à Saint-Denis. Elle vise indéniablement à exalter la dynastie royale anglaise, dont les pères fondateurs sont le saint roi Edouard, le conquérant et courtois Arthur ou le voyageur Brutus. Cette révision historiographique fait, du coup, passer au second plan l'idée, développée par les chroniqueurs monastiques tourangeaux, des origines modestes et chevaleresques de la maison d'Anjou, descendante de Tertulle le Forestier. Mais la souche plus prestigieuse que leur proposent les penseurs insulaires est davantage royale que princière. Elle leur permet de tenir leur rang à côté des autres grandes monarchies occidentales.

L'historiographie n'est qu'un élément de plus à l'intérieur d'un vaste système de communication dont l'objectif est de légitimer le pouvoir des Plantagenêt, justifier leur politique et excuser leurs erreurs. Qu'elle soit consciente ou inconsciente, calculée ou spontanée, explicite ou implicite, précise ou diffuse, cette propagande emprunte des modes d'expression variés. C'est parfois par l'iconographie ou le protocole, avec la mise en scène d'un cérémonial savamment élaboré, mais la plupart du temps par les mots qu'elle atteint son public. En effet, la littérature sous toutes ses formes et en plusieurs langues apparaît comme le média principal de sa communication. Chanson engagée en langue d'oc, historiographie versifiée en octosyllabes anglo-normands, contes merveilleux gallois ou obscurs oracles latins redorent le blason de la dynastie angevine, en dénigrant ses ennemis, en exaltant ses ancêtres fondateurs ou en annonçant ses victoires imminentes.

L'impact de ces messages est d'autant plus grand qu'ils sont diffusés par voie orale. Au XIIe siècle, toute œuvre écrite est récitée à voix haute ; elle n'existe qu'en performance [356]. La mélodie qui souvent l'accompagne et sa versification facilitent sa mémorisation et sa déclamation. Lue en latin dans des cénacles d'intellectuels cléricaux, récitée en vernaculaire sur les places publiques par des jongleurs, ménestrels et autres bardes, répétée de bouche à oreille par son public, cette littérature connaît un large rayonnement. Or, à la cour des Plantagenêt, sa puissance de conviction et la portée de ses messages sont bien connues : on manipule ces compositions à bon escient pour faire passer des idées politiques ou pour modifier une opinion trop souvent rétive aux aventures militaires des rois d'Angleterre. A quelques siècles de distance, on s'aperçoit que cette propagande, après avoir emprunté les canaux de communication les plus inattendus, a accompli sa mission : parmi nos contemporains, auprès d'un large public, la dynastie et ses exploits figurent encore en bonne place.

L'ubiquité des messages émis depuis la cour et sur l'immense conglomérat de principautés territoriales permet de poser à nouveau le problème épineux des relations entre le centre de l'Empire Plantagenêt et sa périphérie. Le roi et son entourage, en perpétuel déplacement, sillonnent un vaste espace ; leur seule présence physique est synonyme de leur autorité. Sur place, le pouvoir est délégué aux représentants du monarque, qui prennent parfois les armes contre lui à l'instar de la progéniture d'Henri II. Courtisans et officiers locaux forment une véritable noblesse de service, augmentée des clercs ayant parfois gravi l'échelle sociale grâce à leurs études. Ce corps administratif disparate a développé sa propre culture. Le discours politique qu'il produit est des plus riches : réflexion abstraite sur l'exercice du pouvoir, critique ouverte de la trahison des intellectuels abandonnant la contemplation des idées pour les basses besognes de l'administration, affirmation élogieuse de la légitimité Plantagenêt... Ces chevaliers lettrés et ces clercs de cour appartiennent, pour la plupart, à un milieu nobiliaire et ecclésiastique dont la docilité à la couronne n'est pas toujours assurée. La révolte ouverte y est même fréquente. Le centre n'impose pas toujours sa loi à la périphérie. Il importe par conséquent de se pencher en détail sur ces aristocraties locales, tout en testant leur degré de fidélité, avant d'approfondir les rapports complexes que les Plantagenêt entretiennent avec l'Eglise, acteur social incontournable de l'Occident à l'horizon 1200.

Respecter ou rejeter
le pouvoir royal

Le 19 juin 1215, Jean sans Terre est contraint de quitter son château de Windsor où il s'était réfugié. Les meneurs d'une vaste révolte aristocratique l'obligent à se rendre devant l'assemblée réunie dans la plaine proche de Runnymede. Là, il n'a d'autre choix que d'apposer son sceau sur la Grande Charte, dont les soixante-trois articles limitent de façon considérable son autorité[1]. A nouveau libre de ses mouvements, il tente pourtant de revenir sur son engagement, en s'appuyant sur quelques troupes fidèles. Mais c'est faire fi de la détermination de ses ennemis qui ne désarment pas. Ils font même appel au jeune Louis, fils de Philippe Auguste, qui débarque sur l'île au printemps suivant et pénètre dans Londres. Seule la mort subite de Jean sans Terre en octobre 1216 permet à son fils Henri III, encore enfant, de monter sur le trône, vouant à l'échec les prétentions du futur Louis VIII. La contestation du défunt était presque générale parmi les élites aristocratiques et ecclésiastiques de son royaume.

Le mouvement qui aboutit à la Grande Charte a pris forme deux ans plutôt, en 1214, avec la défaite de La Roche-aux-Moines et la faillite de l'expédition de reconquête des pays de la Loire qui aiguisent l'hostilité contre le roi. Cette année-là, les barons du nord de l'Angleterre refusent l'augmentation arbitraire de la taxe de l'écuage, décidée par l'Angevin Pierre des Roches, justicier du royaume et porte-parole des exilés, dont le programme belliciste vise à reprendre les domaines continentaux occupés depuis 1204 par le roi de France[2]. Ces seigneurs révoltés constituent un groupe bien soudé face à Jean sans Terre et le parti de ceux qu'on appelle les « Poitevins », menés par Pierre des Roches, bien déterminés à obtenir des ressources financières pour les campagnes militaires sur le continent. Les rebelles supportent mal cette nouvelle augmentation de la fiscalité du roi et la rapacité des officiers qui, à l'image du forestier Hugues de Neville, l'incarnent sous un jour trop cupide à leur goût[3]. Partie du Northumberland, la contestation se répand vers le sud ; elle est particulièrement rude dans l'Essex. En janvier 1215, les meneurs entrent dans Londres ; en avril, à Brackley, près d'Oxford, ils tendent à Guillaume le Maréchal et aux autres représentants du roi un premier document contenant leurs doléances et revendications ; essuyant un refus catégorique de la part de Jean, ils décident, le 9 mai, de lui retirer leur hommage et leur fidélité ; une semaine plus tard, la ville de Londres rejoint le mouvement. Abandonné de tous, le roi ne peut que céder.

La Grande Charte qu'il est forcé d'entériner apparaît aujourd'hui encore pour beaucoup comme la « Bible de la constitution britannique ». Un tel jugement, inspiré du positivisme juridique et nationaliste de l'historiographie du XIXe siècle, est assurément anachronique ; il présuppose surtout une improbable continuité, presque millénaire, des institutions d'Etat et des traditions de gouvernement. La *Magna Carta* ne naît pas, non plus, par génération spontanée ; elle a connu des précédents : elle reprend, par exemple, presque mot pour mot, plusieurs clauses de la charte de couronnement d'Henri Ier (1100). Les historiens du droit ont, en outre, fait remarquer qu'elle rappelait les documents arrachés par les nobles à Pierre II d'Aragon et à son fils Jacques Ier à la veille et au lendemain de la bataille de Muret (1213), ou la bulle d'or concédée par André II de Hongrie en 1231[4]. Elle participe donc d'une évolution qu'on décèle dans d'autres royaumes d'Occident. Elle n'est isolée ni dans le temps ni dans l'espace.

Les appréciations enthousiastes des constitutionnalistes anglais du XIXe siècle contiennent néanmoins leur part de vérité. Ce pacte avec les barons et citadins révoltés arrête net le processus de centralisation accrue et d'arbitraire royal qui devait aboutir, à plus ou moins longue échéance, à l'absolutisme. La *Magna Carta* encadre considérablement l'action du monarque, dont les décisions doivent être désormais entérinées par un conseil de vingt-cinq nobles (art. 61). Plus important encore, le roi est lui-même soumis à une loi supérieure qu'il ne saurait transgresser. Celle-ci est précisée dans les soixante-trois articles de la Grande Charte. Certains d'entre eux sont, à juste titre, célèbres : consentement d'une assemblée représentative aux levées d'impôt (art. 12), jugement de tout prévenu par ses pairs (art. 39), universalité de la justice (art. 40), liberté de déplacement pour les marchands (art. 41), droit pour chacun de quitter l'Angleterre sans licence royale (art. 42)... La Grande Charte formalise, en quelque sorte, les relations complexes, oscillant entre collaboration et conflit, que la royauté angevine entretient avec la noblesse. A sa suite, cette oligarchie laïque prend même de façon institutionnelle le roi sous sa coupe. Acteur politique majeur de la révolte, la noblesse mérite une étude attentive, permettant de dégager la nature de ses rapports avec la monarchie, ce que nous tenterons de faire dans un premier chapitre.

Les clauses de la charte ne concernent pas seulement les laïcs, mais aussi les ecclésiastiques. Dès le premier article, elles énoncent clairement la « liberté de l'Eglise d'Angleterre », aux termes d'une vieille revendication monastique et grégorienne érigeant la *libertas* en droit inaliénable du clergé face aux autorités princières[5] ; elles précisent ce principe dans le rejet de toute intervention du roi dans les élections épiscopales. L'engagement complet d'Etienne Langton (1207-1228), archevêque de Cantorbéry, dans le mouvement et sa part dans la rédaction de la Grande Charte sont pour beaucoup dans cette nouvelle législation[6]. Il témoigne du conflit entre les prêtres anglais et les rois de la maison d'Anjou. Quelques années auparavant, Jean sans Terre avait en effet interdit à Etienne Langton tout séjour dans l'île, puisqu'il ne reconnaissait pas la légitimité de son avènement au siège archiépiscopal de Cantorbéry, obtenu grâce à l'intervention d'Innocent III. Ce n'est pas un hasard si ce prélat fait représenter sur son contre-sceau le meurtre de Thomas Becket dans sa cathédrale, point culminant de l'opposition ecclésiastique au roi. Maître des écoles parisiennes, exégète de renom, à qui l'on doit le découpage actuel de la Bible en chapitres et versets, Langton incarne, en outre, la réflexion séculaire sur les rapports entre le *sacerdotium* et le *regnum*. Courants théologiques et affaire Becket occuperont par conséquent le second chapitre.

L'aristocratie entre révolte et soumission

Quelques intellectuels ont formalisé l'idéologie autocratique des rois de la maison d'Anjou. Ainsi, le prologue des *Lois et coutumes du royaume d'Angleterre*, rédigé dans l'entourage royal, reprend la célèbre maxime justinienne : « Ce qui plaît au prince a force de loi[1]. » Un même ton, aussi impérieux que tranchant, est employé dans les nombreuses chartes issues de la chancellerie à l'intention des nobles : le roi leur transmet ses « ordres » (*observantie*) et ses « interdits » (*censure*), au nom de sa « force et volonté » (*vis et voluntas*), de sa « contrainte » (*districtio*) et des décisions de son tribunal (*justicia*)[2]. Élaborées pour des diplômes et mandements appelant à l'exécution des souhaits du monarque dans des cas précis, les formules des actes traduisent un certain état d'esprit, où toute velléité de désobéissance est bannie. L'idéologie royale forgée dans ce centre qu'est la cour détermine la praxis gouvernementale, judiciaire et administrative en périphérie.

Sur le terrain, des officiers royaux s'en font l'écho, la transmettent à leurs administrés. Ils travaillent donc à renforcer la domination des rois angevins et à affermir leur emprise sur la plupart des nobles, relais obligés du pouvoir central à l'échelle locale. Cette application pragmatique d'un programme centralisateur est jugée arbitraire et rejetée par les barons contestataires. En effet, la volonté royale de commander sans partage heurte de front bien des aristocrates. Elle en favorise toutefois d'autres, notamment ceux qui voudraient collaborer au gouvernement royal et récupérer à leur profit une part du pouvoir décisionnel et du prélèvement fiscal.

L'attitude de la noblesse est en conséquence multiple. Elle peut certes figurer la docilité, la loyauté et le bon service. Mais elle opte le plus souvent pour la contestation et la revendication :

l'aristocratie, profondément attachée à son propre pouvoir judiciaire et à l'autonomie de ses seigneuries, supporte mal les empiétements de la puissance angevine sur ses domaines. C'est pourquoi la révolte aristocratique est la riposte à la coercition royale. A partir des années 1190, elle est encouragée par le retour en force sur la scène politique des Capétiens, ennemis invétérés des Plantagenêt et maîtres historiques de la plupart de leurs principautés[3]. Par ses révoltes à répétition et par ses revirements diplomatiques, l'aristocratie est la véritable responsable du passage progressif de la Normandie, des pays ligériens et du Poitou à la couronne de France.

Une noblesse privilégiée

L'historiographie française contemporaine a élaboré une réflexion spécifique sur la noblesse des années 1180-1220. Une première théorie est formulée en 1902 par Paul Guilhiermoz, historien du droit attentif à l'apparition de privilèges héréditaires propres à cette catégorie sociale et juridique. Pour cet auteur, la genèse du statut nobiliaire n'intervient qu'au XIIIe siècle. Auparavant, tout noble était combattant, quelles que fussent l'ancienneté ou la réputation de sa famille ; le métier l'emportait encore sur le sang[4]. Une trentaine d'années plus tard, Marc Bloch reprend ce postulat à son compte : il écrit que la noblesse « n'a commencé à se constituer véritablement que vers la fin du XIIe siècle ; le siècle suivant a vu s'en fixer les contours[5] ». C'est alors seulement que la « noblesse de fait » devient « noblesse de droit »[6], « que la chevalerie se transforme en caste héréditaire[7] ». Pour la période précédente, en revanche, « il n'y a pas, à proprement parler, de noblesse, mais des hommes vivant noblement ; pas de chevaliers héréditaires, mais des cavaliers servant à la guerre en bel aloi[8] ».

A partir des années 1960, les chercheurs allemands de l'école de Fribourg-en-Brisgau nuancent de telles assertions. Ils démontrent notamment la remarquable continuité généalogique d'un petit noyau de familles carolingiennes, voire mérovingiennes ou romaines, qui franchissent le cap de l'an mil[9]. Mais ils ne nient pas pour autant que davantage de chevaliers, issus d'un milieu modeste, soient la souche de la plupart des familles occidentales du XIIIe siècle. Georges Duby a largement contribué à diffuser les thèses et les méthodes de ces médiévistes d'outre-Rhin en France. Mais, pour l'époque qui nous occupe ici, il ne s'éloigne guère du postulat juridique de Paul Guilhiermoz et de Marc Bloch : « Les années qui avoisinent l'an 1200 paraissent bien le moment, dans l'évolution de la société française, où s'achève un long mouvement qui a progressivement fait de l'aristocratie une véritable noblesse [10]. » Les historiens de la littérature semblent approuver ce constat, alors qu'ils voient apparaître, au XIIIe siècle, un nouveau mot français : l'*estat*, qu'il convient de traduire par « ordre », et qui donne lieu à de nombreux textes à intention morale [11]. Enfin, les médiévistes anglais adoptent un modèle interprétatif identique, que ce soit par emprunt continental ou par invention insulaire. David Crouch insiste, par exemple, sur la façon plus précise dont est perçue la noblesse britannique au cours de cette période : « A l'époque de Richard Cœur de Lion, de Jean sans Terre et de Philippe Auguste, en deux générations, l'aristocratie devint à la fois plus large et mieux définie [12]. » Au total, et en dépit de quelques tentatives des spécialistes de la fin du Moyen Age pour retarder ce phénomène [13], bien des historiens tiennent les années charnières 1180-1230 pour celles de l'institutionnalisation du groupe aristocratique en une catégorie juridique propre.

Pour cette période, les sources législatives de l'ouest de la France confirment leur point de vue. Compilé vers 1235, le *Grand coutumier de Normandie* corrobore, par exemple, l'existence d'un statut spécifique à la noblesse héréditaire, identifiée à la catégorie des combattants adoubés et de leurs fils, qui jouissent de quelques privilèges fiscaux [14] : « Sont exempts de monnayage tous les chevaliers et tous les enfants qu'ils engendrent de leur épouse [15] ». Le contenu des actes de la pratique va dans le même sens. Afin de différencier les groupes de témoins ou d'énumérer les destinataires de leurs documents, les scribes des chartes poitevines reprennent une taxinomie similaire qui sépare les « chevaliers » (*milites*), d'une part, et les « hommes », « serfs », « vilains » et « rustres » (*homines, servientes, vilani, rustici*), de l'autre [16] ; en 1199, dans une confirmation des droits de Sainte-Croix de Poitiers, Aliénor d'Aquitaine punit d'une amende de sept sous et demi les *servientes naturales* qui prendraient du bois dans la forêt abbatiale, contre cinq sous seulement pour les *milites* [17]. La reine se fait donc l'écho d'un traitement fiscal différent pour la noblesse, protégée ici par un privilège.

L'une des causes de cette précision accrue dans la définition de la noblesse peut être recherchée dans les progrès de la bureaucratie royale. L'affinement des méthodes administratives donne aux Plantagenêt la possibilité de recenser les membres de cette classe. C'est pour tirer profit de ce potentiel militaire que le roi et son entourage dressent la liste des aristocrates, puisqu'ils considèrent que tout noble doit être un chevalier ou, tant qu'il n'est pas adoubé, un combattant subalterne ou un écuyer. L'hiver 1166, une enquête produit les *Carte baronum*, consignant dans les *Livres rouge et noir* de l'Echiquier les noms des tenants en chef qui détiennent les plus grands fiefs de l'Angleterre de la main même d'Henri II, le nombre de chevaliers auxquels ils ont sous-inféodé des terres et avec lesquels ils doivent se rendre à l'ost royal, le moment — antérieur ou postérieur au règne d'Henri Ier — de leur acquisition de tous ces fiefs et leur emplacement ; ainsi, ceux qui n'ont pas encore rendu hommage à Henri II devront s'exécuter dans les meilleurs délais [18]. Un pendant normand des *Carte baronum* anglaises existe avec les *Infeudationes militum* de 1172 [19]. En 1185, une liste semblable est établie, pour douze comtés anglais, avec le nom des veuves et des orphelins en bas âge dont les fiefs sont redevables du service militaire à la couronne [20]. Tous ces documents officiels permettent à l'administration d'exiger des nobles fieffés le service militaire annuel de quarante jours ou, le cas échéant, le versement en espèces de l'écuage. D'autres listes ont un but plus répressif : dans sa chronique, Roger de Howden transmet avec minutie les noms de tous les barons ayant participé à la révolte de 1173-1174, ainsi que la date et le lieu de leur capture [21] ; tant de précision ne s'explique que par la consultation d'un document officiel des archives de la couronne aujourd'hui perdu [22]. En somme, compter, recenser et établir des listes facilite à l'Echiquier la réclamation du *servitium debitum* pour chaque fief, et permet de mieux contrôler les sires enclins à la révolte. D'une certaine façon, l'existence du noble est désormais liée au document écrit ; elle dépend en partie de la présence de son nom dans les rouleaux et registres royaux. Cette bureaucratisation intervient pour beaucoup dans la définition de son état.

Est-ce à dire que l'émergence d'une « noblesse de droit » abolit les différences sociales, si prégnantes au sein de la « noblesse de fait » traditionnelle ? En l'an mil, la dichotomie entre « nobles » (*nobiles*) et « chevaliers » (*milites*), entre les membres des vieilles lignées carolingiennes et les cavaliers à leur service est un fait social majeur de l'aristocratie [23]. Autour de 1200, tandis que se fixent les statuts personnels, cette dualité trouve sa concrétisation juridique. La différence entre *barones* et *milites*, que met en évidence l'enquête de 1166 sur les tenants en chef, est inhérente à la définition même de la noblesse par la bureaucratie anglaise [24]. Elle se perpétue jusqu'à l'époque moderne dans les deux groupes, nettement distincts, des *lords* et de la *gentry*. En Poitou, les chartes témoignent également de l'existence d'une catégorie subalterne de chevaliers au service des détenteurs des châteaux et des grands domaines : en 1196, par exemple, Hugues IX le

Brun de Lusignan renonce au repas coutumier qu'il exigeait du prieuré de Prémay par une charte où il se dit entouré « de mes chevaliers qui étaient alors présents[25] ». L'ancienne dichotomie est plus que jamais d'actualité.

Cette dualité n'empêche pas la transmission héréditaire d'autres titres prestigieux à l'intérieur de la noblesse. En Angleterre, le plus prisé d'entre eux est l'*earldom*, qu'on hésite à traduire par « comté » : antérieure à la conquête normande, cette fonction portait une quinzaine de titulaires à la tête d'un ou plusieurs *shires* anglo-saxons, où ils administraient la justice en échange d'un tiers de leurs revenus. Les Normands ont remplacé la plupart des détenteurs, et réduit les attributions. Après 1154, l'*earldom* n'implique plus aucune fonction administrative, assumée désormais par des *sheriffs* révocables, directement nommés par le roi pour un court mandat. Tout au plus les Plantagenêt disposent-ils à leur guise de ces titres comtaux pour récompenser, de plus en plus rarement d'ailleurs, quelques-uns de leurs parents particulièrement fidèles[26]. Le caractère strictement honorifique de cet office transparaît dans l'importance que revêt désormais la cérémonie de son investiture, par l'épée et le baudrier, mentionnée pour la première fois en 1189 alors que Richard Cœur de Lion fait d'Hugues de Puiset, évêque de Durham, l'*earl* de Northumbrie[27]. Pareille évolution existe dans les différents offices auliques, devenus héréditaires : en Normandie, les charges de chambrier, bouteiller et connétable sont respectivement attribuées aux Tancarville, Aubigny et Hommet[28] ; en Anjou, Guillaume des Roches reçoit d'Arthur de Bretagne le dapiférat en fief pour lui et pour sa famille en 1199[29]. Toutes ces charges, dépourvues de leurs attributions politiques anciennes, n'existent, autour de 1200, que pour la gloire qu'en tire la famille détentrice.

Comme nous l'avons déjà indiqué, c'est lors du couronnement du roi que le prestige des titres nobiliaires se manifeste le plus intensément aux yeux de tous. La procession qui emmène Richard Cœur de Lion à Westminster est ouverte par le clergé ; viennent ensuite les *earls* qui portent les trois épées et les barons qui encadrent les membres de l'Echiquier avec les *regalia* et les robes ; enfin, le roi marche sous un dais en soie que tiennent, avec leurs lances, les barons des cinq ports et de Douer ; des chevaliers ferment le cortège[30]. Cette mise en scène reflète la taxinomie sociale et montre la hiérarchie honorifique de la noblesse. Le strict respect de ces préséances, bientôt fixées de façon rituelle, est le miroir où la noblesse se découvre elle-même avec les clivages internes à son état.

Ce qui paraît vrai sur le plan juridique, administratif ou protocolaire, l'est peut-être aussi dans la conscience des courtisans. Leurs écrits témoignent de cette rigidité sociale, plus forte que par le passé [31]. En particulier, pour Giraud de Barri, la fin des temps n'éliminera pas l'ordre social ni ses dignités supérieures ou positions inférieures ; son point de vue tranche sur la conception traditionnelle des ecclésiastiques, qui défendaient la radicale égalité eschatologique, c'est-à-dire l'abolition dernière de toute distinction entre les hommes, concomitante de la destruction apocalyptique de ce monde injuste [32]. Au XIIe siècle, cette perception plus aiguë, plus marquée, des différences sociales n'est pas un phénomène isolé. Elle coïncide avec une évolution de la sensibilité religieuse, où chaque individu veut être affilié à une communauté spécifique pour y jouer un rôle précis. Pour les historiens du christianisme, cette analyse plus fine de la diversité des vocations rend compte de l'accent mis, à l'époque, sur la quête individuelle de Dieu, mais aussi sur la multiplicité nouvelle des ordres religieux et la concurrence qui s'établit entre eux. Une conscience originale de soi et du groupe émerge ainsi au cours de cette période de renaissance intellectuelle et d'humanisme [33].

Quoi qu'il en soit de cette concomitance entre la perception plus précise du statut social des individus et la multiplication des ordres religieux, on constate dans l'historiographie en général un discours aussi radical que celui de Giraud de Barri, tandis qu'elle ressuscite le bon vieux temps où les charges de la cour étaient exclusivement réservées à la noblesse. Dans la *Chronique des ducs de Normandie*, Benoît de Sainte-Maure évoque en effet avec nostalgie l'entourage mythique de Richard II, qu'il propose comme modèle à ses contemporains : « Il ne voulut donner les offices de sa maison qu'aux gentilshommes. Ses chapelains, scribes, chambriers et gardes étaient, tous, de nobles chevaliers [34]. » Benoît en dit ici davantage sur le présent qu'il lui est donné de vivre, autour de 1175, que sur le passé qu'il est censé décrire. On en prendra pour preuve la discussion que Gautier Map, autre familier d'Henri II, dit avoir eue avec Ranulf de Glanville pour condamner l'ascension politique des serfs grâce à leurs études ; elle s'achève sur une citation de Claudien (vers 400) : « Rien n'est plus dur que le rustre lorsqu'il s'élève dans les hauteurs, ni aucun monstre plus repoussant que la rage de l'esclave qui se déchaîne contre le dos d'un homme libre [35]. » Enfin, Raoul le Noir, qui en veut au roi pour l'assassinat de Thomas Becket, lui reproche d'avoir confié les postes importants de son administration « à des esclaves, à des bâtards et à de simples soldats [36] ». Un vent de réaction, qu'on mettrait volontiers en parallèle avec la fixation récente des statuts nobiliaires, souffle à la cour des rois d'Angleterre.

Il n'en inspire pas moins quelques ripostes bien senties. Pierre de Blois s'en prend aux mauvaises langues qui ont osé critiquer, de façon aussi inexacte qu'injuste, la modestie de son extraction : « Il est de notoriété publique que mon père et ma mère tiraient leurs origines de l'aristocratie (*optimates*) de la petite Bretagne. Et je ne dis pas cela pour me vanter, mais pour que soit fermée la bouche de ceux qui débitent des méchancetés, en empruntant une telle arrogance à leur noblesse passablement dégénérée (*nobilitas degener*)[37]. » De telles polémiques sur l'ancienneté d'une famille sont intemporelles, mais il est intéressant de les voir surgir à une époque où s'établit plus solidement le lien entre noblesse et naissance.

Dans son milieu courtisan, Pierre participe à une autre discussion, cette fois-ci moins personnalisée et plus abstraite, tout comme Giraud de Barri[38]. Les clefs d'un tel débat se retrouvent dans cette maxime de Juvénal (vers 60-140), qu'ils citent tous deux : « La noblesse d'âme est la seule et unique vertu. » Cet auteur classique, que Guillaume de Conches, maître de Jean de Salisbury, glose largement, est également pris à témoin par Thomas Becket dans sa polémique contre Gilbert Foliot. Pour l'aider à comprendre la vanité des honneurs de ce bas monde, l'archevêque de Cantorbéry reprend à son compte la célèbre question du poète romain : « A quoi bon les arbres généalogiques[39] ? » Pierre de Blois se place dans un registre encore plus théologique que philosophique, lorsqu'il cite explicitement le choix volontaire du Christ de naître dans une famille pauvre. Or, pour tous ces penseurs pétris de rhétorique cicéronienne, cette force éthique et cet aristocratisme intellectuel s'acquièrent par l'éloquence et par la fréquentation des poètes. De même qu'Auguste avait pour amis Virgile ou Horace, tout prince se doit d'entretenir un commerce constant avec les hommes de lettres. La réflexion sur la notion et la qualité de la noblesse est devenue d'actualité.

Chez les nobles, ce mouvement coïncide sans doute avec une conscience de soi et de son lignage plus grande que par le passé. En tout état de cause, il est remarquable de constater l'apparition, dans le milieu aristocratique anglo-normand, de la première biographie d'un laïc qui n'est pas roi, rédigée sans relation aucune avec l'hagiographie cléricale. Il s'agit des 19 214 vers de la vie de Guillaume le Maréchal, composés par Jean le Trouvère à la fin des années 1220. Celui-ci utilise sans doute le rouleau de parchemin latin où Wigain, clerc de la cuisine d'Henri le Jeune, a consigné, au fur et à mesure et à la demande de Guillaume lui-même, ses hauts faits d'armes dans les tournois[40]. Le modèle de conduite qu'incarne le héros de ce récit n'est en rien ecclésiastique, et s'inspire largement de l'épopée et du roman chevaleresque. C'est une image de guerrier courageux, probe, loyal et généreux que les enfants de Guillaume veulent laisser de lui à la postérité. Cette conscience des nobles d'être avant tout des chevaliers explique peut-être l'évolution des gisants sur leurs tombeaux : autour de 1200, l'effigie civile, encore courante vers 1150, est définitivement remplacée par une sculpture du défunt en armes[41]. C'est en guerriers que les nobles aiment désormais figurer.

De même l'héraldique n'est-elle au départ qu'un code militaire de reconnaissance. Elle apparaît en effet sur les champs de bataille pour distinguer les combattants dont le visage est masqué par un heaume. Au passage, elle traduit une perception individuelle proche de l'autobiographie, doublée d'une affirmation généalogique. Ce sont les princes territoriaux du nord de la France — en particulier les comtes d'Anjou — et de l'Angleterre qui commencent à arborer ces armoiries dès les années 1120-1150. Cette mode se diffuse ensuite, depuis le sommet de la société jusqu'aux simples chevaliers, à la fin du XIIe siècle. Gravé dans une matrice qu'on applique sur de la cire, l'écu sert à valider les chartes. A l'époque, cependant, le sceau armorié semble conserver encore un caractère élitiste. Du moins la chronique du monastère de Battle met-elle dans la bouche de Richard de Lucé (†1179), justicier d'Angleterre, la protestation suivante : « L'habitude n'existait pas naguère, pour chaque chevalier de peu (*militulus*), de posséder un sceau, ce qui sied seulement au roi et aux hommes importants[42]. » Le constat désabusé de Richard de Lucé traduit *a contrario* le succès de l'héraldique dans toutes les couches de la noblesse. Dans ses récits de la guerre contre le roi d'Ecosse, Jordan Fantosme remarque les couleurs chatoyantes des bannières et pennons, mais surtout de la soubreveste ou cotte d'armes, une étoffe précieuse aux signes héraldiques couvrant le haubert des nobles[43]. La chevalerie ne peut plus dorénavant se passer du port d'armoiries. Ce n'est qu'à partir des années 1230 que les roturiers accèdent à ce privilège et qu'ils utilisent des sceaux pour valider leurs contrats, surtout en Normandie[44]. En attendant, l'héraldique reste indéniablement un signe d'appartenance à l'aristocratie.

Il en va de même avec les tournois en Angleterre. Sensibles aux injonctions ecclésiastiques, Henri Ier et Henri II, qui craignaient autant les pertes en montures ou les blessures irréparables des guerriers que les rassemblements de nobles en armes toujours prompts à comploter, les interdisent en Angleterre.

Les quatre premiers rois angevins d'Angleterre (XIIIᵉ siècle). L'artiste porte sur eux un regard positif, comme le montrent les églises qu'ils ont généreusement fait édifier. Mais il n'hésite pas à ridiculiser l'impopulaire Jean sans Terre (*en bas à gauche*) en dessinant sa couronne de travers. De même, son père Henri II (*en haut à gauche*) apparaît de profil, position souvent péjorative. En revanche, son fils aîné, Richard Cœur de Lion (*en haut à droite*) porte l'épée, qui témoigne de son goût pour la guerre. Le quatrième roi est Henri III, fils de Jean sans Terre.
© Photo British Library/AKG.

Gisant d'Aliénor d'Aquitaine (sculpture polychrome en tuffeau, 1204), abbatiale de Notre-Dame-de-Fontevrault (Maine-et-Loire). Aliénor est représentée lisant un livre d'heures, symbole de la vie dans l'éternité, mais aussi de son amour des lettres. Les tombeaux de son époux Henri II, de son fils Richard Cœur de Lion, de sa fille Jeanne d'Angleterre avec son époux Raimond VII de Toulouse, ainsi que celui de sa belle-fille Isabelle d'Angoulême, se trouvent également dans la nécropole familiale des Angevins.
© Photo Jean-François Amelot/AKG.

Le mariage de Louis VII et Aliénor d'Aquitaine en 1137, et leur départ pour la croisade en 1147 d'après les *Grandes chroniques de France*, XIVᵉ siècle. Cette union est rompue en 1152, et Aliénor convole alors avec Henri II, auquel elle apporte l'Aquitaine. Pour le roi de France, l'échec de son mariage constitue une lourde erreur politique, car il doit désormais affronter les Plantagenêt, forts de leurs nouvelles annexions territoriales sur le continent. © Photo AKG.

A Hastings, le 14 octobre 1066, le roi Harold est mortellement touché par une flèche. Avec lui, la majeure partie de l'aristocratie anglo-saxonne ou scandinave d'Angleterre meurt au cours de la bataille, laissant aux vainqueurs normands la liberté d'occuper leurs seigneuries. Tapisserie de Bayeux, 1080. © Photo Erich Lessing/AKG.

En nouant d'utiles alliances matrimoniales, Henri II resserre ses liens avec les princes germaniques. Composée entre 1185 et 1188, cette miniature allemande montre son gendre Henri le Lion, duc de Saxe et de Bavière, avec sa femme Mathilde, la fille d'Henri II, accompagnée de sa grand-mère l'impératrice Mathilde et, fort vraisemblablement, de sa mère Aliénor d'Aquitaine. Ainsi, l'Allemand associe les Plantagenêt et leurs saints protecteurs (Thomas Becket portant la palme du martyre figure en médaillon au-dessus d'Aliénor) à sa conscience dynastique. © Photo AKG.

Provenant d'un manuscrit de l'Empire romano-germanique, cette miniature datée de 1195-1197 est hostile à Richard Cœur de Lion, dont elle montre l'arrestation par le duc d'Autriche alors qu'il chevauche sous un déguisement. Une fois son habit de fortune enlevé et sa couronne retrouvée, Richard se prosterne aux pieds de l'empereur pour implorer sa liberté. Ce geste humiliant en fait son vassal. © Photo AKG.

Arthur, roi de Bretagne, se meurt alors que la nef aux fées s'approche du rivage pour l'emmener vers l'île d'Avallon où il sera soigné par Morgane. Cette peinture de John M. Carrick (1854-1878) atteste de la vitalité de la légende arthurienne. Celle-ci fut savamment élaborée par Geoffroi de Monmouth, puis reprise par Wace pour servir Henri II qui avait fait d'Arthur son ancêtre. © Photo Sotheby's/AKG.

Tirée d'un *Roman de Tristan* de la fin du XVe siècle, cette miniature montre Arthur et ses chevaliers réunis autour de la table ronde, au centre de laquelle a été placé le Saint-Graal. Après les Plantagenêt, les rois d'Angleterre reprendront les thèmes et symboles de cette légende pour donner un prestige supplémentaire à leur dynastie.
© Photo Bridgeman Giraudon.

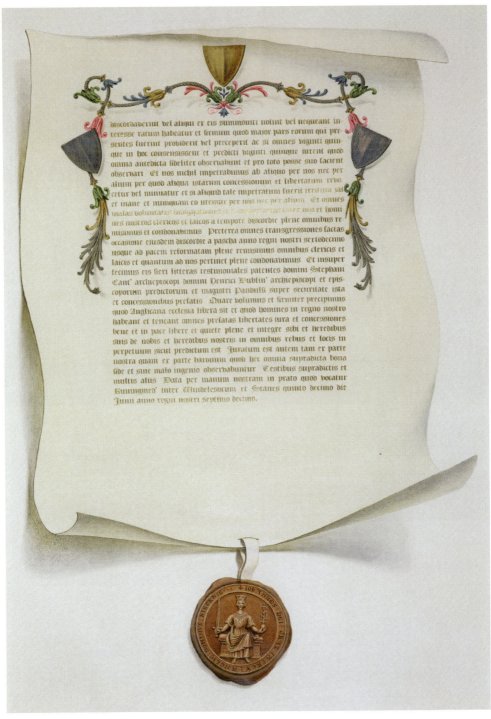

Les Anglais tiennent la *Magna Carta* (« Grande Charte »), arrachée à Jean sans Terre par les grands barons lors de la révolte de 1215, pour le pacte fondateur de leur monarchie constitutionnelle. Ce fac-similé fut réalisé au XIXe siècle pour commémorer les clauses limitant l'arbitraire de la royauté. © Photo Bridgeman Giraudon.

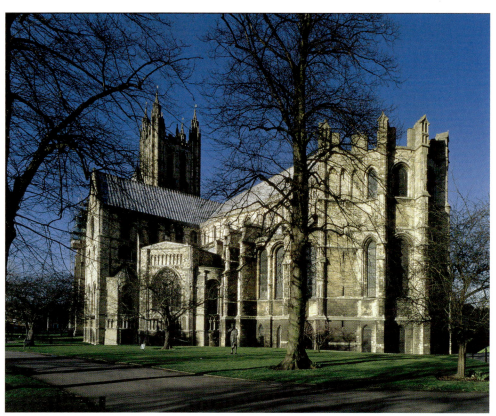

Dans les années 1180-1220, une chapelle avec ses vitraux est ajoutée à la cathédrale de Canterbury (Kent) dans le prolongement de son chevet. On l'appelle la *corona*, terme qui renvoie non seulement à la finition de l'église, mais aussi à la tonsure de Thomas sur laquelle se sont acharnés ses meurtriers. © Photo Paul Maeyaert/Bridgeman Giraudon.

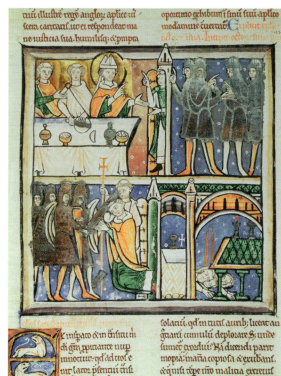

Le meurtre de Becket. D'après la *Vie de Thomas* rédigée vers 1180 par son ami Jean de Salisbury. Au matin du 29 décembre 1170, Thomas est en train de partager un repas avec ses proches au palais archiépiscopal de Canterbury, alors que les quatre meurtriers demandent à lui parler. Le soir, Fitz Urs et ses compagnons accomplissent le crime dans la cathédrale, tandis que Jean de Salisbury se cache avec d'autres clercs derrière l'autel. © Photo British Library/Bridgeman Giraudon.

Peu après le crime, une cinquantaine de châsses sont réalisées et ornées d'émaux à Limoges pour contenir des reliques de Thomas. Elles seront diffusées partout en Europe. Cette châsse montre l'assassinat de Becket à côté d'un autel où se trouve un calice. En associant, de façon inexacte, le crime à la célébration de la messe, la dimension sacrificielle du martyre de Thomas est comparable à la mort du Christ sur la croix.
© Photo British Museum/Bridgeman Giraudon.

Pèlerins se rendant à Canterbury sur le tombeau de Thomas afin d'implorer son secours spirituel ou la guérison d'une maladie. Ce pèlerinage est au Moyen Age l'un des plus populaires d'Occident, à l'instar de ceux de Rome ou Saint-Jacques-de-Compostelle. Vitrail de Canterbury, XIIIe siècle.
© Photo Bridgeman-Giraudon.

Cette peinture de la fin du XIIe siècle, récemment découverte à Chinon, sur le mur de la chapelle troglodyte de Sainte-Radegonde, a donné lieu à bien des interprétations. On y voit vraisemblablement, *de droite à gauche*, Henri II, l'une de ses filles, Aliénor d'Aquitaine et leurs deux fils dont l'un porte un faucon. Il pourrait s'agir d'une simple partie de chasse, d'un pèlerinage à sainte Radegonde, reine franque pour laquelle Aliénor éprouvait une dévotion certaine, ou du départ d'Aliénor en captivité pour l'Angleterre après l'échec de sa révolte contre son mari en 1174. © Photo Dagli Orti.

A Poitiers, la cathédrale a été construite sur l'initiative d'Henri II et d'Aliénor d'Aquitaine. Elle est ornée d'une *Crucifixion de saint Pierre* qui montre dans son registre inférieur le couple royal, entouré de ses enfants, les genoux fléchis en position d'adoration. Ils portent eux-mêmes le vitrail, symbole de leur patronage artistique. © CESCM de Poitiers.

Néanmoins, Richard Cœur de Lion comprend, d'après le témoignage de Guillaume de Newburgh, l'avantage technique qu'ils donnent aux combattants français. A son retour de captivité, il décide de lever la prohibition, tout en imposant au tournoi une réglementation stricte qui en diminue les risques. Il constitue notamment un groupe d'organisateurs et d'arbitres, dirigés par Guillaume de Salisbury, et fixe les cinq terrains où les affrontements doivent se dérouler. Plus intéressant pour notre propos, cette législation réserve les tournois à la noblesse. Elle prévoit ainsi une échelle des frais d'inscription pour chaque combattant, depuis l'*earl* qui verse vingt marcs jusqu'au chevalier sans fief qui n'en paie que deux[45]. Elle prépare, en conséquence, l'avènement prochain des hérauts d'armes, chargés de compter les quartiers de noblesse des participants.

Au cours des années 1150-1230, la noblesse devient donc une catégorie juridique aux contours plus précis. Ses membres, intégrés dans un état, jouissent désormais d'un statut entériné par les instances supérieures. Les coutumes, qu'on couche alors par écrit, leur réservent un rang particulier dans la société dont ils doivent assurer la défense en retour. Des listes portant leurs noms sont à la disposition du roi lorsqu'il veut leur demander de rejoindre son armée. Il les récompense par la place de choix qu'ils occupent à sa cour, malgré un discours réactionnaire qui voudrait réserver ce gouvernement aux seuls bien nés. Il leur accorde, d'ailleurs, un rôle de qualité le jour de son couronnement, dans une cérémonie respectueuse de la hiérarchie existant au sein même de cette noblesse. Les codes qui identifient le statut nobiliaire deviennent plus visibles, à l'image de l'héraldique, qui est encore un privilège de classe, ou des tournois élitistes. L'apparition de la biographie aristocratique est une manifestation supplémentaire de cette conscience collective, chaque jour plus marquée, d'appartenir à la couche supérieure de la société. C'est au motif de leurs activités militaires, dont ils revendiquent l'exclusivité, que les nobles justifient cette prééminence. La guerre est leur office par excellence.

La guerre apprivoisée

Autour de 1200, l'identification entre noblesse et chevalerie, présente dans le *Grand coutumier de Normandie*, dans les chartes ou dans la sculpture funéraire, est largement répandue dans les esprits. Or, la notion de chevalerie doit être comprise dans une double acception. D'une part, elle désigne un groupe de professionnels du combat (*milites*), dont la fortune et le prestige sont moindres que ceux de la vieille noblesse seigneuriale, au service de laquelle ils font la guerre en échange d'un fief. D'autre part, « chevalerie » renvoie à un idéal et à un système de valeurs, fortement christianisés, qui déterminent l'éthique guerrière de l'aristocratie. Cette seconde définition est inextricablement liée à celle de courtoisie, car le chevalier accède à une culture profane dont la forme la plus savante voit le jour à la cour royale.

A la fin du XIIe siècle, le renforcement du pouvoir royal représente un pas décisif vers la construction de l'Etat moderne qu'on définit souvent en termes weberiens par « monopole de la violence ». Dans un tel contexte, le roi et ses conseillers cherchent le contrôle exclusif des activités militaires à l'aide d'un appareil administratif encore embryonnaire : à eux le droit de désigner les ennemis du royaume, les buts des campagnes militaires et les objectifs des conquêtes territoriales ! Ils souhaitent ainsi transférer vers le sommet de la hiérarchie politique la décision de déclencher et de mener une guerre, au détriment de la noblesse qui détermine trop souvent, à l'échelle des pouvoirs locaux, l'engagement des hostilités. En conséquence, ils interdisent, ou du moins ils tentent d'atténuer, toute forme spontanée ou arbitraire de violence nobiliaire.

Qui plus est, les officiers de la couronne exigent que la chevalerie mette ses armes au service du roi. Dans le *Policraticus*, Jean de Salisbury exprime clairement cette idée : les *milites* se doivent de servir le bien commun (*res publica*) dans les métiers de la guerre (*officia belli*), au service de l'Eglise et de la Paix, sous la direction d'un prince dont ils appliquent les ordres[46]. La notion de république et d'offices militaires que ces chevaliers prennent en charge — toujours au service de l'autorité supérieure — n'est pas étrangère à ce processus de monopolisation de la violence. Les clauses relatives à la cession de Pacy, consécutives au traité de Louviers (1196) passé entre Richard Cœur de Lion et Philippe Auguste, utilisent l'expression *guerra publica* pour désigner les hostilités entre les rois d'Angleterre et de France[47]. A notre connaissance, il s'agit là d'une des occurrences les plus précoces en Occident médiéval de « guerre publique », l'assimilation explicite entre les activités militaires et leur contrôle par l'Etat. Le roi, incarnation de l'autorité suprême, détient le pouvoir de déclarer une guerre juste en vue du bien commun de ses sujets. Il est seul à légitimer l'usage des armes.

Il va sans dire que cette évolution dans le sens d'une étatisation de la violence heurte de front les pratiques de l'aristocratie, habituée à déclencher des hostilités et à engager des combats à son gré, d'après une logique qui exclut l'ingérence de la puissance royale. Plus encore, la noblesse se réserve la décision d'arrêter ces hostilités d'après des moyens qui lui sont propres pour régler les conflits[48]. Cette concurrence avec le roi est particulièrement frappante autour du réseau castral : en Angleterre, Henri II s'assure la possession des meilleures forteresses, pour éviter que son autorité soit défiée comme naguère celle d'Etienne de Blois, et ne permet à la noblesse que de conserver d'inoffensives maisons fortes[49]. Il en va de même dans l'exercice de la justice et la répression des délits à l'échelle locale : le roi veut que ses juges itinérants se saisissent des plus importants procès et qu'ils sanctionnent les crimes ayant entraîné l'effusion de sang, tandis que les nobles entendent préserver leur tribunal seigneurial et leur pouvoir de coercition sur la paysannerie[50]. En définitive, au cours des années 1154-1224, les buts de la royauté, lancée dans un processus de centralisation militaire et judiciaire, et ceux de la noblesse, au sein de laquelle chaque lignage cherche à augmenter son pouvoir, deviennent contradictoires. Dans l'espace Plantagenêt, la révolte nobiliaire contre le roi est monnaie courante. Ces soulèvements à répétition révèlent l'hostilité de l'aristocratie à une royauté dont les moyens d'action et de répression ne cessent de grandir. Pour cette période, la dialectique entre public et privé détermine donc toute analyse de la guerre.

Pour la plupart des nobles, la prise des armes contre le monarque apparaît comme une riposte à la puissance montante du roi. Quel que soit l'angle de son étude, elle demeure l'expression d'un mécontentement politique, à savoir la réponse de l'aristocratie aux atteintes contre l'autonomie de ses seigneuries, ressenties comme des griefs, des attaques impardonnables à l'honneur familial. Aux yeux d'un noble, la révolte est facilement justifiable. Pour excuse de son insurrection, le rebelle avancera les empiétements des officiers royaux sur sa juridiction seigneuriale, leurs excessives exigences fiscales ou le caractère autoritaire des décisions gouvernementales et de leur application. En filigrane, Raoul de Diss fait entendre les arguments des insurgés de 1173, que, loyal au roi, il tente de déformer sans manquer d'en montrer les contradictions internes : les nobles en révolte, écrit-il, reprochent abusivement à Henri II la confiscation de domaines des seigneurs violents, la commise des châteaux dont les détenteurs sont suspectés d'hostilité à la couronne, les lourdes amendes contre les oppresseurs du pauvre et l'exil des traîtres[51].

Ce dernier mot mérite qu'on s'y arrête, car son sens, sous la plume des écrivains du roi, est très large. Pour Raoul, la trahison englobe probablement les graves injustices des nobles perpétrées contre les paysans de leur seigneurie. Un autre exemple du vaste champ sémantique qu'englobe cette notion se trouve dans une lettre adressée, en 1166, à Thomas Becket par un auteur anonyme qui rapporte la terrible colère d'Henri II contre son courtisan Richard du Hommet. Celui-ci a osé lui parler favorablement du roi d'Ecosse : « Le roi l'a manifestement appelé "traître". Pris de sa fureur habituelle, il a jeté le bonnet de sa tête et il a dénoué sa ceinture, puis il a lancé au loin son manteau et ses habits ; il a arraché d'un coup de la main le dais de soie du lit et, s'asseyant presque sur du fumier, il a commencé à mâcher la paille dont le sol était jonché [52]. » A l'époque, la théâtralisation de la colère du roi est un moyen habituel de gouverner et de faire respecter les ordres [53] ; la fureur d'Henri II est une expression plus sociale et politique qu'individuelle. Aussi l'accusation de traîtrise est-elle ici intéressante. Le roi définit de façon très large une telle forfaiture : un simple mot suffit ; il ne faut pas en venir aux armes pour la commettre ; le refus de service militaire ou de reddition d'un château, mais aussi le départ inopiné de la cour sans sa permission, identifient le traître. Il est évident que les critères de la trahison, la *proditio* des textes, sont bien plus restrictifs pour maints guerriers aristocratiques, pour qui la rébellion n'apparaît pas toujours sous un jour péjoratif [54]. Ces chevaliers considèrent que, si la couronne a outrepassé ses droits à leur détriment, leur révolte est légitime. Ils en viennent d'autant plus facilement aux armes que le roi subit ailleurs d'humiliantes défaites militaires lui ôtant respect et prestige [55]. La conscience aristocratique ne semble que faiblement troublée par la trahison envers le monarque.

Tout autre est la vision du roi et de ses proches fidèles. Ils ont la conviction que, par leur qualité même, ces séditions relèvent du sacrilège. Elles s'attaquent, en effet, à un être paré de la dignité surnaturelle de l'onction, au mépris du commandement divin révélé aux prophètes : « Ne touchez pas à mes oints » (*Nolite tangere christos meos*, 1 Par, 16, 22, Ps 104, 15) [56]. Le caractère sacré de la royauté est alors renforcé par la renaissance du droit romain, qui prône la notion de majesté ; le roi, source unique de la loi, doit être aveuglément obéi : toute résistance à ses ordres constitue un crime gravissime de lèse-majesté [57]. De son côté, quoique moins autocratique et plus contractuel, le droit féodal traditionnel juge la rébellion comme un acte de félonie, comme une rupture arbitraire du serment de la foi et de l'hommage.

La répression de cette trahison est relativement dure : dévastation des domaines, confiscation de quelques seigneuries, lourdes amendes, emprisonnement ou exil sont les peines appliquées aux fauteurs de trouble [58]. En voici quelques exemples.

C'est peut-être à la suite de l'assassinat de Patrick de Salisbury en 1168 que Gui de Lusignan est contraint de fuir en Terre sainte, où il deviendra un jour roi de Jérusalem[59] ; deux cent quarante-deux partisans d'Arthur de Bretagne, battus à Mirebeau, sont enfermés dans le château de Corfe (Dorset), où ils sont vingt-deux à mourir de faim[60] ; en 1157, Henri d'Essex, porte-étendard du roi, fuit devant une embuscade galloise, ce qui lui vaut d'être accusé de trahison par Robert de Montfort, qui le défait en duel judiciaire : le roi le contraint à devenir moine à Reading et confisque son patrimoine[61].

Contrairement à leurs prédécesseurs, les Plantagenêt se refusent toutefois à infliger des châtiments plus cruels, comme la mutilation ou l'exécution[62]. Sans doute cette répression a-t-elle été tempérée par les nouvelles valeurs chevaleresques en vogue[63]. Si tant est qu'il ait eu lieu, l'assassinat en cachette d'Arthur de Bretagne par Jean sans Terre a d'autant plus scandalisé l'opinion qu'il était exceptionnel. Autre signe d'assouplissement : la commise définitive des fiefs devient exceptionnelle, puisque l'idée de leur hérédité est incompatible avec la punition de la progéniture pour la révolte du père[64]. Les seigneurs normands de Laigle, maîtres de la région frontalière du Perche, ont eu leurs domaines anglais confisqués pour avoir participé à la révolte de 1173, mais Henri II ne tarde pas à leur rendre ces seigneuries ancestrales[65]. Toutefois, si le roi réprime moins sévèrement que par le passé, l'indiscipline de ses chevaliers ne diminue en rien la rigidité de sa conception de l'obéissance.

Son inflexibilité face aux écarts de certains nobles n'interdit pas son indulgence pour les terribles exactions commises, dans le feu de l'action, par ses mercenaires. Afin de mater la révolte nobiliaire, il emploie d'autant plus volontiers des Brabançons, Basques, Navarrais, Ecossais et Gallois que ceux-ci méprisent les conventions tacites qui règlent la guerre en milieu chevaleresque. Leur embauche lui apparaît comme un mal, mineur mais indispensable, face à la sédition des nobles qui se respectent trop les uns les autres au cours des sièges et sur les champs de bataille. En raison de leur brutalité, les tribus celtes levées en masse ou les professionnels menés par Mercadier, Cadoc, Falkes de Breauté ou Louvrecaire sont universellement détestés. Les condamnations des bulles pontificales et des actes conciliaires à l'encontre de ces « fauves », « bêtes » et « brigands sacrilèges » semblent moins relever de *topoi* littéraires ou de chimériques terreurs d'ecclésiastiques qu'elles ne sont l'écho d'atrocités réellement commises. Les routiers ignorent l'immunité des non-combattants, et *a fortiori* celle des chevaliers qu'ils savent impitoyables à l'égard de la piétaille. Le roi permet leurs déprédations et leurs violences sur les domaines des rebelles et sur les communes qui résistent au siège. Il revient à ces soldats d'appliquer, au cours des combats, les châtiments exemplaires que le monarque a le beau rôle d'arrêter au lendemain de sa victoire, afin que la responsabilité de la répression ne retombe pas directement sur sa personne. Pour lui, cependant, le mercenariat n'est pas une panacée. Il soulève, en effet, davantage de problèmes à long terme qu'il n'en résout à court terme. Une fois la révolte écrasée, il faut pacifier ces soldats encombrants, la plupart du temps en les expulsant par la force des principautés où ils ont servi[66].

Le recours aux routiers dans l'armée royale ne date pas de la fin du XIIe siècle. En 1066, des mercenaires traversent déjà la Manche sous les ordres de Guillaume le Conquérant ; plus tard, Henri Ier recrute des Bretons pour pacifier l'Angleterre, tandis qu'Etienne de Blois emploie plutôt des Flamands pendant la période de l'anarchie. Mais sous Henri II l'appel aux routiers devient une pratique courante, voire systématique. Le prêtre Giraud de Barri ou le prieur Geoffroi de Vigeois le lui reprochent amèrement, l'accusant de dilapider le trésor royal au lieu de faire des aumônes, et même de céder en gage d'emprunts la couronne et l'épée du sacre, afin de payer des Brabançons[67]. Leurs critiques pointent du doigt un fait essentiel : l'argent est devenu le nerf de la guerre. Une meilleure fiscalité et administration financière soutiennent le lourd poste des soldes militaires dans le budget royal. En Angleterre, la part accrue de l'écuage, qui déclenchera un jour la rébellion menant à la Grande Charte, facilite alors cette mutation. La proportion de plus en plus grande prise par cette nouvelle imposition dans les recettes de l'Echiquier suit les rythmes de recrutement toujours en hausse de mercenaires dans l'armée royale. La possibilité de commuer le *servitium* en *scutagium* remonte probablement à Guillaume Ier, mais devient courante avec Henri Ier[68]. Sous Henri II, la perception de cette taxe figure dans les *Pipe rolls* avec une régularité presque bisannuelle. Le médiéviste Thomas K. Keefe a démontré néanmoins qu'il n'existe plus, sous son règne, de lien direct, de cause à effet, entre l'ampleur de son prélèvement et la révolte aristocratique, tant l'écuage s'est banalisé parmi la noblesse[69]. Le roi est d'autant plus enclin à l'exiger qu'il sait que les sires anglais ne peuvent pas assurer la garde de leurs châteaux sur l'île et combattre en même temps sur le continent. Autour de 1200, la « monétarisation » de la féodalité anglaise est une donnée capitale pour comprendre les transformations de l'armée, où s'affirme le mercenariat.

En dépit de cette évolution, on ne saurait parler encore d'une armée de métier de type moderne[70]. Le caractère aléatoire de l'embauche de mercenaires, au rythme d'expéditions ponctuelles, ou l'empressement avec lequel le monarque cherche à se débarrasser d'eux, une fois passées les campagnes militaires, montrent, si besoin était, qu'à l'époque l'exercice de la guerre est loin de reposer sur ce corps de soldats professionnels. Le cœur de l'armée du roi est constitué plutôt par une centaine de *milites de familia regis*, mesnie de guerriers et conseillers, qui représentent sa garde personnelle et son entourage permanent[71]. Les détenteurs de fiefs fonciers sont, de même, nombreux à combattre auprès de lui, mais ils ne le font que de façon occasionnelle. C'est à cause de ces domaines qu'ils lui prêtent l'hommage et qu'ils sont contraints de répondre positivement à son appel et de s'incorporer à sa troupe au moins pendant quarante jours par an. S'ils sont des tenants en chef ou des bannerets, ils ne viennent pas seuls, mais accompagnés de leur propre ost de chevaliers. Cette suite de guerriers est plus ou moins fournie, au *prorata* de la taille du fief du tenant : Roger Bigod, l'un des plus puissants seigneurs anglais, dont la famille possède le comté de Norfolk, sert ainsi le roi avec cent vingt-cinq chevaliers ; le grand chambrier Guillaume de Tancarville — que Gautier Map loue comme le « père des chevaliers » en raison de l'importance de sa troupe, au sein de laquelle Guillaume le Maréchal adolescent a été formé et adoubé — avec quatre-vingt-quinze[72]. Cet usage de la féodalité au service de la couronne n'a certainement pas la même efficacité dans toutes les principautés angevines. Le système est au point en Angleterre ou en Normandie, où il est soumis au roi ou à ses représentants, mais il leur échappe largement en Aquitaine, Anjou ou Bretagne. Dans cette dernière principauté, par exemple, c'est seulement en 1185 que le duc Geoffroi proclame solennellement le principe du parage qui réserve au seul aîné de prêter l'hommage au roi et de s'acquitter des devoirs militaires pour chacune des baronnies et fiefs de chevaliers de sa seigneurie[73]. Une fois de plus, il convient de constater la diversité de l'emprise des Plantagenêt sur leurs territoires.

C'est donc dans les principautés anglo-normandes que l'on trouve la plus forte relation entre féodalité et armée royale. Dans ce territoire baigné par la Manche, épicentre jusqu'en 1204 de l'Empire Plantagenêt, la législation et le contrôle administratif des fiefs atteignent un haut degré de sophistication. Lors des *Assises d'armes* (1181), Henri II légifère en matière militaire et impose l'équipement précis que chaque chevalier doit posséder en fonction des revenus tirés de son fief[74]. Il reçoit souvent des hommages dits généraux, qui concernent tous les guerriers aptes à manier les armes. Il multiplie les enquêtes sur leurs fiefs, en particulier les *Carte baronum,* ou sur ceux des ecclésiastiques ou des héritières à marier. Tous ces rapports et dispositions législatives témoignent, en définitive, de la part prépondérante des guerriers fieffés dans l'ost du roi.

A partir de 1200, une nouveauté intéressante touche la féodalité dans les principautés des Plantagenêt : l'apparition du fief-rente, un versement annuel d'une somme d'argent aux châtelains et chevaliers en échange de leur fidélité. Jean sans Terre et Henri III, qui veulent à tout prix acheter l'obéissance de la noblesse continentale face à la menace pressante de Philippe Auguste et de Louis VIII, y ont particulièrement recours[75]. En Poitou, la première mention d'un fief-rente date de 1199, et concerne les cent marcs annuels que le nouveau roi, qui tente péniblement alors de s'assurer la succession de son frère Richard Cœur de Lion, s'engage à payer à Eschivard de Preuilly pour ses hommage et service[76]. Par la suite, ce procédé devient tellement courant que les rois d'Angleterre et de France se livrent à de véritables enchères pour acheter l'alliance des plus puissants sires poitevins. Enfin, inutile de dire combien le monarque y trouve son intérêt : il peut, en effet, retirer aussi facilement un fief-rente à un vassal déloyal qu'il lui est trop souvent impossible de matérialiser la commise de son fief foncier.

A l'époque, de plus modestes chevaliers font, eux aussi, l'objet de versements en argent et d'autres dons sous forme de livrées[77], comme si le roi voulait capter directement leur fidélité et leur service militaire, en court-circuitant leurs tenants en chef[78]. Ceux-ci se résignent d'autant plus volontiers à ces manipulations pécuniaires qu'il semblerait que, dès la fin du XIIe siècle, l'inflation et l'affaissement des rentes réduisent le train de vie de la petite noblesse[79]. Gautier Map mentionne les serfs qui gravissent les marches de la hiérarchie sociale aux dépens des vieilles familles aristocratiques, déclassées en raison de leur paresse[80] ; dans son *Dialogue sur l'Echiquier,* Richard fitz Nigel observe également leurs difficultés financières et leur endettement[81] ; la haine de cette catégorie de combattants aristocratiques contre ses prêteurs juifs semble expliquer la brutalité du pogrom d'York de 1190[82]. L'une des causes de cette diminution de leurs revenus pourrait bien se trouver dans les partages successoraux qui morcellent le fief à partir des années 1130[83]. Si tant est qu'elle ait existé, cette mauvaise passe financière aurait facilité la monétarisation du service militaire de la petite chevalerie par le biais des soldes, des livrées ou des fiefs de bourse.

Les réticences de la noblesse envers ces versements en espèces sonnantes et trébuchantes, qui auraient pu pervertir le lien féodal entre un seigneur et son vassal, auraient-elles empêché le développement du fief-rente et *a fortiori* des salaires à l'occasion des campagnes militaires ? Dans ses *sirventes*, Bertran de Born dit certes que le mercenariat est à la guerre chevaleresque ce que la prostitution est à l'amour courtois ; il n'en fait pas moins l'éloge du seigneur généreux qui sait retenir auprès de lui de nombreux chevaliers en les rémunérant par des soldes[84]. La littérature de fiction reflète une attitude similaire envers l'argent. Ainsi, Meriadoc, roi imaginaire de Cambrie, n'hésite pas à se mettre au service de l'empereur en échange d'un salaire : Robert de Torigni, probable auteur de cette histoire, insiste sur l'honneur que lui vaut d'être placé « parmi les premiers guerriers stipendiés de sa troupe » ; il n'entache d'aucun jugement péjoratif, bien au contraire, le service soldé de ce chevalier mythique de la légende arthurienne, dont le nom rappelle étrangement celui de Cadoc, l'un des mercenaires du roi d'Angleterre[85]. L'épopée et le roman, qui reflètent et qui créent les modèles de comportement de la chevalerie, montrent que l'intervention de l'argent sur les champs de bataille ne semble pas perturber outre mesure la conscience des nobles.

D'autres récompenses paraissent davantage compatibles avec leur système de valeurs. Elles sont, en tout cas, plus en accord avec les traditions de la chevalerie et avec les thèmes que colporte habituellement sa littérature. On songe aussitôt au *juvenis* qui parvient à épouser une riche héritière, qui lui transmet le château de son père où il fonde son propre lignage. Mais seuls l'aventure, le haut fait d'armes ou la longue quête initiatique permettent de s'emparer d'une si belle proie. Une telle hypergamie existe sous les Plantagenêt. Toutefois, dans la pratique, elle obéit à des calculs bien plus prosaïques que ne le voudrait la légende arthurienne dont raffolent les chevaliers. S'il veut récompenser un guerrier qui lui a été particulièrement fidèle après de longues années de service, le roi le marie à une dame de haut lignage, à l'héritière d'un tenant en chef, dont il souhaite éviter à tout prix que le patrimoine et les alliances aillent vers des sires peu dociles[86]. L'hiver 1189, tandis qu'il sent le pouvoir lui échapper en raison de la révolte de son fils Richard, Henri II s'empresse de donner les plus beaux partis de son royaume aux guerriers demeurés loyaux dans la tourmente : Héloïse de Lancaster va alors à Gilbert fitz Reinfrid et Isabelle de Clare, fille de Strongbow et d'Aífa, à Guillaume le Maréchal[87]. Comme par le passé, les chevaliers cherchent à se placer grâce aux château et domaines fournis par le père de leur fiancée, qui est souvent leur propre seigneur. C'est toutefois le roi qui détient à présent le pouvoir d'accorder la main des femmes les plus recherchées de la noblesse anglaise.

Un autre phénomène semble aussi significatif de l'évolution politique et administrative de cette fin du XIIe siècle. Afin de mieux en contrôler l'union, le roi ordonne des enquêtes visant à connaître les noms de toutes ces héritières et la nature de leur patrimoine. L'un de ces recensements est attesté pour l'année 1165, mais ses résultats sont aujourd'hui perdus. Les archives conservent, en revanche, les *Rotuli de dominabus, puellis et pueris*, douze rouleaux de parchemin dressés vers 1185, se rapportant chacun à un comté anglais. Y figure la liste bien fournie de veuves et orphelines de l'aristocratie qui permet à Henri II de leur trouver un mari ou, le cas échéant, d'exiger une amende pour les noces qu'elles auraient célébrées sans son autorisation. Les *pueri* dont les noms sont également consignés dans ces rouleaux sont les orphelins pour lesquels le roi cède à ferme la tutelle et l'administration du fief, source de revenus juteuse pour les nobles fidèles à la couronne [88]. Tout un réseau de patronage, fondé sur l'attribution des biens des veuves et des orphelins par l'Echiquier, se met ainsi en place. Il apporte des recettes supplémentaires à l'aristocratie, qui entend conserver un droit de regard étendu sur l'institution. En 1211, Jean sans Terre prend toutefois des mesures pour diminuer les revenus que les tuteurs tirent de ces patrimoines. De façon plus générale, sa politique vise à étendre considérablement le contrôle royal sur l'ensemble du système féodo-vassalique. Il transforme, en particulier, la relation, plutôt ténue et vague, fondée sur la loyauté et l'obéissance, que lui apporte l'hommage de ses vassaux, en un réseau cohérent de fidélités garanties par des chartes et des otages [89]. Ces nouveaux procédés autoritaires l'aident à tenir davantage en main ses hommes. Mais leur impopularité a donné un argument supplémentaire à ses détracteurs en révolte qui ont exigé, dans la Grande Charte, le retour au statut ancien [90].

Plus forte sous Jean sans Terre, cette pression administrative engendre, en toute logique, un mouvement de défense de la part des nobles, qui tentent de récupérer le pouvoir dont ils sont dépossédés par les réformes récentes. Les médiévistes britanniques désignent habituellement cette réaction du nom de *Bastard Feudalism*. Il s'agit de la constitution de réseaux de clientèle, de partis et de groupes de pression autour d'un magnat qui rémunère ses fidèles en cadeaux ou en argent ou qui leur obtient des faveurs auprès de la couronne [91]. Autour de la personne de Guillaume le Maréchal, on a observé, par exemple, des accointances fondées sur la protection, l'affinité, l'intérêt matériel, l'arrivisme ou la domination locale, perçus par son plus récent biographe comme la fin de l'allégeance féodale traditionnelle et le début du « Féodalisme bâtard [92] ». Une telle analyse des médiévistes traduit peut-être une idéalisation du lien personnel, qui, généreux et désintéressé, n'entraînerait pas à son origine l'octroi automatique d'un fief, même si à la longue la convoitise de biens matériels finit par « abâtardir » cette relation entre le seigneur et son vassal, relation qui semblait pourtant si pure au départ[93].

Cette perception des historiens actuels sur la vassalité n'en soulève pas moins un problème capital. La législation féodale des Plantagenêt et le raidissement de la noblesse traduisent-ils une crise de fidélité ? Sont-ils significatifs de la perte de confiance mutuelle entre le roi et ses guerriers, ou une réponse politique pour pallier la disparition de services liés au seul serment prêté par la foi et l'hommage ? Ces questions renvoient au classement élaboré par des historiens du droit, de « lien personnel » (relation fondée sur la réciprocité de services, mais aussi sur la confiance, la loyauté et l'obéissance que les institutions féodales établissent entre un seigneur et son fidèle) et de « lien réel » (rapport entre le seigneur et le fidèle qui prend pour base le fief, la terre ou le bien cédés en échange du service militaire et du conseil)[94]. Même si le bien-fondé épistémologique d'une telle dichotomie ne fait pas toujours l'unanimité chez les médiévistes, force est de constater qu'elle est bien utile pour analyser les relations féodo-vassaliques et tenter d'y introduire une quelconque rationalité.

La qualité des rapports humains entre le seigneur et son vassal est essentielle pour comprendre l'obéissance du noble au roi ou, au contraire, sa révolte. Or, ce thème est fréquent dans l'historiographie des Plantagenêt. Ainsi, Jordan Fantosme affirme que, si les barons d'Henri II ont gagné la guerre contre Guillaume d'Ecosse, c'est en raison de la confiance et de la loyauté qu'ils ont conservées envers leur maître[95]. Ecrite peu après sa mort, l'*Histoire de Guillaume le Maréchal* vise à démontrer que ses choix politiques, souvent discutés de son vivant, ont toujours été honnêtes, car déterminés par la fidélité à la parole donnée à son seigneur et aux hommes de son ost[96]. Roger de Howden revient souvent sur le sujet : il exagère, par exemple, l'impact du serment prêté à l'impératrice Mathilde dans le ralliement des nobles anglo-normands au jeune Henri II aux dépens d'Etienne de Blois[97]. Il fait, en outre, remarquer que Richard Cœur de Lion, devenu roi en juillet 1189, loin de rejeter ceux qui l'ont combattu jusqu'au bout par fidélité envers son père, les récompense ou les reprend à son service ; il se débarrasse, en revanche, des opportunistes qui ont trahi le roi moribond pour rejoindre son ost[98]. De son côté, Giraud de Barri raconte que le lévrier d'Owain, un chevalier de l'armée d'Henri II, a reçu jusqu'à sept blessures pour avoir secouru son maître au plus fort d'une bataille contre les Gallois ; le chien est apporté au roi avec tous les honneurs, et Giraud de se lancer dans un long éloge de la loyauté canine [99]. C'est un attachement similaire qu'Henri II aimerait voir chez tous ses sujets.

Un dernier texte témoigne de l'importance du lien personnel dans les orientations politiques de l'aristocratie. Rigord, historiographe officiel de Philippe Auguste, rapporte que, en 1202, bien des guerriers de Jean sans Terre abandonnent la lutte contre le Capétien et préfèrent partir pour la croisade, « en raison de la mort du roi Richard d'heureux souvenir [100] ». Que cela plaise ou non aux médiévistes auxquels l'historiographie des *Annales* a heureusement appris à raisonner en termes de structures et de mouvements sociaux ou mentaux profonds, l'impopularité de Jean sans Terre parmi ses nobles est pour beaucoup dans la perte de la Normandie, tout comme l'aura de Richard Cœur de Lion explique le succès de sa résistance. Et il nous faudrait percer la conscience de ces guerriers aristocratiques, sonder leurs cœurs et leurs reins, pour comprendre plus précisément les vraies raisons de leur choix politique, somme toute, personnel et libre. Dans sa simplicité, ce constat traduit le malaise de l'historien qui applique des grilles de lecture cartésiennes pour interpréter la réaction de la noblesse face à l'accroissement de l'administration des Plantagenêt. La révolte nobiliaire peut certainement être analysée comme une mécanique dont les principaux éléments seraient le renforcement du gouvernement central du roi, la présence de ses officiers en périphérie, la reddition des châteaux à la couronne, les progrès de la justice royale au détriment des tribunaux seigneuriaux, la pression exercée sur les feudataires pour qu'ils accomplissent leur service militaire ou s'acquittent de l'écuage, la brutalité des mercenaires, l'adoption du modèle de comportement « juvénile » par les fils du roi... La liste pourrait être allongée, et dans l'état actuel de nos recherches on aurait du mal à hiérarchiser les causes de cette contestation aristocratique.

Il paraît aussi ambitieux de mesurer chez les nobles leur niveau d'acceptation du gouvernement de l'Angevin ou son rejet, aux termes d'une dialectique où l'antithèse aristocratique répondrait à la thèse royale, tout comme le privé s'opposerait au public. Quand Richard Cœur de Lion, duc d'Aquitaine, prend les armes contre son père, roi d'Angleterre et son seigneur féodal, agit-il en homme public ou en homme privé ? Encouragé par sa mère Aliénor d'Aquitaine, ressasse-t-il alors contre son père des rancœurs qui remontent à une enfance malheureuse [101], ou défend-il plutôt les intérêts des Aquitains face au roi d'Angleterre qui outrepasse ses droits sur eux ? Qu'en est-il de son départ pour la croisade ? S'agit-il pour lui d'expier ses fautes passées et d'augmenter sa gloire chevaleresque, mais aussi de défendre la Chrétienté de Terre sainte, d'accroître le prestige de la royauté anglaise et trouver de nouveaux débouchés pour ses guerriers ? Autour de 1200, le problème de l'usage de la violence par le roi ou par l'aristocratie est d'autant plus complexe que s'amorce une période de renaissance du pouvoir central. En cette époque de transition, où l'Etat commence à peine sa gestation, l'exercice de la guerre n'est pas l'apanage de l'un ou l'autre de ces acteurs sociaux. Leurs activités militaires s'entremêlent souvent, puisque les nobles constituent l'essentiel des armées royales et que le roi est guerrier parmi eux.

L'unité introuvable

La géopolitique angevine ne saurait se concevoir en un seul bloc. De fait, elle dépend largement de la relation plus ou moins étroite que la noblesse de chacun des territoires artificiellement fédérés autour du roi entretient envers sa personne. Or, la nature du lien entre les aristocrates et la royauté varie considérablement d'une région à l'autre. En 1151, Geoffroi le Bel a une si profonde conscience de cette diversité qu'il conseille, sur son lit de mort, à son fils Henri II de respecter les coutumes de chacune des principautés qui lui échoient en héritage, et de ne jamais transférer les lois des unes vers les autres. A ses yeux, ce serait une grave erreur politique que de vouloir appliquer le mode de gouvernement de l'Angleterre et de la Normandie, en dépit de son efficacité, en Anjou, comté qui n'est pas encore prêt à supporter une telle autorité [102]. A huit siècles de distance près, il faut admettre qu'une telle analyse ne manque pas de profondeur. Venant du comte, elle révèle une connaissance indéniable du terrain. Le tout est de déterminer si Henri II et ses fils l'ont assimilée, et s'ils en ont fait l'un des points forts de leur action politique.

Les historiens actuels discutent, en effet, pour savoir si le premier Angevin à monter sur le trône d'Angleterre — découvrant en même temps la vitalité de ses rouages administratifs et le rendement des prélèvements fiscaux de ce royaume — a suivi ou pas le conseil de son père. Pour Jacques Boussard ou André Debord, on peut parler de l'autoritarisme centralisateur d'Henri II sur le continent [103]. Mais les médiévistes anglais insistent davantage sur la délégation des pouvoirs aux institutions spécifiques de chaque principauté, s'insurgeant contre l'idée d'une tentative des Plantagenêt d'organiser leurs territoires sous un contraignant « Empire »[104]. Cette diversité d'opinions témoigne de la complexité de la question, mais aussi de deux traditions historiographiques différentes. Qu'on nous permette de simplifier à outrance pour observer que la thèse des médiévistes français contemporains, issus d'une république jacobine et centralisante, contraste avec les positions des Britanniques, habitués à l'autonomie des différents pays de la couronne. Pour essayer, un tant soit peu, de répondre à la question du respect de la dernière volonté de Geoffroi le Bel, force est de passer en revue chacune des principautés de l'Empire. On partira des régions les plus « libres », où l'aristocratie manifeste le plus ouvertement sa volonté d'indépendance, pour aller vers celles où les élites dirigeantes non seulement acceptent avec soumission le gouvernement central, mais contribuent elles-mêmes à en augmenter les moyens d'action. Chemin faisant, nous retrouverons notre fil conducteur, à savoir la dialectique entre la collaboration et la résistance de l'aristocratie face à un Etat angevin en construction.

En Aquitaine, la rébellion au quotidien

C'est de façon unanime qu'à la fin du XIIe siècle, les chroniqueurs français ou anglo-normands présentent l'Aquitaine et sa noblesse sous les traits de l'insoumission, de la rébellion et de l'hostilité à la royauté, qu'elle soit capétienne ou Plantagenêt. Leurs récits sur la prise d'armes de l'aristocratie locale contre le monarque sont nombreux. Robert de Torigni dénigre les protagonistes des événements de 1168, au cours desquels les grands aquitains, « se révoltant furieusement contre le roi, se livrèrent à des incendies, écrasèrent le pauvre et ravagèrent le pays tout entier[105] ». Richard de Devizes, panégyriste de Richard Cœur de Lion, relate avec enthousiasme les succès militaires du roi matant les aristocrates gascons, « brigands méprisables » (*latrunculi*) et « tyrans indomptables » (*tiranni indomabiles*)[106]. Il en va de même avec Giraud de Barri qui met en scène la prise de Taillebourg et l'efficacité avec laquelle Richard rétablit l'ordre en Poitou, secoué par un soulèvement aristocratique[107]. L'idée de cet attrait atavique pour la guerre subsiste encore à la cour de Jean sans Terre, où l'étiquette de « Poitevin » devient synonyme du parti belliciste de ces continentaux qui aimeraient épuiser le trésor anglais dans d'incertaines aventures militaires[108]. A en croire leurs contemporains, les Aquitains des années 1154-1224 sont violents. Ils aiment la fureur des armes, dont ils disposent à leur guise pour servir leurs intérêts du moment et ce, sans aucun sens du bien commun.

Leur réputation est faite, et leur attitude paraît bien peu chevaleresque devant l'engagement et la parole donnée. Pour Guillaume le Breton, chapelain de Philippe Auguste et son historiographe attitré, l'Aquitaine est peuplée d'une noblesse belliqueuse et indocile, que le roi peine à pacifier, surtout parce que « la fidélité poitevine est inexistante » et que « changer de fidélité est toujours le propre des Poitevins »[109]. Un tel cliché prévaut à la cour anglo-normande. C'est en reprenant la chronique de Dudon de Saint-Quentin, où Guillaume Longue Epée (927-942) hésite à donner la main de sa sœur à Guillaume III (†963), duc d'Aquitaine, que Benoît de Sainte-Maure met dans sa bouche la phrase suivante : « De père en fils, les Poitevins sont peu vaillants aux armes, peu hardis et peu entreprenants ; ils sont plus avares, frivoles, déloyaux et mensongers que les autres peuples[110]. » Vers 1210, le poète Raoul de Houdenc développe, à son tour, le thème de la traîtrise poitevine : *Que tricherie ert en Poitou [...], ferme chastel de trahison*[111]. Une quinzaine d'années plus tard, Jean le Trouvère reprend le même poncif en parlant du revirement de quelques barons poitevins, en 1202, aux dépens de Jean sans Terre : « Les Poitevins firent aussitôt ce qu'ils devaient faire. Et que devaient-ils faire ? Tromper leur seigneur et s'attacher à des seigneuries étrangères. C'est ce qu'ils font toujours[112]. » Un peu plus tard, Matthieu Paris (1200-1259) raconte que, sur son lit de mort, Richard Cœur de Lion demanda que ses viscères restent dans l'église de Châlus (Limousin) où il avait été tué, « en cadeau aux Poitevins, pour indiquer leur trahison, car il jugea qu'aucune autre partie de son corps n'était digne d'eux ». Ailleurs dans la chronique, il regrette « la trahison innée des Poitevins »[113]. Le stéréotype de la duplicité, de la déloyauté et de l'inconstance des Aquitains est omniprésent dans l'historiographie. Il vient de loin, mais il connaît un succès accru à la cour d'Henri II, lui qui a tant peiné à ramener périodiquement ces principautés méridionales dans son giron.

Pourtant, l'exagération rhétorique, en filigrane de telles assertions littéraires, saute aux yeux. Elle est destinée à souligner la difficulté de la tâche pacificatrice des rois et à exalter leurs exploits militaires dans une zone d'autant plus intenable que sa population est *a priori* violente et fourbe. Elle s'inscrit dans un stéréotype régional plus profond, au prisme déformant duquel les Septentrionaux regardent les peuples du sud de la Loire comme rétifs à toute forme d'organisation politique stable, équitable et juste. A partir de 1209, ce thème de l'anarchie qui règne dans le Midi est encore exacerbé par l'assassinat du légat pontifical Pierre de Castelnau, et donne une solide justification aux chevaliers de l'Ile-de-France pour participer à la croisade contre les Albigeois, présentée comme une « affaire de paix [114] ». Cet affrontement militaire reflète, de façon spectaculaire, un antagonisme plus profond, celui de l'opposition entre les pays du nord et du sud de la France, qui correspond presque exactement à la limite entre les parlers d'oïl et d'oc ; cette fracture entre un monde romanisant et un monde germanique est peut-être plus profonde que celle qui sépare la culture des aristocraties française, anglaise et allemande [115]. Vers 1200, la xénophobie influence sans aucun doute la description de l'Aquitaine par les chroniqueurs et romanciers septentrionaux.

Elle n'explique pourtant pas tout. Aussi déconstruit soit-il par la critique actuelle, le discours des auteurs médiévaux se fonde sur une réalité tangible. Leurs indéniables préjugés ethniques ne permettent pas de rejeter en bloc leur témoignage ; ces écrivains voient juste quand ils insistent sur les difficultés qu'aussi bien Louis VII ou Henri II et leurs descendants éprouvent pour s'imposer au sud. Pis, l'attachement à cette autonomie des principautés méridionales se retrouve au sein même de la maison Plantagenêt. Aliénor d'Aquitaine et le jeune Richard Cœur de Lion tirent ainsi du titre ducal leur légitimité à désobéir à Henri II ; leur attitude s'inscrit dans le refus ancien de tout pouvoir supérieur par le comte de Poitiers [116]. A un degré moindre de la hiérarchie sociale, il convient de constater la faible part que prennent, dans le gouvernement d'Henri II, les nobles poitevins, et *a fortiori* limousins ou gascons ; leur présence dans l'entourage du roi d'Angleterre est occasionnelle, par exemple lorsque celui-ci se déplace dans leurs domaines [117]. Dans la région, ceux qui lui résistent sont bien plus nombreux que ceux qui appuient sa politique. Ils tiennent trop à préserver leurs terres de toute intervention royale. Les fondements de la seigneurie banale sont loin d'être sapés par un quelconque progrès de la justice du duc, comme le montre le formulaire de quelques chartes. En 1160, un acte de Garsire, seigneur de Rais (Tiffauges), mentionne, par exemple, ses « domaine, droit, juridiction, justice, district, avec la haute et basse justice et avec le mère et mixte empire [118] ». La maison d'Anjou a beau combler de cadeaux et de faveurs les grandes familles locales, celles-ci n'en restent pas moins réticentes à collaborer et à abandonner leurs prérogatives, en raison d'un profond attachement à leur indépendance.

L'exemple des Lusignan est sur ce point parlant. Richard Cœur de Lion soutient, en 1190, la candidature de Gui au trône de Jérusalem, et il accorde, en 1194, la main d'Alix, héritière du puissant comté normand d'Eu, à Raoul d'Exoudun[119]. Si tant est qu'il a agi de la sorte pour assurer la fidélité de leur lignage à la royauté anglaise, sa peine était inutile. En 1202, Hugues IX le Brun de Lusignan, frère de Raoul d'Exoudun, accuse, en effet, Jean sans Terre devant le tribunal de Philippe Auguste de lui avoir pris Isabelle d'Angoulême, avec laquelle il a déjà contracté un mariage par le rituel des *verba de presenti*[120]. Le roi de France prend prétexte de l'affaire pour rompre le traité du Goulet (1200) et pour envahir les fiefs continentaux du roi d'Angleterre, qu'il lui réclame en commise[121]. L'affaire de l'engagement matrimonial rompu d'Isabelle d'Angoulême et de ses conséquences politiques traduit une situation impossible pour les Plantagenêt, qui s'appliquent inutilement à soumettre les Aquitains. C'est pourquoi, les préférant aux sires locaux, ils font administrer leurs territoires méridionaux par des Anglais et par des Normands, et on voudrait presque utiliser l'adjectif « colonial » pour parler de leur présence dans ces principautés à jamais étrangères et hostiles.

Les réticences aquitaines à collaborer avec la couronne prennent trop souvent les traits de la rébellion ouverte. Roger de Howden se fait l'écho des doléances des populations locales contre Richard Cœur de Lion, qu'elles accusent d'abuser de leurs femmes et filles avant de les livrer à ses guerriers[122]. Dans son propos, le soulèvement généralisé se justifie par de telles atteintes à l'honneur. Ce même chroniqueur raconte qu'en juin 1194 Richard Cœur de Lion admet, dans sa réponse à une demande de trêve par Philippe Auguste, qu'il ne contrôle pas toujours la violence des hauts feudataires poitevins, « et qu'il ne veut pas violer les coutumes et les lois du Poitou, ou de ses autres terres, où l'habitude s'est instaurée depuis des temps anciens que les magnats règlent entre eux leurs différends par l'épée[123] ». Sous la plume de Roger de Howden, un abîme infranchissable sépare le roi des Aquitains. Leurs relations ne peuvent être que conflictuelles.

Sur ce point, les médiévistes actuels ont constaté à l'instar de Roger de Howden le penchant de l'aristocratie locale pour l'usage des armes en dehors de tout cadre étatique[124]. La fréquence des révoltes aristocratiques en Poitou corrobore une telle analyse. Sous le règne d'Henri II, on en compte, en moyenne, une tous les trois ans et demi ; les épicentres de ces soulèvements se trouvent dans le Limousin, où le domaine propre du prince est inexistant, et surtout dans le comté d'Angoulême, où les Taillefer d'abord et les Lusignan ensuite, toujours en conflit avec le duc, se constituent une véritable principauté territoriale indépendante, enclavée au cœur de l'Aquitaine[125]. La violence de ces soulèvements est telle qu'elle aboutit parfois à l'assassinat des représentants du roi : ces mêmes Lusignan sont à l'origine du meurtre de Patrick de Salisbury en 1168, et d'un ami très proche de Richard Cœur de Lion en 1188[126]. Enfin, en 1202, les Lusignan encore, brouillés avec Jean sans Terre, joueront un rôle de premier plan dans la perte de la Normandie. L'hostilité des nobles aquitains à l'égard du roi d'Angleterre et de ses représentants, contre lesquels ils n'hésitent guère à prendre les armes, n'est que trop souvent ouverte.

Dans cette principauté, l'assassinat de Patrick de Salisbury et de l'ami de Richard Cœur de Lion semble s'accompagner d'une xénophobie spécifique contre les Anglais. Deux textes traduisent le sentiment d'insécurité, ou du moins de profonde altérité, qu'éprouvent alors des clercs anglais demeurant en Poitou. Dans une notation qu'il gribouille dans la marge du manuscrit de son opuscule *Canon de la messe* (1166), Isaac, abbé cistercien de l'Etoile, dit ses peurs d'un seigneur local qui lorgne quelques terres de son monastère : « Hugues, seigneur de Chauvigny, proclame sur les toits qu'il veut se venger sur moi de tous les Anglais. Ah si je n'étais pas anglais et si, à l'endroit où je suis exilé, je n'avais jamais vu d'Anglais[127] ! » Sans doute Isaac fréquente-t-il alors assidûment Jean Bellesmains, évêque de Poitiers, que les chartes locales appellent *Johannes Anglicus*, partisan comme lui de Thomas Becket, engagement qui lui vaut même une tentative d'empoisonnement. Jean de Salisbury se fait compatissant : « Cet étranger, éduqué et élevé parmi d'autres peuples, n'est pas assez instruit sur les coutumes spéciales et sur les droits inouïs des Aquitains[128]. » A la tête d'un établissement ecclésiastique ou d'un office civil, l'intégration d'un Anglais dans la société et la vie politique aquitaines semble impossible.

Ce rejet se manifeste constamment par des refus d'obéissance caractérisés à l'égard de l'autorité ducale. L'attitude des Lusignan vis-à-vis du mariage de Jean sans Terre et d'Isabelle d'Angoulême est significative de leur volonté de gérer les stratégies matrimoniales de leur lignage selon leur gré. Cet exemple n'est pas isolé. En 1177, Henri II réclame la tutelle de Denise, fille unique de Raoul de Déols, récemment décédé en Italie au retour d'un pèlerinage en Terre sainte ; l'orpheline, héritière de Déols et de Châteauroux, âgée de trois ou quatre ans, est le plus beau parti du Berry. Son oncle Eudes, en décidant de la garder dans son château de la Châtre, s'oppose ouvertement au roi qui veut céder sa main à Baudouin de Redvers (†1188), prétendant au comté de Devon. Henri le Jeune, dépêché sur les lieux, capitule devant les murs de Châteauroux, que le roi en personne prendra quelques mois plus tard avec ses propres troupes. C'est donc par la seule force des armes qu'Henri II obtient la garde de cette héritière [129]. L'anecdote est intéressante à titre comparatif. A la même époque, en Angleterre, des enquêteurs parcourent au nom du roi les domaines de tous les tenants en chef pour dresser la liste des veuves et orphelines à marier dans les célèbres *Rotuli* de 1185 [130]. Sur l'île, les moyens d'action de l'Echiquier pour contrôler le mariage des héritières sont infiniment supérieurs. Il en va de même pour la tutelle des garçons de la noblesse, alors que, par contraste, Henri II éprouve, en 1156, de grandes difficultés pour arracher la garde du jeune vicomte Aimar V de Limoges à son oncle [131]. Ce roi rencontre autant de problèmes pour asseoir son pouvoir en Aquitaine que pour imposer son autorité maritale à Aliénor, souveraine en sa principauté et à la tête de la grande révolte de 1173. Une fois de plus, sphère publique et vie privée sont inextricablement mêlées.

A partir de 1189, date de son accession à la royauté, le fils de ce couple conflictuel, Richard, solidement implanté en Aquitaine depuis sa jeunesse, obtient de plus francs succès. Il est remarquable que, vers 1190, il n'ait pas affronté d'opposition particulière pour remarier Denise de Déols, devenue veuve, à son fidèle André de Chauvigny, membre d'une famille de la chevalerie de service de l'évêque de Poitiers. Plus important encore, les officiers sont respectés pour ce qu'ils sont, c'est-à-dire les représentants de l'autorité royale : Richard se permet même de nommer en tant que sénéchaux de Poitou, véritables vice-rois pour la région, des hommes de modeste extraction, issus de familles de marchands ou d'intendants domaniaux, comme Robert de Montmirail ou Pierre Bertin [132]. Mais il ne parvient pas à mener à terme la tâche, qui le dépasse largement, de supprimer l'autonomie des châtellenies et d'interdire leurs prérogatives judiciaires. Richard Cœur de Lion et ses officiers ont néanmoins remporté quelques victoires dans leur combat pour récupérer une partie de la juridiction aristocratique.

En 1199, la mort précoce du roi marque un coup d'arrêt brutal dans ce modeste processus de centralisation administrative. A cette date, son frère Jean sans Terre, qui peine à lui succéder en dépit du soutien d'Aliénor, doit procéder à des concessions faramineuses au profit des nobles poitevins : les propriétés foncières du domaine comtal sont dilapidées à leur profit ; les fiefs-rente versés en échange de leur fidélité épuisent le trésor anglais ; la charge de sénéchal du Poitou est désormais accaparée par Savary de Mauléon, Réginald de Pons et d'autres châtelains locaux ; de vastes comtés et vicomtés indépendants se constituent au profit d'une véritable tétrarchie aristocratique

(Lusignan, Thouars, Parthenay-Larchevêque et Mauléon), qui, détentrice du pouvoir dans les faits, traite d'égal à égal avec le roi et soumet les châtelains, la petite noblesse et les villes à sa propre domination[133]. Le vicomte Geoffroi de Thouars, par exemple, peut même prétendre au duché d'Aquitaine, car il est, par sa mère Agnès de Poitiers, le petit-fils de Guillaume IX[134] ; après son veuvage, Agnès est devenue l'épouse de Ramire d'Aragon, ce qui fait aussi de Geoffroi le demi-frère de la reine Pétronille, épouse du comte de Barcelone[135] : c'est dire l'étendue et le prestige de son réseau d'alliances. Les chefs de ces quatre maisons vicomtales mènent donc leur propre politique familiale de prestige, renversant leurs alliances avec Philippe Auguste ou Jean sans Terre au fil de la conjoncture politique. Jusqu'à leur écrasement définitif en 1242, leurs choix personnels font l'histoire du Poitou.

Sur ce point, la carrière de Savary de Mauléon (vers 1180-1233) est fort parlante. Partisan d'Arthur de Bretagne, Savary, battu à Mirebeau, est emprisonné par Jean sans Terre qui se réconcilie finalement avec lui et le nomme, en 1205, son sénéchal pour le Poitou. Il passe ensuite au service de Raimond VI de Toulouse lors de la croisade albigeoise, de Philippe Auguste entre 1212 et 1213 et, à nouveau, de Jean sans Terre entre 1214 et 1216. Savary est à Damiette avec les croisés (1219). A son retour, Henri III en fait le dernier sénéchal du Poitou pour les Anglais. En 1224, il passe, avec armes et bagages, dans le camp de Louis VIII, qui lui confie la surveillance de La Rochelle et de l'Aunis. Il participe néanmoins à la révolte contre Blanche de Castille, et il doit conclure, en 1227, une trêve avec Louis IX. En 1230, peu avant sa mort, il rejoint encore l'expédition menée par Henri III depuis Saint-Malo pour reconquérir le Poitou. Ce parcours, pétri de revirements politiques et de renversements d'alliances, est en apparence chaotique : il érige la trahison en norme de comportement. Il répond toutefois à une certaine logique. Comme la plupart des nobles poitevins, Savary tire profit de la guerre entre les rois de France et d'Angleterre pour maintenir au jour le jour son pouvoir seigneurial ; dans un contexte trouble, il apprend à jouer sur les deux tableaux pour accorder ses services militaires et administratifs au plus offrant[136]. Ses infidélités à répétition et son inconstance viscérale traduisent autant la séculaire volonté d'indépendance de l'aristocratie locale que son hostilité à tout pouvoir central fort qui s'attaquerait à l'autonomie de ses seigneuries.

Plus au sud, en Gascogne, principauté rattachée en 1058 seulement à l'Aquitaine, le comportement de la noblesse est encore plus remuant. L'emprise des ducs, originaires du Poitou où se trouve l'essentiel de leur patrimoine, y est faible : leur domaine propre est presque inexistant, si ce n'est dans la ville de Bordeaux et son arrière-pays [137]. Leur activité dans ces régions méridionales est aussi médiocre. Henri II ne fait dresser que six chartes pour ces territoires, et la cinquantaine qui émane de la chancellerie de Richard Cœur de Lion se rapportent à des villes et monastères situés sur les rives de la Garonne et de l'Adour, dont Richard connaît l'emplacement frontalier et l'intérêt stratégique [138]. L'étude des itinéraires des Plantagenêt montre, enfin, qu'ils s'y rendent rarement. Le vide du pouvoir ducal en appelle d'autres.

Les comtes de Bigorre et d'Armagnac ou les vicomtes de Bayonne, de Dax, de Lomagne, d'Oloron, de Comargue et de Gabarret, mais aussi la plupart des châtelains, sont les véritables maîtres du lieu. Quand Richard Cœur de Lion tente de renverser la situation pour y imposer son pouvoir, ils se révoltent à l'instar de leurs parents poitevins, angoumois ou limousins. Pour les mater, l'Angevin mène périodiquement des campagnes militaires sur leurs terres. En mai 1191, le but stratégique de ses noces avec Bérengère de Navarre est précisément de gagner le soutien du père de la mariée dans cette région, où les chevaliers navarrais combattront les sires soulevés pendant sa croisade et sa captivité [139]. En 1196, l'union de sa sœur Jeanne avec Raimond VI de Toulouse, auquel elle apporte l'Agenais en dot, s'inscrit dans le même programme de contrôle régional [140]. L'année suivante, le roi proclame des statuts qui visent, avec l'aide de l'épiscopat local, à imposer la paix dans le pays de l'Entre-deux-Mers [141]. De sa part, ces nouvelles stratégies matrimoniales en direction du sud traduisent une volonté accrue d'intervenir en Gascogne. Elles changent la donne sur l'échiquier politique méridional.

Richard Cœur de Lion comprend, en outre, que pour faire triompher sa politique gasconne, il doit s'appuyer sur les populations urbaines face à la haute noblesse. En 1175, par exemple, lorsque Centulle III de Bigorre et Pierre II de Dax en révolte se réfugient à Dax, les habitants de la cité tuent le second et livrent le premier à Richard, qui confirme aussitôt les privilèges de la commune [142]. Pareille situation se reproduit en 1205. Cette année-là, soutenu par le comte d'Armagnac, le vicomte de Béarn et d'autres sires locaux, Alphonse VIII de Castille envahit la Gascogne qu'il réclame en dot de sa femme Aliénor, fille d'Henri II : Bayonne, La Réole et Bordeaux ferment toutefois leurs portes à ses troupes, qui doivent battre en retraite [143]. Ces deux exemples montrent toute la portée de l'alliance entre les Plantagenêt et les villes du Sud-Ouest.

Cette politique porte ses fruits aussi en Poitou. A peine fondée en 1130, La Rochelle connaît un essor spectaculaire, grâce à une conjoncture commerciale favorable : fidèle à Henri II pendant la révolte de 1173, elle est comblée de privilèges deux ans plus tard par le roi, devenant alors la première commune jurée de la région. Sa loyauté aux Angevins s'affirme encore davantage au XIIIe siècle ; elle devient la tête de pont des campagnes de Jean sans Terre pour reprendre ses possessions perdues et la dernière place poitevine à tomber devant Louis VIII[144]. Le ralliement au roi d'Angleterre des autres grandes communes de la région (Saintes, Poitiers, Niort, Saint-Jean-d'Angély, Cognac ou Angoulême) est aussi sûr : il répond aux franchises accordées, d'après le modèle des *Etablissements de Rouen*, dans les années 1199-1204 par Aliénor d'Aquitaine qui veut obtenir ainsi leur soutien à Jean sans Terre face à Arthur de Bretagne et à Philippe Auguste[145]. Il est ainsi significatif que Niort demande, en 1220, à Henri III d'être gouvernée et défendue par un sénéchal anglais plutôt que par un seigneur autochtone à la fidélité incertaine et fluctuante[146]. Le schéma de l'entente cordiale entre la commune et le roi pour contrer l'aristocratie trouve ici sa plus belle expression.

A la fin du XIIe siècle, cette collusion entre le duc et les villes face aux comtes, vicomtes et châtelains aquitains est une nouvelle donne sur l'échiquier politique local. En garantissant la paix sur les chemins, en abolissant les péages aristocratiques et en s'opposant au prélèvement arbitraire des seigneurs, le roi sert les intérêts du patriciat nobiliaire urbain et de la classe mercantile. Ses franchises communales accordent une partie de la justice, de la police et de la fiscalité des cités à cette oligarchie commerçante en pleine ascension. Elles gagnent la fidélité des citadins, qui en savent gré à sa maison. En même temps, les ports anglais ou continentaux deviennent la plaque tournante d'un commerce en plein essor. Les marchands accroissent leurs richesses, et par conséquent leur puissance politique. Leur fidélité est acquise aux Plantagenêt, avec lesquels ils présentent tant d'intérêts communs.

C'est, en effet, un lieu commun que de parler du rôle de la bourgeoisie des villes gasconnes, et en particulier de Bordeaux, comblées en libertés municipales et privilèges commerciaux, dans l'attachement de ces terres méridionales au roi d'Angleterre[147]. A suivre ce postulat, le patriciat urbain serait devenu, dès les années 1150, un protagoniste essentiel de la vie politique, en concurrence frontale avec la vieille noblesse châtelaine rurale. Cette analyse n'est pas entièrement erronée. Mais l'esprit mercantile, l'appât du gain, voire les exportations du vin de la Garonne vers les ports anglais n'expliquent pas tout. Même en pleine croissance politique et institutionnelle, la bourgeoisie du XIIIe siècle ne saurait se passer de la noblesse.

En Aquitaine, les véritables acteurs sociaux restent les comtes, vicomtes, châtelains, barons et chevaliers, dont les seigneuries et le savoir-faire militaire assurent la suprématie au sommet du pouvoir. Cette aristocratie a tôt fait de comprendre que tout son intérêt est de demeurer sous la domination d'une dynastie étrangère et éloignée, plutôt que de voir sa marge d'autonomie réduite par une administration française conquérante. Elle a saisi que le conflit entre les Plantagenêt et les Capétiens méritait d'être attisé par ses revirements, infidélités et trahisons, qui empêcheraient l'une des deux lignées de l'emporter définitivement et s'imposer de façon durable en Aquitaine sans autre concurrence royale. Savamment dosé, le renversement d'alliance devient une arme politique redoutable pour maintenir un équilibre indécis dans le combat des deux maisons. Il permet la surenchère, afin d'exiger chaque jour davantage de terres, fiefs-rente et charges en échange d'une fidélité que les Plantagenêt monnayent au prix fort. A la cour anglaise, cette politique — dont le but unique est de préserver l'indépendance de la châtellenie en Aquitaine — est vite devenue impopulaire. On y rejette donc le parti « poitevin » et ses positions jusqu'au-boutistes : de nombreux Anglais refusent de participer à d'incertaines aventures militaires sur le continent. Ils n'auront cependant pas le dernier mot. Jusqu'en 1224, et même en 1242, l'activité de Jean sans Terre et d'Henri III est continuelle en Aquitaine. Elle témoigne de l'attachement de la dynastie à leurs terres ancestrales et maternelles.

Etait-ce un bon calcul pour l'aristocratie que de miser sur la carte anglaise au nom de l'autonomie et des privilèges ? Sous Jean sans Terre et Henri III, les indices de l'alourdissement de la fiscalité ducale en Gascogne sont nombreux. Parmi les impositions nouvellement attestées qui ponctionnent désormais le trésor des nobles, on trouve une taxe de remplacement de l'ost similaire à l'écuage ou le contrôle direct par la royauté des gardes et tutelles. Les péages sur le commerce bordelais sont en hausse, même si les marchands de cette ville profitent largement du traitement privilégié que leur réservent les ports anglais. La cause principale d'une fiscalité et d'un encadrement accrus est « le resserrement des possessions continentales à la seule Gascogne[148] ». Paradoxe de l'Histoire, le roi d'Angleterre gouverne mieux que jamais le Sud-Ouest, naguère espace incontrôlable, alors même que ses autres principautés entrent dans le giron de la France. A partir de 1224, débarrassé des derniers territoires continentaux, il concentre avec succès ses efforts de centralisation dans cet espace réduit entre Pyrénées et Garonne.

Dans le Grand Anjou et la Bretagne, la docilité incertaine

L'Anjou, dont est issue la famille d'Henri II, connaît une expansion sans précédent depuis le milieu du XIe siècle. En 1152, ce comté comprend le Maine et la Touraine. Cet élargissement spatial coïncide avec un renforcement notable du pouvoir comtal. Depuis 1144, le contrôle du duché de Normandie met, en effet, Geoffroi le Bel à la tête d'une principauté remarquablement administrée, qui lui fournit l'exemple à suivre[149]. Il réussit d'autant mieux à appliquer un système de gouvernement similaire en Anjou que, de longue date, sa maison y dispose d'un domaine propre consistant[150]. Henri II parachève l'œuvre de son père, en contrôlant de mieux en mieux l'espace de cette principauté de la Loire. Il parvient ainsi à subdiviser l'Anjou et ses territoires manceaux et tourangeaux en une dizaine de prévôtés, chacune d'entre elles assez bien pourvue en châteaux comtaux et terres pour rémunérer des agents chargés de la justice et de la police, et des garnisons castrales. La comparaison avec la Gascogne, où il n'existe guère de prévôts ducaux qu'à Bordeaux et peut-être à La Réole sous son règne, témoigne du décalage entre ces deux régions[151]. Les travaux impressionnants entrepris alors à la forteresse de Chinon, qui devient avec Loches la plus solide fortification des pays ligériens, matérialisent aux yeux de leurs sujets la mainmise d'Henri II et de ses fils sur cet espace[152]. Pourtant, en dépit de ces progrès administratifs, les sires locaux se refusent à concevoir leurs seigneuries autrement qu'en enclaves indépendantes de tout pouvoir supérieur, à l'image de Bouchard, un noble de second rang, qui s'intitule fièrement, encore en 1189, « seigneur de l'Ile-Bouchard par la grâce de Dieu[153] ».

C'est pourquoi, face à l'accroissement constant du pouvoir du comte, la noblesse ligérienne hésite entre la collaboration loyale et la révolte ouverte. Henri II s'appuie sur quelques seigneurs locaux qui lui sont, sa vie durant, fidèles : Maurice de Craon et Brient de Martigné se trouvent souvent à la tête de son ost ; le premier conduit, en 1173, l'armée royale au cours de la grande rébellion, tandis que le second se voit confier la garde du château de Thouars pris en 1158[154]. Pourtant, au sein de l'aristocratie angevine, les seigneurs semblent plus nombreux à se liguer contre Henri II, dès que l'occasion favorable se présente, surtout au début de son règne. Ils organisent alors leur soulèvement de façon globale et tentaculaire, en réseau d'alliances et de fidélités féodales. Ils savent désormais que face à leur comte, devenu le roi le plus puissant d'Occident, ils ne peuvent plus extirper leurs revendications comme naguère par la révolte individuelle et ponctuelle d'un seul lignage. Ils rallient donc, ensemble, des ligueurs de taille qui, comme Geoffroi, frère d'Henri II, en 1152 et 1156 ou comme ses propres fils en 1173 sont à même de rassembler des troupes dans l'ensemble de l'Empire Plantagenêt.

Des barons locaux, comme Raoul de Faye, oncle d'Aliénor d'Aquitaine, ou Hugues de Sainte-Maure, conseiller d'Henri le Jeune, jouent un rôle primordial dans le déclenchement de la grande révolte de 1173. Ils entraînent avec eux de nombreux seigneurs, mécontents de l'autorité croissante d'Henri II : Guillaume et Joscelin de Sainte-Maure, Geoffroi et Raoul de la Haye, Robert de Sablé, Geoffroi de Lavardin, Matthieu de la Jaille, Philippe de la Chartre, Vivien de Montevrault... Ces seigneurs trouvent de solides appuis dans le Mirebellais et dans le sud-ouest de la Touraine. Mais le roi conserve la fidélité du pays de Chinon, où il est solidement implanté, et de la vallée de la Loire : ses chevaliers anglo-normands et ses mercenaires auront le dernier mot. Soumise dès 1174, l'aristocratie angevine ne peut désormais que se plier aux exigences du pouvoir comtal. En 1189, Richard Cœur de Lion prend le pouvoir en s'opposant à la noblesse ligérienne restée fidèle à son père : l'une de ses premières mesures est de destituer pour détournement de fonds et d'emprisonner Etienne de Marzai, sénéchal d'Anjou, et de donner sa charge à l'Anglais Robert de Thornham[155]. Ce remplacement témoigne de la facilité avec laquelle le roi d'Angleterre contrôle désormais l'Anjou, qu'il fait gouverner par un officier insulaire.

L'histoire du comté d'Anjou en pleine expansion est inextricablement mêlée à celle de la Bretagne. Contrairement à une idée reçue, cette principauté ne présente aucun archaïsme institutionnel avant l'avènement des Plantagenêt. Au contraire, le duc Conan III (1112-1148) renforce considérablement son pouvoir, en remettant de l'ordre dans les finances ducales[156]. Mais la guerre qui oppose, à sa mort, son gendre Eudes de Porhoët (1148-1156), duc de Bretagne, et son fils Hoel (1148-1156), comte de Nantes, pour sa succession met un frein à ce progrès administratif. Vers 1155, les Nantais font appel à Henri II, comte de la proche ville d'Angers, en amont de la Loire, avec laquelle ils entretiennent des relations commerciales étroites. Ils rejettent alors les gouvernements d'Eudes ou d'Hoel. Henri II accepte que son frère Geoffroi, dont il vient d'écraser une seconde révolte en Anjou, devienne comte de leur ville, résolvant par ricochet le problème de son apanage.

L'héritage de Geoffroi, mort de façon prématurée en 1158, passe ensuite à un autre Geoffroi (†1186), son neveu et fils d'Henri II, que les troupes angevines aident à conserver Nantes face à Conan IV (1156-1171), le nouveau duc de Bretagne. En 1166, ce dernier établit une paix durable avec le roi d'Angleterre : il fiance Constance (†1201), sa fille unique et son héritière, à Geoffroi, abdique en sa faveur et se retire dans le comté de Guingamp [157]. Le rapprochement entre Henri II et Conan IV a été facilité par la possession du vaste comté de Richmond (Yorkshire) par le duc de Bretagne, membre de la famille de Penthièvre qui avait participé à la conquête de l'Angleterre aux côtés de Guillaume le Bâtard : si Conan IV veut conserver ce vaste domaine outre-Manche, force lui est d'obéir au roi [158]. En outre, par son abdication, le duc semble vouloir préserver l'intégralité du territoire de la Bretagne, sans que le comté de Nantes lui soit amputé pour être annexé à l'Anjou. Il tient également à l'indépendance, si théorique et institutionnelle soit-elle, à l'égard du roi d'Angleterre, que cette solution procure au duché. Il inscrit, enfin, son geste dans une certaine tradition familiale : son arrière-grand-père Alain IV, duc de Bretagne, qui avait successivement épousé la fille de Guillaume le Conquérant et celle de Foulques IV d'Anjou, avait déjà prêté l'hommage pour sa principauté à Henri Ier. De son côté, la noblesse bretonne, fière de son identité, appuie probablement la décision de Conan IV, empêchant l'amputation territoriale du comté de Nantes et sauvegardant l'institution ducale.

Les événements ultérieurs montrent le bien-fondé d'une telle attitude, car la Bretagne protège, pour plusieurs siècles, et l'intégrité de son territoire et sa dynastie ducale. En 1181, Geoffroi épouse Constance, devenue majeure, et s'assure ainsi son héritage ; il meurt cependant cinq ans plus tard, à l'occasion d'un de ses fréquents séjours à la cour de Paris, emporté de façon subite par un quelconque virus estival, et non pas des suites d'un accident au cours d'un tournoi comme le prétend, avec panache certes, Roger de Howden [159]. Philippe Auguste le fait enterrer en face de l'autel principal de la cathédrale Notre-Dame, nouvellement construite, où il fonde deux chapellenies pour le salut de son âme. Il éprouvait pour lui une véritable amitié : Rigord en vante même la tendresse, et Giraud de Barri commente que le roi doit être retenu pour ne pas se jeter dans le tombeau fraîchement creusé [160]. Ces spectaculaires manifestations d'affection ne témoignent pas seulement d'une mentalité face à la mort ou à l'ami perdu. A l'époque, elles relèvent davantage de la sphère publique que privée. Elles présentent même une dimension politique indéniable. Elles répondent au rapprochement stratégique opéré par Geoffroi avec les Capétiens au détriment de son père Henri II. C'est sous un jour symbolique que cette amitié, savamment mise en scène, théâtralise l'alliance du duc et du roi[161]. Peut-être Geoffroi avait-il compris que ce rapprochement avec Paris était nécessaire pour s'affirmer en Bretagne face aux membres de sa propre maison ?

Quoi qu'il en soit, c'est son fils posthume Arthur, né à Pâques 1187, qui matérialise l'entente avec les Capétiens, en combattant son oncle à leurs côtés. En 1199, à la mort de Richard Cœur de Lion, Arthur revendique la couronne d'Angleterre contre Jean sans Terre, qui le bat à Mirebeau et l'emprisonne à Rouen, où il meurt probablement assassiné. La dynastie ducale ne disparaît pas pour autant. Après les défaites infligées à Jean par le roi de France, la Bretagne profite encore de l'amitié entre ses ducs et les Capétiens. Elle passe à Alix (†1221), née des troisièmes noces de Constance avec Gui de Thouars (†1213) : cette fille épouse, en 1213, Pierre de Dreux, dit Mauclerc, cousin et fidèle de Philippe Auguste. Des décennies durant, la lignée capétienne qu'ils fondent — désormais sans lien de sang, mais seulement d'affinité, avec les Plantagenêt — préserve l'indépendance du duché face aux rois de France et d'Angleterre[162].

Toute cette histoire traduit les querelles successorales internes à la maison d'Anjou, opposant Henri II à son frère Geoffroi, et à son fils du même nom, puis Jean sans Terre à son neveu Arthur. Au fond, la politique des ducs angevins de Bretagne — pris en tenaille entre la Normandie, l'Aquitaine et l'Anjou — vise à couper les ponts avec les voisins Plantagenêt par l'entente avec les lointains, voire absents, Capétiens. Elle peut paraître déloyale, et même suicidaire, de la part des cadets de la maison d'Anjou, mais c'est oublier que, dans cette famille, la division et la guerre intra-familiale sont une règle trop souvent dictée par l'aristocratie des territoires que gouverne chacun de ses princes. Ces luttes montrent, enfin, que la Bretagne, bien que périphérique, n'en est pas moins une pièce de poids sur un échiquier politique plus vaste, où s'affrontent Plantagenêt et Capétiens.

A une échelle locale, elles reflètent les divisions géographiques et politiques du duché, dont les comtés sont parfois en guerre les uns contre les autres. Il en découle une situation trouble, favorable à l'affirmation d'une noblesse châtelaine et seigneuriale. Sa vie durant, Conan IV doit faire face à la révolte nobiliaire, fomentée principalement par Eudes de Porhoët, son parâtre, par Guilhomarch, à la tête du comté de Léon qui échappe complètement à la domination du duc, et par Raoul de Fougères. Pour mater leurs soulèvements, le duc a recours à Henri II, augmentant en retour la dépendance de la Bretagne envers son puissant voisin, à la fois duc de Normandie et comte d'Anjou ; son abdication et le mariage de sa fille Constance avec Geoffroi s'inscrivent dans une logique d'alliances rendue nécessaire par les séditions de l'aristocratie locale. En 1173, Geoffroi se réconcilie de façon provisoire avec Eudes de Porhoët et avec Raoul de Fougères, auquel il accordera plus tard le dapiférat de Bretagne. Ce revirement contraire à la politique de son beau-père n'est que provisoire : il intervient au moment où il a besoin de tous les guerriers bretons pour se révolter contre son propre père. En 1179, une fois la maison Plantagenêt réconciliée, il écrase le comte de Léon[163]. Ces soulèvements continuels dans les vastes enclaves comtales, particulièrement nombreuses en Bretagne occidentale, rappellent presque la situation en Aquitaine.

En dépit de ses divisions internes, la noblesse bretonne manifeste un attachement certain à l'unification du duché sous une autorité locale, gage de son indépendance. A la différence des pays du sud de la Loire, elle tient à sauvegarder l'autonomie d'une principauté dont l'identité a été soudée par une longue histoire d'émancipation territoriale et de luttes contre les principautés voisines. Elle souhaite, en conséquence, voir se constituer et perdurer une dynastie autochtone, qui prenne en main les destinées de la Bretagne. Il est ainsi significatif qu'Henri II ou Richard Cœur de Lion, rois d'Angleterre, n'aient jamais osé porter le titre de « duc de Bretagne », ni nommer de sénéchal à la tête du duché, probablement pour ne pas heurter l'aristocratie locale qui revendique la volonté d'être gouvernée par une lignée propre et exclusive[164]. Cet état d'esprit imprègne les chansons de geste. Ainsi, le *Roman d'Aiquin*, rédigé en Bretagne occidentale sous leur règne, pour commémorer la prétendue expulsion des Sarrasins du duché, attribue le plus beau rôle dans leur défaite au comte local Nominoë (*Naimes* dans le *Roman*) dont le charisme écrase la falote figure d'un Charlemagne faible, vieux, indécis et inefficace : Jean-Christophe Cassard, son plus récent commentateur, décèle dans cette mise en scène l'expression de l'irrédentisme breton, hostile au pouvoir étranger qu'incarne alors le roi angevin d'Angleterre[165].

Ce même sentiment se concrétise tout particulièrement, en 1187, autour de la personne d'Arthur, fils de Geoffroi. Sa naissance est saluée avec joie par la population locale, qui l'a longtemps désiré[166]. A en croire les chroniqueurs anglais Roger de Howden et Raoul de Diss, le choix de son prénom correspond même à une décision collective des Bretons[167]. Mais c'est Guillaume de Newburgh qui décrypte les enjeux politiques de ce véritable conflit onomastique : « Le roi [Henri II], son grand-père, qui avait ordonné qu'on lui imposât son propre nom, fut contredit par les Bretons et, par acclamation solennelle, il fut appelé Arthur sur les saints fonts. Ainsi, les Bretons, qu'on dit attendre depuis longtemps un Arthur imaginaire, en élèvent à présent un bien réel avec grand espoir, selon l'opinion que certains prophètes expriment dans leurs fameuses légendes arthuriennes[168]. » Comme le prouve la *Chronique* (1227-1241) du cistercien champenois Aubri de Trois-Fontaines, la généalogie de cet enfant plonge désormais ses racines dans la personne du mythique roi des Celtes[169]. Sa naissance posthume, et de surcroît le jour de Pâques, augmente cet aura, qui éveille bien des espoirs frôlant le messianisme politique chez son peuple.

A l'époque, l'attente du second avènement d'Arthur en Bretagne, de retour de l'île d'Avalon ou des profondeurs de l'Etna, hante en effet les esprits. Dans la littérature des années 1150-1200, fortement influencée par Geoffroi de Monmouth, elle est même devenue un thème récurrent. Vers 1155, Wace mentionne explicitement l'existence de cet espoir en Bretagne[170]. Il en va de même avec Pierre de Blois qui écrit souhaiter vivement telle grâce « comme les Bretons attendent la venue d'Arthur et les Juifs celle du Messie[171] ». Mais, s'il admire la force de cette foi chez les Armoricains, il ne croit nullement à son objet. Ainsi, lorsqu'il se moque d'un courtisan trop ambitieux : « Si tu peux croire en de si vains espoirs, tu peux aussi bien attendre le retour d'Arthur avec ses légions bretonnes[172]. » De même, pour Joseph d'Exeter, « la foi des Bretons et leur erreur crédule sont risibles : ils attendent Arthur et ils l'attendront pour toujours[173] ». C'est dans un registre aussi ironique que troubadours et trouvères utilisent l'image de la patience bretonne dans l'attente du roi légendaire pour désigner l'attitude qu'il faut observer devant les atermoiements de la dame. Il n'empêche que, dans un poème qu'il compose autour de 1187, Peire Vidal leur enjoint d'arrêter ces railleries, « car maintenant les Bretons ont Arthur, en qui ils avaient mis leur espérance[174] ». La plupart de ces textes, écrits par des auteurs non bretons, dénoncent certes la croyance, fort répandue à leurs yeux, du retour du roi mythique des Celtes. Mais ce *topos* leur sert à tourner en dérision les autochtones que cette superstition supplémentaire rend encore plus ridicules[175].

Faut-il ne pas entendre leur témoignage sous prétexte du fort rejet de l'altérité celtique qui sous-tend leur ironie ? L'attitude de la noblesse armoricaine avec le fils posthume de Geoffroi montre, au contraire, que l'« espoir breton », si risible soit-il pour les étrangers, peut galvaniser bien des efforts irrédentistes. Il dote, en tout état de cause, le duc de Bretagne d'un capital symbolique à l'efficacité certaine, puisque le sentiment collectif, favorable à Arthur, batailleur et conquérant, est fort répandu alors. La lecture de l'histoire de la Bretagne, qu'elle soit insulaire ou continentale, axée sur l'indépendance de ses habitants face aux Romains et aux Saxons, sert les intérêts d'un prince qui voudrait s'affirmer dans ces régions au détriment du roi d'Angleterre. Les Bretons ne se privent pas d'attiser ce messianisme politique au lendemain de la naissance de l'héritier posthume, tant attendu, de Geoffroi.

Henri II et Richard Cœur de Lion tentent à tout prix de contrôler une telle manipulation qui les déposséderait d'une arme idéologique redoutable dans leur combat contre les Capétiens. Ils revendiquent Arthur comme leur ancêtre et protecteur face au roi de France, qui se réclame de Charlemagne. Comme nous l'avons vu, ils essaient de s'approprier les légendes de la matière de Bretagne, que ce soit en commandant, en 1168, à Etienne de Rouen la correspondance fictive du roi d'Angleterre avec Arthur, qui lui accorde l'Armorique à condition qu'il n'en soit que son vassal, ou que ce soit par l'invention de ses reliques au monastère insulaire de Glastonbury (1191), témoignage irréfutable de la vanité de l'espoir breton.

Plus prosaïquement, en 1187, quelques mois après la mort de Geoffroi, Henri II envoie ses troupes reprendre le château de Morlaix dont Hervé de Léon vient de s'emparer. Il impose, en outre, à Constance d'épouser en secondes noces Ranulf de Chester, l'un de ses proches, vicomte de l'Avranchin, à la frontière de l'instable territoire de la Bretagne septentrionale, et détenteur de nombreuses terres dans le Lincolnshire s'imbriquant avec les domaines du comté de Richmond des ducs bretons[176]. Il garde, d'une manière aussi arbitraire, Aliénor, la fille aînée de Geoffroi et Constance, en Angleterre, en guise d'otage pour empêcher toute tentative d'émancipation dynastique de la part du duché. A son tour, son fils Richard Cœur de Lion, devenu roi, essaie de conserver la mainmise sur le duché par le truchement de Constance. En 1196, il emprisonne même la duchesse avec l'aide de Ranulf de Chester, et ses armées saccagent la Bretagne[177]. Les raisons de cette offensive, présentée de façon succincte par les chroniqueurs anglais, sont difficiles à cerner. Le roi riposte-t-il à la proclamation d'Arthur comme duc par une assemblée nobiliaire tenue à Rennes, comme le prétendent des sources tardives [178] ? Réagit-il, plus vraisemblablement, au refus de se voir confier la tutelle de l'enfant par sa mère [179] ? Quoi qu'il en soit, les conséquences de cette campagne sont désastreuses pour sa politique ; elles creusent encore le fossé entre l'aristocratie bretonne et les rois d'Angleterre. De plus, André de Vitré, les vicomtes de Léon et l'évêque de Vannes Guéthénoc parviennent à cacher Arthur et à l'amener à Paris, où Philippe Auguste l'élèvera avec le futur Louis VIII et le fiancera à sa fille Marie.

Une fois le duc exilé et sa mère emprisonnée, Richard doit encore pacifier la Bretagne. Il y parvient d'autant plus facilement qu'il dispose d'un moyen de pression considérable sur l'aristocratie armoricaine. En effet, la plupart des rebelles, comme les Fougères, Vitré, Dol, Dinan, ou Mayenne, sont des Armoricains dont les ancêtres étaient partis pour la conquête et la colonisation de l'Angleterre avec Guillaume le Bâtard : ils détiennent encore des domaines dans l'île, que le roi menace de confisquer [180]. A la mort inattendue de Richard Cœur de Lion, en 1199, ses officiers contrôlent la Bretagne. Il n'empêche qu'une fois le roi disparu, la noblesse du duché se rallie presque entièrement à la cause d'Arthur, candidat du roi de France à la couronne d'Angleterre, contre Jean sans Terre, désigné par Richard Cœur de Lion sur son lit de mort. Sa loyauté à l'égard de l'enfant du pays, qui concrétise en sa personne tant d'attentes légendaires et d'espoirs, est sans faille.

En combattant Jean sans Terre, la noblesse bretonne se retrouve dans le même camp que les barons de l'Anjou, du Maine, de la Touraine et du nord du Poitou, emmenés par le sénéchal Guillaume des Roches [181]. Leur histoire devient, à partir de 1199, inextricablement mêlée à celle du duché. Aussi paradoxal que cela puisse paraître, les guerriers ligériens qui occupaient la Bretagne à peine quelques décennies auparavant prennent désormais le parti du duc et de la noblesse de la principauté vers laquelle se dirigeaient naguère leurs élans expansionnistes. Les raisons de leur choix sont complexes.

Peut-être reconnaissaient-ils, tout simplement, la légitimité de la succession d'Arthur de Bretagne en raison de la coutume successorale qu'ils suivent eux-mêmes dans leurs héritages [182] ? Dans une partie de la noblesse de la région prévaut pourtant le droit de viage ou de retour, qui favorise le frère cadet du défunt au détriment de son fils, formule qui profiterait alors à Jean sans Terre [183]. Mais, à l'époque, la règle successorale est loin d'être fixée, et elle ne semble pas déterminante pour emporter l'adhésion à un candidat. Preuve en est la scène décrite par Jean le Trouvère : ayant appris la nouvelle de la mort de Richard Cœur de Lion en pleine nuit, Guillaume le Maréchal et l'archevêque de Cantorbéry se réunissent aussitôt pour examiner les droits respectifs au trône de Jean sans Terre et d'Arthur de Bretagne : l'archevêque prône la succession d'Arthur, en raison de la primogéniture de Geoffroi, son père. Mais Guillaume impose Jean, car il se méfie de la personnalité de l'adolescent et plus encore de son entourage, ainsi que de leur hostilité commune aux Anglais que prouve leur alliance avec Philippe Auguste. Il invoque, de façon pour le moins fallacieuse, la coutume d'après laquelle « le fils est plus près de la terre du père que le neveu ». Mais le public de Jean le Trouvère comprend que cette référence juridique ne sert qu'à donner du poids à un choix déjà arrêté, bien plus fondé sur les personnes et sur la nécessité politique que sur le droit successoral [184]. En définitive, Guillaume ne veut pas porter sur le trône d'Angleterre l'homme de paille de Philippe Auguste. Tout comme celle du Maréchal, l'attitude de l'aristocratie des comtés de la Loire à l'égard du rang de succession n'est nullement rigide, car elle est fixée, de façon pragmatique, par la conjoncture politique.

Si l'argument juridique ne satisfait pas le médiéviste, il lui faut chercher une autre raison au choix d'Arthur de Bretagne par la noblesse angevine. En suivant l'enfant élevé à Paris et soumis aux Capétiens, ennemis invétérés des Plantagenêt, ne laisse-t-elle pas libre cours à son ressentiment contre les rois d'Angleterre ? Le rejet d'une administration plus présente que par le passé et perçue comme normande ou anglaise est plausible. Toutefois, l'aristocratie locale n'ignore pas que cette tendance à la centralisation progresse dans les terres frontalières qui, comme le haut Berry ou l'Orléanais, relèvent directement de Philippe Auguste. Elle n'a peut-être pas de vision politique à long terme, mais elle n'est pas, non plus, complètement dupe des prétentions capétiennes à gouverner, un jour, de façon unitaire et efficace toutes les principautés du ressort direct de la couronne. Un phénomène d'usure du pouvoir et de mécontentement contre les Plantagenêt a pu jouer contre Jean sans Terre, mais peut-être pas au point de lui préférer un neveu dont le programme de gouvernement ne se distingue guère du sien.

Il reste une autre interprétation, qui rebute peut-être l'historien formé à l'étude de la structure plutôt que de la conjoncture, et de la société plutôt que de l'individu. Elle vient d'être récemment reformulée par John Gillingham, le meilleur spécialiste du règne de Richard Cœur de Lion, et il serait regrettable de ne pas la rapporter. Elle concerne, tout simplement, l'inaptitude de Jean sans Terre à se faire respecter par l'aristocratie [185], alors que, dans un contexte féodal, le lien d'homme à homme détermine largement la loyauté du vassal envers son seigneur. A l'automne 1199, ses premiers pas en Anjou ruinent définitivement une réputation déjà passablement malmenée. A cette date, Roger de Howden rapporte qu'Arthur de Bretagne, alors en route pour Le Mans afin de trouver, en tête à tête avec son oncle Jean, une solution diplomatique à leur conflit, a vent du plan royal pour l'emprisonner. Ses craintes sont confirmées par la prise de Chinon, le même jour, en dépit de la trêve : Arthur rebrousse chemin, et se réfugie à Angers avec ses fidèles et sa mère, qui se sépare à l'occasion de l'Anglais Ranulf de Chester pour épouser Gui de Thouars[186]. Pour beaucoup, ce guet-apens raté confirme la renommée de traîtrise dont pâtit Jean. Cette mauvaise réputation lui enlève la confiance de l'aristocratie locale, et par voie de conséquence sa fidélité vassalique. Ici encore les catégories juridiques romanisantes qui distinguent nettement le privé du public s'avèrent peu opératoires. Dans les mentalités nobiliaires, l'affectif et l'humain l'emportent sur l'idée, vague et abstraite, du service à la couronne.

Sur ce plan, le triomphe de Richard Cœur de Lion fut indéniable. Il explique qu'il ait pu, malgré sa longue absence en croisade puis en captivité, conserver, et même accroître, l'ensemble territorial reçu en héritage de son père. La fidélité de l'aristocratie de l'Anjou et du comté de Nantes lui est, en général, acquise pour de multiples raisons : sa largesse lui attire bien des sympathies ; son habileté diplomatique élargit ses réseaux de clientèle ; sa longue carrière de croisé force l'admiration, car elle est exceptionnelle chez les princes de son rang ; sa vie tout entière épouse l'idéal chevaleresque, admiré par cette catégorie de combattants qu'est la noblesse[187]... A sa mort, Jean le Trouvère regrette la perte irréparable d'un meneur d'hommes, qu'il savait enhardir au combat : de son temps, les Normands « étaient grain, et ils sont maintenant devenus paille[188] ».

Dès lors, le contraste avec Jean sans Terre n'est que plus frappant. Ce roi n'est pas à la hauteur d'un conflit où les Plantagenêt partent d'emblée avec un handicap considérable. Il faut rappeler, une fois de plus, qu'ils sont les vassaux de leurs adversaires, les Capétiens, dans la hiérarchie féodale du continent. L'hommage que leur prête le comte d'Anjou est un acte notoire de soumission, bien plus fort que le simple serment en marche du duc de Normandie. Ce prince doit admettre que ses comtés sont du ressort de la couronne de France, et même qu'ils ne sont qu'un territoire de plus à l'intérieur d'un vaste royaume. Sur ce point, il est significatif que sur les quelque quatre cents actes dressés entre 1170 et 1209 en Gascogne et Languedoc, seuls vingt-six ne comportent aucune mention des règnes de Louis VII ou Philippe Auguste dans leur datation [189]. L'appropriation mentale de l'ensemble du royaume de France par le roi capétien est trop profondément enracinée dans l'esprit des sujets de la maison d'Anjou. Elle est d'autant plus grande que la géographie ecclésiastique des régions atlantiques leur est favorable, grâce à leur mainmise sur deux sièges métropolitains. Louis VII et Philippe Auguste peuvent, en effet, être satisfaits de contrôler Tours, enclave qui leur revient au sein des principautés ligériennes des Plantagenêt jusqu'au traité de Gaillon (1195), ainsi que Bourges, puisqu'ils sont maîtres du haut Berry. Acquis à la cause capétienne, les archevêques de ces deux sièges ne se privent pas de rappeler leurs droits sur leurs diocèses suffragants, situés souvent au cœur des principautés de la maison d'Anjou. Les Plantagenêt ne peuvent riposter qu'en étendant la juridiction de l'archevêché de Bordeaux et en appuyant, sans succès, l'élévation de Dol-de-Bretagne au rang archiépiscopal [190]. Ce ne sont là que des expédients face à une évolution générale qui, au XIIIe siècle, en France comme dans les autres espaces européens, facilite l'émergence du royaume au détriment de la principauté territoriale.

Au demeurant, les avatars de la loyauté angevine envers les rois d'Angleterre corroborent la large autonomie dont elle jouit encore. Elle est un acteur politique à part entière : en 1199, son ralliement à la cause d'Arthur prépare le rattachement de ses terres à la couronne de France. A titre significatif, Guillaume des Roches — naguère sénéchal de Richard Cœur de Lion et allié d'Arthur comme de Jean — conserve le dapiférat d'Anjou au lendemain de la conquête de Philippe Auguste (1205) ; il incarne l'opportunisme de l'aristocratie qui change de camp au gré de la réputation des rois et de ses intérêts lignagers. Les nobles angevins, manceaux et tourangeaux font désormais preuve de fidélité à la couronne française. Les Plantagenêt perdent définitivement l'Anjou, berceau de leur famille. Il n'en va pas de même avec le nord du Poitou, conquis dans la foulée des pays ligériens par Philippe Auguste : Aimery de Thouars, que le roi de France nomme son sénéchal pour le Poitou, retourne sa veste en 1206. Son ralliement à Jean sans Terre est encouragé par le montant élevé des fiefs-rente que lui accorde le roi d'Angleterre, mais aussi par son éloignement géographique qui assure une certaine indépendance à la noblesse poitevine [191]. De son côté, l'aristocratie bretonne n'est pas encore prête à accepter un gouvernement extérieur. En 1213, Philippe Auguste choisit avec succès la voie diplomatique pour obtenir, par mariage, le titre ducal pour Pierre de Dreux, l'un des siens.

L'autorité comtale forte, incarnée par les Plantagenêt, avait fait le lit des Capétiens dans le Grand Anjou. La situation en Bretagne n'était pas tout à fait la même, car les ducs angevins n'avaient jamais pu imposer leur administration aux comtes et barons du Nord. Pour quelques siècles, et aussi paradoxal que cela puisse paraître, leur échec préserverait cette principauté d'un rattachement direct à la couronne française.

En Normandie et dans les Iles britanniques, l'obéissance à rude épreuve

La Normandie et l'Angleterre constituent, en définitive, le noyau dur de la domination des Plantagenêt sur leurs vastes territoires insulaires et continentaux. Elles sont le centre qui gouverne une ample périphérie, le pivot autour duquel s'agence l'espace que la maison d'Anjou tente de maîtriser. Leur efficacité fiscale et financière, issue davantage de la tradition carolingienne que scandinave [192], permet à la royauté anglaise d'y puiser des ressources pour mener à terme ses aventures militaires [193]. Mais, avant tout, l'aristocratie anglo-normande est une pépinière humaine où le roi recrute ses guerriers et ses administrateurs les plus sûrs, qui préfèrent à la tentation insurrectionnelle le service de la royauté. Quelques zones d'ombre apparaissent, cependant, dans le tableau de l'harmonieuse collaboration entre la dynastie angevine et les guerriers anglo-normands, à une époque où l'Angleterre et la Normandie semblent perdre leur belle unité d'antan.

En comparaison de l'Aquitaine ou de la Bretagne, voire de l'Anjou, la mainmise des Plantagenêt sur les territoires anglo-normands est des plus contraignantes. Preuve en est son contrôle du réseau castral. En 1154, Henri II a fait démanteler la plupart des « châteaux adultérins », bâtis en Angleterre pendant la guerre civile ; seuls les plus solides et les mieux situés ont été préservés pour être confisqués à son profit [194]. En Normandie, presque toutes les forteresses, parfois de simples mottes de terre et de bois, sont tenues au nom du duc qui peut en exiger la reddition immédiate ; beaucoup d'entre elles sont même occupées par des garnisons royales [195]. Un maillage serré de quelque vingt-cinq prévôtés y tient en main les châtellenies seigneuriales, non autorisées à étendre leur district ni à disposer d'une véritable autonomie politique.

Le processus de confiscation du ban au profit de la royauté est effectivement très avancé. En Angleterre, autour de 1190, les réformes d'Henri II et de ses hommes ont créé le système judiciaire le plus perfectionné de l'Occident. La part des cours manoriales dans la justice s'est rétrécie, et elles ne s'occupent guère que des petits conflits quotidiens entre les serfs ou de leurs délits mineurs. Au niveau local, la cour de la centaine [196] et celle du comté, respectivement présidées par un bailli et par un *sheriff*, sont contrôlées par des juges itinérants, qui parcourent régulièrement le pays en suivant des circuits parfaitement tracés. Tout homme libre peut faire appel au tribunal du roi (*curia regis* ou *King's bench*), qui fonctionne y compris en l'absence du monarque [197]. La justice devient une affaire publique, et la mise en place de cette *Common law* ne laisse guère aux seigneurs que les petits délits et leurs faibles amendes. La volonté royale de s'attaquer à leur pouvoir de coercition apparaît dans le *Dialogue* de Richard fitz Nigel, qui les traite d'« ennemis domestiques » dont les exactions abusives sont le signe le plus voyant de leur tyrannie. Dans un même registre, les *Lois et coutumes du royaume d'Angleterre* préconisent que les seigneurs qui abusent du *distrain* ou *desseisin*, la saisie arbitraire du bétail et les autres biens des paysans, subissent la même peine que les voleurs et tous ceux qui rompent la paix : ablation des lèvres, mort ou exhérédation de leurs descendants [198]. Sans doute des vœux si radicaux sont-ils rarement exaucés dans la pratique. Leur esprit n'en témoigne pas moins de la puissance de la royauté et de ses progrès au détriment de la seigneurie judiciaire, qui perd bien de ses attributions d'antan. Cette dépossession reflète les limites de l'aristocratie anglo-normande qui n'est pas justicière ou banale, mais à l'entière disposition d'un Etat qui émerge alors [199].

Cette noblesse de service se retrouve donc à la cour royale. Elle appartient souvent à la très haute aristocratie, comme le prouvent des calculs réalisés à partir des enquêtes de 1166 et 1172, qui font du groupe restreint des proches conseillers d'Henri II les détenteurs de plus de deux tiers des fiefs anglo-normands [200]. Ainsi, en comparaison de la suite de Louis VII, que ne fréquente aucun des grands châtelains de l'Ile-de-France [201], l'entourage des Plantagenêt présente un caractère indéniablement huppé. Mais, à l'instar de la cour capétienne, il comprend aussi de moindres personnages. De fait, tous les degrés de la hiérarchie nobiliaire y sont représentés sans exception. Une étude récente sur les Normands qui accompagnent et conseillent Richard Cœur de Lion dans ses déplacements le montre [202]. On y trouve des titulaires héréditaires de hautes charges palatines comme les Hommet, Tancarville ou Aubigny ; des tenants en chef à l'influence politique notable comme Henri d'Estouteville ou Robert de Harcourt ; de simples arrière-vassaux qui participent activement à la guerre et à la croisade aux côtés du roi comme Jean de Préaux ou Girard Talebot ; des « vicomtes[203] », baillis, justiciers et juges itinérants recrutés parmi les cadets des grandes maisons ou dans des lignages plus discrets, comme Bertrand de Verdun, Guillaume de la Mare ou Guillaume de Saint-Jean... Somme toute, les barons et chevaliers normands, quelles que soient l'ancienneté et la richesse de leur maison, servent volontiers le roi[204].

Leur zèle est moindre comparé à celui des nobles anglais, plus nombreux encore, à la cour centrale et à tous les autres échelons de l'administration locale, y compris souvent sur le continent. Au cours des années 1150, après la longue guerre civile entre le roi Etienne de Blois et l'impératrice Mathilde, les grands magnats de l'île décident d'arrêter les hostilités par des trêves et traités qui préparent l'avènement d'Henri II et la réunification de l'Angleterre et la Normandie[205]. En 1154, au moment de son intronisation, leur fidélité lui est acquise. En appuyant la candidature du fils de Mathilde, peut-être ont-ils voulu restaurer à tout prix l'unité du royaume et du duché, afin de récupérer leurs domaines continentaux[206] ? Toujours est-il que le nouveau roi sait les ménager. Il ne fait pas appel à des nobles normands ou angevins pour les encadrer sur l'île[207]. Il gagne même largement leur confiance, et peut bientôt compter sur leurs conseils, leur savoir-faire administratif et leur service militaire pour gouverner ses principautés continentales à la fidélité moins sûre. Au nom d'Henri II ou de Richard Cœur de Lion, les Anglais Patrick de Salisbury et Robert de Thornham apparaissent comme de véritables vice-rois du Poitou ou de l'Anjou. Dans ces principautés, où une partie de l'aristocratie autochtone est toujours prête à prendre les armes contre le roi, l'origine anglaise de ces autorités n'est pas de trop. Elle est un gage de fidélité d'autant que ces hommes, coupés de leurs alliances et réseaux de clientèle et placés au loin dans une région hostile, sont entièrement dévoués à la royauté.

Il paraît plus étonnant d'observer un phénomène similaire en Normandie, où les acteurs politiques locaux, habitués à une sujétion sans faille au duc, ne sauraient *a priori* contester la domination des Plantagenêt. N'oublions pas, toutefois, qu'à partir de 1136, la maison d'Anjou a occupé le duché davantage par la force que par la persuasion, au profit de l'impératrice Mathilde, et que, entre 1152 et 1160, Henri II doit batailler dur pour conserver le Vexin normand[208]. En 1173, la révolte d'Henri le Jeune a été soutenue par une large partie de l'aristocratie du duché, surtout en haute Normandie, où le comte de Flandre a pu facilement conquérir Eu et Louis VII mettre le siège devant Rouen. Plus au sud, Jean, comte d'Alençon, dont les vastes domaines assurent la défense de la Normandie face à l'Anjou et au Maine, trahit également le roi d'Angleterre[209]. Il appartient à la catégorie versatile des seigneurs de la frontière normande, dont le double jeu, entre Plantagenêt et Capétiens, est pour beaucoup dans la facile conquête de 1204[210]. Ce sont les chevaliers insulaires et les mercenaires gallois d'Henri II qui ont ramené le duché sous la domination du roi d'Angleterre.

Dans un tel contexte, rappelant parfois une domination étrangère par droit de conquête, des Anglais occupent des postes très en vue dans le duché. En 1176, Richard d'Ilchester prend en charge la réforme de l'Echiquier normand ; entre 1178 et 1200, Guillaume fitz Raoul, originaire du Derbyshire, devient grand justicier de Normandie ; il appartient au même comté que Geoffroi de Repton, nommé maire de Caen en 1200... Des insulaires prennent en main des centres de décision normands, contrôle extérieur tel que Lucien Musset y voit l'une des causes de la passivité de la noblesse autochtone devant l'invasion de Philippe Auguste[211]. Il rejoint ainsi, en partie, les analyses de Maurice Powicke ou de David Bates, qui insistent sur la trop forte présence du gouvernement angevin en Normandie, en oubliant toutefois que les Anglais en étaient les maîtres[212]. Leur point de vue découle du témoignage de Giraud de Barri : « Les Normands, tout comme les Anglais, ont été oppressés d'une violente domination et d'une tyrannie insulaire [...]. Comment les têtes de la noblesse, qui ploient sous le joug d'une cruelle tyrannie, pourraient-elles se lever et résister aux armes libres et fier courage des Français ? Car il n'y a rien qui excite davantage le cœur de l'homme à la bravoure que la joie de la liberté[213]. » Il faut, certes, enlever à ce passage sa part de rhétorique, mais aussi les préjugés de Giraud de Barri contre les Plantagenêt et de son admiration proportionnellement inverse pour la France[214]. Il n'en demeure pas moins que la résistance à Philippe Auguste a été émoussée par une pression administrative et fiscale sans précédent.

La belle cohésion de la noblesse normande, de part et d'autre de la Manche, qui fait au lendemain de 1066 la force des rois d'Angleterre, n'est plus[215]. Pis encore, elle n'a pas résisté à la séparation forcée de 1144, laissant à l'impératrice Mathilde la Normandie et à Etienne de Blois l'Angleterre. Le problème de l'unité de l'aristocratie normande et anglaise mérite qu'on s'y arrête. La nature de cette étude de l'identité « nationale » est néanmoins ardue. Toute sa difficulté tient à établir pour l'homme médiéval des sentiments collectifs qui, comme la conscience d'appartenir à un peuple ou l'attachement qu'on lui porte, sont souvent insondables, car ils laissent peu de traces dans les sources du temps ; ces dispositions affectives peuvent, en outre, évoluer vite, parfois au cours de la vie d'un individu ou en l'espace d'une seule génération. Quelques éléments de la documentation de la seconde moitié du XIIe siècle permettent, toutefois, de préciser comment l'aristocratie normande, qu'elle soit insulaire ou continentale, se définit elle-même. Ils présentent des données en apparence contradictoires.

Dans son *Dialogue sur l'Echiquier*, Richard fitz Nigel, trésorier d'Henri II, écrit : « De nos jours, alors qu'Anglais et Normands vivent si près ensemble et se marient les uns aux autres, leurs nations sont si mélangées qu'on peut à peine établir, du moins pour les libres, qui est anglais de naissance et qui est normand [216]. » Dans un même ordre d'idées, Aelred de Rievaulx souligne que la prophétie d'Edouard le Confesseur moribond, décrivant un arbre coupé qui se reforme et refleurit, illustre la réconciliation et la fusion des Normands et des Anglais, qui s'est opérée en la personne d'Henri II [217]. Certes, ces deux auteurs travaillent au service de l'Angevin : le premier est le responsable de ses finances ; l'œuvre du second fait l'objet d'une commande royale à l'occasion de l'élévation des reliques du saint ancêtre. Leur discours martèle l'idée de la cohésion qu'Henri II souhaite entretenir au sein de la noblesse de ses principautés, après une période de séparation et de guerre civile.

Cette propagande, à peine voilée, se fonde, pourtant, sur l'identité même de l'aristocratie insulaire, qui, depuis les transferts de propriété opérés par Guillaume le Conquérant, était majoritairement normande ou, du moins, continentale. Le mythe de cette *gens Normannorum*, dont les membres sont présents aussi bien en Angleterre qu'en Sicile ou en Terre sainte, est encore vivace chez les chroniqueurs du XIIe siècle [218]. Vers 1020, Dudon de Saint-Quentin se fait déjà l'écho du rêve de Rollon, fondateur de la Normandie, qui se voit guéri de la lèpre après un bain dans une fontaine où les oiseaux les plus divers se rassemblent en harmonie, image des différents peuples qu'il gouverne depuis son baptême et dont le nombre ne cessera de croître sous ses successeurs. Un siècle et demi plus tard, Wace et Benoît de Sainte-Maure reprennent encore cette anecdote, très populaire à la cour Plantagenêt [219]. De son côté, Henri de Huntingdon — pourtant très attaché à l'idée que les conquérants normands ne sont plus des oppresseurs, mais bien des Anglais à part entière [220] — ne peut s'empêcher de rapporter la harangue de Raoul, évêque des Orcades, pour stimuler, en 1138, une armée qui se prépare à affronter une invasion écossaise : à son intention, le prélat dresse la liste des exploits des Normands en

France, en Angleterre, dans les Pouilles, à Jérusalem et jusqu'à Antioche[221]. Ces références témoignent de l'assimilation du mythe normand des origines par la noblesse insulaire, et s'inscrivent dans le même cadre que l'adoption de la langue française ou des mœurs courtoises continentales, analysées plus haut. Il en va de même avec l'onomastique aristocratique, qui a rejeté les noms anglo-saxons (Godwin, Harding, Aelfgiva, Edith) au profit de noms normands[222], parmi lesquels celui de Guillaume, conquérant de l'île, tient le haut du pavé[223]. En somme, la noblesse de l'île ne repousse pas ses racines normandes, mais au contraire les intègre parfaitement. Ce souvenir conforte sa position dominante dans la société britannique.

Est-ce à dire pour autant qu'elle ne se veut pas anglaise ? Des sources explicites manquent pour répondre ouvertement à cette question, mais quelques éléments s'opposent à la croyance de la belle unité de la *gens Normannorum*, célébrée par les chroniqueurs précédents. Sous Henri II, quelques seigneurs normands possèdent encore des domaines outre-Manche : les Mandeville dans l'Essex, les Courcy dans le Somerset et le Cumberland, le Kent et le Hampshire ou les Ferrières dans le Rutland et le Gloucestershire[224]. Mais leur nombre semble diminuer. Le morcellement — dû à la guerre civile — des maisons nobiliaires de part et d'autre du *Channel* est l'une des idées maîtresses du livre de Judith Green, qui décèle en contrepartie de grands regroupements de domaines au profit de magnats, que ce soit en Normandie ou en Angleterre ; au cours des années 1135-1153, la coexistence conflictuelle d'un roi et d'une duchesse accélère cette scission au sein des familles de l'aristocratie[225]. En dépit de l'unité politique retrouvée en 1154, le processus de dislocation se poursuit sous Henri II, comme le prouve, de façon spectaculaire, l'histoire des jumeaux Beaumont, dont les vies se déroulent indépendamment, de part et d'autre de la Manche, à la suite d'un partage patrimonial : Galeran de Meulan (†1166) reçoit les seigneuries normandes, et il adopte une politique ambiguë de négociation avec Louis VII pour préserver ses terres du Vexin français, tandis que son frère Robert de Leicester (†1168), possessionné dans l'île, se hisse, en tant que justicier d'Angleterre, au rang des hommes les plus influents de la cour royale[226]. L'histoire parallèle des jumeaux Beaumont traduit le particularisme de chacun des groupes nobiliaires, côté anglais ou côté normand.

Cette identité anglaise transparaît aussi dans la manière dont les continentaux jugent la noblesse insulaire. Or, leur perception est très souvent xénophobe. Le livre de Jean le Trouvère, même écrit entre 1226 et 1229, à un moment où la rupture avec la

Normandie est consommée de longue date, en témoigne. Ainsi, les chevaliers normands et angevins, que Guillaume le Maréchal surclasse dans les tournois, se disent humiliés (*abastardis*) d'être battus par *uns Engleis*[227]. Par un réflexe quasi national, ils vont conspirer contre lui à la cour d'Henri le Jeune : ils l'accusent d'adultère avec la reine Marguerite, ainsi que de s'arroger des prérogatives réservées au roi, enfin ils obtiennent son expulsion de la cour[228]. Cette solidarité est toujours de mise lors du célèbre tournoi de Lagni-sur-Marne, relaté également par le Trouvère : plusieurs chevaliers du Vexin normand figurent parmi les Français et non pas chez les Anglais qui forment, avec les Flamands, l'une des trois équipes[229]. Si tardives soient-elles, ces descriptions des attitudes ou sentiments qui couvaient dans l'imaginaire de tel ou tel groupe à la fin du XIIe siècle doivent être prises en compte.

Plus généralement, les légendes anti-anglaises se répandent en Normandie, mais aussi sur le sol français. On a continué de les traiter d'*Angli caudati*, « Anglais à la queue », pour railler leur sauvagerie. Les origines de cette insulte remonteraient à saint Augustin de Cantorbéry (†604) qui tentait désespérément de les évangéliser. Les Anglais le tournaient en dérision et le menaçaient en se déguisant en animaux avec une queue, jusqu'au moment où celle-ci devint, dit-on, une véritable excroissance de leur dos à la suite d'une punition miraculeuse. L'anecdote, renvoyant peut-être au travestissement en fauves de guerriers et sorciers païens, est récurrente dans l'hagiographie du haut Moyen Age. Elle se diffuse largement sous les règnes d'Henri II et de Richard Cœur de Lion : elle est reprise par Wace dans le *Roman de Brut*, par le troubadour Peire d'Auvergne en 1159, dans un poème latin anonyme rédigé vers 1163 puis par Richard de Devizes, qui raconte qu'en 1191, les Siciliens s'en servaient contre les croisés d'outre-Manche conduits par Richard Cœur de Lion[230]. Au cours de la seconde moitié du XIIe siècle, une si large diffusion témoigne, en creux, de l'affirmation d'une conscience collective d'être anglais. Sur le continent, ce regard péjoratif est dirigé contre un groupe « national », dont les contours se dessinent désormais de façon nette.

D'ailleurs, cette identité anglaise se manifeste *a contrario* dans la vision négative qu'ils ont des autres. Ainsi, Giraud de Barri souligne fortement l'altérité des Normands du continent, qu'il traite de vantards, blasphémateurs, hâbleurs ou débauchés : ils ont, dit-il, appris des Français l'homosexualité, vice qu'ils ont à présent bien intégré dans leurs mœurs[231]. Certes, en tant que membre d'une vieille famille normande, installée de longue date au sud du pays de Galles, il éprouve lui-même de profonds troubles identitaires, notamment par son mépris pour les Anglo-Saxons[232]. Son attitude n'en demeure pas moins significative de cette affirmation anglaise, ou du moins insulaire, que revendiquent les descendants des conquérants de 1066. De même, pour Jordan Fantosme, les conseils prodigués par des étrangers à Henri le Jeune ou Guillaume le Lion sont la cause de leur révolte contre Henri II[233]. Sous Jean sans Terre et Henri III, cette xénophobie contre les courtisans continentaux est un thème courant dans les œuvres de Roger de Wendover (†1236) ou Matthieu Paris (vers 1200-vers 1259), qui différencient *gent estrange* et *gent natural*[234]. Mais, nouveauté, Matthieu Paris ressuscite l'idée de l'oppression normande au lendemain de Hastings, et exalte les racines anglo-saxonnes de la royauté[235]. Enfin, sur un registre bien plus ludique, il importe de constater que l'intérêt de poètes latins — surtout Pierre de Blois[236], si grave d'habitude — pour le débat, cher aux goliards, sur la supériorité du vin ou de la bière creuse un peu plus l'écart entre la France et l'Angleterre[237]. Jean de Salisbury fait ainsi l'éloge de la cervoise anglaise face aux vins français, tout en reconnaissant qu'ils sont supérieurs aux vins italiens ou grecs que le chancelier du roi de Sicile lui servait « au péril de ma vie et de mon salut[238] ». En somme, à partir des années 1150, l'aristocratie de l'île qui prend conscience de former un groupe ethnique, historique et culturel nettement différencié des habitants du continent marque désormais ses distances avec ses cousins normands[239].

Cette fracture est un phénomène majeur de la vie politique sous l'Empire Plantagenêt, qui explique en grande partie la conquête aisée de Philippe Auguste en 1204. La noblesse normande sentait d'autant plus la domination de la maison d'Anjou que les responsabilités des Anglais dans le gouvernement royal étaient supérieures aux siennes. Quelques chiffres confirment cette évolution : 65 % des actes de la chancellerie d'Henri II concernent l'Angleterre, 25 % la Normandie et seulement 10 % les autres principautés de l'espace Plantagenêt. La tendance ne fléchit pas sous les règnes de Richard Cœur de Lion et Jean sans Terre. Cette proportion est significative de la place de choix dont le noyau anglo-normand jouit encore dans l'administration royale, puisque 90 % de ses documents s'y réfèrent. Mais elle montre surtout l'écrasante présence de l'Angleterre dans la politique des Plantagenêt. Sous la maison d'Anjou, les centres de décision de la monarchie délaissent la Normandie pour se déplacer vers l'île, et plus précisément au bord de la Tamise et dans l'ancien royaume de Wessex, où le domaine royal est le plus compact. Cette région est aussi la plus fréquentée par les rois, qui y possèdent nombre de palais et pavillons de chasse. La noblesse en place fait preuve d'une inébranlable loyauté à la monarchie au cours des différentes révoltes[240]. L'Angleterre devient le centre névralgique des Plantagenêt, qui perdent progressivement leurs racines normandes et *a fortiori* angevines.

La noblesse anglaise, fer de lance de l'impérialisme des Plantagenêt, pèse désormais plus que les autres populations insulaires. Son opinion sur celles-ci est des plus péjoratives. Bien davantage que le Normand, le Celte devient le bouc émissaire par excellence de l'Anglais. Irlandais, Gallois ou Highlanders écossais ont beau être chrétiens, d'une Eglise certes pas réformée, ils n'en sont pas moins des barbares. Ce stéréotype est fréquent sous la plume des penseurs anglo-normands de la fin du XIIe siècle. Leurs chroniques et traités multiplient les poncifs à leur endroit : sauvagerie habituelle, brutalité à la guerre, pillage institutionnalisé, parjure et trahison[241], inceste et adultère, paresse de bergers[242]... Telles sont quelques-unes des tares qui servent l'idéologie impérialiste, et justifient sans appel la conquête de ces tribus infra-humaines[243]. La soumission des Celtes s'avère d'autant plus nécessaire qu'ils refusent le respect d'un pouvoir public[244]. Comme pour les « tyrans indomptables » de Gascogne, leur pacification par l'invasion militaire et coloniale est une exigence morale. En bonne conscience, l'aristocratie anglaise dirige son expansion territoriale tout naturellement vers ces régions proches, exutoire facile de son agressivité, même si elle croit se comporter de façon plus chevaleresque que ces barbares.
Descendants de ceux qui, avec Roger de Montgomery et Guillaume fitz Baudouin, avaient conquis le sud du pays de Galles dès 1093, les guerriers anglais peinent pourtant au début du règne d'Henri II à conserver ces territoires. Ils subissent, en effet, de continuelles attaques lancées depuis la partie septentrionale du pays de Galles, restée indépendante. Entre 1157 et 1164, ils participent aux campagnes, que le roi conduit parfois en personne, contre Owain ap Gwynedd et Rhys ap Gruffydd. Leurs succès sont limités : les Gallois résistent à leurs incursions, et contre-attaquent même en terre anglaise. En 1164, Henri II comprend qu'il vaut mieux pactiser avec ces peuples aguerris, dont les combattants rejoignent les rangs de son armée en tant que mercenaires. Il se méfie, en plus, des nobles anglais du sud du pays de Galles, qui ne l'ont pas franchement soutenu dans ses campagnes. Eloignés du gouvernement royal, ils détiennent de vastes seigneuries, que leurs ancêtres normands ont constituées en conquérant une zone frontalière. Férus de leur autonomie, ils ne fréquentent guère la cour. Comme Giraud

de Barri, l'un des leurs, ils méprisent autant les Anglais que les Normands du continent et les Angevins. Ils supportent encore moins les interventions d'Henri II dans leur région depuis qu'il a conclu la paix avec les Gallois, leurs ennemis héréditaires.

Ces guerriers cambro-normands se détournent vers les Irlandais, Celtes aussi bons à combattre que les Gallois. En 1166, l'occasion leur est fournie par l'exil de Diarmait Mac Murchada, roi de Leinster, et d'Uí Chennselaig, qui recrute de nombreuses troupes parmi eux pour récupérer son trône. Les Anglais multiplient les exploits, en conquérant notamment Waterford et Dublin. Ils sont menés par Richard fitz Gilbert (†1176), comte de Pembroke, auquel on donnera plus tard le surnom de Strongbow (« Arc puissant »), qui épouse Aífa, fille de Diarmait, mort en 1171, après l'avoir désigné comme héritier. Henri II se méfie de ce personnage dont la famille a soutenu Etienne de Blois pendant la guerre civile. Il voit d'un mauvais œil ses succès militaires et son pouvoir accru en Irlande, où accourent nombre de ses parents. Il finit par confisquer ses domaines gallois et anglais, ainsi que ceux de ses proches. Il le force ainsi à la soumission et à la reconnaissance de sa souveraineté sur les territoires conquis à l'est de l'Irlande, qui deviennent en 1185 l'apanage de Jean sans Terre. Il permet, ensuite, aux amis de Strongbow — parti loyalement, en 1173, mater la révolte d'Henri le Jeune en Normandie — de poursuivre leurs conquêtes : Hugues de Lacy obtient le Meath et Jean de Courcy prend l'Ulster. Les rois et magnats autochtones se soumettent progressivement à Henri II[245]. Mais ils respectent peu leurs traités avec le roi d'Angleterre, qu'ils rompent au fil de la conjoncture politique. La situation s'envenime d'autant plus qu'Henri II ne contrôle pas les hommes de Strongbow et qu'il est incapable d'établir une administration en Irlande. La noblesse cambro-normande impose sa domination sur l'île.

L'histoire de la conquête de l'Irlande témoigne du dynamisme de l'aristocratie anglaise, qui prépare en éclaireur la mainmise de la maison d'Anjou sur l'île. Mais elle n'est pas une victoire totale pour le roi comme cela l'est ailleurs, si ce n'est lors de la confiscation des seigneuries galloises de Strongbow et de sa participation à l'écrasement de la révolte normande de 1173. Rappelons cependant que les mariages de la fille de Strongbow et d'Aífa seront étroitement contrôlés. Richard Cœur de Lion l'accorde, Aifa avec tous ses domaines de part et d'autre de la mer d'Irlande, à Guillaume le Maréchal en récompense de ses multiples services. Ce contrôle matrimonial reflète la véritable nature des relations entre l'aristocratie insulaire et le roi. Les rapports sont toujours sous le signe du service et de la docilité.

Pour preuve, la mobilité géographique de cette noblesse, qui travaille très souvent sur le continent à affirmer la domination de la maison d'Anjou.

La fidélité d'un Patrick de Salisbury, d'un Robert de Thornham ou d'un Guillaume le Maréchal contraste avec la rébellion d'un Jean d'Alençon, relayé par son fils Robert qui ouvre, en 1203, le sud de la Normandie à Philippe Auguste. A cette date, la collaboration active des Alençon avec le roi de France n'est pas démentie par la noblesse normande, qui n'éprouve plus guère de remords à trahir Jean sans Terre dès lors qu'il a été condamné par le tribunal de son seigneur féodal. Ces aristocrates savent la position précaire de la maison d'Anjou au cours des années 1190, décennie décisive où Philippe Auguste accroît sa force militaire, affine l'appareil institutionnel du royaume et augmente ses ressources financières[246]. Certes ils se sont battus avec bravoure pour Richard Cœur de Lion, auréolé d'un prestige chevaleresque qui lui a préservé leur fidélité. Mais ils ne sont plus prêts à fournir les mêmes efforts pour Jean sans Terre, dont l'autorité personnelle faiblit en raison des défaites militaires récentes qu'on attribue à sa paresse et à son ineptie, mais aussi de son mariage — qu'ils disent de cœur plus que de raison afin de le dénigrer — avec Isabelle d'Angoulême et de sa responsabilité dans la disparition du jeune Arthur de Bretagne. Les dernières rares familles doublement possessionnées de part et d'autre de la Manche choisissent le roi de France : elles préfèrent perdre leurs domaines insulaires, plutôt que de poursuivre une guerre qui ravage leurs terres, et qu'au fond ils savent perdue d'avance. Au demeurant, leur choix prouve qu'un fossé s'est creusé entre les Normands du continent et les Anglais, qu'on n'oserait plus appeler Normands tant leur identité est désormais insulaire. En quelques générations, les descendants des compagnons de Guillaume le Conquérant ont acquis une nouvelle conscience d'eux-mêmes. Ils se savent certes Normands par leurs racines, mais ils se veulent avant tout Anglais, au service d'un roi sacré à Westminster et demeurant dans le Wessex, qui combat, d'égal à égal, le Capétien. En somme, le rapport à la personne royale est décisif à l'heure de forger une identité « nationale ».

Entre 1154 et 1224, ce qui est vrai sur le plan politique l'est aussi sur le plan social. Au cours de ces années charnières, la noblesse se définit mieux elle-même, tandis que les légistes lui donnent un statut plus précis. Cette fixation de ses contours juridiques s'accompagne de nouveaux marqueurs et codes qui, comme l'héraldique, restent encore un privilège de caste. Elle n'abolit pourtant pas la hiérarchie au sein de la noblesse, mais la concrétise davantage, surtout en Angleterre, où le roi est puissant. Dans l'île, des tenants en chef aux arrière-vassaux, une pyramide, inspirée du système féodal, accroît les différences entre la haute et la basse aristocratie. La concentration de vastes domaines entre les mains de quelques magnats caractérise la période, aussi bien en Poitou qu'en Angleterre. Une catégorie supérieure titrée de comtes et vicomtes se rapproche ainsi du roi, et renforce ses liens avec lui par le mariage dans sa famille. Elle détient le pouvoir là où il s'exerce désormais : à la cour royale, qu'elle fréquente continuellement. Elle y croise des membres d'une noblesse moins élevée — et pour cela plus docile et disponible —, souvent formée aux techniques de l'écriture et de la comptabilité. A tous les niveaux, l'aristocratie tient la puissance politique. Le roi ne saurait gouverner sans elle, comme le lui rappellent, avec une obsédante fréquence, ses insurrections. Si l'Etat se définit comme le monopole de la violence, il n'existe encore, dans l'espace Plantagenêt, que sous une forme embryonnaire.

A un tel stade de construction institutionnelle, le moment n'est pas encore arrivé où l'aristocratie n'est plus qu'une noblesse de robe. Son métier demeure la guerre. Tout adoubé est noble, et cela lui est confirmé par ce rite public de prise d'armes. Au sein de l'aristocratie, les activités militaires jouissent d'un prestige supérieur à tout autre. La vie de Guillaume le Maréchal, première biographie connue d'un aristocrate, est axée sur ses innombrables exploits à la guerre ou aux tournois dans le respect rigoureux de l'éthique chevaleresque ; son irrésistible ascension politique et sociale n'en est que la conséquence directe. Le service loyal dont, sa vie durant, le Maréchal fait preuve vis-à-vis du roi, quel qu'il soit, reflète une évolution plus générale. Il recoupe l'objectif, cher aux intellectuels de la cour, d'une noblesse militaire — bras d'un corps dont la tête est le monarque pour reprendre l'image organique de Jean de Salisbury — toute vouée à la guerre publique, seule légitime, déclarée par cette autorité supérieure et unique qu'incarne un roi à la moralité irréprochable. Cet idéal est incompatible avec l'introduction du mercenariat dans l'armée, que blâment, de façon unanime, le clergé et l'aristocratie laïque, qui aimerait se réserver le combat, du moins équestre. Sa ferme opposition aux cavaliers et fantassins soldés n'est autre qu'un réflexe de caste, à une époque où un guerrier — aussi aristocratique soit-il — ne refuse jamais émoluments, faveurs, cadeaux et fiefs-rente.

De plus en plus, la noblesse se distingue par l'observance des codes chevaleresques qui tempèrent sa violence. Profondément christianisé, ce système de valeurs impose un cadre contraignant à l'exercice des armes, qu'on souhaite au service exclusif de la justice et de la paix. L'idéal est placé très haut, trop peut-être pour l'époque. Se matérialise-t-il déjà sur le champ de bataille envers tout autre que le parent aristocratique ? Plus encore, soulage-t-il le paysan de la pression seigneuriale ? Force est de répondre par la négative. De la part des combattants à cheval, les manifestations de violence gratuite sont encore nombreuses. En 1200, le noble n'est vraiment pas chevalier. L'archevêque de Cantorbéry, autorité suprême du clergé anglais, groupe par excellence des désarmés, en fera lui-même l'expérience.

L'affaire Becket

Le meurtre de l'archevêque Thomas Becket dans sa cathédrale de Cantorbéry, le 29 décembre 1170, est l'événement phare des relations entre les rois angevins d'Angleterre et l'Eglise, le moment culminant d'une forte tension[1]. Le crime suscite une grande émotion partout en Occident. Il vaut, à peine deux ans après sa mort, la canonisation de sa victime, reconnue comme martyr. Il diffuse au large une dévotion partagée autant par les intellectuels du clergé, engagés dans la dispute théologique et politique des deux glaives, que par la paysannerie la plus éloignée de la culture savante[2]. En quelques mois, il fait de la cathédrale de Cantorbéry l'un des lieux de pèlerinage les plus courus de la Chrétienté, presque aussi populaire que Rome, Jérusalem ou Saint-Jacques. La mémoire du saint continue d'être l'objet d'un fort investissement politique à la fin du Moyen Age et au début de l'époque moderne, comme en atteste l'ordre d'Henri VIII (1509-1547) de détruire ses reliques et d'interdire son culte. Par la force des choses, l'attitude des historiens contemporains qui se sont penchés sur le cas Becket est imprégnée par ces luttes et ces polémiques. Le personnage ne laisse jamais indifférent.

Un bref aperçu biographique éclaire l'originalité de son parcours. Thomas est né en 1118 à Londres au sein d'une riche famille de marchands d'origine normande. En 1142, doté d'une bonne instruction, il devient clerc de Thibaud, l'archevêque de Cantorbéry. C'est dans sa maisonnée qu'il est repéré par Henri II, récemment couronné roi d'Angleterre, qui fait de lui son chancelier au moins dès 1155. D'importantes affaires l'occupent alors en son nom, comme l'ambassade auprès de Louis VII en 1158 ou le siège sans lendemain de Toulouse l'année suivante, au cours duquel il conduit l'armée royale. Il se voit également confier l'éducation d'Henri le Jeune, le fils aîné du roi qui est sûr à l'époque de sa fidélité inébranlable.

C'est pourquoi Henri II lui obtient en 1162 le siège archiépiscopal de Cantorbéry, pensant sans doute trouver en lui un soutien docile à sa politique. Ordonné prêtre et évêque, Thomas, qui prend à cœur sa nouvelle mission, le déçoit toutefois : il démissionne de la chancellerie contre son gré et entre bientôt en conflit ouvert avec lui. En effet, en janvier 1164, Thomas revient sur sa décision d'entériner les assises de Clarendon qui diminuent la juridiction de l'Eglise au profit du pouvoir royal. En novembre, il s'enfuit en France, où il rencontre le pape Alexandre III, exilé comme lui, et où il bénéficie de la protection de Louis VII. Il séjourne un temps au monastère cistercien de Pontigny d'où il est expulsé par une décision du chapitre général de l'ordre dont le roi menace de confisquer les possessions en Angleterre, et se réfugie finalement à l'abbaye bénédictine de Sainte-Colombe de Sens. Sur l'île, Henri II persécute les partisans de Thomas, jusqu'à exiler tous les membres de sa famille[3]. En 1166, le pape investit de la légation d'Angleterre Becket qui excommunie les laïcs et ecclésiastiques qui ont soutenu les constitutions de Clarendon. En juin 1170, le sacre d'Henri le Jeune par l'archevêque d'York conduit même Thomas à lancer l'anathème contre les prélats qui y ont pris part. Les tentatives de réconciliation avec le roi, qui rencontre Becket à Montmirail (janvier 1169), à Montmartre (novembre 1169) ou à Fréteval (juillet 1170) n'aboutissent pas Le 1er décembre 1170, Thomas débarque pourtant à Sandwich, où il est accueilli par une foule en liesse, pour reprendre son siège. Cette décision lui coûte la vie un mois plus tard. Quatre chevaliers de l'entourage d'Henri II prennent au pied de la lettre ses menaces contre l'archevêque qui refuse toujours de lever les excommunications. Ils l'assassinent à coups d'épée et de hache dans la cathédrale, où Thomas s'est rendu pour l'office des vêpres.

Les sept dernières années de son existence sont donc dominées par son affrontement avec Henri II sur le sujet des libertés ecclésiastiques, pour la défense desquelles il dit être prêt à donner la vie. Cette querelle nuit à l'activité politique et aux relations sociales dans le royaume, voire dans toutes les principautés territoriales des Plantagenêt. Son point d'orgue est précisément le meurtre dans la cathédrale qui cristallise, en un seul instant, de multiples controverses, vieilles pour certaines de plusieurs siècles. Il n'est, par conséquent, guère étonnant que l'« affaire Becket » ait donné lieu, du vivant même de son protagoniste ou peu après sa mort, à une littérature abondante, à laquelle les éditeurs des *Rerum Britannicarum Scriptores* ont consacré sept gros volumes entre 1875 et 1885[4]. Les clercs engagés dans le conflit mettent leur plume au service de la cause de Thomas, voire, moins nombreux, d'Henri II. La quantité de leurs écrits fait de ce dossier documentaire l'un des plus étoffés du XIIe siècle. Ces sources frappent en outre par la minutie de leurs récits et descriptions. De première main, elles ont souvent été écrites par des témoins oculaires ou proches des événements.

Elles peuvent être classées en trois catégories. D'abord, il existe une quinzaine de récits hagiographiques à la mémoire du saint martyr, rédigés en latin, mais aussi en anglo-normand ou en islandais, avant 1200. Le plus précoce d'entre eux est la lettre *Ex Inesperato*, écrite, une ou deux semaines à peine après le meurtre, par Jean de Salisbury, compagnon d'exil et maître à penser de Thomas dont il a assisté au meurtre. On retiendra également pour leur précision les longues Vies rédigées par Guillaume fitz Stephen, secrétaire de Thomas, qui foisonnent en détails sur sa jeunesse, par Herbert de Bosham, l'un des meilleurs exégètes de son temps, autre compagnon d'exil, par Edouard Grim, un maître d'Oxford, dont le bras fut cassé par un coup d'épée destiné à Thomas, ou par Guernes de Pont-Sainte-Maxence, un trouvère qui déclame près du tombeau du saint sa vie qu'il a composée en anglo-normand[5]. Vient ensuite l'historiographie insulaire dont on connaît la richesse pour la période. Dans leurs chroniques sur le règne d'Henri II, Guillaume de Newburgh, Gervais de Cantorbéry, Roger de Howden et tant d'autres se penchent tout naturellement sur le conflit qui oppose le roi à l'autorité religieuse la plus importante d'Angleterre. Enfin, dernière catégorie, le dossier épistolaire est d'autant plus intéressant qu'il a été constitué, dans un but précis de propagande, en forme de collections de lettres écrites par les partisans ou les adversaires de Thomas[6]. Au total, hagiographie, historiographie et correspondance donnent un aperçu précis des événements et de leurs enjeux.

De nombreux historiens, principalement en Grande-Bretagne, ont exploité ces sources. Il est intéressant de constater combien est élevée la charge émotionnelle sur un sujet trop souvent abordé dans un but polémique. Nombreuses sont les déclarations tranchées sur Thomas et sur son action. A la fin du XIXe siècle, le Révérend James C. Robertson, l'un des deux éditeurs des sources sur Becket pour les *Rolls Series*, écrit que, si l'archevêque avait réussi à imposer son programme, dont « l'esprit aurait conduit à la tyrannie et à l'intolérance cléricales », l'Angleterre serait devenue « le pays moderne le plus dirigé par les prêtres, et le plus avili », au lieu d'être, comme c'est heureusement le cas selon lui, « le plus libre »[7]. Curieusement, la fin du romantisme et du positivisme, avec l'historisme en corollaire[8], n'a pas fait disparaître de tels jugements à l'emporte-pièce. Dans un ouvrage, toujours dominé par le débat et même par le combat, paru en 1963, Henry G. Richardson et George O. Sayles écrivent : « La plus grosse erreur d'Henri II fut de choisir le tapageur (*flashy*), superficiel et égoïste Thomas Becket et de lui faire confiance [...]. Nous devons considérer Becket non pas comme un martyr, mais peut-être comme l'idiot fou ainsi que le traita Gilbert Foliot [évêque de Londres entre 1163 et 1187] dans sa colère[9]. » En 1973, soit dix ans plus tard, on trouve un déchaînement du même acabit dans la solide biographie de William L. Warren, professeur à la Queen's University de Belfast, consacrée à Henri II : « Sa dénonciation des intentions supposées du roi devint chaque fois plus coupée de la réalité, et son autojustification plus hystérique. Il inspira lui-même une mort violente sur sa personne [...]. Becket était trop rigide, étroit et simpliste dans ses méthodes[10]. » Le florilège de citations pourrait être prolongé[11]. Ce petit échantillon suffit à cerner tous les enjeux idéologiques que comporte l'affaire Becket, et ce y compris au XXIe siècle.

Bien entendu, il en allait encore davantage à l'époque de Thomas. Aussi surprenant que cela puisse paraître, l'assassinat d'évêques, mais aussi leur mutilation ou leur emprisonnement, étaient alors relativement répandus : aux XIe et XIIe siècles, pas moins de douze d'entre eux furent tués dans la seule Francie occidentale, sans pour autant donner lieu à un culte particulier[12]. Or, l'originalité de l'affaire Becket tient précisément aux passions qu'elle déchaîne en Angleterre certes, mais aussi dans toute l'Europe. Elle entraîne un engagement massif des intellectuels du temps, qu'ils soient partisans ou détracteurs de l'archevêque. Nous présenterons le contexte et les idées de ces clercs, avant d'analyser quelques temps forts de la querelle et la signification qu'ils revêtent aux yeux de leurs acteurs et de leurs spectateurs. L'affaire a d'autant plus d'importance pour notre propos qu'elle divise les clercs de l'Empire Plantagenêt entre ceux qui respectent et ceux qui rejettent le pouvoir d'Henri II.

L'engagement des intellectuels

En dépit des apparences, la dispute entre le roi et l'archevêque présente une grande complexité. Elle ne saurait nullement se réduire à la rupture brutale entre deux amis de quinze ans, se découvrant tout à coup des tempéraments opposés. Il serait aussi ridicule de chercher l'origine du conflit dans une série de maladresses diplomatiques, même si ses deux protagonistes n'ont pas toujours œuvré dans le sens de l'apaisement.

Car force est de constater que leur affrontement est avant tout idéologique, et relève de la théorie politique et de la théologie. En effet, cette querelle réalimente la dialectique ancienne entre les glaives temporel et spirituel, entre le *regnum* et le *sacerdotium*, entre la monarchie anglaise à l'efficacité redoublée sous Henri II, et une partie de la hiérarchie sacerdotale post-grégorienne, qui supporte mal le patronage royal sur l'Eglise, si fermement implanté soit-il dans le monde anglo-normand. La politique religieuse du premier roi de la maison d'Anjou a pu sembler d'autant plus autoritaire qu'elle tranchait sur le rapprochement d'Henri Ier avec Rome et sur l'autonomie et le prestige accrus de l'Eglise insulaire pendant la guerre civile où la puissance royale pâtit d'une sorte de mise en veilleuse. En l'absence d'un pouvoir fort, les évêques occupent un premier plan sur la scène politique : Thibaud, archevêque de Cantorbéry entre 1138 et 1161, joue ainsi un rôle prépondérant dans le royaume, y compris pour faciliter l'avènement d'Henri II[13]. De fait, en mettant fin à cette hégémonie épiscopale et en intervenant dans la vie du clergé, le nouveau roi ne fait que renouer avec une vieille tradition normande de patronage ducal sur l'institution ecclésiale[14]. Son programme trouve, à ce titre, de nombreux soutiens parmi les clercs dont il faudra essayer de comprendre les motivations. Mais avant de nous pencher sur ce groupe hostile à l'archevêque, abordons le milieu où se recrutent les partisans de Thomas.

Le protagoniste lui-même de cette affaire est un type social exceptionnel. Il n'appartient pas à la haute noblesse, comme on pourrait s'y attendre pour un chancelier ou pour un primat d'Angleterre, mais à la classe marchande la plus prospère[15]. Son père Gilbert, un homme d'affaires originaire de Rouen, s'est imposé dans la société londonienne, où il est l'un des deux *sheriffs* de la capitale. Il a ses entrées dans la maisonnée de son compatriote l'archevêque de Cantorbéry, Thibaud de Thierceville (ou du Bec), qui prend son jeune fils à sa cour[16]. Grâce à ses études au prieuré londonien de Merton puis dans les écoles de Paris, Thomas possède l'instruction de base de l'étudiant ès arts, formé à la rhétorique et aux humanités. Par la suite, Thibaud l'enverra apprendre le droit à Bologne et Auxerre[17]. Thomas acquiert, en outre, de l'expérience administrative auprès de l'archevêque. Celui-ci le recommande à Henri II qu'il vient de couronner. Dès 1155, âgé de trente-sept ans, il devient ainsi le chancelier du roi et l'un de ses plus proches conseillers[18]. La rupture n'interviendra que sept ans plus tard, alors qu'il résilie sa charge aussitôt après son sacre épiscopal.

La biographie de Jean de Salisbury, mentor de Thomas et son fidèle soutien au cœur du conflit avec le roi, est relativement proche. Il est né entre 1115 et 1120 au sein d'une famille probablement paysanne d'Old Sarum, le site médiéval de Salisbury[19]. Il mène des études poussées à Paris et à Chartres, où il fréquente les meilleurs intellectuels de son temps (Guillaume de Conches, Pierre Abélard, Gilbert de la Porrée, Simon de Poissy, Robert Pullen et Robert de Melun), engagés dans le mouvement de la « Renaissance du XIIe siècle »[20]. Grâce à leur enseignement, il acquiert une parfaite maîtrise des arts et de la théologie. Dès 1148, il est appelé à travailler comme secrétaire de l'archevêque Thibaud, peut-être à la suite d'une recommandation de Bernard de Clairvaux[21]. Il se lie alors d'amitié avec Thomas, qui travaille à la même cour, à moins qu'il ne l'ait fréquenté auparavant, dans ses années d'études à Paris. Une paisible carrière bureaucratique à l'archevêché de Cantorbéry semble donc s'ouvrir devant lui.

En 1156, toutefois, Jean tombe en disgrâce auprès d'Henri II, qui l'interdit de séjour en Angleterre. Les raisons de ce premier exil sont obscures. Tout au plus peut-on avancer trois hypothèses. D'abord, il a peut-être déplu au roi par sa ferme opposition, attestée dans ses écrits, à la campagne de Toulouse et aux lourds prélèvements fiscaux qu'elle entraîne[22]. Ensuite, à la curie du pape anglais Adrien IV (1154-1159), où Henri II l'a envoyé en mission diplomatique, il imagine un cadre juridique à la conquête de l'Irlande que le roi n'apprécie vraisemblablement pas. Jean fait, d'une part, valoir la fausse donation de Constantin, accordant au Saint-Siège la domination sur toutes les îles, pour affirmer la seigneurie du pape sur l'Irlande, et remet de sa part à Henri II l'anneau d'émeraude qui symbolise cette investiture pontificale[23]. Il se peut, d'autre part, que Jean ait rédigé le brouillon de la bulle *Laudabiliter*, approuvant certes l'expédition anglaise, mais préservant l'indépendance de l'Eglise irlandaise face aux prétentions primatiales de Cantorbéry[24]. Enfin, le roi l'a probablement associé, en tant que secrétaire de Thibaud, au désaccord affiché par l'archevêque à quelques-unes des nominations épiscopales décidées par lui-même[25].

Quoi qu'il en soit, Jean est contraint de demeurer à Rome auprès du pape. Ecarté des affaires, il met la dernière main à ses deux principaux ouvrages, le *Metalogicon*, apologie des arts littéraires, et le *Policraticus*, revenant inlassablement sur l'idée de l'incompatibilité de l'état clérical et du service dans une administration civile. Il adresse ce dernier, en 1159, avec une chaleureuse dédicace, au chancelier, dont il souhaiterait qu'il lui obtienne le pardon du roi, mais aussi qu'il adhère à ses positions en matière ecclésiastique.

La suite des événements lui donnera plus que raison. Thomas, qui l'a réconcilié provisoirement avec le roi, s'engage, au-delà de toutes ses espérances, dans la lutte pour les libertés de l'Eglise anglaise face à la royauté. Jean l'accompagne en exil, le second pour lui. Il ne fléchit jamais sur les principes. Face à ses adversaires, il manifeste, certes, du respect, de la diplomatie et du tact, fondés sur l'humanisme qu'il a appris à la lecture des classiques et à la réflexion théologique. Il écrit ainsi : « J'ai blâmé mon seigneur l'archevêque plus souvent et plus fermement que personne, parce que dès le début, pris d'un zèle erroné, il a provoqué le roi et les siens sans considération pour le temps, les lieux et les personnes [26]. » Mais, de la part de Jean, la souplesse d'une telle attitude ne doit pas cacher la détermination inflexible de son programme. Quelques-unes des formules employées dans sa correspondance laissent poindre cette volonté opiniâtre : « les constitutions de Clarendon ne représentent qu'un nouvel Evangile de traditions humaines » ; Thomas ne doit pas céder car il est « chrétien et non pas henricien », ce dernier adjectif renvoyant dans le jargon des grégoriens à l'empereur Henri IV (1054-1106), l'ennemi par excellence de la papauté ; Frédéric Barberousse sera déposé, après 1168, alors que son anti-pape n'est plus [27]... Que Jean ait osé formuler dans son premier exil — certes avec toutes les nuances de sa méthode d'argumentation et en disant clairement qu'il ne vise pas Henri II — la théorie, inouïe en son temps, du tyrannicide montre combien sa pensée est extrême, voire à bien des égards révolutionnaire [28]. S'il est modéré sur la forme, il est indéniablement résolu sur le fond.

C'est ainsi, du reste, qu'Henri II l'a toujours perçu, le rendant peut-être même responsable de la transformation radicale de son ancien chancelier et ami [29]. D'ailleurs, après l'assassinat de Becket, après sa pénitence publique et après l'amnistie générale accordée à ses détracteurs, le roi fait en sorte qu'on ne lui accorde aucune charge ecclésiastique en Angleterre. En 1176, Jean obtient l'évêché de Chartres, dans le royaume de France, grâce probablement à une intervention de son ami Guillaume aux Blanchesmains (†1202), alors archevêque de Sens, beau-frère de Louis VII [30]. Il s'agit du siège de l'école cathédrale dont le dynamisme intellectuel et la modernité de la réflexion symbolisent la renaissance du XIIe siècle, incarnée par le nouvel évêque [31]. En 1179, Jean participe au concile de Latran III. Il meurt l'année suivante.

Deux indices semblent montrer la forte emprise de sa théorie sur la praxis de Thomas Becket. D'une part, plusieurs passages et formules du *Policraticus* se retrouvent dans les lettres rédigées par l'archevêque[32]. D'autre part, il se pourrait que l'un des manuscrits de cet ouvrage, propriété de Thomas, ait été annoté de sa main, attestant ainsi d'une lecture attentive et d'un effort de mémorisation[33] ; en l'absence de tout autre échantillon de son écriture, cette hypothèse est malheureusement invérifiable. Quoi qu'il en soit, nul ne saurait nier le rôle capital joué par Jean de Salisbury, véritable éminence grise de l'archevêque, dans les positions et les décisions qu'il prend au cours de son conflit avec le roi.

Autre ami proche de Thomas, Herbert, né à Bosham (Sussex) vers 1120, dont on ne connaît pas le milieu d'origine. Il le conseille continuellement, comme au cours du concile de Northampton (octobre 1164), où il se tient à ses pieds et lui souffle l'idée d'excommunier tous ses ennemis. De même, c'est lui que l'archevêque envoie en France pour y préparer son exil[34]. A l'instar de Thomas, il est, avant de tomber en disgrâce, un clerc de la cour royale, souvent mis à contribution par Henri II. En 1157, il devient son ambassadeur auprès de Frédéric Barberousse, dans une difficile mission, au terme de laquelle il obtient que la relique de la main de saint Jacques puisse rester au monastère de Reading[35]. A cette occasion, ses dons de négociateur servent les intérêts d'Henri II.

Sa grande connaissance des sphères du pouvoir a marqué ce prêtre qui maîtrise les codes curiaux à la fois dans sa tenue et dans sa conduite. Guillaume fitz Stephen a décrit la première impression qu'il produit, en mai 1166, sur Henri II et sur sa suite en pénétrant dans la salle du palais d'Angers : « On appela maître Herbert de Bosham qui fit son entrée. Le roi commenta à son sujet : "Regardez quelqu'un de bien orgueilleux qui arrive." Celui-ci était, en effet, de haute stature et de belle apparence. De plus, il était habillé de façon splendide, portant une tunique et un manteau en tissu vert d'Auxerre sur les épaules, pendant à la mode des Allemands, tombant jusqu'aux talons, vêtu de façon élégante selon sa condition[36]. » Le luxe de son habit n'est pas sans rappeler le beau manteau de fourrure que Thomas portait à l'époque où il était chancelier du roi, qui le lui reprochait avec humour ; le droit canonique relayé par les moralistes déconseille pourtant aux clercs de porter des vêtements aux couleurs trop éclatantes, particulièrement le vert ou le rouge[37]. De même, sa prestance s'inspire des manières que Becket inculquait aux fils d'Henri II et aux garçons de la haute noblesse dont on lui confiait l'éducation [38].

L'exposé de Bosham devant le roi fait très forte impression. Son assurance et son ironie irritent pourtant Henri II, comme cela ressort du dialogue rapporté par le même Guillaume fitz Stephen : « Le roi dit : "Quelle impudence ! Quelle chose si indigne que ce fils de prêtre perturbe mon royaume et trouble sa paix !" Herbert riposta : "Pas du tout. Je ne suis pas fils de prêtre, car je n'ai pas été conçu dans le sacerdoce, puisque mon père a été ordonné après, mais toi, non plus, tu n'es pas fils de roi puisque ton père n'est pas roi." Alors, l'un des assistants, Jordan de Tesson dit : "De qui qu'il soit le fils, je voudrais bien donner la moitié de ma terre pour qu'il devienne le mien." » Ce sens de la repartie, s'il honore Herbert, est humiliant pour le roi. Dans cette société d'honneur qu'est, plus que tout autre, le milieu fermé de la cour, le ridicule peut être une arme redoutable : il entraîne le meurtre symbolique de l'adversaire. Herbert tourne à son avantage une situation des plus défavorables, au point qu'il suscite l'admiration de l'assistance ; Jordan de Tesson, un noble normand propriétaire de nombreuses seigneuries de part et d'autre de la Manche, est séduit par son discours. Il va de soi que le texte commenté ici est flatteur pour Herbert, car il est écrit par l'ancien secrétaire de Thomas Becket dans un but partisan. Sa valeur n'en demeure pas moins éclairante d'un certain comportement que cultivent même les clercs de cour passés dans le camp de l'archevêque de Cantorbéry.

Herbert de Bosham a appris à manier la dialectique avec autant de brio dans les écoles qu'il a longuement fréquentées. C'est de longue date qu'il s'est familiarisé avec la rhétorique, mais aussi le débat contradictoire, au cœur de la scolastique. Il est lui-même un spécialiste reconnu en exégèse, sûrement le meilleur de son siècle, et maîtrise l'hébreu rabbinique et biblique, voire peut-être l'araméen. Vers 1150, à Paris, il suit l'enseignement de Pierre Lombard (†1159), maître de l'école de Notre-Dame et évêque de cette ville ; il restera profondément attaché à sa mémoire, entreprenant de mettre en forme et de remanier les écrits laissés inachevés par sa mort prématurée, surtout sa *Glose* et ses commentaires sur les Psaumes et sur les épîtres de saint Paul. Il a été également l'élève d'André de Saint-Victor, autre spécialiste de l'Ecriture. Sa formation est solide, et le prépare à des tâches bureaucratiques ou diplomatiques qu'il semble assumer sans rechigner.

A la mort de Thomas, Herbert hésite entre l'érudition et la politique. Dans un premier temps, comme il refuse de prêter serment de fidélité à Henri II, il reste en France. Là il profite du patronage du frère de Guillaume aux Blanchesmains, Henri le Libéral, comte de Champagne, et nous avons conservé quelques lettres qu'il rédige alors pour lui. En 1174, il obtient le versement des arriérés de son bénéfice anglais, ce qui lui permet de se consacrer à ses recherches exégétiques et d'enseigner à Saint-Denis. Dans les années 1180, il finit par reconnaître la sincérité de la pénitence d'Henri II et il rentre en Angleterre. A la mort du roi, en 1189, Guillaume de Longchamps, évêque d'Ely et chancelier de Richard Cœur de Lion, le rappelle à la cour : sans doute les mauvaises relations entre le nouveau roi et son père ont-elles joué en sa faveur. En 1191, il quitte cependant le milieu curial, qu'il dit dans sa correspondance trouver fatigant, pour se consacrer au commentaire des Psaumes[39] ; il se peut toutefois que sa démission soit de nature politique, en relation avec la disgrâce de Guillaume de Longchamps. Il revient sur le continent où il demeure dans l'abbaye cistercienne d'Ourscamp (diocèse d'Arras), jusqu'à sa mort en 1194. Son retour aux affaires, suivi de leur rapide abandon, montrent la polyvalence de cet intellectuel, mais aussi l'appel irrésistible que les études hébraïques continuent d'exercer sur lui.

Né en 1122, Jean Bellesmains (†1204) appartient à la même génération que Thomas et ses deux plus proches conseillers. Sans connaître son origine sociale, on sait cependant qu'il vient de Cantorbéry, ce qui pourrait faire penser à un milieu patricien ou marchand, voire artisanal. Dans sa jeunesse, il fréquente Thomas et Jean au palais archiépiscopal de Thibaud. Le pape soutient sa candidature à l'archidiaconé de Londres, qu'obtient finalement Raoul de Diss, le célèbre chroniqueur. En 1155, il devient trésorier de la cathédrale d'York, puis en 1163, probablement sur une intervention d'Henri II, évêque de Poitiers, ville où il restera vingt ans avant d'être promu archevêque de Lyon. Au lendemain de la crise de Clarendon, il prend ouvertement parti pour Thomas Becket, ce qui lui vaut la surveillance étroite des agents du roi et même une tentative d'empoisonnement[40]. Il pousse l'archevêque à la modération, en particulier lors de la rencontre de Montmirail où il lui enjoint avec fermeté de se réconcilier avec le roi[41]. Pris par ses tâches pastorales, Jean n'a pas laissé d'œuvre exégétique ni théologique. Son niveau d'instruction est néanmoins considérable. Jean de Salisbury, mais aussi Robert de Torigni et Gautier Map qu'on ne saurait suspecter du même parti pris, louent de façon unanime ses lettres et son éloquence, qu'il manifeste en latin, français et anglais[42]. A Poitiers, Jean Bellesmains s'est peut-être lié à maître Jean Sarrasin, traducteur et commentateur du pseudo-Denis, et correspondant enjoué de Jean de Salisbury[43].

Comme les clercs précédents, Raoul le Noir, originaire de Bury Saint Edmund's (Suffolk), a été happé par la cour à la suite de la chasse aux cerveaux chère aux Plantagenêt. La bureaucratie royale tire en effet profit du savoir-faire de cet homme de lettres aussi instruit que Thomas, Jean de Salisbury, Herbert de Bosham ou Jean Bellesmains. Devenu maître ès arts à Paris en 1168, il est d'une vingtaine d'années leur cadet. Sa correspondance prouve toutefois les liens, souvent d'amitié, qu'il entretient avec ce groupe à l'époque du conflit avec Henri II. C'est aussi la raison pour laquelle le roi l'expulse d'Angleterre ; après le meurtre de Thomas, sa présence parmi les proches d'Henri le Jeune, en guerre contre son père en 1173, n'a probablement pas favorisé son pardon. Dans ses écrits, Raoul riposte par une extrême dureté envers « le roi sous lequel le bienheureux Thomas, martyr des Anglais, souffrit sa passion » ; il manifeste, en revanche, sa gratitude envers son fils « décédé à Martel, village du Limousin, dans une pieuse dévotion selon le témoignage de plusieurs saints hommes »[44]. Comme ses compagnons d'exil, il bénéficie de la protection de l'archevêque Guillaume aux Blanchesmains, et peut-être aussi de celle de Maurice de Sully (1160-1196), successeur de Pierre Lombard au siège épiscopal de Paris. Il rentre en Angleterre à la mort d'Henri II : en 1199, il reçoit des émoluments de la cour royale, où il travaille sûrement. Il nous a laissé des ouvrages exégétiques comme Herbert de Bosham, mais aussi deux chroniques universelles et une apologie de la croisade rédigée à l'occasion de la chute de Jérusalem (1187)[45].

Gautier de Châtillon, né vers 1135 près de Lille, appartient au même cercle. Il est l'auteur d'un poème à la mémoire de Thomas Becket, et a dédié, habilement en acrostiche, à Guillaume aux Blanchesmains son *Alexandreis*, une longue épopée en hexamètres exaltant la figure et l'action d'Alexandre le Grand. Ce versificateur latin hors pair, issu des écoles parisiennes, compte parmi les lettrés recrutés par Henri II, à la chancellerie duquel il travaille encore en 1166. Toutefois, partisan de Thomas et intime de Jean de Salisbury, il prend progressivement ses distances avec le roi, et il retourne finalement sur le continent où il devient chanoine du chapitre cathédral de Reims. Il rejoint dans cette ville Guillaume aux Blanchesmains, qui en est l'archevêque dès 1176[46]. Ses écrits défendent Alexandre III contre l'empereur : il identifie le pape à Noé menant au cœur du déluge l'arche qu'est l'Eglise, dont César est exclu tant qu'il ne se soumet pas à lui. Après le meurtre de 1170, il n'hésite pas à qualifier le roi, son ancien employeur, de tyran[47].

A la cour d'Henri II, il a dû fréquenter Jean de Tilbury, auteur vraisemblable de l'*Art notarial*, particulièrement élogieux pour le « glorieux martyr » qui l'a formé à son travail de scribe à la chancellerie[48]. Jean figure, en effet, avec quelques-uns des clercs étudiés plus haut, dans la liste des « vingt-deux érudits de saint Thomas » qu'Herbert de Bosham dresse à la fin de sa Vie de Becket[49]. Qu'Herbert ait pris conscience du rôle capital des intellectuels dans le parti de Thomas ne manque pas d'intérêt. L'influence de ces *eruditi* auprès de l'archevêque est l'un des thèmes dominants de sa *Vita*, où Thomas ne décide rien d'important sans les avoir consultés au préalable ; l'archevêque y apparaît, en outre, soucieux de promouvoir ces clercs instruits à l'épiscopat ; selon Bosham encore, si Becket a commis l'erreur d'approuver dans un premier temps les constitutions de Clarendon, c'est parce qu'il est resté trop longtemps à la « cour de César », plutôt que dans les bibliothèques monastiques et les écoles cathédrales qui préparent bien mieux à l'office épiscopal[50]. Herbert aimerait, en définitive, que l'exercice des plus hautes fonctions dans l'Eglise, mais aussi dans l'Etat, revienne à un groupe de savants, héritiers de la République des lettres platonicienne, redécouverte alors par la renaissance du XIIe siècle.

La prosopographie établie par les médiévistes contemporains montre que cette théorie sous-tend l'action. C'est du moins l'idée maîtresse de l'ouvrage passionnant de Beryl Smalley, intitulé de façon significative « Le conflit Becket et les écoles, une étude sur les intellectuels en politique ». Mises en parallèle, les vies de Thomas, de ses proches et de ses partisans révèlent un véritable milieu, un cercle de penseurs qui agissent en réseau sur l'île et sur le continent ; ils fixent ensemble une praxis et ont une politique commune, comme il ressort des nombreuses lettres qu'ils échangent entre eux pour se soutenir aux heures les plus dures du conflit avec le roi. Nés entre 1120 et 1140, ces clercs appartiennent à la même génération. S'ils ne sont pas toujours nobles, les études ont favorisé leur promotion sociale. Dans leur jeunesse, ils ont quitté l'Angleterre pour le continent, fréquentant principalement les écoles parisiennes où ils ont reçu une formation rhétorique, mais aussi exégétique et théologique.

Ces érudits ont parfois commencé leur carrière dans l'administration ecclésiastique, avant de travailler à la cour d'Henri II. Mais ils conserveront de la nostalgie pour les écoles continentales où ils retournent surtout en cas de conflit majeur entre le roi et l'Eglise. L'affaire Becket précède le long interdit jeté par Innocent III sur l'Angleterre entre 1208 et 1213, ce qui explique l'important afflux d'insulaires vers la capitale du savoir : sur les quarante-deux maîtres parisiens bien connus entre 1179 et 1215, dix seulement sont issus du domaine de Philippe Auguste, contre seize en provenance d'Angleterre[51]. La francophilie des bureaucrates insulaires est souvent exagérée, comme le prouvent les écrits de Jean de Salisbury ou de Giraud de Barri. Elle explique en large partie les premiers succès de la campagne militaire du fils de Philippe Auguste sur l'île. En somme, pour le roi d'Angleterre, le savoir des cadres de son administration représente une arme à double tranchant.

Il ne faudrait pas, pourtant, accorder une part trop belle aux clercs opposés à Henri II. D'autres ecclésiastiques anglais, issus comme eux des écoles, ont ouvertement soutenu le roi au cours du conflit avec Thomas, préférant les accommodements de l'intellectuel « organique » à la rébellion du théoricien engagé et contestataire. Gilbert Foliot (vers 1105-1187) est leur chef de file. Il étudie les arts, l'exégèse et le droit, probablement en France, avant de devenir moine à Cluny ; en 1139, c'est en tant que prieur d'Abbeville qu'il accompagne l'abbé au concile de Latran II. Le roi Etienne de Blois le rappelle à cette date en Angleterre pour faire de lui l'abbé de Gloucester. En 1148, au concile de Reims, il est sacré évêque de Hereford par Thibaud de Cantorbéry, puis devient le confesseur d'Henri II. Gilbert s'oppose ouvertement à la nomination de Thomas à l'archevêché de Cantorbéry, qu'il tient pour irrégulière : il se peut qu'il brigue cette position, souvent accordée à un abbé, d'autant que la communauté monastique de Christ Church dépend directement de sa cathédrale. Il est élu, en 1163, évêque de Londres, sans se soumettre au rite de serment à l'égard de Thomas, désormais archevêque de Cantorbéry, sous prétexte qu'il a déjà fait allégeance à Thibaud lors de son ordination épiscopale en 1148. De fait, il revendique alors le *pallium* pour Londres[52], ce qui explique son refus : d'après Jean de Salisbury, afin de faire valoir les droits de son nouveau siège, il va jusqu'à invoquer les prophéties de Merlin. Il n'est, dès lors, pas étonnant qu'il participe au sacre d'Henri le Jeune à Westminster au printemps 1170, ce qui lui vaut l'excommunication pontificale[53].

A cette occasion, l'archevêque d'York, que Gilbert assiste ce jour-là, est le Normand Roger de Pont-l'Evêque (†1181). Ce sacre, qu'Henri II réclame afin d'arranger sa succession en imposant l'hommage de ses cadets à l'aîné, accélère le dénouement fatal du conflit avec Becket. Roger a passé sa jeunesse dans la maisonnée de Thibaud de Thierceville, avec Thomas Becket, Jean de Salisbury et Jean Bellesmains. En octobre 1154, deux mois avant le couronnement d'Henri II, il est élu à la tête de la métropole du nord de l'Angleterre, dont il entend raffermir les droits. Son opposition à Thomas s'inscrit dans le cadre de l'ancienne rivalité avec Cantorbéry pour la primatie de la Grande Bretagne [54]. En l'absence de Becket, il procède par conséquent au sacre royal, comme l'avaient avant lui fait deux de ses prédécesseurs, en 1066, après la récusation de Sigand de Cantorbéry par Guillaume le Conquérant, et en 1100 en raison de l'exil d'Anselme du Bec, soit dit en passant l'un des maîtres spirituels de Thomas, qui demande sa canonisation, et de Jean de Salisbury, son biographe [55]. Or, Roger croit d'autant mieux faire qu'il est en possession d'une bulle d'Alexandre III lui permettant, en 1161, d'accorder l'onction à Henri le Jeune. En réalité, cet acte pose la condition de la vacance du siège de Cantorbéry, ce qui n'est pas le cas à la date du sacre, et il a été dénoncé par un autre document pontifical, en 1166. Avant la cérémonie, semble-t-il, Roger n'a pas eu connaissance de la menace d'excommunication d'Alexandre III adressée à tous ceux qui procéderaient au sacre. Et pour cause, le document a été intercepté par les officiers royaux [56]. Le couronnement d'Henri le Jeune comporte donc de multiples implications ecclésiologiques et politiques. En le mettant en œuvre, Roger et Gilbert visent à renforcer les prérogatives de leur propre siège épiscopal face à Cantorbéry. Cet attachement à leur cathédrale explique pour beaucoup leur attitude au cours du conflit.

Comme eux, d'autres prélats occupant des postes de responsabilité dans la bureaucratie anglaise adhèrent sans conditions au programme d'Henri II. Il en va ainsi de Richard d'Ilchester, archidiacre de Poitiers, officier de l'Echiquier et juge itinérant, de Geoffroi Ridel, archidiacre de Cantorbéry et gardien du grand sceau, de Renaud de Bohun, fils naturel de l'évêque Joscelin de Salisbury, qui le fait archidiacre de sa cathédrale, situation fort anachronique dans l'Eglise anglaise de la fin du XII[e] siècle, ou encore de Jean d'Oxford. Ces clercs jouent un rôle important pendant la crise, menant des missions et ambassades auprès du pape, des légats ou de l'empereur romano-germanique. Cette adhésion sans faille à la politique[b] royale leur vaut l'inimitié ouverte de Thomas et des siens, qui emploient à leur égard des formules d'une grande sévérité : « archidiable » (pour archidiacre), « fils de prêtre », « traître », « schismatique notoire »... Henri II n'oubliera pas cependant leur docilité. Au cours des années 1170, après sa réconciliation avec le pape, il leur obtient des sièges épiscopaux en vue : Winchester pour Richard,

Ely pour Geoffroi, Bath pour Renaud et Norwich pour Jean[57]. A n'en pas douter, il s'agit là de récompenser leur attachement à la cause royale et leurs multiples services. Les pires ennemis de l'archevêque défunt se trouvent ainsi rétribués par le roi, dont les méthodes en matière ecclésiastique ne semblent guère évoluer en dépit de sa pénitence publique pour le crime de Cantorbéry.

Ce portrait de famille de l'épiscopat anglais à l'époque du conflit serait incomplet sans l'évocation du groupe des hésitants ou des partisans de la double loyauté. Fils cadet de Robert de Gloucester et, à ce titre, cousin d'Henri II, Roger, évêque de Worcester entre 1164 et 1174, a pu adopter une conduite parfois équivoque : fréquentant assidûment la cour royale aux heures les plus amères de la crise, il n'hésite pourtant pas à prendre parti pour Thomas, qu'il visite sur le continent, et ne participe pas au sacre d'Henri le Jeune, ce que le roi lui reproche vivement[58]. L'attitude de Robert de Melun (vers 1100-1167), célèbre théologien parisien, qui succède en 1163 à Gilbert Foliot au siège de Hereford, est plus conciliante à l'égard d'Henri II, même s'il n'a jamais rompu les liens avec Thomas dont il essaie de modérer la conduite : son cas est d'autant plus complexe que cet intellectuel professait avec fermeté, avant son élection épiscopale, la résistance active à tout roi qui s'opposerait aux droits du clergé ; les victorins de Paris, jadis ses amis, le blâmeront de ne pas mettre en pratique ses idées pendant la querelle[59]. L'histoire d'Arnoul (1141-1184), évêque de Lisieux, est fort documentée, grâce à sa volumineuse collection épistolaire[60] qui trahit son malaise tout au long de la crise : partisan de l'indépendance du pouvoir spirituel et de la réforme, il n'en est pas moins un serviteur fidèle du roi, qui lui a confié la charge de justicier. Ses lettres privées témoignent de son adhésion de cœur à la cause de Thomas, mais il n'ose pas afficher ouvertement ce point de vue pour ne pas perdre la faveur royale. Il ne saura jamais se sortir de ce dilemme[61]. Ce double jeu le pousse à hâter la réconciliation d'Henri II avec l'Eglise. En 1173, Arnoul joue l'intermédiaire entre Henri le Jeune et les seigneurs normands révoltés d'une part, et le roi de l'autre. Henri II n'apprécie pas son attitude, et rompt avec lui. Ce conflit contraint Arnoul à résilier sa charge épiscopale pour se retirer à Saint-Victor de Paris. Tout en déplorant le manque de pondération de Becket, ces trois évêques ont eu du mal à choisir leur camp, ou du moins à le manifester publiquement.

Qu'ils soient hostiles ou favorables à Thomas, ou tout simplement modérés, ce groupe d'acteurs cléricaux présente une certaine homogénéité. Certes, parmi les défenseurs de la politique royale, on trouve plus souvent des moines ou des membres de la très haute aristocratie, tandis que les hommes de Becket appartiennent plutôt au clergé séculier et à des familles moins en vue. Mais ces critères socio-religieux ne sont pas toujours opératoires. Pour les uns et les autres, il faut constater l'importance que jouent les études, souvent menées sur le continent, dans leur carrière. Elles leur ouvrent les portes du palais d'un roi qui sait les récompenser pour leur travail bureaucratique avec des sièges épiscopaux ou avec de plus modestes prébendes canoniales. Par contraste, l'engagement des partisans de Thomas, issus également des rangs des courtisans, signifie la rupture radicale avec le roi et le milieu curial, maintes fois diabolisés dans leurs écrits. Il entraîne pour eux la perte de postes administratifs ou ecclésiastiques avantageux, quand ce n'est pas l'exil. La fermeté de leur attitude, lourde de conséquences, ne saurait s'expliquer sans une solide pensée théologique, qui rejette l'autorité royale ou, du moins, la dissocie nettement du pouvoir spirituel.

La défense des libertés cléricales

L'arrière-plan idéologique du conflit est vaste. Il concerne la nature même de l'autorité dans la société chrétienne et son application à travers une législation déterminée[62]. Celle-ci oppose le pragmatisme d'un certain nombre de canonistes, qui comme l'évêque de Londres ont tôt fait de trouver un terrain d'entente avec le roi, à l'attachement aux principes de théologiens qui ont tenu par tous les moyens à préserver l'ancienne liberté de l'Eglise, voire même à accroître ses prérogatives, alors que prend fin la querelle des investitures sur le continent.
Rédigée par Gilbert Foliot et adressée à Thomas, la lettre *Multiplicem* résume bien la position de l'évêque de Londres et des partisans ecclésiastiques du roi[63]. Pour convaincre Becket de se soumettre à Henri II, Foliot rappelle, d'une part, le caractère religieux que le sacre confère à la royauté et, de l'autre, la séparation des pouvoirs spirituel et temporel, même si l'évêque doit faire allégeance au roi pour les affaires séculières de son diocèse. Un tel exposé de principes ne saurait être qualifié de « gélasien » comme l'ont dit quelques médiévistes afin de faire ressortir, par contraste, l'attitude « grégorienne » de Thomas[64]. Certes, la position du pape Gélase Ier (492-496), connue sous le nom de « doctrine des deux glaives », revendiquait la stricte séparation de l'autorité spirituelle (*auctoritas sacrata*) et du pou-

voir séculier (*regalis potestas*), et soutenait que la royauté du Christ avait rendu désuète la figure du roi-prêtre de l'Ancien Testament[65]. En revanche, invoquer, à l'instar de l'évêque de Londres, la sacralité de l'onction royale pour défendre la politique ecclésiastique d'Henri II frôle le césaro-papisme. Cette position n'est d'ailleurs pas incompatible avec le respect de l'autorité du pape que Gilbert Foliot a toujours reconnue en théorie — il n'hésite pas à l'appeler « vicaire du Christ » — comme en pratique — il accepte sans rechigner son excommunication en 1170[66]. Aussi nuancée soit-elle, sa conception politique préconise la soumission des évêques à l'autorité royale.

Tout autre est le point de vue de Thomas et de ses *eruditi*. Il s'inscrit dans la réflexion sur la doctrine des deux glaives qui se développe dans les écoles parisiennes de la première moitié du XIIe siècle, où les jeunes Anglais font leurs études. Cette doctrine repose sur deux passages des Evangiles relatant l'arrestation du Christ au mont des Oliviers : avant de quitter le cénacle pour ce lieu, les apôtres présentent deux glaives à Jésus qui répond que leur nombre est suffisant (Lc 22, 38) ; au moment où il est appréhendé, Pierre frappe d'un coup d'épée l'oreille droite de Malchus, un serviteur du grand prêtre, que le Christ guérit aussitôt, tout en demandant au chef des apôtres de remettre le glaive dans son fourreau (Jn 18, 10-11, cf. Mt 26, 51, Mc 14, 47, Lc 22, 50). Aux XIe et XIIe siècles, l'importance de ces textes fondateurs est grande. On peut, d'ailleurs, constater que cette scène de l'arrestation est plus fréquemment représentée dans la sculpture romane que la scène de la prière du Christ servi par les anges au même endroit qui la remplace ultérieurement.

Ces passages des Evangiles sont largement commentés dans les écoles françaises où Thomas étudie. Les exégètes s'en servent pour corroborer la dualité des puissances, l'une spirituelle et l'autre temporelle. Le Christ les remet, toutes deux, au pape, mais il lui demande de rengainer la seconde, car exercer la violence corporelle est indigne du sacerdoce : les successeurs de Pierre délèguent donc le glaive temporel au pouvoir séculier qui leur en est redevable. Ils se réservent, en revanche, le glaive spirituel, c'est-à-dire la possibilité de sanctionner par l'excommunication. La répression par la violence physique est donc confiée au prince, puisque son exercice souillerait le clergé. Cette lecture des Evangiles est restrictive, car l'Eglise ne transmet qu'un pouvoir de coercition aux autorités civiles.

Dès la fin du XIe siècle, cette analyse connaît toutefois un retentissement considérable dans les milieux qui luttent contre l'ingérence des princes laïcs dans les affaires religieuses et, plus précisément, contre leur patronage trop étroit des établissements cathédraux ou monastiques. Pierre Damien (†1072), l'un des principaux théoriciens de la réforme dite grégorienne, est le premier à avoir comparé les deux glaives au *sacerdotium* et au *regnum*. Comme lui, bien des penseurs du XIIe siècle considèrent que le pouvoir temporel tout entier, et pas seulement dans sa dimension coercitive, est exercé par délégation sacerdotale. Dans les années 1130, Hugues de Saint-Victor, dont le monastère se trouve sur la colline même de Sainte-Geneviève, lieu par excellence de l'intellectualisme parisien, soutient ainsi l'infériorité de la royauté par rapport au pontificat, tout comme le corps dépend de l'esprit ; il en découle le rôle de direction qui revient aux prélats sur les princes. Tout naturel est donc l'enthousiasme avec lequel les victorins vont se ranger du côté de Thomas, naguère leur élève[67].

Leurs idées sont explicitement reprises par Jean de Salisbury qui reconnaît, dans le *Policraticus*, la soumission du prince aux prêtres. « Le roi est seulement assujetti à Dieu et au sacerdoce, qui représente Dieu sur terre », « Le prince est le ministre du prêtre », « Tous les gouvernants sont subordonnés au pouvoir sacerdotal des pontifes », écrit-il[68]. Dans la lettre que Thomas Becket adresse en 1166 à Gilbert Foliot, cette thèse est nettement développée : « Celui qui domine au royaume des hommes et des anges ordonna deux pouvoirs, les princes et les prêtres, l'un terrestre et l'autre spirituel, l'un ministériel et l'autre prééminent, l'un à qui il concéda la puissance et l'autre qu'il voulut qu'on révère[69]. » Source de polémique, cet extrait, dans lequel on décèle l'inspiration de Jean, présente l'avantage de la clarté, qui n'est pas toujours de mise dans les écrits théoriques du maître à penser de Thomas. Elle soutient, sans circonlocution aucune, la ministérialité du roi, serviteur des clercs. Sa portée est indéniablement théocratique.

Pour donner plus de force à ce point de vue, le *Policraticus* utilise la métaphore organique de l'État, dont la dimension révolutionnaire est grande. Si le roi est la tête du corps politique, il ne peut rien sans le clergé, âme imprégnée de la grâce qui donne la vie[70]. Jean dit avoir emprunté cette image à l'*Institution de Trajan* de Plutarque, autorité classique qui endosse l'audace de son idée : de fait, la critique moderne a montré qu'il a forgé de toutes pièces cet opuscule prestigieux pour éviter les critiques et les poursuites contre sa personne[71]. La conséquence pratique d'une telle thèse est un contrôle direct de la royauté par les prêtres. Le prophète Samuel n'a-t-il pas déposé le roi Saül pour sa désobéissance à Yaweh ? D'ailleurs, en cas de litige successoral, il revient au clergé de choisir l'héritier légitime du roi[72]. Ailleurs dans son ouvrage, Jean présente même la monarchie comme un moindre mal, mais qui ne découle nullement de façon naturelle de la vie des hommes en société. L'Ancien Testament (I Rois 8) montre, en effet, toutes les réticences de Yaweh à accorder un roi à Israël qui le réclame avec insistance à Samuel. S'il a cédé à ce pis-aller constitutionnel, c'est en raison de la méchanceté du peuple[73]. Le prestige de la royauté davidique en ressort passablement terni.

Jean lui préfère le gouvernement antérieur des juges, car les Hébreux, sous la conduite de leurs prêtres, choisissaient leur dirigeant en fonction de ses capacités politiques et surtout de sa qualité morale. Sur ce point, la pensée salisburienne est plus proche de la *Règle pastorale* de Grégoire le Grand (590-604) que de la *Cité de Dieu* d'Augustin d'Hippone (354-430) : pour elle, l'éthique des gouvernants et gouvernés passe avant un ordre social que l'autorité impose par la force à la conflictuelle cité terrestre ; la vie privée du prince ne peut être dissociée de la sphère publique de son action politique[74]. A ce propos, que Jean ait choisi Trajan pour destinataire du livre du pseudo-Plutarque est fort significatif. En effet, aux termes d'une légende fort populaire, c'est l'intercession de Grégoire qui a obtenu le salut de Trajan ; dans sa prière, le pape a rappelé à Dieu que de son vivant l'empereur manifestait de la compassion pour les pauvres veuves, dont il soulageait la misère[75]. Jean insiste donc davantage sur les qualités morales de l'homme d'Etat que sur l'organisation de l'Etat lui-même[76].

De fait, sa pensée s'enracine profondément dans l'humanisme de l'Antiquité, ressuscité par la renaissance du XIIe siècle. Elle part du postulat platonicien que l'esprit humain appréhende difficilement la réalité sensible, toujours changeante, mais qu'il acquiert le savoir par l'échange d'opinions et à force d'expériences, transmises par l'enseignement d'un précepteur et par la fréquentation des classiques[77]. Modèles éducatifs, les écrits stoïciens méritent une lecture attentive de la part du roi. Ces textes insistent sur l'éloquence acquise par l'étude des arts rhétoriques, plus formateurs en comportement et en bonnes manières qu'en techniques gouvernementales. La méthode éducative à l'adresse des jeunes héritiers du trône doit être centrée sur l'apprentissage d'une expression écrite et orale juste, de bonnes manières en société et d'un savoir-vivre empreint de simplicité et de frugalité[78]. Ainsi, le paraître et l'être se confondent : l'esthétique devient éthique.

Ce retour aux Anciens explique la fascination de Jean pour Cicéron (106-43 av. J.-C.) et pour Sénèque (4 av. J.-C.-65), souvent cités dans le *Metalogicon* et le *Policraticus*. Cicéron, dont la philosophie a été adaptée de longue date au christianisme dans les *Offices* d'Ambroise de Milan (†397), marie l'*honestum* à l'*utile*, c'est-à-dire la droiture du gouvernant et sa qualité morale à son efficacité au service du bien commun, notion que Salisbury tient pour essentielle[79]. Il admire Sénèque au point d'écrire : « Il n'y a presque aucun moraliste païen dont l'œuvre et les sentences soient plus convenables dans toute sorte d'affaires que Sénèque[80]. » Le sous-titre du *Policraticus* est fort significatif à la fois de cette critique de la corruption des dépositaires du pouvoir et de cet enthousiasme pour la sagesse ancienne : *Balivernes des courtisans et vestiges des philosophes*. Ce livre a beau contenir une mise en cause fort conventionnelle de l'apathie ou ataraxie des auteurs classiques, empruntée à Aulu-Gelle (IIe s.) et à Augustin, son ton demeure incontestablement stoïcien[81]. Son message est clair : la morale doit tout régir, et ainsi chacun des actes et décisions du bon gouvernant, pétri d'une vaste culture, sera marqué par la sagesse.

Au cœur d'un tel système, la notion de loi reste prépondérante. Elle n'est aucunement incompatible avec le droit romain que Jean de Salisbury, disciple vers 1145 du juriste bolonais Vacarius à Cantorbéry, connaît bien et qu'il admire profondément[82]. Certes, il n'a pas anticipé la théorie des deux corps du roi, séparant nettement le privé et le public de son action, que développeront les romanistes ultérieurs[83]. Jean redit dans son livre son admiration pour le Code et pour la législation de celui qu'il appelle « notre Constantin ». Il préconise de même qu'on réprime la vénalité des officiers à l'aide des lois juliennes sur la concussion. S'il rejette les deux maximes impériales « Ce qui plaît au prince a force de loi » et « Le prince n'est pas lié par la loi », il le fait au nom de principes aussi romanisants que la justice, la raison et l'équité[84]. Enfin, quoique contractuelle, la thèse de Jean sur le roi comme simple « représentant » ou « vicaire » du peuple se retrouve dans le *Digeste*. Elle sera reprise par ses commentateurs Bulgarus (†1166) ou Placentin (vers 1135-1192), célèbres juristes de l'école de Bologne. Le pacte que le gouvernant passe avec ses sujets l'oblige non seulement à obéir à un code législatif et coutumier, mais à le leur imposer, le cas échéant, par la force. Même si elle s'oppose à l'idée classique de la toute-puissance de l'empereur, la doctrine de l'autosuffisance de la loi, à laquelle le roi lui-même ne saurait déroger, n'est, en définitive, pas étrangère au droit romain[85]. Elle ne déplaît pas à tous ceux qui redécouvrent, admiratifs, le code de Justinien, dont ils essaient de faire appliquer au pied de la lettre la législation. Au demeurant, cet ensemble de prescriptions anciennes confirme la loi éternelle et préexistante, à laquelle Jean adhère pleinement[86].

La loi permet de désigner le bon prince, mais aussi de rejeter le mauvais devenu, par son mépris envers elle, le tyran à abattre. Le premier obtempère, tandis que le second l'ignore. L'un vit avec droiture (*recte*), adverbe latin dont les *Etymologies* d'Isidore de Séville (vers 560-636) font découler *rex*, roi ; l'autre incarne la tyrannie car il agit hors la loi, dans l'immoralité et — influence stoïcienne oblige — l'épicurisme. « La volonté du tyran est esclave de son désir », dit le *Policraticus*[87]. En effet, la loi se mêle inextricablement au principe de la liberté, car le roi qui applique à sa vie une éthique stricte échappe à la servitude des passions ; plus important encore, il n'accable pas ses sujets de ses propres dérèglements. L'histoire de Caligula et de Néron atteste cette relation entre débauche privée et tyrannie publique[88]. C'est librement que le prince doit se soumettre à cette loi qui transcende ; il obéira à la morale cléricale aussi volontairement que le Christ accepte la passion que lui impose le Père. Pour l'homme vertueux, suivre la loi devient même un *habitus,* l'aptitude à réaliser des actes bons sans contrainte ni difficulté aucune[89]. Cette conception morale de la *libertas* est d'autant plus chère à Jean qu'elle fonde le statut autonome qu'il souhaiterait pour l'Eglise à l'intérieur du corps politique.

Au XIIe siècle, la charge subversive de telles idées est assurée. Elles permettent parfois de désavouer un prince tenu pour mauvais sous prétexte de son inconduite et de la tyrannie qu'elle induit. Or, le *Policraticus* ne juge pas explicitement dans ces termes le jeune Henri II, présenté sous un jour plutôt favorable. Dans l'*Entheticus*, Jean adopte, toutefois, une attitude bien plus dure envers un roi présenté sous les sobriquets d'Antipater et de Mandrogerus, qui combat les libertés ecclésiastiques et qui édicte des lois tyranniques opprimant le clergé et le peuple ; l'allusion à Henri II semble assez claire[90]. Ses lecteurs en tirent sans aucun doute la conclusion qui s'impose : la révolte contre le roi, opposé aux privilèges de l'Eglise, est légitime.

Les écrits des proches amis de Jean reprennent largement ces thèses. Il faut commencer par Thomas Becket lui-même qui insiste sur la supériorité du glaive spirituel sur le temporel : le premier est de l'or, le second du plomb[91]. Il en découle une totale immunité de la communauté ecclésiastique, mais aussi le devoir pour l'évêque de corriger les mauvais dirigeants et même de s'acharner contre leurs travers, les combattant comme David, Goliath[92]. Voici un extrait d'une lettre de Becket à Henri II : « En seigneur que vous êtes, je vous dois et je vous offre mon conseil et mon respect ; en roi que vous êtes, je suis tenu à la révérence à votre égard, mais aussi à vous admonester ; en fils que vous êtes, en raison de mon office, à vous punir et à vous contraindre[93]. » L'archevêque de Cantorbéry réaffirme ainsi la prééminence du clergé sur la royauté.

Son bras droit Herbert de Bosham choisit une voie plus extrémiste. Dans une lettre destinée à Alexandre III, il rappelle qu'Henri II et son allié Frédéric Barberousse, « le grand schismatique », veulent abolir toutes les libertés ecclésiastiques ; seul Thomas, dit-il, se dresse courageusement sur leur chemin. Le pape devrait, par conséquent, excommunier le roi d'Angleterre et lever le serment de fidélité de ses sujets, qui pourraient ainsi se révolter contre lui[94]. Ce soulèvement serait la conséquence logique du gouvernement absolutiste d'Henri II : « Le roi est comme le char du genre humain, dont il est l'aurige et l'aiguillon. Il les traîne tous et les gouverne. Il est leur peur et leur fouet. Il les dresse, les conduit et les stimule[95]. » C'est à la façon d'un cocher que les Plantagenêt mènent leurs sujets, comparés à des mulets dont ils tiennent la bride haute. L'accusation de tyrannie coule naturellement de source. Nicolas du Mont-Saint-Jacques, émissaire de Thomas Becket auprès de l'impératrice Mathilde, dont il aimerait qu'elle ramène son fils à de meilleurs sentiments, revient découragé de cette ambassade inutile, car « cette femme appartient à une race de tyrans[96] ».

Raoul le Noir adopte un ton aussi critique, si ce n'est plus. Parmi ses ouvrages figurent *Les Morales des Rois* (1179-1187), au titre chargé de sens, commentaire du livre du même nom de l'Ancien Testament : il y réprouve le droit romain enseigné à Bologne par des juristes sans scrupules, arme redoutable pour renforcer le pouvoir royal et légitimer ses abus contre les coutumes traditionnelles[97]. Dans son exégèse sur la concession aux Juifs du régime monarchique par un Yaweh réticent, Raoul met sur le même plan l'asservissement du peuple à la royauté et à ses propres passions incontrôlées. Opposé à une monarchie anglaise surpuissante, il s'en prend aux turpitudes d'Henri II, qui mérite largement que le peuple lui retire son obéissance, sapant à jamais les fondements de son autorité[98]. C'est la sédition qu'il encourage ouvertement.

Ecrite en exil, sa *Chronique* traîne littéralement le roi dans la boue. Le stupre du fils de la bigame Mathilde, petit-fils du déjà luxurieux Henri I[er 99], a des conséquences terribles pour ses sujets. Henri II est présenté comme « le corrupteur de la pudeur, suivant en cela la licence de son grand-père », abusant des femmes et filles de ses sujets : « Pour vaquer plus librement à sa débauche, il emprisonna la reine qu'il avait jadis épousée à la façon d'un Satyre. » L'oppression qu'une telle vie privée induit sur les laïcs fait l'objet d'un long développement : croissance inouïe du nombre des officiers royaux, irrespect de la propriété, extension de l'espace et des droits de la réserve forestière, contrôle excessif des mariages de la noblesse, abolition des coutumes remplacées par les lois arbitraires promulguées dans les assises, encouragement de l'usure des Juifs, augmentation abusive du montant du *Danegeld*, de l'écuage et des autres taxes, dévaluation de la monnaie, déportation des populations et remplacement en Angleterre d'honnêtes femmes par des prostituées venues du Mans, abolition de toute liberté... Mais c'est l'Eglise qui pâtit le plus de ce gouvernement autocratique : Henri impose à son gré aux sièges épiscopaux et abbatiaux ses courtisans les plus flagorneurs ; les anciens prélats deviennent les gardiens de ses chiens et voient leurs possessions confisquées ; il oblige les évêques à jurer une loi perverse et soumet les clercs à ses tribunaux. La responsabilité de l'assassinat de Thomas, son courageux adversaire, lui revient totalement[100]. On arrêtera ici la liste des griefs de Raoul contre Henri II. Mais ce clerc sait traduire la pensée abstraite des théologiens et canonistes grégoriens et victorins. Il concrétise ainsi la théorie de Jean de Salisbury dans la praxis du temps présent.

Dans cette croisade, Thomas Becket et les siens peuvent compter sur l'appui inconditionnel de la papauté. Alexandre III, successeur d'Adrien IV, l'ami de Jean de Salisbury, est un juriste confirmé, dont la législation a fixé à jamais les conditions de l'exemption monastique, de la canonisation des saints ou de la validité du mariage. L'application pratique du droit canonique, facilitée par l'élaboration du *Décret* de Gratien dans les années 1140, devient l'un des objectifs principaux de son programme. Ce corps de lois confirme l'autorité du Saint-Siège sur empereurs et rois dans les affaires temporelles, sur lesquelles le pape est en droit d'intervenir, ainsi que la liberté absolue de l'Eglise[101]. Le long affrontement avec Frédéric Barberousse renforce cette position de principe : il rapproche le pape de Thomas, alors qu'Henri II joue ostensiblement la carte de l'alliance avec l'empereur et menace même, début 1165, de faire passer l'Eglise anglaise sous l'obédience du pape concurrent Pascal III (1164-1168)[102]. Un extrait de la lettre qu'Alexandre III envoie *via* Gilbert Foliot à l'attention d'Henri II montre la communauté de pensée qui l'unit au cercle de l'archevêque de Cantorbéry : « Que le roi ne confonde plus, comme jusqu'à présent, les affaires ecclésiastiques et séculières, et qu'il ne s'occupe pas des premières selon son bon vouloir [...], mais qu'il se limite au domaine temporel[103]. »

Ajoutons que Thomas et ses compagnons d'exil, parmi lesquels figure le légiste Lombard de Plaisance, futur évêque de Bénévent, accordent une grande importance à l'étude du droit canon, qui connaît une large diffusion en Angleterre à partir des années 1150[104]. Sur ce point, il est significatif que quatre cents des onze cents réponses du pape sur des questions de droit conservées pour le XIIe siècle sont faites par Alexandre III à des interlocuteurs insulaires[105]. Or, l'insistance des canons sur la centralisation de la procédure des juges ecclésiastiques, transformant la curie en cour d'appel universelle, ne peut que resserrer les liens des clercs contestataires avec la papauté. Les canonistes partisans de Becket placent ainsi la lutte sur le terrain juridique, alors même qu'ils revendiquent l'immunité des tribunaux ecclésiastiques, l'exemption fiscale de leurs biens, la liberté de mouvement des légats pontificaux sur l'île ou celle des prélats anglais se rendant à Rome.

Le discours politique d'Henri II et des siens est plus difficile à analyser que celui de ses détracteurs. Tout au plus Pierre de Blois fait-il dire au roi, engagé dans un dialogue imaginaire avec l'abbé de Bonneval, que de tout temps Rome a confirmé l'autorité et les prérogatives des rois d'Angleterre sur les affaires ecclésiastiques[106]. Gilbert Foliot défend pareillement la sacralité royale qui provient de l'onction. C'est sur un tout autre plan qu'il faut placer l'anticléricalisme, plus populaire que savant, qu'on décèle dans certaines attitudes et propos des Plantagenêt. Giraud de Barri rapporte ainsi la réponse de Richard Cœur de Lion à Foulques de Neuilly, un prédicateur de croisade, qui lui reproche d'avoir pour filles les trois vices d'orgueil, de luxure et d'avarice : « J'ai déjà donné ces filles en mariage : l'orgueil aux templiers, la luxure aux bénédictins et l'avarice aux cisterciens[107]. » Mais Giraud raconte aussi cette anecdote pour dénoncer la décadence des clercs réguliers, l'un des thèmes récurrents de ses écrits satiriques, qu'il partage avec Gautier Map, séculier comme lui[108]. Ces bons mots hostiles aux moines ne nous apprennent pas, en réalité, grand chose sur l'idéologie royale. Il en va de même avec l'attitude d'impiété de Jean sans Terre qui s'enorgueillit, par exemple, devant Hugues d'Avalon, évêque de Lincoln, de porter autour du cou une amulette, héritée de ses ancêtres, qui protège ses principautés[109]. Ces anecdotes, dont se font l'écho les ecclésiastiques eux-mêmes, traduisent tout au plus l'effronterie de princes trop souvent en conflit avec le clergé. Elles ne permettent pas d'approfondir leur pensée politique. En somme, la praxis royale n'a guère fait l'objet d'une réflexion théorique ou du moins elle n'a pas laissé de traité comparable au *Policraticus*, qui nous renseigne si bien sur la doctrine des partisans de Becket.

On la saisit tout simplement à l'œuvre. Elle vise à contrôler directement le clergé, selon une vieille pratique de la royauté anglo-normande, réactivée par une situation politique nouvelle, où les moyens d'action du monarque sont multipliés après la parenthèse de la guerre civile. Tradition et modernité se confondent lors de l'intervention directe d'Henri II dans les élections épiscopales, dont le cas le plus spectaculaire est précisément l'élévation du chancelier Thomas au siège primatial de Cantorbéry[110]. Cette nomination explique qu'Etienne de Rouen n'hésite pas à comparer Becket à Simon le Magicien[111]. Il oublie toutefois que, conscient de l'irrégularité de son élection, Thomas demande au pape d'accepter sa démission, ce qu'il se refuse à faire[112]. Quoi qu'il en soit, l'épiscopat des principautés Plantagenêt est composé de clercs de cour relativement manipulables par le roi, qui détient de surcroît le pouvoir de retarder leur élection afin de détourner à son profit les revenus des évêchés et d'autres bénéfices vacants. A un niveau inférieur de la hiérarchie sacerdotale, il existe une mainmise identique sur les paroisses par les seigneurs locaux, qui conservent un droit de regard prépondérant sur le choix des desservants. Cette situation, répandue partout dans l'Eglise anglo-normande, scandalise Jean de Salisbury : « De nos jours, tout s'achète ouvertement [...]. Le feu sordide de l'avarice menace même les autels sacrés [...]. Le droit de collation ou de patronage [...], que le bienheureux Ambroise met sur le compte de la simonie hérétique...[113]. » Bien des prêtres formés dans les écoles parisiennes pourraient se lancer dans une diatribe similaire.

Mais ils ne seraient pas nécessairement suivis par tous leurs collègues. Le patronage royal jouit, en effet, d'une certaine popularité au sein d'une partie du clergé, en particulier régulier. Preuve en est un opuscule qu'un ecclésiastique — peut-être Guillaume de Treignac, prieur de Grandmont entre 1170 et 1189 — adresse à Henri II pour lui demander de réformer les mœurs des prélats aquitains[114]. Il critique en particulier les évêques de Saintes et de Limoges, mais il dresse aussi un tableau fort sombre de la situation du clergé local, vicié par le népotisme, la simonie, l'hypocrisie, le nicolaïsme et bien d'autres tares. Face à tant de corruption, l'auteur prie le roi d'assumer son rôle de réformateur des mœurs ecclésiastiques : « Si le glaive de l'évêque dépérit, le glaive du roi agira [...]. En ces temps où la malice abonde, le roi d'Angleterre, recteur d'Aquitaine, somnolera ou dormira-t-il ? Bien sûr que non[115] ! » Outre-Manche, en 1166, Henri II réprime de façon effroyable l'hérésie anti-sacramentelle des Tisserands, car il se considère comme le garant de l'orthodoxie doctrinale sur ses terres[116]. C'est dans cet esprit traditionnel qu'il faut comprendre l'attitude de Gilbert Foliot ou d'autres prélats opposés à Thomas, pour lesquels le patronage et le contrôle du roi sur la vie religieuse sont un gage de stabilité.

Promulguées en janvier 1164, les constitutions de Clarendon, pomme de discorde entre Henri II et Thomas, s'inscrivent dans le droit fil de ces pratiques anciennes[117]. Toutefois, elles comportent une nouveauté considérable : la fixation par écrit de pratiques que le roi appliquait naguère au coup par coup, quitte à les renégocier à l'occasion avec les prélats ; l'impératrice Mathilde elle-même reconnaît l'erreur tactique de son fils de vouloir transformer en législation statutaire et approuvée par les évêques une coutume qui fonctionnait, somme toute, sans encombre par le passé[118]. Plusieurs clauses des constitutions sont violemment rejetées par Becket et les siens : le roi juge les disputes au sujet de la présentation et de la collation du desservant de la paroisse (art. 1), tout prévenu du clergé doit passer devant le tribunal royal qui décide s'il relève de la justice ecclésiastique (art. 3), les évêques doivent demander la permission et un sauf-conduit au roi pour quitter l'Angleterre (art. 4), ils sont également tenus d'obtenir son accord pour excommunier les tenants en chef et les officiers royaux (art. 7), les appels à la curie romaine sont abolis, puisque le roi représente la juridiction suprême de ses terres (art. 8), le roi se réserve l'essentiel des revenus des sièges épiscopaux et abbatiaux vacants, dont le titulaire est élu dans sa chapelle et avec son consentement ; le nouvel élu lui prête foi et hommage lige (art. 12)... En 1169, de nouveaux articles sont ajoutés à ces constitutions, renforçant la mainmise du roi sur la justice ecclésiastique, prélevant de nouvelles taxes sur le clergé, détachant définitivement les évêchés anglais de Rome et réprimant avec une sévérité accrue toute entorse à cette législation[119].

Mais le débat porte principalement sur l'article 3, relatif aux clercs criminels. Thomas est conscient de son enjeu. Son application pourrait entraîner assez vite la disparition d'une juridiction particulière pour le clergé au profit de la seule machine judiciaire royale. Or, il tient avec passion à la liberté de l'Eglise. Il s'oppose avec d'autant plus de force à cette clause qu'une ancienne tradition prévoit que livrer un prévenu ecclésiastique aux autorités civiles dépend exclusivement du bon vouloir de l'évêque : la coutume envisage, le cas échéant, la réduction à l'état laïc du clerc accusé qui relèvera, en cas de récidive, de la justice royale. Tout en défendant la justice ecclésiastique, Thomas proteste contre la cruauté des peines généralement appliquées par les juges civils : le marquage au rouge le scandalise surtout, car il déforme le visage, qui est, dit-il, l'image de Dieu lui-même. De son côté, Henri II, s'inspirant du droit romain et de son arsenal répressif, considère que les punitions restent encore trop faibles pour assurer l'ordre dans son royaume[120]. L'abolition de l'appel à Rome, prévue à l'article 8, appuie cette reprise en main par la royauté de toute la juridiction ecclésiastique. La dimension provocatrice de cette mesure est considérable à une époque où la large réception du *Décret* de Gratien, contenant de nombreuses décisions de la curie, répand plus que jamais l'idée de la suprématie de la juridiction du pape[121]. Cette primauté pontificale, chère aux penseurs grégoriens, n'est guère compatible avec la naissance d'une Eglise anglo-normande autonome sous le contrôle royal.

L'affrontement est désormais inévitable. Il oppose la conception post-grégorienne du pouvoir à la vision centralisatrice d'un gouvernement de type moderne : d'une part, la liberté et le privilège, la prééminence d'une loi immuable supérieure aux hommes et un discours éthique sur le gouvernement, d'autre part, l'unité des institutions et la suppression de toute spécificité ou prérogative juridique, la création législative au gré du bon vouloir du roi et le contrôle des affaires ecclésiastiques par la puissance civile... De telles doctrines politiques ne sauraient être résumées dans des formules adaptées à notre mentalité contemporaine imprégnée de laïcité : la dialectique Eglise contre Etat n'en rend pas compte, tant les deux réalités s'interpénètrent et se complètent à l'époque. Pour un intellectuel du XIIe siècle ces deux institutions sont aussi dépendantes l'une de l'autre que la nature divine et la nature humaine du Christ le sont par l'union hypostatique. Nous n'avons pas, non plus, affaire ici aux situations extrêmes qui sont, d'une part, la théocratie, telle que la connaîtront les principautés pontificales d'Italie au milieu du XIIIe siècle, et, d'autre part, le césaro-papisme, qui avait existé dans un Empire byzantin parfaitement contrôlé par le *Basileus*. Force est de revenir au vocabulaire des protagonistes du conflit qui parlent de glaive temporel et spirituel ou de règne et sacerdoce. Il dit une société politique où le bien commun ne saurait être atteint sans le salut éternel de chaque individu. Rappeler continuellement cette vérité est l'une des tâches des clercs, uniques détenteurs du savoir et, par conséquent, auxiliaires indispensables à tout gouvernement. Mais rien n'exprime mieux l'acuité et la nature de ce conflit que le langage gestuel des acteurs eux-mêmes.

Le meurtre dans la cathédrale

Des sources abondantes et minutieuses permettent de retracer avec précision les activités des protagonistes de l'affaire Becket, dans l'engrenage fatal qui aboutit au crime du 29 décembre 1170. Dans une perspective d'anthropologie culturelle, il convient d'examiner d'abord les attitudes et les paroles de ces différents acteurs pour en saisir la signification. Il faut ensuite découvrir la place qui leur revient dans un système où les individus, fortement identifiés à la fonction qu'ils assument et au groupe dont ils défendent les intérêts, manifestent un sens de l'honneur poussé. La renommée, la réputation, l'approbation par l'entourage ou le rejet par l'adversaire, enfin la quête de reconnaissance par les siens, autant d'éléments qui expliquent bien des attitudes d'Henri II ou de Thomas Becket, l'un et l'autre refusant les compromissions qui auraient pourtant arrêté le cycle infernal de la violence. La dimension chrétienne du martyre explique, en outre, bien des intransigeances de la part de l'archevêque. Trois temps forts éclairent ce drame, où chaque geste revêt une signification qui, à différents niveaux, fut comprise de tous ceux qui en furent témoin.

Le port de la croix (octobre 1164)

La scène se déroule en octobre 1164 au cours du concile de Northampton que le roi a convoqué pour sortir de la crise provoquée par les assises de Clarendon dix mois auparavant. Il n'est cependant prêt à aucune concession. Il somme donc les évêques présents d'entériner les constitutions, que la plupart d'entre eux récusent. La tension est à son comble, et Thomas craint des violences sur lui par les hommes du roi. C'est dans ce contexte tendu que se situe un événement auquel chroniqueurs et hagiographes accordent une grande importance. En effet, Thomas s'est rendu au concile des évêques en portant une croix processionnelle, ce qui accroît davantage la colère du roi et précipite son exil volontaire en France, fin octobre 1164.

Guillaume de Newburgh souligne l'importance de cet épisode qu'il présente brièvement au fil de son *Histoire*. Il établit un lien direct entre le port de la croix par Thomas et la colère d'Henri II, comme si ce geste représentait un affront ouvert à sa dignité royale : « Le jour où Thomas devait répondre des accusations portées contre lui, il demanda qu'on chantât l'office solennel de saint Étienne à la messe, dont l'introït est "Les princes se sont assis pour parler contre moi et les pécheurs m'ont persécuté (Ps

119, 23)". Il entra ensuite dans le palais tenant lui-même de sa main la croix d'argent qu'on portait habituellement devant lui. Certains évêques lui proposèrent d'assumer cette charge et de la porter ainsi devant leur métropolitain, mais il refusa et, en dépit de leurs supplications, il ne permit à personne de la prendre en cette assemblée publique. Le roi, qui était déjà très en colère, eut une raison supplémentaire d'enrager. C'est pourquoi, la nuit suivante, l'archevêque s'enfuit outre-mer [122]. »

Dans sa *Vie de saint Thomas* (1173-1174), Guillaume fitz Stephen revient sur cet épisode, mais insiste, lui, sur l'attitude des autres prélats, surtout celle de Gilbert Foliot, évêque de Londres. Thomas célèbre l'office de saint Etienne sur un autel qui lui est consacré. En partant pour le palais, il dit à Alexandre le Gallois, son cruciféraire, qu'il veut se rendre auprès du roi, en portant lui-même la croix, pieds nus, revêtu de ses ornements, pour le supplier de respecter la paix de l'Eglise. Mais ses clercs l'en dissuadent. Une fois entré dans le château, il s'empare toutefois de la croix. Hugues de Nunant, archidiacre de Lisieux, membre de sa maisonnée, s'adresse à Gilbert Foliot qui contemple la scène et l'exhorte à l'empêcher d'agir de la sorte. L'évêque de Londres lui répond : « Ce n'est pas la peine. C'est un fou et il le restera pour toujours ! » Thomas rejoint sa place au concile sous les regards atterrés des évêques. Gilbert lui enjoint finalement de remettre la croix à l'un de ses clercs, car on le croirait prêt à troubler tout le royaume : « Tu portes toi-même la croix. Mais imagine que le roi apparaît maintenant en ayant ceint son épée. Nous aurions donc un roi orné d'une bien brave façon, et un archevêque pareil. » Thomas rétorque : « Si c'était possible, c'est toujours moi qui porterais cette croix. Je sais ce que je fais pour préserver la Paix de Dieu sur ma personne et sur l'Eglise des Anglais. Parle comme tu veux, mais si tu étais à ma place tu le sentirais autrement. Si mon seigneur le roi devait, comme tu le dis, prendre maintenant une épée, ce serait difficilement un signe de paix. » Guillaume fitz Stephen décrit, enfin, l'entrée de Roger de Pont-l'Evêque, archevêque d'York. Il fait porter sa croix devant lui, alors qu'il se trouve dans la province de Cantorbéry, où le pape lui a interdit explicitement de le faire. Mais Roger profite de l'appel de cette décision qu'il a adressé à Rome pour agir de la sorte [123].

L'intérêt de ce texte est multiple. D'abord, il met en relation le port de la croix et la Paix de Dieu. Au XIe siècle, la projection spatiale de ce mouvement se matérialise par la création de sauvetés, lieux d'asile où l'usage des armes est interdit, dont les limites sont marquées par des croix. Ensuite, au cours de leur discussion, nous dit encore Fitz Stephen, Thomas et Gilbert opposent clairement la croix archiépiscopale à l'épée royale, thème sur lequel nous aurons l'occasion de revenir. Enfin, il fait remarquer la rivalité entre les archevêques de Cantorbéry et d'York, ce dernier s'arrogeant le privilège de porter sa croix, y compris dans la province ecclésiastique de son voisin.

Sur ce dernier point, on ne peut manquer d'évoquer le témoignage du moine historien Gervais de Cantorbéry sur un événement qui se déroule une trentaine d'années plus tard, l'arrivée de l'archevêque Geoffroi d'York au concile de Londres en 1193. Profitant de l'absence à cette assemblée d'Hubert Gautier, tout récemment élu archevêque de Cantorbéry, Geoffroi arbore une croix, ce qui lui est reproché par les autres évêques condamnant cette offense ouverte au primat de l'église de Cantorbéry. Gervais rappelle que la foule de Londres avait jadis cassé la croix que Roger du Pont-l'Evêque avait osé porter en ville. Une discussion s'engage alors, dit le moine, parmi les clercs de Cantorbéry pour savoir si leur archevêque, élu et sacré, mais qui n'a pas encore reçu le *pallium* du pape peut porter la croix. Finalement, c'est Gervais lui-même qui ira chercher le *pallium* à Rome et remettra la croix au nouvel archevêque au nom du pape, tout en lui disant : « Il te commande de recevoir cette Eglise pour la gouverner, pour l'aimer et pour la protéger d'une vraie foi. En signe de quoi, je te remets cette bannière du messager du roi souverain pour que tu la portes. » Hubert célèbre alors la messe et il est intronisé[124]. On voit bien tout l'enjeu du port de la croix dans la rivalité entre les deux archevêques insulaires et le fort symbolisme attaché à cet objet liturgique, dont la réception est associée à celle de la fonction épiscopale avec ses droits et ses devoirs.

Le troisième texte relatif au port de la croix à Northampton provient de la chronique de Roger de Howden[125]. Il présente les faits d'une façon assez proche de celle de Guillaume fitz Stephen, du moins en ce qui concerne les prises de position des évêques sur l'affaire. Il rappelle la célébration par Thomas de la messe de saint Etienne, ce qui, dit-il, vaut à l'archevêque les railleries de Gilbert Foliot sur son « art de magie ». Après la messe, Thomas revêt l'étole et une cape noire de chanoine ; il monte à cheval, tenant dans sa main droite la croix. Il s'ensuit une altercation entre les évêques de Londres et d'York, partisans du roi, et Thomas, défendu par le vieil Henri de Blois (†1171), évêque de Winchester depuis 1129, frère du roi Etienne[126]. Roger d'York reproche à Thomas de « venir ainsi armé d'une croix à la cour, car le roi a une épée bien plus aiguisée ». A cela, Thomas répond : « Si le glaive du roi tue charnellement le corps, mon glaive frappe spirituellement et il met l'âme dans la Géhenne. »

Cette repartie rappelle les fonctions des deux glaives dans leur dimension répressive : la force physique, la violence de l'épée temporelle, trouve son pendant dans l'excommunication d'ordre spirituel. Il convient de revenir aux commentaires que les exégètes du début du XIIe siècle font sur les scènes évangéliques de Gethsémani. Robert Pullen (vers 1080-1146), l'un des professeurs de Thomas à Paris, analyse la forme en croix de l'épée comme le signe d'une utilisation exclusive au service de l'Eglise. Le Christ a demandé à Pierre de remettre dans le fourreau le glaive temporel, ce qui explique pourquoi la hiérarchie sacerdotale ne saurait verser du sang. Le prince des apôtres se sert, en revanche, du glaive spirituel pour attaquer Malchus, dont le nom veut dire « roi » ; il lui coupe l'oreille droite, à savoir la spirituelle, l'empêchant de la sorte d'écouter le Verbe de Dieu [127]. L'excommunication, qui retranche de la communauté ecclésiale et qui exclut du salut, est bien plus néfaste que la mutilation ou la mort physique provoquée par l'épée royale. Pour reprendre les mots de Thomas, l'anathème envoie l'âme en enfer, le pire des châtiments, tandis que le glaive temporel ne peut tuer que le corps. Elle peut imposer au roi, Malchus, de se soumettre aux évêques, détenteurs du pouvoir de pardonner ou de retenir les péchés.

Nous savons combien ces idées, qui accordent la prééminence à l'épiscopat sur la royauté, sont largement adoptées par Thomas et ses « érudits », anciens élèves de Robert Pullen. Pour revenir au concile de Northampton, la croix processionnelle signifie seulement les pouvoirs de juridiction que le pasteur reçoit pour diriger et corriger son troupeau. Elle est remise solennellement à l'évêque nouvellement élu et sacré par délégation du pape, qui lui confirme par ce geste la plénitude de ses pouvoirs. Elle symbolise donc le glaive spirituel, et le pouvoir de lancer l'excommunication. En la brandissant au moment le plus décisif de la discussion sur les constitutions de Clarendon, Thomas montre au roi qu'il est disposé à se défendre de ses attaques par l'anathème et l'interdit. D'une façon plus fondamentale, il veut lui faire comprendre la supériorité du *sacerdotium* sur le *regnum*. Les évêques partisans d'une réconciliation avec Henri II le lui reprocheront sévèrement.

Fondée sur les textes théologiques et canoniques du XIIe siècle, cette interprétation nous oblige à réfuter deux voies de recherche. D'une part, la comparaison avec les croix remises par les prélats aux guerriers au départ de leurs campagnes militaires, en particulier contre l'islam [128], ne tient pas compte de l'antagonisme entre les deux glaives, comme l'ont perçu les témoins du concile de Northampton, s'agissant d'un objet liturgique réservé aux laïcs qui partent à la guerre : Guernes de Pont-Sainte-Maxence insiste, au contraire, sur la portée défensive et nullement offensive du geste de Thomas qui, en prenant la croix, « se munit des armes de Dieu pour être en sécurité[129] ». D'autre part, la piste ethnologique a été explorée par l'africaniste Victor Turner, qui parvient à une conclusion pour le moins surprenante : le roi est l'élément masculin et le prêtre le féminin ; le geste de Thomas est d'autant plus provocateur qu'il inverse les rôles par le port ostentatoire d'un symbole de virilité[130]. Une telle interprétation néglige toute la richesse de la réflexion du XIIe siècle sur la nature et les relations entre les deux pouvoirs[131]. En se situant au niveau d'un subconscient collectif, qui nous paraît personnellement insaisissable après huit siècles, elle fait fi de l'essentiel : la perception consciente que les contemporains de Thomas ont eue de son geste, le sens qu'ils ont voulu lui donner et qu'ils ont clairement exprimé. Enfin, elle pèche par hypercomparatisme, en situant sur un même plan l'animisme africain actuel et la liturgie chrétienne médiévale, les uns et les autres fondés sur des références culturelles et sur des situations sociales fort éloignées[132]. Le port ostentatoire de la croix à Northampton par Thomas Becket reste, avant tout, l'affirmation de sa juridiction archiépiscopale et de son pouvoir spirituel de coercition face à la royauté.

Le baiser de paix (novembre 1169-juillet 1170)

Contrairement à l'épisode précédent, la provocation n'est pas, cette fois, le fait de l'archevêque mais du roi. Thomas la subit plus qu'il ne la provoque. Les deux ennemis se rencontrent à Montmartre, le 18 novembre 1169, puis à Fréteval, le 22 juillet 1170, pour parvenir à un accord qui mette fin à leur conflit, ancien déjà de six ans. Au cours de ces entretiens, les tractations sont sur le point d'aboutir. Un terrain d'entente a été trouvé, et chacun est prêt à accepter les propositions de la partie adverse. Mais au moment de sceller le pacte, Henri II refuse d'embrasser Thomas. Il prétend ne garder aucune rancune à son égard, mais ne veut pas se dédire d'un serment prêté, en un moment de colère, devant ses courtisans, de ne jamais lui donner de baiser. Une messe doit être célébrée où, avant la communion, au moment du *Pax Domini sit semper vobiscum*, l'échange de baiser entre les deux hommes pourrait intervenir en signe de paix. Henri II demande que la messe soit offerte pour les défunts, car les rubriques du missel empêchent alors cette accolade rituelle.

C'est donc le roi qui joue un rôle actif dans cet impossible règlement du conflit, voire dans son exacerbation. Thomas ressent ce refus comme un affront : ses clercs essaient de le convaincre de passer outre, mais l'archevêque leur répond que le pape lui a ordonné d'exiger le baiser [133].

Tous les textes sont unanimes sur les faits à une exception près. Dans sa *Vie de saint Thomas*, Beneit de Saint Albans attribue à l'archevêque le refus d'embrasser le roi, et non le contraire [134]. Mais pour Beneit il ne s'agit pas d'un baiser de paix, mais de l'*osculum* que le vassal doit à son seigneur dans le rituel de la féodalité. Cet auteur adapte, vers 1184, en anglo-normand une vie latine de Thomas écrite par Robert de Cricklade entre 1172 et 1177, aujourd'hui perdue, qu'il ne semble pas suivre dans ce passage : la traduction islandaise de Robert de Cricklade, due probablement au prêtre Berg Gunnsteinsson, rend, en effet, le roi responsable de l'affront [135]. Beneit est tout acquis à la cause d'Henri II : il note la chance de Thomas de servir « au siècle un noble seigneur, un roi riche de si grande valeur », courageux combattant des tyrans à la guerre civile, le premier parmi les souverains à mettre tout son pouvoir au service de l'Eglise [136]. Une conception servile de la soumission de l'archevêque au roi explique la méprise, plus ou moins consciente, de Beneit. Discordant, son récit doit être rejeté sur ce point.

Le refus du roi appelle quelques remarques. Il intervient dans une civilisation d'honneur où le regard des autres sur soi, sur son groupe et son statut compte par-dessus tout. Or, la réputation d'Henri II risque d'être amoindrie aux yeux de ses courtisans et, au delà, de son aristocratie, voire de son peuple, par sa volte-face. Tout serment juré publiquement dépasse une quelconque animosité personnelle. Souvenons-nous de la guerre qui oppose le roi une vingtaine d'années plus tard, en 1189, à son fils Richard Cœur de Lion. Contraint de se rendre à lui et d'implorer une trêve, il est tenu d'échanger le baiser de paix. Au moment de le lui donner, il lui glisse à l'oreille : « Que Dieu ne me permette pas de mourir, avant que j'aie pris sur toi une digne vengeance [137] ! » L'anecdote est certes racontée par Giraud de Barri en 1218, une trentaine d'années après l'événement, et le courtisan garde de la rancune contre les Angevins, qu'il essaie toujours de dénigrer. Elle n'en est pas moins instructive sur un aspect : elle montre que rien n'empêche Henri II d'embrasser un ennemi pour lequel il n'éprouve que de la haine. La mise en scène publique du geste de paix compte bien plus que ces états d'âme. Le baiser a une dimension sociale et nullement personnelle. C'est pourquoi, en disant à Thomas qu'il ne garde aucune animosité contre lui, mais qu'il ne veut pas l'embrasser pour ne pas se parjurer, le roi adopte une attitude cohérente avec les comportements qui règlent la vie du milieu princier et aristocratique.

De son côté, Thomas adopte avec autant de fermeté une position dont les tenants et les aboutissants sont plus complexes. Elle correspond, en effet, à une mentalité ecclésiastique dont les exigences éthiques, scripturaires ou canoniques dépassent sa volonté. D'abord, l'archevêque sait que la morale réprouve tout serment inique, comme, par exemple, celui qu'Hérode prêta à Salomé et qui coûta la tête à Jean-Baptiste : l'excuse du roi n'en est donc pas une à ses yeux. Ensuite, le refus du baiser est un acte très grave, que l'Eglise réserve à ceux qui sont sous le coup de l'anathème : en 1166, alors que des templiers s'approchent d'Henri II pour le saluer en l'embrassant, le roi s'écarte d'eux en « leur disant qu'il ne veut pas qu'ils donnent un baiser à un excommunié [138] ». Enfin, Thomas dit tenir d'autant plus au baiser du roi que le pape lui a ordonné de l'exiger ; Frank Barlow note cependant la faiblesse de cet argument, car, si la réconciliation ne tenait qu'à ce détail, Thomas aurait bien pu désobéir à Alexandre III et l'en informer ensuite [139]. En définitive, l'opposition au serment inique, l'attitude envers les excommuniés ou l'injonction pontificale jettent quelques lueurs sur l'opiniâtreté de l'archevêque.

Dans une perspective anthropologique, l'importance de ce baiser de paix apparaît encore plus grande. Ce geste est une manifestation théâtrale de l'amour et de l'amitié qui, au XIIe siècle, comportent souvent une dimension politique [140]. Il « re-présente » l'alliance. Il est, pour parler en structuraliste, un élément pertinent d'un système qui ne peut fonctionner en son absence. Il fait partie intégrante du rite qui règle tout conflit. Herbert de Bosham rapporte les propos du pape lorsque celui-ci insiste sur le poids de ce geste dans le cérémonial de paix, surtout s'il est donné par un membre du clergé, « car le baiser de paix devrait suffire par lui-même pour un prêtre voulant maintenir la cause de la justice [141] ». Il est donc impensable pour un clerc d'avoir à présenter des cautions comme le font les guerriers qui échangent otages et châteaux afin d'entériner une trêve, car son seul baiser suffit largement à avaliser et à préserver sa parole. En définitive, le rituel de paix est impossible sans le baiser. Et pour un prêtre celui-ci est non seulement nécessaire, mais suffisant.

Cet aspect du dossier Becket est d'autant plus intéressant qu'il n'a pas été utilisé par les spécialistes des gestes qui, au Moyen Age, président à la réconciliation. Il existe deux écoles sur la place qu'occupe le baiser dans le rituel de paix. Certains considèrent qu'elle est purement formelle ou accidentelle dans le cérémonial : elle se limiterait ainsi à un simple geste d'accueil ou de salutation, alors que le moment clef du rituel est le serment que se prêtent les anciens ennemis. D'autres affirment, en revanche, que le baiser, donné sur la bouche où se mêlent les souffles qui représentent l'âme, est aussi important, si ce n'est plus, que le serment : il est « le moment interprétatif central du rituel » ; il « constitue le rite symbolique essentiel dans les rituels diplomatiques de la paix civile [...]. Dans la littérature, le cérémonial de paix s'organise autour d'un geste central : le baiser »[142]. Si l'on accepte cette dernière analyse, fondée sur la lecture de nombreuses sources historiographiques et littéraires, l'attitude obstinée de Thomas acquiert tout son sens. Formé à la théologie, l'archevêque croit à la valeur du rite, qu'il faut observer scrupuleusement pour qu'un sacrement obtienne son effet. Comme tout canoniste, il accorde, en outre, un poids considérable à la procédure, qui ne saurait être entachée par aucun vice de forme, sous peine d'être invalidée. Son entêtement découle, en somme, d'une conviction profonde : point de paix sans baiser.

Les événements lui donnent raison à titre posthume. En juillet 1174, Henri II accomplit une longue pénitence sur le tombeau de Thomas à Cantorbéry. Pour expier le meurtre et se réconcilier avec Dieu et le saint, il doit enfin procéder au baiser de paix. C'est Jean Bellesmains, évêque de Poitiers, ancien proche du défunt, qui le reçoit au nom de l'épiscopat[143]. Quelques années plus tard, un autre prélat est impliqué dans une affaire de baiser rituel, cette fois avec Richard Cœur de Lion, nouveau roi d'Angleterre. Le récit nous vient d'Adam d'Eynsham. En août 1198, alors que ce roi est en train d'assister à la messe dans la chapelle de Château-Gaillard, Hugues de Lincoln fait irruption pour exiger de lui le baiser de paix. Richard, brouillé avec l'évêque qui lui a refusé une aide pécuniaire pour la guerre contre le roi de France, refuse de le lui donner[144]. Hugues finira cependant par l'obtenir. L'affaire, purement fiscale, revêt moins d'importance que celle des constitutions du royaume : il n'y a pas d'exil ni de meurtre en vue. En la commentant à son tour, Giraud de Barri va même jusqu'à dire que Richard Cœur de Lion a embrassé Hugues de Lincoln pour rire[145]. Mais que l'évêque de Lincoln ait personnellement traversé la Manche pour rencontrer le roi et pour échanger le baiser rituel avec lui ne manque pas de signification. Son comportement prouve bien toute l'importance que les hommes du Moyen Age accordent à ce geste de réconciliation.

Le martyre (29 décembre 1170)

L'assassinat de Thomas ne peut être analysé dans les mêmes termes que le port de la croix ou le baiser de paix, gestes extrêmement ritualisés qui appartiennent à une liturgie religieuse ou à un cérémonial laïc aux codes figés. Au-delà de son aspect spontané, le meurtre dans la cathédrale de Cantorbéry présente cependant une certaine cohérence dans son déroulement ; il met en œuvre des conduites, sinon quotidiennes, du moins fréquentes au Moyen Age [146]. Même si, à strictement parler, il ne peut être qualifié ni de rituel ni de sacrificiel [147], il est lourd de sens pour ses protagonistes.

Les récits de l'événement sont nombreux. Ils paraissent d'autant plus intéressants qu'ils proviennent de témoins oculaires, qui ont raconté assez vite leurs souvenirs. Jean de Salisbury suit le meurtre à l'écart ; Guillaume fitz Stephen se tient à côté de l'archevêque ; Edouard Grim reçoit une blessure en s'interposant entre lui et les meurtriers ; Benoît de Peterborough (†1193) et Guillaume de Cantorbéry, à l'époque moines de Christ Church, la communauté rattachée à la cathédrale, attendent à l'église la venue de Thomas pour l'office des vêpres... D'autres auteurs se fondent sur des renseignements de première main, comme Herbert de Bosham, parti en ambassade pour Thomas en France au moment de l'assassinat, ou le trouvère Guernes de Pont-Sainte-Maxence, qui s'est renseigné à Cantorbéry et auprès de Marie, abbesse de Barking, sœur de Thomas [148]. Tous ces écrivains donnent une foule de détails sur la façon dont l'attentat s'est déroulé.

La confrontation de leurs textes permet d'aboutir à une reconstitution assez plausible de l'événement. Selon eux, Henri II aurait dit un jour qu'il n'entretenait que des traîtres dans sa mesnie, puisque aucun de ses barons n'avait été capable de le débarrasser de Thomas, « un clerc d'origine plébéienne [149] ». Pourtant, il est pris au mot par quatre chevaliers, qui se présentent désarmés au palais épiscopal, où ils ont un premier entretien avec Thomas, auquel ils demandent de lever l'excommunication contre les évêques qui ont sacré le fils héritier. Thomas leur répond qu'il ne peut les absoudre à la place du pape. Le ton monte et l'archevêque est bientôt accusé de trahison. Thomas leur rappelle qu'ils sont ses vassaux, car ils lui ont prêté l'hommage lige quand il était chancelier : les chevaliers lui rétorquent que leur seul seigneur est le roi et le menacent de violences physiques. Thomas leur répond qu'ils le trouveront là, d'un geste qui met en avant son cou.

Les quatre hommes reviennent le soir, cette fois-ci en armes, et défoncent une porte pour pénétrer dans le palais épiscopal. Thomas, qui souhaiterait leur tenir tête, est emmené de force par ses clercs à la cathédrale, où l'attendent les moines et la foule des laïcs pour les vêpres. Mais Thomas refuse de se cacher ou de s'enfuir, et il interdit de fermer toute porte derrière lui, car « l'Eglise de Dieu ne doit pas être transformée en une forteresse ». Au moment où le groupe de clercs pénètre dans la cathédrale après avoir traversé le cloître, Thomas est rejoint par les chevaliers qui portent des épées et des haches. Ils réitèrent leur accusation de traîtrise et à nouveau lui demandent de lever les anathèmes. Thomas refuse : il est frappé à mort. En préparant le cadavre pour la sépulture dans l'église, les moines découvrent la chemise de crins qu'il porte comme cilice et les traces des coups de discipline.

Ce bref résumé des événements mérite d'être complété. Arrêtons-nous, en premier lieu, sur la façon dont les quatre chevaliers ont perpétré leur crime, pour remarquer que rien ne fut laissé au hasard. Leur tenue montre d'abord, à tous, quels sont leur métier, leur statut social et leurs valeurs : la chevalerie. Armés jusqu'aux dents, ils sont entièrement protégés par leur heaume, qui cache leur visage à l'exception des yeux, et par leur haubert. C'est ainsi qu'ils pénètrent dans un lieu de culte, « une maison de paix et de réconciliation[150] », un édifice où le droit d'asile est respecté pour tous et où le versement de sang apparaît comme la pire des souillures. Il est même assimilé à un grave sacrilège qui nécessite un rituel spécifique de consécration de l'église avant qu'elle soit rendue au culte. Face aux combattants, les clercs, désarmés (*inermes*) par excellence, ne peuvent leur opposer aucune résistance violente. L'ancien antagonisme chevalerie contre *clergie*, particulièrement aigu à l'époque où le mouvement de Paix de Dieu bat son plein, ressurgit ainsi nettement. Le jeu de mots en vogue dans les milieux cléricaux, où la *militia* (« chevalerie ») est assimilée à la *malitia* (« malice ») prend tout son sens. Qu'une hache, protégée par une barrière, ait été laissée par les moines de Christ Church sur le bras nord du transept, le lieu précis du crime, là même où elle a été jetée par l'un des meurtriers n'est pas indifférent à ce contexte. Cette eulogie, preuve du martyre du saint, montre d'une façon imagée la rivalité entre les clercs et les chevaliers.

Ce conflit acquiert, en outre, une dimension sociale par l'appartenance des chevaliers à la noblesse du sang. Une véritable haine de classe entoure le meurtre, qu'a exacerbée Henri II lorsque, demandant en public la disparition de Thomas, il a souligné la bassesse de son extraction. Peu avant de lui assener le coup fatal, Reginald fitz Urs apostrophe l'archevêque par son anthroponyme familial « Becket », unique mention de ce nom dans les *Vitæ*[151]. De la sorte, il l'insulte en lui rappelant le métier de son père marchand. Comme nous l'avons vu, la morgue des nobles contre le clergé, souvent composé d'intellectuels d'humble origine, est grande. C'est également à cette catégorie de clercs sortis du ruisseau qu'appartient le maître à penser de l'archevêque, Jean de Salisbury, fils de paysan. Assurément ses origines modestes ne sont pas étrangères à la joie que les quatre assassins laissent éclater pour avoir blessé Edouard Grim, car ils croient à tort avoir coupé le bras de Jean lui-même. Face à l'archevêque et aux siens, les combattants sont doublement fiers d'appartenir au groupe professionnel des guerriers et à la catégorie sociale des nobles.

Les chevaliers commettent un crime d'une rare violence. Par le cloître, ils rejoignent Thomas et les clercs dans le transept. Une altercation a lieu : l'archevêque refuse avec fermeté de lever les excommunications. Il repousse Reginald fitz Urs, le traitant de lion. Un des guerriers assène aussitôt un coup du plat de l'épée sur les épaules de Thomas, qui tombe à genoux et se couvre le visage de ses mains, tout en se recommandant de la Vierge, dont une statue domine la scène, et des saints Denis et Alphège. Un des moines est alors blessé. Reginald frappe Thomas au crâne : l'arme lui fait sauter la tonsure, puis pénètre dans son épaule gauche ; l'homme blesse également Edouard Grim qui essaie vainement de protéger son maître. En voyant son sang couler, Thomas dit une dernière prière et étend ses bras en croix. Guillaume Tracy le frappe de nouveau : le corps de la victime tombe étendu. Richard le Bret lui ouvre alors le crâne d'un coup d'épée si fort qu'elle se brise en frappant le pavement. Hugues Mauclerc, l'un des sergents des chevaliers, écrase de son pied le cou de Thomas, puis répand sa cervelle de la pointe de son épée, en criant « Ce traître ne se lèvera plus jamais ! ». Entre-temps, Hugues de Moreville a tenu la foule à distance. Après avoir quitté la cathédrale, les assassins pillent le palais et les écuries épiscopales.

L'acte est donc consommé avec une grande brutalité. Les guerriers, doublement armés de haches et d'épées, s'acharnent sur le corps de la victime, y compris quand celui-ci gît à terre. Mais leurs gestes obéissent à une certaine logique. Il est révélateur que presque tous les coups portent sur la tête. Le premier d'entre eux fait sauter sa couronne de tonsuré, ce qui n'a pas échappé à Jean de Salisbury qui en donne la signification dans la lettre *Ex Inesperato*, adressée à Jean Bellesmains aussitôt après le meurtre : « C'était la couronne de la tête que l'onction du saint chrême avait consacrée à Dieu [152]. » Quelques décennies après l'événement, Giraud de Barri analyse longuement ce geste : « De ces quatre chiens de la cour, enragés d'une furie supérieure à la canine, il reçut quatre blessures, et pas plus, à la couronne de sa tête, qui aurait pourtant dû être un signe de protection pour le clergé. Ce fut seulement dans cette partie de son corps qu'il souffrit sa passion. Le soldat courageux subissant le martyre pour le Christ passa ainsi à meilleure vie, gagnant au change heureux d'une couronne corruptible pour une autre incorruptible [153]. »

L'intérêt d'une telle interprétation est évident. Comme le dit Giraud, la tonsure est le signe de l'appartenance au clergé. A l'époque, elle est appliquée par l'arrachage d'une partie du cuir chevelu. Les juges qui doivent décider si un prévenu relève des tribunaux ecclésiastiques vérifient, en premier lieu, s'il est marqué de cette cicatrice. En cela, la tonsure est aussi un « signe de protection », pour reprendre les termes de Giraud. Or, dans la promulgation des constitutions de Clarendon, la juridiction des clercs criminels figure précisément comme la principale pomme de discorde entre Henri II et Thomas Becket. On comprend, dès lors, pourquoi les assassins, qui croient obéir aux souhaits du roi, s'obstinent à briser la calotte crânienne de l'archevêque, symbole visible de sa cléricature et de son statut juridique particulier. Le clergé remarque cependant l'inanité symbolique d'une telle violence. Benoît de Peterborough (†1193), moine de Christ Church et témoin du meurtre, commente ainsi l'épisode de l'épée qui se brise en heurtant le sol : « Cet accident semble très conforme à la vérité, car il ne manque pas de signification prophétique. Si le glaive des adversaires se rompt, qu'est-ce que cela peut signifier sinon la défaite de la puissance adverse et la victoire de l'Eglise, qui triomphe grâce au sang du martyr [154] ? » Le pouvoir spirituel remporte, de la sorte, un combat décisif sur le pouvoir temporel. La tonsure de Thomas trouvera même sa matérialisation symbolique dans l'architecture de la cathédrale de Cantorbéry : au début des années 1180, son chevet est prolongé de la chapelle de la Trinité contenant la châsse reliquaire du martyr et d'une tour axiale qu'on appelle précisément la « couronne » [155].

L'acharnement des assassins ne s'arrête pas avec la mort de leur victime. On sait qu'ils interdisent aux moines de Christ Church la tenue de dignes funérailles ou l'enterrement dans la cathédrale, mais leur ordonnent de le jeter en secret dans un marécage ou dans la boue, voire de le pendre. Ils ont même menacé de le donner en pâture aux chiens. Sur ce point, il importe de reprendre l'étude menée par Robert Jacob sur le meurtre des seigneurs dans la société médiévale. A plusieurs reprises, ce chercheur observe, en effet, que ces crimes sont suivis d'un « enterrement déclassé qui concède aux meurtriers une sorte de victoire symbolique[156] ». Comme pour Thomas, il remarque la répétition des coups portés par chacun des assassins, et l'abondance du sang versé. Cette dimension collective de l'assassinat est explicitement formulée par Beneit de Saint Albans : « *Chascun de eus i ad feru, / sanc et cervel unt espandu*[157]. » Giraud de Barri ajoute que trois des guerriers, après avoir porté leurs coups mortels, demandent au quatrième d'en finir : ce dernier s'acharne sur le crâne du cadavre, répandant sa cervelle par terre[158]. Cette solidarité entre assassins, qui explique les nombreux coups portés, est inhérente à leur réunion pour préparer le meurtre, à leur promesse d'aide mutuelle en cas de répression et à leur serment de parvenir à leur but. A grands traits, le même schéma se retrouve dans le meurtre de Thomas. Les quatre assassins se sont rencontrés en secret à plusieurs reprises pour arrêter leur plan. Leur préméditation est d'autant plus flagrante que, comme le font remarquer plusieurs hagiographes, ils ne sont nullement ivres[159]. Guernes de Pont-Sainte-Maxence note que ces quatre assassins ont prêté le serment de perpétrer leur crime à Bures, un palais ducal près de Caen, dans la même pièce où Harold avait jadis promis de céder la couronne d'Angleterre à Guillaume le Conquérant avant de se parjurer[160]. C'est donc bel et bien d'une conjuration qu'il s'agit, comparable à celles que Robert Jacob a décrites. En revanche, le crime de Thomas n'est pas l'exact modèle proposé par cet historien. Il n'est pas l'expression d'un sacrifice rituel du maître incapable d'assurer la paix et la prospérité, dont le sang répandu et restitué à la terre prépare la nature, ainsi fécondée, pour de futures germinations. Si sacrifice il y a, il est, pour reprendre les termes mêmes des hagiographes, un sacrifice eucharistique.

Avant de refermer le dossier des assassins, il faut se pencher sur leurs justifications du meurtre. Elles sont de deux ordres. D'une part, l'accusation d'avoir trahi le roi est, à maintes reprises, portée contre Thomas, devenu coupable d'une lèse-majesté largement passible de la peine capitale. D'autre part, au moment de lui assener le coup de grâce, Richard le Bret lui crie : « Prends ça par amour de mon seigneur Guillaume, le frère du roi[161]. » Ce dernier personnage, frère cadet d'Henri II, avait été promis à Isabelle de Warrene, le plus beau parti d'Angleterre, comtesse de Surrey et veuve du fils du roi Etienne de Blois. A en croire Etienne de Rouen, qui achève son *Etendard normand* peu avant le meurtre de Thomas, qu'il déteste profondément, l'archevêque aurait empêché de toutes ses forces que cette union consanguine soit conclue ; Guillaume en serait mort de chagrin le 30 janvier 1164[162]. Derrière le conflit entre le mariage voulu par les aristocrates et celui que préconise l'Eglise[163], on décèle encore un enjeu de juridiction, puisque les affaires matrimoniales, qui relèvent des tribunaux ecclésiastiques, échappent au roi. En définitive, les quatre meurtriers ont cru obéir au roi en exécutant en son nom le pire des traîtres du royaume.

Leur zèle est d'autant plus empressé qu'ils ont naguère servi le roi Etienne pendant la guerre civile et qu'ils ont besoin d'affirmer, par surenchère, leur récente loyauté envers les Angevins[164]. L'envie de plaire à leur nouveau maître explique qu'ils aient pris à la lettre ses propos rageurs contre l'archevêque. Plus qu'à des criminels, c'est fort vraisemblablement à des bourreaux que nous avons affaire. En tout cas, Henri II leur apparaît comme le véritable commanditaire du meurtre. Il est vrai qu'il n'en est pas à une action d'intimidation près contre Thomas. N'a-t-il pas déjà envoyé les grands du royaume au concile de Clarendon, où, « ayant enlevé leurs manteaux et découvrant leurs bras », ils ont menacé les évêques[165] ? La violence du roi n'est pas seulement verbale. Elle dépasse la simple formule de style des chartes de la chancellerie, dont l'*ira regis* vaut menace de représailles et punitions contre ceux qui désobéissent aux ordres royaux. Elle peut déclencher des opérations incontrôlables.

Après avoir étudié le meurtre dans la cathédrale du côté des meurtriers, penchons-nous sur la façon dont l'ont ressenti les proches de la victime. Leur appréciation est unanime : c'est de son propre gré que Thomas va vers une mort certaine. A Noël, quatre jours avant sa mort, il prêche à ses ouailles qu'ils perdront bientôt leur pasteur, car il est rentré en Angleterre afin de donner sa vie pour sauver les libertés de l'Eglise. Il refuse de s'enfuir ou de se cacher comme le lui demandent ses proches. Il veut faire front à ses meurtriers. Le jour du crime, il ordonne même qu'on ne leur ferme pas les portes du palais. Il morigène les moines qui se réjouissent de le voir vivant après son premier entretien avec les chevaliers, à l'instar du *Vade retro* lancé par le Christ à Pierre. Ses derniers mots, recueillis par ses hagiographes, sont des plus explicites : « Je suis prêt à mourir pour mon Seigneur afin que par mon sang l'Eglise obtienne paix et liberté. » En offrant sa tête à ses meurtriers, il s'identifie à « l'agneau sacrificiel de Dieu ». Thomas n'a pas seulement subi un meurtre ; il ne s'est pas limité à l'accepter avec abnégation. On dirait au contraire qu'il le recherche comme un but, vers lequel il dirige ses pas.

Aussi volontaire soit-il, son acte n'en relève pas moins du martyre. Ses proches perçoivent aussitôt sa mort comme un renoncement héroïque à la vie en témoignage de sa foi au Christ et en son Eglise. Les moines ne lavent pas son cadavre avant de l'enterrer, puisqu'ils considèrent que le sang répandu suffit à prouver la purification de son âme. Plusieurs de ses biographes notent que le blanc de son cerveau, correspondant à la couleur liturgique des confesseurs et des vierges, s'est mêlé au rouge de son sang, signe du martyre : la chapelle de la Trinité, qui contiendra, à partir des années 1180, sa dépouille mortelle, fait alterner ces deux couleurs dans le calcaire et le marbre de ses murs. Ses hagiographes affirment même qu'il est plus qu'un martyr, car il n'a pas cherché son seul salut mais celui de l'Eglise[166]. Qu'il ait invoqué les saints Denis de Paris et Alphège de Cantorbéry en tombant sous le premier coup s'inscrit dans la même logique : ce sont tous deux des évêques martyrs. Une année auparavant, lors des négociations avec Henri II qui se tenaient au monastère parisien de Saint-Denis, un prêtre aurait dit à Thomas : « Aujourd'hui, la paix de l'Eglise a été discutée dans la chapelle du martyr ; je crois que ce n'est que par votre martyre que l'Eglise retrouvera la paix[167]. » Enfin, le lieu de l'église choisi pour son inhumation se trouve devant l'autel de Jean-Baptiste, dont la tête fut tranchée par un roi. Ainsi, la plupart des contemporains de Thomas vont croire que son meurtre est bel et bien un martyre.

Très vite, il s'ensuit une comparaison avec la mort du Christ, comme un fil conducteur à la plupart des récits hagiographiques du meurtre dans la cathédrale. Les bases d'un tel modèle sont posées, en premier, par Jean de Salisbury dans sa lettre *Ex Inesperato*, qu'il rédige aussitôt après l'assassinat. Plus tard, il en donne une version augmentée dans *La Passion de saint Thomas martyr*, au titre significatif, où il abandonne le genre épistolaire pour la narration historique[168]. La plupart des hagiographes vont s'inspirer des textes de Jean de Salisbury. Comme lui, ils développent, point par point, la similitude entre la passion du Christ et celle de Thomas. Son retour triomphal à Cantorbéry, après six ans d'absence, évoque le dimanche des Rameaux : la foule jette les manteaux sur le chemin où il doit passer, tout en chantant « Béni soit celui qui vient au nom du Seigneur » (Mt 21, 12-22, Mc 11, 8-10, Lc 19, 37-38). En interdisant qu'on ferme les portes aux meurtriers, il s'écrie « Que la volonté de Dieu s'accomplisse », comme le fit le Christ à Gethsémani (Lc 22, 42). Il crie aux quatre chevaliers qu'il est prêt à mourir, mais réclame pour son entourage la vie sauve, comme Jésus l'avait demandé à la cohorte envoyée par le grand prêtre pour l'arrêter (Jn 18, 8-

9). De même, ses bourreaux obéissent à un ordre d'Henri II, aussi inique que celui de Pilate. Quand le premier coup frappe, Becket tombe à genoux en récitant les derniers mots du Christ, comme avant lui Etienne protomartyr au moment de sa lapidation : « Père, entre tes mains je remets mon esprit » (Ps 31, 6, Lc 23, 46, Act 7, 59). Après avoir pillé le palais épiscopal, les meurtriers se partagent vases sacrés, ornements liturgiques et chevaux, à la façon dont les bourreaux de Jésus l'avaient fait pour ses vêtements (Ps 22, 19, Jn 19, 24). Et Guillaume fitz Stephen tire la conclusion qui s'impose : « Comme jadis le Christ a souffert en son corps, il souffre à présent en son combattant Thomas[169]. »

Cette identification entre la Crucifixion et le martyre renvoie à la messe, sacrifice qui rend présente la mort du Christ. « Remarquez le lieu où Thomas a été immolé. Dans l'église qui est la tête du royaume et la mère dans le Christ des autres églises, auprès de l'autel, parmi ses prêtres [...]. Il était habitué à offrir le corps et le sang du Christ sur l'autel. A présent, prostré au pied de l'autel, il offre son propre sang versé par les mains des méchants », écrit Jean de Salisbury[170]. Tout en réaffirmant au passage le primat du siège épiscopal de Cantorbéry, il compare le sacrifice de Thomas à celui du Christ sur la croix pour la rédemption du genre humain, reproduit dans l'eucharistie. L'autel, lieu de cette offrande, revient continuellement sous sa plume. Là Thomas célébrait le sacrifice de la messe, et c'est là qu'il a été immolé.

A partir de ce thème, il est intéressant de constater le glissement qui s'opère dans l'iconographie. A preuve, la plupart des quarante-huit châsses historiées, contenant des reliques du crâne de Thomas et de sa chasuble ensanglantée, sorties peu après le meurtre des fours à émaux de Limoges. L'archevêque y figure en train de célébrer la messe devant un autel où repose un calice ou un ciboire, au moment même où il est assailli par les chevaliers. La même interprétation est reprise dans les fresques, qui représentent désormais le meurtre de Thomas au cours de sa messe[171]. L'idée de son martyre, qui identifie davantage le prêtre en pleine célébration eucharistique au Christ crucifié, n'en ressort que plus renforcée.

Cette association n'est cependant pas du goût de tout le clergé. Le statut d'un éventuel martyre pour Thomas est contesté de son vivant même. Le théologien Robert de Melun, évêque de Hereford, suscite le débat au cours d'une conversation avec d'autres prélats : « S'il arrivait, à Dieu déplaise, que l'archevêque était tué pour la liberté de l'Eglise, devrions-nous le compter parmi les martyrs ? Pour être martyr, il faut en réalité mourir pour la foi[172]. » D'après Edouard Grim, le soir même du meurtre, un clerc conteste l'idée que Thomas ait souffert le martyre[173]. A en croire Césaire de Heisterbach, la question oppose à Paris maître Roger le Normand, jadis bureaucrate à la cour de Sicile et étudiant en droit à Bologne, devenu en 1181 doyen du chapitre cathédral de Rouen, au célèbre moraliste Pierre le Chantre (1120/30-1197) : pour Roger, l'entêtement opiniâtre est à l'origine de sa mort, tandis que Pierre estime qu'il est un martyr de la liberté de l'Eglise ; Césaire affirme que Dieu a tranché le débat en faveur du second car de nombreux miracles sont accordés par l'intercession de Becket[174]. La popularité du culte de l'archevêque tient principalement à sa mort violente, assimilée au martyre et à la passion du Christ. Son sang fait, d'ailleurs, l'objet d'un rituel de guérison particulier : mélangé avec de l'eau, il est utilisé en lotion ou en boisson pour guérir les malades[175].

Ainsi, la mort de Becket donne aux clercs l'occasion d'insister sur le rôle du sacrifice eucharistique dans la vie des fidèles, sur la dignité du groupe sacerdotal qui l'accomplit durant la messe, sur le statut juridique d'exception qui doit en découler pour les prêtres et sur la place centrale de l'autel, de l'église et de la cathédrale dans l'espace de la Chrétienté. Ces commentaires s'inscrivent parfaitement dans le conflit entre le règne et le sacerdoce qui divise la société laïque et ecclésiastique à la fin du XIIe siècle.

Dans ce combat, le meurtre de Cantorbéry offre une victoire sans appel, bien que posthume, à Thomas. Le roi lui-même à l'annonce de la nouvelle est décomposé. Une lettre d'Arnoul de Lisieux le décrit dans une prostration profonde : il porte la chemise des pénitents et se couvre de cendres ; il profère des lamentations à haute voix ; il s'enferme, trois jours durant, dans sa chambre, sans manger ni admettre de visite[176]. Il entame ainsi une démarche pénitentielle qui durera au moins quatre ans. Au-delà de sa dimension spirituelle, cette conduite est l'aveu d'un échec politique. Sans doute Henri II comprend-il sur-le-champ les implications du meurtre, qui enterre la moindre chance d'imposer les constitutions de Clarendon. En théâtralisant sa tristesse de façon pathétique, le roi s'engage dans une repentance qui remet radicalement en cause son programme d'assujettissement du clergé entrepris dix ans plus tôt.

Désormais, sa personne est passablement déconsidérée parmi les prêtres mêmes qui lui étaient le plus favorables. Sur ce point, l'exemple de l'ordre érémitique de Grandmont, particulièrement encouragé par l'impératrice Mathilde, est des plus instructifs[177]. Roger de Howden rapporte qu'en août 1170, soit quatre mois avant le crime, gravement malade, Henri II avait demandé d'être enterré dans la maison mère de l'ordre, au nord de Limoges, aux pieds du fondateur Etienne de Muret (†1124)[178]. C'est dire l'attachement du roi pour la maison de Grandmont, dont il encourage à l'époque la construction par des dons généreux. Mais, au lendemain du meurtre, une lettre de Guillaume de Treignac, son prieur, lui annonce qu'il a congédié les ouvriers venus à la demande du roi travailler à l'édification de l'église, pour ne pas être compromis avec lui. Rappelons que c'est vraisemblablement ce personnage qui avait rédigé un opuscule pour dénoncer la corruption du clergé aquitain à Henri II, lui demandant de la réprimer. Son refus du mécénat royal est aussi spectaculaire qu'inouï : il montre le rejet de la personne royale qu'a suscité le crime. De son côté, Pierre Bernard, son prédécesseur à la tête de l'ordre entre 1153 et 1170, écrit une longue missive au roi qui met en contraste sa générosité envers les pauvres de Grandmont et l'horrible assassinat de Thomas, « qui a transformé le blanc de son étole en sang de l'agneau immaculé » : « Toi, qui prenais soin de construire et doter nos églises, comment as-tu pu disperser les brebis du troupeau catholique en frappant son berger ? » ; Pierre Bernard commente la révolte de ses propres fils comme une juste punition après un tel crime[179]. Ainsi, la réprobation contre le roi est-elle générale.

Henri II n'a d'autre choix que de tomber à genoux, abandonnant toutes ses revendications sur sa juridiction. En mai 1172, à Avranches, le roi doit jurer solennellement son respect du compromis que lui présentent les légats pontificaux : il renonce à empêcher les appels à la curie romaine et à toutes les nouvelles lois relatives au clergé et il s'engage à remettre l'église de Cantorbéry et les partisans de Becket dans tous leurs droits et possessions. Pour Alexandre III, qui fait entrer l'Angleterre sous la juridiction pontificale, consolidant l'application de la législation canonique sur l'île, le succès est considérable ; les clercs criminels relèvent, comme par le passé, des tribunaux ecclésiastiques et Henri le Jeune doit être à nouveau sacré[180]. Henri II et ses successeurs conservent, tout au plus, une large influence sur les élections épiscopales, qui continuent d'intervenir, d'après le bon mot d'Etienne Langton, non pas sous l'inspiration du Saint-Esprit, mais dans l'esprit de l'Echiquier[181]. Enfin, à Avranches, Henri II jure également de partir trois ans en croisade.

Cet exil en Terre sainte s'inscrit dans un rituel plus large de pénitence, que le roi parachève en juillet 1174 à Cantorbéry. Uniquement vêtu d'une large chemise de laine fruste, il marche alors pieds nus de l'extérieur de la ville jusqu'à la cathédrale. Les évêques, les abbés et les moines de Christ Church le flagellent avec des verges. Il se prosterne, un jour durant, devant le tombeau de Thomas sans boire ni manger. Il parcourt ensuite les différents autels de l'église pour y vénérer les reliques de ses saints. Il revient à la crypte de Becket. Il entend la messe le soir du dimanche. Finalement, il boit au puits du martyr et reçoit une fiole d'eau mélangée du sang de Becket[182]. A suivre les clercs qui décrivent cette scène, Dieu lui envoie un signe reconnaissant la sincérité de son repentir. En effet, le jour même où il accomplit ces gestes, ses troupes capturent Guillaume d'Ecosse à Alnwick, victoire décisive qui met fin à la rébellion généralisée sur ses terres[183]. La monarchie anglaise serait-elle en train de réussir le tour inespéré de récupérer le culte de Becket à son profit ? Quelques autres miracles qui favorisent la dynastie par l'intercession du saint ou les pèlerinages à répétition d'Henri II et ses fils sur son tombeau ont pu le faire croire[184]. Un fait est sûr : vers 1185-1188, Mathilde, fille d'Henri II, se fait représenter dans une miniature de l'évangéliaire d'Henri le Lion, son mari, avec ses parents et sa grand-mère homonyme, sous la garde de Thomas portant la palme du martyre et les insignes de l'épiscopat[185].

Pourtant, Henri II ne parviendra jamais à surmonter l'impopularité que lui a causée le crime. Ainsi, Guillaume de Newburgh, chroniqueur habituellement pondéré, explique l'ignominie de sa mort parce que sa contrition pour l'assassinat est restée imparfaite[186]. L'idée court, en effet, que la révolte de sa femme et de ses enfants, sa « persécution intestine et domestique », pour reprendre l'expression de Raoul de Coggeshale[187], ou le décès prématuré de ses fils aînés est une conséquence directe du crime de Cantorbéry, qu'il n'a jamais vraiment expié. La mollesse de son repentir culmine avec son refus de partir en croisade, peine qu'il commue, à trop bon compte, en la construction de trois monastères[188]. En 1193 encore, Etienne Langton affirme que Richard Cœur de Lion est « emprisonné à cause des péchés de son père », tout comme la Genèse prouve que les fautes de Cham sont vengées sur son fils Canaan[189]. Il faudra attendre quelques décennies pour que la prétendue protection de Thomas sur les descendants d'Henri II agisse.

Le culte de Becket est entretenu, avant tout, par les intellectuels du clergé qui avaient, de son vivant, soutenu sa cause contre la royauté. Son martyre canonise, en quelque sorte, leur combat[190]. D'ailleurs, et contrairement à l'idée reçue, les Plantagenêt n'ont pas passé la commande de la cinquantaine de châsses sorties des fourneaux à émaux de Limoges pour abriter les reliques du saint, qu'on trouve partout en Occident ; l'initiative en revient plus vraisemblablement à l'épiscopat[191]. Dans sa défense de la juridiction pontificale, des privilèges ecclésiastiques et du droit canon face aux velléités expansionnistes de l'administration princière en plein essor, la hiérarchie sacerdotale s'est trouvé en Thomas un modèle, un bienfaiteur et un défenseur tout naturel.

Enfin, le crime profite également au roi de France, ennemi invétéré d'Henri II et protecteur des écoles parisiennes, là même où les clercs ont développé leurs théories. En 1179, Thomas, qui fut de son vivant un fidèle ami de Louis VII, favorise, croit-on, la guérison de Philippe Auguste, âgé de quatorze ans, à la suite d'un pèlerinage entrepris par son père sur son tombeau. Guillaume le Breton souligne que le saint a préservé l'adolescent « afin d'extirper la race des sanguinaires parricides [192] ». De même, francophile comme à son habitude, Giraud de Barri attribue la chute de Châteauroux aux mains de Philippe Auguste, en juin 1188, à l'intercession de Becket : un chapelain du roi de France avait rêvé de l'archevêque armé d'une épée de feu, portant un coup à Henri II [193]. Décidément, le glaive spirituel est hostile au Plantagenêt et favorable au Capétien, puisque les ennemis de ses ennemis sont ses amis. Cette même épée sera reprise avec force par Etienne Langton pour ferrailler contre Jean sans Terre, sur lequel il aura enfin le dernier mot. Et cette fois, pour plusieurs siècles, la Grande Charte, imposée en 1215, préservera les libertés ecclésiastiques de l'arbitraire et de l'ingérence royaux.

Conclusion

Entre 1154 et 1224, trois générations durant, la maison d'Anjou maîtrisa un vaste espace atlantique. Du mur d'Hadrien aux Pyrénées, du royaume d'Ulster au Massif central, de nombreuses principautés adoptent l'un de ses membres pour chef. On pourrait s'étonner d'un tel conglomérat territorial, et le croire né par génération spontanée. En effet, jamais auparavant des royaumes, duchés, marches, comtés et vicomtés si disparates n'ont été de la sorte sous l'emprise d'une même et seule famille. Héritiers de traditions politiques et culturelles diverses, formés de peuples différents, parlant des langues multiples, séparés par la Manche, le golfe de Gascogne et la mer d'Irlande, ils forment une union contre nature. Aussi mal assortie soit-elle, cette juxtaposition perdurera, contre toute attente, pendant sept décennies. A quelques variantes près, elle renaît encore aux XIVe et XVe siècles par la force des armes. Après une courte solution de continuité, la guerre de Cent Ans permit à cet Empire de retrouver quelques-uns de ses traits anciens.

Le médiéviste qui, de nos jours, veut appréhender une telle réalité géopolitique est particulièrement mal loti. L'évolution des royaumes à l'époque moderne et le triomphe des Etats-nations au XIXe siècle biaisent, qu'il le veuille ou pas, son analyse. Au prisme déformant de l'unité des institutions ou de la langue, indispensable à la construction d'un pays, ou de la notion, combien aléatoire pourtant, de frontière naturelle, la domination angevine sur une zone aussi étendue qu'incohérente lui apparaît, tout d'abord, comme une aberration historique. Qu'on se remémore les longues diatribes à son encontre de Jules Michelet ou de William Stubbs pour comprendre la réprobation unanime qu'elle suscite, de part et d'autre de la Manche, à une époque où le nationalisme fait rage. Partisans de la France éternelle ou admirateurs de la supériorité constitutionnelle britannique et de son splendide isolement, les premiers historiens professionnels réprouvent, vers 1850, l'action d'Henri II et des siens. Leur aversion pour cette aventure vouée *a posteriori* à l'échec subsiste-t-elle encore de nos jours ? A bien des égards, le mal nommé Empire Plantagenêt n'est toujours pas aimé. Il ne cadre guère avec les schémas mentaux que nous a légués le tardif Etat souverain.

Car tout autre est la conception politique d'un prince du XIIe siècle. Sans doute croit-il, pour paraphraser Gautier Map, gouverner ses territoires « à la façon d'un bon père de famille son seul foyer ». Par conséquent, l'Empire Plantagenêt lui apparaît, avant tout, comme une affaire patrimoniale. Henri II ne l'a-t-il pas constitué par héritage ou par mariage ? N'en prépare-t-il pas le démembrement en songeant à sa propre succession, qu'il aimerait équitable, au profit de tous et de chacun de ses enfants ? Ne songe-t-il pas à céder la Bretagne et l'Irlande, obtenues tardivement et par la force des armes, à ses deux cadets ? Aliénor d'Aquitaine, son épouse, n'en exerce-t-elle pas un contrôle important lors de son veuvage ? La mort prématurée de plusieurs de ses fils ne permet-elle pas à Richard Cœur de Lion, puis à Jean sans Terre, de le conserver en entier, un peu par hasard ? Des règles successorales et matrimoniales président donc à son devenir. Filiation et alliance sont sa seule raison d'être.

C'est pourquoi sa cohésion, voire sa survie, dépend de la solidarité de la famille qui le gouverne. Or, la maison d'Anjou est querelleuse. Ses membres ne jouissent pas de la bonne entente des Capétiens ou des Hohenstaufen, en eux couve continuellement la haine des Barcelone ou des Castille-Léon. Ils rappellent, d'après Richard de Devizes, « la confuse maison d'Œdipe ». Ces Atrides ne pensent qu'à se combattre les uns les autres. De leur vivant, cette inimitié domestique, à bien des égards inexplicable, a fait l'objet de nombreuses élucubrations. Les amateurs de folklore celtique qui fréquentent leur cour invoquent, comme Giraud de Barri, la diablesse qui aurait mis l'ancêtre fondateur de la lignée au monde dans la nuit des temps ; ils scrutent les obscurs oracles de Merlin pour saisir le pourquoi de cette autodestruction. A ces intellectuels cléricaux, l'Ecriture apprend que tout royaume divisé contre soi sera désolé. S'ils n'en perçoivent pas clairement les causes, ils savent que cette guerre intra-familiale mène, à plus ou moins longue échéance, l'espace dirigé par les Plantagenêt à sa désintégration. Elle est suicidaire.

Cette parenté ne saurait être dissociée de la vassalité, dont elle n'est que la redondance métaphorique. L'aîné de la dynastie se doit d'être au sommet de la hiérarchie féodale. C'est pourquoi il reçoit la couronne royale de son père et l'hommage de ses frères cadets. A une échelle inférieure, il tente d'obtenir l'allégeance formelle de l'aristocratie, des villes et de la paysannerie. Des serments généraux de fidélité à l'égard du roi se répandent en Angleterre et en Normandie. Ailleurs, seuls les détenteurs du pouvoir local se plient à cette cérémonie, dont les gestes d'auto-dédition rappellent en partie un rituel d'adoption filiale : les roitelets irlandais construisent des maisons en bois pour banqueter avec Henri II, qui en retour leur livre des cadeaux les engageant envers lui ; les grands seigneurs poitevins se soumettent à genoux, l'œil torve et la bouche amère, à l'humiliante cérémonie de l'hommage. En échange de leur obéissance, ils reçoivent la confirmation de leur puissance sur leurs terres ancestrales sous la forme du fief de reprise ou des espèces sonnantes et trébuchantes du fief-rente. On comprend combien les liens de soumission envers la royauté sont ténus. Si leur consistance est si faillible, c'est parce qu'ils dépendent trop souvent de la confiance et de l'affect entre le seigneur et son vassal. Que le roi perde une bataille, qu'il ne satisfasse pas aux revendications foncières et juridiques du noble ou qu'il n'ait pas su, tout simplement, conserver sa sympathie, et ils volent en éclats. Les maladresses de Jean sans Terre justifient ainsi largement l'issue de 1204.

Elles n'expliquent cependant pas tout. Il faut revenir aux concepts de parenté et féodalité, qui sont bien plus opératoires pour analyser le succès final de Philippe Auguste. En acceptant Marguerite ou Alix de France, filles de Louis VII, pour épouses ou fiancées, Henri le Jeune et Richard Cœur de Lion se placent en situation d'infériorité vis-à-vis de leur beau-père. En se rendant avec leur frère Geoffroi de Bretagne à la cour de Paris, pour manger à la même table et dormir dans le même lit que Philippe Auguste, ils acceptent une hospitalité subordonnante, créant une relation similaire à celle qu'un frère cadet entretient avec son aîné. La féodalité reste, toutefois, la forme la plus ostentatoire de cette parenté artificielle qui subjugue. Or, les Plantagenêt n'ont jamais rechigné à prêter hommage au roi de France. Angevins plus que Normands, ils ont trouvé normal de se soumettre sans conditions au détenteur de la puissance suprême en Francie occidentale. Le début de leur fulgurante ascension date précisément de l'hommage prêté pour la Normandie l'été 1151 à Paris, où, au passage, le jeune Henri pose pour la première fois son regard sur Aliénor d'Aquitaine, épouse de son seigneur. Cet événement renvoie à un autre. En août 1188, l'abattage de l'orme de Gisors par Philippe Auguste marque, dans toute sa brutalité, la fin sans appel de l'hommage égalitaire en marche. Il précède, d'une quinzaine d'années, la commise des fiefs continentaux de Jean sans Terre, contumace au tribunal de son seigneur pour une affaire matrimoniale lésant les intérêts d'un autre vassal. Abbé du Mont-Saint-Michel et parrain d'une fille d'Henri II, Robert de Torigni a beau exhumer un vieux texte défendant que le duc possède la Normandie en pleine propriété, les Angevins n'en sont pas moins les hommes du roi de France, par la bouche et les mains, de longue date. Ils ne surmonteront jamais ce lourd handicap.

Si le terme « Empire » rend mal compte de la construction politique des Plantagenêt, c'est parce que leurs possessions continentales relèvent d'une autre « couronne », notion dont la dimension spatiale se précise dans l'esprit des légistes de l'entourage de Philippe Auguste. Ces duchés, marches, comtés et vicomtés sont, par-dessus tout, des principautés territoriales. Ce concept mérite qu'on s'y arrête. Il recèle assurément l'explication la plus éclairante sur la géopolitique du XIIe siècle européen. Nées de la fragmentation de l'Empire carolingien, ces entités régionales sont nombreuses à l'ouest de la France, façonnées selon des critères économiques, ethniques et culturels d'une certaine cohérence. Quoique dépendantes en théorie du roi, souverain recevant l'allégeance de ses feudataires, qui datent leurs chartes d'après l'année de son règne, elles jouissent dans la pratique d'une large autonomie. Elles opèrent des regroupements avec les principautés voisines : au milieu du XIe siècle, l'union du Poitou et de la Gascogne ou la constitution du Grand Anjou coïncident avec la conquête du royaume d'Angleterre par le duc de Normandie. Ces rassemblements territoriaux formeront, un siècle plus tard, le cadre de l'Empire Plantagenêt. On pourrait avec quelque vraisemblance trouver une certaine homogénéité à ce vaste conglomérat de principautés, en particulier l'arc atlantique qu'il forme. En tout état de cause, les quatre gouvernants qui se sont succédé à la tête de l'Empire ont cru à sa raison d'être.

Ceindre la couronne anglaise accorde-t-il un atout supplémentaire pour diriger tous ces territoires, y compris sur le continent ? Il est sûr que la royauté apporte un surplus de prestige et donc d'autorité, qui se matérialise dans les pouvoirs thaumaturges que lui attribue le sentiment collectif. En effet, le sacre célébré à Westminster fait d'eux les « oints du Seigneur », à l'encontre desquels toute révolte ou désobéissance est un acte d'autant plus grave qu'il est sacrilège. Pourtant, ce rite prestigieux, que l'Angevin partage avec le roi de France ou l'empereur romano-germanique, entraîne une lourde contrepartie. Elle l'oblige, d'une part, à jurer les libertés du clergé et du peuple, et elle le met, d'autre part, sur un plan symbolique, à la merci des évêques qui jouent le plus beau rôle pendant la cérémonie. Cette double dimension, contractuelle et théocratique, du couronnement ouvre ainsi le chemin vers la plaine de Runnymede, où Jean sans Terre est contraint d'apposer son sceau sur la Grande Charte, qui met fin à son despotisme. Sur le continent, la portée de ce sacre semble bien plus limitée. Il ne permet pas aux Angevins d'échapper à la soumission, formelle et rituelle, au roi de France, à l'empereur et au pape. Malgré tout, pour compenser cette subordination au Capétien, il donne un lustre supplémentaire aux cérémonies d'intronisation ducale. Un rituel de remise du cercle d'or, de l'épée, des éperons, de la lance et de l'étendard se déroule dans les cathédrales et basiliques normandes et aquitaines. Cet enjeu n'est pas négligeable, comme le prouve la tentative des moines de Saint-Denis, nécropole capétienne, de placer les *ducalia* d'Aquitaine dans leur trésor.

En temps de paix, c'est sur d'autres terrains que les Plantagenêt poursuivent la guerre idéologique contre Louis VII et Philippe Auguste. En comparaison des autres monarchies occidentales, ils font preuve d'une précocité surprenante en matière de propagande. Ils se présentent en « roi sage » d'après les critères bibliques ou rhétoriques, mais encore plus en « roi scientifique », instruit d'une connaissance empirique et profane de la nature. En outre, le mécénat et le contrôle, bien documentés, des Plantagenêt sur l'écriture des chroniques de Wace et Benoît de Sainte-Maure traduisent leur volonté de manipuler la mémoire d'un passé même très lointain, qui plonge ses racines dans la nuit des temps de la légende troyenne : le lieu d'aboutissement logique de la « translation de l'empire et du savoir » est la Grande Bretagne, qui tire son nom de Brutus, arrière-petit-fils d'Enée. Si la filiation maternelle est prestigieuse entre héros antiques et rois ou ducs saints d'Angleterre et Normandie, l'ascendance paternelle est certes plus modeste. L'ancêtre fondateur de la maison d'Anjou au sens strict n'est autre que Tertulle, forestier de Charles le Chauve et combattant aguerri des Vikings, dont le fils Ingelgerius accomplit des exploits qui lui valent l'adoubement. De telles racines, davantage chevaleresques que nobiliaires, plairont à la petite noblesse, sensible à ces hauts faits d'armes dont la juste rétribution est l'ascension au sommet de la hiérarchie des pouvoirs. L'épopée familiale rapporte d'autres exploits accomplis par Geoffroi d'Anjou, sénéchal et porte-gonfanon de Charlemagne, et les siens.

La palme du panthéon dynastique revient toutefois à Arthur. Depuis le haut Moyen Age, les bardes celtes chantent la geste de ce roitelet, qui écrase en 516 au mont Badon les envahisseurs saxons de l'île, avant de devenir, après sa mort mystérieuse, un demi-dieu. Au début du XIIe siècle, Geoffroi de Monmouth romance la légende en latin dans son *Histoire des rois de Bretagne*, sans doute l'œuvre la plus populaire du Moyen Age. Des traductions anglo-normande, due à Wace, et anglo-saxonne, produite par Layamon, diffusent largement le livre de Monmouth, tout comme d'autres poèmes et romans qui développent ses thèmes. La plupart de leurs auteurs sont en contact, à un titre ou à un autre, avec la cour angevine, et se complaisent à comparer les membres de la famille royale avec Arthur. En effet, toutes les conquêtes de ce roi mythique, dont les ennemis invétérés sont les Français, recouvrent les domaines des Plantagenêt. Richard Cœur de Lion est pour beaucoup dans l'édification de ce nouveau culte familial : il encourage la découverte du tombeau d'Arthur et Guenièvre à Glastonbury, donne l'épée Excalibur au roi de Sicile et choisit son neveu du nom d'Arthur pour son successeur. De même, le glaive de son frère Jean sans Terre est Courtaine, avec laquelle Tristan a terrassé le géant Morholt. En somme, avec les chevaliers de la Table ronde, Arthur devient l'ancêtre le plus cher aux Plantagenêt, à une époque où une identité spécifiquement anglaise soude les différentes aristocraties insulaires. Dans l'imaginaire politique, cet Arthur anglicisé tient désormais tête au Charlemagne francisé des Capétiens.

Toute cette propagande doit aider le roi d'Angleterre dans l'exercice de son pouvoir. Contrôler l'Empire Plantagenêt est en effet une gageure, tant son étendue est immense et diverses les principautés qui le composent. Pour y parvenir, l'Angevin a adopté un genre de vie itinérant, parcourant sans arrêt ses terres afin de marquer son autorité par une présence physique. Dans l'une de ses lettres, Pierre de Blois brosse un portrait d'Henri II en centaure, dont les jambes déformées par de longues chevauchées ne quittent guère la monture. Quand ce roi veut faire un cadeau de prix à Frédéric Barberousse ou à Guillaume II de Sicile, c'est tout naturellement une superbe tente en soie, sa demeure par excellence, qu'il offre. Il ne fête presque jamais Noël au même endroit et a traversé la mer une trentaine de fois au cours de son règne. Son fils Richard Cœur de Lion adopte un genre de vie identique, et il part même pour la Terre sainte au cours de la troisième croisade dont il est l'animateur et le plus en vue des combattants. Le refus de cette itinérance frénétique par Jean sans Terre, reclus dans ses palais et pavillons de chasse de la Tamise pour éviter les bains de foule qu'il déteste autant que son père les aimait, est pour beaucoup dans la perte des possessions continentales.

Ces longs déplacements mènent Henri II et Richard Cœur de Lion jusqu'aux lieux les plus reculés de leur Empire. Pourtant, ces rois ne se rendent pas avec la même fréquence dans chacune de leurs principautés. C'est en Angleterre et Normandie qu'ils restent le plus longtemps. Le royaume et le duché fournissent l'essentiel des hommes et des ressources indispensables pour gouverner les autres territoires, pour mener la guerre contre les Capétiens ou pour conquérir l'Irlande. Aussi paradoxal que cela puisse paraître, la fermeté avec laquelle la Normandie et l'Angleterre sont elles-mêmes gouvernées explique la passivité face à la conquête capétienne de 1204 et la Grande Charte de 1215, double riposte à une emprise royale jugée trop contraignante. En comparaison du noyau anglo-normand, les autres principautés semblent bien sous-administrées. Du moins les moyens de la couronne y sont-ils fort limités face aux révoltes à répétition des aristocraties locales : on a pu calculer qu'elles se succèdent tous les trois ans et demi dans le sud du Poitou. Elles sont parfois extrêmement violentes, comme le prouve le meurtre de Patrick de Salisbury, représentant du roi dans la région, acte commandité par une famille du cru, les Lusignan, en 1168, ou l'opposition que Richard Cœur de Lion trouve pour prendre les forteresses locales, de Taillebourg, théâtre de son premier exploit poliorcétique, à Châlus, où un carreau lancé par l'arbalète d'un des assiégés lui coûte la vie. Pour compenser cette indocilité des seigneurs locaux, les Plantagenêt s'appuient sur les communes urbaines, qu'ils comblent de privilèges. La situation en Anjou, certes berceau de la dynastie, ne diffère guère. La Bretagne, pour laquelle le roi d'Angleterre n'a jamais pris le titre ducal, laissé à un proche parent, connaît de similaires rébellions, surtout dans sa partie septentrionale. En définitive, il convient de reconnaître qu'un fossé politique sépare toutes ces principautés remuantes du royaume d'Angleterre et du duché de Normandie que les Plantagenêt tiennent remarquablement en main.

Des études prosopographiques récentes corroborent ce constat. Elles portent sur l'entourage permanent du roi qui reçoit les plus importantes responsabilités à la tête des principautés périphériques. Au sein de ce groupe des plus proches conseillers du monarque, Anglais et Normands représentent une majorité écrasante. Bien que l'identité de ces deux groupes « nationaux », dont les seigneuries s'étendent de part et d'autre de la Manche, soit parfois difficile à préciser, on constate que les premiers l'emportent au fil du temps sur les seconds. Cette insularité des intimes du roi s'accroît avec Richard Cœur de Lion. C'est un renversement remarquable, alors que, depuis 1066, le pouvoir était entre les mains de Normands. Mais, en 1204, l'aristocratie du duché est d'autant plus prête à rejoindre le camp de Philippe Auguste qu'elle se sent dépossédée d'une puissance dont ses ancêtres ont joui pendant plus d'un siècle. Ajoutons que les Angevins, Aquitains ou Bretons n'apparaissent guère dans ce premier cercle des amis d'Henri II ou de Richard Cœur de Lion. Quelques figures cependant sous Jean sans Terre, dont Pierre des Roches, originaire d'Anjou, est l'un des principaux ministres : on les appelle de façon péjorative les « Poitevins », et les insulaires dénigrent leur programme belliqueux de reconquête de la Normandie et des principautés ligériennes, qui augmente de façon douloureuse les ponctions fiscales. Ces continentaux n'auront d'autre choix que de s'angliser, notamment au lendemain des défaites de 1224. Dès lors, l'homogénéité de la cour d'Henri III devient patente sur le plan géographique.

Sur le plan sociologique, l'entourage royal semble plus métissé. D'abord, le groupe des tenants en chef, les plus grands feudataires d'Angleterre et de Normandie, possédant à eux seuls plus de la moitié des seigneuries de ces territoires, occupe une place de choix auprès du monarque : Robert de Beaumont, comte de Leicester, grand justicier du royaume, est sans doute le baron le plus puissant de l'île, et sa fortune est comparable à celle de Guillaume de Mandeville, comte d'Essex et d'Aumale, pour ne citer que deux des ministres les plus en vue d'Henri II. Ensuite, une petite noblesse de service, par tradition loyale à la monarchie, fournit également de nombreux conseillers du roi, à l'image de Richard de Lucé. Enfin, quelques officiers ont gravi, depuis la roture, l'échelle des pouvoirs grâce à leurs études ; cette promotion par le savoir est fortement décriée par la noblesse en place. Ces ascensions sociales sont néanmoins rares auprès des rois angevins, dont la suite est principalement composée de membres de la vieille noblesse. Cet élitisme contraste avec l'entourage de Louis VII et de Philippe Auguste, où la petite chevalerie et le patriciat urbain sont bien plus représentés. A la longue, cette différence sociale explique peut-être le contrôle de la monarchie anglaise par l'aristocratie et les pouvoirs accordés au Parlement entre les mains de la noblesse. Ce système se trouve aux antipodes de l'autorité sans entraves de la royauté française.

L'entourage anglo-normand du roi ne représente pas seulement un groupe de conseillers politiques, mais le noyau même de son armée. Ce groupe restreint de guerriers aristocratiques est souvent composé par les tenants en chef, qui ont cédé des fiefs à de nombreux chevaliers avec lesquels ils se rendent à l'ost royal. Guillaume de Tancarville sert ainsi Henri II avec une centaine de combattants, parmi lesquels on trouve le jeune Guillaume le Maréchal. Le service féodal de quarante jours annuels semble bien respecté par la noblesse d'Angleterre et de Normandie, alors qu'il est beaucoup plus difficile à obtenir dans les autres principautés. Très souvent, les nobles lui préfèrent le versement de l'écuage, une lourde taxe qui les exempte de ce devoir. Cette redevance présente un intérêt considérable pour le roi, qui l'emploie de plus en plus pour recruter des mercenaires payés à la solde. Ces routiers, issus de populations frontalières ou montagnardes, Brabançons, Basques ou Celtes, sont précisément détestés en raison même de leurs origines. Ils n'en occupent pas moins une place clef dans l'armée royale, à l'image de Mercadier, fidèle lieutenant de Richard Cœur de Lion. Ils sont d'autant plus utiles aux Plantagenêt qu'ils matent sans état d'âme ni accointances familiales la révolte aristocratique, mal endémique des territoires Plantagenêt.

La noblesse n'en éprouve qu'un mépris plus grand à leur endroit. Alors que les mentalités communes la reconnaissent comme une catégorie juridique à part entière, dont les privilèges se transmettent par naissance et dont les membres sont recensés par l'administration étatique, l'aristocratie voudrait conserver l'exclusivité de l'exercice des armes. Au-delà du prestige et de la supériorité sociale qu'elle retire de la fonction de chevalier, elle profite de la faveur royale pour s'enrichir. Auprès du monarque, elle peut obtenir certes de nouveaux fiefs, mais aussi des pensions, cadeaux et autres avantages. Elle est de la sorte à même de se constituer ses propres clientèles guerrières, redistribuant ses biens et surtout les grâces qu'elle peut arracher aux rois en faveur de ses parents et amis. Concussion et corruption sont inhérentes au jeune Etat que la maison d'Anjou constitue en Angleterre et en Normandie, et, à un degré moindre, aux autres principautés de son Empire.

Les clercs, nombreux à la cour des Plantagenêt, n'auront de cesse que de dénoncer ces travers. Leurs écrits sont, en effet, circonspects à l'égard d'un système politique à l'affermissement duquel ils travaillent de façon paradoxale. Leurs études, suivies presque toujours à Paris ou dans les écoles cathédrales du nord de la France, leur ont ouvert alors les portes du palais royal. En cela, la maison d'Anjou fait preuve d'une modernité remarquable : sa cour, qui compte deux fois plus de titulaires d'une licence que la capétienne, jouit d'un avantage considérable. Auprès du roi d'Angleterre, ces maîtres cléricaux, bons latinistes, formés au droit romain, côtoient des « chevaliers lettrés » qui encouragent et pratiquent eux-mêmes la littérature romane. En effet, la maîtrise de l'anglo-normand, comme l'acquisition d'une certaine culture classique, figure en bonne place parmi les codes de distinction de l'aristocratie insulaire. Cet élitisme transparaît dans le prologue du *Roman de Thèbes* qui marginalise, sous les traits caricaturaux de l'âne à la harpe, tout auditeur qui ne soit clerc ou chevalier.

La collusion entre *chevalerie* et *clergie* ne va pourtant pas de soi. Les prêtres adoptent parfois un ton hostile envers les serviteurs laïcs de la cour, où de façon contradictoire ils ont choisi de leur propre gré de servir la royauté. La mesnie Hellequin, pour reprendre l'une de leurs métaphores préférées, et les âmes damnées qui y évoluent attirent leurs foudres. En dénonçant l'arrivisme, l'âpreté au gain et la course aux honneurs de ses membres, ils croient assurément exécuter la tâche pastorale de réforme des mœurs qu'exige leur statut clérical. Mais ils manifestent encore un malaise plus profond, que l'affaire Becket fait éclater au grand jour. Parmi les intellectuels partisans de l'archevêque de Cantorbéry, de nombreux courtisans ayant assumé de lourdes responsabilités gouvernementales auprès d'Henri II figurent en bonne place. La plupart d'entre eux choisiront de rompre avec le roi et de s'exiler. C'est dire toute l'acuité du conflit qui oppose le « règne » au « sacerdoce ». La signification de la crise déclenchée par les constitutions de Clarendon est, en effet, profonde. Dépassant le simple attachement clérical à des privilèges judiciaires, elle traduit une ferme opposition au système de patronage de la royauté sur l'Eglise. Elle témoigne d'une conception grégorienne de la société où la protection des privilèges ecclésiastiques facilite la tâche pastorale des clercs et, en conséquence, le salut du peuple chrétien tout entier. Elle aboutira au meurtre de la cathédrale, l'un des événements les plus chargés de sens du règne d'Henri II et de ses successeurs.

L'« Empire » des Plantagenêt occupe-t-il une place singulière parmi les monarchies occidentales à l'horizon de l'an 1200 ? L'intuition de Gautier Map, leur courtisan, qui parle de la « modernité » du milieu où il lui est donné de vivre, traversé par la renaissance intellectuelle, mais aussi par l'accroissement des moyens de l'Etat, contient sa part de vérité. Au lendemain de la guerre civile en 1152, l'Angleterre et la Normandie redeviennent les entités politiques les mieux administrées de l'Europe, une sorte de laboratoire où sont éprouvées toutes les expériences gouvernementales, fiscales et judiciaires les plus à la pointe. La féodalité, contrôlée par la couronne, fournit de nombreux guerriers à l'armée royale ou, le cas échéant, le versement de l'écuage qui les remplace par des mercenaires rétribués. Aussi archaïque qu'il puisse paraître, le patronage de la maison d'Anjou sur son clergé précède, de plus d'un siècle, les Eglises nationales de l'Europe, voire l'anglicanisme. Cette modernité autocratique contraste avec les autres principautés territoriales des Plantagenêt. En Bretagne, dans l'Anjou ou en Aquitaine, quand il n'est pas passablement fragmenté, le pouvoir de contraindre et de juger se concentre entre les mains de quelques grandes familles vicomtales ou seigneuriales qui, comme les Lusignan, les Thouars ou les Léon, tiennent tête au roi d'Angleterre. Au regard de l'évolution future des Etats modernes, écrasant toutes prérogatives collectives et enclaves seigneuriales, cette situation respire l'archaïsme.

Paradoxalement pourtant, ces territoires, passés sous la couronne de France, connaîtront un jour l'absolutisme et le jacobinisme. L'administration « modèle » de la Normandie enseigne à Philippe Auguste, conquérant du duché, la voie à suivre dans la longue marche vers l'Etat unitaire et centralisé. Sur le sol anglais, en revanche, la précocité de ce processus de modernisation bureaucratique provoque une réaction inattendue. L'aristocratie, nombreuse et puissante à la cour, tient à contrôler toutes les décisions du roi. Elle est prête à tout pour arrêter net la croissance du pouvoir discrétionnaire du monarque. Sa révolte aboutit à la Grande Charte en 1215 qui pose les bases du parlementarisme anglais. Pris à son propre piège, l'Empire des Plantagenêt est mort par excès d'autorité.

Notes

Introduction
(p. 9 à 31)

1. « Topographia... », p. 20, trad. Boivin, *L'Irlande...*, p. 266. Sur le contexte de rédaction de ce passage, cf. Bartlett, *Gerald...*, p. 59-60.
2. *Roman de Rou*, éd. Holden, v. 35-36, t. 1, p. 4. R. Bezzola (*La Cour...*, p. 175-177) tient la *Chronique ascendante*, troisième branche du *Roman de Rou* dont est extrait ce passage, pour anonyme, mais *contra* Paris, *La Littérature...*, p. 45. Des éloges similaires dans Jean de Salisbury, *Policraticus...*, VI, 18, et Guillaume de Newburgh, « Historia... », t. 1, p. 106.
3. « *Henricus [...] dux Normannie et Aquitanie et comes Andegavie nominatur, et a mari usque ad mare, omni guerrarum perturbatione sedata, dominatur* », « Annales... », p. 101. Cf. Ps 72 (71), 8, et Avril, *Le Gouvernement...*, p. 225. Cf. également une chronique de Tours : « *volens alas suæ potestatis per universas extendere regiones* », « Chronicon... », p. 137.
4. « *Per longa terrarum spatia triumphali victoria suum dilataverit imperium* », *Dialogus...*, p. 27-28. Sur le sens de cette phrase, cf. Clanchy, *England...*, p. 118, et Holt, « The End... », p. 229.
5. Folz, *L'Idée...*, p. 54.
6. « On ne saurait parler d'"Empire Plantagenêt", ni même d'"Etat anglo-angevin" devant cette juxtaposition de groupements féodaux », Bautier, « Conclusions. "Empire..." », p. 139 ; « *There is no doubt that we increase our own problems of arriving at the truth by tacitly accepting concepts which sound wonderful but are anachronistic. One such is the Angevin Empire* », Fryde, *Why Magna...*, p. 113.
7. *The Loss...*, p. 46, cité par Martindale, *Status...*, XI, p. 24.
8. Gilissen, « La notion... ».
9. L'expression Grand Anjou désigne l'Anjou avec le Maine, rattaché à ce comté en 1109 (Boussard, *Le Comté...*, p. 7), et avec la Touraine et le Vendômois, détenus de façon intermittente ou partielle par les Angevins.
10. *The Governance...*, p. 167.
11. *Henry II*, p. 228-230 et p. 559-593.
12. « The End... », p. 239-240, cité par Clanchy, *England...*, p. 111-112, qui ajoute que « ces pays apparaissent ainsi ensemble en tant qu'acquisition chanceuse d'une famille querelleuse, plutôt qu'en tant qu'institution ».
13. « Conclusions... », p. 140, 146-147.

14. Gillingham, *The Angevin...*, p. 32. Cf., de même, Hollister, Keefe, « The Making... », p. 25 : « *The Angevin idea of empire was a broadly conceived, flexible, and multifaceted network of family connections.* »
15. Jolliffe, *Angevin Kingship...*, Mortimer, *Angevin England...*, Neveu, *La Normandie...*
16. Garaud, *Les Châtelains du Poitou...*, Debord, *La Société laïque...*
17. « *Castella nova, quæ in diebus avi sui nequaquam exstiterant, complanari præcepit* », Guillaume de Newburgh, *Historia...*, p. 102 ; « *munitiunculas pessimas* », Gervais de Cantorbery, *Chronica*, p. 160.
18. Coulson, « Forteress-Policy... », p. 15-23.
19. Pour les châteaux des Plantagenêt en Poitou, il existe désormais une thèse de doctorat : Baudry, *Les Fortifications...* Se rapporter également, pour l'ensemble de l'Empire, aux actes du colloque *Les Fortifications dans les domaines Plantagenêt*.
20. Coulson, « Freedom to Crenellate... », Brown, « Royal Castle-Building... », Renn, « Plantagenet castle-building... ».
21. *Le Gouvernement...*, p. 569. La nuance sur le « système féodal » se rapporte aux hommages que le roi d'Angleterre prête au roi de France pour ses possessions continentales, et qu'il reçoit de ses vassaux.
22. L'expression se trouve déjà dans sa thèse publiée en 1938, *Le Comté...*, p. 77.
23. R. Koselleck, *L'Expérience de l'histoire*, Paris, 1997, p. 121.
24. « *Henricus, filius Gaufredi* Plantagenest, *comitis Andegavensis* », Geoffroi de Vigeois, « Chronique », t. 12, p. 438 ; « *Miricem plantans* », dans un acte du Grand cartulaire de Fontevraud aujourd'hui perdu, cité par Bienvenu, « Henri II... », p. 25, n. 1.
25. Archives nationales D 10.007 et D 10.008, hypothèse et références généreusement communiquées par Michel Pastoureau.
26. Le Patourel, *Feudal...*, VIII, p. 289, Gillingham, *The Angevin...*, p. 3.
27. « *Gisfrei, son frere, que l'on clamout "Plante Genest", qui mult amout bois e forest* », Wace, *Le Roman de Rou*, v. 10.269-70, t. 2, p. 266.
28. Seul parmi ses compatriotes J. Le Patourel (« Feudal... », p. 294) propose d'utiliser « Empire Plantagenêt », pour réserver « Empire angevin » aux terres regroupées par les comtes d'Anjou au XIe et au début du XIIe siècle. Sa conception impériale n'est cependant pas bien large, puisqu'elle englobe à peine l'Anjou, le Maine et la Saintonge... Elle le pousse à parler des « Empires féodaux » des comtes de Toulouse ou de Flandre (*ibid.*, p. 282), voire d'« Empire capétien » plutôt que de « royaume de France » (*Feudal...*, VIII, p. 308) !
29. Gillingham, *Richard I*, p. 10-14.
30. *History of England*, Londres, 1849 (2e éd. 1907), p. 4, cité par Gillingham, *The Angevin...*, p. 2.
31. *The Constitutional History of England*, Oxford, 1883, t. 1, p. 482, cité *ibid*. Une présentation historiographique complète de W. Stubbs, quoique impitoyable à l'excès, se trouve dans Richardson, Sayles, *The Governance...*, p. 1-21. Ces deux auteurs ne sont pas, à leur façon, exempts de nationalisme, quand ils s'en prennent aux premiers rois normands d'Angleterre : « *they were not pioneers of civilisation. They were rather, like their Norse forefathers and contemporaries, angels of death and destruction* », *ibid.*, p. 120.
32. « *The English nation is of distinctly Teutonic or Germanic origin* », *The Constitutional...*, t. 1, p. 584.
33. Genet, « Histoire politique... », p. 622.
34. A titre de comparaison, qu'on nous permette de citer longuement un passage tout contraire, pour montrer combien une approche nationaliste et anachronique augmente la subjectivité de la perception historique : « *England*

was then a conquered country. It had been colonized by Frenchmen and it was exploited by its Norman and Angevin rulers for their continental ambitions. The Angevin empire was a French empire », Le Patourel, *Feudal...*, VIII, p. 296. A la décharge de cet auteur, qui se dit fier d'être originaire des îles anglo-normandes, identité qui le mène à une approche de l'histoire médiévale anglaise originale pour son temps, remarquons le caractère provocateur du texte.

35. *Histoire de la conquête de l'Angleterre par les Normands*, Paris, 1859, t. 1, p. 184-186.

36. *Louis VII, Philippe Auguste, Louis VIII (1137-1226)*, Paris, 1903, t. 3 (1re partie), p. 68, paru dans la collection dirigée par E. Lavisse, *Histoire de la France*.

37. *L'Essor de l'Europe*, Paris, 1941, p. 172.

38. Renouard, « Essai... », p. 303. Cf. également R. Boutruche, *Seigneurie et féodalité*, Paris, 1968-1970, p. 189 : « Sous Henri II et ses successeurs [...], l'Etat fut consolidé sur des bases féodales et revigoré par des principes "publics". »

39. Cf. récemment Bournazel, « La royauté féodale... », Sassier, « L'âge féodal. Le retour de la royauté (1108-1223) ».

40. Elle est cependant au cœur de l'ouvrage de J.-F. Lemarignier, *Hommage en marche...*

41. « *The main weakness of the Plantagenets and the main strength of the Capetians lay in the feudal suzerainity of the kings of France* », Holt, « The End... », p. 254.

42. Jean de Salisbury, *The Letters...*, n° 279, t. 2, p. 602. Cf. Powicke, *The Loss...*, p. 26.

43. Cf. deux travaux pionniers dans les années 1980 : B. Guenee, *Politique et Histoire au Moyen Age*, Paris, 1981, et J. Le Goff, « L'histoire politique est-elle toujours l'épine dorsale de l'histoire ? », réédité dans *L'Imaginaire médiéval*, Paris, 1985, p. 333-349.

44. *Chronicon...*, p. 10.

45. Clanchy, *From Memory to Written Record...*, p. 7, 29-31, 41-52, 69, 156, 105-115, 258-263, pour les lignes qui suivent. De façon étonnante, ce livre si riche n'a jamais fait l'objet de traduction française.

46. Sur l'« avance » juridique de l'Angleterre, en particulier dans le domaine de l'abstraction judiciaire, et la part des abondants écrits monastiques dans cette évolution, cf. Boureau, *La Loi...*

47. Cf. une présentation claire du fonctionnement de l'Echiquier, de ses techniques comptables et de l'enregistrement des dettes dans Clanchy, *England...*, p. 77-82.

48. Fagnen, « Le vocabulaire... », p. 80.

49. La meilleure mise au point sur la genèse des rôles de la chancellerie anglaise est la conférence de N. Vincent, « Pourquoi 1199 ? La bureaucratie et l'enregistrement de rôles sous le règne de Jean sans Terre et ses contemporains », prononcée à l'Ecole des chartes en avril 2002.

50. Prestwich, « Military... », p. 18.

51. « Conclusion ».

52. Corner, « The *Gesta*... ». Benoît de Peterborough n'a jamais écrit les *Gesta*, dont l'auteur est Roger de Howden. De la part de son premier éditeur, il y a confusion entre le chroniqueur et le propriétaire du manuscrit, Stenton, « Roger... », et Gransden, *Historical...*, p. 222-223.

53. Pour être probable, l'identification de *Dicetum* à Diss, un village du Norfolk, n'est pas sûre, Gransden, *Historical...*, p. 230.

54. *Historical...*, p. 219. Sur les techniques rhétoriques de ces historiens, qui dotent leurs écrits d'une autorité nouvelle, cf. Damian-Grint, *The New...*

55. GILLINGHAM, *The Angevin...*, p. 117.

56. Robert copie jusqu'en 1112 la chronique universelle de Sigebert de Gembloux, en y rajoutant des éléments d'histoire normande. Nous conservons dix-huit manuscrits de sa chronique, dont son propre autographe, GRANSDEN, *Historical...*, p. 262.

57. HUBERT, LA MONTE, introduction à la traduction anglaise d'AMBROISE, *L'Estoire...*, p. 3-22. Cf. *contra* DAMIAN-GRINT, *The New...*, p. 76-79, qui présente Ambroise comme un membre de l'expédition de Richard Cœur de Lion et comme témoin oculaire de la croisade.

58. LODGE, « Literature... ». R. Bezzola (*La Cour...*, p. 198) disait que la langue de Jordan revèle des origines poitevines, mais la critique actuelle la considère plutôt anglo-normande en dépit de quelques occitanismes, dus peut-être au séjour poitevin de Jordan auprès de Gilbert de la Porrée (DAMIAN-GRINT, *The New...*, p. 74).

59. Cf. l'introduction de CONLON à son édition et traduction *The Song of Dermot...* Il n'existe qu'un seul manuscrit, copié dans les années 1226-1250, de ce poème. Son auteur dit avoir mis en vers français le récit latin de Morris Regan, interprète de Diarmait Mac Murchada, roi de Leinster, protagoniste du récit, qui fait appel aux chevaliers normands pour mettre fin à ses différends avec les rois voisins.

60. Se rapporter à l'édition de P. MEYER, [JEAN LE TROUVERE], *L'Histoire...*, en attendant la parution de celle que prépare actuellement D. Crouch.

61. « *What is beyond doubt is that the Angevin and Norman court milieu harboured much of the most brilliant poetry of the mid-12th century [...]. England was the highpoint of the "the Renaissance of the 12th century"* », DRONKE, « Peter of... », p. 185.

62. R. W. Southern (*Scholastic...*, p. 178-218) vient d'essayer de prouver l'existence de deux Pierre de Blois homonymes, l'oncle et le neveu, l'un plus sévère dans ses écrits et l'autre plus léger, mais les indices documentaires d'une telle hypothèse semblent ténus.

63. Pour tous ces auteurs, se reporter à la liste des sources dans la bibliographie. Egbert Türk prépare la traduction française de nombreuses lettres de Pierre de Blois.

64. On conserve, par exemple, jusqu'à deux cents manuscrits médiévaux des lettres de Pierre de Blois, dont cinquante et un copiés en Allemagne au XVe siècle, pour lesquels leur auteur a procédé à la compilation à plusieurs reprises, en 1189, 1196, 1198 et 1202, REVELL, introduction à PIERRE DE BLOIS, *The Later...*, p. XV, et SOUTHERN, *Medieval...*, p. 105.

65. Pour Thomas Becket, cf. A. DUGGAN, *Thomas...*, ainsi que son édition récente de sa correspondance. Arnoul a compilé lui-même ses lettres, à la fin de ses jours, lorsqu'il a été contraint d'abandonner le siège de Lisieux, puis Richard d'Ilchester, son meilleur ami, a modifié l'agencement de la collection, SCHRIBER, introduction à sa traduction, p. 1-13.

66. Ed. en appendice de *Dialogus...*, p. 129-135.

67. « *Modernitatem hanc* », *De Nugis...*, I, 30, p. 122. Cf. CLANCHY, « Moderni... », p. 671.

68. SOUTHERN, *Medieval Humanism...*, p. 29-40, et *Scholastic Humanism...*, VERGER, *La Renaissance...*, *Renovación intelectual...*

69. L'ouvrage classique de RAMSAY, *The Angevin...* est très complet et bien référencé. Une présentation plus récente et suggestive se trouve dans GILLINGHAM, *The Angevin...*

70. Sur les précédents de la politique aquitaine des comtes d'Anjou aux Xe et XIe siècles et sur leur domination de la Saintonge, cf. BACHRACH, « The Idea... », p. 295-297, et « King... ».

71. Sur l'existence de ce partage successoral, contesté par W.L. WARREN, *Henry II*, p. 46-47 et 64, et par LE PATOUREL, *Feudal...*, IX, p. 6, cf. KEEFE, « Geoffrey... ». Pour J. Gillingham (*The Angevin...*, p. 21), l'ambassade menée à l'époque par Jean de Salisbury à Rome aurait pour but d'obtenir d'Adrien IV la dispense pour Henri II du serment prêté d'obéir aux dernières volontés de son père.
72. Pour les événements des années 1149-1159 en Angleterre, cf. AMT, *The Accession...*, p. 7-29.
73. CROUCH, « Robert of... ».
74. Sur les relations des Plantagenêt et Toulouse, cf. MACE, *Les Comtes...* et BENJAMIN, « A Forty... » et, tout récemment publié, MARTINDALE, « "An Unfinished... ».
75. Pour marquer cette alliance, il fiance alors son fils Richard à l'une des filles de Raimond Bérenger IV, qu'il faut peut-être identifier à Douce, seule fille attestée du comte, mariée en 1174 à Sanche Ier de Portugal (1185-1212), TORIGNI, *Chronicle...*, t. 4, p. 200, NEWBURGH, « Historia... », II, 10. Cf. GILLINGHAM, *Richard I*, p. 29, AURELL, *Les Noces...*, p. 378.
76. BACHRACH, « The Idea... », « Henry II... ».
77. FLANAGAN, *Irish Society...*, p. 278-284.
78. BALDWIN, *Philippe...*, p. 42.
79. Deux bonnes biographies, fort récentes, permettent de suivre avec précision les événements de son règne : GILLINGHAM, *Richard I*, et FLORI, *Richard...*
80. Son arrière-grand-père, Foulques V d'Anjou, était devenu roi de Jérusalem de 1131 à 1143, par son mariage avec Mélisende, fille de Baudouin II de Jérusalem, mais ni Geoffroi le Bel, trop engagé dans la guerre pour la succession anglo-normande, ni Henri II, en dépit de ses promesses, n'avaient suivi son exemple.
81. Sur le rôle politique accru d'Aliénor en raison de son veuvage, cf. MARTINDALE, « Eleanor... », et HIVERGNEAUX, « Aliénor... ». Ces deux auteurs parviennent aux mêmes conclusions à partir de sources différentes : historiographiques, d'une part, et diplomatiques, de l'autre.
82. Sur le mythe de la prétendue perte du trésor des chartes du roi de France à Fréteval, cf. BAUTIER, « Le règne... », p. 17. De fait, les documents détruits étaient des pièces d'administration courante et des listes de vassaux du Capétien et de barons de Richard ayant passé dans son camp.
83. POWER, « L'aristocratie... ».
84. Sur le mariage entre Blanche de Castille, dont Jean sans Terre est l'oncle maternel *(avunculus)*, et Louis VIII, consécutif à ce traité, cf. J. E. RUIZ DOMENEC, « Les souvenirs... ».
85. VINCENT, « Isabella... », p. 174-182.
86. ALVIRA, BURESI, « "Alphonse... ».
87. CAO CARMICHAEL DE BAGLY, « Savary... ».
88. Sur ce groupe de pression, cf. VINCENT, *Peter...*
89. J. LE GOFF, *Saint Louis*, Paris, 1996, p. 257-264.

GOUVERNER ET IMPOSER LE POUVOIR ROYAL
(p. 35 à 40)

1. *Epistulæ*, n° 66, col. 197C.
2. « *Una die, si opus fuerit, quatuor aut quinque diætas excurrit et sic inimicorum machinamenta præveniens* », ibid.
3. *Epistulæ*, n° 14, col. 44.
4. HIGONNET, « Spiritual... ».

5. Trad. HARF-LANCNER, « L'enfer... », p. 40. Cf. BEZZOLA, *La Cour...*, p. 43, et DRONKE, « Peter... », p. 194.
6. SCHMITT, *Les Revenants...*, p. 134 et 188.
7. *De Nugis...*, IV, 13, p. 370, trad. HARF-LANCNER, « L'enfer... », p. 39, et I, 9.
8. MORTIMER, *Angevin...*, p. 18-19.
9. LE PATOUREL, *Norman...*, p. 128-129.
10. JOLLIFFE, *Angevin...*, p. 141 et 229.
11. [OTTON DE FREISING], *Gesta...*, III, 7, p. 406.
12. « *Tentorium sericum* », RICHARD DE DEVIZES, *Chronicon...*, p. 17.
13. WARREN, *Henry II*, p. 302.
14. HOLT, « The End... », p. 229-230. En Normandie, c'est dans la ville de Rouen qu'il fait dresser le plus d'actes, GAUTHIEZ, « Paris... », p. 123.
15. Lettre d'Henri II à Saint-Pierre d'York en août 1158 : « *nec remaneat pro passagio meo quin juste cogant firmarios suos ut sint eis ad pectum de querelas quas adverus eos habuerint* », citée par JOLLIFFE, *Angevin...*, p. 56, n. 2.
16. *Epistulæ*, n° 66, col. 198A.
17. HOLLISTER, BALDWIN, « The Rise... », p. 868.
18. Une synthèse des institutions et de la fiscalité anglaises se trouve dans MORTIMER, *Angevin...*, p. 42-70
19. RICHARDSON, SAYLES, *The Governance...*, p. 186-188.
20. J.A. GREEN, « The Last Century of Danegeld », EHR, 96, 1981, p. 241-258.
21. Sur le grand justicier anglais et l'évolution du système judiciaire dans l'île, cf. HEISER, « The Households... ».
22. JOLLIFFE, *Angevin...*, p. 227-233.
23. RICHARD FITZ NIGEL, *Dialogus...*, p. 2. Sur le thème de l'appui au *pauper* par le roi pour contrer l'oppression des *potentes*, cf. P.R. HYAMS, *Kings, Lords and Peasants in Medieval England*, Oxford, 1980, p. 261, et HUDSON, *Land...*, p. 269.

La cour, ses serviteurs et leur savoir
(p. 41 à 94)

1. *De Nugis...*, I, 12, p. 36, cf. I, 1, p. 6, V, 7, p. 500.
2. S. F. C. MILSOM, *The Legal Framework of English Feudalism*, Cambridge, 1973, F. M. STENTON, *The First Century of English Feudalism, 1066-1166*, Oxford, 1961 (2ᵉ éd.), BRAND, *The Making...*
3. RAMSAY, *The Angevin...*, p. 76-81.
4. J. BEAUROY, « Centralisation... » ; BOORMAN, « The Sheriffs... », qui montre que des enquêtes similaires avaient été déjà menées en 1159-60 et 1163-64.
5. CARPENTER, « The Decline... », MORRIS, *The Medieval...*
6. AMT, « The Reputation... ».
7. Cf., récemment, *Les Fortifications dans les domaines...*, sans oublier le classique H. M. COLVIN, *The History of the King's Works I*, Londres, 1963.
8. MOSS, « Normandy... », « The Defence... », PITTE, « Château-Gaillard... ».
9. BAUDRY, *Les Fortifications...*
10. ROCHETEAU, « Le château... ».
11. [ADAM D'EYNSHAM], *Magna vita...*, V, 5.
12. J. RICHARD, « Châteaux, châtelains et vassaux en Bourgogne aux XIᵉ et XIIᵉ siècles », CCM, 3, 1960, p. 433-447, D. BARTHELEMY, *Les Deux Ages de la seigneurie banale. Coucy aux XIᵉ-XIIIᵉ siècles*, Paris, 1984, *La Maison forte au Moyen Age*, éd. M. BUR, Paris, 1986.
13. « *Nisi ex judicio curie mee* », *The Chronicle of Battle...*, 1980, p. 310-311.

14. E. SEARLE, « Battle Abbey and Exemption : the Forged Charters », EHR, 83, 1968, p. 449-480.
15. Cette affaire vient d'être l'objet d'une étude pénétrante dans BOUREAU, *La Loi...*, p. 112-118.
16. « *Fideles et familiares regis specialiter assistentes secretis, is quorum manu consilia regis et regni negotia diriguntur* », *Materials...*, t. 5, p. 507.
17. « *Majores quique de regno qui familiarius regiis secretis assistunt ut quod fuerit sub tantorum presentia constitutum vel terminatum inviolabili jure subsistat* », *Dialogus...*, p. 15, Les trois exemples précédents sont tirés de WARREN, *Henry II*, p. 304-305.
18. JOLLIFFE, *Angevin...*, p. 173-187.
19. Dans son introduction à *Recueil des actes d'Henri II*, t. 1, p. 351-505. La nouvelle édition sous presse des chartes d'Henri II à charge de Nicholas Vincent comporte un volume complet de notices biographiques de courtisans.
20. O. GUILLOT, *Le Comte d'Anjou et son entourage au XIe siècle*, Paris, 1972, BOURNAZEL, *Le Gouvernement...*, MACE, *Les Comtes...*, M. AURELL, « Le personnel politique catalan et aragonais d'Alphonse Ier en Provence (1166-1196) », *Annales du Midi*, 93, 1981, p. 121-139, et « Els fonaments socials de la dominació catalana a Provença sota Alfons el Cast (1166-1196) », *Acta Historica Archæologica Mediævalia*, 5-6, 1984-1985, p. 83-110.
21. *The Court...*, Ph. D. inédite, que nous n'avons pu consulter. Ses acquis essentiels sont cependant repris et cités par TÜRK, *Nugæ...*
22. *Feudal Assesments...*, « Counting those... ».
23. *Men Raised....*
24. *Peter des...*, « King Henry II... », « Warin... ».
25. LEGGE, « William... », STRICKLAND, *War...*, p. 257, RICHARDSON, SAYLES, *The Governance...*, p. 334, CAZEL, « Religious... », p. 109.
26. GEOFFROI GAIMAR, *L'Estoire...*, v. 61-816, p. 3-25, et v. 5461-5465, p. 173, WACE, *Le Roman de Brut*, v. 11173-11174, p. 583-584. Cf. GILLINGHAM, *The English...*, p. 233-258, R. ALLEN, « Eorles and Beornes : Contextualizing Lawman's Brut », *Arthuriana*, 8 (3), 1998, p. 5-6 et 14, ZATTA, « Translating... », p. 154, et HOLT, *Colonial...*, p. 313.
27. *Chronicon...*, p. 2-3, d'après une citation de la *Thébaïde* de Stace (vers 45-96).
28. « Dialogus... », p. 97. Cf. encore *Epistulæ*, n° 2, col. 3, n° 33, col. 109, n° 47, col. 457, et n° 167, col. 461, cités par BEZZOLA, *La Cour...*, p. 134, où Pierre de Blois commente les révoltes des enfants d'Henri II, qu'il attribue souvent à leurs mauvais conseillers.
29. Parmi les arguments retenus par ce médiéviste : le témoignage de Christian à un acte de Thibaut, comte de Blois, en 1188 ; l'affirmation de Giraud de Barri selon laquelle Henri II passait alors plus de temps à discuter avec les ecclésiastiques qu'avec les laïcs ; la décision du roi de se croiser ; sa colère envers son fils Richard qui a prêté hommage à Philippe Auguste, acte des plus déloyaux à son égard... « Peter of Blois and... », p. 208-211.
30. On s'imagine mal Pierre de Blois en scribe fidèle du dialogue entre les deux hommes. Ce prétendu abbé renvoie peut-être au vague souvenir du cistercien saint Pierre, archevêque de Tarentaise, donnant lieu à un culte immédiatement après sa mort en 1174 et canonisé en 1191. Moine de Bonnevaux (diocèse et arrondissement de Vienne) dans sa jeunesse, Pierre intervint directement dans la réconciliation d'Henri II et Louis VII le mercredi des cendres de 1170. Sa *Vita* est due à Geoffroi d'Auxerre, AA SS, 8 Mai (BHL 6773), 330-331, pour la trêve de 1170. Il existe d'autres établissements religieux de ce nom dans le domaine des Plantagenêt, qui auraient pu inspirer le monastère de ce peu probable confident. Bonnevaux est une abbaye cistercienne fondée

en 1119 par Hugues de Lusignan sur ses terres ; il y a deux prieurés limousins de Grandmont, ordre érémitique particulièrement favorisé par Henri II, Bonneval-de-Montusclat et Bonneval-de-Serre. Enfin, Bonneval-lès-Thouars est une maison bénédictine de femmes dans le diocèse de Poitiers, L.-H. COTTINEAU, *Dictionnaire topo-bibliographique des abbayes et prieurés*, Mâcon, 1939, t. I, p. 428-431. Cette longue liste corrobore l'aspect allégorique du personnage : l'abbé créé par Pierre de Blois devenait d'autant plus crédible que le nom de son monastère était commun.

31. « Annales Sancti Albini... », p. 16.
32. *De Nugis...*, V, 6, p. 474.
33. Sur les relations, qu'on ne saurait qualifier au sens strict d'amicales, entre ces deux personnages, cf. BATE, « Walter Map... ».
34. *De Principis...*, III, 27, p. 303.
35. *Chronica...*, t. 2, p. 366, *Gesta...*, t. 2, p. 71. Cf. BROUGHTON, *The Legends...*, p. 88-89, et H. PLATELLE, « La voix du sang : le cadavre qui saigne en présence du meurtrier », *Actes du 99e congrès national des sociétés savantes*, Paris, 1977, t. 1, p. 161-179, BOUREAU, *La Loi...*, p. 26.
36. Sur les mythes d'origines des familles aristocratiques, cf. E. BOURNAZEL, « Mémoire et parenté », *La France de l'an Mil*, dir. R. DELORD, Paris, 1990, p. 114-124.
37. J. LE GOFF, E. LE ROY LADURIE, « Mélusine maternelle et défricheuse », *Annales ESC*, 26, 1971, p. 587-621.
38. *De Principis...*, III, 27, p. 301. Le refus par cette fée de voir l'eucharistie a été mis en parallèle, de façon trop audacieuse peut-être, avec celui de Jean sans Terre à communier le jour de son couronnement, RICHARDSON, SAYLES, *The Governance...*, p. 331.
39. « *De matre phantastica descendisse* », *Dialogus miraculorum...*, III, 12.
40. *De Principis...*, III, 27, et II, 28.
41. « *Perhaps the most popular of all medieval historics* », CLANCHY, *England...*, p. 27. On conserve en effet de lui 215 manuscrits médiévaux, dont 81 élaborés au XIIe et au début du XIIIe siècle, et il a été traduit en de nombreuses langues vernaculaires, CHAUOU, *L'Idéologie...*, p. 234.
42. RAOUL DE DISS, « Ymagines... », t. 2, p. 67, voit en cet aigle Aliénor d'Aquitaine, car ses deux ailes couvrent les royaumes de France et d'Angleterre, qu'elle a rompu l'alliance par sa séparation avec Louis VII et que son troisième fils Richard a toujours voulu exalter le nom de sa mère ; RICHARD LE POITEVIN, « Chronicon... », p. 419 ; ROGER DE HOWDEN, *Gesta...*, p. 42, et pour un récit complet des événements, *Chronica...*, t. 2, p. 274-281. L'utilisation des prophéties de Merlin en relation avec la maison d'Angleterre remonte au moins aux années 1138-1145, où Suger les applique à Henri Ier, *Vie de Louis VI le Gros*, éd. H. WAQUET, Paris, 1964, p. 98-103.
43. *De Principis...*, III, 26, p. 295-296. Cf. KENAAN-KEDAR, « Aliénor... », p. 324.
44. Giraud de Barri n'établit pas ici explicitement le lien entre la fresque et Merlin, mais il se livre aussitôt à un commentaire de Michée, 7, 5-6. Pourtant, aussi bien dans les textes de Merlin que dans la description de la fresque par Giraud il est question d'un aigle, de ses rejetons et des attaques au cou que l'on enchaîne.
45. *De Nugis...*, IV, 1, p. 282.
46. *De Principis...*, III, 27, p. 302, trad. BEZZOLA, *La Cour...*, p. 85.
47. « Dialogus inter... », p. 99-100. « *Natura sum filius ire* » renvoie à Eph 2,3 (« *eramus natura filii ire* »), où saint Paul fait allusion aux convoitises de la chair dans lesquelles vivaient les chrétiens avant leur conversion.
48. *Medieval...*, p. 262-263.

49. De nombreuses pistes sur l'interaction entre thèmes folkloriques et théologie scolastique dans SCHMITT, *Les Revenants*...
50. Ce riche dossier a été récemment analysé dans LECUPPRE, « L'empereur... ».
51. *De Principis*..., III, 27.
52. *Ymagines*..., p. 366.
53. G.T. BEECH, « Contemporary views of William the Troubadour, IXth Duke of Aquitaine, 1086-1126 », *Medieval Lives and the Historian*, dir. N. BULST, J.-PH. GENET, Kalamazoo (Mi), 1986, p. 73-88.
54. *De Principis*..., III, 27, p. 298-299.
55. [ADAM D'EYNSHAM], *Vita Hugonis*..., p. 184-185.
56. A la liste des textes cités par LABANDE, « Pour une image... », p. 210, n. 184, ajouter GIRAUD DE BARRI, *Expugnatio*..., I, 46, PIERRE DE BLOIS, *Epistulæ*, n° 154, col. 448D, et RAOUL LE NOIR, *Chronica*..., p. 175.
57. *Chronicle*..., p. 256, et PAPPANO, « Marie de France... ».
58. AURELL, *Les Noces*..., p. 110-112.
59. « *Illicita licentia* », GUILLAUME DE NEWBURGH, « Historia rerum... », III, 26, t. 1, p. 281, « *Artificioso juramento* », GERVAIS DE CANTORBERY, *Chronica*, p. 149, BALDWIN, *Masters*..., p. 335.
60. De fait, cette situation, mariage au cinquième degré, est analogue à sa première union avec Louis VII, LABANDE, « Pour une image... », p. 196 et 212.
61. GAUTIER MAP, *De Nugis*... V, 6, p. 476 : le titre de cet ouvrage, qui se traduit par *Balivernes des courtisans*, veut tout dire ; GIRAUD DE BARRI, *De Principis*..., III, 27, p. 300. Parmi les autres ragots de Gautier et Giraud, on trouve la bigamie de l'impératrice Mathilde à la suite d'un faux enterrement de son premier mari devenu ermite en cachette. Pour l'antipathie de ces deux auteurs envers Aliénor, cf. OWEN, *Eleanor*..., p. 30 et *passim* pour les étapes de constitution de la légende de débauchée autour de sa personne. Cf. *contra* G. DUBY, *Dames du XIIe siècle : Héloïse, Aliénor, Yseult et quelques autres*, Paris, 1995, p. 26-27 et 34-37.
62. GIRAUD DE BARRI, *De Principis*..., II, 3, p. 159.
63. F. LEFEVRE, *Les Mariages des ducs de Normandie de 911 à 1066*, université de Rouen, mémoire de maîtrise multigraphié, 1991, et M. AURELL, « Stratégies matrimoniales de l'aristocratie (IXe-XIIIe siècle) », *Actes du colloque Sexualité et mariage au Moyen Age (Conques, 15-18 octobre 1998)*, dir. M. ROUCHE, Paris, 2000, p. 185-202.
64. NEWBURGH, « Historia rerum... », III, 26, t. 1, p. 281.
65. TURNER, « The Children... », p. 18, et CROUCH, « Robert... ». Cf. également C. GIVEN-WILSON, A. CURTEIS, *The Royal Bastards of Medieval England*, Londres, 1984, ouvrage malheureusement non référencé.
66. *Expugnatio*..., I, 46, *De Principis*..., II, 3, p. 159.
67. *De Principis*..., III, 27, p. 298-299.
68. *Magna Vita*..., t. 2, p. 184-185, trad. FOREVILLE, « L'image... », p. 125, et commentaire par BATES, « The Rise... », p. 22.
69. *Magna Vita*..., III, 10.
70. « *Incesto conjugio uxorem duxit, anno MXXXII, exinde bellum gessit* », « Annales Sancti Albini... », p. 46, cité par BACHRACH, « Henry II... », p. 119.
71. P. CORBET, *Autour de Burchard de Worms. L'Eglise allemande et les interdits de parenté (IXe-XIIe siècle)*, Francfort-sur-le-Main, 2001, et AURELL, *Les Noces*..., p. 299. Ne faudrait-il pas situer sur le même plan la grave accusation portée contre Henri II d'avoir abusé d'Alix de France, jeune fiancée de son fils Richard Cœur de Lion, dont il avait la garde ? Mais il est vrai que les sources décrivant cette affaire ne sont pas comparables, ni par leur genre, ni par l'absence de ton moralisateur, à celles que nous venons d'analyser autour du

mariage d'Henri II et d'Aliénor d'Aquitaine. Le dossier d'Alix de France a été récemment repris dans GILLINGHAM, *Richard I*, p. 5, 82 et 142.

72. Sur les avatars de la démarche psychologisante appliquée à la reine, nous nous permettons de renvoyer à AURELL, « Aliénor... ». Aux exemples cités dans cet article, ajoutez une affirmation, pourtant provenant d'un des médiévistes les plus solides sur la question, qui donne encore sans fondement documentaire un cœur d'artichaut à Aliénor ; cette fois-ci ses sentiments vont vers Guillaume le Maréchal : « *Although Marshal retrieved his fortunes by an unlikely stroke of luck — Queen Eleanor of England was rather taken by his youthful charm — his early career...* », D. CROUCH, *The Image...*, p. 131. Dans un entretien qu'il vient d'accorder à un magazine à large diffusion, J. LE GOFF va encore plus loin : « Aliénor d'Aquitaine, qui était une vraie garce uniquement préoccupée par le pouvoir et le sexe, en a d'ailleurs profité [de la croisade] pour tromper son mari Louis VII », *L'Express*, 11 juillet 2002, p. 78.

73. TURNER, « Eleanor... ».

74. M. CHENEY, « Master Geoffrey de Lucy », EHR, 82, 1967, p. 750-763.

75. « Eleanor... ».

76. Cf., dans les actes du colloque récent de Norwich, publiés sous le titre *King John. New Interpretations*, sur les raisons de l'impopularité de Jean, les communications de GILLINGHAM, « Historians without... », et BRADBURY « Philip Augustus... », et sur la comparaison de la fiscalité, BARRATT, « The Revenues... ». *Contra*, TURNER, « Good... ». La mise en parallèle de la démographie de Paris et de Rouen est aussi intéressante sur le problème des ressources respectives des deux rois : c'est seulement en 1204 que les deux villes semblent s'équilibrer en nombre d'habitants, après une longue domination de Rouen, bien plus peuplée encore vers 1180, GAUTHIEZ, « Paris... », p. 131.

77. JEAN DE MARMOUTIER, « Historia Gaufredi », p. 224.

78. BOUSSARD, *Le Gouvernement...*, p. 14 et 583-589.

79. Les travaux de J. Gillingham ont fait un sort à la légende d'un Richard Cœur de Lion exclusivement intéressé par la guerre au détriment des tâches gouvernementales.

80. Enquête des *sheriffs* en Angleterre en 1170 et en Normandie en 1171 ; acte sur les sûretés par dette, en 1177, concernant la Normandie, l'Anjou, l'Aquitaine et la Bretagne ; en 1181, assise des armes pour l'Angleterre et la Normandie ; assise de Geoffroi de Bretagne sur la primogéniture, inspirée de la constitution d'Henri II pour la Normandie, HOLT, « The End... », p. 227-228.

81. Ed. HOLDEN, V. 77-80, t. 1, p. 5. Sur la place de ce passage, rédigé en 1174, dans la *Chronique ascendante* que Wace date de 1160, cf. PARIS, *La Littérature...*, p. 45.

82. « Variorum epistolæ ad Alexandrum III », PL, t. 200, n° 32, col. 1389-1390.

83. [JEAN LE TROUVERE], *L'Histoire...*, v. 10363-10419. En 1173, Henri II « excusa ses fils cadets sur la base de leur âge trop tendre », NEWBURGH, « Historia rerum... », II, 38. Jean le Trouvère dit, une fois de plus, qu'Henri II fit porter à cette occasion la responsabilité sur leurs conseillers, *ibid.*, v. 2327-2382.

84. G. DUBY, « Les jeunes dans la société aristocratique dans la France du Nord-Ouest au XIIe siècle », *Annales ESC*, 19, 1964, p. 835-846, repris dans *Hommes...*, p. 213-226.

85. Au sujet de la préparation de la révolte de 1173 par le refus de Richard de céder l'Aquitaine à son frère, cf. l'analyse de MARTINDALE, *Status...*, XI, p. 22 : « *There was therefore an undeniable sense of regional attachment and shared experience which crossed the generation between mother and son.* »

86. « Henry... », p. 112.

87. C. ESTEPA, *El Reinado de Alfonso VI*, Madrid, 1985, J. GONZALEZ, *El Reino*

de Castilla en la época de Alfonso VIII, Madrid, 1960, Aurell, *Les Noces...*, p. 182, 226-233 et 625.

88. Mace, *Les Comtes...*, p. 74-86.
89. Lewis, *Le Sang...*, p. 209-220.
90. Holt, « The End... », p. 240-241, Warren, *Henry II*, p. 108-109, 206, 229-230, Le Patourel, *Norman...*, p. 184-187, Gillingham, *The Angevin...*, p. 119-122 et 220. Les différentes nuances et débats entre ces auteurs sont présentés dans Flanagan, *The Irish...*, p. 276-284.
91. Giraud de Barri, *Descriptio Kambrie*, I, 7, R[obert de Torigni], *The Story of Meriadoc...*, p. 3-7.
92. Jolliffe, *Angevin...*, p. 143-146.
93. *Chronica*, p. 291, cité par Türk, *Nugæ...*, p. 7.
94. On se souviendra de la défense du bâtard Robert de Gloucester avant la bataille de Lincoln (1141), rapportée par le chroniqueur Henri de Huntingdon : « Moi le fils du plus noble roi [Henri Ier] et le petit-fils du plus grand des rois [Guillaume le Conquérant, *alias* le Bâtard] ne saurais être surpassé en noblesse », cité par Crouch, *The Image...*, p. 4-5.
95. Giraud de Barri, *De Vita Galfredi...*, I, 3. Sur ce personnage, cf. Jolliffe, *Angevin...*, p. 110-118, D.L. Douie, *Archbishop Geoffrey Plantagenet and the Chapter of York*, York, 1960.
96. Turner, *Men raised...*, p. 17.
97. Turner, « Eleanor... », p. 326. Cf. Hunt, Gibson, *The Schools...*
98. Boussard, *Le Gouvernement...*, p. 339-348.
99. Keefe, « Place-Date... », p. 184.
100. « Quelques problèmes... », p. 294.
101. Billore, « La noblesse... ».
102. Vincent, « King Henry II... ».
103. Vincent, *Peter...*
104. *De Nugis...*, I, 1-2, trad. Bate, *Contes...*, p. 79-80.
105. *Policraticus...*, VII, 15, éd. Webb, t. 2, p. 155-156, et Liebschütz, *Medieval...*, p. 29.
106. Türk, *Nugæ...*, p. 167 et 191-200.
107. Crouch, *The Beaumont...*
108. Keefe, *Feudal Assesments...*, p. 112-115.
109. Lally, *The Court...*, p. 367-369, 348-350, cité d'après Türk, *Nugæ...*, p. 38-39, 29-31.
110. *Feudal Assesments...*, p. 93-96 et 110-112, et « Counting... ». Même point de vue dans Vincent, « Warin... ».
111. *Men Raised from Dust. Administrative Service and Upward Mobility in Angevin England*, titre de son ouvrage d'après Orderic Vital, *Historia...*, XI, 2.
112. *Ibid.*, p. 13, et *The English...*, p. 292.
113. Cf. l'exemple d'Alain de Neville, chef justicier des forêts sous Henri II, que son biographe dit appartenir à la « *knightly class but without distinction* », Young, *The Making...*, p. 7.
114. Amt, « Richard de Lucy... ».
115. Mortimer, « The Family of Rannulf... ».
116. *Tractatus de legibus...*
117. *De Nugis...*, I, 10, *De Principis...*, III, 12.
118. Clanchy, « Moderni... ».
119. Barlow, *Thomas...*, et Clanchy, « Moderni... », p. 681, sur le rôle de l'éducation dans sa réussite.
120. *Policraticus...*, II, 28, t. 2, p. 164, et Clanchy, *From...*, p. 194.
121. Oggins, « Richard of Ilchester's... »
122. Duggan, « Richard of Ilchester... ».

123. Marie dédie ses fables à un comte Guillaume que d'aucuns identifient à lui. Y. de Pontfarcy préfère cependant y voir Guillaume le Maréchal, dans son édition de MARIE DE FRANCE, *L'Espurgatoire seint Patriz*, Louvain, 1995 ; pour cet auteur, Marie appartiendrait à la famille des Beaumont-Meulan, membres de la très haute aristocratie anglo-normande.
124. BALDWIN, « Studium... », CLANCHY, « Moderni... », TURNER, « *The Miles Literatus...* ».
125. CLANCHY, *From...*, p. 187-192.
126. CLANCHY, *England...*, p. 147.
127. SOUTHERN, *Scholastic...*, p. 155-166.
128. TÜRK, *Nugæ...*, p. 126-127 et 96.
129. KUTTNER, RATHBONE, « Anglo-Normand canonists... », p. 289-290.
130. E.J. KEALEY, *Roger of Salisbury*, Berkeley (Ca), 1972, p. 48-50, RICHARDSON, SAYLES, *The Governance...*, p. 158 et 271.
131. RICHARD FITZ NIGEL, *Dialogus...*, p. 35-36.
132. Pour Thomas Brun et le développement parallèle, sans interférence ni imitation, des administrations sicilienne et anglaise, cf. H. TAKAYAMA, *The Administration of the Norman Kingdom of Sicily*, Leiden, 1993, p. 13-14 et 163-169.
133. BALDWIN, « Studium... », p. 204.
134. BOURNAZEL, *Le Gouvernement...*, p. 74 et 91, BALDWIN, « L'entourage... », p. 73.
135. HOLLISTER, BALDWIN, « The rise... », p. 904-905.
136. R.H.C. DAVIS, « What Happened in Stephen's Reign », *History*, 49, 1964, p. 1-12, AMT, *The Accession...*, HUDSON, *Land...*
137. KEEFE, « Place-date... ».
138. J.H. ROUND, « The Honour of Ongar », *Transactions of the Essex Archaeological Society*, n. s. 7, 1900, p. 142-152, MORTIMER, « The Family... », N. VINCENT, « Warin... ».
139. WARREN, *Henry II*, p. 367, LALLY, *The Court...*, p. 138-141, cité d'après TÜRK, *Nugæ...*, p. 43-44, TURNER, *Men...* p. 6.
140. LALLY, « Secular Patronage... », p. 175-176, WARREN, *Henry II*, p. 274-275.
141. LALLY, « Secular Patronage... », p. 163-167, GREEN, *Aristocracy...*, p. 266.
142. GREEN, « Aristocratic Women... », p. 62-64 et 73.
143. CROUCH, *William Marshal...*
144. GILLINGHAM, *Richard I*, p. 293.
145. *Rotuli de dominabus...* Cf. E. VAN HOUTS, « Gender and Authority of Oral Witnesses in Europe (800-1300) », *Transactions of the Royal Historical Society*, 6th Series, 9, 1999, p. 208-209.
146. LALLY, *The Court...*, p. 179-190, cité d'après TÜRK, *Nugæ...*, p. 45.
147. Ed. en appendice de RICHARD FITZ NIGEL, *Dialogus...*, p. 129-135. Présentation sous forme de tableau et mise en perspective comparatiste dans R. COSTA GOMES, *A Corte dos reis de Portugal no final de Idade Média*, Lisbonne, 1995, p. 14-15.
148. GAUTIER MAP, *De Nugis...*, V, 5, p. 438, 450. Pour une période plus tardive, cf. F. LACHAUD, *Textiles, Furs and Liveries : A Study of the Great Wardrobe of Edward II (1272-1307)*, thèse inédite d'Oxford, 1992.
149. *Speculum Stultorum...*, v. 2592-2650, p. 88-90. L'homonymie entre Nigel et Guillaume et la dédicace des œuvres militent en faveur d'un lien de parenté, mais A. Boutémy, dans l'édition du *Tractatus*, p. 85-86, fait remarquer que la mère de Guillaume est anglaise et qu'il n'a jamais directement profité des faveurs de l'évêque pour sa carrière.

150. *Architrenius*, V, 4, p. 120.
151. *Chronicon...*, p. 5 et p. 85.
152. Mortimer, « The Family... », p. 15.
153. *L'Histoire...*, v. 9173-9211.
154. Flori, *Richard...*, p. 389-406.
155. *Chronica...*, t. 3, p. 66.
156. *Estoire...*, v. 1053-1108, trad. Brossard-Dandre, Besson, *Richard...*, p. 104.
157. Keefe, *Counting...*, p. 141-145, où cette complexe affaire successorale est suivie à l'aide des *Pipe rolls* et de la chronique du monastère de Walden.
158. Mortimer, *Angevin...*, p. 73.
159. Mason, « The Maudits... ».
160. V, 6.
161. Mauvaise langue comme à son habitude, Giraud de Barri lui reproche d'avoir fait, à l'instar de tant d'évêques anglais, de l'Echiquier sa vraie école, Clanchy, *From...*, p. 53.
162. Foreville, *L'Eglise...*, Pontal, « Les évêques... ».
163. Lally, *The Court...*, p. 252-256, 335-336, cité d'après Türk, *Nugæ...*, p. 47-49.
164. Schriber, *The Dilemma...* L'implication d'Arnoul dans la révolte de 1173 semble pouvoir se déduire de l'une de ses lettres, éd. Barlow, n° 76, trad. Schriber, n° 2.16, p. 143-144.
165. Foreville, *L'Eglise...*, p. 485-487.
166. Gillingham, *Richard I*, p. 259.
167. Arnoul de Lisieux, *The Letters...*, n° 74, trad. Schriber, n° 3.08, p. 197-198.
168. Boussard, *Le Gouvernement...*, p. 311-329.
169. Bien des textes qui suivent sont empruntés à son ouvrage *Nugæ...*, ainsi qu'à Bezzola, *La Cour...*, mais afin d'alléger l'appareil critique nous renvoyons directement à leur source originelle.
170. *De Nugis*, I, 9-10, IV, 13.
171. *De Principis...*, p. 160, *Topographia...*, n° 48. Cf. Barttlet, *Gerald...*, p. 65.
172. *Chronica...*, t. 2, p. 167. Même l'historien Benoît de Sainte-Maure, qui élabore en anglo-normand un ouvrage commandé par le roi, reprend à son compte le discours de la réaction nobiliaire, tandis qu'il regrette le bon vieux temps des premiers ducs de Normandie qui, après avoir exclu les vilains de leur entourage, ne nommaient de connétable, sénéchal, bouteiller, maréchal, dépensier, huissier ni chambellan qui ne serait « estrait de buen lignage », *La Chronique...*, v. 28835 ; Flori, *L'Essor...*, p. 314.
173. *Memoriale*, éd. W. Stubbs (RS 58), Londres, 1873, t. 2, p. 253, cité par Turner, « Toward... », p. 13.
174. *Tractatus...* Comme le suggère David Crouch, il se peut que cet ouvrage soit commandé par son oncle Guillaume de Longchamps pour dénigrer ses nombreux ennemis de la cour.
175. *De Nugis...*, I, 10, trad. Bate, *Contes...*, p. 85.
176. Hunt, Gibson, *The Schools...*, p. 9, Turner, *Men...*, p. 12.
177. Riche, « Jean... », p. 51-52.
178. Hunt, « The Preface... », p. 194 et 198.
179. *De Principis...*, p. LVII, *Expugnatio...*, Préface II. Cf. Boivin, « Les paradoxes... ».
180. *Epistulæ*, n° 6.
181. Ed. *Carmina*, 1.5, p. 265-274, et éd. et trad. angl. par P. Dronke, « Peter of... », p. 206-209, qui insiste cependant sur l'habileté du courtisan, pour

lequel Pierre aurait éprouvé une certaine sympathie : « He has developed a dandy's habits, and a keen sense of irony to protect his pleasures », ibid., p. 210. Ce médiéviste développe aussi le caractère vital de ces débats en vers latins, qui ne se limitent pas à des escarmouches rhétoriques entre virtuoses mais traduisent des tensions et doutes réels entre des aspirations spirituelles et des tendances mondaines, ibid., p. 214-215.

182. Epistulæ, n° 77.
183. TURNER, Juges..., p. 105-117, et The English..., p. 2-9.
184. Ibid., n°s 95 et 14.
185. RICHARD DE DEVIZES, Chronicon..., p. 10-12, 49-52, 95-96.
186. The Letters... n° 10, trad. SCHRIBER, n° 3.02, p. 189-191.
187. Policraticus..., III, 3-4, VI, 30, VII, 24.
188. De Nugis..., I, 12.
189. Policraticus..., III, 4, p. 177. Cf. encore III, 5-7, 10, 13, etc., et LIEBSCHÜTZ, Medieval..., p. 27.
190. Epistulæ, n° 95.
191. Architrenius, III, 287-295, IV, 303.
192. LALLY, The Court..., p. 354-355, cité d'après TÜRK, Nugæ..., p. 41 : Gautier, vice-chancelier dès 1173 et archevêque de Rouen dès 1184, est le frère de Roger fitz Rainfroi, qui se trouve, à son tour, au service de Richard de Lucé.
193. Policraticus..., VII, 19. Cf. JAEGER, The Origins..., p. 57-61.
194. Faut-il en conclure pour autant que « magie et astrologie devaient jouer un rôle important dans la vie privée des courtisans » ? LIEBSCHÜTZ, Medieval..., p. 27. Il nous paraît plutôt que Jean de Salisbury dénonce globalement des superstitions païennes, qu'il connaît par les classiques latins qu'il fréquente assidûment, dans une perspective scolastique et chrétienne.
195. « The Entheticus... », v. 1473-1474.
196. Policraticus..., VII, Prologue et 5.
197. De Nugis..., I, 2. Cf. I, 10-12, IV, 2, 12-13, V, 7. Cf. HARF-LANCNER, « L'enfer... ».
198. Cf. dans un contexte bien différent, la Chine impériale du IIe siècle avant J.-C., des critiques similaires, dans D.R. KNECHTGES, « Criticism of the Court in Han Dynasty Literature », Selected Essays on Court Culture in Cross-Cultural Perspective, Taïpei, 1999, p. 51-77, article aimablement communiqué par son auteur.
199. TÜRK, Nugæ..., p. 63-66, 103-107.
200. Pour Arnoul, se rapporter à SCHRIBER, The Dilemma..., et pour Giraud à BARTLETT, Gerald..., p. 57, et à BOIVIN, L'Irlande... Giraud de Barri a été élu en 1176, mais Henri II a pu craindre alors qu'un si haut personnage, dont la mère appartient à la famille des fitz Gerald, éprouve un certain irrédentisme gallois et obtienne le pallium pour Saint David's, le libérant de la tutelle de Cantorbéry. En 1190 et 1194, il refuse les évêchés de Bangor et de Llandaff, car il conserve encore des espoirs d'obtenir Saint David's, où il est réélu en 1198. L'année suivante, Jean sans Terre, qu'il a soutenu pendant l'absence de Richard Cœur de Lion, n'émet pas de veto, mais il essuie le refus d'Hubert Gautier, archevêque de Cantorbéry. Dans le Speculum Ecclesie (1219), il s'en prend de façon virulente aux ordres religieux, alors qu'un clunisien et un cistercien lui ont pris le siège épiscopal tant désiré.
201. GAUTIER MAP, De Nugis..., I, 10, V, 6.
202. Ibid., V, 7. Certes, seule cette institution semble trouver grâce à ses yeux. Tout logiquement, Richard fitz Nigel loue aussi le personnel de l'Echiquier, Dialogus..., p. 77, cité par TURNER, Juges..., p. 110.
203. BISSON, « The Politicising... ».

204. Ce formalisme est, par exemple, de mise dans l'œuvre d'E. Curtius, *European Litterature and the Latin Middle Ages*, New York, 1963.
205. Sur la reprise par Jean de Salisbury des critiques de la classe sénatoriale par Jérôme, cf. Liebschütz, *Medieval...*, p. 66-67.
206. Legge, *Anglo-Norman...*, p. 183-184.
207. Jaeger, « Courtliness and Social... », p. 296.
208. Sermon inédit sur Malachie, cité par Smalley, *The Becket's...*, p. 227.
209. *Policraticus...*, IV, 6. Cf. Liebschütz, *Medieval...*, p. 57, O. Geffroy, *Le Policraticus de Jean de Salisbury (livres I, II et III) : une vision de la cour au XIIe siècle*, maîtrise inédite de l'université de Poitiers, 2001.
210. *Invectiva in depravatorem operum Petri Blesensis*, citée par R.B.C. Huygens, « Dialogus... », p. 93, et *Compendium...*
211. PL, t. 145, col. 463. Cf. Baldwin, *Masters...*, p. 178, et, pour les débats théologiques autour de la question, p. 185-186. Le *Dialogus de Scaccario* défend cependant la participation des clercs au gouvernement : « "Tout pouvoir vient de Dieu" (Rom 13, 1) : il n'y a donc rien d'incongru pour les ecclésiastiques de garder la loi de Dieu tout en servant le roi comme leur supérieur (I Pet 2, 13) », *ibid.*, p. 1.
212. « *A quator aulicis canicis* », *De Principis...*, III, 4. Cf. II, 3, III, 27-31. Cette dernière expression rappelle la lettre envoyée par Thibaud, comte de Blois, au pape : « Les chiens de la cour, ces proches et intimes du roi d'Angleterre, se sont montrés eux-mêmes de vrais ministres de sa volonté, et ils ont versé ignominieusement du sang innocent », Roger de Howden, *Chronica*, t. 2, p. 21, *Gesta*, t. 1, p. 15-16.
213. *Materials...*, t. I, §5, t. II, §46, cités par Türk, *Nugæ...*, p. 178.
214. « *Men like Walter Map and Gerald of Wales were strong supporters of the Capetian monarchy and openly said so. Although historians have been inclined to regard these two as eccentrics and unrepresentative, they may well have only been the tip of the iceberg in the inclination of the clergy away from the Angevins, especially after the murder of Becket* », *Why Magna...*, p. 124.
215. « La seule tâche importante de ce théoricien politique [Jean de Salisbury] est de développer le sens des responsabilités chez le roi et ses conseillers », Liebschütz, *Medieval...*, p. 46.
216. « La confusion du domaine politique et du domaine moral, erreur que l'on trouve, d'ailleurs, déjà chez Sénèque » ; « Ils [les clercs du XIIe siècle] n'ont pas encore vu que la raison philosophique était autre que celle de l'Etat, que ce dernier, sans l'instinct du pouvoir, n'aurait jamais vu le jour et que la vie historique se distingue par les deux aspects, l'esprit et la nature, d'une simultanéité énigmatique » ; « L'Etat ne fonctionne pas par l'application d'une éthique imposée une fois pour toutes, mais par l'activité pratique des hommes dans un mouvement dialectique entre l'utilité et la morale », Türk, *Nugæ...*, p. 189 et 196.
217. Parmi les meneurs du pogrom d'York (1190), on trouve un Richard Malebisse, au sujet duquel Guillaume de Newburgh dit « *vero agnomine mala bestia* », et un Mauleverers dont les armoiries parlantes de la famille représentent le lévrier, Thomas, *Vassals...*, p. 62-63.
218. Barlow, *Thomas...*, p. 248.
219. Sur la généralisation de la violence aristocratique et sur ses manifestations, cf. Strickland, *War...*, et son bulletin critique par J. Flori, « Guerre et chevalerie au Moyen Age », CCM, 41, 1998, p. 352-363, qui le nuance en montrant combien l'idéal chevaleresque a pu adoucir une telle sauvagerie.
220. Cf., en dernier lieu, J. Flori, *Chevaliers...*
221. *Epistulæ*, n° 94, col. 291-294, Jaeger, « Courtliness... », et Bumke, *Courtly...*, p. 311-312.

222. Ed. R.A. Lodge, III, str. 135-146, p. 80-81, VI, str. 244-281, p. 93-98. Cf. Short, « Patrons... », p. 239-240. Le livre est dédié à Cécile, comtesse de Herford.
223. Cf. M. Aurell, « Chevaliers et chevalerie chez Raymond Lulle », *Cahiers de Fanjeaux*, 22, 1987, p. 141-157.
224. Flori, « La chevalerie... », p. 35-77.
225. *Policraticus*..., VI, 8.
226. Smalley, *The Becket*..., p. 98.
227. Struve, « The Importance... ». La théorie organiciste de Jean présente des traits fort originaux, même si elle est influencée par les commentaires de Guillaume de Conches sur Platon, Dutton, « *Illustre*... », p. 109-111.
228. *Policraticus*, VIII, 17-23, t. 2, p. 357.
229. Il est vrai que certains passages du *Policraticus*, comme VII, 20, t. 2, p. 186-188, condamnant les princes qui attaquent l'Eglise, pourraient être interprétés dans ce sens, comme le fait M. Wilks, « John... », p. 282-283. N. Fryde considère même que Jean de Salisbury vise Henri II pour les atrocités commises par ses troupes autour de Gloucester et Oxford afin d'assurer son avènement en Angleterre, pour la dépossession de son frère Geoffroi et pour la conquête de la Bretagne, « The Roots... », p. 61. Mais pourquoi avoir alors consacré un si long passage à faire l'éloge de la façon dont Henri II a pacifié l'Angleterre ?
230. Dickinson, « The Medieval... », p. 336-337.
231. Th. Lesieur, « The "Policraticus" : A Christian Model of "Sapientia" », communication inédite au colloque de Cambridge (Peterhouse, 24-26 septembre 2001), *The Plantagenets and the Church*.
232. Van Laarhoven, « Thou shalt... ».
233. Genet, « Le vocabulaire... ».
234. Turchetti, *Tyrannie...*, p. 251-256.
235. *De Principis*..., I, 16, p. 56.
236. VI, 18, trad. Dickinson, p. 237, n. 4.
237. VIII, 21, t. 2, p. 394-396. Cf. Liebschütz, *Medieval...*, p. 52-53.
238. « Annales Sancti Sergii... », p. 102. Pour l'abbé Suger, la tyrannie est incarnée par les plus séditieux des sires du royaume de Louis VI, J. Van Engen, « Sacred Sanctions for Lordship », *Cultures of Power*..., p. 224.
239. I, 4, p. 25.
240. Buc, « *Principes...* », p. 320-321.
241. Buc, *L'Ambiguïté...*, p. 112-122 et 225-227, et plus récemment, P. Freedmann, *Images of the Medieval Peasant*, Stanford (Ca), 1999, p. 48-50.
242. *Policraticus*..., VI, 10, cité par Clanchy, *From...*, p. 25.
243. Nykrog, « The Rise... ».
244. Ed. Raynaud de Lage, v. 13-16, t. 1, p. 1. Cf. Nykrog, « The Rise... », p. 597-598. Le thème de l'âne à la harpe, remontant au moins à Esope, est courant dans la sculpture romane, S. Garros, *Les Animaux musiciens au Moyen Age*, mémoire inédit de D.E.A., université de Poitiers, 1997.
245. Sans perdre toutefois de vue la remarque de Clanchy, *From Memory...*, p. 182 : « When a knight is described as litteratus in a medieval source, his exceptional erudition is usually being referred to, not his capacity of read and write. »
246. J. Baldwin, « The Capetian Court under Philip Augustus », dans *The Medieval Court in Europe*, dir. E. Haymes, Munich, 1986, p. 81.
247. « Miles enim litteratus fuerat et, dum vixit, solebat sæpius alternis versibus », *De Principis*..., III, 28, p. 310, cité par Clanchy, *From Memory...*, p. 182. Sur Giraud et les fantômes, cf. Schmitt, *Les Revenants...*, p. 105-106.
248. Turner, « The *Miles litteratus...* », p. 941-945.

249. Guillaume de Malmesbury, *Gesta regum...*, ep. III, t. 1, p. 10-12, et *Historia novella...*, t. 2, p. 252-256. Cf. Chambers, *Arthur...*, p. 21 et 41, et Short, « Gaimar's... ».
250. Crouch, *The Beaumont...*, p. 7, 97 et 207-211.
251. G.S. Burgess, K. Busby, *The Lais of Marie de France*, Harmondsworth, 1986, p. 15-19, Bate, *Contes...*, p. 49, introduction d'Y. de Pontfarcy, à *L'Espurgatoire...*, p. 49-52.
252. Short, « Patrons... », p. 241. Sur Hue de Rotelande (de Rhuddlan ?, au nord du pays de Galles), auteur d'*Ipomedon* et de *Prothelaus*, cf. Legge, *Anglo-Norman Literature...*, p. 85-96.
253. Short, « Gaimar's... ».
254. Clanchy, *From Memory...*, p. 187 et 198.
255. « *Cum non esset literatus, quam doleo, quamlibet literarum seriem transcribere sciret* », *De Nugis...*, IV, 1, p. 278.
256. *Ibid.*, V, 5, p. 446. Geoffroi le Bel avait la réputation de libérer de ses geôles les chevaliers qui lui chantaient un poème bien tourné, Bezzola, *La Cour...*, p. 3.
257. *Speculum duorum...*, cité par Bartlett, *Gerald...*, p. 15. Dans son second prologue à l'*Expugnatio hibernica*, Giraud de Barri rapporte, toutefois, que Gautier Map lui a fait remarquer que le latin qu'il utilise pour rédiger son immense œuvre lui apporte moins de gloire et de reconnaissance que s'il écrivait en vulgaire ; il rétorque qu'il aimerait bien que quelqu'un traduise en français ses écrits, mais il lui fait aussi comprendre que son exigence intellectuelle l'empêche d'abandonner le latin, cité par P. Bourgain, « L'emploi de la langue vulgaire dans la littérature au temps de Philippe Auguste », *La France...*, p. 769-770. Cf. aussi Bezzola, *La Cour...*, p. 58.
258. Short, « Patrons... » et « On Bilingualism... ».
259. Clanchy, *From Memory...*, p. 214-220.
260. Guillaume de Cantorbery, *Vita...*, t. 1, p. 128 et t. 2, p. 5. Cf., toutefois, Short, « *Tam Angli...* », p. 157, qui montre la complexité d'interpréter le passage en question de cette *Vita*, où la femme d'Hugues de Moreville prévient en anglo-saxon son mari de l'attaque en revers de son amant, attaque qu'elle-même a fomentée dans un premier temps !
261. « *Un faus franceis sai d'Angleterre/ ke ne l'alai ailurs quere* », cité par Legge, *Anglo-Norman...*, p. 63. Cf. J. Wogan-Browne, G.S. Burgess, *Virgin Lives and Holy Deaths. Two Exemplary Biographies for Anglo-Norman Women*, Londres, 1996.
262. « *Lingua tamen caveas ne sit materna, sed illa / quam dedit et docuit lingua paterna tibi* », *Tractatus...*, v. 165-166.
263. « *Apud Merleburgam ubi fons est quem si quis, ut aiunt, gustaverit, gallice barbarizat, unde cum viciose quis illa lingua loquitur, dicimus eum loqui gallicum Merleburge* », *De Nugis...*, V, 6, p. 496. Cf. Southern, *Medieval Humanism...*, p. 141.
264. Depuis sa publication dans les *Rerum Britannicarum Scriptores*, par Th. Wright, sous le titre de *Versus ad Guillelmum Eliensem*, dans *Anglo-Latin Satirical Poets* (RS 59), Londres, 1872, t. 1, p. 231-239.
265. *Policraticus...*, p. 1, n° 379A-B, v. 13-16. Ce « jeune ambitieux » peut être aussi bien la personnification allégorique de son livre *Policraticus*, que Jean envoie à la cour pour pousser les courtisans à la conversion, Bezzola, *La Cour...*, p. 25-26.
266. Short, « *Tam Angli...* », p. 156.
267. Ed. Lepage, « Richard Cœur... ».
268. « *A program of social change [...]. The common issue is the move of the warrior class from violence to restraint, from irresponsability to social engage-*

ment, a move that the clergy had advocated in varying contexts and ideologies since the 10th century », Jaeger, « Courtliness... », p. 301-302. Cf., du même auteur, *The Origins...* et *The Envy...*

269. Ed. Sansone. Cf. Bezzola, *La Cour...*, p. 269.
270. Jaeger, *The Envy...*, p. 297-308.
271. Pierre de Blois, *Epistulæ*, nº 14.
272. *De Nugis...*, V, 6.
273. Ramsay, *The Angevin...*, p. 191.
274. Türk, *Nugæ...*, p. 69 et 76.
275. Herbert de Bosham, *Vita...*, II, 1. Cf. G. Gicquel, « Clercs satiristes et renouveau spirituel à la cour Plantagenêt », *Noblesses...*, p. 79.
276. *Policraticus...*, VIII, 9.
277. *Epistulæ...*, nº 139.
278. *Courtly...*, p. 61-101. L'auteur fait, en outre, remarquer que l'Allemagne, influencée par le nord de la France, aurait ignoré la légende arthurienne, à l'exception du *Lancelot* en prose, traduit au début du XIIIe siècle, *ibid.*, p. 95-96. Cette absence est-elle due au caractère Plantagenêt plutôt que capétien ou français à proprement parler des thèmes arthuriens ?
279. *De Principis...*, III, 12, p. 259. Cf. les riches commentaires de ce texte par Powicke, *The Loss...*, p. 297, et par Bates, « The Rise... ». Alfred Richard prend apparemment au pied de la lettre l'analyse de Giraud de Barri. En tout cas, au lendemain de Fachoda et de la rupture de l'Entente cordiale, il laissait poindre son anglophobie en analysant l'histoire du savoir au XIIe siècle dans des termes proches : « les jeux intellectuels étaient en opposition avec la rudesse anglaise », *Histoire des comtes de Poitou*, Paris, 1904, t. 2, p. 15.
280. Haskins, *Studies...*, p. 36-39 ; « *France was the home of freedom, reason and joy ; England of oppression, dullness and dreams* », Southern, *Medieval...*, p. 156, cf. p. 143-145.
281. *De Principis...*, 1re préface, p. 8. Cf. Bartlett, *Gerald...*, p. 95-97.
282. *The Letters...*, nº 136, t. 2, p. 6-7. Cf. J. Le Goff, *Les Intellectuels au Moyen Age*, Paris, 1957, p. 28.
283. Constable, *The Reformation...*
284. « *Exeat aula qui vult esse pius* », Lucain, *La Guerre civile (Pharsale)*, Paris, 1929, VIII, v. 493-494, cité par Jean de Salisbury, *Policraticus...*, V, 10, p. 330.
285. *Cartulaire de l'abbaye cistercienne de Perseigne*, éd. G. Fleury, Mamers, 1880, nº 14 (4 IV 1196, acte à l'authenticité douteuse) et nº 15 (1198), Raoul de Coggeshale, *Chronicon...*, p. 97-98.
286. Ramsay, *The Angevin...*, p. 368-369, Andrault-Schmitt, « Le mécénat... », p. 258-259.
287. Il fonde aussi Cartmel, un prieuré augustin, Crouch, *William...*, p. 188-191.
288. Holdsworth, « Peacemaking... », p. 11.
289. Türk, *Nugæ...*, p. 50-51. Des critiques similaires ont pu être décelées dans *The Owl and the Nightingale*, ouvrage anglo-saxon des années 1200, Coleman, « The Owl... », p. 546-549.
290. *Statuta capitulorum generalium ordinis cisterciencis*, éd. J.-M. Canivez, Louvain, 1933, t. 1, p. 45.
291. Raciti, « Isaac... », p. 138-145 et 204-205, qui met en relation de façon cohérente et documentée ces événements et la relégation d'Isaac sur l'île de Ré. Cependant, dans l'entrée « Isaac de l'Etoile » du *Dictionnaire des lettres françaises*, Paris, 1992, p. 714, D. Poirel attribue plutôt le départ d'Isaac pour l'île à son « désir bien monastique de solitude et pauvreté », mais, dans cette courte notice, l'espace lui a manqué pour argumenter son point de vue.

292. *De Nugis*..., I, 26. Cf. HALLAM, « Henry II... », ANDRAULT-SCHMITT, « Le mécénat... ».
293. *Policraticus*..., VII, 21-23, t. 2, p. 192-205. Cf. LIEBSCHÜTZ, *Medieval*..., p. 56-57.
294. TURNER, *Juges*..., p. 135-157.
295. « Itinerarium Kambriæ », I, 3, p. 47.
296. CROUCH, *The Beaumont*..., p. 95 et 197-201.
297. *Guillaume*..., p. 7-34. Guillaume a pris la décision d'être enterré chez les templiers à trente-cinq ou trente-six ans, à l'occasion de sa croisade en Terre sainte, CROUCH, *William*..., p. 187.
298. *Policraticus*..., VII, 21.
299. *De Nugis*..., I, 23, trad. BATE, *Contes*..., p. 102.
300. Cf. A. VAUCHEZ, *La Spiritualité du Moyen Age occidental*, VIIIe-XIIIe siècle, Paris, 1994 (2e éd.), p. 118-130.

L'idéologie Plantagenêt
(p. 95 à 177)

1. *De Nugis*..., I, 28, p. 116, et V, 5, p. 451.
2. « Chronicon anglicanum », p. 93. Cf. CARPENTER, « Abbot... », p. 1219.
3. *Le Forme della propaganda politica nel Due e nel Trecento*, Rome, 1994 (« Collection de l'Ecole Française de Rome », 201).
4. Cf. J. LE GOFF, « Conclusions », *Le Forme*..., *Ibid.*, p. 519-520, repris par CHAUOU, *L'Idéologie*..., p. 24.
5. Sur ces problèmes, cf. R. FAVREAU, *Epigraphie médiévale*, Turnehout, 1997, p. 31-46.
6. « *Removeri lapidem quam ipse posuit in fundamento ecclesie Varenensis, de quo erat dissentio. Quare ego ipse volo esse fundator ecclesie predicte et custos et defensor* », *Recueil des actes d'Henri II*, n° 124 (1159 ?), t. 1, p. 230-231. Cf. DEVAILLY, *Le Berry*..., p. 405-412.
7. L. GRODECKI, *Vitrail roman*, Fribourg, 1977, p. 70-73, pl. 56-58.
8. Cf. notamment les travaux de deux historiennes de l'art de l'université de Tel-Aviv, N. Kenaan-Kedar, « Eleanor... », et S. Lutan, « La façade... ».
9. GIRAUD de BARRI, *De Principis*..., III, 26, p. 295-296.
10. A. HERON, « La chasse royale de la chapelle Sainte-Radegonde à Chinon », *Archeologia*, février 1965, p. 81-86, « La chapelle Sainte-Radegonde de Chinon » dans Ch. LELONG, *Touraine romane*, La Pierre-qui-Vire, 1977, p. 327-335 (3e éd.).
11. KENAAN-KEDAR, « Aliénor... » et les réponses à cet article dans CCM, 42, 1999, p. 397-399, et FLORI, *Richard*..., p. 496, n. 44.
12. U. NILGEN, « Les Plantagenêt à Chinon. A propos d'une peinture murale dans la chapelle Sainte-Radegonde », *Mélanges Piotr Skubiszewski*, Poitiers, 1999, p. 153-157.
13. Cf., à titre de comparaison, AURELL, *La Vielle*...
14. ROGER de HOWDEN, *Chronica*..., t. 3, p. 143, et *Gesta*..., p. 216, trad. BROSSARD-DANDRE, BESSON, *Richard*..., p. 313.
15. « De Vita Galfredi », II, 19, p. 427. Le poème *Discat cancellarius*, attribué par P. Dronke (« Peter of... », p. 221) et par son éditeur le plus récent à Pierre de Blois, appartiendrait à cette catégorie de chansons contre Guillaume de Longchamps, et n'aurait donc pas Thomas Becket pour cible, comme l'a parfois voulu la critique, *Carmina*, éd. WOLLIN, n° 4.3, p. 517-524.
16. « *Campus Trossebof, quam dedit Rollandus archiepiscopus Garino Tros-*

sebof, joculatori, dum viveret », cité par E. FARAL, *Les Jongleurs en France au Moyen Age*, Paris, 1910, p. 288, app. III, n. 82.

17. HASKINS, « Henry II as... », p. 73.

18. En se réjouissant de la mort d'Eustache de Blois (« Il quitta cette vie mortelle, ce qui fut le plus haut geste qu'il eût jamais accompli »), Jean de Salisbury dit, en paraphrasant Horace, qu'il n'a été pleuré que par « les compagnies de danseuses et charlatans, mendiants, mimes, bouffons et toute leur tribu », *Policraticus...*, VI, 18. Cf. P. ZUMTHOR, *La Lettre et la Voix. De la « littérature médiévale »*, Paris, 1987, p. 79, J.-C. SCHMITT, *La Raison des gestes dans l'Occident médiéval*, Paris, 1990, p. 266. Sur l'hostilité envers les jongleurs chez les penseurs chrétiens avant l'avènement des ordres mendiants, cf. C. CASAGRANDE, S. VECCHIO, « Clercs et jongleurs dans la société médiévale (XIIe et XIIIe siècles) », *Annales ESC*, 34, 1979, p. 913-928.

19. D'A.S. AVALLE, *La letteratura medievale in lingua d'oc nella sua tradizione manoscritta*, Turin, 1961, p. 44-49, 83 et 129. Le dossier des troubadours liés aux Plantagenêt se trouve dans CHAYTOR, *The Troubadours...*, p. 35-70. Depuis la publication de cet ouvrage en 1923 les éditions scientifiques des chansons des troubadours auxquelles nous renvoyons ci-dessous sont nombreuses.

20. Ed. « Richard Cœur... ». Bien que tardive et romancée, la légende du ménestrel de Reims rapportant la découverte de la geôle allemande de Richard par Blondel de Nesles (avant 1175-après 1210), l'un de ses jongleurs, qui l'aurait entendu chanter abonde dans ce sens, *Récit du ménestrel de Reims au XIIIe siècle*, éd. N. de WAILLY, Paris, 1876, XII.

21. Ed. PEIRE VIDAL, *Poesie*, n° 6, v. 25-32, p. 69-70, et n° 33, v. 35, p. 267, MOINE DE MONTAUDON, *Les Troubadours cantaliens*, n° 2, v. 43, p. 262.

22. Ed. « Richard Cœur... », p. 904-905.

23. Ed. *The Political Songs...*, p. 1-3.

24. Ed. BERTRAN DE BORN, *L'Amour...*, n°s 13 et 14, p. 235-267, GAUCELM FAIDIT, *Les Poèmes...*, n° 50, p. 415-424. Autres éloges de Richard Cœur de Lion aux poèmes n°s 48, 52 et 54. Souvent critique à l'égard d'Henri II et ses fils, Bertran de Born leur reconnaît cependant leur largesse et leur goût pour la guerre, qu'il essaie d'encourager encore davantage : *L'Amour...*, p. LXVI-LXX, et poèmes n°s 11-19, 24-32, 36, 38, MOORE, *The Young...*, p. 48-51.

25. GACE BRULE, *Gace...*, n° 67, p. 401-404, GAUCELM FAIDIT, *Les Poèmes...*, n° 40, p. 385.

26. Ed. ARNAUT DE MAREUIL, *Les Poésies...*, n° 2, p. 9, v. 31-32.

27. *Poesie*, n° 38, v. 62-64, p. 340.

28. GIRAUT DE BORNEIL, *The Cansos...*, n° 75, v. 65-80, p. 473-480, FOLQUET DE MARSEILLE, *Le Troubadour...*, n° 10, v. 33-40, p. 50-51, et n° 18, v. 49, p. 81.

29. Ed. *Bernart...*, n° 10, v. 45, p. 96.

30. Ils le sont peut-être moins qu'à la cour de Barcelone (M. AURELL, « Les troubadours et le pouvoir royal : l'exemple d'Alphonse Ier (1162-1196) », *Revue des Langues romanes*, 85, 1981, p. 53-67) ou de Toulouse (MACE, *Le Comte...*, p. 138-144). Mais leur nombre permet de nuancer, voire d'infirmer, l'assertion de P. Dronke (« Patrons... », p. 239) : « *Non is the evidence for the presence of troubadours poets at Henry's court to prove active royal patronage.* »

31. « Abril issis... », v. 272-283, p. 52-55.

32. *Jongleurs...*, n° 8, v. 7, 26-28, p. 64.

33. A. JEANROY, « Un sirventès historique de 1242 », *Mélanges Léonce Couture*, Toulouse, 1902, p. 115-125, et pour la citation p. 122, v. 21.

34. GILLINGHAM, *The English...*, p. 41-58.

35. Ed. et trad. G. PARIS, Paris, 1897.

36. Ed. *Itinerarium peregrinorum et gesta...* Pour les relations entre ce texte

et Ambroise, cf. l'introduction d'Hubert, La Monte, à la traduction anglaise d'Ambroise, *L'Estoire*..., p. 7-18.
    37. Cf. Guenee, *Histoire*..., p. 58.
    38. Power, « What did... », p. 200.
    39. Ed. et trad. R.C. Johnston. Cf. Lodge, « Literature... » et Clanchy, *From*..., p. 158, pour le problème de son abandon du latin pour la langue d'oïl. Cf. Bezzola, *La Cour*..., p. 198, Strickland, « Arms... ».
    40. Tyson, « Patronage... », p. 200.
    41. Lodge, « Literature... », p. 263-264.
    42. *Ibid.*, v. 1906-7, et Damian-Grint, « Truth, Trust... ». Sur le contexte militaire et l'espionnage de cette bataille, cf. Prestwich, « Military... », p. 19-21, et Strickland, « Securing... », p. 194-196.
    43. C'est le point de vue de K. M. Broadhurst (« Henry II... », p. 59-60), qui affirme le caractère trop conventionnel des louanges à Henri II. Cet article rigoureux met en cause bien des idées reçues, en particulier sur le rôle littéraire, à l'évidence surfait, d'Aliénor d'Aquitaine. Toutefois, la définition de patronage que propose cet auteur, exclusivement fondée sur la commande de l'œuvre, sur l'intervention directe du commanditaire dans sa rédaction et sur la rémunération par celui-ci de l'auteur, paraît trop restrictive. Elle rend, d'ailleurs, incompatibles mécénat et critique au mécène, ce qui ne va pas de soi pour la période.
    44. Cf. Aurell, *La Vielle*..., p. 144-147, et M. Bakhtine, *L'Œuvre de François Rabelais et la culture populaire au Moyen Age et sous la Renaissance*, Paris, 1970, p. 16-19.
    45. Jaeger, « Patrons... », p. 51-53.
    46. « Chronicon... », p. 97, trad. Bezzola, *La Cour*..., p. 215.
    47. Ed. Johnston, n° 208, v. 1959, p. 144.
    48. *Policraticus*..., I, VI, p. 50-51. Cf. Bezzola, *La Cour*..., p. 28-29.
    49. « *Candidatrices* » (sic pour *cantatrices* ? à moins que ce terme doive être pris dans un sens proche de la prostitution), *Epistulæ*..., n° 14, col. 49.
    50. Guillaume fitz Stephen, « Vita... », p. 31.
    51. Henri de Hungtingdon, *Historia*..., X, 40, p. 776.
    52. Ed. Roger de Howden, *Gesta*..., t. 2, p. 76, et Bezzola, *La Cour*..., p. 215-216.
    53. « Otia... », p. 447. Dans son *Iliade de Darès de Phrygie* (1180-1189), Joseph d'Exeter clôt, à l'inverse, ses vers sur la mort d'Hector par une évocation d'Henri le Jeune, V, v. 534, éd. Gompf, p. 177, trad. Roberts, p. 63-64.
    54. Ed. Pierre de Blois, *Carmina*, 1.4, 2. 3, 2.7, p. 257-261. Cf. Dronke, « Peter of... », p. 191.
    55. Ed. « Notes... », éd. Kingsford, n° 5, p. 321.
    56. Ed. Roger de Howden, *Chronica*, t. 2, p. 455, t. 4, p. 84-85. Cf. Broughton, *The Legends*..., p. 38.
    57. Ed. Roger de Howden, *Gesta*..., t. 2, p. 251-252, et Faral, *Les Arts*..., p. 208-210, vers 368-430. Cf. Bezzola, *La Cour*..., p. 215-218. Geoffroi de Vinsauf écrit également un poème pour protester contre l'interdit de l'Angleterre lancé par Innocent III sous Jean sans Terre, éd. Faral, *Les Arts*..., p. 24-26.
    58. « *Cessent igitur invidi, cessent et incauti, amplius obstrepere Anglorum reges nullo Hiberniam jure contingere* », *Expugnatio*..., II, 6. Cf. Schrimer, Broich, *Studien*..., p. 140.
    59. « Topographia... », p. 21, trad. Boivin, p. 165-166.
    60. « De Rebus a se gestis », *Giraldi*..., éd. J.S. Brewer (RS 21), Londres, 1861, t. 1, p. 72-73. Cf. L. Thorpe, « Gerald of Wales : a Public Reading in Oxford in 1188 or 1189 », *Neophilologus*, 62, 1978, p. 455-458, Boivin, *L'Irlande*..., p. 287, et Guenee, *Histoire*..., p. 60-61 et 291.

61. Chauou, *L'Idéologie...*, p. 239.
62. Nous suivons ici l'important article de R. Bartlett, « Political Prophecy... ».
63. « *Sunt [...] viri nonnulli quos* Awennithion *vocant [...] Hi super aliquo consulti ambiguo, statim frementes spiritu quasi extra se rapiuntur et tamquam arreptiti fiunt. Nec incontinenti tamen quod desideratur edisserunt sed per ambages multas, inter varios quibus effluunt sermones, nugatorios magis et vanos quam sibi cohærentes, sed omnes tamen ornatos, in aliquo demum verbi diverticulo qui responsum solerter observat quod petit accipiet ennucleatum* », Giraud de Barri, « Descriptio Kambriæ », I, 16, p. 194-195, cité, traduit et commenté par R. Bartlett, *ibid.*
64. Roger de Wendover, *Flores...*, t. 2, p. 62-63 et 76-77.
65. Schriber, dans sa traduction à Arnoul de Lisieux, p. 17.
66. *Fœdera, conventiones...*, t. 1, 73-78, ou RHF, t. 19, p. 277. Cf. Labande, « Pour une image... », p. 222-223, Bezzola, *La Cour...*, p. 33.
67. Duggan, *Thomas...*, p. 3-8, 170.
68. Jean de Marmoutier, « Historia... », p. 176.
69. « *Tam armata quam togata, tam martia scilicet quam litterata* », *De Principis...*, p. 7.
70. Galbraith, « The Literacy... », p. 213-214.
71. *Gesta...*, V, n° 390, p. 710.
72. Jean de Marmoutier, « Gesta consulum... », p. 140.
73. *Policraticus...*, IV, 6.
74. *Flores*, PL, t. 212, chap. XV, col. 736.
75. *De Principis...*, p. 5 et 42. Cf. Bezzola, *La Cour...*, p. 78.
76. « Les clercs prétendent qu'ils ont une nouvelle marchandise à vendre au prince : la sagesse des écoles. Il faut donc qu'ils clament bien haut, premièrement qu'elle est utile, deuxièmement que le roi en manque », Buc, *L'Ambiguïté...*, p. 184-185.
77. *Epistulæ*, n° 67, col. 211. Cf. Bezzola, *La Cour...*, p. 45-46.
78. Jean de Marmoutier, « Historia... », p. 218, Bradbury, « Geoffroy V... », p. 40.
79. *De Invectionibus...* I, 5, p. 100-101. Giraud, plus tard amer à l'égard des Plantagenêt, se contredit dans d'autres ouvrages : il va jusqu'à dédicacer l'*Instruction du prince* (1218) au futur Louis VIII, qui est, quant à lui, contrairement aux Angevins, un bon latiniste (*De Principis...*, p. 6-7). Il écrit, de même, que « la plupart des gens, et le prince en premier, ne comprennent pas assez le latin » (*Expugnatio Hibernica*, préface I), il se plaint d'une époque où « même nos princes ne sont plus lettrés » (*Descriptio Kambriæ*, préface II) et il regrette d'avoir jadis dédicacé la *Topographie d'Irlande* et l'*Historia vaticinale*, aujourd'hui perdue, à Henri II et Richard Cœur de Lion « qui, préoccupés par d'autres affaires, manifestent peu d'intérêt pour la littérature » (*Itinerarium Kambrie*, préface I). Giraud est pris par d'autres contradictions, qui se manifestent dans ses préférences pour certains membres de la maison d'Anjou. Comme le fait remarquer J. Everard (« The "Justiciarship"... », p. 89), il est moins critique à l'égard d'Henri et de Richard, héritiers légitimes de leur maison, qu'envers leurs frères Geoffroi et Jean, titulaires de principautés acquises par conquête ou usurpation.
80. *Itinerarium peregrinorum et gesta...*, VI, 8, p. 394-396. Cf. Lepage dans Richard Cœur de Lion, « Richard... », p. 894, et Mayer dans *Das Itinerarium...*, p. 140.
81. Roger de Howden, *Chronica*, t. 3, p. 75-86, *Gesta*, t. 2, p. 151-155.
82. « Ex Anonymi chronico », RHF, t. 12, p. 120, et p. 415 (interpolation de Muratori à la chronique de Richard le Poitevin).

83. Guillaume fitz Stephen, « Vita... », n° 102, p. 104, et Gervais de Cantorbery, *Chronica*, p. 125. Cf. Bezzola, *La Cour...*, p. 6.
84. *Metalogicon*, I, 5, II, 10 et III, 4.
85. Le ton de ce prologue correspond bien à un manuel qu'un maître enverrait à son ancien élève, d'après P. Delahaye, le meilleur connaisseur de cet ouvrage, « Une adaptation... », p. 256-257. Le préceptorat de Guillaume de Conches sur Henri II est admis par tous les historiens (Warren, *Henry II*, p. 39, Liebschütz, *Medieval...*, p. 10), à l'exception de Richardson, Sayles, *The Governance...*, p. 272, aussi iconoclastes qu'à leur habitude. Il est vrai que Guillaume était, en 1146, un maître réputé à Paris, et qu'il ne va pas de soi qu'il ait quitté de si prestigieuses écoles pour venir en Normandie s'occuper de l'adolescent.
86. *Epistulæ...*, n° 66.
87. *Ibid.*, n° 1, et Duggan, *Thomas Becket : A Textual...*, p. 7.
88. « *Princeps eloquentissimus et quod his temporibus conspicuum est litteris eruditus* », *De Principis...*, II, 29, p. 215.
89. *De Nugis...*, V, 6.
90. Clanchy, *From...*, p. 186.
91. *Salomon alter*, « Topographia Hibernica », III, 48
92. *Dialogus de...*, *Tractatus de...*
93. Ce personnage figure, en effet, dans la liste des « vingt-deux érudits de saint Thomas », que l'hagiographe Herbert de Bosham donne à la fin de la vie de Becket comme un *scriba doctus*, « Vita... », p. 527, n° 13. Or, l'auteur anonyme de l'*Art notarial* ne tarit pas d'éloges sur le glorieux martyr saint Thomas qui l'a initié au travail de notaire, [Jean de Tilbury], « Ars Notaria... », p. 324-325. Cela a dû se passer à une époque où il était son secrétaire à la chancellerie. Cf. Barlow, *Thomas...*, p. 79, et Kuttner, Rathbone, « Anglo-Normand... », p. 292.
94. Mises au point récentes sur Adélard de Bath et sur cet ouvrage, dans North, « Somme Norman... », et Poulle, « Le traité... ». Adélard a été mis en relation avec l'Echiquier en raison de son traité sur l'abaque et de ses connaissances mathématiques ; on a de même avancé que le dialogue entre un maître et un disciple qui apparaît dans un de ses horoscopes pourrait mettre en scène Adélard et le futur roi, en arguant une relation de préceptorat en 1149 à Bristol, Cochrane, *Adelard...*, p. 93-96. Toutes ces conjectures sont intéressantes, mais difficiles à prouver.
95. Ed. Haskins, « Adelard... », p. 515-516.
96. « Das Exzerpt... », p. 265.
97. *Le Bestiaire...*, p. VII. Cf. Short « Patrons... », p. 237, et Legge, *Anglo-Norman Literature*, p. 22-25.
98. *The Romance...*, v. 1929-1934, p. 136. Quelle valeur accorder à ce témoignage tardif d'un siècle ? Ce livre a-t-il existé ? Est-il écrit par le roi ou en est-il le simple inspirateur, dédicataire ou propriétaire ? On sait par les *Pipe rolls* et par le prologue de la *Topographie d'Irlande* le goût d'Henri II pour la fauconnerie, Haskins, « Henri II as... », p. 76. Il est intéressant de remarquer que la méthode fondée sur la seule pratique, faisant fi de la tradition, est très marquée dans le traité de fauconnerie de l'empereur Frédéric II, et que Daude de Prades a pu transférer ce thème de lui vers Henri II.
99. « De Avibus tractatus », *Adelard of Bath. Conversations with his nephew*, éd. Ch. Burnett, Cambridge, 1998, p. 239-241. La confusion entre Adélard lui-même, considéré comme le précepteur d'Henri II, et son élève dans l'esprit de Daude de Prades est également vraisemblable
100. Giraud de Barri, « Vita sancti Remigii », p. 45.
101. *The Letters...*, n°s 37 et 38, p. 128-132.

102. Y. Sassier, « L'utilisation d'un concept romain aux temps carolingiens : la *res publica* aux IXe et Xe siècles », *Médiévales*, 1989, 15, p. 17-30.
103. Krynen, *L'Empire...*, p. 208-209.
104. On trouve une mise au point sur ce débat dans l'ouvrage récent d'A. Chauou, *L'Idéologie...*, p. 79-88. Cf. en outre Short, « Patrons... », Tyson, « Patronage... », et Jaeger, « Patrons... ».
105. *The Letters...*, n° 38, p. 132.
106. Carman, *A Study of the Pseudo-Map.*.
107. *La Cour...*, p. 3.
108. Jean de Marmoutier, Thomas de Conches, « Chronica... », p. 29-31. Cf. Koziol, « England... », p. 133, et Bournazel, « Mémoire... », p. 119-122.
109. *Roman de Brut*, v. 477-478. Cf. Boutet, *Charlemagne...*, p. 38.
110. « Chronicon... », p. 45 et 48-49. Cf. Prestwich, « Richard... ». Cette image est au cœur de la biographie récente de J. Flori, *Richard Cœur de Lion, le roi-chevalier*, au titre significatif.
111. « *Richard was very far from being the impetuous leader of romantic legend. Rather, his usual approach was methodical and carefully prepared* », Gillingham, *Richard Cœur...*, p. 224-225.
112. « *Anno Incarnatione MC octogesimo sexto, existente [...] comite vero Pictavense probissimo milite Richardo* », « Le cartulaire du prieuré Saint-Pierre de La Réole », éd. Ch. Grelet-Balgerie, Bordeaux, 1863 *(Archives historiques du département de la Gironde*, t. 5), n° 108, § 105, p. 150 (1186). Cf. Boutoulle, *Société...*, p. 568.
113. Ambroise, *L'Estoire...*, v. 10459-10466, col. 280, trad. *Richard...*, Brossard-Dandre, Besson, p. 195.
114. *Ibid.*, v. 12147-12152, col. 326.
115. *Itinerarium peregrinorum et gesta...*, p. 143.
116. Ambroise, *L'Estoire...*, v. 2310, col. 62. Cf. Broughton, *The Legends...*, p. 115-119, Flori, *Richard...*, p. 264-269. Le comte Richard, pourfendeur de Sarrasins, l'un des héros de *L'Escoufle* (1200-1202) de Jean Renart, est également appelé à une occasion « Cœur de lion » (v. 298), Baldwin, *Aristocratic Life in Medieval France*, Baltimore, 2000, p. 38.
117. Strickland, *War...*, p. 99-103.
118. Moore, *The Young...*, p. 17-23.
119. [Jean le Trouvere], *L'Histoire...*, v. 2071-2096. D. Crouch nie que cette cérémonie soit un adoubement, puisqu'un correspondant de Becket dit qu'Henri II le lui a accordé en 1170 ; à ses yeux, il s'agirait plutôt d'une colée par laquelle le maître signifie à son élève qu'il n'est plus son simple écuyer, mais un *bacheler*.
120. « Ymagines... », t. 1, p. 428, cité par Flori, *Richard...*, p. 357.
121. *De Nugis...*, IV, 1, p. 280-283, trad. Bate, p. 222.
122. « *Ita moriens universæ militiæ fuit exitium* », « Otia... », p. 447.
123. [Jean le Trouvere], *L'Histoire...*, v. 2071-2096, 2640, 6987-6988, 7156-7184.
124. « Sermo... », p. 263-273.
125. « Historia... », III, 7, qui signale également l'anneau envoyée par Henri II à son fils moribond.
126. Roger de Howden, *Chronica*, t. 2, p. 277-278.
127. Duby, *Hommes...*, p. 213-226.
128. Gouiran, *L'Amour...*, p. 237-245, et Strickland, *War and Chivalry...*, p. 108-109.
129. « *Ubi ipse cum regina sua morari posset* », *Chronica...*, t. 2, p. 46. Cf. t. I, p. 41, et Boussard, *Le Comté...*, p. 78.

130. *Chronicle*, II, v. 378-406. Cf. STRICKLAND, « Arms... », p. 213-215, et « Securing... », p. 196.
131. *Roman de Rou*, v. 10.269-70, t. 2, p. 266.
132. *Historia ecclesiastica*, t. 3, p. 198, t. 4, p. 82, t. 5, p. 24 et 300, t. 6, p. 450-458. Cf. LOUD, « The *Gens*... », p. 106.
133. R. BOYER, « "Dans Upsal où les Jarls boivent la bonne bière". Rites de boisson chez les Vikings », *La Sociabilité à table*, dir. M. AURELL, O. DUMOULIN, F. THELAMON, Rouen, 1992, p. 84.
134. *Chronicon...*, p. 96. Sans en venir jusque-là, les écrivains s'interrogent également sur les raisons profondes de la dissension persistante entre Henri II et Louis VII, qu'ils cherchent tantôt dans le remariage d'Aliénor, tantôt dans leur revendication commune du Vexin, « Annales Sancti Sergii... », p. 101, OTTON DE FREISING, *Gesta*..., IV, 24, RAOUL DE DISS, « Ymagines... », t. 1, p. 303-304, PIERRE RIGA, « Un poème... ».
135. Cf. le commentaire de son chapitre 23 par SOUTHERN, *Medieval*..., p. 56.
136. « Historia », II, 12, p. 131, et II, 29, p. 159.
137. *Policraticus...*, IV, 2.
138. JOLLIFFE, *Angevin...*, p. 100.
139. Ed. BARTLETT, *Gerald...*, app. II, p. 222-225.
140. *De Principis...*, III, 30, p. 320-321, *Gemma ecclesiastica*, Londres, 1862 (RS 21), t. 2, II, 11. Cf. BARTLETT, *Gerald...*, p. 91-100. Une autre allusion péjorative au léopard d'Henri II dans une lettre du cardinal Albert à Thomas Becket : « *non facile mutat [...] pardus varietates suas* », THOMAS BECKET, *The Correspondance...*, n° 323, p. 1340. Le dragon dans la bannière de Richard Cœur de Lion est attesté par Raoul le Noir, cité par FRYDE, *Why...*, p. 52.
141. *The Letters...*, t. 2, n° 277, p. 592.
142. *De Nugis...* V, 5, p. 226. Cf. LEYSER, *Medieval...*, p. 249.
143. « Un poème... ». Cf. KRYNEN, *L'Empire...*, p. 58 et 62, BALDWIN, *Philippe...*, p. 457.
144. FLORI, *L'Essor...*, p. 303.
145. « *Ob honorem tamen et reverentiam regalis nominis rex Anglorum vocatus est* », « Chronicon », p. 417. Cf. LE PATOUREL, *Norman...*, p. 242, n. 4.
146. AURELL, *Les Noces...*, p. 380-388. Guillaume de Newburgh (« Historia... », II, 10) affirme cependant que Raimond Bérenger IV a refusé le titre royal : « Comme aucun de mes ancêtres n'était de rang plus élevé que comte, je suis comte par nature [...] la fortune ne saurait dépasser la nature et j'abandonne le titre et les insignes de roi [...]. Je préfère être le premier des comtes que même pas le septième des rois. » Cf., en outre, ROBERT DE TORIGNI, *Chronicle*, p. 200-201.
147. Cf. récemment E. PALAZZO, *Liturgie et Société au Moyen Age*, Paris, 2000, p. 194-212, et J. LE GOFF, E. PALAZZO, J.-C. BONNE, M.-N. COLETTE, *Le Sacre royal à l'époque de Saint Louis*, Paris, 2001.
148. Sur ce sujet, cf. P.E. SCHRAMM, *A History of the English Coronation*. De cet ouvrage la solide érudition n'est pas en cause, même s'il ne faut pas en oublier les arrière-pensées idéologiques : il fut écrit par un national-socialiste allemand qui le publie à Oxford, en 1937, en l'honneur de la famille royale anglaise avec laquelle l'Allemagne cherche alors un rapprochement diplomatique.
149. *Councils and Synods...*, n° 152, p. 828.
150. *Chronica*, t. 3, p. 9-12, et *Gesta*, t. 2, p. 79-83, analysé par RAMSAY, *The Angevin...*, p. 266-269, et trad. franç. par BROSSARD-DANDRE, BESSON, *Richard...*, p. 66-69. Cf. RICHARDSON, « The Coronation... », p. 131-133, SCHRAMM, *A History...*, p. 69-70. Certains historiens attribuent le procès-verbal du couronnement de 1189, que Howden se serait limité à reprendre, à Richard fitz Nigel,

responsable de l'Echiquier (Fryde, Why... p. 54), hypothèse peu probable quand on constate la forte orientation théocratique de la description qui nous fait plutôt pencher pour un auteur clérical.
151. Chronica, t. 1, p. 524-525. Le port de la couronne est une cérémonie réitérative d'ostentation, différente du premier couronnement, à l'occasion de l'accession au trône du monarque.
152. « Ymagines historiarum », t. 2, p. 68.
153. Schramm, A History..., p. 141-162.
154. Richardson, « The Coronation... », p. 151-153, Richardson, Sayles, The Governance..., p. 138, Warren, Henry II, p. 218.
155. Pour la différence entre la carta coronationis et la carta professionis, cf. Foreville, « Le sacre... », p. 111.
156. Schramm, A History..., p. 193-202 et 229.
157. Barbey, Etre roi..., p. 35.
158. J. Sobreques, El pactisme a Catalunya, Barcelone, 1982.
159. M. David, « Le serment du sacre du ixe au xve siècle. Contribution à l'étude des limites juridiques de la souveraineté », Revue du Moyen Age latin, 6, 1950, p. 5-272.
160. Roger de Howden, Chronica, t. 3, p. 10, Thomas Becket, The Correspondance..., n° 74, p. 294.
161. L'onction n'apparaît pas dans les seuls quatre vers auxquels Wace réduit le couronnement d'Arthur si longuement décrit pourtant en latin par Geoffroi de Monmouth, et elle ne fait l'objet que d'une brève allusion dans la cérémonie rapportée par Erec et Enide, D. Boutet, Charlemagne..., p. 65.
162. Schramm, A History..., p. 120-121, et Foreville, « Le sacre... », p. 107.
163. The Letters and Charters..., n° 170, p. 236, l. 229-235.
164. Epistulæ, n° 150, col. 440, trad. Bloch, Les Rois..., p. 41-42. Cf. ibid., p. 79-89, 146, 185-216
165. J.-P. Poly, « Le Capétien thaumaturge : genèse populaire d'un miracle royal », La France de l'an mil, dir. R. Delort, Paris, 1990, p. 282-308.
166. Barlow, « The King's... », Le Goff, préface à Bloch, Les Rois..., p. XV-XVI.
167. « Sub faucibus scrophulis, quas vulgo glandulas vocant, vexari cœpit, quæ contactu regiæ manus curari dicuntur », Philippe d'Oxford, « Ad Acta... », p. 575. Cf. Koziol, « England... », p. 140.
168. Sur la fréquence de ces punitions dans les recueils de miracles, cf. E. Bozoky, « Les miracles de châtiment au haut Moyen Age et à l'époque féodale », Violence et Religion, dir. P. Cazier, J.-M. Delmaire, Lille, 1998, p. 151-167.
169. Celle-ci est, en partie, la position de G. Koziol (« England... »), dont le mérite est cependant d'avoir mis en valeur ce miracle, inconnu de M. Bloch. Sa thèse se fonde sur l'opposition des Plantagenêt avec les Capétiens, qui, contrairement à ceux-ci, surmontent leur handicap politique par leur stature morale et leur pouvoir surnaturel.
170. « Sermo... », p. 267-268
171. Knowles, The Episcopal..., p. 154.
172. Fryde, Why..., p. 53.
173. Lemarignier, « Autour... », p. 14.
174. Barbey, Etre roi..., p. 36.
175. Schramm, A History..., p. 120-122.
176. « Infundens oleum sanctum super caput eius », Roger de Howden, Chronica, t. 3, p. 10.
177. P.E. Schramm (ibid., p. 126-127) lance cette hypothèse, reprise par D. Knowles (The Episcopal..., p. 154), qui marque ainsi le caractère provoca-

Notes (p. 124 à 136)

teur du sacre de 1170. Il se fonde sur le récit de la mort d'Henri le Jeune par Raoul de Diss, qui mentionne le corps du prince enveloppé dans les linges qui furent imbibés de chrême le jour de son sacre : « *quas habuit in sua consecratione, lineis vestibus crismate delibutis* », « Ymagines... », t. 2, p. 20. L'ennui est que *oleum* et *chrisma* sont trop souvent synonymes (« *chrisma, oleum quo fideles unguntur* », Augustin d'Hippone, PL, t. 46, II, 1161). Il est, en outre, étonnant qu'on ne trouve pas trace de ce chrême ni dans la correspondance de Thomas Becket ni dans les bulles d'excommunication contre les prélats ayant participé à ce couronnement. Par exemple, Herbert de Bosham, qui se lance dans une longue diatribe contre cette *consecratio*, qu'il tient pour une *execratio*, n'en souffle pas mot, « Vita... », p. 458-460.

178. Kantorowicz, *The King's...*, p. 336, Boutet, *Charlemagne...*, p. 69-70.
179. Mason, « The Hero's... », p. 131, Leyser, *Medieval...*, p. 215-240.
180. Krynen, *L'Empire...*, p. 24.
181. Crouch, *The Image...*, p. 211-214.
182. *Historia...*, X, 40, p. 776.
183. Gervais de Cantorbery, *Chronica*, p. 160. Cf. Schramm, *A History...*, p. 57.
184. Thomas Becket, *The Correspondance...*, n° 285-6, p. 1216-1224. Cf. Warren, *Henry II*, p. 111, Schramm, *A History...*, p. 58.
185. En raison du contexte où la cérémonie de 1170 s'est déroulée, le renouvellement du sacre pour Henri le Jeune en 1172 nous semble plus vraisemblable qu'un simple office rituel de port de la couronne (*crown wearing*) proposé par P.E. Schramm, *A History...*, p. 44. Pour le dossier documentaire, cf. Ramsay, *The Angevin...*, p. 162.
186. Gillingham, *Richard I*, p. 149, Vincent, « Isabella... », p. 184.
187. Richardson, « The Coronation... », p. 122, Schramm, *A History...*, p. 84.
188. D. Crouch, *The Normans : Story of a Dynasty*, Londres, 2002, p. 181.
189. Richardson, « The Coronation... », p. 113-130, Richardson, Sayles, *The Governance...*, p. 139.
190. Ramsay, *The Angevin...*, p. 15, Fryde, *Why...*, p. 52-53.
191. R. Folz, *Le Couronnement impérial de Charlemagne*, Paris, 1974, p. 176.
192. Fryde, « Why... », p. 52.
193. Roger de Howden, *Gesta*, t. 2, p. 72-73, et *Chronica*, t. 4, p. 87, trad. Brossard-Dandre, Besson, *Richard...*, p. 61, Roger de Wendover, *Flores historiarum*, p. 286-287. Cf. Schramm, *A History...*, p. 46-47, Crouch, *The Image...*, p. 201-208.
194. Roger de Howden, *Chronica*, t. 2, p. 194. Cf. Flori, *Richard...*, p. 57-58, Hollister, « Normandy... », p. 238, Boussard, « Philippe... », p. 267.
195. Geoffroi de Vigeois, « Chronique », p. 442-443, et « *Ordo ad benedicendum ducem Aquitaniæ* », RHF, t. 12, p. 451-453. P.E. Schramm (*A History...*, p. 48-49), le meilleur connaisseur des *ordines* de couronnement, voit dans le texte d'Elie, dont la plus ancienne version connue est l'édition de J. Besli en 1641, un texte comportant des interpolations tardives.
196. Treffort, « Le comte... », p. 422-423.
197. Barriere, « L'anneau... », p. 14-17.
198. « Le culte... », p. 281.
199. Stoclet, « A la recherche... », p. 374-376.
200. Thomas Becket, *The Correspondance...*, n° 74, p. 298. Cf. Foreville, « Le sacre... », p. 106-107.
201. *De Principis...*, p. 5.
202. Richardson, Sayles, *The Governance...*, p. 147.
203. Coulson, « Fortress-Policy... », p. 15-16 et 23.
204. Lemarignier, « Autour... », p. 20.

205. Roderick, « The Feudal... », p. 204-205, Flanagan, Irish..., p. 220 et 234.
206. Irish Society..., p. 173-212.
207. Schramm, A History..., p. 127.
208. Lemarignier, Hommage..., p. 179.
209. Matthieu Paris, Chronica..., t. 2, p. 657.
210. Hollister, « Normandy... », p. 235 et 238
211. Lemarignier, Hommage..., p. 85-111, et p. 104-105 pour l'abattage de l'orme de Gisors. Comme lieu de réunion, il équivaut au tilleul des pays germaniques, W. Rösener, Peasants in the Middle Ages, Oxford, 1996, p. 165.
212. Sermones, PL, t. 39, col. 2334, cité par Raban Maur, PL, t. 108, col. 1041.
213. Homiliæ in Evangelia, Turnhout, 1999, trad. A. de Vogüe et alii, Le Barroux, 2000, I, 20, 13, p. 252.
214. Physique ou Liber subtilitatum, III, 44, chap. 35, PL, t. 197, col. 1239.
215. Krynen, L'Empire..., p. 47-50. Cf. E. Panofsky, Architecture gothique et pensée scolastique, Paris, 1967.
216. Bournazel, « La royauté... », p. 445.
217. Mace, Les Comtes..., p. 213.
218. The Gesta..., t. 2, p. 286, où E. Van Houts, l'éditrice, conteste, à juste titre, que Robert de Torigni soit l'auteur de ce paragraphe, contrairement à l'affirmation de F. Lot, reprise par J.-F. Lemarignier, Hommage..., p. 96-100. Il se peut que le moine de Battle recopie à son tour l'un des multiples textes perdus sur Guillaume le Conquérant qui circulaient de son temps. Cf. l'édition récente de la Brevis relatio, Van Houts, History..., VII, p. 21-22 et 45.
219. Chronicle, p. 62. Cf. Krynen, L'Empire..., p. 47.
220. Ed. Holden, v. 2973-76, t. 1, p. 271-272. Cf. Gillingham, The Angevin..., p. 124. Comme le fait remarquer D. Crouch, Wace insiste également sur la minorité du duc Richard Ier et sur sa soumission à Louis IV.
221. RHF, t. 16, p. 110-111, n° 341-342.
222. Materials..., t. 5, p. 134.
223. « Draco... », III, 4, v. 191-340, p. 718-723. Cf. Bezzola, La Cour..., p. 127-131, 138-139, Harris, « Stephen... », Holt, « The End... », p. 244-245.
224. Buc, L'Ambiguïté..., p. 116-118.
225. Van Eickels, « "Hommagium"... ». Soit dit en passant, ces gestes ne présentent aucune ambiguïté, contrairement à ce qui a été parfois écrit pour les relations entre Philippe Auguste et Richard Cœur de Lion. A ce sujet, cf. Gillingham, Richard Cœur..., p. 107, 161, 283-289, et contra, J. Boswell, Christianity, Social Tolerance and Homosexuality, Chicago, 1980, p. 231 et 298.
226. Leyser, Medieval Germany..., p. 215-240. Curieusement aucune des études consultées ne met en doute l'authenticité de la lettre d'Henri II, que rend suspecte sa seule transmission par un panégyriste de l'empereur.
227. Roger de Howden, Chronica, t. 3, p. 202-203 et 225-226. Cf. Schramm, A History..., p. 54.
228. R. Folz, L'Idée d'Empire en Occident du ve au xive siècle, Paris, 1953, p. 122-125.
229. Cheney, Innocent III..., p. 326-356.
230. [Adam d'Eynsham], Magna vita..., V, 5, p. 101.
231. Gautier Map, De Nugis..., V, 6, p. 478 et 484, Pierre de Blois, « Dialogus... », p. 104. Cf. Leyser, Medieval..., p. 252.
232. De Nugis..., V, 6, p. 484.
233. « Dialogus... », p. 105.
234. Chronicle, n° 207-210, v. 1950-1980, p. 144-147.
235. [Jean le Trouvere], L'Histoire..., t. 2, p. 96-97, cité par Gillingham, The Angevin..., p. 102.

236. *De Principis...*, III, 28, p. 304, Orderic Vital, *Historia ecclesiastica*, VIII, 10, t. 4, p. 188-189.
237. Guillaume fitz Stephen, « Vita... », p. 24-25 et 29-33.
238. [Adam d'Eynsham], *Magna vita...*, III, 10.
239. Leyser, « The Angevin... », p. 59
240. Edition en cours des chartes d'Henri II par N. Vincent, qui nous a généreusement communiqué ce document n° 4739H (1177-1189), d'après une mention contenue dans une enquête de janvier 1331 sur une concession en faveur du prieuré de Butley.
241. M. Lever, *Le Sceptre et la marotte. Histoire des fous de cour*, Paris, 1983, p. 119-120.
242. Gouttebroze, « Pourquoi... ».
243. *Epistulæ*, n° 14, col. 45. Renseignement aimablement communiqué par D. Crouch.
244. Lettre enregistrée dans les *Rotuli litterarum*, citée par Mason, « St Wulfstan's... », p. 162, qui identifie plutôt ce livre à celui de Geoffroi Gaimar.
245. Corner, « The *Gesta*... », p. 135-141.
246. Gillingham, « Royal... », p. 184.
247. Cingolani, « Filologia... », Gouttebroze, « Henri II... », Short, « Patrons... », p. 245, Guenee, *Histoire...*, p. 334-335.
248. R.W. Southern remarque certes la liberté de ton et les critiques antiroyales nombreuses dans l'historiographie anglaise, contrairement à l'historiographie capétienne, qu'il explique par l'impopularité de la fiscalité sur l'île. Il conclut sur une « tradition de service sans affection en Angleterre face à la France où la tradition de domesticité ne comporte guère de service professionnel », *Medieval...*, p. 151.
249. Le lien entre Edouard et le sacre apparaît explicitement dans les chartes accordées à Westminster par Henri II et Richard Cœur de Lion, copiées dans la chronique de Richard de Cirencester dans la seconde moitié du XIVe siècle, RS 30, t. 2, p. 34-35.
250. Barlow, *Edward...*, p. XXIV et p. 274 et 283-284.
251. « Vita... », col. 738 et 773-774. Cf. Bozoky, « Le culte... », p. 279, Barlow, *Edward...*, p. 247-248. Ce rêve se trouvait déjà dans la *Vita*, rédigée vers 1064-1068, et dans les *Gesta* de Guillaume de Malmesbury. Il est, bien entendu, repris par la moniale de Barking dans sa traduction française d'Aelred.
252. F. Morenzoni, « La *Vie d'Edouard le Confesseur* d'Alexandre d'Ashby », *Culture politique...* (sous presse).
253. « Genealogia... ». Cf. Cingolani, « Filologia... », p. 824.
254. Ed. Södegard. Cf. Legge, *Anglo-normand Literature...*, p. 60-72.
255. *The Heads of Religious Houses. England and Wales* : I, *940-1216*, dir. D. Knowles, C.N.L. Brooke, V.C.M. London, Cambridge, 2001 (2e éd.), p. 208. Cf. également la thèse en cours d'E. Mitchell à Jesus College (Cambridge), qui contient une proposition de nouvelle datation, difficile à vérifier, des années 1175-1200 pour l'œuvre de la nonne de Barking. La découverte du prénom de la mère de Mathilde revient à ce chercheur, Mitchell, « Patrons... ».
256. A. Renoux, *Fécamp : du palais ducal au palais de Dieu*, Paris, 1991.
257. Gouttebroze, *Le Précieux...*, p. 18-20, 29-30. A la fin du Moyen Age, les deux traditions hagiographiques se télescopent : on donne alors le nom d'Isaac au neveu de Nicodème qui aurait mis le précieux Sang à la mer, conservé dans un tronc de figuier qui échoua miraculeusement à Fécamp (*Ficus campi*, « Figuier du champ »), *ibid.*, p. 65-78. Cf. Vincent, *The Holy...*, p. 69-70.
258. *Recueil des actes d'Henri II*, n° 221-223, t. 1, p. 358-361, Robert de

Torigni, *Chronicle*..., p. 212-213, Wace, *Roman de Rou*, III, v. 2241-6, t. 1, p. 244. Cf. Van Houts, *History*..., X, p. 115.

259. *De Moribus*..., p. 293-298, *Gesta*..., n° 177-178, p. 304-309.

260. Gouttebroze, *Le Précieux*..., p. 37-38, 78-83. Il faut éviter d'établir de façon trop précoce, sous le règne du croisé Richard Cœur de Lion, le lien entre le saint Sang et la quête arthurienne du Graal (Chauou, *L'Idéologie*..., p. 259, d'après J. Marx), car il n'apparaît pas mentionné avant Robert de Boron au début du XIIIe siècle.

261. Bennet, « Poetry... », p. 37. D. Crouch conteste cependant que le terme *vaslet* que Wace se donne à lui-même soit synonyme d'un engagement guerrier.

262. Cf. Jaeger, « Patrons... », p. 56-57. Cette dédicace n'apparaît dans aucune version anglo-normande du *Brut*. Elle ne nous est connue que par le vers 22 (éd. Brook, Leslie, p. 2) d'un seul des deux manuscrits anciens de la traduction anglo-saxonne que Layamon en donne un quart de siècle plus tard ; ce manuscrit « Cotton Caligula » est certes supérieur et plus proche de l'original que « Cotton Otho » qui ne mentionne pas Aliénor (introduction à la trad. angl. par Allen, p. XX). Benoît de Sainte-Maure formulera une dédicace identique pour profiter du mécénat d'Henri II dans son *Roman de Troie*.

263. *Li reis Henris li Secunt ;/ cil me fist duner, Deus lui rende,/ a Baieues une provende*, *Roman de Rou*, v. 172-174, t. 1, p. 167, et v. 5313-18, t. 2, p. 84. Cf. Bezzola, *La Cour*..., p. 180-183, Tyson, « Patronage... », p. 193-198, Short, « Patrons... », p. 238. E. Van Houts montre que d'autres membres de la famille de Wace avaient par le passé été chanoines de Bayeux, ce qui facilite la démarche du roi en sa faveur, *History*..., X, p. 105.

264. Van Houts, *History*..., X, p. 114-116.

265. « Pourquoi... », p. 295-296 et 304-307.

266. Southern, *Medieval*..., p. 155, Blacker, *The Faces*..., p. 119, Van Houts, *History*..., XI, p. 118

267. Bennet, « Poetry... », p. 36. L'attachement de Wace pour la reine révoltée comme cause de sa disgrâce, prôné par R. Lejeune (« Rôle... », p. 26), est toutefois indémontrable, cf. Gouttebroze, « Pourquoi... », p. 290-291.

268. Cf. *contra* Dronke, « Peter... », p. 187, où il est question de la supériorité poétique de Benoît sur Wace, perçue par le roi, prétendu fin connaisseur en la matière. En revanche, J.-G. Gouttebroze (« Pourquoi... », p. 290) trouve l'écriture de Wace « plus vigoureuse, plus condensée et plus évocatrice » que celle de Benoît. Des goûts et des couleurs...

269. *Le Roman*..., v. 11420-4, t. 2, p. 307. Wace ne donne malheureusement pas la date de sa disgrâce, qui aurait permis d'en préciser davantage les causes.

270. Bezzola, *La Cour*..., p. 289.

271. Du moins d'après Schrimer, Broich, *Studien*..., p. 86-88, où son rythme de travail est avancé comme la cause de son limogeage.

272. *History*..., XI, p. 118-119. Cf. cependant la mise en garde de P. Damian-Grint (*The New*..., p. 57-58) sur le caractère trompeur de son *authorital self-presentation*, qui ne saurait être interprétée comme un signe d'« honnêteté » scientifique ou de « jugement critique ».

273. Bezzola, *La Cour*..., p. 194-197, Blacker, *The Faces*..., p. 119 et 133.

274. Teunis, « Benoit... ».

275. Gouttebroze, « Pourquoi... », p. 308-310.

276. *Historia*..., XIII, 21-22. Cf. J. Bradbury, « Geoffroy V... », p. 21 et 27-28, et Power, « What Did... », p. 200

277. S. Farmer, *Communities of Saint Martin : Legend and Ritual in Medieval Tours*, Ithaca (NY)-Londres, 1991, p. 76-95.

Notes (p. 151 à 160)

278. Ed. HALPHEN, POUPARDIN, p. VII-VIII et XXVII-LXV. Cf. CHAUOU, *L'Idéologie...*, p. 53, et BACHRACH, « The Idea... », p. 298-299.

279. « De Majoratu... ». Cf. MIREAUX, *La Chanson...*, p. 84-92. Les chartes sur Hugues de Claye sont nombreuses dans la publication en cours de N. Vincent, qui nous a aimablement aidé encore à situer ce personnage.

280. MIREAUX, *La Chanson...*, p. 79-83 et 101-103. Cf. SCHRIMER, BROICH, *Studien...*, p. 104-108, KELLER, « The Song... », p. 244, 248-249, 256

281. MIREAUX, *La Chanson...*, p. 98-101, BUMKE, *Courtly...*, p. 77, SOUTHERN, *Medieval...*, p. 139, BEZZOLA, *La Cour...*, p. 302.

282. Ed. VIELLIARD, p. 24-26 et 78-80.

283. LOT, « Geoffroy... ».

284. Ed. MANDACH, *Naissance...*, t. 3, p. 1, et t. 4, p. 12-27 et 54. Cf. cependant le point de vue inverse de BOUTET, *Charlemagne...*, p. 474-482 : « il est exclu de voir dans *Aspremont* une œuvre de propagande en faveur des Plantagenêt », p. 478.

285. *L'Estoire...*, v. 516, 4188 et 8491-3, col. 15, 112, 227. Cf. VAN WAARD, *Etudes...*, p. 263.

286. J. SUBRENAT, *Etude sur Gaydon, chanson de geste du XIIIe siècle*, Aix, 1974, BOUTET, *Charlemagne...*, p. 99-100, 397-402, 530-535, MIREAUX, *La Chanson...*, p. 93-96.

287. FOLZ, *Le Souvenir...*, p. 197-207.

288. *Epistulæ*, n° 14, col. 45, et *Compendium in Job*, col. 810-811, « Ymagines... », t. 2, p. 178, *Chronicle*, n° 10, v. 112-114, p. 11, *The Cansos...*, n° 75, v. 75, p. 476, *L'Amour...*, n° 12, v. 70, p. 224.

289. *L'Amour...*, n° 10, v. 42, p. 190, et n° 28, v. 23, p. 576, *De Principis...*, I, 17, p. 74. Cf. BEZZOLA, *La Cour...*, p. 80 et 201-202, LEWIS, *Le Sang...*, p. 146, 150-151 et 155.

290. SPIEGEL, « The *Reditus...* ».

291. *L'Idéologie Plantagenêt. Royauté arthurienne et monarchie politique dans l'espace Plantagenêt (XIIe-XIIIe siècle)*, déjà cité.

292. JACKSON, « The Arthur... ». Les annexes de CHAMBERS, *Arthur...*, p. 234-279, contiennent la plupart des sources latines relatives à Arthur.

293. *The Mabinogion*, p. 95-136.

294. WESTON, « Waucherie... », ANGLADE, *Les Troubadours...*, p. 25, 41-42 et 47, BEZZOLA, *La Cour...*, p. 67-68, 163-164, 291-292, et t. 2 (2e partie), p. 318-320, NEWSTEAD, « The Origin... », NYKROG, « The Rise... », p. 602.

295. WRIGHT, « Geoffrey of Monmouth and Bede » et « Geoffrey of Monmouth and Gildas », NYKROG, « The Rise... », p. 595.

296. Bonne mise au point sur Geoffroi dans ASHE, « Geoffroy... », et, sur son arrière-plan politique, dans GILLINGHAM, *The English...*, p. 19-39.

297. CRICK, *The Historia...*

298. DAMIAN-GRINT, « Redating... ».

299. LEGGE, *Anglo-Norman...*, p. 28-32, SHORT, « Gaimar's... », DAMIAN-GRINT, *The New...*, p. 49-50.

300. Le problème de la représentation égalitaire ou hiérarchique de la table ronde a donné lieu à une abondante littérature parmi les médiévistes. Wace insiste certes sur l'égalité qu'elle impose, mais dans les faits Arthur s'y réserve la place d'honneur ; il ordonne lui-même la préséance qui doit être respectée entre les chevaliers ; son pouvoir s'y manifeste d'autant plus que c'est autour d'elle que ses décisions sans appel mettent fin aux rivalités entre ses guerriers ; avec sa forme circulaire, elle pourrait même évoquer une domination cosmique, la dimension universelle du gouvernement royal, SCHMOLKE-HASSELMANN, « The Round... », GUERREAU-JALABERT, « Alimentation... ».

301. Fletchter, *The Arthurian...*, p. 127-142, Bezzola, *La Cour...*, p. 154-157, Boutet, *Charlemagne...*, p. 157-163, 185, 199-203.
302. Gillingham, *The English...*, p. 20, Nykrog, « The Rise... », p. 595-596.
303. « Historia rerum... », p. 11-12 et 17-18, « Itinerarium Kambriæ », I, 5, p. 57. Cf. Bezzola, *La Cour...*, p. 120-122, Gransden, *Historical...*, p. 264-265, Gillingham, *The English...*, p. 22-23, Roberston, « Geoffrey... », p. 53.
304. *Life of Merlin...*, v. 1511-1515. Cf. *ibid.*, p. 9, P. Zumtor, *Merlin le Prophète*, Genève, 1973, p. 38.
305. Ed. Curley, « A New... ».
306. Cité par Gillingham, *The English...*, p. 33 ; L. Johnson, A. Bell, « The Anglo-Norman *Description of England* », *Anglo-Norman Anniversary Essays*, dir. I. Short, Londres, 1993, p. 11-47.
307. Blacker, « *Ne vuil...* » et « *Where...* ». Encore à la fin du XIIIe siècle, le souvenir arthurien est vivant chez les rois gallois : en 1284, « le bijou d'Arthur » fait partie du trésor de Llywelyn ap Gruffudd, capturé par Edouard Ier, R. Davies, *Wales, 1063-1415*, Oxford, 1991, p. 355.
308. Gillingham, *The English...*, p. 253.
309. Bullock-Davies, « Chrétien... », p. 59-60. Cf. Bezzola, *La Cour...*, p. 310-311.
310. Hoepffner, « The Breton... », p. 116-121, Bezzola, *La Cour...*, p. 305, introduction d'Y. de Pontfarcy à son éd. de Marie de France, *L'Espurgatoire...*, Chauou, *L'Idéologie...*, p. 96.
311. Noble, « Romance... », Newstead, « The Origin... ».
312. Ces deux ouvrages ont été édités et traduits en 1984 et 1988 par M.L. Day, qui étudie de façon très convaincante le problème de leur paternité. Leur auteur n'apparaît, en effet, désigné que par son initiale « R ». Cette paternité en faveur de Robert de Torigni est cependant rejetée par J.-Y. Tilliette, à la suite de J.D. Bruce ou de R.S. Loomis, qui considèrent ces ouvrages du XIIIe siècle, dans son compte rendu récent d'Echard, *Arthurian...*, paru dans CCM, 45, 2002, p. 176.
313. Jones, « Richard... », p. 76-77, Chauou, *L'Idéologie...*, p. 248.
314. Bertran de Born, *L'Amour...*, n° 22, v. 33-40, p. 434. Cf. Anglade, *Les Troubadours...*, p. 60-77.
315. *Liber de confessione sacramentali*, PL, t. 207, col. 1088D. Cf. Loomis, *Studies...* p. 4, Dronke, « Peter... », p. 198-199.
316. *Le Miroir de la charité. Sermons de l'amitié spirituelle*, trad. Ch. Dumont, Paris, 1961, II, 17, p. 50.
317. *Dialogus...*, IV, 36.
318. Loomis, *Arthurian Legend...*, p. 4-10, 31-36, Schmitt, *Les Revenants...*, p. 140-141.
319. Pour le paragraphe qui suit, se reporter à Gransden, « The Growth... ». La traduction française des sources se trouve dans Faral, *La Légende...*, p. 437-441. Cf. également Chauou, *L'Idéologie...*, p. 203-230, Barber, « The *Vera..* ».
320. *De Principis...*, I, 20, p. 126-128.
321. Malmesbury, *Gesta...*, III, 287, p. 520.
322. Wood, « Guenevere... », p. 28.
323. Mason, « Rocamadour... », « The Hero's... », p. 127-129.
324. Bresc, « Excalibur... », Cassard, « Arthur... », p. 144-145, Schmitt, *Les Revenants...*, p. 140-143.
325. Fletcher, *Arthurian...*, p. 162, Broughton, *The Legends...*, p. 97-99, Cassard, « Arthur... », p. 143.
326. Wulfstan a été nommé à sa charge par Edouard le Confesseur. Ses persécuteurs sont des hommes de Guillaume le Bâtard qui lui reprochent de ne pas savoir le français. Jean sans Terre se sert de l'anecdote pour défendre

devant les légats pontificaux son droit à choisir lui-même les évêques à la façon de son ancêtre canonisé, MASON, « Saint Wulfstan's... ».

327. LOOMIS, « Tristam... », p. 29-30, MASON, « The Hero's... », p. 131-132.

328. Le tout est de savoir si la *Tristam saga* traduit un passage perdu de Thomas (thèse de LOOMIS, *Arthurian...*, p. 44-48, attribuant les armes à Henri II, et de BRAULT, *Early...*, p. 21, qui les attribue plutôt à Richard Cœur de Lion), ou si elle l'invente pour flatter le roi de Norvège Haakon V (1217-1263) qui porte des armoiries similaires (PASTOUREAU, *L'Hermine...*, p. 280-283).

329. BOUTET, *Charlemagne...*, p. 102-103.

330. *Expugnatio...*, p. 148-149. Cf. FLANAGAN, *Irish...*, p. 49.

331. *The Rise...*, p. 112-115. Un *Castrum puellarum*, au nom identique à celui du roman, est mentionné dans le traité avec le roi d'Ecosse de 1175, ROGER DE HOWDEN, *Chronica*, t. 2, p. 81.

332. FLETCHTER, *The Arthurian...*, p. 154.

333. Voici quelques vers des années 1250, prolongeant encore cette tradition : *A Bruto dicti Britones timuere Ricardum* [Cœur de Lion] / *cui velut Arthuro colla subacta dabunt,* / *scilicet Arthuro qui straverat agmina Romœ*, JEAN DE GARLANDE, *De Triumphis...*, p. 52.

334. « Liber de compositione... », p. 10.

335. CHAUOU, *L'Idéologie...*, p. 44-45 et 54-55.

336. La popularité de Nicodème en Normandie vient, comme nous l'avons vu, du culte du saint Sang.

337. Ed. HOLDEN, cf. PARIS, *La Littérature...*, p. 47-51.

338. J.-C. Holt (« The End... », p. 253) minimise le rôle politique de ce poème en faisant valoir son ton burlesque et les railleries de l'Anglais Arflet. Il faut cependant rétorquer que l'ironie est aussi une arme et que le roi de la cervoise, personnage rendu au demeurant sympathique, est cité en début du poème en rappel de la chanson française à laquelle André entend riposter.

339. Ed. HOLDEN, v. 45-58, t. 1, p. 4-5, trad. PARIS, *La Littérature...*, p. 45-46.

340. *Chronicon...*, p. 64, « Historia rerum... », II, 28, p. 174. Cf. PARTNER, *Serious...*, p. 98-99, MORTIMER, *Angevin...*, p. 239.

341. GILLINGHAM, *The English...*, p. 3-18, 41-58, 69-162.

342. « Draco... », II, 17-23, v. 941-1283, p. 695-708. Cf. BEZZOLA, *La Cour...*, p. 132-136, FLETCHTER, *The Arthurian...*, p. 145, HARRIS, « Stephen... ».

343. Elles ont été formalisées en 1933 par J.S.P. Tatlock (« King... »), que nous suivons ici comme tous nos autres devanciers plus récents, en particulier DAY, « The Letter... », et HARRIS, « Stephen... ».

344. GREENE, « Qui croit... ».

345. TATLOCK, « King... », p. 44-5, BEZZOLA, *La Cour...*, p. 129-130. Raoul de Diss utilise la même prophétie de « l'aigle de l'union rompue », sans doute le plus populaire des oracles de Merlin au XIIe siècle, lors de l'accession de Richard Cœur de Lion au trône, à la grande joie d'Aliénor d'Aquitaine, MARTINDALE, « Eleanor... », p. 142-143. Des prophéties sur la conquête de l'Irlande apparaissent alors même sur le continent, où une chronique de Tours cite explicitement Merlin, « Chronicon turonense... », p. 137.

346. « Chronicon... », p. 146. Cf. PARTNER, *Serious...*, p. 64-66.

347. *The Letters...*, n°s 173 et 292, t. 2, p. 134-137 et 668-669, *Materials...*, t. 5, p. 292, CROUCH, *William...*, p. 19. Cf. BLACKER, *The Faces...*, p. 39, BARTLETT, « Political... ».

348. BOUTET, *Charlemagne...*, p. 510-511.

349. Pour ce qui précède nous reprenons l'article inédit de C. Girbea, « Limites... », que nous remercions sincèrement.

350. BEAUNE, *Naissance...*, p. 19-54.

351. Chauou, L'Idéologie..., p. 46-49, 90-93, 171-181.
352. Bezzola, La Cour..., p. 271, d'après les vers 971-2 du manuscrit édité par L. Constans (Paris, 1890), alors que ces vers ne coïncident pas avec la version publiée par G. Raynaud de Lage.
353. A.K. Bate, introduction à son éd. de Joseph d'Exeter, Iliade..., p. 4-13, et p. 21 pour Pierre de Saintes. On ne conserve que 22 vers en deux fragments de l'Antiocheis : l'un de ces fragments contient un éloge d'Arthur, éd. Bezzola, La Cour..., p. 146, n. 2. Pour Henri le Jeune, V, v. 534, éd. Gompf, p. 177, trad. Roberts, p. 63-64.
354. Architrenius, V, 17, v. 443, p. 140. Ce « cinquième Phébus » n'est pas explicitement identifié, et E. Wetherbee, éditeur du poème, de voir en lui l'archevêque Gautier de Rouen et d'en faire le dédicataire de cet ouvrage, ibid., p. 262, n. 27. Pourtant, Henri II fait l'objet d'un éloge précédent, V, 4, v. 87, p. 120. Surtout, il apparaît comme le dernier en date de la généalogie d'Anchise, puis d'Arthur, qui aboutit au « cinquième Phébus », qui ne saurait être Gautier, mais le roi.
355. De Nugis..., V, 1, p. 404, Anticlaudien, cité par Clanchy, England..., p. 136, L'Amour..., n° 2, v. 7, p. 44, et n° 3, v. 9, p. 56, cf. p. LXXVII-LXXVIII.
356. P. Zumtor, La Lettre et la Voix. De la « littérature » médiévale, Paris, 1987.

RESPECTER OU REJETER LE POUVOIR ROYAL
(p. 181 à 183)

1. Pour ce qui suit, cf. Holt, Magna..., et Magna Carta..., dir. même auteur, ainsi que Richardson, Sayles, The Governance..., p. 368-369.
2. Vincent, Peter..., p. 114-134.
3. Holt, The Northerners..., p. 61-78.
4. Holt, Magna..., p. 24-26.
5. Fryde, Why..., p. 82-83, 96.
6. Powicke, Stephen...

L'Aristocratie entre révolte et soumission
(p. 185 à 239)

1. Tractatus de legibus..., p. 2, d'après l'adage des Institutes, I, II, 6 : « Quod principi placuit legis habet vigorem. » Cf. Tierney, Church..., IV, p. 296-298, 315-316, Jolliffe, Angevin..., p. 18, Richardson, Sayles, The Governance..., p. 143.
2. Jolliffe, Angevin..., p. 5-6 et 24-29.
3. Baldwin, « La décennie... ».
4. « Si nous étudions les textes des XIe et XIIe siècles, on s'aperçoit que la noblesse se confondait alors complètement avec la chevalerie, c'est-à-dire qu'il fallait de toute nécessité être chevalier pour jouir des droits qu'on a considérés plus tard comme les privilèges de la classe que nous appelons la noblesse », Essai sur l'origine de la noblesse en France au Moyen Age, Paris, 1902, p. 370. Au début de son ouvrage, P. Guilhiermoz a défini la noblesse comme « une classe sociale, à laquelle le droit reconnaît des privilèges se transmettant par le seul fait de la naissance », ibid., p. 1.
5. « Sur le passé de la noblesse française : quelques jalons de recheeche », Annales d'histoire économique et sociale, 8, 1936, p. 366.
6. La Société féodale, Paris, 1968 (5e éd.), p. 445-460.

7. « Un problème d'histoire comparée : la ministérialité en France et en Allemagne », *Revue d'histoire du droit*, 1928, p. 89.
8. *Ibid.*, p. 80.
9. Cf., en dernier lieu, K. F. WERNER, *Naissance de la noblesse. L'essor des élites politiques en Europe*, Paris, 1998.
10. *Hommes...*, p. 343. Cf., du même auteur, *La Société aux XIe et XIIe siècles dans la région mâconnaise*, Paris, 1979, p. 470-474.
11. D. BOUTET, A. STRUBEL, *Littérature politique et société dans la France du Moyen Age*, Paris, 1979, p. 110-114, J. BATANY, Les Origines et la formation du thème des états du monde, thèse inédite, université de Paris IV, 1979, V. SERVERAT, *La Pourpre et la Glèbe. Rhétorique des états de la société dans l'Espagne médiévale*, Grenoble, 1997.
12. *The Image...*, p. 177.
13. J. MORSEL, « L'invention de la noblesse en Haute Allemagne à la fin du Moyen Age. Contribution à l'étude de la sociogenèse de la Noblesse médiévale », *Mélanges Ph. Contamine*, éd. J. PAVIOT, J. VERGER, Paris, 2000, p. 533-545, Ph. CONTAMINE, *La Noblesse au royaume de France de Philippe le Bel à Louis XII*, Paris, 1997, p. 329, n. 1.
14. Au sujet de cette identification, cf. D. CROUCH, *The Image...*, p. 141 : « *It was the decisions of Henry II and his advisers that did more than anything else to establish the English knight as an aristocrat.* »
15. « *Sunt exempti [...] omnes milites et omnes de milite de uxore propria procreati* », *L'Ancienne Coutume de Normandie*, éd. W.L. DE CRUCHY, Jersey, 1881, chap. 15, p. 44. Un glosateur du XVe siècle commente, en toute logique, ce passage de la façon suivante : « Dans la division des états, l'état de noblesse est appelé état de chevalerie », GUILHIERMOZ, *Essai...*, p. 144, n. 4, et M. KEEN, *Chivalry*, New Haven (Ct), 1984, p. 145, d'après Bibliothèque nationale de France, ms fr 2765, fol. 45.
16. HAJDU, *A History...*, p. 29, C. JEANNEAU, *La construction de châteaux et la « mutation féodale » : les transformations de la société en Bas-Poitou (1000-1150)*, mémoire de D.E.A. inédit, université de Poitiers, 2000. Par leur contexte, ces documents montrent que ces *servientes* ne sont pas « sergeants » au sens militaire du terme, mais l'équivalent des *servi* des autres régions.
17. « Documents inédits pour servir à l'histoire de l'abbaye de Sainte-Croix de Poitiers », éd. P. de MONSABERT, *Revue Mabillon*, 9, 1913-14, n° 11.
18. *Liber Niger...*, t. 1, 49-340, *The Red...*, p. 186-445, ROUND, *Feudal...*, p. 225, STENTON, *English...*, p. 136-139. L'étude la plus récente et solide sur l'enquête de 1166 se trouve dans KEEFE, *Feudal...*.
19. Ed. J. BALDWIN, *Les Registres de Philippe Auguste*, Paris, 1992, t. 7, p. 267-308.
20. *Rotuli...*.
21. *Gesta...*, t. 1, p. 56-57.
22. STRICKLAND, « Against... », p. 58.
23. AURELL, *La Noblesse...*, p. 69-82, FLORI, *Chevaliers...*, 64-88.
24. CROUCH, *The Image...*, p. 141.
25. « *Coram militibus meis qui tunc presentes aderant* », Recueil de documents relatifs à l'abbaye de Montierneuf de Poitiers (1076-1319) », éd. F. VILLARD, Poitiers, 1973, n° 108, p. 176. Cf. HAJDU, *A History...*, p. 30, qui apporte d'autres citations similaires.
26. Entre 1150 et 1250, sept comtés disparaissent et trois nouveaux sont créés, MORTIMER, *Angevin...*, p. 79.
27. CROUCH, *The Image...*, p. 73. Comme nous le fait toutefois remarquer J. Gillingham, cette cérémonie n'est décrite que vers 1200 par Roger de How-

den, historien particulièrement attentif au rituel. Peut-être était-elle antérieure ?

28. BILLORE, « La noblesse... », p. 157-158.
29. *Recueil des actes de Philippe Auguste, roi de France*, éd. H.-F. LABORDE, Ch. PETIT-DUTATILLIS, J. MONICAT, Paris, 1943, t. 2, p. 156, n° 608. Cf. VINCENT, *Peter of...*, p. 22-25, et J. EVERARD, *Brittany...*, p. 167-171.
30. ROGER DE HOWDEN, *Chronica*, t. 3, p. 9-12, et *Gesta*, t. 2, p. 79-83.
31. Ces problèmes ont été abordés par un autre biais dans GILLINGHAM, *The English...*, p. 259-276.
32. *De Principis...*, I, 1, p. 8-9, passage commenté par BUC, « Principes... », p. 317, et *L'Ambiguïté...*, p. 147-161.
33. BYNUM, « Did... ».
34. Ed. FAHLIN, v. 28832-40. Cf. FLORI, *Essor...*, p. 314.
35. *De Nugis...*, I, 10, p. 12-15. On pourrait objecter que Claudien lui-même, autour de 400, se fait l'écho d'une similaire fixation du statut juridique, et que la reprise de son discours par Gautier Map répond à la perpétuation d'un vieux modèle rhétorique, voire à la reprise de thèmes réactionnaires universels dans toute littérature. Mais, contrairement au philologue, le propre de l'historien n'est pas de considérer le texte pour lui-même, dans son « intertextualité », mais de le replacer dans son « contexte » pour l'analyser comme un reflet, aussi pâle ou déformé soit-il, de la réalité sociale de son temps.
36. *Chronica...*, p. 167. Cf. TÜRK, *Nugæ...*, p. 179.
37. *Epistulæ*, n° 49, col. 147.
38. *Epistulæ*, n° 3, col. 8 ; *De Principis...*, I, 15, p. 51.
39. *The Correspondance...*, n° 96, p. 432 et note 15. Les citations de Juvénal sont empruntées aux *Satires*, VIII, 20.
40. CROUCH, « The Hidden... » et *William...*
41. T.S.R. BOAGE, *Death in Middle Ages : Mortality, Judgement and Remembrance*, Londres, 1972, p. 73-81, CROUCH, « The Culture... ».
42. *The Chronicle...*, p. 214.
43. CROUCH, *William...*, p. 179-180.
44. M. PASTOUREAU, *Manuel d'héraldique*, Paris, 1997, p. 47-55.
45. *Fœdera, conventiones...*, I, i, 65. Cf. GILLINGHAM, *Richard I*, p. 278-279, J. BARKER, *The Tournament in England (1100-1400)*, Woodbridge, 1986, p. 11 et 53-56.
46. FLORI, « La chevalerie... ».
47. *Layettes du trésor des chartes*, éd. A. TEULET, Paris 1863, t. 1, n° 433 (2 IV 1195-13 I 1196). Cf. POWER, « L'aristocratie... », p. 127.
48. Cf. *Le Règlement des conflits au Moyen Age*, dir. S.H.M.E.S., Paris, 2001.
49. BROWN, « Royal... ».
50. BEAUROY, « Centralisation... », BOORMAN, « The Sheriffs... ».
51. « Ymagines... », t. 1, p. 371.
52. THOMAS BECKET, *The Correspondance...*, n° 112, p. 542.
53. ALTHOFF, « Ira... ». Cf. également la lettre de mars 1165, où Arnoul, évêque de Lisieux, s'arrête sur la « férocité innée » du roi, éd. BARLOW, p. 69-88.
54. GREEN, *The Aristocracy...*, p. 264.
55. « *Military incompetence, crushing defeat, meant to contemporaries failure to act the part of a king. A defeated king lost the respect and éventually the loyalty of his barons* », RICHARDSON, SAYLES, *The Governance...*, p. 366.
56. STRICKLAND, « Against the Lord's... ».
57. Sur l'introduction du droit romain en Angleterre, cf. KANTOROWICZ, SMALLEY, « An English... ». Même Jean de Salisbury, adepte de la théorie contraire du tyrannicide, consacre un long développement au devoir universel de

loyauté envers la tête du corps politique et au crime de lèse-majesté, fondé sur le Code et le Digeste, *Policraticus*, VI, 25.

58. Green, *The Aristocracy...*, p. 257-264.

59. Du moins si l'on en croit Roger de Howden, *Chronica...*, t. 1, p. 273, mais ce chroniqueur rend son témoignage suspect en mentionnant le peu probable retour de pèlerinage à Saint-Jacques de Patrick de Salisbury. Jean le Trouvère (*L'Histoire*, voir n. 52, v. 1600-1652) attribue plutôt le crime à la troupe de son frère Geoffroi de Lusignan. Robert de Torigni et Gervais de Tilbury accusent les Poitevins en général, tandis que Raoul de Diss se limite à dire qu'il a été tué d'un coup de lance en Aquitaine. Cf. l'excellente mise au point de P. Meyer dans son édition de Jean le Trouvère, t. 3, p. 25-26, n. 6, et Gillingham, *Richard I*, p. 90, sur l'assassinat par Geoffroi de Lusignan d'un représentant du duc d'Aquitaine en 1188, qui a pu entraîner une confusion de la part des chroniqueurs anglais avec les événements de 1168.

60. Hajdu, *A History...* p. 312, Cao Carmichael de Baglie, « Savary... », p. 274.

61. Robert de Torigni, « Chronicle », p. 218, Guillaume de Newburgh, « Historia... », II, 5, t. 1, p. 325. Cf. Barlow, *Thomas...*, p. 84-89.

62. Au début du XIIe siècle, aveuglement et castration de ceux qui complotent contre le roi sont encore répandus, C.W. Hollister, « Royal Acts of Mutilation », *Albion*, 10, 1978, p. 330-340.

63. Gillingham, *The English...*, p. 209-232.

64. Green, *The Aristocracy...*, p. 264, Jolliffe, *Angevin...*, p. 44-45, 67-77 et 311-313.

65. Thompson, « The Lords... », p. 191-192.

66. Cf. les passages remarquables sur le sujet dans Strickland, *War...*, p. 291-323.

67. « Itinerarium... », I, 2, « Chronicon », p. 443. Dans la littérature ascétique de leur temps, le mercenaire ou l'esclave sont les figures de l'obéissance servile, de mauvais gré, à la volonté de Dieu, Bernard de Clairvaux, *De l'Amour de Dieu*, PL, t. 182, XIII.

68. J.O. Prestwich, « War and Finance in the Anglo-Norman State », *Transactions of the Royal Historical Society*, 5th, 4, 1954, p. 19-43, C.W. Hollister, *The Military Organization of Norman England*, Oxford, 1965, p. 195-204.

69. « *The 1168 and 1172 levies were not a factor in the rebellion* », Feudal, p. 117. T.K. Keefe prend ici ses distances à l'égard de J.E.A. Jolliffe et de W.L. Warren.

70. C'est le point de vue du solide article, qui pourrait sans doute être nuancé sur ce point, de Boussard, « Les mercenaires... ».

71. Prestwich, « The Military Household... », Church, *The Household...*, p. 14.

72. Pour être plus précis, avec 94 3/4 d'après les *Infeodationes baronum* de 1172, Crouch, *William...*, p. 22.

73. Everard, *Brittany...*, p. 183-203, qui démontre que la coutume de la primogéniture était déjà fort répandue dans l'aristocratie bretonne, mais cela n'est pas incompatible avec la loi systématisant des pratiques féodales.

74. Ramsay, *The Angevin...*, p. 208-209.

75. Church, *The Household...*, p. 74-99.

76. Hajdu, *A History...*, p. 317, qui fait cependant remarquer, à juste titre, que la date de 1199 est aussi celle de la première mention d'un fief-rente en Angleterre, et qu'elle pourrait coïncider avec les progrès de l'enregistrement des chartes par la chancellerie anglaise.

77. Jolliffe, *Angevin...* p. 218, et pour une période plus tardive F. Lachaud, *Textiles, Furs and Liveries : a Study of the Great Wardrobe of Edward I (1272-1307)*, thèse d'Oxford, 1992.

78. Thomas, *Vassals...*, p. 170.
79. C'est la thèse soutenue par Coss, *Lordship...*, p. 19 et 264-304, mais contestée par Carpenter, « Was... », 1980, p. 721-752.
80. *De Nugis...*, I, 10, p. 12.
81. *Dialogus...*, p. 111. Cf. Crouch, *The Image...*, p. 148.
82. Thomas, *Vassals...*, p. 166-167.
83. Green, *The Aristocracy...*, p. 381.
84. *L'Amour...*, n° 8, v. 78-88, p. 135, et n° 36, v. 25-32, p. 715.
85. *The Story...*, p. 102 et p. XIII de l'introduction de M.L. Day.
86. Green, *The Aristocracy...*, p. 264-265.
87. Crouch, *William...*, p. 57, où est également mentionné le mariage de la dame de Châteauroux à Baudouin de Béthune, sans doute par confusion avec l'union, en 1177, de Denise de Châteauroux et Baudouin de Redvers.
88. Keefe, « Proffers... ».
89. Jolliffe, *Angevin...*, p. 339.
90. Waugh, « Marriage... ».
91. Cf. Coss, « Bastard... », et la discussion de cet auteur avec D. Crouch et D. Carpenter dans « Debate : Bastard Feudalism Revived », *Past and Present*, 131, 1991.
92. Crouch, *William...*, p. 133-134 et 161-162.
93. Aurell, « Appréhensions... ».
94. F.-L. Ganshof, *Qu'est-ce que la féodalité ?* Bruxelles, 1957 (3ᵉ éd.), p. 14.
95. *Chronicle...*, II, v. 457-458.
96. Crouch, « The Hidden... », p. 113. Au sujet de la loyauté de Guillaume le Maréchal au roi, cf. le préambule d'un acte qui reprend l'image biblique de l'or dans la fournaise : « *Tamquam aurum in fornace, sic in necessitate probavit* », *Patent Rolls de 1216-1225*, cité par Holt, *The Northerners...*, p. 254.
97. « *Memores sacramenti quod fecerant imperatrici et heredibus suis* », *Chronica...*, t. 1, p. 212.
98. « *Illos autem omnes, tam clericos quam laicos, qui, relicto patre suo, illi adhæserunt, odio habuit, et a familiaritate sua alienos fecit : illos vero, qui patri suo fideliter servierunt secum retinuit et multis bonis ditavit* », *ibid.*, t. 3, p. 5.
99. « *Itinerarium...* », I, 7, p. 69.
100. « *Gesta...* », t. 1, p. 153, n° 139.
101. Cf. *contra* Aurell, « Aliénor... ».
102. Jean de Marmoutier, « Historia Gaufridi », p. 224, Newburgh, « Historia... », t. 1, p. 105.
103. Boussard, *Le Comté...*, et *Le Gouvernement...* ; « Territorialisation, centralisation sont des caractères que l'on reconnaîtra au gouvernement d'Henri II [...]. La justice du prince fait des progrès spectaculaires à l'époque d'Henri II », Debord, *La Société...*, p. 370 et 378.
104. Gillingham, *The Angevin...*, Bates, « The Rise... ». Un auteur américain, R. Hajdu, émet également des doutes sur l'effort administratif d'Henri II en Poitou, sauf peut-être pour la fin de son règne, *A History...*, p. 254-257, 266 et 287-288.
105. *Chronicle*, p. 235.
106. *Chronicon...*, p. 11 et 76.
107. *De Principis...*, III, 7, p. 245.
108. Vincent, *Peter...*, p. 28.
109. « Historia... », p. 210, et « Philippidos... », VIII, v. 451.
110. *Chronique...*, v. 12059-12064, p. 350, d'après Dudon : « *Pictavenses semper sunt timidi frigidique armis et avari* », *De Moribus...*, p. 192.
111. *Le Songe d'enfer*, éd. M.T. Mihm, Tübingen, 1984, p. 59-60. Cf. M.-A. de Mascureau, *Les Lusignan ou l'insurrection des grands féodaux du*

duché d'Aquitaine entre 1154 et 1242, mémoire inédit de maîtrise, université de Poitiers, 2000, p. 97-105.

112. *L'Histoire...*, v. 12545-12550, et trad. *ibid.*, p. 170.

113. *Chronica...*, t. 2, p. 451. « *O innata Picatavensibus proditio !* », *ibid.*, t. 3, p. 84.

114. M.-H. VICAIRE, « "L'affaire de paix et de foi" du Midi de la France », *Cahiers de Fanjeaux*, 4 (1968) 1969, p. 102-126.

115. « L'antagonisme Est-Ouest ne doit pas faire oublier l'hostilité, autrement plus tenace, entre le Nord et le Sud, qui a culminé dans la croisade des Albigeois et a été aggravée par la barrière linguistique entre langue d'oïl et langue d'oc [...] Ces Aquitains pouvaient bien faire partie du *regnum Francorum*, personne n'aurait songé à les désigner comme Français », C. BRÜHL, *Naissance de deux peuples : Français et Allemands (IXe-XIe siècle)*, Paris, 1994, p. 135-137.

116. A la veille de la révolte de 1173, Aliénor dispose en Aquitaine « d'une autorité et d'une souveraineté reconnues », mais « des moyens de gouvernements diminués » par la surveillance d'Henri II, HIVERGNEAUX, « Aliénor... », p. 73. Cf. MARTINDALE, *Status...*, XI, p. 22.

117. VINCENT, « King... ».

118. Donation à l'abbaye de Breuil-Herbaud, « Cartulaire des sires de Rays », éd. R. BLANCHARD, *Archives historiques du Poitou*, 30, 1899, n° 253, p. 343 (11 X 1160). *Merum et mixtum imperium* est l'expression du code de Justinien pour désigner la haute et la basse justice ; le seigneur qui détient le « mère et mixte empire » peut donc juger les crimes de sang et appliquer des peines corporelles allant jusqu'à la pendaison.

119. GILLINGHAM, *Richard I*, p. 149, HAJDU, *A History...*, p. 22.

120. VINCENT, « Isabella... », p. 173-174.

121. La mise au point la plus récente et solide est VINCENT, « Isabella... ». Cf. en outre E. CARPENTIER, « Les Lusignan... », JORDAN, « Isabelle... ».

122. *Gesta...*, t. 1, p. 292.

123. *Chronica...*, t. 3, p. 255. Comme nous le suggère J. Gillingham, Richard est alors en position de force par rapport à Philippe Auguste et il a tout intérêt à poursuivre le combat, mais qu'il utilise l'argument de la révolte des Poitevins pour rejeter la proposition de son adversaire est, en soi, fort significatif d'une situation de fait.

124. « *Before 1242 public life in Poitou had a distinctive quality : violence* », HAJDU, *A History...*, p. 278. Pour la Gascogne septentrionale pendant les règnes d'Henri II et de Richard Cœur de Lion, F. Boutoulle intitule ses chapitres « Recrudescence des troubles et de l'insécurité » ou « Déprédations de l'aristocratie laïque », *Société...*, p. 442.

125. DEBORD, *La Société...*, p. 382-396. Pour le comté d'Angoulême, cet auteur va jusqu'à parler d'« embryon d'Etat », *ibid.*, p. 392. Cf., en dernier lieu, DUBUC, « Les possessions... », et BARRIERE, « Le comté... ».

126. Pour Patrick de Salisbury, voir ci-dessus. Pour 1188 : « *Gaufridus de Liziniaco quemdam familiarissimum Richardi, comitis Pictavensis, structis insidis interfecit* », RAOUL DE DISS, *Opera...*, t. 2, p. 54 ; la révolte de 1188 est attestée par Roger DE HOWDEN, *Chronica...*, t. 2, p. 339, et *Gesta...*, t. 2, p. 34. Le nom de cet « ami très familier de Richard » n'est pas connu.

127. PL, t. 194, col. 1895B. Cf. RACITI, « Isaac... » 13, 1961, p. 145.

128. *The Letters...*, n° 177, t. 2, p. 179. Cf. POUZET, *L'Anglais...*, p. 9-10.

129. VINCENT, « William... », DEVAILLY, *Le Berry...*, p. 409-410.

130. Un exemple de mariages entre nobles normands de la frontière du Perche sous la houlette attentive d'Henri II dans THOMPSON, « The Formation... », p. 302 et 313, n. 62.

131. DEBORD, *La Société...*, p. 381.
132. HAJDU, *A Nobility...*, p. 23-24 et 258.
133. Nous empruntons ces analyses à HAJDU, *A Nobility...*, p. 26, 45-47, 50, 63, 71-78, 210-227, 257-270, 326-330, 403. Cf. DEBORD, *La Société...*, p. 397-398.
134. COLLET, « Le combat... ».
135. AURELL, *Les Noces...*, p. 361-371.
136. CAO CARMICHAEL DE BAGLIE, « Savary... ».
137. BOUTOULLE, *Société...*, p. 163-166 et 1061.
138. VINCENT, *Peter...*, p. 44.
139. GILLINGHAM, *Richard Cœur...*, p. 119-139.
140. H. DEBAX « Stratégies matrimoniales des comtes de Toulouse (850-1270) », *Annales du Midi*, 100, 1988, pp. 131-151, et « Les comtesses de Toulouse : notices biographiques », *ibid.*, p. 215-234.
141. BOUTOULLE, *Société...*, p. 449-454.
142. MONLEZUN, *Histoire...*, t. 2, p. 220-221.
143. ALVIRA, BURESI, « "Alphonse... », MARSH, *English...*, p. 5-9.
144. FAVREAU, « Naissance... », p. 11-21.
145. RENOUARD, « Essai... », p. 301-303.
146. GILLINGHAM, *Angevin...*, p. 64-66.
147. POWICKE, *The Loss...*, p. 32, MARSH, *English...*, p. 2-4.
148. BOUTOULLE, *Société...*, p. 508, et 477-488.
149. BOUSSARD, *Le Comté...*, p. 64.
150. O. GUILLOT, *Le Comte d'Anjou et son entourage au XIe siècle*, Paris, 1972.
151. O. DEBORD, « La politique... », p. 10, BOUTOULLE, *Société...*, p. 497-499.
152. ROCHETEAU, « Le château... ».
153. « Cartulaire de Cormery », éd. J.-J. BOURASSE, dans *Mémoires de la société archéologique de Touraine*, 12, 1860, n° 72, cité par HAJDU, *A Nobility...*, p. 14.
154. BOUSSARD, *Le Comté...*, p. 30 et 74, BAUDRY, « Les fortifications... », p. 300.
155. RICHARD DE DEVIZES, *Chronicon...*, p. 5 et 85, BOUSSARD, *Le Comté...*, p. 68-70, 80-82, 105-106, 113, 117 et 127-128.
156. GUILLOTEL, « Administration... ».
157. HILLION, « La Bretagne... », p. 111-144, EVERARD, *Brittany...*, p. 31-36.
158. LE PATOUREL, *Feudal...*, X, p. 101.
159. HILLION, « La Bretagne... », p 112 et 128-129, EVERARD, *Brittany...*, p. 141-145.
160. « Gesta... », n° 44, p. 68, *De Principis...*, III, 10, p. 176.
161. Sur cette dimension politique de l'amour médiéval et sur les textes décrivant une amitié passionnée, cf. JAEGER, *Ennobling...*
162. *The Charters...*, éd. EVERARD, JONES.
163. POCQUET DU HAUT-JUSSE, « Les Plantagenêt... » ; QUAGHEBEUR, *La Cornouaille...*, p. 358-361.
164. EVERARD, « The "Justiciarship"... », p. 89-90.
165. « Propositions... », d'après *Aiquin...*
166. « *Natus est Arturus filius Gauffridi ducis Britanniæ, desideratus gentibus* », annotation au 29 mars 1187, d'un registre aujourd'hui perdu, cité par A. DE LA BORDERIE, *Histoire de la Bretagne*, Paris-Rennes, 1899, t. 3, p. 286.
167. *Gesta*, p. 469, « Ymagines... », p. 629, Cf. HILLION, « La Bretagne... », p. 129, n. 26.
168. NEWBURGH, « Historia... », III, 7.
169. « *De qua genuit Arturum juvenem [...] de genere antiqui Arturi* », *Chronica*, p. 859. Cf. CHAUOU, *L'Idéologie...*, p. 258.

170. « *Fu el cors navrez mortelmant, / An Avalon s'an fist porter / Por ses plaies mediciner. / Ancor i est, Breton l'atandent, / Si com il dient et antandent* », *Le Roman de Brut*, v. 12327-12331.
171. *Epistulæ*, n° 34, col. 112A, n° 51, col. 154C.
172. *Carmina*, 1.5, p. 265-274, et Dronke, « Peter of... », p. 206-209, str. 8.
173. *Iliade...*, III, v. 472-473.
174. *Poesie*, n° 40, v. 12-13, p. 366. Cf. n° 31, v. 39, p. 248, et Anglade, *Les Troubadours...*, p. 39-40.
175. Greene, « Qui croit... ».
176. Everard, *Brittany...*, p. 157, et *The Charters...*.
177. Quaghebeur, *La Cornouaille...*, p. 363-364.
178. Hillion, « La Bretagne... », p. 119 et n. 108, qui cite Dom Lobineau, d'après un vieux manuscrit de l'église de Nantes.
179. Gillingham, *Richard I*, p. 298.
180. M. Jones, « Notes sur quelques familles bretonnes en Angleterre après la conquête normande », *Mémoires de la société d'histoire et d'archéologie de Bretagne*, 1981, p. 73-91, Hillion, « La Bretagne... », p. 120, Everard, « Lands... ».
181. Sur ce personnage, cf. Vincent, *Peter...*, p. 23-26.
182. C'est le point de vue de J. Boussard, *Le Comté...*, p. 94-95.
183. Pour le droit de viage ou de retour, cf. M. Garaud, « Le viage ou le retour dans le *Vieux Coutumier de Poitou* », *Mémoires de la Société des Antiquaires de l'Ouest*, 1964, p. 747-786, et *Les Châtelains...*, p. 74.
184. *L'Histoire...*, v. 11837-11908, t. 2, p. 62-65. Cf. Powicke, *The Loss...*, p. 194, n. 1, Richardson, Sayles, *The Governance...*, p. 139-141, Legge, « William... ».
185. « *The collapse is much more plausibly attributed to the question marks against John's personality than to any structural reasons [...] With John accession there came to the throne a king whose reputation was even more unsavoury than Philip's* », Gillingham, *Richard I*, p. 340.
186. *Chronica...*, t. 4, p. 96-97. Cf. Gillingham, *Richard I*, p. 337.
187. La chevalerie de Richard fait l'objet intégral de la seconde partie de l'ouvrage de J. Flori, *Richard...*.
188. *Histoire...*, v. 4644 sq, t 3, p. 58, et Bates, « The Rise... », p. 22. En 1193, alors que Richard est en captivité, Guillaume de Newburgh parle des Normands comme « des brebis sans pasteur » qui perdent leur loyauté ; ils sont alors incapables de résister à Philippe Auguste qui prend Gisors, Powicke, *The Loss...*, p. 144-145.
189. Higounet, « Problèmes... », p. 319.
190. Concklin, « Les Capétiens... », Vincent, *Peter...*, p. 47, n. 10.
191. Collet, « Le combat... ».
192. L. Musset, *Autour du pouvoir ducal normand*, Caen, 1985, p. 45-59, Bates, « The Rise... », p. 25, Neveux, *La Normandie...*, p. 185 et 190-191.
193. Holt, « The Loss... », Moss, « The Norman... ».
194. Guillaume de Newburgh, *Historia...*, p. 102, Gervais de Cantorbery, *Chronica...*, p. 160. Cf. Coulson, « Freedom... », Brown, « Royal... ».
195. Yver, « Les châteaux... », Louise, *La Seigneurie...*, Debord, « La politique... ».
196. Il s'agit du *hundred*, une circonscription administrative à l'intérieur du *shire* ou comté.
197. Mortimer, *Angevin...*, p. 52-73, P. Brand, « *Multis...* », Turner, *The English...*.
198. *Dialogus...*, p. 101, et *Tractatus...*, I, 2, et VII, 17. Cf. Hudson, *Land...*, p. 40-43.

199. A cette conclusion, il faut sans doute apporter des nuances régionales. Si l'on suit H.M. Thomas, dans le Yorkshire, les réformes judiciaires d'Henri II ont eu peu d'influence sur la noblesse locale, qui continue d'exercer la violence en dehors d'un cadre légal et d'appliquer la justice sans restriction aucune dans les tribunaux seigneuriaux, *Vassals...* p. 84-85. Mais il est vrai que dans ces territoires septentrionaux, frontaliers avec l'Ecosse, Guillaume le Conquérant avait accordé de vastes fiefs à ses proches, et leur avait attribué une large autonomie et marge de manœuvre pour des raisons de défense militaire. Rappelons que c'est d'eux que partira la grande révolte des années 1214-1215, HOLT, *The Northerners...*

200. KEEFE, *Feudal...*

201. BOURNAZEL, *Le Gouvernement...*, p. 74 et 91.

202. BILLORE, « La noblesse... ».

203. En Normandie, le vicomte n'est nullement le titulaire héréditaire d'une charge carolingienne, mais un simple auxiliaire local de la justice et l'administration royale, comparable au *sheriff* anglais ou au prévôt angevin.

204. Pour le règne d'Henri Ier, cf. les récompenses royales pour la haute et moyenne noblesse de service, dans GREEN, *Aristocracy...*, qui met en cause l'ascension des *men raised from the dust*, dont parle Orderic Vital et, à sa suite, R. Turner.

205. DAVIS, *King...*, p. 111-114, AMT, *The Accession...*, p. 7-29.

206. LE PATOUREL, *Feudal...*, VII, p. 8, VIII, p. 293.

207. LE PATOUREL, *The Norman...*, p. 115.

208. POWER, « Between... », « What Did... ». Sur les destructions des campagnes militaires des Angevins entre 1136 et 1144, et sur la haine qu'elles suscitent en Normandie, cf. ORDERIC VITAL, *Historia...*, t. 2, p. 190 et 279, ainsi que BRADBURY, « Geoffrey V... », p. 21, 27-28, et NEVEUX, *La Normandie...*, p. 503-513.

209. BATES, « The Rise... », p. 23 et 32, POWICKE, *The Loss...*, p. 158.

210. Sur ces problèmes, cf. D.J. POWER, *The Norman frontier in the 12th and early 13th centuries*, Cambridge University Press, sous presse.

211. « L'aristocratie laïque, quelles que soient ses origines, se sent de moins en moins normande et de plus en plus anglaise [...] Au total, l'équilibre ancien entre Angleterre et Normandie se renverse complètement, au bénéfice des Anglais », « Quelques problèmes... », p. 293-294.

212. « *Absolutism of the Angevin rule in Normandy* », POWICKE, *The Loss...*, p. 438, BATES, « The Rise... », p. 22.

213. *De Principis...*, III, 12, p. 258. L'idée de l'insularité de la tyrannie est empruntée aux classiques grecs et romains qui placent dans la Sicile antique les formes les plus oppressantes de gouvernement.

214. BARTLETT, *Gerald...*, p. 95-96.

215. J. Le Patourel (*Feudal...*, p. 164-176) affirme que cette unité anglo-normande est structurale : pour lui, le *Channel* apparaît davantage comme un lieu de passage facile, aidant échanges et transports, et le naufrage de la *Blanche Nef* (1120) comme un accident des plus inattendus et exceptionnels. Pour une vision qui tient davantage compte des périls de la mer et des difficultés de navigation, cf. BATES, « Normandy... », p. 859-861.

216. *Dialogus...*, p. 53-54.

217. « Vita... », col. 774. Cf. BARLOW, *Edward...*, p. 283, et SHORT, « *Tam Angli...* », p. 170-171.

218. DAVIS, *The Normans...*

219. *De Moribus...*, p. 146, où J. Lair donne les références pour Wace (v. 1025) et Benoît de Sainte-Maure (v. 1559). Cf. BEAUNE, « Les ducs... », p. 718.

220. GILLINGHAM, *The English...*, p. 123-145 et 69-92.
221. *Historia...*, p. 716. Cf. DAVIS, *The Normans...*, p. 66, LOUD, « The "gens... »*, p. 105-106, GREEN, *Aristocracy...*, p. 429, CLANCHY, *England...*, p. 30.
222. GREEN, *Aristocracy*, p. 344, SHORT, « *Tam Angli...* », p. 160-161, CLANCHY, *England...*, p. 57.
223. Lors de la fête de Noël 1172, Henri le Jeune invite, dans un banquet qui se déroule, il est vrai, en Normandie, jusqu'à cent dix chevaliers qui portent le nom de Guillaume, TORIGNI, *Chronicle...*, p. 253. Cf. CROUCH, *William...*, p. 37.
224. BILLORE, « La noblesse... », p. 154-155.
225. *Aristocracy...*, p. 16 et 325-326.
226. CROUCH, *The Beaumont...*, p. 76-79.
227. *L'Histoire...*, v. 5214-5. Cf. BILLORE, « La noblesse... », p. 156.
228. CROUCH, *William...*, p. 44-45.
229. *L'Histoire...*, v. 4481-4542.
230. BROUGHTON, *The Legends...*, p. 93-95, SHORT, « *Tam Angli...* », p. 153, SOUTHERN, *Medieval...*, p. 141, n. 1. Il se peut que le dernier vers du poème profrançais de Pierre Riga contienne également une allusion à la « queue » des Anglais, éd. HAUREAU, p. 11.
231. *Gemma...*, p. 348, « Vita Galfredi... », p. 423. Cf. BARTLETT, *Gerald...*, p. 12, MORTIMER, *Angevin...*, p. 240.
232. BARTLETT, *Gerald...*, p. 50. Giraud n'hésite pas à se lancer dans de longues diatribes contre les *Anglici*, qui reflètent ouvertement son sentiment gallois, ou cambro-gallois : « Les Anglais [lire Anglo-Saxons] qui ont été jadis subjugués puisqu'ils étaient déjà, presque par nature, des serfs », V, 21, p. 202 ; « Les Anglais sont le peuple le plus méprisable sous le ciel [...]. Dans leur propre pays, ils sont les esclaves les plus abjects des Normands. Dans mon pays, il n'y a que des Anglais pour exercer les métiers de bouvier, berger, cordonnier, pelletier, mécanicien, artisan, chasseur de lapins ou même égoutier », *Invectiones*, I, 4, p. 98, cité par BARTLETT, *Gerald...*, p. 93. Cf. GILLINGHAM, « "Slaves... ».
233. STRICKLAND, « Arms... », p. 196 et 209-210.
234. CLANCHY, *England...*, p. 241-262. Sur le poids véritable dans la politique des rois de ces « étrangers » ou *alieni*, exilés continentaux qui ont reçu pour récompense des terres confisquées en Angleterre à des nobles anglo-normands ayant choisi le camp de Philippe Auguste en 1204, cf. VINCENT, *Peter...*, p. 6-7 et 28-30.
235. READER, « Matthew... ».
236. *Carmina*, 1.6, p. 277, 1.7, p. 285 et 1.7a, p. 289.
237. SOUTHERN, *Medieval...*, p. 142-143.
238. *The Letters...*, n° 1, 33, p. 57-58, cité par BROOKE, « John... », p. 9.
239. Cf. GILLINGHAM, *The English...*, p. 99 et p. 123-144, où, à la suite de Geoffroi Gaimar, Guillaume de Malmesbury et Henri de Huntingdon, cette revendication anglaise des descendants insulaires des Normands est datée « *by 1140, at the latest* », p. 99.
240. KEEFE, « Place-Date... ».
241. Il est intéressant de retrouver ici la même accusation de traîtrise qu'à l'endroit des Poitevins, qui à l'instar des Gallois partagent le même goût pour l'indépendance et pour la révolte. Voir, à ce sujet, le témoignage peu connu de Herbert de Bosham, compagnon d'exil de Thomas Becket, qui écrit sur le Gallois Alexandre Llewellyn, autre ami de l'archevêque de Cantorbéry : « Et ce qui est une chose inouïe dans sa nation *(in natione illa)*, il était non seulement efficace, mais fidèle à son maître toujours et partout », « Vita... », p. 528, cité par KNOWLES, *Thomas...*, p. 109.

242. Bartlett, Gerald..., p. 16 et 44, Davies, « Buchedd... », Strickland, War..., p. 291-340. En particulier, Guillaume de Newburgh parle de ces peuples avec le même mépris que pour les Juifs, « Historia... », II, 5, 15, 26, 28, 32, III, 36, et Gransden, Historical..., p. 266.
243. Gillingham, The English..., p. 3-18 et 41-58. L'historiographie victorienne reprend le poncif de l'archaïsme irlandais, d'autant plus facilement qu'elle justifie la conquête du XIIe siècle, voire le gouvernement anglais du XIXe siècle, Flanagan, Irish..., p. 1-2.
244. « Quoniam inter eos [les Irlandais] publica potestas constituta non fuerat, quæ metu pœnarum impunitatem minime repromitterent, cum patres suos mutuis cædibus interfectos sæpissime doluissent, ut in virtute regis pax fient in diebus suis, ei et in eum jus suum transtulerunt et potestatem », Raoul de Diss, « Ymagines... », t. 1, p. 350.
245. Flanagan, Irish..., p. 56-228.
246. Baldwin, « La décennie... ».

L'affaire Becket
(p. 240 à 286)

1. Parmi les nombreuses biographies de Thomas Becket, il convient de retenir la plus documentée, relativement récente, due à F. Barlow ; celle de D. Knowles, moins distante à l'égard de son personnage que la précédente, est de lecture toujours enrichissante.
2. Sur ce culte, cf. Foreville, Thomas...
3. L'ampleur de cette mesure scandalise des écrivains habituellement favorables à la politique royale : « Quid facis, tyranne ? Quæ te dementia vicit, ut sic sine causa expelleres a regno tuo, qui malum non fecerunt, nec dolus inventus est in ore eorum », Roger de Howden, Chronica, t. 1, p. 241.
4. Materials....
5. E. Walberg, *La Tradition hagiographique de saint Thomas Becket avant la fin du XIIe siècle*, Paris, 1929, et Barlow, Thomas..., p. 5-9.
6. Duggan, Thomas...
7. *Life of Becket*, Londres, 1859, p. 320.
8. G.O. Oexle, *L'Historisme en débat : de Nietzshe à Kantorowicz*, Paris, 2001.
9. *The Governance...*, p. 267 et 294.
10. *Henry II*, p. 400-401.
11. Quoique vieille d'une trentaine d'années, une anthologie présente un bon aperçu de cette historiographie : *The Becket Controversy*, éd. T.M. Jones.
12. M. Soria, *Les violences antiépiscopales dans le royaume de France aux XIe-XIIe siècles*, thèse de doctorat de l'université de Poitiers, 2002. Cf. également les actes à paraître du colloque *Bischofsmord Tagung*, tenu à Göttingen en septembre 2000.
13. Saltman, Theobald..., p. 153.
14. Brooke, The English..., p. 198-199, Warren, Henry II, p. 402-403.
15. Barlow, Thomas..., p. 270.
16. Guillaume fitz Stephen, « Vita... », p. 14-18.
17. Smalley, The Becket..., p. 109-112.
18. Warren, Henry II, p. 56-57.
19. Clanchy, From Memory..., p. 194.
20. Smalley, The Becket..., p. 87-89, Dronke, « New Approches... », p. 121-123, Southern, Scholastic..., p. 167-177.
21. Brooke, « John... », p. 5.

22. *The Letters...*, n° 168, p. 104, *Policraticus*, VI, 18, trad. Dickinson, p. 237, n. 4, *Metalogicon*, IV, 42, p. 183. Cf. Liebschütz, *Medieval...*, p. 13-14, 16.
23. *Metalogicon, ibid.* Cf. Constable, « The Alleged... », p. 75.
24. Flanagan, *Irish...*, p. 51-53 ; appendice II à l'édition des lettres de Jean par W.J. Millor, H.E. Butler et C.N.L. Brooke, t. 1, p. 257-258.
25. Liebschütz, *Medieval...*, p. 12.
26. *The Letters...*, n° 150, p. 48.
27. Smalley, *The Becket...*, p. 103-108, Duggan, « John... », p. 429-432. Autour de 1159, encore chancelier, Thomas avait déjà été accusé d'être « henricien » par un clerc parisien qui lui reprochait l'importance de ses perceptions fiscales, Ross, « *Audi Thomas...* ».
28. « Aucune autre théorie ne sera aussi péremptoire et tranchante. Le cas de Jean de Salisbury demeure unique au Moyen Age », Turchetti, *Tyrannie...*, p. 255.
29. Liebschütz, *Medieval...*, p. 95.
30. Brooke, « John... », p. 19.
31. Il ne faut cependant pas oublier que l'école de Chartres, tout comme Laon, fait bien pâle figure en comparaison de Paris, Southern, *Medieval*, p. 61-83.
32. Foreville, *L'Eglise...*, p. 260-263.
33. C'est du moins le point de vue de N. Fryde (« The Roots... », p. 62) à partir du manuscrit 46 du Corpus Christi College (Cambridge).
34. Smalley, *The Becket...*, p. 63.
35. Leyser, *Medieval...*, p. 215-240.
36. « Vita... », p. 99-101.
37. Smalley, *The Becket...*, p. 64, n. 17.
38. Jaeger, *The Envy...*, p. 297-308.
39. Smalley, *The Becket...*, p. 61-62, 70-74, 82-85.
40. Pouzet, *L'Anglais...*, p. 22-35. L'affaire de l'empoisonnement fait l'objet d'un chapitre de la thèse de doctorat de Myriam Soria, citée ci-dessus.
41. Warren, *Henry II*, p. 516.
42. Pouzet, *L'Anglais...*, p. 16-17.
43. Jean de Salisbury, *The Letters...*, n° 194, t. 2, p. 268-274. Cf. Liebschütz, *Medieval...*, p. 109.
44. *Chronica...*, p. 93.
45. Flahiff, « Ralph Niger... ».
46. Bezzola, *La Cour...*, p. 145, Dronke, « Peter... », p. 190, A.C. Dionisotti, « Walter of Chatillon and the Greeks », *Latin Poetry and the Classical Tradition*, Oxford, 1990, p. 73-96.
47. Smalley, *The Becket...*, p. 33-34.
48. « Ars Notaria... », p. 324-325. Cf. Barlow, *Thomas...*, p. 79, Kuttner, Rathbone, « Anglo-Normand... », p. 292.
49. « Vita... », p. 527, n° 13.
50. Smalley, *The Becket...*, p. 78.
51. Baldwin, « Masters at Paris... », p. 147-150.
52. Le *pallium* est une étole accordée par le pape aux seuls archevêques, qui en tant que métropolitains se trouvent à la tête d'une province ecclésiastique dont dépendent plusieurs évêques. Il symbolise donc la dignité archiépiscopale.
53. Knowles, *The Episcopal...*, p. 39-47, 160-162, Smalley, *The Becket...*, p. 168-182.
54. Knowles, *Thomas...*, p. 72-76, 127-129, Barlow, *Thomas...*, p. 204-210.
55. Barlow, *Thomas...*, p. 85 et 295. Cette *Vita* a été éditée dans *Materials...*, t. 3, p. 299-322.

56. HESLIN, « The Coronation... ».
57. KNOWLES, *The Episcopal...*, p. 17-20, WARREN, *Henry II*, p. 311-313, 535, DUGGAN, *Canon...*, XII, p. 2, « Richard of Ilchester... », KEEFE, *Feudal...*, p. 110-111.
58. KNOWLES, *The Episcopal...*, p. 106-108, WARREN, *Henry II*, p. 216, 520, 551.
59. KNOWLES, *The Episcopal...*, p. 29-30, 59-60, 86-87, 104-106, WARREN, *Henry II*, p. 473, 550, SMALLEY, *The Becket...*, p. 53-56.
60. *The Letters of Arnulf...* et *The Letters Collections...*
61. SCHRIBER, *The Dilemma...*
62. DUGGAN, *Canon...*, I, p. 367.
63. *The Letters and Charters...*, n° 170, p. 229-243. Nul ne met plus en cause son authenticité, KNOWLES, *The Episcopal...*, p. 119. Elle est commentée par SMALLEY, *The Becket...*, p. 182-185.
64. « *In practice he was more of a Gelasian than a Gregorian* », KNOWLES, *The Episcopal...*, p. 42, cf. p. 146. « *[Gilbert] advances the moderate Gelasian attitude widely held in the church of that time* », BARLOW, *Thomas...*, p. 154.
65. J. LECLER, *L'Eglise et la souveraineté de l'Etat*, Paris, 1946, p. 32.
66. KNOWLES, *The Episcopal...*, p. 119, BARLOW, *Thomas...*, p. 140, SMALLEY, *The Becket...*, p. 177.
67. SMALLEY, *The Becket...*, p. 26-30, 51-58.
68. IV, 10, 3, V, 2. Cf. NEDERMANN, CAMBELL, « Priests... ».
69. *The Correspondance...*, n° 96, p. 436-438.
70. IV, 3, 7-10, V, 2.
71. LIEBSCHÜTZ, *Medieval...*, p. 24-25. B. Smalley (*The Becket...*, p. 92) croit plutôt que Jean a utilisé cet apocryphe qu'il n'aurait pas inventé lui-même.
72. DICKINSON, « The Mediaeval... », p. 318.
73. *Policraticus*, VIII, 18, t. 2, p. 358 et IV, 3, VIII, 17. Cf. DICKINSON, « The Mediaeval... », p. 310-311, BUC, *L'Ambiguïté...*, p. 246-249.
74. DICKINSON, « The Mediaeval... », p. 319-320, 335.
75. C. GALDERESI, « Le "crâne qui parle" : du motif aux récits. Vertu chrétienne et vertu poétique », CCM (sous presse).
76. LIEBSCHÜTZ, *Medieval...*, p. 35-36 et 46, SMALLEY, *The Becket...*, p. 92.
77. LUSCOMBE, « John ».
78. IV, 6. Cf. LIEBSCHÜTZ, *Medieval...*, p. 32, 46, 49, JAEGER, « Courtliness... ».
79. SMALLEY, *The Becket...*, p. 91-97, 106.
80. *Metalogicon*, I, 21, cité par LIEBSCHÜTZ, *Medieval...*, p. 84.
81. SMALLEY, *The Becket...*, p. 106-107. Cf. T. LESIEUR, *Consonantia : construction d'une raison chrétienne à l'aube de la réforme grégorienne*, thèse inédite de l'E.H.E.S.S., 2001, p. 510-514.
82. RATHBONE, « Roman... », p. 259, Introduction à *The Letters of John of Salisbury*, p. XXII-XXIII, LEYSER, *Medieval...*, p. 265-266.
83. KANTOROWICZ, *The King's...*, p. 94-97 ; « *The 12th century is a time when an impersonal crown has been only imperfectly conceived* », JOLLIFFE, *Angevin...*, p. 54.
84. KRYNEN, « "Princeps... ».
85. DICKINSON, « The Mediaeval... », p. 312-313.
86. LIEBSCHÜTZ, *Medieval...*, p. 55-56.
87. VIII, 22. Cf. DICKINSON, « The Mediaeval... », p. 326-328.
88. IV, 1, 4, VIII, 16-18.
89. NEDERMANN, CAMBELL, « Priests... ».
90. V. 1378 et v. 1389-1392, p. 179-180. Cf. WILKS, « John... », p. 285.
91. EDOUARD GRIM, « Vita... », t. 2, p. 398. Cf. KNOWLES, *The Episcopal...*, p. 147.

92. SMALLEY, *The Becket...*, p. 34-35.
93. THOMAS BECKET, *The Correspondance...*, n° 74, p. 292. Cf. JOLLIFFE, *Angevin...*, p. 17. Routrou, archevêque de Rouen, et les autres évêques normands emploient des expressions identiques dans la lettre qu'ils adressent à Henri le Jeune en 1182 : « Nous t'implorons en tant que seigneur, nous t'encourageons en tant que roi, nous t'enseignons en tant que fils. », PIERRE DE BLOIS, *Epistulæ*, n° 33, col. 109.
94. *Materials...*, t. 5, p. 285-294. Cf. SMALLEY, *The Becket...*, p. 67-68.
95. *Liber melorum*, PL, t. 190, col. 1322. Cf. JOLLIFFE, *Angevin...*, p. 140, CLANCHY, *England...*, p. 114.
96. THOMAS BECKET, *The Correspondance...*, n° 41, p. 166. On trouve des accusations similaires contre Richard Cœur de Lion (POUZET, *Jean...*, p. 44) et Jean sans Terre (GIRAUD DE BARRI, *De Principis...*, p. 310).
97. KANTOROWICZ, SMALLEY, « An English... », RATHBONE, « Roman... », p. 256-257.
98. BUC, *L'Ambiguïté...*, p. 367-369, 376-378.
99. Pour Henri Ier, il reprend en une phrase le *topos* du lien entre l'incontinence du roi et l'oppression de ses sujets, qu'il développe bien plus longuement pour Henri II : « Le roi Henri [Ier], débauché comme presque toute sa famille, opprima brutalement les Anglais par ses droits sur la forêt », *Chronica...*, p. 165.
100. *Ibid.*, p. 167-169.
101. PACAUT, *Alexandre III...*
102. BARLOW, *Thomas...*, p. 136 et 147, KNOWLES, *Thomas...*, p. 110-111.
103. *Materials...*, t. 5, p. 157.
104. KNOWLES, *Thomas...*, p. 108, KUTTNER, RATHBONE, « Anglo-Norman... ».
105. DUGGAN, *Decretals...*, II, p. 87, BROOKE, *The English...*, p. 212-213.
106. « Dialogus... », p. 107, où l'abbé de Bonneval rétorque qu'il ne faut pas chercher à profiter du Saint-Siège, mais agir en sa faveur.
107. « Itinerarium... » I, 3, p. 44, « Speculum Ecclesiæ », II, 12, p. 54. Cf. BROUGHTON, *The Legends...*, p. 128-129.
108. *De Nugis...*, I, 16-18, 22-28, p. 51-117. Cf. BEZZOLA, *La Cour...*, p. 99.
109. Le saint lui montre du doigt des rois suppliciés en enfer représentés sur le tympan de l'église abbatiale de Fontevraud, pour le pousser à abandonner cette pratique, [ADAM D'EYNSHAM], *Magna...*, p. 139-141. Cf. *ibid.* p. 412, où Jean sans Terre se moque de l'évêque, jouant avec les pièces d'or d'une aumône annuelle.
110. BARLOW, *Thomas...*, p. 65-67, SMALLEY, *The Becket...*, p. 118-120. Des exemples d'intervention du roi dans les élections du continent dans AVRIL, *Le Gouvernement...*, p. 240-242, BOUSSARD, *Le Comté...*, p. 97-102 et FOREVILLE, *L'Eglise...* Bonne mise au point dans PONTAL, « Les évêques... ». A titre de comparaison, cf. PACAUT, *Louis VII et les élections...* Cf. les communications au colloque de Peterhouse (Cambridge, septembre 2001) de M. Soria sur l'empoisonnement d'Adémar de Perrat, évêque élu contre l'avis de Richard Cœur de Lion à Limoges et tué au retour de son sacre à Rome en 1198. De même, J. Peltzer finit actuellement une thèse de doctorat sur l'élection épiscopale dans l'Empire Plantagenêt sous la direction de N. Vincent.
111. « Draco... », II, 8, v. 415-488, p. 675-677.
112. GUILLAUME DE NEWBURGH, « Historia... », II, 16. Cf. BALDWIN, *Masters...*, p. 171-172.
113. *Policraticus*, VII, 17.
114. « Tractatus quales sunt ». L'identification de l'auteur se trouve dans la notice anonyme de l'*Histoire littéraire de la France*, dir. P. PARIS, Paris, 1869, t. 15, p. 140-141 et 406-408.

115. [Guillaume de Treignac], « Tractatus... », col. 1049C.
116. Ramsay, *The Angevin...*, p. 75-76.
117. Leur meilleure édition se trouve dans *Councils...*, n° 159, p. 852-893.
118. Thomas Becket, *The Correspondance...*, n° 41, p. 166. Cf. Brooke, *The English...*, p. 206-207, Duggan, *Canon...*, I, p. 370.
119. Edités et commentés dans « Henry II's Supplement... ».
120. Duggan, « The Becket... », Smalley, *The Becket...*, p. 123-131.
121. Duggan, « Papal... », p. 173-175, Smalley, *The Becket...*, p. 122.
122. « Historia... », II, 16, p. 142.
123. « Vita... », p. 56-58.
124. *Chronica*, p. 518-520, 1193 (16).
125. *Chronica*, t. 1, p. 226-227.
126. Sur ce personnage, cf. en dernier lieu N.E. Stacy, « Henry of Blois and the Lordship of Glastonbury », EHR, 114, 1999, p. 1-33.
127. « Sentences », PL, t. 196, col. 905-906, 919-922. Cf. Smalley, *The Becket...*, p. 26 et 42-43.
128. Pour la péninsule Ibérique, cf. M. Ferotin, *Le Liber Ordinum en usage dans l'Eglise wisigothique et mozarabe d'Espagne du ve au xie siècle*, dans *Monumenta Ecclesiæ Liturgica*, Paris 1904, t. 5, col. 149-153. Ce rituel est certes d'origine wisigothique, mais il est aussi utilisé dans les guerres contre les musulmans, S. de Silva, *Iconografía del siglo X en el reino de Pamplona-Nájera*, Pampelune, 1984, p. 158-161, et B. Cabañero, F. Galtier, « *Tuis exercitibus crux Christi semper adsistat*. El relieve prerománico de Luesia », *Artigrama*, 3, 1986, p. 11-28, article qui nous a été aimablement signalé par E. Palazzo. On songe également à la relique de la vraie croix capturée par Saladin à la bataille de Hattin (1187).
129. *La Vie...*, v. 1640-1650. Ce passage nous a été aimablement indiqué par Martha Ganeva.
130. « *Heavy wooden cross would confront Henry's sword and scepter, holy machismo would challenge kingly machismo* », « Religious... », p. 91. Parmi les erreurs factuelles de cet article, signalons le mariage d'une fille d'Henri II avec l'empereur Henri VI, confondu avec Henri le Lion, duc de Saxe et de Bavière, et l'affirmation que Thomas n'a jamais excommunié le roi d'Angleterre.
131. Sur la portée épistémologique et méthodologique de ces problèmes, cf. P. Buc, « Political Ritual : Medieval and Modern Interpretations », *Die Aktualität des Mittelalters*, dir. H.-W. Goetz, Bochum, 2000, p. 255-272, et pour la critique de l'analyse incriminée de V. Turner, p. 257 et n. 8.
132. En ce sens, on pourrait reprendre le célèbre reproche que M. Bloch adressait à J. Frazer : « Ne transportons pas les Antipodes tout entiers à Paris ou à Londres », *Les Rois...*, p. 54.
133. Pour la présentation des faits à partir des textes, cf. Barlow, *Thomas...*, p. 188 et 194-195, et Knowles, *Thomas...*, p. 124-133.
134. « *Ne se pœit pas acorder / a sun seignur, / kar pur home n'el vout baiser, / ne sun maltalent pardoner / a icel jur* », v. 1166-1170, p. 121. Trad. : « Il ne peut se réconcilier avec son seigneur, car il ne veut l'embrasser comme son homme, ni lui pardonner sa méchanceté en ce jour. »
135. *Thomas Saga...*, § 67, t. 1, p. 446-449.
136. *La Vie...*, n° 333, v. 1993, p. 155, v. 97-110, p. 80. Le roi n'est cependant pas le commanditaire de son œuvre, comme il a été déduit à tort à partir de la dédicace d'un manuscrit copié de l'original, mais Simon fitz Simon (†vers 1199) et sa femme Isabelle, fille de Thomas de Cuckney, originaires de l'est des Middlands, un haut lieu du patronage aristocratique de la littérature en langue vulgaire, Short, « The Patronage... ».
137. Giraud de Barri, *De Principis...*, p. 296.

138. Thomas Becket, *The Correspondance...*, n° 112, p. 542.
139. *Thomas...*, p. 195.
140. Jaeger, *Ennobling...*
141. *Vita...*, p. 449-450.
142. Carre, *Le Baiser...*, p. 155, 177 et 179. La première citation est de R. Trexler, et elle provient d'une lettre envoyée à cet auteur, qui la reprend dans son ouvrage.
143. Pouzet, *L'Anglais...*, p. 40-41.
144. [Adam d'Eynsham], *Magna...*, V, 5.
145. « *Sub risus modici significantia* », *The Life...*, p. 29, n° 39.
146. Cf. R. Kaiser, « Evêques... », et la thèse de M. Soria.
147. L'interprétation d'un sacrifice rituel, d'une mort symbolique dont la fonction est, à partir du désordre qu'il produit momentanément, de redonner une harmonie à la communauté se trouve dans V. Turner, « Religious... ». Elle est bien pauvre pour rendre entièrement compte du crime de Becket. Une réflexion pénétrante sur les dangers d'une interprétation anthropologique excessive des rituels chez Buc, *The Dangers...*
148. Notices biographiques et références des passages correspondants aux *Vitæ* dans Barlow, *Thomas...*, p. 5-9. Se reporter également à son dernier chapitre pour le récit de l'assassinat, ainsi qu'à Knowles, *Thomas...*, p. 140-149. En renvoyant à ces deux ouvrages, extrêmement précis et référencés, nous nous permettons d'alléger l'appareil critique ci-dessous.
149. « *A plebeo quodam clerico* », Edouard Grim, « Vita... », p. 429.
150. *Ibid.*, p. 435. Edouard Grim poursuit son dénigrement des assassins en leur déniant le titre de *milites*, fortement christianisé dans le milieu clérical : « *canes ipsi ex tunc et miseri non milites appelandi* ».
151. « *Ubi est Thomas Beketh, proditor regis et regni ?* », Edouard Grim, « Vita... », p. 435. Cf. Knowles, *Thomas...*, p. 146. Le nom de Becket apparaît également dans la lettre qu'écrit Pierre Bernard, prieur de Grandmont, à Henri II, après le meurtre, *Thesaurus novus anecdotorum*, col. 563. Mais il est vrai qu'il a pu être interpolé ultérieurement dans la seule copie tardive dont nous disposons.
152. Lettre *Ex Inesperato*, *The Later Letters...*, p. 732-733.
153. *De Principis...*, II, 3, p. 161. Cf. *Expugnatio Hibernica*, I, 20. Au passage, le chien est une figure souvent employée pour le courtisan flagorneur, qui aboie au bon gré de son maître.
154. « *Passio...* », V, p. 13, trad. Panzaru, « *Caput...* ».
155. C. Andrault-Schmitt a aimablement attiré notre attention sur ce détail. Qu'elle en soit remerciée.
156. Jacob, « Le meurtre... », p. 257.
157. « Chacun d'eux l'a blessé, et a répandu son sang et sa cervelle », *La Vie...*, p. 146, n° 294, v. 1759-1760.
158. « Vita sancti Remigii », p. 60.
159. En 1129, ceux qui conspirent contre Norbert, archevêque de Magdebourg, décident de se soûler pour que la responsabilité du crime ne leur soit pas imputée, Kaiser, « Evêques... », p. 69.
160. *La Vie...*, v. 5042, 5096-5100. Cf. Knowles, *Thomas...*, p. 139.
161. Guillaume fitz Stephen, « Vita... », p. 142. Cf. Barlow, *Thomas...*, p. 247.
162. « Draco... », II, v. 441-455, p. 676. Cf. Barlow, *Thomas...*, p. 106.
163. Les études récentes sur la question sont nombreuses : G. Duby, *Le Chevalier, la Femme et le Prêtre. Le mariage dans la France féodale*, Paris, 1981, J. Gaudemet, *Sociétés et Mariage*, Strasbourg, 1980, et *Le Mariage en Occident*, Paris, 1987, Aurell, *Les Noces...*, P. Corbet, *Autour de Burchard de Worms*.

L'Eglise allemande et les interdits de parenté (IXe-XIIe siècle), Francfort-sur-le-Main, 2001. Sur l'emprisonnement par Guillaume IX, grand-père d'Aliénor d'Aquitaine, de l'évêque Pierre de Poitiers qui l'a excommunié pour sa cohabitation avec la vicomtesse de Châtellerault, cf. F. VILLARD, « Guillaume IX d'Aquitaine et le concile de Reims de 1119 », CCM, 15, 1973, p. 169, et G. BEECH, « The Biography and the Study of 11th Century Society : Bishop Peter II of Poitiers (1087-1115) », Francia, 7, 1977, p. 101-121.

164. Cf. la communication de N. Vincent sur les meurtriers de Thomas Becket à paraître dans *Bischofsmord Tagung*, actes du colloque de Göttingen (septembre 2000).

165. « *Regni principes, [...] conclave quo sedebamus ingressi, rejectis palliis exsectisque brachiis* », GILBERT FOLIOT, *The Letters...*, n° 170 (1166), p. 233, l. 140-142.

166. SMALLEY, *The Becket...*, p. 194-195.

167. HERBERT de BOSHAM, « Vita... », p. 451.

168. DUGGAN, « John... ».

169. « Vita... », p. 142.

170. Lettre *Ex Inesperato*, *The Later...*, p. 728-729.

171. T. BORENIUS, *Saint Thomas Becket in Art*, Londres, 1932, Valérie..., M. GUARDIA, « Sant Tomàs Becket i el programa iconogràfic de les pintures murals de Santa Maria de Terrassa », *Locus amœnus*, 4, 1998-1999, p. 37-58. La piste iconographique nous a été signalée par Myriam Soria et Eric Palazzo.

172. GUILLAUME FITZ STEPHEN, « Vita... », t. 3, p. 60-61. Cf. SMALLEY, *The Becket...*, p. 56-58.

173. EDOUARD GRIM, « Vita... », p. 440.

174. *Dialogus miraculorum*, VIII, 69. Cf. BALDWIN, *Masters...*, p. 146-147, KUTTNER, E. RATHBONE, « Anglo-Normand... », p. 289.

175. P.A. SIGAL, « Naissance et premier développement d'un vinage exceptionnel : l'eau de saint Thomas », CCM, 44, 2001, p. 35-44. Maints miracles de Thomas ont été étudiés, dans une perspective originale, par D. Lett, *L'Enfant du miracle. Enfance et société au Moyen Age (XIIe-XIIIe siècle)*, Paris, 1997.

176. *The Letters...*, n° 72, trad. SCHRIBER, n° 3.06, p. 194-196.

177. Cf. GRAHAM, *English...*, p. 216-217, HALLAM, « Henry II... », et plus récemment ANDRAULT-SCHMITT, « Le mécénat... », p. 244-248, 268.

178. *Gesta*, t. 1, p. 7.

179. *Thesaurus novus anecdotarum*, col. 561-569, réédité dans PL, t. 204, col. 1168 et RHF, t. 16, p. 471.

180. Ed. *Councils...*, n° 166, p. 942-956. Cf. CHENEY, « The Compromise... », et FOREVILLE, *L'Eglise...*, p. 329-367, DUGGAN, *Canon...*, I, p. 372-374, BARLOW, *Thomas...*, p. 260-261, KNOWLES, *Thomas...*, p. 152-155.

181. Bibliothèque nationale, ms latin 14415, fol. 242v, cité par BUC, *L'Ambiguïté...*, p. 62. Cf. TURNER, « Richard... ».

182. GERVAIS DE CANTORBERY, *Chronica*, p. 248-249, GUILLAUME DE NEWBURGH, « Historia... », III, 25, 35, ROGER DE HOWDEN, *Chronica*, t. 2, p. 61-62, ROBERT DE TORIGNI, *Chronicle*, p. 264, GEOFFROI DE VIGEOIS, « Chronique », t. 12, p. 443, *The Chronicle of Battle...*, p. 276, PIERRE DE BLOIS, *Epistulæ*, n° 66.

183. DAMIAN-GRINT, « Truth... », p. 63.

184. BOZOKY, « Le culte... », p. 285-286.

185. OEXLE, « Lignage... ».

186. « Historia... », III, 26.

187. « *Quæ persecutio intestina atque domestica ideo ei justo Dei judicio, ut credimus, illata est quia in beatum Thomam plurimum deliquerat* », « Chronicon... », p. 26.

188. GIRAUD DE BARRI, *De Principis...*, II, 7.

189. Bibliothèque nationale, ms latin 14414, fol. 118r, cité par Buc, *L'Ambiguïté...*, p. 62.
190. Smalley, *The Becket...*, p. 191-193, 200-201, 212-213.
191. Contra M.-M. Gauthier, citée par Bozoky, « Le culte... », p. 286, Caudron, « Thomas... », p. 62.
192. « Philippidos... », I, v. 325-328, p. 20, Roger de Howden, *Chronica*, t. 2, p. 192-193. Cf. Baldwin, *Philippe...*, p. 476, Foreville, « L'image... », p. 126, Beaune, « Les ducs... », p. 730. J.-P. Poly et E. Bournazel (« Couronne... », p. 231-232) commentent la tentative de Rigord d'attribuer la guérison à saint Denis au détriment de l'archevêque anglais.
193. *De Principis...*, p. 251-252. Cf. Bartlett, *Gerald...*, p. 87.

Chronologie

1124 Naissance d'Aliénor, fille de Guillaume X d'Aquitaine.
1133 Naissance d'Henri, fils de Geoffroi le Bel et de l'impératrice Mathilde d'Angleterre.
1151 Hommage rendu par Geoffroi le Bel, comte d'Anjou et duc de Normandie, et par son fils Henri à Louis VII. Mort de Geoffroi le Bel.
1152 Henri II épouse Aliénor d'Aquitaine.
1153 Aux termes du traité de Wallinford, Etienne de Blois, roi d'Angleterre, nomme Henri II son héritier.
1154 Henri II et Aliénor d'Aquitaine couronnés à Westminster.
1155 Thomas Becket nommé chancelier d'Angleterre. Naissance d'Henri le Jeune.
1156 Henri II combat son frère Geoffroi, qu'il met ensuite, en guise de compensation, à la tête du comté de Nantes.
1157 Naissance de Richard Cœur de Lion.
1158 Accord de fiançailles d'Henri le Jeune à Marguerite de France. Naissance de Geoffroi de Bretagne.
1159 Echec du siège de Toulouse et annexion d'une partie du Quercy.
1162 Thomas Becket devient archevêque de Cantorbéry.
1164 Constitutions de Clarendon, concile de Northampton et exil de Thomas Becket.
1166 Naissance de Jean sans Terre. Début des campagnes de Strongbow et des guerriers cambro-normands en Irlande. Constance de Bretagne fiancée à Geoffroi qui reprend le duché.
1167 Hommage de Raimond V de Toulouse à Henri II. Mort de l'impératrice Mathilde.
1168 Mariage de Mathilde, fille du roi, à Henri le Lion, duc de Saxe et Bavière.
1169 Echec des négociations de Montmirail.
1170 Mariage d'Aliénor, fille du roi, à Alphonse VIII de Castille. Sacre d'Henri le Jeune par l'archevêque d'York et l'évêque de Londres, excommuniés par Thomas Becket, bientôt assassiné.

1173	Révolte d'Aliénor d'Aquitaine et ses fils.
1174	Guillaume le Lion, roi d'Ecosse, capturé à Alnwick ; Louis VII lève le siège de Rouen. Réconciliation d'Henri II avec ses fils et début de la captivité d'Aliénor d'Aquitaine.
1176	Campagnes de Richard Cœur de Lion contre l'aristocratie aquitaine.
1177	Mariage de Jeanne, fille du roi, à Guillaume de Sicile. Jean sans Terre couronné roi d'Irlande.
1179	Philippe Auguste couronné roi de France à Reims.
1180	Mort de Louis VII.
1183	Mort d'Henri le Jeune à Martel (Limousin).
1186	Mort de Geoffroi de Bretagne à Paris.
1187	Naissance posthume de son fils Arthur. Guerre entre Henri II et Philippe Auguste. En Terre sainte, bataille de Hattin et chute de Jérusalem.
1189	Henri II meurt à Chinon, abandonné par ses fils, passés dans le camp de Philippe Auguste. Couronnement de Richard à Westminster.
1190	Départ de Richard pour la troisième croisade et hiver passé en Sicile.
1191	Richard conquiert Chypre, où il épouse Bérengère de Navarre. Victoire d'Arsur.
1192	Conquête de Jaffa. Philippe Auguste et Jean sans Terre s'entendent pour le partage des biens du roi. Pacte de Richard avec Saladin. Le roi est capturé par Léopold d'Autriche et livré à l'empereur Henri VI.
1194	Aliénor d'Aquitaine, après avoir levé la rançon, ramène en Angleterre Richard, qui se réconcilie avec Jean. Victoire de Fréteval et conquête d'Angoulême.
1195	Victoire d'Issoudun.
1196	Jeanne d'Angleterre remariée à Raimond VI de Toulouse. Arthur de Bretagne amené à Paris. Traité de Louviers.
1199	Mort de Richard, à Châlus (Limousin).
1200	Traité du Goulet entre Jean sans Terre, nouveau roi, et Philippe Auguste. Jean épouse Isabelle d'Angoulême, lésant les intérêts d'Hugues IX de Lusignan.
1202	Philippe Auguste décrète la commise des fiefs de Jean. Arthur de Bretagne, candidat de Philippe Auguste à la couronne d'Angleterre, capturé par Jean à Mirebeau (Poitou).
1204	Philippe Auguste conquiert la Normandie, l'Anjou et la Touraine. Mort d'Aliénor d'Aquitaine.
1206	Trêve conclue par Jean avec le roi de France pour conserver l'Aquitaine.
1208	Le refus d'attribuer le siège de Cantorbéry à Etienne Langton par Jean aboutit à l'interdit pontifical sur l'Angleterre.
1214	Les troupes de Jean, entreprenant la reconquête des territoires continentaux perdus, sont battues à la Roche-aux-Moines. Défaite des alliés des Anglais à Bouvines.
1215	Révolte de l'aristocratie en Angleterre et octroi de la Grande

Charte (la *Magna Carta*) par le roi.
1216 Louis, fils de Philippe Auguste, appuyé par la noblesse en révolte entre dans Londres. Mort de Jean et mouvement en faveur de son fils Henri III.
1224 Hugues X de Lusignan et sa femme Isabelle d'Angoulême, veuve de Jean, aident Louis VIII à prendre le Poitou. Henri III ne conserve plus sur le continent que la Gascogne.

Filiation simplifiée des Plantagenêt

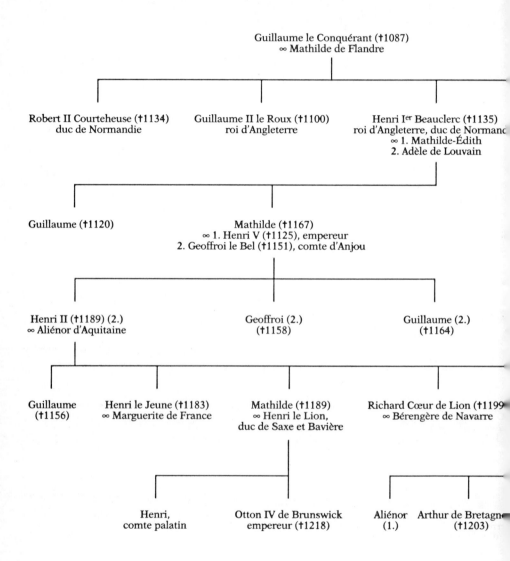

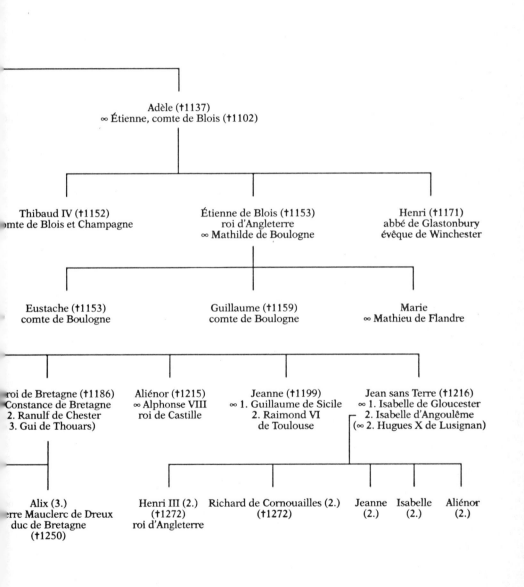

Sources et bibliographie

Abréviations : ANS *(Anglo-Norman Studies)*, BIHR *(The Bulletin of the Institute of Historical Research)*, CCM *(Cahiers de Civilisation Médiévale)*, EHR *(English Historical Review)*, HSJ *(The Haskins Society Journal)*, MGH *(Monumenta Germaniæ Historica)*, PL (J.-P. MIGNE, *Patrologia Latina)*, RHF (M. BOUQUET, L. DELISLE, *Recueil des Historiens des Gaules et de la France)*, RS *(Rerum Britannicarum Medii Aevii Scriptores, Roll Series)*.

SOURCES

[ADAM D'EYNSHAM], *Magna Vita sancti Hugonis. The Life of St Hugh of Lincoln*, éd. et trad. angl. D.L. DOUIE, H. FARMER, Londres, 1961-62.
AELRED DE RIEVAULX, « Genealogia regum Anglorum », PL, t. 195, col. 711-736.
—, « Vita sancti Edwardi regis et confessoris », PL, t. 195, col. 737-790. Trad. angl. J. BERTRAM, Guildford, 1990.
[AIMERY PICAUD], *Le Guide du Pèlerin de Saint-Jacques de Compostelle*, éd. et trad. fr. J. VIELLIARD, Mâcon, 1960.
Aiquin ou la conquête de Bretagne par le roi Charlemagne, éd. F. JACQUES, Aix-en-Provence, 1979.
ALIENOR D'AQUITAINE, « The Letters and Charters of Eleanor of Aquitaine », éd. H.G. RICHARDSON, EHR, 74, 1959, p. 193-213.
AMBROISE, *L'Estoire de la guerre sainte*, éd. G. PARIS, Paris, 1897. Trad. angl. M.J. HUBERT, J. LA MONTE, New York, 1941.
ANDRE DE COUTANCES, « *Le Roman des Franceis* », éd. A.J. HOLDEN, *Etudes de langue et de littérature du Moyen Age offerts à Félix Lecoy*, Paris, 1973, p. 213-234.
« Annales Sancti Albini Adegavensis », *Recueil d'annales angevines et vendômoises*, éd. L.H ALPHEN, Paris, 1903, p. 1-49.
« Annales Sancti Sergii Adegavensis », *ibid.*, p. 91-110.
ARNAUT GUILHEM DE MARSAN, « Ensenhament », éd. G.E. SANSONE, *Testi didatico-cortesi di Provenza*, Bari, 1977, p. 109-180.

Arnaut de Mareuil, *Les Poésies lyriques du troubadour Arnaud de Mareuil*, éd. et trad. fr. R.C. Johnston, Paris, 1935.
Arnoul de Lisieux, *The Letters of Arnulf of Lisieux*, éd. F. Barlow, Londres, 1939. Trad. angl. C.P. Schriber, *The Letters Collections of Arnulf of Lisieux*, New York, 1997.
Aubry des Trois-Fontaines, « Chronica », éd. P. Scheffer-Boichorst, MGH, SS, t. 23, p. 631-950.
Beneit de Saint Albans, *La Vie de Thomas Becket par Beneit. Poème anglo-normand du XIIe siècle*, éd. B. Schlyter, Lund, 1941.
Benoit de Peterborough, « Passio sancti Thomæ Cantuariensis », *Materials...*, éd. J.C. Robertson (RS 67), Londres, 1876, t. 2, p. 1-20.
[Benoit de Peterborough, fausse attribution pour Roger de Howden], *Gesta Henrici Secundi*, éd. W. Stubbs (RS 49), Londres, 1867.
Benoit de Sainte-Maure, *Chronique des ducs de Normandie*, éd. C. Fahlin, Uppsala, 1951-1979.
[Berg Gunnsteinsson], *Thomas Saga E. Erkibyskups*, éd. et trad. angl. E. Magnusson (RS 65), Londres, 1875-1883, 2 vol.
Bernard Itier, *Chronique*, éd. et trad. fr. J.-L. Lemaitre, Paris, 1998.
Bernart de Ventadorn, *Bernart de Ventadour, troubadour du XIIe siècle : chansons d'amour*, éd. et trad. fr. M. Lazar, Paris, 1966.
Bertran de Born, *L'Amour et la Guerre. L'œuvre de Bertran de Born*, éd. et trad. fr. G. Gouiran, Aix-en-Provence, 1985.
Breton d'Amboise, voir à Jean de Marmoutier.
Cesaire de Heisterbach, *Dialogus miraculorum*, éd. J. Strange, Cologne, 1851. Trad. angl. E. Scott, C.C. Swinton, New York, 1922.
Chanson d'Aspremont, éd. A. B. de Mandach, *Naissance et Développement de la chanson de geste en Europe*, t. 3 et 4, Genève, 1975 et 1980.
The Charters of Constance, Duchess of Brittany, and her Family (1171-1221), éd. J. Everard, M. Jones, Woodbridge, 1999.
The Chronicle of Battle Abbey, éd. et trad. angl. E. Searle, Oxford, 1980.
Chronicles of the Reigns of Stephen, Henry II, and Richard I, éd. R. Howlett (RS 82), Londres, 1884-1889.
« Chronicon turonense magnum », *Recueil des chroniques de Touraine*, éd. A. Salmon, Tours, 1854, p. 64-161.
Chroniques des comtes d'Anjou et seigneurs d'Amboise, éd. L. Halphen, R. Poupardin, Paris, 1913.
The Church Historians of England, trad. angl. J. Stevenson, Londres, 1854-1858.
The Complete Peerage of England, Scotland, Ireland, Great Britain and the United Kingdom, éd. H.V. Gibbs, Londres, 1910-1959.
Councils and Synods, with other Documents relating to the English Church, I part II, 1066-1204, éd. D. Whitelock, M. Brett, C.N.L. Brooke, Oxford, 1981.
Court, Household and Itinerary of King Henry II, éd. R.W. Eyton, Londres, 1878.
Daude de Pradas, *The Romance of Daude de Pradas, called Dels Auzels Cassadors*, éd. A.H. Schutz, Columbus (Oh), 1945.

Dudon de Saint-Quentin, *De Moribus et actis primorum Normanniæ ducum*, éd. J. Lair, Caen, 1865.
Edouard Grim, « Vita Sancti Thomæ Cantuariensis archiepiscopi et martyris », *Materials...*, éd. J.C. Robertson (RS 67), Londres, 1876, t. 2, p. 353-450.
English Historical Documents, 1142-1189, trad. angl. D. Douglas, G.W. Greenway, Londres, 1953.
English Historical Documents, 1189-1327, trad. angl. H. Rothwell, Londres, 1975.
Etienne de Fougeres, *Le Livre des manières*, éd. A. Lodge, Genève, 1979.
Etienne de Rouen, « Draco Normannicus », *Chronicles...*, éd. R. Howlett (RS 82), Londres, 1885, t. 2, p. 587-781.
Fœdera, conventiones, litteræ et cujuscumque generis acta publica, éd. T. Rymer, R. Sanderson, G. Holmes, La Haye, 1745.
Folquet de Marseille, *Le Troubadour Folquet de Marseille*, éd. et trad. fr. S. Stronski, Cracovie, 1910.
Gace Brule, *Gace Brulé, trouvère champenois*, éd. H. Petersen Dyggve, Helsinski, 1951.
Gaucelm Fidit, *Les Poèmes de Gaucelm Faidit, troubadour du XIIe siècle*, éd. et trad. fr. J. Mouzat, Paris, 1965.
Gautier Map, *De Nugis Curialium. Courtiers' Trifles*, éd. et trad. angl. M.R. James, C.N.L. Brooke, R.A.B. Mynors, Oxford, 1983. Trad. fr. A.K. Bate, Turnhout, 1993.
Geoffroi Gaimar, *L'Estoire des Engleis*, éd. A. Bell, Oxford, 1960. Trad. angl. J. Stevenson, *The Church Historians...*, t. 2, part 2, p. 729-810.
Geoffroi de Monmouth, *The Historia Regum Britannie of Geoffrey of Montmouth I : Bern, Burgerbibliothek, ms 568*, Cambridge, 1984. Trad. fr. L. Mathey-Maille, Paris, 1992.
—, *Life of Merlin : Vita Merlini*, éd. et trad. angl. B. Clarke, Cardiff, 1973.
Geoffroi de Vigeois, « Chronique », RHF, t. 12, p. 421-451, et t. 18, p. 211-223.
Gervais de Cantorbery, *Chronica*, éd. W. Stubbs (RS 73), Londres, 1879, t. 1. Trad. angl. J. Stevenson, *The Church Historians...*, t. 5, part 1.
Gervais de Tilbury, « Otia imperialia (excerpta) », éd. J. Stevenson (RS 66), Londres, 1875, p. 419-449.
The Gesta Normannorum Ducum of William of Jumièges, Orderic Vital and Robert de Torigny, éd. et trad. angl. E. Van Houts, Oxford, 1995.
Gilbert Foliot, *The Letters and Charters of Gilbert Foliot*, éd. A. Morey, C.N.L. Brooke, Cambridge, 1967.
Giraud de Barri, *Giraldi Cambrensis Opera*, éd. J.S. Brewer, J.F. Dimock, G. F. Warner, 8 vol. (RS 21), Londres, 1861-1891.
—, *Invectiones*, éd. W.S. Davies, Londres, 1920 (« Y. Cymmorodor. The Magazine of the Honourable Society of Cymmorodorion », 30).
—, *De Principis instructione*, éd. G.F. Warner (RS 21), Londres, 1891, t. 8. Trad. angl. partielle J. Stevenson, *The Church Historians...*, t. 5, part 1, Londres, 1858, p. 133-241.
—, « Descriptio Kambriæ », *Giraldi...*, éd. J.F. Dimock (RS 21),

Londres, 1868, t. 6, p. 155-227. Trad. angl. L. THORPE, Harmondsworth, 1978.
—, *Expugnatio Hibernica. The Conquest of Ireland*, éd. et trad. angl. A.B. SCOTT, F.X. MARTIN, Dublin, 1978.
—, *Gemma ecclesiastica*, éd. J.S. BREWER (RS 21), Londres, 1862 (RS 21), t. 2.
—, « Itinerarium Kambriæ », *Giraldi...*, éd. J.F. DIMOCK (RS 21), Londres, 1868, t. 6, p. 3-152. Trad. angl. L. THORPE, Harmondsworth, 1978.
—, *The Life of St Hugh of Avalon, Bishop of Lincoln, 1186-1200*, éd. et trad. angl. R.M. LOOMIS, New York, 1985.
—, *Speculum duorum or A Mirror of Two Men*, éd. Y. LEFEVRE, R.B.C. HUYGENS, trad. angl. B. DAWSON, Cardiff, 1974.
—, « Speculum Ecclesiæ », *Giraldi...*, éd. J.S. REWER (RS 21), Londres, 1873, t. 4, p. 3-354.
—, « Topographia Hibernica », *Giraldi...*, éd. J.F. DIMOCK (RS 21), Londres, 1867, t. 5, p. 3-204. Trad. fr. J.-M. BOIVIN, *L'Irlande...*, p. 155-381.
—, « Vita Galfredi, archiepiscopi Eboracensis », *Giraldi...*, éd. J.S. BREWER (RS 21), Londres, 1857, t. 4, p. 357-431.
—, « Vita sancti Remigii », *Giraldi...*, éd. J.F. DIMOCK (RS 21), Londres, 1877, t. 7, p. 3-80.
GIRAUT DE BORNEIL, *The Cansos and Sirventes of the Troubadour Giraut de Borneil : A Critical Edition*, éd. et trad. angl. R. SHARMAN, Cambridge (Mass.), 1989.
GUERNES DE PONT-SAINTE-MAXENCE, *La Vie de Saint Thomas le Martyr de Cantorbire*, éd. et trad. angl. J. SHIRLEY, Londres, 1975. Trad. fr. J.-G. GOUTTEBROZE, A. QUEFFELEC, Paris, 1990.
GUILLAUME LE BRETON, « Historia de vita et gestis Philippi Augusti », *Œuvres de Rigord...*, t. 1, p. 168-320.
—, « Philippidos libri XII », *ibid.*, t. 2, p. 1-385.
GUILLAUME DE CANTORBERY, « Vita Sancti Thomæ », *Materials...*, éd. J. ROBERTSON (RS 67), Londres, 1875, t. 1, p. 1-136.
GUILLAUME de MALMESBURY, *Gesta regum Anglorum. The History of the English Kings*, éd. R.A.B. MYNORS, R.M. THOMSON, M. WINTERBOTTOM, Oxford, 1998.
—, *Historia novella*, éd. et trad. angl. K.R. POTTER, Londres, 1955.
GUILLAUME DE NEWBURGH, « Historia rerum Anglicarum », *Chronicles...*, éd. R. HOWLETT (RS 82), Londres, 1884-1885, t. 1, p. 11-408, t. 2. p. 416-583. Trad. angl. J. STEVENSON, *The Church Historians..*, t. 4, part 2.
GUILLAUME FITZ STEPHEN, « Vita Sancti Thomæ Cantuariensis archiepiscopi et martyris », *Materials...*, éd. J. ROBERTSON (RS 67), Londres, 1878, t. 3, p. 1-154. Trad. angl. partielle G. GREENWAY, Londres, 1961.
[GUILLAUME DE TREIGNAC], « Tractatus quales sunt », PL, t. 207, col. 1005-1052.
GUIRAUT DE CALANSON, éd. et trad. fr. A. JEANROY *Jongleurs et troubadours gascons des XIIe et XIIIe siècles*, Paris, 1923, p. 26-74.

Henri de Huntingdon, *Historia Anglorum. The History of the English People*, éd. et trad. angl. D. Greenway, Oxford, 1996.

« Henry II's Supplement to the Constitutions of Clarendon », éd. D. Knowles, A.J. Duggan, C.N.L. Brooke, EHR, 87, 1972, p. 757-771.

Herbert De Bosham, « Vita Sancti Thomæ Cantuariensis archiepiscopi et martyris », *Materials...*, éd. J. Robertson (RS 67), Londres, 1879, t. 3, p. 155-534.

—, *Liber melorum, ibid.*, p. 535-554.

Historia Pontificum et comitum Engolismensium, éd. J. Boussard, Paris, 1957.

Hugues de Claye (*cleriis*), « De Majoratu et senescalcia Franciæ », *Chroniques des comtes d'Anjou...*, p. 239-246

Itinerarium peregrinorum et gesta regis Ricardi, Chronicles and Memories of the Reign of Richard I, éd. W. Stubbs (RS 38), Londres, 1864. Trad. angl. H. Nicholson, *The Chronicle of the Third Crusade*, Ashgate, 1997.

Das Itinerarium Peregrinorum. Eine Zeitgenössische englische Chronik zum dritten Kreuzzug in ursprünglicher Gestalt, éd. H.E. Mayer, Stuttgart, 1962.

Jean de Cornouailles, « A New Edition of John of Cornwall's *Prophetia Merlini* », éd. M.J. Curley, *Speculum*, 57, 1982, p. 217-249.

Jean de Garlande, *De Triumphis Ecclesie libri octo*, éd. Th. Wright, Londres, 1856.

Jean de Hauville, *Architrenius*, éd. et trad. angl. W. Wetherbee, Cambridge, 1994.

Jean de Marmoutier, Breton d'Amboise, Thomas de Conches, et alii, « Chronica de gestis consulum Andegavorum », *Chroniques des comtes d'Anjou...*, p. 25-73.

—, « Gesta consulum Andegavorum. Addimenta », *ibid.*, p. 135-171.

—, « Historia Gaufredi ducis », *ibid.*, p. 172-231.

—, « Liber de compositione castri Ambaziæ », *ibid.*, p. 1-24.

Jean de Salisbury, « The *Entheticus* of John of Salisbury », éd. R.E. Pepin, *Traditio*, 31, 1975, p. 127-193.

—, *The Letters of John of Salisbury, t. 1, The Early Letters (1153-1161)*, éd. et trad. angl. W.J. Millor, H.E. Butler et C.N.L. Brooke, Londres, 1955 ; *t. 2, The Later Letters (1163-1180)*, éd. et trad. angl. W.J. Millor, C.N.L. Brooke, Oxford, 1979.

—, *Memoirs of the Papal Court. Historia Pontificalis*, éd. et trad. angl. M. Chibnall, Londres, 1956.

—, *Metalogicon*, éd. J.B. Hall, Turnhout, 1991. Trad. angl. D.D. Mc Garry, Los Angeles, 1955.

—, *Policraticus I-IV*, éd. K.S. Keats-Rohan, Turnhout, 1993 ; *Policraticus*, éd. C.C.J. Webb, Oxford, 1909, 2 vol. (rééd. Francfort, 1965), utilisée seulement pour les livres 5-8. Trad. angl. J.B. Pike, Minneapolis (Mn), 1938, pour les livres 1-3 et sélections des 7 et 8 ; J. Dickinson, New York, 1927, pour les livres 4-6 et sélections des 7 et 8. Le prologue du *Policraticus* a été faussement attribué à Nigel de Longchamps, voir ci-dessous à cet auteur.

[Jean de Tilbury], « *Ars Notaria*. Tironische Noten und Stenografie in

12. Jahrhundert », éd. V. ROSE, *Hermes. Zeitschrift für Classische Philologie*, 8, 1874, p. 303-326.
[JEAN LE TROUVERE], *L'Histoire de Guillaume le Maréchal*, éd. et trad. fr. P. MEYER, Paris, 1891-1901.
JOCELIN DE BRAKELOND, *Chronicle of the Abbey of Bury St Edmunds*, éd. et trad. angl. D. GREENWAY, J. SAYERS, Oxford, 1989.
JORDAN FANTOSME, *Chronicle*, éd. et trad. angl. R.C. JOHNSTON, Oxford, 1981.
JOSEPH D'EXETER, *Iliade de Darès de Phrygie*. Pour les livres 1 à 3 : *De Bello trajano. Trajan War I-III*, éd. et trad. angl. A.K. BATE, Londres, 1986 ; pour les livres 4 à 6 : JOSEPH ISCANUS, *Werke und Briefe*, éd. L. GOMPF, Leiden-Cologne, 1970. Trad. angl. G. ROBERTS, *The Iliad of Dares Phrygius*, Le Cap, 1970.
The Itinerary of King Richard I, éd. L. LANDON, Londres, 1935.
LAYAMON, *Brut/Layamon, edited from British Museum Ms Cotton Caligula A. IX and Bristish Museum Ms Cotton Otho C. XIII*, G.L. BROOK, R.F. LESLIE, Oxford, 1963. Trad. angl. : R. ALLEN, Londres, 1992.
Liber Niger Scaccarii, éd. T.H. HEARNE, Londres, 1728.
The Mabinogion, trad. angl. G. et T. JONES, Londres, 1974.
MARIE DE FRANCE, *L'Espurgatoire seint Patriz*, éd. et trad. fr. Y. de PONTFARCY, Louvain-Paris, 1995.
—, *Les Lais*, éd. J. LODS, Paris, 1959.
Materials for the History of Thomas Becket, archbishop of Canterbury, éd. J. C. ROBERTSON, J.B. SHEPPARD (RS 67), Londres, 1875-1885.
MATTHIEU PARIS, *Chronica majora*, éd. H.R. LOUARD (RS 57), Londres, 1872-1883.
MOINE DE MONTAUDON, éd. et trad. fr. *Les Troubadours cantaliens*, Aurillac, 1910, t. 2, p. 241-405, et *Notes complémentaires*, p. 1-60.
Mort Artu, éd. J. FRAPPIER, Genève, 1954.
NIGEL DE LONGCHAMPS, alias WIREKER, *Speculum Stultorum*, éd. J.H. MOZLEY, R.R. RAYMO, Berkeley (Ca), 1970, trad. angl. J.H. MOZLEY, Notre-Dame (In), 1963.
—, *Tractatus contra curiales et officiales clericos*, éd. A. BOUTEMY, Bruxelles, 1959.
—, [Fausse attribution du prologue du *Policraticus* de JEAN DE SALISBURY], « Versus ad Guillelmum Eliensem », *Anglo-Latin Satirical Poets* (RS 59), Londres, 1872, t. 1, p. 231-239.
NONNE DE BARKING, *La Vie d'Edouard le Confesseur*, éd. O. SÖDEGARD, Uppsala, 1948.
« Notes and Documents », éd. C.L. KINGSFORD, EHR, 5, 1890, p. 311-326.
Œuvres de Rigord et de Guillaume le Breton, éd. F. LABORDE, Paris, 1882.
ORDERIC VITAL, *Historia ecclesiastica*, éd. et trad. angl. M. CHIBNALL, Oxford, 1968-1980.
OSBERT DE CLARE, *The Letters of Osbert of Clare, prior of Westminster*, éd. E. WILLIAMSON, Oxford, 1929.
OTTON DE FREISING, *Gesta Frederici*, éd. G. WAITZ, B. SIMPSON, F.-J. SCHAMLE, s.l., 1965. Trad. angl. C.C. MIEROW, R. EMERY, New York, 1953.

Peire d'Auvergne, *Liriche*, éd. et trad. it. A. del Monte, Turin, 1955.
Peire Vidal, *Poesie*, éd. D'A.S. Avalle, Naples, 1960.
Pierre de Blois, *Carmina*, éd. C. Wollin, Turnhout, 1998.
—, *Compendium in Job*, éd. et trad. fr. J. Gildea, Liège, 1974-1979.
—, « Dialogus inter regem Henricum II et abbatem Bonnevallis », éd. R.B.C. Huygens, *Revue bénédictine*, 68, 1958, p. 87-112.
—, *Epistulæ*, PL, t. 207, col. 1-560. Pour les lettres tardives : *The Later Letters of Peter of Blois*, éd. E. Revell, Oxford, 1993.
—, *De Hierosolymitana peregrinatione acceleranda*, PL, t. 207, col. 1057-1070.
—, « Tractatus quales sunt » [fausse attribution, voir ci-dessus à Guillaume de Treignac].
The Political Songs of England, from the Reign of John to Edward II, éd. J.T. Wright, Londres, 1839 (rééd. P. Coss, 1996).
Philippe d'Oxford, « Ad Acta sanctæ Fideswidæ. De Libro miraculorum ejus », *Acta Sanctorum*, Paris-Rome, 1865, *Octobris*, t. 8, p. 568-589.
Philippe de Thaon, *Le Bestiaire de Philippe de Thaün*, éd. E. Walberg, Paris-Lund, 1900.
Pierre Riga, « Un poème inédit de Pierre Riga », éd. B. Hauréau, *Bibliothèque de l'Ecole des Chartes*, 1883, 44, p. 5-11
Pons de Capdoil, *Leben und Werke des trobadors Ponz da Capduoill*, éd. M. Von Napolski, Halle, 1879.
Raimon Vidal de Besalu, « Abril issis e mays intrava », éd. et trad. fr., J.-Ch. Huchet, *Nouvelles occitanes du Moyen Age*, Paris, 1992, p. 37-139.
[Ranulf de Glanville], voir *Tractatus* ci-dessous.
Raoul de Coggeshale, « Chronicon Anglicanum », éd. J. Stevenson (RS 66), Londres, 1875, p. 1-208.
Raoul de Diss (de Diceto), « Ymagines historiarum », *Opera Historica*, éd. W. Stubbs (RS 68), Londres, 1876, t. 1, p. 292-440, t. 2, p. 3-176.
Raoul le Noir (Ralph Niger), *Chronica. The Chronicles of Ralph Niger*, éd. R. Anstruther, Londres, 1851.
Recueil des actes d'Henri II, éd. L. Delisle, E. Berger, Paris, 1909-1927.
The Red Book of the Exchequer, éd. H. Hall, Londres, 1886.
Richard Cœur de Lion, « Richard Cœur de Lion et la poésie lyrique », éd. Y.G. Lepage, *Mélanges J. Dufournet*, Paris, 1993, p. 893-910.
Richard Cœur de Lion. Histoire et légende, trad. fr. M. Brossard-Dandre, G. Besson, Paris, 1989.
Richard de Devizes, *Chronicon Richardi Divisensis de tempore regis Richardi Primi. The Chronicle of Richard of Devizes*, éd. et trad. angl. J.T. Appleby, Londres, 1963.
Richard Fitz Nigel, *Dialogus de Scaccario. The Course of the Exchequer*, éd. et trad. angl. C. Johnson, F.E.L. Carter et D.E. Greenway, Londres, 1983.
Richard le Poitevin, « Chronicon », RHF, Paris, 1877, t. 12, p. 411-421.
Rigord, « Gesta Philippi Augusti », *Œuvres de Rigord...*, t. 1, p. 1-167.
Robert de Cricklade, « Das Exzerpt der *Naturalis Historia* des Plinius von Robert von Cricklade », éd. K. Rück, *Sitzungsberichte der Köni-*

glichbayerischen Akademie der Wissenschaften, Phil.-hist. Klasse, 1902, p. 195-286.

ROBERT DE TORIGNI, *Chronicle, Chronicles...*, éd. R. HOWLETT (RS 82), Londres, 1889, t. 4. Trad. angl. J. STEVENSON, *The Church Historians...*, t. 4, part 2, p. 675-813.

—, *The Gesta Normannorum...*, voir ci-dessus au titre.

R[OBERT DE TORIGNI], *The Rise of Gawain, Nephew of Arthur. De Ortu Waluuanii nepotis Arturi*, éd. et trad. angl. M.L. DAY, New York, 1984.

—, *The Story of Meriadoc, King of Cambria. Historia Meriadoci Regis Cambrie*, éd. et trad. angl. M.L. DAY, New York, 1988.

ROGER DE HOWDEN, *Chronica*, éd. W. STUBBS (RS 51), Londres, 1868-1871. Trad. angl. T.H. RILEY, Londres, 1853.

—, *Gesta*, voir ci-dessus à [BENOIT DE PETERBOROUGH].

ROGER DE WENDOVER, *Flores historiarum*, éd. H.G. HOWLETT (RS 84), Londres, 1886-1889.

Roman de Thèbes, éd. G. RAYNAUD DE LAGE, Paris, 1966-1968.

Rotuli de dominabus et pueris et puellis de XII comitatibus (1185), éd. J.H. ROUND, Londres, 1913.

« Six Charters of Henry II and his Family for the Monastery of Dalon », éd. A.W. LEWIS, EHR, 1110, 1995, p. 653-665.

The Song of Dermot and earl Richard Fitzgilbert. La Chansun de Dermot e li quens Ricard Fitz Gilbert, éd. et trad. angl., D.J. CONLON, Francfort, 1992.

Thesaurus novus anecdotorum, éd. E. MARTENE, U. DURAND, Paris, 1717.

THOMAS BECKET, *The Correspondance of Thomas Becket, archbishop of Canterbury, 1162-1170*, éd. A.J. DUGGAN, Oxford, 2001.

THOMAS DE CONCHES, voir ci-dessus à JEAN DE MARMOUTIER.

THOMAS D'EARLEY (*DE AGNELLIS*), « Sermo de morte et sepultura Henrici regis junioris », éd. J. STEVENSON (RS 66), Londres, 1875, p. 263-273.

THOMAS DE FROIDMONT, *Thomas von Froidmont Die Vita des heiligen Thomas Becket Erzbischof von Canterbury*, éd. et trad. all. F. STEINER, Stuttgart, 1991.

Thomas Saga E. Erkibyskups, éd. E. MAGNUSSON (RS 65), Londres, 1875-1883.

« Vie et miracles de saint Laurent, archevêque de Dublin », éd. C. PLUMMER, *Analecta Bollandiana*, 33, 1914, p. 121-185.

Tractatus de legibus et consuetudinibus regni Angliæ qui Glanvilla vocatur, éd. G.D.G. HALL, M.T. CLANCHY, Oxford, 1993.

Le Très ancien coutumier de Normandie, éd. E.-J. TARDIF, Rouen, 1881-1903.

Los trovadores. Historia literaria y textos, éd. et trad. esp. M. de RIQUER, Barcelone, 1983.

WACE, *Le Roman de Brut*, éd. I. ARNOLD, Paris, 1938-1940.

—, *Le Roman de Rou*, éd. A.J. HOLDEN, Paris, 1970-1973.

WIREKER, voir ci-dessus NIGEL DE LONGCHAMPS.

BIBLIOGRAPHIE

Adelard of Bath. An English Scientist and Arabist of the Early 12th-Century, dir. C. BURNET, Londres, 1987.
J.W. ALEXANDER, « The Becket Controversy in Recent Historiography », *Journal of British Studies*, 9, 1970, p. 1-26.
G. ALTHOFF, « Ira regis. Prolegomena to a History of Royal Anger », *Anger's Past. The Social Uses of an Emotion in the Middle Ages*, B. ROSENWEIN éd., Cornell (NY), 1998, p. 59-74.
M. ALVIRA, P. BURESI, « "Alphonse, par la grâce de Dieu, roi de Castille et de Tolède, seigneur de Gascogne". Quelques remarques à propos des relations entre Castillans et Aquitains au début du XIIIe siècle », *Aquitaine-Espagne (VIIIe-XIIIe s.)*, dir. Ph. SENAC, Poitiers, 2001, p. 219-232.
E.M. AMT, *The Accession of Henry II in England. Royal Government Restored, 1149-1159*, Woodbridge, 1993.
—, « The Reputation of the Sheriff, 1100-1216 », *HSJ*, 8, 1996, p. 91-98.
—, « Richard de Lucy, Henry II's Justiciar », *Medieval Prosopography*, 9 (1), 1988, p. 61-87.
C. ANDRAULT-SCHMITT, « Le mécénat architectural en question : les chantiers de Saint-Yrieix, Grandmont et Le Pin à l'époque de Henri II », *La Cour...*, p. 235-276.
J. ANGLADE, *Les Troubadours et les Bretons*, Paris, 1929.
Anglo-Norman Political Culture and the 12th-Century Renaissance, dir. C.W. HOLLISTER, Woodbridge, 1997.
Arthurian Literature in the Middle Ages. A Collaborative History, dir. R.S. LOOMIS, Oxford, 1959.
G. ASHE, « Geoffroy de Montmouth », *The New Arthurian...*, New York, 1991, p. 179-182.
—, « A Certain Very Ancient Book », *Speculum*, 56, 1981, p. 301-323.
M. AURELL, « Aliénor d'Aquitaine et ses historiens : la destruction d'un mythe ? », *Guerre, pouvoir et noblesse au Moyen Age. Mélanges Philippe Contamine*, dir. J. PAVIOT, J. VERGER, Paris, 2000, p. 43-49.
—, « Appréhensions historiographiques de la féodalité anglo-normande et méditerranéenne (XIe-XIIe s.) », *Présence du féodalisme et présent de la féodalité*, dir. N. FRYDE, P. MONNET, G. OEXLE, Göttingen, 2002, p. 175-194.
—, « La cour Plantagenêt : entourage, savoir et civilité », *La Cour Plantagenêt...*, p. 9-46.
—, « Le meurtre de Thomas Becket : les gestes d'un martyre », *Bischofsmord Tagung*, actes du colloque de Göttingen (septembre 2000), sous presse.
—, *La Noblesse en Occident (V^e-XVe siècle)*, Paris, 1996.
—, « Noblesse et royauté Plantagenêt (1154-1224) », *Noblesses de l'espace...*, p. 9-64.
—, *Les Noces du comte. Mariage et pouvoir en Catalogne (785-1213)*, Paris, 1995.

—, « Révolte nobiliaire et lutte dynastique dans l'Empire Plantagenêt (1154-1224) », ANS, 24, 2001, p. 25-42.
—, *La Vielle et l'épée. Troubadours et politique en Provence au XIIIe siècle*, Paris, 1989
J. AVRIL, *Le Gouvernement des évêques et la vie religieuse dans le diocèse d'Angers (1148-1240)*, Paris, 1984.
B. BACHRACH, « Henry II and the Angevin Tradition of Family Hostility », *Albion*, 16, 1984, p. 111-130.
—, « The Idea of Angevin Empire », *Albion*, 10, 1978, p. 293-299.
—, « King Henry II and Angevin Claims to the Saintonge », *Medieval Prosopograhy*, 6 (1), 1985, p. 23-46.
J.W. BALDWIN, « La décennie décisive : les années 1190-1203 dans le règne de Philippe Auguste », *Revue historique*, 266, 1981, p. 311-337.
—, « L'entourage de Philippe Auguste et la famille royale », *La France de Philippe..*, p. 59-73.
—, « Masters at Paris from 1179 to 1215 : A Social Perspective », *Renaissance and Renewal..*, p. 138-172.
—, *Masters, Princes and Merchants. The Social Views of Peter the Chanter and his Circle*, Princeton, 1970.
—, *Philippe Auguste*, Paris, 1991.
—, « *Studium et Regnum*. The Penetration of University Personnel into French and English Administration at the Turn of the 12th and 13th Centuries », *Revue islamique*, 44, 1976, p. 199-211.
R. BARBER, « The *Vera Historia de Morte Arthuri* and its place in Arthurian Tradition », *Arthurian Literature*, 1, 1981, p. 62-93.
J. BARBEY, *Etre roi. Le roi et son gouvernement en France de Clovis à Louis XVI*, Paris, 1992.
F. BARLOW, *Edward the Confessor*, Berkeley (Ca), 1970.
—, « The King's Evil », EHR, 95, 1980, p. 3-27.
—, *Thomas Becket*, Londres, 1986.
N. BARRATT, « The Revenues of John and Philip Augustus Revisited », *King John...*, p. 75-99.
B. BARRIERE, « L'anneau de Valérie, mythe ou réalité ? », *Valérie...*, p. 11-18.
—, « Le comté de la Marche, une pièce originale de l'héritage Lusignan », *Isabelle...*, p. 27-35.
D. BARTHELEMY, *La Société dans le comté de Vendôme de l'an mil au XIVe siècle*, Paris, 1993.
R. BARTLETT, *Gerald of Wales, 1146-1223*, Oxford, 1982.
—, « Political Prophecy in Gerald of Wales », *Culture politique...* (sous presse).
A.K. BATE, « Walter Map and Giraldus Cambrensis », *Latomus*, 31, 1972, p. 860-875.
D. BATES, « The Rise and Fall of Normandy, c. 911-1204 », *England and Normandy..*, p. 19-35.
—, « Normandy and England after 1066 », EHR, 104, 1989, p. 859-861.
M.-P. BAUDRY, *Les Fortifications des Plantagenêt en Poitou (1154-1242)*, Paris, 2001.

—, « Les fortifications des Plantagenêt à Thouars », *La Cour...*, p. 297-314.
R.-H. BAUTIER, « Conclusions. "Empire Plantagenêt" ou "espace Plantagenêt". Y eut-il une civilisation du monde Plantagenêt ? », CCM, 29, 1986, p. 139-147.
—, « Philippe Auguste : la personnalité du roi », *La France de Philippe..*, p. 33-57.
—, « La place du règne de Philippe Auguste dans l'histoire de la France médiévale », *ibid.*, p. 11-27.
C. BEAUNE, *Naissance de la nation France*, Paris, 1985.
—, « Les ducs, le roi et le Saint Sang », *Saint-Denis et la royauté : études offertes à Bernard Guenée*, dir. F. AUTRAND, C. GAUVARD, J.-M. MŒGLIN, Paris, 1999, p. 711-732.
J. BEAUROY, « Centralisation et histoire sociale : remarques sur l'*Inquisitio vicecomitum* de 1170 », CCM, 37, 1994, p. 3-24.
The Becket Controversy, éd. T.M. JONES, New York, 1970.
R. BENJAMIN, « A Forty Years War : Toulouse and the Plantagenet », BIHR, 61, 1988, p. 270-285.
M. BENNET, « Poetry as History ? The "Roman de Rou" of Wace as a Source for the Norman Conquest », ANS, 5, 1982, p. 21-39.
R.R. BEZZOLA, *Les Origines et la formation de la littérature courtoise en Occident (500-1200)*, partie 3, t. 1 : *La Cour d'Angleterre comme centre littéraire sous les rois angevins (1154-1199)*, Paris, 1963.
J.-M. BIENVENU, « Henri II Plantegenêt et Fontevraud », CCM, 37, 1994, p. 25-32.
M. BILLORE, « La noblesse normande dans l'entourage de Richard Ier », *La Cour...*, p. 151-166.
T.N. BISSON, « The Politicising of West European Societies, c. 1175-c. 1225 », *Mélanges Georges Duby*, dir. C. DUHAMEL-AMADO, G. LOBRICHON, Bruxelles, 1996, p. 245-255.
J. BLACKER, *The Faces of Times : Portrayal of the Past in Old French and Latin Historical Narrative of the Anglo-Norman Regnum*, Austin (Texas), 1994.
—, « *Ne vuil sun livre translater.* Wace's omission of Merlin's prophecies from the *Roman de Brut* », *Anglo-Norman Anniversary Essays*, dir. I. SHORT, Londres, 1993, p. 49-60.
—, « Where Wace Feared to Tread : Latin Commentaries on Merlin's Prophecies in the Reign of Henry II », *Arthuriana*, 6 (1), 1996, p. 36-52.
M. BLOCH, *Les Rois thaumaturges*, préface J. LE GOFF, Paris, 1983 (3e éd.).
P. BOISSONADE, « Administrateurs laïques et ecclésiastiques anglo-normands en Poitou à l'époque d'Henri II Plantagenêt (1152-1189) », *Bulletin de la Société des Antiquaires de l'Ouest*, 3e série, 5, 1919, p. 159-190.
Quomodo comites Engolismenses erga reges Angliæ et Franciæ se gesserint, Angoulême, 1893.
J.-M. BOIVIN, *L'Irlande au Moyen Age : Giraud de Barri et la Topographia Hibernica (1188)*, Paris-Genève, 1993.

—, « Les paradoxes des *clerici regis* : l'exemple de la cour d'Henri II Plantagenêt de Giraud de Barri », *Senefiance*, 37, 1995, p. 47-61.

J. BOORMAN, « The Sheriffs of Henry II and the Significance of 1170 », *Law and Government..*, p. 255-275.

A. BOUREAU, *La Loi du royaume : les moines, le droit et la construction de la nation anglaise*, Paris, 2001.

M. BOURIN-DERRUAU, *Temps d'équilibres, temps de ruptures (XIIIᵉ siècle)*, Paris, 1990.

P. BOURGAIN, « Aliénor d'Aquitaine et Marie de Champagne mises en cause par André le Chapelain », CCM, 29, 1986, p. 29-36.

E. BOURNAZEL, *Le Gouvernement capétien au XIIᵉ siècle*, Limoges, 1975.

—, « Mémoire et parenté », *La France de l'an mil*, dir. R. DELORT, Paris, 1990, pp. 114-124.

—, « La royauté féodale en France et en Angleterre (Xᵉ-XIIIᵉ siècle) », *Les Féodalités*, dir. E. BOURNAZEL, J.-P. POLY, Paris, 1998, p. 389-510.

J. BOUSSARD, *Le Comté d'Anjou sous Henri Plantagenêt et ses fils, 1151-1204*, Paris, 1938.

—, *Le Gouvernement d'Henri II Plantagenêt*, Paris, 1956.

—, « Les institutions de l'Empire Plantagenêt », *Histoire des institutions françaises au Moyen Age*, dir. F. LOT, R. FAWTIER, Paris, 1957, t. 1, p. 35-69.

—, « Les institutions financières des Plantagenêt », CCM, 1, 1958, p. 475-494.

—, « Les mercenaires au XIIᵉ siècle : Henri II Plantagenêt et les origines de l'armée de métier », *Bibliothèque de l'Ecole des chartes*, 106, 1945-1946, p. 189-224.

—, « Philippe Auguste et les Plantagenêt », *La France de Philippe...*, p. 263-287.

D. BOUTET, *Charlemagne et Arthur ou le roi imaginaire*, Paris, 1992.

F. BOUTOULLE, *Société laïque en Bordelais et Bazadais des années 1070 à 1225*, thèse de doctorat inédite de l'université de Bordeaux III, dir. J.-B. MARQUETTE, 2001.

E. BOZOKY, « Le culte des saints et des reliques dans la politique des premiers Plantagenêt », *La Cour...*, p. 277-291.

J. BRADBURY, « Geoffroy V of Anjou, Count and Knight », *The Ideal and Practice..*, t. 3, 1990, p. 21-38.

—, « Philip Augustus and King John : Personality and History », *King John...*, p. 347-361.

P. BRAND, *The Making of the Common Law*, Londres, 1992.

—, « *Multis Vigiliis Excogitatam et Inventam* : Henry II and the Creation of the English Common Law », HSJ, 2, 1990, p. 197-222.

G. J. BRAULT, *Early Blazon. Heraldic Terminology in the 12th and 13th Centuries with Special Reference to Arthurian Literature*, Woodbridge, 1997 (2ᵉ éd.).

H. BRESC, « Excalibur en Sicile », *Medievalia*, 7, 1987, p. 7-21.

K.M. BROADHURST, « Henry II of England and Eleanor of Aquitaine : Patrons of Literature in French ? », *Viator*, 27, 1996, p. 53-84.

C. BROOKE, « John of Salisbury and his World », *The World of..*, p. 1-20.

Z.N. Brooke, *The English Church and the Papacy from the Conquest to the Reign of John*, Cambridge, 1952 (2ᵉ éd.).

B.B. Broughton, *The Legends of King Richard I Cœur de Lion*, La Haye-Paris, 1966.

E.A.R. Brown, « Eleanor of Aquitaine : Parent, Queen and Duchess », *Eleanor of Aquitaine : Patron and Politician*, dir. W. Kibler, Austin (Texas) et Londres, 1977, p. 9-34.

—, « La notion de légitimité et la prophétie à la cour de Philippe Auguste », *La France de Philippe...*, p. 77-110.

—, « The Tyranny of a Construct : Feudalism and Historians of Medieval Europe », *American Historical Review*, 79, 1974, p. 1063-1088.

R.A. Brown, « Royal Castle Building in England, 1154-1216 », EHR, 70, 1955, p. 353-398.

P. Buc, *L'Ambiguïté du livre : prince, pouvoir et peuple dans les commentaires de la Bible au Moyen Age*, Paris, 1994.

—, *The Dangers of Ritual. Between Early Medieval Texts and Social Sientific Theory*, Princeton (NJ), 2001.

—, « *Principes gentium dominantur eorum* : Princely Power Between Legitimacy and Illegitimacy in 12th-Century Exegesis », *Cultures of Power..*, p. 310-328.

C. Bullock-Davies, « Chrétien de Troyes and England », *Arthurian Literature*, 1, 1981, p. 1-61.

J. Bumke, *Courtly Culture : Literature and Society in the High Middle Ages*, Berkeley (Ca), 1991.

C.W. Bynum, « Did the Twelfth Century Discover the Individual ? », *Journal of Ecclesiastical History*, 31, 1980, p. 1-17.

M. Cao Carmichael de Baglie, « Savary de Mauléon (ca. 1180-1223), chevalier-troubadour poitevin : traîtrise et société aristocratique », *Le Moyen Age*, 105, 1999, p. 269-305.

J.N. Carman, *A Study of the Pseudo-Map Cycle of Arthurian Romance*, Kansas City, 1973.

D.A. Carpenter, « Abbot Ralph of Coggeshall's Account of the Last Years of King Richard and the First Years of King John », EHR, 113, 1998, p. 1210-1230.

—, « The Decline of the Curial Sheriff in England, 1194-1258 », EHR, 91, 1976, p. 1-32.

—, « Was there a Crisis of the Knightly Class in the 13th-Century ? The Oxfordshire Evidence », EHR, 95, 1980, p. 721-752.

E. Carpentier, « Les Lusignans entre Plantagenêt et Capétiens : 1200-1246 », *Isabelle...*, p. 37-45.

Y. Carre, *Le Baiser sur la bouche au Moyen Age*, Paris, 1992.

J.-C. Cassard, « Arthur est vivant ! Jalons pour une enquête sur le messianisme royal au Moyen Age », CCM, 32, 1989, p. 135-146.

—, « Propositions pour une lecture historique croisée du *Roman d'Aiquin* », CCM, 45, 2002, p. 111-128.

S. Caudron, « Thomas Becket et l'Œuvre de Limoges », *Valérie...*, p. 56-68.

F.A. Cazel, « Religious Motivation in the Biography of Hubert of Burgh », *Studies in Church History*, 15, 1978, p. 109-119.

E.K. Chambers, *Arthur of Britain*, Cambridge, 1927.
A. Chauou, *L'Idéologie Plantagenêt. Royauté arthurienne et monarchie politique dans l'espace Plantagenêt (XIIe-XIIIe siècle)*, Rennes, 2001.
H.J. Chaytor, *The Troubadours and England*, Cambridge, 1923.
A. Chedeville, N.-Y. Tonnerre, *La Bretagne féodale (XIe-XIIIe siècle)*, Paris, 1987.
C.R. Cheney, *From Becket to Langton. English Church Government, 1170-1213*, Manchester, 1956.
—, *The English Church and its Laws, 12th-14th Centuries*, Londres, 1982.
—, *Pope Innocent III and England*, Stuttgart, 1975.
M.G. Cheney, « The Compromise of Avranches of 1172 and the spread of Canon Law in England », EHR, 56, 1941, p. 177-197.
M. Chibnall, « 'Clio's Legal Cosmetics' : Law and Customs in the Work of Medieval Historians », ANS, 20, 1997, p. 31-43.
—, *The Debate on the Norman Conquest*, Manchester, 1999.
—, « Monastic Foundations in England and Normandy, 1066-1189 », *England and Normandy...*, p. 37-49.
S.D. Church, *The Household Knights of King John*, Cambridge, 1999.
S. M. Cingolani, « Filologia e miti storiografici : Enrico II, la corte Plantageneta e la letteratura », *Studi Medievali*, 32, 1991, p. 815-832.
M.T. Clanchy, *England and its Rulers, 1066-1272 : Foreign Lordship and National Identity*, Totowa (NJ), 1983.
—, *From Memory to Written Record : England, 1066-1307*, Cambridge (Ma), 1979.
—, « *Moderni* in Medieval Education and Government in England », *Speculum*, 50, 1975, p. 671-688.
L. Cochrane, *Adelard of Bath : the First English Scientist*, Londres, 1994.
J. Coleman, « *The Owl and the Nightingale* and Papal Theories of Marriage », *Journal of Ecclesiastical History*, 38, 1987, p. 517-568.
J.-Ph. Collet, « Le combat politique des Plantagenêt en Aquitaine : l'exemple des vicomtes de Thouars (1158-1199) », *Noblesses...*, p. 139-164.
G. Conklin, « Les Capétiens et l'affaire de Dol-de-Bretagne, 1179-1194 », *Revue d'Histoire de l'Eglise de France*, 78, 1992, p. 241-263.
G. Constable, « The Alleged Disgrace of John of Salisbury in 1159 », EHR, 69, 1954, p. 67-76.
—, *The Reformation of the Twelfth Century*, Cambridge, 1996.
Ph. Contamine, *La Guerre au Moyen Age*, Paris, 1980.
D. Corner, « The *Gesta regis Henrici Secundi* and *Chronica* of Roger, parson of Howden », BIHR, 56, 1983, p. 126-144.
P.R. Coss, *Lordship, Knighthood and Locality : A Study in English Society, c. 1180-c. 1280*, Cambridge, 1991.
—, « Bastard Feudalism Revised », *Past and Present*, 125, 1989, p. 27-64.
C. Coulson, « Forteress-Policy in Capetian Tradition and Angevin Practice : Aspects of the Conquest of Normandy by Philip II », ANS, 6, 1983, p. 13-38.

—, « Freedom to Crenellate by Licence : A Historiographical Revision », *Nottingham Medieval Studies*, 38, 1994, p. 86-137.
La Cour Plantagenêt (1154-1204), dir. M. AURELL, Poitiers, 2000.
C. CRICK, *The* Historia Regum Britannie *of Geoffrey of Monmouth III : A Summary Catalogue of the Manuscripts*, Cambridge, 1989.
D. CROUCH, *The Beaumont Twins. The Roots and Branches of Power in the 12th-Century*, Cambridge, 1986.
—, « The Culture of Death in the Anglo-Normand World », *Anglo-Norman Political..*, p. 157-180.
—, « The Hidden History of the 12th-Century », HSJ, 5, 1993, p. 111-130.
—, *The Image of Aristocracy in Britain, 1000-1300*, Londres, 1993.
—, « Normans and Anglo-Normans : A Divided Aristocracy ? », *England and..*, p. 51-61.
—, « Robert of Gloucester's Mother and Sexual Politics in Norman Oxfordshire », BIHR, 72, 1999, p. 323-333.
—, *William Marshall : Court, Career and Chivalry in the Angevin Empire, 1147-1219*, Londres, 1990.
Cultures of Power : Lordship, Status and Process in 12th-Century Europe, dir. T.N. BISSON, Philadelphia (Pen), 1995.
Culture politique des Plantagenêt (1154-1224), dir. M. AURELL, Poitiers, 2003 (sous presse).
P. DAMIAN-GRINT, *The New Historians of the 12th-Century Renaissance : Inventing Vernacular Authority*, Woodbridge, 1999.
—, « Redating the Royal Brut Fragment », *Medium Aevum*, 65 (2), 1996, p. 280-285.
—, « Truth, Trust, and Evidence in the Anglo-Norman *Estoire* », ANS, 18, 1995, p. 63-78.
R.R. DAVIES, « Buchedd a moes y Cymry. The Manners and Morals of the Welsh », *Welsh History Review*, 12, 1984-85, p. 155-179.
R.H.C. DAVIS, *King Stephen*, Londres, 1967.
—, *The Normans and their Myth*, Londres, 1976.
M.L. DAY, « The Letter from King Arthur to Henry II : Political Use of the Arthurian Legend in *Draco Normannicus* », *The Spirit of the Court*, dir. G.S. BURGESS, R.A. TAYLOR, Cambridge, 1985, p. 153-157.
A. DEBORD, *La Société laïque dans les pays de la Charente, X^e-XIIe siècle*, Paris, 1984.
—, « La politique des Fortifications des Plantagenêt dans la seconde moitié du XIIe siècle », *Les Fortifications dans les domaines Plantagenêt de France (XIIe-XVe siècle). Actes du colloque de Poitiers (11-13 novembre 1994)*, dir. M.-P. BAUDRY, Poitiers, 2000, p. 9-14.
P. DELAHAYE, « Une adaptation du *De Officiis* au XIIe siècle : le *Moralium Dogma Philosophorum* », *Recherches de Théologie Ancienne et Médiévale*, 16, 1949, p. 227-258, 17, 1950, p. 5-28.
G. DEVAILLY, *Le Berry du Xe siècle au milieu du XIIIe siècle*, Paris, 1973.
Dictionnaire des Lettres françaises. Le Moyen Age, dir. G. HASENOHR, M. ZINK, Paris, 1992.
J. DICKINSON, « The Mediaeval Conception of Kingship and Some of its

Limitations as Developed in the *Policraticus* of John of Salisbury »,
Speculum, 1, 1926, p. 308-337.

P. DRONKE, « New Approches to the School of Chartres », *Anuario de estudios medievales*, 6, 1969, p. 117-140.

—, « Peter of Blois and Poetry at the Court of Henry II », *Mediaeval Studies*, 38, 1976, p. 185-235.

J. DOR, « Langues française et anglaise et multilinguisme à l'époque d'Henri II », CCM, 28, 1985, p. 61-72.

G. DUBY, *Guillaume le Maréchal ou le meilleur chevalier du monde*, Paris, 1984.

—, *Hommes et structures du Moyen Age*, Paris, 1973.

C. DUBUC, « Les possessions poitevines des Lusignan », *Isabelle...*, p. 17-26.

A. DUGGAN (voir ci-dessus A. HESLIN), « John of Salisbury and Thomas Becket », *The World..*, p. 427-438.

—, *Thomas Becket : A Textual History of his Letters*, Oxford, 1980.

C. DUGGAN, « The Becket Dispute and the Criminous Clerks », BIHR, 35, 1962, p. 1-28.

—, *Canon Law in Medieval England : The Becket Dispute and Decretal Collections*, Londres, 1982.

—, *Decretals and the Creation of the "New Law" in 12th-Century*, Aldershot, 1998.

—, « Papal Judges Delegate and the Making of the "New Law" in the 12th-Century », *Cultures of Power..*, p. 172-199.

—, « Richard of Ilchester, Royal Servant and Bishop », *Transactions of the Royal Historical Society*, 16 (5ᵉ série), 1966, p. 1-21.

D.N. DUMVILLE, « An Early Text of Geoffrey of Monmouth's *Historia Regum Britanniæ* and the Circulation of Some Latin Histories in 12th-Century Normandy », *Arthurian Literature*, 4, 1985, p. 1-36.

P. DUTTON, « *Illustre civitatis et populi exemplum*. Plato's Timaevs and the Transmission from Calcidius to the End of the 12th-Century of a Tripartite Scheme of Society », *Mediaeval Studies*, 45, 1983, p. 79-119.

England and Normandy in the Middle Ages, dir. D. BATES, A. CURRY, Londres, 1963.

S. ECHARD, *Arthurian Narrative in the Latin Tradition*, Cambridge, 1998.

J. EVERARD, *Brittany and the Angevins. Province and Empire, 1158-1203*, Cambridge, 2001.

—, « The 'Justiciarship' in Brittany and Ireland under Henry II », ANS, 20, 1997, p. 87-105.

—, « Lands and Loyalties in Plantagenet Brittany », *Noblesses...*, p. 185-198.

C. FAGNEN, « Le vocabulaire du pouvoir dans les actes de Richard Cœur de Lion, duc de Normandie (1189-1199) », *Actes du 105ᵉ congrès national des sociétés savantes*, Caen, 1980, Paris, 1984, t. 1, p. 79-93.

Family Trees and the Roots of Politics, dir. K.S.B. KEATS-ROHAN, Woodbridge, 1997.

E. FARAL, *Les Arts poétiques du XIIᵉ et du XIIIᵉ siècle*, Paris, 1924.

—, *Les Jongleurs en France au Moyen Age*, Paris, 1910.

—, *La Légende arthurienne*, Paris, 1929.
R. FAVREAU, « Naissance et premier développement de la ville », *Histoire de La Rochelle*, dir. M. DELAFOSSE, Toulouse, 1985, p. 11-22.
G.B. FLAHIFF, « Ralph Niger : An Introduction to his Life and Works », *Mediaeval Studies*, 2, 1940, p. 104-126.
M.-T. FLANAGAN, *Irish Society, Anglo-Norman Settlers, Angevin Kingship. Interactions in Ireland in the Late 12th-Century*, Oxford, 1983.
R.H. FLETCHTER, *The Arthurian Material in the Chronicles*, Boston, 1906.
J. FLORI, « La chevalerie selon Jean de Salisbury (nature, fonction, idéologie) », *Revue d'histoire ecclésiastique*, 77, 1982, p. 35-77.
—, *Chevaliers et Chevalerie au Moyen Age*, Paris, 1998.
—, *Essor de la chevalerie (XIe-XIIe siècle)*, Genève, 1986.
—, *Richard Cœur de Lion, le roi-chevalier*, Paris, 1999.
R. FOLZ, *L'Idée d'Empire en Occident du Ve au XVe siècle*, Paris, 1953.
—, *Le Souvenir et la légende de Charlemagne dans l'Empire germanique médiéval*, Paris, 1950.
R. FOREVILLE, *L'Eglise et la royauté en Angleterre sous Henri II Plantagenêt, 1154-1189*, Paris, 1943.
—, « L'image de Philippe Auguste dans les sources contemporaines », *La France de Philippe..*, p. 115-130.
—, « Le sacre des rois anglo-normands et angevins et le serment du sacre (XIe-XIIe siècle) », *Le Sacre des rois*, Paris, 1985, p. 101-117.
—, *Thomas Becket dans la tradition historique et hagiographique*, Londres, 1981.
Les Fortifications dans les domaines Plantagenêt (XIIe-XIVe siècle), dir. M.-P. BAUDRY, Poitiers, 2000.
La France de Philippe Auguste. Le temps des mutations, dir. R.-H. BAUTIER, Paris, 1982.
N. M. FRYDE, « The Roots of Magna Carta. Opposition to the Plantagenets », *Political Thought and the Realities of Power in the Middle Ages*, dir. J. CANNING, O.G. OEXLE, Göttingen, 1998, p. 53-65.
—, *Why Magna Carta ? Angevin England Revisited*, Hambourg, 2001.
V.H. GALBRAITH, « The Literacy of the Medieval English Kings », *Proceedings of the British Academy*, 21, 1935, p. 201-238.
M. GARAUD, *Les Châtelains du Poitou et l'avènement du régime féodal (XIe-XIIe siècle)*, Poitiers, 1964.
B. GAUTHIEZ, « Paris, un Rouen capétien ? Développements comparés de Rouen et Paris sous les règnes d'Henri II et de Philippe Auguste », *ANS*, 16, 1993, p. 117-136.
J.-Ph. GENET, « Histoire politique anglaise, histoire politique française », *Saint-Denis et la royauté : études offertes à Bernard Guenée*, dir. F. AUTRAND, C. GAUVARD, J.-M. MŒGLIN, Paris, 1999, p. 621-636.
—, « Le vocabulaire politique du *Policraticus* de Jean de Salisbury : le prince et le roi », *La Cour...*, p. 187-215.
M. GIBSON, « Adelard of Bath », *Adelard..*, p. 7-16.
J. GILISSEN, « La notion d'empire dans l'histoire universelle », *Les Grands..*, p. 759-885.
J. GILLINGHAM, *The Angevin Empire*, Londres, 2001 (2e éd.).
—, *The English in the 12th-Century*, Woodbridge, 2000.

—, « Historians without Hindsight : Coggeshall, Diceto and Howden on the Early Years of John's Reign » *King John...*, p. 1-26.
—, *Richard Cœur de Lion. Kingship, Chivalry and War in the 12th-Century*, Londres, 1994.
—, *Richard I*, New Haven (Ct), 1999.
—, « Richard I and the Science of War in the Middle Ages », *War and Government..*, p. 78-91.
—, « Royal Newsletters, Forgeries and English Historians : Some Links Between Court and History in the Reign of Richard I », *La Cour...*, p. 171-186.
—, « "Slaves of the Normans" ? Gerald de Barri and Regnal Solidarity in Early 13th-Century England », *Law, Laity and Solidarities*, dir. P. STAFFORD, J.L. NELSON, J. MARTINDALE, Manchester, 2001, p. 160-171.
C. GIRBEA, « Limites du contrôle des Plantagenêt sur la légende arthurienne : le problème de la mort d'Arthur », *Culture politique...* (sous presse).
J.-L. GOUTTEBROZE, « Henri II Plantagenêt, patron des historiographes anglo-normands en langue d'oïl », *La Littérature angevine médiévale*, Angers, 1981, p. 91-109.
—, « Pourquoi congédier un historiographe ? Henry II Plantagenêt et Wace (1155-1174) », *Romania*, 112, 1991, p. 289-311.
—, *Le Précieux Sang de Fécamp. Origine et développement d'un mythe chrétien*, Paris, 2001.
R. GRAHAM, *English Ecclesiastical Studies*, Londres, 1929.
Les Grands Empires, Bruxelles, 1973 (« Recueils de la Société Jean Bodin », 31).
A. GRANSDEN, « The Growth of Glastonbury : Traditions and Legends », *Journal of Ecclesiastical History*, 27, 1976, p. 337-358.
—, *Historical Writing in England, c. 550-c. 1307*, Ithaca (NY), 1974.
—, *Legends, Traditions and History in Medieval England*, Londres, 1992.
L. GRANT, « Suger and the Anglo-Norman World », ANS, 19, 1996, p. 51-68.
J.A. GREEN, *The Aristocracy of Norman England*, Cambridge, 1997.
—, « Aristocratic Women in Early 12th-Century », *Anglo-Norman Political...*, p. 59-82.
V. GREENE, « Qui croit au retour d'Arthur ? », CCM, 2002 (sous presse).
B. GUENEE, *Histoire et culture historique dans l'Occident médiéval*, Paris, 1980.
A. GUERREAU-JALABERT, « Alimentation symbolique et symbolique de la table dans les romans arthuriens (XIIe-XIIIe siècles) », *Annales ESC*, 47, 1992-1993, p. 561-594.
H. GUILLOTEL, « Administration et finances ducales en Bretagne sous le règne de Conan III », *Mémoires de la Société d'Histoire et d'Archéologie de Bretagne*, 68, 1991, p. 19-43.
R. HAJDU, « Castles, Castellans and the Structure of Politics in Poitou, 1152-1271 », *Journal of Medieval History*, 4, 1978, p. 27-54.

—, *A History of the Nobility of Poitou, 1150-1270*, Ph. D., Princeton University, 1973.
E. M. Hallam, « Henry II, Richard I and the order of Grandmont », *Journal of Medieval History*, 1, 1975, p. 165-186
G.L. Hamilton, « Tristam's Coat of Arms », *The Modern Language Review*, 15, 1920, p. 425-429.
L. Harf-Lancner, « L'enfer de la cour : la cour d'Henry II Plantagenêt et la mesnie Hellequin », *L'Etat et les aristocraties (XIIe-XVIIe siècle)*, dir. Ph. Contamine, Paris, 1989, p. 27-50.
I. Harris, « Stephen of Rouen's *Draco Normannicus* : A Norman Epic », *The Epics in History*, dir. L.S. Davidson, S.N. Muhkherjee, Z. Zlatan, Sydney, 1991, p. 112-124.
C.H. Haskins, « Adelard of Bath and Henry Plantagenet », EHR, 28, 1913, p. 515-516.
—, « Henry II as a Patron of Literature », *Essays in Medieval History presented to T.F. Tout*, dir. A.G. Little, F.M. Powicke, Manchester, 1925, p. 71-77.
—, *The Renaissance of the 12th-Century*, Cambridge (Ma), 1927.
—, *Studies in Medieval Culture*, Oxford, 1929.
R. Heiser, « The Households of the Justiciars of Richard I : An Inquiry into the Second Level of Medieval English Government », HSJ, 2, 1990, p. 223-235.
A. Heslin [A. Duggan], « The Coronation of the Young King in 1170 », *Studies in Church History*, 2, 1965, p. 165-178.
E.C. Higonnet, « Spiritual Ideas in the Letters of Peter of Blois », *Speculum*, 50, 1975, p. 218-244.
C. Higounet, « Problèmes du Midi au temps de Philippe Auguste », *La France de Philippe..*, p. 311-320.
Y. Hillion, « La Bretagne et la rivalité Capétiens-Plantagenêt. Un exemple : la duchesse Constance (1186-1202) », *Annales de Bretagne*, 92, 1985, p. 111-144.
M. Hivergneaux, « Aliénor d'Aquitaine : le pouvoir d'une femme à la lumière de ses chartes (1152-1204) », *La Cour...*, p. 63-88.
E. Hoepffner, « The Breton Lais », *Arthurian Literature...*, p. 112-121.
C. Holdsworth, « Peacemaking in the 12th-Century », ANS, 19, 1996, p. 1-17.
C.W. Hollister, « Anglo-Norman Political Culture and the 12th-Century Renaissance », *Anglo-Norman Political...*, p. 1-16.
—, « The Aristocracy », *The Anarchy of Stephen's Reign*, dir. E. King, Oxford, 1994, p. 37-66.
—, « Normandy, France and the Anglo-Norman *regnum* », *Speculum*, 51, 1976, p. 202-242.
C.W. Hollister, J. Baldwin, « The Rise of Administrative Kingship : Henry II and Philip Augustus », *American Historical Review*, 83, 1978, p. 867-905.
C.W. Hollister, T.K. Keefe, « The Making of the Angevin Empire », *Journal of British Studies*, 12, 1973, p. 1-25.
J.C. Holt, « The Assizes of Henry II : the Texts », *The Study of Medieval Record*, D.A. Bullough, R.L. Storey, Oxford, 1971, p. 85-106.

—, *Colonial England, 1066-1215*, Londres, 1997.
—, « The End of the Anglo-Norman Realm », *Proceedings of the British Academy*, 61, 1975, p. 223-265.
—, « The Introduction of Knight Service in England », ANS, 6, 1983, p. 88-106.
—, « The Loss of Normandy and Royal Finances », *War and Government..*, p. 92-105.
—, *Magna Carta*, Cambridge, 1992 (2e éd).
—, *The Northerners. A Study in the Reign of King John*, Oxford, 1961.
J. HUDSON, *Land, Law and Lordship in Anglo-Norman England*, Oxford, 1994.
R. W. HUNT, « The Preface of the "Speculum Ecclesiæ" of Giraldus Cambrensis », *Viator*, 8, 1977, p. 189-213.
R. W. HUNT, M. GIBSON, *The Schools and the Cloister : The Life and Writings of Alexander Nequam*, Oxford, 1984.
The Ideal and Practice of Medieval Knighthood, dir. C. HARPER-BILL, R. HARVEY, Woodbridge, 1990-1995.
Isabelle d'Angoulême, comtesse-reine et son temps (1186-1246), Poitiers, 1999.
G.B. JACK, « The Date of *Havelock* », *Anglia : Zeitschrift für englische Philologie*, 95, 1977, p. 20-33.
C.S. JAEGER, « Courtliness and Social Change », *Cultures of Power..*, p. 287-309.
—, *Ennobling Love. In Search of a Lost Sensibility*, Philadelphie (Pen), 1999.
—, *The Envy of Angels. Cathedral Schools and Social Ideals in Medieval Europe, 950-1220*, Philadelphie (Pen), 1994.
—, *The Origins of Courtliness Trends and the Formation of Courtly Ideal in Medieval Europe, 950-1220*, Philadelphie (Pen), 1985.
—, « Patrons and the Beginings of Courtly Romance », *The Medieval Opus*, dir. D. KELLY, Amsterdam, 1996, p. 45-58.
K.H. JACKSON, « The Arthur of History », *Arthurian Literature...*, p. 1-11.
R. JACOB, « Le meurtre du seigneur dans la société féodale. La mémoire, le rite, la fonction », *Annales ESC*, 45, 1990, p. 247-264.
P. JOHANEK, « König Arthur und die Plantagenets. Über den Zusammenhang von Historiographie und höfischer Epik in mittelalterlicher Propaganda », *Frühmittelalterliche Studien*, 21, 1987, p. 346-389.
J.E.A. JOLLIFFE, *Angevin Kingship*, Londres, 1963 (2e éd.).
M.H. JONES, « Richard the Lionheart in German Literature of the Middle Ages », *Richard Cœur...*, p. 70-116.
W.C. JORDAN, « Isabelle d'Angoulême, By the Grace of God, Queen », *Revue belge de philologie et histoire*, 69, 1991, p. 821-852.
R. KAISER, « Evêques expulsés, évêques assassinés aux XIe et XIIe siècles », *Le Temps des Saliens en Lotharingie (1024-1125). Actes du colloque de Malmedy (12-14 septembre 1991)*, Malmedy, 1993, p. 63-85.
E. KANTOROWICZ, *The King's Two Bodies : a Study in Medieval Political Theology*, Princeton, 1957. Trad. fr. Paris, 1989.

H. Kantorowicz, B. Smalley, « An English Theologian's View of Roman Law : Pepo, Irnerius, Ralph Niger », *Mediaeval and Renaissance Studies*, 1, 1943, p. 237-252.
K.S.B. Keats-Rohan, « Aspects of Robert of Torigny's Genealogies revisited », *Nottingham Medieval Studies*, 37, 1993, p. 21-27.
—, « Le problème de la suzeraineté et la lutte pour le pouvoir : la rivalité bretonne et l'Etat anglo-normand (1066-1154) », *Mémoires de la société d'histoire et d'archéologie de Bretagne*, 68, 1991, p. 45-69.
T.K. Keefe, « Counting those who Count : A Computer-Assisted Analysis of Charter Witness-Lists and the Itinerant Court in the First Year of the Reing of King Richard I », HSJ, 1, 1989, p. 135-145.
—, *Feudal Assesments and the Political Community under Henry II and his Sons*, Berkeley (Ca), 1983.
—, « Geoffrey Plantagenet's Will and the Angevin Succession », *Albion*, 6, 1974, p. 266-274.
—, « Place-Date Distribution of Royal Charters and the Historical Geography of Patronage Strategies at the Court of King Henry II Plantagenêt », HSJ, 2, 1990, p. 179-188.
—, « Proffers for Heirs and Heiresses in the Pipe Rolls : some Observations on Indebtedness in the Years before the Magna Carta, 1180-1212 », HSJ, 5, 1993, p. 99-109.
H.E. Keller, « The *Song of Roland* : a Mid-12th-Century Song of Propaganda for the Capetian Kingdom », *Olifant*, 3, 1976, p. 242-258.
N. Kenaan-Kedar, « Aliénor d'Aquitaine conduite en captivité. Les peintures murales commémoratives de Sainte-Radegonde de Chinon », CCM, 41, 1998, p. 317-330.
—, « Eleanor of Aquitaine : Dynastic Consciousness and the Early Gothic Portals of Le Mans and Angers Cathedrals », *Culture politique...* (sous presse).
King John : New Interpretations, dir. S. Church, Woodbridge 1999.
D. Knowles, *The Episcopal Colleagues of Archbishop Thomas Becket*, Cambridge, 1951.
—, *Thomas Becket*, Stanford (Ca), 1971.
G. Koziol, *Begging Pardon and Favor : Ritual and Political Order in Early Medieval France*, Ithaca (NY), 1992.
—, « England, France, and the Problem of Sacrality in 12th-Century Ritual », *Cultures of Power...*, p. 124-148.
J. Krynen, *L'Empire du roi. Idées et croyances politiques en France, XIIIe-XVe siècle*, Paris, 1993.
—, « "Princeps pugnat pro legibus..." un aspect du *Policraticus* », *Etudes d'histoire du droit et des idées politiques*, 3, 1999, p. 89-99.
S. Kuttner, E. Rathbone, « Anglo-Norman Canonists of the 12th-Century », *Traditio*, 7, 1949/51, p. 279-358.
E.-R. Labande, « Le Poitou dans les chansons de geste », *Bulletin de la Société des Antiquaires de l'Ouest*, 13 (4e série), 1975/76, p. 329-352.
—, « Pour une image véridique d'Aliénor d'Aquitaine », *Bulletin de la Société des Antiquaires de l'Ouest*, 1952, p. 175-234.
J.E. Lally, *The Court and Household of King Henry II (1154-1189)*, Ph. D. inédite, University of Liverpool, 1969 (non consultée).

—, « Secular Patronage at the Court of Henry II », BIHR, 49, 1979, 159-184.

Law and Government in Medieval England and Normandy. Essays in honour of sir James Holt, dir. G. GARNETT, J. HUDSON, Cambridge, 1994.

G. LECUPPRE, « L'empereur, l'imposteur et la rumeur : Henri V ou l'échec d'une "réhabilitation" », CCM, 42, 1999, p. 189-197.

Y. LEFEVRE, « De l'usage du français en Grande-Bretagne à la fin du XIIe siècle », *Etudes de langue et de littérature du Moyen Age offerts à Félix Lecoy*, Paris, 1973, p. 301-305.

« L'image du roi chez les poètes », *La France de Philippe...*, p. 133-144.

M.D. LEGGE, « Anglo-Norman as a Spoken Langage », ANS, 2, 1979, p. 108-117.

—, *Anglo-Norman Literature and its Background*, Oxford, 1963.

—, « La précocité de la littérature anglo-normande », CCM, 8, 1965, p. 327-349.

—, « William the Marshal and Arthur of Brittany », BIHR, 55, 1982, p. 18-24

R. LEJEUNE, « Rôle littéraire d'Aliénor d'Aquitaine et de sa famille », *Cultura neolatina*, 14, 1954, p. 5-57.

J.-F. LEMARIGNIER, « Autour de la royauté française du IXe au XIIIe siècle », *Bibliothèque de l'Ecole des chartes*, 113, 1956, p. 5-36.

—, *Hommage en marche : recherches sur l'hommage en marche et les frontières féodales*, Lille, 1945.

B. LEMESLE, *La Société aristocratique dans le haut Maine (XIe-XIIe siècle)*, Rennes, 1999.

J. LE PATOUREL, *Feudal Empires : Norman and Plantagenet*, Londres, 1984.

—, « Feudal Empires : Norman and Plantagenet », *Les Grands...*, p. 281-307.

—, *The Norman Empire*, Oxford, 1976.

A.W. LEWIS, *Le Sang royal. La famille capétienne et l'Etat. France, X^e-XIVe siècle*, Paris, 1986.

K.S. LEYSER, « The Angevin Kings and the Holy Man », *Saint Hugh...*, p. 49-74.

—, *Medieval Germany and its Neighbours, 900-1250*, Londres, 1982.

H. LIEBSCHÜTZ, *Medieval Humanism in the Life and Writings of John of Salisbury*, Londres, 1968 (2e éd.).

—, « John of Salisbury and Pseudo-Plutarch », *Journal of the Warburg and Courtland Institutes*, 6, 1943, p. 33-39.

A. LODGE, « Literature and History in the *Chronicle* of Jordan Fantosme », *French Studies*, 44, 1990, p. 257-270.

R.S. LOOMIS, « The Oral Diffusion of the Arthurian Legend », *Arthurian Literature...*, p. 52-63.

—, *Studies in Medieval Literature*, New York, 1970.

—, « Tristam and the House of Anjou », *Modern Language Review*, 17, 1922, p. 24-30.

R.S. et L.H. LOOMIS, *Arthurian Legend in Medieval Art*, Londres, 1938.

F. Lot, « Geoffroy Grisegonelle dans l'épopée », *Romania*, 19, 1890, p. 377-393.
G.A. Loud, « The "gens Normannorum" : Myth or Reality ? », ANS, 4, 1981, p. 104-116.
G. Louise, *La Seigneurie de Bellême (X^e-XIIe siècle)*, Flers, 1992-1993.
J.-C. Lozachmeur, « Recherches sur les origines indo-européennes et ésotériques de la légende du Graal », CCM, 30, 1987, p. 45-63.
D. Luscombe, « John of Salisbury in Recent Scholarship », *The World...*, p. 21-37.
S. Lutan, « La façade septentrionale de Saint-Martin de Candes (ca. 1180) et l'iconographie dynastique des Plantagenêt », CCM, 2002 (sous presse).
L. Mace, *Les Comtes de Toulouse et leur entourage (XIIe-XIIIe siècle)*, Toulouse, 2000.
Magna Carta and the Idea of Liberty, dir. J.C. Holt, New York, 1972.
F.B. Marsh, *English Rule in Gascony, 1199-1259*, Ann Arbor (Mich), 1912.
J. Martindale, « Eleanor of Aquitaine : The Last Years », *King John...*, p. 137-164.
—, *Status, Authority and Regional Power : Aquitaine and France, 9th-12th Centuries*, Aldershot, 1995.
—, « "An Unfinished Business" : Angevin Politics and the Siege of Toulouse, 1159 », ANS, 23, 2000, p. 115-154.
E. Mason, « The Hero's Invincible Weapon : An Aspect of Angevin Propaganda », *The Ideal...*, t. 3, p. 121-137.
—, « The Maudits and their Chamberlainship of the Exchequer », BIHR, 49, 1976, p. 1-23.
—, « Rocamadour in Quercy above all Churches : The Healing of Henry II », *Studies in Church History*, 19, 1982, p. 39-54.
—, « Saint Wulfstan's Staff : a Legend and its Uses », *Medium Aevum*, 53, 1984, p. 157-179.
D.J.A. Matthew, « The English Cultivation of Norman History », *England and...*, p. 1-18.
A. Micha, *Essais sur le cycle du Lancelot-Graal*, Genève, 1987.
—, *Etude sur le Merlin de Robert de Boron*, Genève, 1980.
S.F.C. Milsom, *The Legal Framework of English Feudalism*, Cambridge, 1973.
E. Mireaux, *La Chanson de Roland et l'histoire de France*, Paris, 1943.
E. Mitchell, « Patrons and Politics in 12th-Century Barking Abbey », *Revue Bénédictine*, 2003 (sous presse).
J.J. Monlezun, *Histoire de la Gascogne*, Auch, 1846-1849.
O.H. Moore, *The Young King, Henry Plantagenet (1155-1183) in History, Literature and Tradition*, Columbus (Ohio), 1925.
W.A. Morris, *The Medieval English Sheriff to 1300*, Manchester, 1927.
R. Mortimer, *Angevin England, 1154-1258*, Oxford, 1994.
—, « The family of Ranulf de Glanville », BIHR, 54, 1981, p. 1-16.
V. Moss, « Normandy and England in 1180 : The Pipe Roll Evidence », *England and...*, p. 185-195.
—, « The Norman Fiscal Revolution, 1193-1198 », *Crises, Revolutions*

and Self-Sustained Fiscal Growth, dir. R. Bonney, M. Ormrod, Oxford, 1999, p. 38-57.
—, « The Defence of Normandy, 1193-1198 », ANS, 24, 2001, p. 145-162.
L. Musset, « Quelques problèmes posés par l'annexion de la Normandie au domaine royal français », *La France de Philippe...*, p. 291-307.
C.J. Nedermann, G. Cambell, « Priests, Kings and Tyrants : Spiritual and Temporal Power in John of Salisbury's *Policraticus* », *Speculum*, 66, 1991, p. 572-590.
P.Ó. Neill, « The Impact of the Norman Invasion on Irish Literature », ANS, 20, 1997, p. 171-185.
F. Neveux, *La Normandie des ducs aux rois (X^e-XIIe s.)*, Rennes, 1998.
The New Arthurian Encyclopedia, dir. N.J. Lacy, New York-Londres, 1996.
H. Newstead, « The Origin and Growth of the Tristan Legend », *Arthurian Literature...*, p. 122-133.
P.S. Noble, « Romance in England and Normandy in the 12th-Century », *England and...*, p. 69-78.
Noblesses de l'espace Plantagenêt (1154-1224), dir. M. Aurell, Poitiers, 2001.
J.D. North, « Some Norman Horoscopes », *Adelard of...*, p. 147-161.
P. Nykrog, « The Rise of Literary Fiction », *Renaissance...*, p. 593-612.
O.G. Oexle, « Lignage et parenté, politique et religion dans la noblesse du XIIe siècle : l'évangéliaire d'Henri le Lion », CCM, 36, 1993, 339-354.
V.D. et R.S. Oggins, « Richard of Ilchester's Inheritance : An Extended Family in 12th-Century England », *Medieval Prosopography*, 12 (1), 1991, p. 57-129.
D.D.R. Owen, *Eleanor of Aquitaine. Queen and Legend*, Oxford, 1993.
M. Pacaut, *Alexandre III. Etude sur la conception du pouvoir pontifical dans sa pensée et dans son œuvre*, Paris, 1956.
—, *Louis VII et les élections épiscopales dans le royaume de France*, Paris, 1957.
I. Panzaru, « *Caput mystice* : fonctions symboliques de la tête chez les exégètes de la seconde moitié du XIIe siècle », *Le Moyen Age*, 107, 2001, p. 439-454.
M.A. Pappano, « Marie de France, Alienor d'Aquitaine and the Alien Queen », *Eleanor of Aquitaine : Lady and Lord*, dir. J.C. Parsons, B. Wheeler, New York, 2002 (sous presse).
G. Paris, *La Littérature normande avant l'annexion*, Paris, 1899.
N.F. Partner, *Serious Entertainments : The Writing of History in 12th-Century England*, Chicago-Londres, 1977.
M. Pastoureau, *Figures et couleurs. Etudes sur la symbolique et la sensibilité médiévales*, Paris, 1986.
—, *L'Hermine et le sinople. Etudes d'héraldique médiévale*, Paris, 1982.
Ch. Petit-Dutaillis, *La Monarchie féodale en France et en Angleterre (Xe-XIIIe s.)*, Paris, 1933.
A. Pioletti, « Artù, Avallon, l'Etna », *Quaderni medievali*, 28, 1989, p. 6-35.

D. Pitte, « Château-Gaillard dans la défense de la Normandie Orientale (1196-1204) », ANS, 24, 2001, p. 163-176.
B.-A. Pocquet du Haut-Jusse, « Les Plantagenêt et la Bretagne », *Annales de Bretagne et des pays de l'Ouest*, 53, 1946, p. 1-27.
J.-P. Poly, E. Bournazel, « Couronne et mouvance : institutions et représentations mentales », *La France...*, p. 217-236.
O. Pontal, « Les évêques dans le monde Plantagenêt », CCM, 29, 1986, p. 129-138.
A.L. Poole, « Henry Plantagenet's Early Visits to England », EHR, 47, 1932, p. 447-452.
E. Poulle, « Le traité de l'astrolabe d'Adélard de Bath », *Adelard of...*, p. 119-132.
P. Pouzet, *L'Anglais Jean dit Bellesmains (1122-1204 ?)*, Lyon, 1927.
D.J. Power, « L'aristocratie Plantagenêt face aux conflits capétiens-angevins : l'exemple du traité de Louviers », *Noblesses...*, p. 121-138.
—, « Between the Angevin and Capetian Courts : John of Rouvray and the Knights of the Pays de Bray, 1180-1225 », *Family Trees...*, p. 361-384.
—, « The End of Angevin Normandy : the Revolt at Alençon (1203) », BIHR, 74, 2001, p. 444-464.
—, « King John and the Norman Aristocracy », *King John...*, p. 117-136.
—, « What did the Frontier of Angevin Normandy Comprise », ANS, 17, 1994, p. 181-201.
F.M. Powicke, *The Loss of Normandy, 1189-1204*, Manchester, 1913.
—, *Stephen Langton*, Oxford, 1928.
J.O. Prestwich, « The Military Household of the Norman Kings », EHR, 6, 1981, p. 1-35.
—, « Military Intelligence under the Norman and Angevin Kings », *Law and Government...*, p. 1-30.
—, « Richard Cœur de Lion : *Rex Bellicosus* », *Richard Cœur...*, p. 1-16.
J. Quaghebeur, *La Cornouaille du IXe au XIIe siècle. Mémoire, pouvoirs, noblesse*, Quimper, 2001.
G. Raciti, « Isaac de l'Etoile et son siècle », *Cîteaux*, 12, 1960, p. 281-306 ; 13, 1961, p. 18-34, p. 133-145, p. 205-216.
J.H. Ramsay, *The Angevin Empire or the three reigns of Henry II, Richard I, and John (A.D. 1154-1216)*, Londres-New York, 1903.
E. Rathbone, « Roman Law in the Anglo-Norman Realm », *Studia Gratiana*, 11, 1967, p. 255-271.
R. Reader, « Matthew Paris and the Norman Conquest », *The Cloister and the World. Essay in medieval History in Honour of Barbara Harvey*, dir. J. Blair, B. Golding, Oxford, 1966, p. 118-147.
Renaissance and Renewal in the 12th-Century, dir. R.L. Benson, G. Constable, Oxford, 1982.
D. Renn, « Plantagenet Castle-Building in England in the Second Half of the 12th-Century », *Les Fortifications...*, p. 15-22.
Y. Renouard, « Essai sur le rôle de l'empire angevin dans la formation

de la France et de la civilisation française aux XIIe et XIIIe siècles », *Revue Historique*, 195, 1945, p. 289-304.

A. RENOUX, *Fécamp : du palais ducal au palais de Dieu*, Paris, 1991.

Renovación intelectual del Occidente europeo (siglo XII). XXIV semana de estudios medievales (Estella, 14-18 julio 1997), Pampelune, 1998.

Richard Cœur de Lion in History and Myth, dir. J.L. NELSON, Londres, 1992.

H.G. RICHARDSON, « The Coronation in Mediaeval England », *Traditio*, 16, 1960, p. 111-202.

—, « Gervase of Tilbury », *History*, 46, 1961, p. 102-114.

H.G. RICHARDSON, G.O. SAYLES, *The Governance of Mediaeval England from the Conquest to Magna Carta*, Edimbourg, 1963.

P. RICHE, « Jean de Salisbury et le monde scolaire du XIIe siècle », *The World...*, p. 39-61.

K. ROBERSTON, « Geoffrey of Monmouth and the Translation of Insular Historiography », *Arthuriana*, 8/4, 1998, p. 42-57.

S. ROCHETEAU, « Le château de Chinon aux XIIe et XIIIe siècles », *La Cour...*, p. 315-353.

J. RODERICK, « The Feudal Relations between the English Crown and the Welsh Princes », *History*, 37, 1952, p. 201-212.

B. ROSS, « *Audi Thomas... Henriciani nota* : A French Scholar Appeals to Thomas Becket ? », EHR, 89, 1974, p. 333-338.

J.H. ROUND, *Feudal England*, Londres, 1895.

J. E. RUIZ-DOMENEC, « Les souvenirs croisés de Blanche de Castille », CCM, 42, 1999, p. 39-54.

Le Sacre des rois, Paris, 1985.

Saint Hugh of Lincoln, dir. H. MAYR-HARTING, Oxford, 1987.

A. SALTMAN, *Theobald Archbishop of Canterbury*, Londres, 1956.

Y. SASSIER, *Louis VII*, Paris, 1991.

—, « L'âge féodal. Le retour de la royauté (1108-1223) », *Pouvoirs et institutions dans la France médiévale*, Paris, 1994, t. 1, p. 247-302.

J.-C. SCHMITT, *Les Revenants. Les vivants et les morts dans la société médiévale*, Paris, 1994.

B. SCHMOLKE-HASSELMANN, « The Round Table : Ideal, Fiction, Reality », *Arthurian Literature*, 2, 1982, p. 41-75.

R. SCHNELL, « L'amour courtois en tant que discours courtois sur l'amour », *Romania*, 110, 1989, p. 72-126, 331-363.

G.M. SPIEGEL, « The *Reditus Regni ad Stirpem Karoli Magni*. A New Look », *French Historical Studies*, 7, 1971, p. 145-174.

P.E. SCHRAMM, *A History of the English Coronation*, Oxford, 1937.

C.P. SCHRIBER, *The Dilemma of Arnulf of Lisieux : New Ideas versus Old Ideals*, Bloomington (Ind), 1990.

W.F. SCHRIMER, U. BROICH, *Studien zum literarischen Patronat in England des 12. Jahrhunderts*, Cologne, 1962.

I. SHORT, « Gaimar's Epilogue and Geoffroy of Monmouth's *Liber Vestustissimus* », *Speculum*, 69, 1994, p. 323-343.

—, « On Bilingualism in Anglo-Norman England », *Romance Philology*, 33, 1979-1980, p. 467-479.

—, « The Patronage of Beneit's *Vie de Thomas Becket* », *Medium Aevum*, 56, 1987, p. 239-256.
—, « Patrons and Polyglots : French Literature in 12th-Century England », ANS, 14, 1992, p. 229-249.
—, « *Tam Angli quam Franci* : Self-Definition in Anglo-Norman England », ANS, 18, 1995, p. 153-175.
B. SMALLEY, *The Becket Conflict and the Schools : A Study of Intellectuals in Politics*, Oxford, 1973.
R.W. SOUTHERN, *Medieval Humanism and Other Studies*, Oxford, 1970.
—, « Peter of Blois and the Third Crusade », *Studies in Medieval History presented to R.H.C. Davis*, dir. H. MAYR-MARTIN, R.J. MOORE, Londres, 1985, p. 208-211.
—, *Scholastic Humanism and the Unification of Europe*, Londres, 2001.
—, « The Schools of Paris and the School of Chartres », *Renaissance and Renewal...*, p. 113-137.
D.H. STENTON, « Roger of Howden and *Benedict* », EHR, 68, 1953, p. 374-382.
F.M. STENTON, *English Feudalism*, Londres, 1932.
A. STOCLET, « A la recherche du ban perdu. Le trésor et les dépouilles de Waïfre, duc d'Aquitaine (†768), d'après Adémar de Chabannes, Rigord et quelques autres », CCM, 42, 1999, p. 343-382.
M. STRICKLAND, « Against the Lord's Anointed : Aspects of Warfare and Baronial Rebellion in England and Normandy, 1075-1265 », *Law and Government...*, p. 57-79.
—, « Arms and the Men : War, Loyalty and Lordship in Jordan Fantosme's Chronicle », *The Ideal and Practice...*, t. 4, p. 187-220.
—, « Securing the North : Invasion and the Strategy of Defence in 12th-Century Anglo-Scottish Warfare », ANS, 12, 1989, p. 177-198.
—, *War and Chivalry. The Conduct and Perception of War in England and Normandy, 1066-1217*, Cambridge, 1996.
T. STRUVE, « The Importance of the Organism in the Political Theory of John of Salisbury », *The World...*, p. 303-317.
J.S.P. TATLOCK, « King Arthur in *Normannicus Draco* », *Modern Philology*, 31, 1933, p. 1-18, p. 114-122.
H.B. TEUNIS, « Benoit of St Maure and William the Conqueror's *Amor* », ANS, 12, 1989, p. 199-209.
H.M. THOMAS, *Vassals, Heiresses, Crusaders and Thugs : The Gentry of Angevin Yorkshire, 1154-1215*, Philadelphie (Pen), 1993.
K. THOMPSON, « The Lords of Laigle : Ambition and Insecurity on the Border of Normandy », ANS, 18, 1996, p. 177-199.
—, « The Formation of the County of Perche : the Rise and Fall of the House of Gouet », *Family Trees...*, p. 299-314.
—, *Power and Border Lordship in Medieval France. The County of the Perche, 1000-1226*, Woodbridge, 2000.
B. TIERNEY, *Church, Law and Constitutional Thought in the Middle Ages*, Londres, 1979.
C. TREFFORT, « Le comte de Poitiers, duc d'Aquitaine, et l'Eglise aux alentours de l'an mil (970-1030) », CCM, 43, 2000, p. 395-445.

M. Turchetti, *Tyrannie et tyrannicide de l'Antiquité à nos jours*, Paris, 2001.
E. Türk, *Nugæ curialium. Le règne d'Henri II et l'éthique politique*, Genève, 1977.
R. V. Turner, « The Children of Anglo-Norman Royalty and their Upbringing », *Medieval Prosopography*, 11/2, 1990, p. 17-52.
—, « Eleanor of Aquitaine and her Children : An Inquiry into Medieval Family Attachment », *Journal of Medieval History*, 14, 1988, p. 321-335.
—, *The English Judiciary in the Age of Glanvill and Bracton, c. 1176-1239*, Cambridge, 1985.
—, « Good or Bad Kingship ? The Case of Richard Lionheart », HSJ, 8, 1996, p. 63-78.
—, *Juges, Administrators and the Common Law*, Londres, 1994.
—, *Men Raised from Dust. Administrative Service and Upward Mobility in Angevin England*, Philadelphie (Pen), 1988.
—, « The *Miles Literatus* in 12th and 13th-Century England », *American Historical Review*, 83, 1978, p. 928-945.
—, « The Problem of Survival for the Angevin "Empire" : Henry II's and his Sons' Vision versus Late 12th-Century Realities », *American Historical Review*, 100, 1995, p. 78-96.
—, « Richard Lionheart and English Episcopal Elections », *Albion*, 29, 1997, p. 1-13.
—, « Toward a Definition of the *Curialis* : Educated Court Cleric, Courtier, Administrator, or "New Man" ? », *Medieval Prosopography*, 15/2, 1994, p. 3-36.
V. Turner, « Religious Paradigms and Social Action : Thomas at the Council of Northampton », dans V. Turner, *Dramas, Fields and Metaphors. Symbolic Action in Human Society*, Ithaca, 1974, p. 60-97.
D.B. Tyson, « Patronage of French Vernacular History Writers in the 12th and 13th Centuries », *Romania*, 100, 1979, p. 180-222.
C. Uhlig, *Hofkritik im England des Mittelalters und der Renaissance. Studien zu einem Gemeinplatz der europäische Moralistik*, Berlin, 1973.
Valérie et Thomas Becket. De l'influence des Plantagenêt dans l'Œuvre de Limoges, dir. V. Notin, Limoges, 1999.
K. Van Eickels, « "Hommagium" and "Amicita" : Rituals of Peace and their Significance in the Anglo-French Negotiations of the 12th-Century », *Francia*, 24/1, 1997, p. 133-140
J. Van Laarhoven, « Thou shalt *not* Slay a Tyrant ! The So-Called Theory of John of Salisbury », *The World...*, p. 319-341.
E.M.C. Van Houts, *History and Family Traditions in England and the Continent, 1000-1200*, Aldershot, 1999.
R. Van Waard, *Etudes sur l'origine et la formation de la Chanson d'Aspremont*, Groningen, 1937.
J. Verger, *La Renaissance du XIIe siècle*, Paris, 1996.
N. Vincent, « Conclusion », *Noblesses...*, p. 207-214.

—, *The Holy Blood. King Henry III and the Westminster Blood Relic*, Cambridge, 2001.
—, « Isabella of Angoulême : John's Jezebel », *King John...*, p. 165-219.
—, « King Henry II and the Poitevins », *La Cour...*, p. 103-136.
—, *Peter des Roches. An Alien in English Politics, 1205-1238*, Cambridge, 1996.
—, « Warin and Henry Fitz Gerald, the King's Chamberlains : The Origins of the Fitzgeralds Revisited », ANS, 21, 1999, p. 233-260.
—, « William Marshal, King Henri II, and the Honour of Châteauroux », *Archives*, 25, 2000, p. 1-14.
War and Government in the Middle Ages. Essays in Honour of J.O. Prestwich, dir. J.C. HOLT, J. GILLINGHAM, Woodbridge, 1984.
W.L. WARREN, *Henry II*, Londres, 1973.
S.L. WAUGH, « Marriage, Class, and Royal Lordship in England under Henry III », *Viator*, 16, 1985, p. 181-207.
F.J. WEST, « The Colonial History of the Norman Conquest », *History*, 84, 1999, p. 219-236.
J.L. WESTON, « Waucherie de Denain and Bleheris (Bledherius) », *Romania*, 34, 1905, p. 100-105.
S.D. WHITE, « English Feudalism and its Origins », *American Journal of Legal History*, 19, 1975, p. 138-155.
M. WILKS, « John of Salisbury and the Tyranny of Nonsense », *The World...*, p. 263-286.
R.M. WILSON, « English and French in England, 1100-1300 », *History*, 28, 1943, p. 37-60.
C.T. WOOD, « Guenevere at Glastonbury : a Problem in Translation(s) », *Arthurian Literature*, 16, 1998, p. 23-40.
The World of John of Salisbury, dir. M. WILKS, Oxford, 1984.
N. WRIGHT, « Geoffrey of Monmouth and Bede », *Arthurian Literature*, 6, 1986, p. 27-55.
—, « Geoffrey of Monmouth and Gildas », *Arthurian Literature*, 2, 1982, p. 1-33.
C.R. YOUNG, *The Making of the Neville Family in England, 1166-1400*, Woodbridge, 1996.
J. YVER, « Les châteaux forts en Normandie jusqu'au milieu du XIIIe siècle », *Bulletin de la société des antiquaires de Normandie*, 53, 1955-1956, p. 28-121.
J. ZATTA, « Translating the *Historia* : The Ideological Transformation of the *Historia regum Britannie* in 12th-Century Vernacular Chronicles », *Arthuriana*, 8/4, 1998, p. 148-161.

Index

Abingdon : 85
Absalon, personnage biblique : 46
Acre : 117
Adam de Domerham : 166
Adam d'Eynsham : 43, 52, 147, 274
Adam de Perseigne : 91
Adélaïde, seconde femme d'Henri Ier Beauclerc, roi d'Angleterre : 111
Adélaïde fitz Jean : 151
Adélard de Bath : 110, 111
adoubement : 81, 134, 291
Adour : 213
Adraste : 174
Adrien IV : 245, 262
Aelred de Rievaulx : 149, 152, 159, 231
Agathe, nourrice : 53
Agenais : 213
Agnès de Poitiers : 212
Agnès de Poitou : 52
Aifa : 201, 236
Aimar V, vicomte de Limoges : 211
Aimery Picaud : 156
Aimery de Thouars : 226
Aix-la-Chapelle : 157
Alain IV, duc de Bretagne : 218
Alain de Lille : 175
Alain de Tewkesbury : 105
Alcuin d'York : 112

Alexandre III : 55, 129, 149, 157, 241, 250, 253, 261, 262, 263, 284
Alexandre le Gallois : 268
Alexandre le Grand : 9, 101, 104, 108, 117, 171, 175, 250
Alexandre Neckam : 58
Alfred le Grand : 111, 150, 169
Aliénor, fille d'Henri II : 22, 213
Aliénor d'Aquitaine : 25, 27-29, 45, 51-53, 59, 97-99, 105, 111, 118, 131, 132, 143, 152, 153, 162, 172, 174, 187, 204, 208, 211, 214, 217, 288, 289
Aliénor de Bretagne : 222
Alix, héritière d'Eu : 209
Alix de Bretagne : 219
Alix de France : 142, 289
Allemagne : 61, 69, 90, 129
Alnwick : 27, 101, 145, 285
Alphège, saint : 277, 281
Alphonse II, roi d'Aragon : 57, 123
Alphonse VI, roi de Castille-Léon : 57
Alphonse VIII, roi de Castille : 27, 29, 57, 213
Alphonse IX, roi de Léon : 57
Alphonse X, roi de Castille : 112
Alphonse de Poitiers : 100
Amboise : 114
Ambroise, jongleur : 22, 68, 100, 117, 156

Ambroise de Milan : 89, 259, 264
André II, roi de Hongrie : 182
André de Chauvigny : 211
André de Coutances : 169
André de Saint-Victor : 248
André de Vitré : 223
âne couronné : 107, 108
Angers : 63, 97, 109, 155, 217, 225
Angleterre : 10, 13, 15, 16, 18, 20, 21, 25, 27, 28, 30, 37-39, 42, 47, 59, 61, 63-66, 69, 70, 74, 79, 83, 85, 86, 91-93, 97, 103, 108-111, 119, 123, 124, 126-137, 142-146, 149, 150, 152, 153, 158, 159, 162, 166, 167, 169, 171, 174, 175, 181-185, 188, 189, 192, 195, 198, 199, 205, 211, 212, 219, 223, 224, 227-229, 231, 232, 234, 238, 240-246, 249-253, 263, 265, 279, 280, 284, 289, 290, 293-296
anglo-normand, langue : 86, 87
Angoulême : 28, 131, 209, 214
Angoumois : 10, 29
Anjou : 11, 13, 22, 25, 26, 29, 37-39, 42, 46, 48, 49, 51, 52, 54, 59, 67, 69, 99, 107, 133, 138, 144, 155, 168, 189, 192, 199, 205, 216-220, 223, 225-229, 290, 293, 294
anneau : 118, 130, 131, 134, 245
Anonyme d'York : 126, 128
Anselme du Bec : 253
Apollon : 175
Aquitaine : 13, 22, 25, 26, 29, 30, 37-39, 42, 46, 51, 53, 54, 59, 69, 87, 92, 97, 115, 133, 134, 142, 156, 163, 199, 206-212, 215, 219, 227, 264, 291, 297
Aragon : 26, 144, 182
Aristote : 108
Arles : 143
Armagnac : 213
Armes Prydein : 173
Arnaut Guilhem de Marsan : 88
Arnoul de Lisieux : 24, 71, 74, 76, 254, 283
Arnaut de Mareuil : 99
Arras : 249

ars dictaminis : 63
Arsur : 28, 116
Arthur : 29, 45, 48, 57, 100, 101, 113, 115, 122, 158-175, 221, 222, 291
Arthur de Bretagne : 29, 45, 49, 132, 166, 189, 197, 212, 214, 219-226, 237
Assises d'armes : 199
astronomie : 110
Aubigny : 58, 189, 228
Aubri de Trois-Fontaines : 221
Auguste, empereur : 113, 191
Augustin de Cantorbéry : 233
Augustin d'Hippone : 17, 42, 52, 80, 138, 258, 259
augustins : 21, 92, 111, 118, 127
Aulu-Gelle : 259
Aumale : 60, 68, 294
Aunis : 212
Auvergne : 9, 99, 141, 156
Auxerre : 92, 244, 247
Avalon : 159, 164, 165, 167, 170, 173, 221
Avranches : 254, 284
Avranchin : 222

Baderon de Monmouth : 156
baiser : 43, 271, 272, 273, 274, 275
bannière : 136, 192, 269
Barcelone : 26, 56, 123, 212, 288
bardes : 104, 158, 164-166, 176, 291
Bastard Feudalism : 202
bâtardise : 52, 58, 147, 190
Bath : 62, 112, 254
Battle : 43, 110, 140, 192
Baudouin, archevêque de Cantorbéry : 174
Baudouin, guerrier de Simon de Montfort : 57
Baudouin IX, comte de Flandre : 28
Baudouin de Redvers : 210
Bayeux : 113, 152
Bayonne : 213
Béatrice de Say : 68
Beaugency : 25
Beaumont-Meulan : 162

Index

Bec : 22, 141, 162, 170, 171, 244
Bède le Vénérable : 89
Belin : 45, 156, 169
Beneit de Saint Albans : 272, 279
Bénévent : 263
Benoît de Peterborough : 275, 278
Benoît de Sainte-Maure : 22, 148, 153, 174, 190, 207, 231, 291
Bérenger de Tours : 151
Bérenger Raimond Ier, comte de Barcelone : 57
Bérengère de Navarre : 28, 131, 213
Berg Gunnsteinsson : 272
Bermondsey : 13
Bernard, abbé du Mont-Saint-Michel : 170
Bernard de Chartres : 109
Bernard de Clairvaux : 48, 24, 337
Bernard Itier : 22
Bernart de Ventadorn : 99
Béroul : 162
Berry : 28, 29, 96, 210, 224, 226
Bertran de Born : 17, 99, 119, 157, 163, 175, 201
Bertran de Born le Jeune : 163
Bertrand de Verdun : 229
bigamie : 50, 52
Bigorre : 213
Blanche de Castille : 212
Bléhéri : 158, 162
Boèce : 60, 77
Bologne : 63, 244, 259, 261, 283
Bonneval : 46, 145
Bonnevaux : 78
Bonport : 91
Bordeaux : 17, 29, 134, 156, 213, 214, 216, 226
Bouchard de l'Ile-Bouchard : 216
bourgeoisie : 70, 214
Bourges : 30, 226
Bourgogne : 139, 143
Bouvines : 30
Brémule : 140
Brenne : 45, 169
Bretagne : 13, 26, 45, 54, 85, 114, 152, 158, 160, 162, 170, 171, 191, 199, 217-223, 227, 288, 291-293, 297

Breteuil : 101
Breton d'Amboise : 107, 155, 169
Brient de Martigné : 216
Bristol : 58, 164, 165
Brutus : 173, 175, 176, 291
Bulgarus : 259
bureaucratie : 20, 21, 38, 65, 74, 94, 107, 187, 188, 253
Bures : 279
Bury Saint Edmund's : 110, 250

Cadoc : 197, 201
Caen : 39, 152, 230, 279
Calabre : 156
Caligula : 260
Camlann : 158
Cantorbéry : 20, 24, 27, 30, 44, 63, 67, 69, 79, 83, 88, 92, 101, 108, 125, 128, 129, 144, 156, 183, 224, 240, 241, 245, 249, 253, 259, 261, 262, 264, 268, 269, 274, 275, 278, 281-285, 296
Capétiens : 17, 18, 27, 43, 47, 52, 59, 63, 91, 95, 106, 107, 121, 135, 138, 141, 142, 155, 157, 169, 170, 175, 186, 215, 219, 222, 224, 225, 227, 230, 288, 292, 293
Caradoc de Llancarfan : 165
Catalogne : 100
Catherine, sainte : 150
Caux, pays de : 151
Célestin III : 28, 105
Celtes : 106, 160, 161, 221, 235, 295
Centulle III de Bigorre : 213
Cercamon : 158
Césaire de Heisterbach : 48, 163, 167, 283
César : 35, 79, 99, 108, 250, 251
Châlus : 13, 29, 116, 207, 293
Champagne : 122, 249
chancellerie : 20, 41, 59, 62, 81, 121, 185, 213, 234, 241, 250, 251, 280
Chanson d'Aspremont : 101, 156
Chanson de Dermot : 23
Chanson des Saisnes : 101, 156
Charente : 115

Charlemagne : 10, 18, 101, 111, 112, 155-157, 163, 168, 171, 174, 175, 220, 222, 291, 292
Charles le Chauve : 114, 291
Charroux : 18
Chartres : 18, 22, 46, 89, 91, 245, 246
chartreux : 51, 92
chasse : 15, 75, 76, 83, 97, 120, 142, 163, 234, 292
Château-Gaillard : 13, 42, 116, 145, 274
Châteauroux : 210
Châtellerault : 51
Châtre : 210
Chertsey : 168
Chester : 50
chevalier lettré : 63, 106, 122, 159, 295
Chichester : 62, 78
Chinon : 27, 30, 42, 47, 97, 216, 217, 225
Chrétien de Troyes : 162, 172
Christ Church de Cantorbéry : 252, 275, 276, 278, 284
Chypre : 28, 115, 131, 143
Cicéron : 89, 105, 112, 171, 258
Cilicie : 110
Cirencester : 58
Cîteaux : 92
Clairvaux : 92
Clarendon : 27, 42, 62, 241, 246, 249, 251, 265, 267, 270, 278, 280, 283, 296
classe marchande : 18, 214
Claudien : 190
Clémence de Barking : 150
Clonmacnoise : 164
Cluny : 252
Cognac : 214
Cologne : 48
Comargue : 213
Common law : 228
Conan III de Bretagne : 217
Conan IV de Bretagne : 26, 218, 219
concussion : 67, 68, 72, 74, 259
Constance, femme de Raoul fitz Gilbert : 85

Constance de Bretagne : 159, 218-220, 222
Constantin, empereur : 108, 169, 245, 259
Corfe (Dorset) : 197
Cornouailles : 162, 167, 175
correspondance : 24, 63, 69, 105, 148, 152, 170, 171, 222, 242, 246, 249, 250
couronnement : 11, 28, 54, 122-125, 129-132, 136, 144, 149, 172, 182, 189, 193, 253, 291
Courtaine : 167, 292
courtoisie : 71, 88, 90, 100, 160, 169, 194
Coventry : 98
croisade : 21, 27, 43, 48, 57, 68, 74, 90, 92, 98, 99, 101, 106, 108, 115, 144, 148, 166, 167, 174, 204, 205, 208, 213, 225, 228, 250, 263, 284, 285, 292
croisade albigeoise : 212
cruentation : 47
Culhwch ac Olwen : 158

Damiette : 212
Danegeld : 38, 262
Darès de Phrygie : 174
Darius : 171
Daude de Prades : 111
Dauphin, comte d'Auvergne : 99
David, roi d'Israël : 35, 46, 82, 108, 260
David de Huntingdon : 124, 137
Dax : 213
Deheubarth : 137
Denis, saint : 277, 281
Denise de Déols : 210, 211
Derbyshire : 230
Devon : 210
Diane, prophétesse : 173
Diarmait Mac Murchada : 236
diglossie : 86
dîme : 28, 38
Dinan : 223
distrain : 228
Diúske : 91
Dol : 223, 226
Douer : 189

Douvres : 13, 42, 58
droit canonique : 63, 83, 247, 262
droit féodal : 137, 139, 196
droit romain : 17, 196, 259, 261, 266, 295
ducalia : 134, 291
Dudon de Saint-Quentin : 151, 207, 231
Durandal : 156, 166
Durham : 19, 62, 69, 74, 145, 189

Ebbes de Déols : 96
Echiquier : 10, 19, 20, 24, 36, 39, 42, 44, 61-63, 67-69, 73, 76, 110, 147, 188, 189, 198, 200, 202, 211, 230, 231, 253, 284
écoles cathédrales : 91, 251, 295
Ecosse : 9, 22, 27, 101, 119, 124, 133, 150, 168, 192, 196, 203, 285
écrouelles : 126, 127
écuage : 198
Edouard Grim : 242, 275, 277, 283
Edouard le Confesseur : 86, 124, 149, 150, 151, 154, 167, 175, 231
Elie Aimeric : 133
Elie de Malmort : 29
Ely : 19, 67, 69, 74, 86, 98, 145, 249, 254
Emma, mère de saint Edouard : 150
Enée : 173, 174, 175, 291
enquête : 41, 42, 66, 188, 199, 202, 228
Entre-deux-Mers : 213
épigraphie : 96, 98
Ermessende de Carcassonne : 56
Ernley (Worcestershire) : 162
Eschivard de Preuilly : 200
Essex : 21, 60, 61, 68, 182, 232, 294
étendard : 133, 134, 291
Etienne, abbé de Cluny : 139
Etienne, protomartyr : 282
Etienne de Blois : 25, 26, 61, 83, 132, 151, 161, 172, 195, 198, 203, 229, 230, 236, 252, 269, 279
Etienne de Fougères : 81
Etienne Langton : 30, 128, 135, 144, 183, 284-286
Etienne de Marzai : 67, 217
Etienne de Muret : 284
Etienne de Rouen : 141, 170, 171, 172, 264, 279
Etna : 167, 221
Eu : 66, 229
Eudes, abbé de Marmoutier : 155
Eudes, évêque de Bayeux : 61
Eudes de Porhoët : 217, 219, 220
Eustache, vice-chancelier : 69
Evreux : 22, 29, 68
Excalibur : 167, 292
exemplum : 53, 93
Ezéchias : 108

Falaise : 137, 147
Falkes de Breauté : 72, 197
faucon : 97, 104, 111, 145
Fécamp : 151, 152, 166
Ferdinand, infant de Castille : 100
fief-rente : 200, 201, 289
fin'amors : 90
Flandre : 27, 28, 85, 118, 229
Flavius Joseph : 46
Folquet de Marseille : 99
Fontevraud : 12, 67
forêt : 68, 83, 142, 187, 262
Fougères : 223
Foulques II le Bon, comte d'Anjou : 107
Foulques III Nerra, comte d'Anjou : 46, 52, 56
Foulques IV, comte d'Anjou : 218
Foulques de Neuilly : 263
France : 14, 16, 17, 19, 21, 28, 29, 57, 63, 64, 90-92, 95, 98, 121, 127, 140, 141, 143, 157, 159, 169, 176, 186, 187, 192, 212, 216, 226, 228, 230, 232, 234, 241, 246, 247, 252, 275, 287, 290, 295, 297
Frédéric Barberousse : 27, 37, 56, 141, 143, 157, 170, 246, 247, 261, 262, 292

Frédéric II : 112
Fréteval : 28, 116, 241, 271
Frideswide, sainte : 127
Frollon : 168, 169

Gabarret : 213
Gace Brulé : 99
Gaillon : 226
Galaad, personnage biblique : 46
Galeran d'Ivry : 85
Galeran de Meulan : 85, 232
Galles, pays de : 9, 23, 30, 36, 58, 66, 72, 104, 133, 137, 158, 161, 164-166, 233, 235
Ganelon : 155, 156
Garin fitz Gerald : 66
Garin Trossebof : 98
Garonne : 213, 215, 216
Garsire, seigneur de Rais : 208
Gascogne : 9, 13, 25, 29, 30, 58, 88, 156, 212-216, 225, 235, 287, 290
Gaucelm Faidit : 99, 163
Gaule : 168
Gautier, archevêque de Palerme : 35
Gautier de Châtillon : 71, 250
Gautier de Coutances : 28, 69
Gautier de Coventry : 72
Gautier Espec : 159
Gautier Map : 24, 36, 37, 41, 47, 49, 50, 51, 53, 60, 61, 71, 72, 75-77, 85, 86, 88, 92, 93, 95, 103, 109, 118, 122, 145, 175, 190, 199, 200, 249, 263, 288, 296
Gauvain : 162, 163, 165
Gélase I : 255
généalogie : 150
genre épistolaire : 24, 105, 171, 281
Geoffroi le Bel, comte d'Anjou : 15, 25, 50, 51, 54, 106, 108, 120, 138, 155, 167, 205, 206, 216
Geoffroi Martel, comte d'Anjou : 46, 52, 56
Geoffroi, duc de Bretagne : 27, 45, 49, 99, 163, 199, 218, 220, 222, 224, 289

Geoffroi, frère d'Henri II : 26, 217, 219
Geoffroi Gaimar : 45, 85, 153, 159
Geoffroi Grisegonelle : 155, 156, 291
Geoffroi Ridel : 253
Geoffroi de la Haye : 217
Geoffroi de Lavardin : 217
Geoffroi de Lucy : 49
Geoffroi de Marisco : 30
Geoffroi de Monmouth : 45, 46, 48, 85, 152, 158, 159, 160, 161, 162, 165, 167, 168, 169, 170, 172-174, 221, 292
Geoffroi fitz Pierre : 68
Geoffroi de Repton : 230
Geoffroi de Thouars : 212
Geoffroi de Vigeois : 22, 50, 133, 198
Geoffroi d'York : 28, 58, 69, 86, 269
Gervais de Cantorbéry : 21, 51, 124, 242, 269
Gervais de Tilbury : 118, 167, 336
Gethsémani : 270, 281
Gilbert fitz Baderon : 85
Gilbert Foliot : 24, 105, 126, 243, 252, 254, 255, 257, 262, 263, 265, 268, 269
Gilbert de la Porrée : 101, 245
Gilbert fitz Reinfrid : 201
Gildas, saint : 165
Girard de Roussillon : 156
Girard Talebot : 229
Girart de Fraite : 156
Giraud de Barri : 9, 21, 47-53, 62, 63, 65, 71, 72, 73, 76, 77, 78, 79, 82-84, 86, 87, 90, 92, 98, 103-110, 113, 120, 121, 135, 146, 157, 160, 164, 168, 190, 191, 198, 203, 206, 218, 230, 233, 236, 252, 263, 272, 274, 278, 279, 286, 288
Giraut de Borneil : 99, 157
Girflet : 173
Gisors : 42, 138, 289
Glastonbury : 164-166, 173, 222, 292
Gloucester : 131, 152, 252

Goliath : 260
Goulet : 29, 209
Graal : 113, 163
Grande Charte : 30, 42, 65, 125, 148, 181-183, 198, 202, 286, 291, 293, 297
Grandmont : 92, 264, 283
Gratien : 121, 262, 266
Grégoire le Grand : 139, 258
Guenièvre : 159, 164, 166, 173, 292
Guernes de Pont-Sainte-Maxence : 242, 271, 275, 279
Guéthénoc de Vannes : 223
Gui, comte d'Auvergne : 99
Gui de Lusignan : 197, 208
Gui de Thouars : 219, 225
Guilhomarch de Léon : 220
Guillaume III, duc d'Aquitaine : 207
Guillaume V, duc d'Aquitaine : 46, 50, 51, 134
Guillaume IX, duc d'Aquitaine : 46, 50, 51, 87, 90, 98, 158, 212
Guillaume le Conquérant, duc de Normandie : 25, 43, 52, 56, 61, 87, 107, 140, 141, 150, 153, 165, 198, 218, 223, 231, 237, 253, 279
Guillaume Longue Epée, duc de Normandie : 207
Guillaume, frère d'Henri II : 279
Guillaume, fils d'Etienne de Blois : 26
Guillaume, fils d'Henri II : 143
Guillaume le Lion, roi d'Ecosse : 27, 101, 119, 137, 168, 234
Guillaume II, roi de Sicile : 28, 35, 37, 292
Guillaume Adelin : 140
Guillaume d'Arundel : 58
Guillaume fitz Baudouin : 235
Guillaume aux Blanchesmains : 246, 249, 250
Guillaume Bonne Ame : 126
Guillaume le Breton : 139, 207, 286
Guillaume de Conches : 89, 109, 245

Guillaume de Longchamps : 19, 28, 63, 67, 68, 74, 86, 98, 249
Guillaume de Malmesbury : 84, 107, 151, 165, 168
Guillaume de Mandeville : 60, 63, 68, 84, 124, 294
Guillaume de la Mare : 229
Guillaume le Maréchal : 23, 66, 67, 91, 92, 117, 118, 124, 146, 182, 191, 199, 201-203, 224, 233, 236-238, 295
Guillaume de Newburgh : 21, 51, 52, 118, 119, 121, 123, 148, 160, 170, 193, 221, 242, 267, 285
Guillaume Picolphe : 147
Guillaume fitz Raoul : 230
Guillaume de Sainte-Maure : 217
Guillaume de Saint-Jean : 229
Guillaume de Salisbury : 124, 193
Guillaume fitz Stephen : 22, 102, 146, 242, 247, 248, 268, 269, 275, 282
Guillaume de Tancarville : 88, 199, 294
Guillaume Tracy : 277
Guillaume de Treignac : 264, 284
Guillaume des Roches : 189, 223, 226
Guiraut de Calanson : 100

Hadrien, empereur : 287
hagiographie : 149
Harold : 111
Hastings : 43, 234
Haveloc : 45
Hector : 103, 117, 174, 175
Hélinand de Froidmont : 107
Hellequin : 36, 71, 76, 296
Héloïse de Lancaster : 201
Henri le Libéral, comte de Champagne : 249
Henri le Lion, duc de Saxe et Bavière : 27, 141, 156, 285
Henri II, empereur romano-germanique : 134
Henri V, empereur romano-germanique : 10, 50
Henri VI, empereur romano-germanique : 28, 143

Henri Ier, roi d'Angleterre : 20, 26, 47, 52, 63, 72, 84, 107, 123, 132, 140, 143, 146, 150, 151, 153, 167, 182, 192, 198, 218, 244, 261
Henri II, roi d'Angleterre : *passim*
Henri III, roi d'Angleterre : 11, 30, 31, 60, 72, 100, 181, 200, 212, 214, 215, 234, 294
Henri VIII, roi d'Angleterre : 240
Henri le Jeune, roi d'Angleterre : 26, 27, 45, 49, 58, 88, 97, 99, 101-103, 108, 117, 119, 122, 125, 127, 128, 131, 133, 137, 146, 166, 174, 175, 191, 210, 217, 229, 233, 234, 236, 241, 250-254, 284, 289
Henri de Beaumont : 152
Henri de Blois : 269
Henri d'Essex : 197
Henri d'Estouteville : 228
Henri fitz Gerald : 66
Henri de Huntingdon : 130, 231
Henri de Sully : 151, 166
Henri de Talbot : 85
Héraclius, patriarche de Jérusalem : 48
Herbert de Bosham : 88, 172, 242, 247, 248, 251, 261, 273, 275
Hereford : 36, 85, 252, 254, 282
hérésie : 264
Hereward : 45
Hérode : 273
Highlanders : 235
Hildegarde de Bingen : 139
historiographie : 16, 17, 19, 22, 83, 104, 108, 122, 154, 155, 164, 176, 182, 186, 190, 203, 204, 207, 242
histrions : 147
Hobbes : 79
Hodierne, nourrice : 53, 58
Hoel, comte de Nantes : 26, 217
Hohenstaufen : 157, 288
hommage en marche : 138
Hommet : 189, 228
Horace : 113, 191
Hubert de Burgh : 30
Hubert Gautier : 20, 69, 76, 108

Hue de Rotelande : 85
Hugues Capet, roi de France : 15
Hugues d'Avalon : 43, 51, 52, 263
Hugues de Bourgogne : 108
Hugues de Chauvigny : 210
Hugues de Claye : 155
Hugues de Durham : 124
Hugues de Lacy : 236
Hugues de Lincoln : 147, 274
Hugues IX le Brun de Lusignan : 29, 66, 189, 209
Hugues X de Lusignan : 30
Hugues Mauclerc : 277
Hugues de Moreville : 86, 162, 277
Hugues de Mortemer : 83
Hugues de Neville : 182
Hugues de Nunant : 98, 268
Hugues de Puiset : 19, 74, 189
Hugues de Sainte-Maure : 217
Hugues de Saint-Victor : 257
hypergamie : 142, 201

Ingelgerius : 114, 291
Innocent III : 128, 138, 143, 183, 252
ira regis : 120, 121, 196, 280
Irlande : 9, 13, 23, 26, 30, 37, 66, 91, 99, 103, 104, 137, 144, 159, 165, 168, 236, 245, 287, 288, 293
Isaac, prêtre : 151
Isaac de l'Etoile : 92, 210
Isabelle d'Angoulême : 29-31, 97, 131, 209, 210, 237
Isabelle de Clare : 66, 201
Isabelle de Hainaut : 157
Isabelle de Warrene : 279
Iseult : 162
Isidore de Séville : 89, 260
Islande : 159

Jacques Ier, roi d'Aragon : 182
Jaffa : 28, 116
Jaufre : 167
Jean sans Terre, roi d'Angleterre : 10, 11, 16, 20, 27-30, 42, 45, 47, 53, 55, 58, 59, 61, 65, 71, 72, 79, 91, 94, 97, 99, 105, 124, 129,

131-133, 136, 138, 143-148, 163, 167, 168, 173, 181, 183, 187, 197, 200, 202, 204, 206, 207, 209-215, 219, 223-226, 234, 236, 237, 263, 286, 288-294
Jean d'Alençon : 237
Jean-Baptiste, saint : 273, 281
Jean Bellesmains : 210, 249, 253, 274, 277
Jean de Cornouailles : 161
Jean de Courcy : 105, 236
Jean de Hauville : 67, 75, 174
Jean le Maréchal : 124, 172
Jean de Marmoutier : 106, 155, 169
Jean d'Oxford : 253
Jean de Préaux : 229
Jean de Salisbury : 22, 24, 60, 62, 68, 71, 73-92, 98, 102, 105, 107, 109, 121, 152, 172, 194, 210, 234, 238, 242, 245, 247, 249, 250, 252, 253, 257, 259, 262, 264, 275, 277, 281, 282
Jean Sarrasin : 250
Jean de Tilbury : 110, 251
Jean de Worcester : 46
Jean le Trouvère : 67, 118, 139, 191, 207, 224, 225, 232
Jeanne, fille d'Henri II : 28, 35, 37, 142, 156, 213
Jeanne, maîtresse d'Henri II : 151
Jephté, personnage biblique : 46
Jérusalem : 28, 197, 208, 232, 240, 250
jeunesse : 55, 119, 120, 204
Joachim de Fiore : 109
jongleurs : 22, 58, 68, 87, 98, 100, 102, 103, 116, 156, 176
Jordan Fantosme : 22, 101, 102, 119, 145, 157, 192, 203, 234
Jordan de Tesson : 248
Joscelin de Sainte-Maure : 217
Joscelin de Salisbury : 253
Joseph l'Ermite : 173
Joseph d'Exeter : 174, 175, 221
Josias : 108
justice : 14, 19, 37-41, 61, 68, 70, 74, 81, 82, 85, 93, 108, 125, 129, 133, 149, 182, 189, 195, 204, 208, 214, 216, 228, 239, 259, 265, 273
justicier : 148
Justin : 46
Justinien : 108, 259
juvenis : 55, 70, 115, 119, 122, 201

Kent : 13, 30, 232

La Réole : 116, 213, 216
La Rochelle : 30, 212, 214
Lagni-sur-Marne : 233
Laigle : 197
Lancelot : 113, 162, 173
Languedoc : 225
Laon : 63, 110
Latran : 79, 128, 246, 252
Layamon : 162, 167, 168, 292
Le Mans : 97, 118, 225
Leicester : 60, 85, 92, 232, 294
Leinster : 236
Léocadius d'Aquitaine : 134
Léon : 57, 108, 220, 222, 288, 297
Léon, empereur : 168
Léon l'Archiprêtre : 171
Léopold d'Autriche : 28
Lesnes (Kent) : 92
Limassol : 28, 131
Limoges : 29, 30, 116, 133-135, 264, 282, 284, 285
Limousin : 13, 22, 25, 27, 29, 45, 92, 117, 207, 209, 250
Lincoln : 43, 51, 58, 145, 263
Lincolnshire : 85, 222
Lisieux : 24, 55, 69, 268
Llywelyn ap Iorwerth : 30
Loches : 42, 155
Loire : 14, 17, 26, 27, 37, 87, 181, 207, 216, 217, 220, 224
Lomagne : 213
Lombard de Plaisance : 263
Londres : 10, 24, 30, 61, 62, 105, 126, 146, 162, 168, 174, 181, 182, 240, 243, 249, 252, 255, 268, 269
Louis VI, roi de France : 140
Louis VII, roi de France : 18, 21, 25, 26, 29, 51, 56, 64, 95, 115, 121, 122, 139, 141-143, 157,

170, 208, 226, 228, 229, 232, 240, 241, 246, 286, 289, 291, 294
Louis VIII, roi de France : 18, 30, 57, 65, 91, 121, 181, 200, 212, 214, 223
Louis IX, roi de France : 212
Louviers : 28, 194
Louvrecaire : 197
Lusignan : 29, 66, 208-212, 293, 297

Machiavel : 79
Maine : 25, 216, 223, 230
Malchus : 256, 270
Malcom IV, roi d'Ecosse : 137
Manche : 14, 16, 21, 37, 38, 133, 150, 162, 166, 198, 199, 218, 230, 232, 233, 237, 248, 274, 287, 293
Mantes : 139
Marc, époux d'Iseult : 167
Marcabru : 158
Marche : 29, 30
Margam en Glamorgan : 164
Marguerite de France : 26, 102, 119, 131, 142, 146, 233, 289
Marie de Champagne : 162
Marie de France : 63, 85, 162
Marie, fille de Philippe Auguste : 223
Marie, sœur de Thomas Becket : 151
Marlborough : 86, 172
Marmoutier : 155
Martel : 250
Martial : 134
Mathilde, fille d'Henri II : 155, 175, 285
Mathilde, fille illégitime d'Henri II : 151
Mathilde, impératrice : 10, 25, 50, 123, 129, 143, 145, 150, 151, 154, 159, 171, 172, 203, 229, 230, 261, 265, 283
Mathilde, veuve d'Etienne de Blois : 151
Mathilde d'Ecosse : 150

matière de Bretagne : 163, 166, 168, 172, 173, 222
matière de France : 163, 173
matière de Rome : 173, 174
Matthieu [d'Angers] : 109
Matthieu de la Jaille : 217
Matthieu Paris : 207, 234
Maubergeonne : 50
Maudit : 68
Maurice, conteur : 98
Maurice de Craon : 216
Maurice de Sully : 250
Maxime : 169
Mayenne : 223
Meath : 236
Melchisédec : 144
Mélusine : 48
Melwas, roi du Somerset : 166
Mercadier : 197, 295
mercenaires : 72, 197, 199, 201, 204, 217, 230, 235, 295, 296
Meriadoc : 162, 201
Merlin : 48, 49, 158, 161, 172, 252, 288
Merton : 62, 244
Messine : 108, 166
miles litteratus : 84, 93, 106, 159, 174
Milon, abbé du Pin : 91
ministérialité : 59, 62, 257
miracles : 118, 127, 283, 285
Mirebeau : 29, 45, 197, 212, 219
Mirebellais : 217
Modène : 163
Modred : 45, 158, 159, 170
Mont Badon : 158, 292
Montmartre : 241, 271
Montmirail : 241, 249
Montreuil-Bellay : 108
Mont-Saint-Michel : 22, 169, 170, 290
Morgane : 159, 165, 167, 173
Morholt : 167, 292
Mortain : 26, 147
Muret : 182

Nantes : 225
Néron : 260
Neustrie : 133, 136, 140

Index

Nicodème : 151, 169
Nicolas du Mont-Saint-Jacques : 261
Nigel de Longchamps : 67, 71, 72, 86, 87
Niort : 214
Nominoë, comte breton : 220
nonne de Barking : 86, 150
Norfolk : 199
Normandie : 11, 13, 16, 21-25, 29, 37-39, 42, 43, 52, 56, 59, 62, 64, 65, 69, 70, 74, 84, 90, 96, 99, 101, 103, 109, 113, 123, 126, 133, 136, 138-144, 147, 149-154, 168, 172, 186, 187, 189, 192, 193, 199, 204, 205, 210, 216, 219, 220, 225, 227-237, 289, 290, 293-297
Northampton : 68, 103, 136, 247, 267, 269, 270, 271
Northumberland : 169, 182
Northumbrie : 9, 22, 101, 189
Norwich : 254
Notre-Dame de Paris : 218, 248

Œdipe : 45, 288
Old Sarum : 245
Oléron : 30
Oloron : 213
onction : 91, 122-132, 135, 137, 143, 148, 149, 196, 253, 256, 263, 277, 290
Orderic Vital : 61, 120, 146, 154
Orléanais : 224
Orléans : 63
Ormeteau-Ferré : 138
Osbert de Clare : 111, 113, 149, 167
Osbert Huitdeniers : 62
Otrante : 163
Otton IV de Brunswick, empereur : 29
Ourscamp : 249
Owain ap Gwynedd : 137, 161, 235
Owain, chevalier d'Henri II : 203
Oxford : 16, 58, 104, 111, 127, 155, 158, 182, 242

pactisme : 125, 147
Pacy : 101
Palerme : 63, 109
pallium : 252, 269
Paris : 25, 27, 31, 62, 63, 89, 91, 101, 102, 104, 115, 138, 142, 144, 146, 168, 169, 218, 223, 224, 244, 245, 248, 250, 254, 270, 283, 289, 295
Pâris : 103
Parthenay : 156
Parthenay-Larchevêque : 212
Pascal III : 157, 262
patriciat urbain : 10, 214, 294
Patrick de Salisbury : 197, 210, 229, 237, 293
patronage : 37, 39, 69, 71, 87, 96, 112, 113, 155, 202, 244, 249, 257, 264, 296
paysannerie : 70, 83, 195, 240, 277, 289
Peire d'Auvergne : 233
Peire Vidal : 99, 221
Peire del Vilar : 100
Pembroke : 66, 236
Penthièvre : 218
Pépin le Bref : 101, 135
Perche : 197
Pétronille d'Aragon : 123, 212
Phébus : 175
Philippe, prieur de Sainte-Frideswide : 127
Philippe Auguste, roi de France : 16, 18, 21, 27-30, 59, 64, 90, 95, 99, 101, 115, 116, 133, 135, 138, 139, 142, 143, 157, 181, 187, 194, 200, 204, 207, 209, 212, 214, 218, 219, 223, 224, 226, 230, 234, 237, 286, 289, 290, 291, 294, 297
Philippe d'Alsace : 85, 118, 133
Philippe de la Chartre : 217
Philippe de Poitou : 69, 148
Philippe de Thaon : 111
Pierre II, roi d'Aragon : 182
Pierre II, vicomte de Dax : 213
Pierre Abélard : 245
Pierre Bernard, prieur de Grandmont : 284

Pierre Bertin : 211
Pierre de Blois : 24, 35, 36, 38, 46, 49, 63, 71, 73, 74, 75, 76, 77, 78, 81, 90, 98, 102, 103, 108, 109, 120, 126, 145, 148, 157, 163, 191, 221, 234, 263, 292
Pierre de Castelnau : 208
Pierre le Chantre : 283
Pierre de Courtenay : 29
Pierre Damien : 79, 257
Pierre de Dreux : 219, 226
Pierre Lombard : 248, 250
Pierre le Mangeur : 46
Pierre de Pontefract : 105
Pierre Riga : 122
Pierre des Roches : 181, 294
Pierre de Saintes : 174
Pilate : 282
Pin, le : 91
Pipe rolls : 20, 36, 65, 198
Pipewell : 69
Placentin : 259
planh : 99, 100, 119, 163
Platon : 112
Pline le Jeune : 110
Plutarque : 257
Poitiers : 62, 92, 97, 134, 158, 174, 208, 210, 211, 214, 249, 253, 274
Poitou : 11, 13, 22, 25, 29, 30, 50, 52, 87, 156, 186, 188, 200, 206-214, 223, 226, 229, 238, 290, 293
Pontigny : 91, 92, 241
port de la couronne : 124, 132, 145
Portugal : 75, 144
Prémay : 189
prévôté : 38, 216, 227
prophéties : 48, 51, 52, 104, 105, 150, 158, 161, 172, 252
pseudo-Denis l'Aréopagite : 250
pseudo-Nennius : 173
Pyrénées : 9, 216, 287

Quercy : 26

Rahewin de Freising : 37, 143
Raimon Vidal de Besalù : 100
Raimond V, comte de Toulouse : 26, 28, 140
Raimond VI, comte de Toulouse : 28, 57, 212, 213
Raimond VII, comte de Toulouse : 31
Raimond Bérenger II, comte de Barcelone : 56
Raimond Bérenger IV, comte de Barcelone : 26, 123
Ramire, roi d'Aragon : 212
Ranulf de Chester : 222, 225
Ranulf de Glanville : 61, 63, 66, 67, 69, 72, 84, 90, 190
Raoul de Beauvais : 73
Raoul de Coggeshale : 96, 102, 115, 120, 164, 172, 285
Raoul de Déols : 210
Raoul de Diss : 21, 46, 48, 50, 103, 117, 124, 139, 157, 195, 221, 249
Raoul d'Exoudun : 66, 209
Raoul de Faye : 217
Raoul de Fougères : 220
Raoul fitz Gilbert : 85, 159
Raoul de Houdenc : 207
Raoul de la Haye : 217
Raoul le Noir : 71, 72, 79, 190, 250, 261
Reading : 143, 197, 247
reddibilité des châteaux : 13, 136, 196, 204, 227
regalia : 123, 124, 129, 131, 132, 135, 167, 189
Réginald de Bath : 124
Réginald de Pons : 211
Reginald fitz Urs : 277
reliques : 118, 125, 127, 134, 143, 149, 151, 154, 156, 164, 165, 175, 222, 231, 240, 247, 282, 285
renaissance du XIIe siècle : 24, 245, 246, 251, 258
Renaud de Bohun : 253
Rennes : 81, 223
Rhys ap Gruffydd : 137, 161, 235
Richard Ier, duc de Normandie : 150-154, 175

Richard II, duc de Normandie : 151, 190
Richard III, duc de Normandie : 56
Richard Cœur de Lion, roi d'Angleterre : 11, 13, 15, 16, 20-22, 26-27, 38, 42-48, 53-55, 58, 59, 61, 66-71, 74, 87, 91, 92, 94, 96-103, 105, 108, 115, 117, 120, 122, 124, 128-133, 142-144, 148, 156, 158, 162, 163, 166, 167, 174, 175, 187, 189, 193, 194, 200, 203-213, 217, 219-229, 233, 234, 236, 237, 249, 263, 272, 274, 285, 288, 289, 292, 293, 295
Richard le Bret : 277, 279
Richard de Devizes : 19, 21, 45, 67, 170, 206, 233, 288
Richard du Hommet : 61, 196
Richard d'Ilchester : 62, 101, 230, 253
Richard de Lucé : 44, 61, 66, 92, 192, 294
Richard Malebisse : 315
Richard fitz Nigel : 10, 63, 85, 110
Richard le Poitevin : 22, 48, 123
Richmond : 171, 218, 222
Rievaulx : 159
Rigaud de Barbezieux : 163
Rigord : 135, 139, 142, 204, 218
Robert le Fort, comte de Paris : 155
Robert le Magnifique, duc de Normandie : 56, 140, 152
Robert de Beaumont : 60, 85, 92, 124, 294
Robert de Boron : 167
Robert de Courson : 51
Robert Courteheuse : 153
Robert de Cricklade : 110, 272
Robert de Gloucester : 26, 84, 109, 159, 162, 165, 254
Robert de Harcourt : 228
Robert de Melun : 245, 254, 282
Robert de Montfort : 197
Robert de Montmirail : 211
Robert Pullen : 245, 270
Robert de Sablé : 217

Robert fitz Stephen : 104
Robert de Thornham : 217, 229, 237
Robert de Torigni : 22, 51, 103, 123, 140, 154, 162, 168, 201, 206, 249, 290
Rocamadour : 119
Roche-aux-Moines : 30, 181
Rodez : 111
Roger Bigod : 199
Roger de Howden : 21, 47, 48, 50, 58, 67, 98, 103, 119, 124, 129, 130, 145, 148, 167, 188, 203, 209, 218, 221, 225, 242, 269, 283
Roger de Montgomery : 235
Roger le Normand : 283
Roger de Pont-l'Evêque : 252, 268
Roger de Wendover : 234
Roger de Worcester : 109, 254
Rohaise de Clare : 156
Roland, archevêque de Dol : 98
Roland, boufon : 147
Roland, comte de la marche de Bretagne : 116, 155, 156, 163, 167, 170, 171, 175
Roland de Dinan : 171
Rollon : 141, 152, 171, 231
Roman d'Aiquin : 220
Roman de Thèbes : 84, 174, 296
Rome : 10, 91, 103, 149, 160, 163, 168, 172, 240, 244, 245, 263, 265-269
Roncevaux : 156, 171
Rosemonde Clifford : 54
Rouen : 26, 62, 67, 118, 126, 133, 170, 174, 214, 219, 222, 229, 244, 283
Routrou de Rouen : 108

Saint Albans : 110
Saint David's (Tydewwi) : 76, 113, 121
Saint Paul de Londres : 21, 124
saint Sang : 151, 166
Saint Swithurn (Wessex) : 19
Saint-Asaph (Llanelwy) : 48, 158
Saint-Aubin d'Angers : 47, 52

Saint-Denis de Paris : 135, 139, 157, 176, 249, 281, 291
Sainte-Colombe de Sens : 241
Sainte-Croix de Poitiers : 187
Sainte-Frideswide d'Oxford : 111
Sainte-Geneviève de Paris : 257
Sainte-Radegonde de Chinon : 97
Saint-Etienne de Caen : 152
Saint-Etienne de Limoges : 134
Sainte-Trinité de Fécamp : 151
Saint-Evroul : 155
Saint-Florentin de Bonneval : 46
Saint-Georges, canal : 164
Saint-Hilaire de Poitiers : 134
Saint-Jacques de Compostelle : 51, 156, 240
Saint-Jean d'Angély : 30, 214
Saint-Lô : 169
Saint-Malo : 212
Saint-Martial de Limoges : 22, 119, 134
Saint-Martin de Candes : 97
Saint-Paul de Londres : 21
Saint-Serge d'Angers : 9, 83
Saint-Siège : 20, 245, 262
Saint-Victor de Paris : 254
Saintes : 30, 109, 214, 264
Saladin : 22, 28, 100, 106, 109, 116
Salisbury : 62
Salomé : 273
Salomon, roi d'Israël : 108, 110, 111
Samuel : 257
Sanche II, roi de Castille : 57
Sanche VI, roi de Navarre : 27, 28
Saül, roi d'Israël : 82, 257
Savary de Mauléon : 29, 99, 211, 212
Scandinavie : 159
sceptre : 123, 124, 130, 131, 135, 172
Seine : 16
Sénèque : 77, 89, 91, 105, 112, 171, 258
sheriffs : 38, 42, 58, 59, 61, 62, 67, 68, 69, 72, 74, 76, 85, 189, 228, 244

Sicile : 28, 35, 37, 63, 67, 108, 110, 167, 231, 234, 283
Sigand de Cantorbéry : 253
Sigebert de Gembloux : 46
Simon de Freine : 77
Simon le Magicien : 264
Simon de Montfort : 57
Simon de Poissy : 245
sirventes : 23, 87, 98, 201
Socrate : 77
Soissons : 18
Somerset : 164, 166, 232
Strongbow, Richard fitz Gilbert : 23, 168, 201, 236
Suger : 139
Syrie : 110

Taillebourg : 13, 115, 206, 293
Taillefert : 209
Tamise : 66, 234, 292
Tancarville : 189, 228
templiers : 93
tenants en chef : 61, 64, 188, 199, 200, 211, 228, 238, 265, 294
Terre sainte : 22, 28, 43, 66, 69, 100, 116, 140, 143, 197, 205, 210, 231, 284, 292
Tertulle le Forestier : 114, 120, 122, 176, 291
Théodoric le Grand, roi des Ostrogoths : 60, 77
Théodose, empereur : 108
Thibaud de Cantorbéry : 62, 63, 240, 244, 245, 249, 252, 253
Thierceville : 244
Thierry, duc d'Angers : 156
Thomas Becket : 20, 22, 24, 26, 27, 42, 44, 62, 65, 72, 74, 79-81, 86, 88, 89, 101, 102, 105, 117, 121, 126, 127, 129, 131, 135, 141, 146, 149, 151, 157, 183, 190, 196, 210, 240, 243, 248, 249, 253, 257, 260-262, 267, 271, 278
Thomas Brun : 63
Thomas d'Earley : 118, 127
Thomas de Loches : 155
Thouars : 30, 99, 212, 216, 297
Tiffauges : 208

Tintern Parva : 91
tonsure : 277, 278
Tostain : 152
Toulouse : 26, 28, 31, 57, 82, 83, 240, 245
Touraine : 28, 29, 106, 153, 216, 217, 223
tournois : 116, 117, 122, 192, 193, 218, 233, 238
Tours : 63, 110, 155, 226
Trajan, empereur : 257, 258
Tribehou : 169
Tristan : 158, 162, 163, 167, 292
Trogué-Pompée : 46
Troie : 101, 153, 173-175
troubadours : 23, 87, 99, 157, 158, 163, 221
trouvère : 22, 242, 275
tutelle : 66, 94, 119, 123, 202, 210, 211, 223
tyrannicide : 81, 82, 246

Uí Chennselaig : 236
Ulrich von Zatzikhoven : 162
Ulster : 105, 236, 287
Uther : 159

Vacarius : 63, 259
Valérie, sainte : 134
Varennes : 96, 97
Végèce : 108

Vexin : 26, 28, 29, 138, 229, 232, 233
Virgile : 113, 191
Vitré : 223
Vivien de Montevrault : 217

Wace : 9, 22, 45, 55, 113, 115, 120, 140, 148, 149, 152-155, 159, 161, 167, 168, 170, 172, 174, 221, 231, 233, 291, 292
Waïfre, duc d'Aquitaine : 135
Wallingford : 26
Wauchier de Denain : 158
Wells : 110, 118
Wessex : 19, 66, 111, 234, 237
Westminster : 17, 25, 26, 39, 42, 65, 88, 102, 111, 124, 131, 135, 148, 149, 151, 189, 237, 252, 290
Winchester : 39, 49, 62, 97, 101, 124, 131, 132, 253, 269
Windsor : 148, 181
Woodstock : 132, 137, 147
Worcester : 132, 152, 167
Wulfstan, saint : 167
Wygar, elfe : 167

York : 28, 58, 69, 86, 88, 117, 135, 200, 249, 252, 268, 269
Yorkshire : 21, 67, 105, 148, 159, 218

Remerciements

Ce livre n'aurait jamais vu le jour, si les vicissitudes de la carrière universitaire n'avaient pas mené son auteur à l'université de Poitiers et à son Centre d'études supérieures de civilisation médiévale, réputé pour sa tradition de recherches sur les Plantagenêt. Que son directeur Éric Palazzo et son secrétaire général Jean Michaud, qui nous a quittés trop tôt, ainsi que tous les autres collègues et étudiants de cette institution, soient ici chaudement remerciés, en particulier pour leur soutien aux colloques récemment organisés sur le sujet à Thouars (1999) et Poitiers (2000 et 2002). Il en va de même avec le Groupe de recherches « France-Îles britanniques », animé par Jean-Philippe Genet. Les presque infinies possibilités documentaires et bibliographiques rencontrées au cours d'un semestre sabbatique passé, en 1999, à l'Institute for Advanced Study de Princeton (New Jersey) ont rendu possible ce travail, grâce en partie à la qualité de l'accueil de Giles Constable. De même, la disponibilité de quatre chercheurs britanniques — Nicholas Vincent, John Gillingham, David Crouch et Natalie Fryde — a beaucoup fait progresser cette étude : leurs conseils, leurs orientations documentaires et bibliographiques, leur patiente lecture de tel ou tel chapitre du manuscrit et leurs invitations à communiquer à des congrès sur le sujet ont été d'une valeur inestimable. Ils démontrent, si besoin était, combien la recherche sur l'Angleterre médiévale est facile, non pas tant sur le plan institutionnel, qu'humain. Avec les médiévistes cités, la liste de tous ceux dont la générosité a considérablement facilité ce travail est trop longue : Claude Andrault-Schmitt, John Baldwin, Marie-Pierre Baudry, Maïté Billoré, Boris Bove, Edina Bozóky, Philippe Buc, Martine Cao Carmichael de Bagly, Amaury Chauou, Frédérique Chauvenet, Jean-Philippe Collet, Marie-Hélène Débiès, Thomas Deswarte, Judith Everard, Jean Flori, Odile Geffroy, Guillaume Gicquel, Catalina Girbea, Elisabeth van Houts, Stephen Jaeger, Laurent Hablot, Marie Hivergneaux, Jacques Krynen, Gilles Lecuppre, Thierry Lesieur, Isabelle Marchesin, Marie-Aline de Mascureau, Emily Mitchell, Philippe de Monneron, Laurence Moulinier-

Brogi, Michel Pastoureau, Georges Pon, Daniel Power, Philippe Sénac, Myriam Soria, Kathleen Thompson, Cécile Treffort, Egbert Türk, Eugene Vance, Hanna Vollrath et tant d'autres. Enfin, aux éditions Perrin, Mary Leroy a été une lectrice attentive et une interlocutrice toujours encourageante, dont le travail a considérablement amélioré l'écriture de cet ouvrage ; les remarques de Laurent Theis ont été également profitables. Les mots suffisent à peine pour exprimer la reconnaissance que méritent tous ces amis, collègues et doctorants.

Table

Introduction	9
GOUVERNER ET IMPOSER LE POUVOIR ROYAL	
La cour, ses serviteurs et leur savoir	41
Les hommes dans leurs luttes	43
Les déchirures familiales	45
Les fidélités ministérielles	58
A la merci de leur roi	65
La correction des conduites	71
La morale des clercs à l'épreuve	71
Les chevaliers courtois en vogue	80
L'apprentissage de la civilité	85
L'idéologie plantagenêt	95
Le roi maître de sa propagande	96
Le roi chevalier lettré	106
Un modèle de sagesse et de culture	106
Les fils de la colère	114
Le roi couronné, le duc intronisé	123
Les limites du sacre	123
Les faiblesses du vassal	133
La fabrique de la légende	148
RESPECTER OU REJETER LE POUVOIR ROYAL	
L'aristocratie entre révolte et soumission	185
Une noblesse privilégiée	186
La guerre apprivoisée	193
L'unité introuvable	205
En Aquitaine, la rébellion au quotidien	206
Dans le Grand Anjou et la Bretagne, la docilité incertaine	216
En Normandie et dans les Iles britanniques, l'obéissance à rude épreuve	227

L'affaire Becket 240
  L'engagement des intellectuels 243
  La défense des libertés cléricales................................... 255
  Le meurtre dans la cathédrale....................................... 267
    Le port de la croix (octobre 1164) 267
    Le baiser de paix (novembre 1169-juillet 1170) 271
    Le martyre (29 décembre 1170) 275

Conclusion 287

Notes 299
Chronologie... 351
Filiation simplifiée des Plantagenêt 354
Sources et bibliographie 357
Index 387
Remerciements 403

Composé par Nord Compo à Villeneuve-d'Ascq

*Cet ouvrage a été imprimé
sur presse Cameron
par **Bussière Camedan Imprimeries**
à Saint-Amand-Montrond (Cher)
en décembre 2002*

Édition exclusivement réservée
aux adhérents du Club
Le Grand Livre du Mois
15, rue des Sablons
75116 Paris
réalisée avec l'autorisation des éditions Perrin

N° d'impression : 025766/1.
Dépôt légal : décembre 2002.
ISBN 2-7028-8085-1

Imprimé en France